后浪出版公司

# UNDERSTANDING BUSINESS

# 认 识 商 业

[美] 威廉·尼克尔斯　吉姆·麦克修　苏珊·麦克修 —— 著

陈智凯　黄启瑞　黄延峰 —— 译

**William Nickels**

**Jim McHugh　Susan McHugh**

四川人民出版社

# 简　目

# 作者简介

威廉·尼克尔斯（William Nickels）为马里兰大学帕克分校荣誉退休教授。他讲授硕士和本科商业课程，包括"商业导论""市场营销"和"促销"，教学经验超过30年。他四次赢得"杰出教师奖"，并多次获得该奖提名。他在西储大学取得企业管理硕士（MBA）学位，在俄亥俄州立大学取得博士学位。他撰写过一本"营销沟通"教材和两本"营销原理"教材，并在商业出版物上发表多篇文章。他曾在多个研讨会上为商人讲课，主题包括高效沟通、市场营销、非企业营销、压力与生活管理等。其子乔尔（Joel）为迈阿密大学（佛罗里达州）英语教授。

吉姆·麦克修（Jim McHugh）获林登沃德大学工商管理硕士学位，在教育、企业和政府工作方面拥有丰富的经验。作为圣路易斯社区大学森林公园分校的商学与经济学系主任，吉姆配合并指导了商业课程的开发。除了在近30年的时间里每学期讲授几部分"商业导论"，吉姆还为硕士和本科学生讲授市场营销和管理课程。吉姆乐于举办商业研讨会并为大小企业提供咨询。他积极参与公共服务，任圣路易斯县长首席幕僚。

苏珊·麦克修（Susan McHugh）是一位学习专家，在成人学习和课程开发方面提供过广泛的培训，具有丰富的经验。她从美国密苏里大学取得教育硕士学位，也完成了教育管理博士课程，主修成人学习理论。作为专业的课程开发者，她指导过无数的课程项目和教育者培训项目。曾担任过政府及民间顾问，负责员工教育培训。吉姆和苏珊很看重这一著书计划，而他们最大的成就却是合作培养了三个孩子。凯西（Casey）继承了家庭的教育传统，在华盛顿大学担任副教授，莫莉（Molly）和迈克尔（Michael）继承了家庭的写作传统，为本书补充材料的编写做出了贡献。

# 看不见的手，看得见的企业家

**张维迎序**

（著名经济学家，牛津大学经济学博士，北京大学教授。）

根据美国伯克利大学经济学家德隆（Bradford DeLong）的研究，在人类历史上，从旧石器时代到公元2000年的250万年间，人类花了99.4%的时间，即到15,000年前，使世界人均GDP达到了90国际元（这是按照1990年国际购买力核定的一个财富度量单位）。然后，又花了0.59%的时间，到公元1750年，世界人均GDP达到180国际元。从1750年开始，到2000年，即在0.01%的时间内，世界的人均GDP增加了37倍，达到6600国际元。换句话说，人类97%的财富，是在过去250年——也就是0.01%的时间里——创造的。

如果把德隆的研究画成曲线图，可以看到，从250万年前至今，在99.99%的时间里，世界人均GDP基本没什么变化，但在过去的250年中，突然有了一个几乎是垂直上升的增长。世界最主要的发达国家也是如此，无论是所谓的西欧衍生国，如美国、加拿大、澳大利亚，还是西欧国家本身，包括英国、法国、德国等12个国家，还是后起的日本，经济增长都主要发生在过去一二百年的时间里。

仅仅数字还不能说明所有问题。想象一下，我们的祖辈，也就是在一百多年前的普通的中国人，能够消费的东西，和古代秦汉隋唐时期没多少区别，甚至还不如宋代。在欧洲也一样，一个普通英国人在公元1800年时能消费的东西，古罗马人都能享受到，甚至罗马人比他们享受得更多。而我们今天能消费的东西，是100年前的人无法想象的。

有人测算过，按照零售商库存记录的商品种类计算，在250年前，人们能够消费的商品种类大致是10的二次方——也就是上百种而已。而现在，我们能消费的产品种类是10的八次方以上，有上亿种。

为什么人类的奇迹在过去的250年里出现，而中国经济的高速增长只是在过去的30年里出现？是不是人变得比原来更聪明了，比过去的人智慧更高了？当然不是。人类的智商、智慧，在有文字记载的历史上，没有太大的进步。今天的中国人再聪明，我相信没有几个能超过孔子、孟子、老子。在西方也一样，人类的智慧在过去两三千年内没有太大的变化。

难道是资源变多了？也不是。人类的资源不仅没有变多，相反，与土地相联系的自然资源还在慢慢减少。那是什么发生了变化？唯一答案，就是人类实行了一种新的经济制度，即市场经济。西方国家在200多年前开始实行市场经济，所以在200多年前开始起飞。中国在30年前开始走向现代市场经济，所以中国在过去的30年里，发生了巨大的飞跃。

市场经济为什么能创造巨大的财富？经济学的鼻祖亚当·斯密在他的《国富论》里指出，市场就像一只"看不见的手"，将每个人的"利己之心"转换为"利人之行"；也就是说，在市场经济中，一个人只有为他人创造价值，才能获得自己的利益。这就是市场经济的奇妙。

为什么呢？在市场经济中，每个人都处在社会分工体系的链条中，为交换而生产；一个人对社会的贡献有多大以及他能分享多少，是由别人说了算而不由他自己说了算。在市场上，任何人不为别人创造价值，就不可能获得收入。所以你必须努力为他人创造价值。价格提供了一个信号，什么东西有价值，什么东西没有价值，要在市场上考验。比如，你说这个东西非常重要，但如果没有消费者为你出钱，就证明这个东西没有价值。而且，没有人愿意付出超出你为他服务的价值的价格。当两个企业竞争，我们说某一个企业更有优势的时候，意味着这个企业能为消费者创造更多的剩余价值，即消费者剩余。企业之间的竞争，是创造剩余价值的竞争。

市场经济又被称为商业社会。商业社会是陌生人之间的合作。在传统社会中，合作往往只在熟人之间、有血缘关系的人之间进行，比如兄弟姐妹，或者同一个村的人，或者同一个教堂的人进行合作，很难找到陌生人之间的合作。而人类今天的合作，早就超越地区、超越国界、走向全球。今天我们所消费的商品，99%的生产者你不认识；一个企业的产品卖出去，绝大部分消费者他也不认识。正是这种大规模、大范围的合作，使全世界的财富以惊人的速度增长。

但要使陌生人之间达成合作，有一个非常重要的问题必须解决，那就是信任。如果不信任别人，陌生人之间的合作就没有可能，人类就没有办法享受市场经济的好处。要理解这一点，必须认识企业、利润和企业家。

企业是市场经济的基本核算单位。比方说，中国有13亿人，每个人都生产自己的商品，到市场上去卖，谁能信得过谁？换一种说法，如果把市场上所有商品的商标都去掉，你敢买什么东西？可能敢买土豆、大米、水果这些最简单的商品。像汽车、电脑、矿泉水、投影仪这些质量和功能不容易判断的东西，你敢买吗？你不敢，市场上99％的商品你都不敢买。

那怎么办？有一个办法，我们13亿人分成了不同的组，比如说分成30个组，河南人、河北人、山东人、陕西人、北京人等。有了这个分组之后，我们不认识每个人，但我们知道这是山东人，那是广东人，就可以做出某种判断。企业就类似社会的分组，每个企业有自己的一个名字，谁骗了我们，我们可以追诉它，或者它这次骗了我，下次就不买它的东西，它就要完蛋。当社会划分为企业的时候，每个企业都必须对自己的行为负责，这样我们才能建立信任。如果没有企业，每个人只从事个体生产，就做不到这一点。

企业何以使得我们可以相互信任？答案与所有权配置和利润有关。比如一个企业由一万个人组成，理论上，每一个人都可以成为所有者。这个企业每年的利润是一个亿，一万个人平分，每人拿一万块钱。这样似乎很公平，但想一想，如果出了问题，谁来负责？如果要求人人都负责任，结果可能是大家都不负责任。

现实中，企业用另外一种方式来分配责任，即一部分人承担过失责任，另一部分人承担严格责任。承担过失责任的人拿合同收入，即，如果他没有迟到早退，没有旷工，没有违反工作规定，干了一个月，到月底一定要领到工资，这就是员工。另一部分人，即老板，要承担严格责任——或者叫剩余责任。用一个通俗的说法，什么叫员工？别人没有发现你的错误，你就没有错误，这就叫员工。什么叫老板？你没有发现别人的错误，那么所有的错误都是你的，这就是老板。老板没有权利在消费者面前由于自己没有犯错误而要求收入；而工人可以在老板面前因为自己没有犯错误而要求收入，这就是老板和雇员的区别。

老板拿的是利润，但这个利润并不好拿。利润是收入剔除成本的剩余，可能是正的，也可能是负的。所以它是一种激励机制。一个企业生产产品，我不认识里面的工人，为什么要信任他？是因为有人承担剩余责任。最简单的例子，如果你是餐馆的老板，厨师洗菜不干净，有人吃了拉肚子住院，你必须负责。利润的存在，使企业所有者承担剩余责任、严格责任，任何一个员工犯的错误老板都要承担，因此，他必须有办法激励和监督员工。这样，顾客才可以放心地购买企业的产品。

进一步讲，不仅仅是企业的员工，包括企业供应商犯的错误，企业也得承担责任。比如说你买了一台品牌计算机，计算机的某一个零件，如屏幕、芯片、风扇出了问题，甚至电池爆炸了，要承担责任的，首先是计算机厂商，而不是零部件的供应商。换句话说，一个品牌企业，实际上是用自己的品牌在消费者面前立了一个军令状，打包票说，你买我的东西，出了问题我负责。这样，才有大家可以信赖的市场，才有了陌生人之间的合作，才有社会财富的不断增加。

所以我说，市场经济是一种责任制度，利润是一种考核方式。市场通过企业划分核算单位，通过利润追溯责任，从而让每一个人对自己的行为负责。一个企业，只有有能力承担责任，才能赚取利润！

拿利润的人是企业家，他承担着为整个社会组织、生产并且监督其他人的责任。我们谈市场经济，绝对不要忘了企业家。企业是企业家的事业。只从价格的角度，不能真正理解市场经济。

企业家最适合以企业所有者的身份承担严格责任，是因为他有两个基本的功能。第一，应对不确定性。市场中充满了不确定性，企业家必须预测未来。这是1921年美国经济学家奈特提出的观点，他在《风险、利润和不确定性》一书中证明：没有不确定性，就没有经济学意义上的利润；利润是对企业家承担风险的补偿。第二，推动社会的创新。创新是企业家的责任，不是技术专家的责任，技术专家只是在发明，创新是把发明变成一个对消费者有价值的东西。创新是"创造性的毁灭"，比如现在用的MP3、iPod毁灭了索尼的Walkman，而索尼的Walkman是对卡式录音机的毁灭。每一种新产品，都是对原来一种产品的毁灭。这是熊彼特在1911年的《经济发展理论》中提出的重要观点。企业家必须为创新的成败负责。

我们正处在全球化的时代。所谓的经济全球化，就是全球经济的市场化。

每一个国家，每一个企业，每一个人，都处在全球化分工的价值链上，市场把他们连接在一起。在全球化时代，任何一个地方发生的事情都可能影响到每一个国家，每一个企业，每一个个体。由美国次贷危机引发的全球金融危机，就是一个明显的例证！全球化也意味着更为激烈的竞争，更大的不确定性！每个国家，每个企业，每个人，只有更好地理解全球商业环境的变化和市场经济的游戏规则，更具有创新精神和创新能力，才能在激烈的竞争中生存和发展！

《认识商业》是一本独特的教科书。它以全球化的视野，将经济学和管理学的经典理论融为一体，将理论和案例分析相结合，深入浅出，帮助我们理解全球时代市场经济的游戏规则和管理实践。我相信，无论你将来是当老板，还是受雇于人，读这本书都会使你受益匪浅。故此，我愿意将它推荐给读者。

张维迎

# 常识，经济学和管理学

**汪丁丁序**

（著名经济学家，北京大学中国经济研究中心和浙江大学经济学院经济学教授）

二十年前，我的老师对我解释过：或许与学术分工和专业竞争的激烈程度有关，在西方社会，经济学教科书的作者们多数是教学高手但不是科研高手——萨缪尔森是例外。后来，我的观察是，越来越多的科研高手，诸如曼昆、米什金、迈尔斯、鲁宾斯坦也写教科书，或许是版税足够丰厚，或许是写书不再如以前那样费时费力，还或许是出于对经济学教育的深切担忧和由此而生的社会责任感。

与我们的西方同行相比，在中国境内，一方面，经济学家们仍无暇（或无能力）撰写优秀的教科书。另一方面，我们深知，中国学生们需要的是另外一类优秀教科书——他们既要了解经济学的一般原理又要熟悉这些原理在中国社会里的运用，并由此而开发一种本土的创造能力——非如此而不能使社会科学真正成为"中国的"。

社会科学知识，或任何"知识"，如许茨在半个世纪前论证的那样，是基于常识的"二次建构"（Alfred Schutz, 1954, "Concept and Theory Formation in the Social Sciences", *Journal of Philosophy*, vol. 51, issue 9, pp. 257–273）。此论于中国经济学教育者及更一般而言对中国的社会科学教育者尤为重要。因为，在经历了至少两代人且在心理深层与科举制历史密切相关的"应试"教育之后，主要由于社会转型期的应试教育不再能如科举教育那样提供与社会实践或多或少关联着的"小学"（洒扫进退、接人待物、学有余力而习文），"大学"（义理、词章、考据），以及"六艺"（礼、乐、射、御、书、数）的其他部分，我们看到，常识正迅速消失，不仅从学生那里，而且从老师那里。

今天的中国社会，处于传统与现代之间，而且，中西社会演变的路径使然，代表着"现代中国"的生活方式主要是西方的和工业的。于是，在当代中国社会积累的常识和知识，一方面与传统有关，另一方面还与现代有关。假如，仍以"应试"教育为例，学生所学仅仅是"技能"或技术性的现代知识，那么，毕业之后，他们便要在传统的"小学"和"大学"方面补课——常识的和知识的，否则就难以应付他们在中国社会里可能遇到的工作问题和生活问题。

从常识开始传授知识，这就是《认识商业》的作者们的写作原则。例如，在"导言"的开篇处，你可以读到"非读导言不可"的理由，它们都是基于常识，由浅入深的：找到一份理想的工作，你应学会寻找工作机会、撰写简历并掌握面试技巧，大学教育的价值不只是提高你的工资，更重要的是提高你的批判性思考能力和人际交往技能，在未来的生活中增强你"自我实现"的能力，为你的职业生涯做好准备。

遵循这一原则，第一章的主题是"企业环境"——两个关键词"风险"和"利润"，以人物和故事开篇，引出诸如"生活水平""生活质量""利益相关者"和"非营利组织"这样的概念，既与我们的日常生活相关又与我们的理想生活相关。

继续讲述基于常识的知识：为什么企业家的活动对于财富的增长至关重要？为什么当代富国之所以富有，关键在于企业家精神与知识的有效整合？为什么缺乏自由被认为是不发达地区贫困的主要原因？为什么资本主义体系非常依赖于诚实、正直及诸如此类的道德规范并且近年来这些要素的缺失严重地动摇了资本主义制度的基础？我们知道"世界级企业"与"传统企业"之间的一项重要差别在于，前者实行的是"主动伦理"——这意味着在被告知之前做正确的事情，后者实行的是"回应伦理"——这意味着在被告知之后纠正错误的事情。

上述问题，与基本概念相互作用，可使读者充分意识到诸如"效率"和"企业"这类抽象语词的真实含义。为探讨这些真实世界里发生的问题，效率不能再仅仅是由"阿罗–德布鲁"模型界定的全部假设之下"存在"但甚至难以计算的"一般均衡"的资源配置状态，企业也不再仅仅是由某一难以计算的"生产函数"界定的表现出"利润最大化"行为的"黑箱"过程。

与这本书的写作思路相似的，或可直接将这本书归入的那一类别，我认为是通常称为"管理经济学"（managerial economics）的教科书。不过，这本书所讲的，是"初阶"，为大学低年级或职业学校中级学生准备的内容。按照常规，这些学生的年龄在16~22岁。在人生的这一时期，常识特别重要。由此出发，逐渐展开各篇章的主题，例如，人力资源管理（第11章）、营销技巧（第15章）、财务管理（第17章）……

布坎南（James Buchanan）——因"公共选择"理论的贡献而获诺贝尔经济学奖的经济学家——多次提醒经济学家履行自己的社会职能：经济学家可以做好的事情不是为政府制定经济政策，而是教育民众。因为，经济学是关于"理性选择"的社会科学。因为，民主生活——市场的和政治的——的全部优越性不可或缺地依赖于民众的理性程度。此处的"理性"，既包括"价值理性"也包括"工具理性"。

一部优秀的经济学或管理学（或管理经济学）教科书和它的教师，应当既讲授工具理性，也讲授价值理性。

汪丁丁

# 透过美国的眼睛认识我们的商业

**吴晓波序**

（著名财经作家、"蓝狮子"财经图书出版人）

美国第30任总统卡尔文·柯立芝（1923—1929）是一个沉默寡言的总统，人称"沉默的卡尔"（Silent Cal），尽管如此，他依然是一位成就卓著的总统，在他的任内留给了美国两大财富，其一是他让美国实现了"咆哮二十年"的经济高速发展，其二是他的一句话：美国的事业就是企业。也正是这句近似宣言的话语，让美国找到了通往现代的道路。其后，创办了《时代》杂志的传教士之子——亨利·卢斯在研究美国商业史后进一步指出："商人必须被当做最伟大的职业。商业是一个充满荣誉的职业，是创造财富和通过商业扩展财富的职业信念的最好途径……我们必须代表和为之奋斗的是自由市场——不仅仅是一个对欧洲而言的自由市场，而且是一个对全世界而言的自由市场。"现代商业就在这样一种意识觉醒的浪潮中，成为推动这个星球进步的主旋律。写作《影响历史的商业七巨头》的理查德·泰德罗后来说："他们（企业家）如此重要，以至于他们可以改变这个时代的秩序、制度和文化。"

美国商业的这种觉醒意识，一直在半个世纪以后，才缓慢地传导到太平洋对岸的中国，成为推动古老文明巨变的动力。从1978年开始的改革开放如今已被确认为中国巨变的起源，而那个起源，最初凭借的只是一种草莽的萌动——在一个拥有近13亿人口的大国里，僵化的计划经济体制瓦解了，一群小人物把中国变成了一个巨大的试验场，它在众目睽睽之下，以不可逆转的姿态向商业社会转轨。如果回顾过去40年，主导中国变革的思想，其实正如邓小平留下的两句话："不管黑猫白猫，能捉老鼠便是好猫"以及"摸着石头过河"。它同样是邓小平留给中国的历史财富。

40年以降，中国已非昔比，在全球化浪潮到来时，中国应该怀抱一种怎样的意识去迎接这个时代？我们是应该沿袭草莽的发展，还是应寻找更加商业、更加理性的道路？这是摆在所有中国人面前的历史问题。

我研究中国企业史，同时也关注世界商业的发展变化。在我看来，中国只有迎接商业意识全民觉醒的时代，才可能到达世界舞台的最中央。过去40年，尽管多数人是被动接受的，但毕竟我们已完成了商业的启蒙教育，而在未来，我们需要做的，则是更加清楚地认识我们所处的商业时代，我们生存的世界以及我们自己本身。也因了这个想法，当吴兴元先生找到我，要我为威廉·尼克尔斯等人所著的《认识商业》（*Understanding Business*）一书作序时，我欣然应允了。

其实这是一部教初入社会者如何与这个时代对接的图书。它教一个刚出校门的大学生，从求职或立志创业开始，如何理解企业的原理与运作规则。与一般意义上的教材不同，本书抛弃了枯燥的理论与公式，以尽量干练的文字，和大量丰富的案例组合，完成了经济学意义上的商业普及教育。在书中，你能读到久远的美国精神的含义，比如书中说道："美国国歌《星条旗永不落》中，提到美国是'自由的乐土和勇敢者的天堂'，其中的自由，部分就体现在可以拥有自己的企业、享有自己的企业并享有其利润的自由上……"而除此之外，你也能看到它将安然破产、金融危机等新案例纳入了所在的原理之中。

事实上，要想做到真正"认识商业"是一件极其困难的事情，在过去的时间里，美国人曼昆、萨缪尔森，英国人马歇尔等都做过诸多努力，也形成了极具分量的历史巨著，《认识商业》从当量上无从超越，但它却能担当起普及的工作，部分原因便在于它的浅显易懂。从一定意义上来说，商业是每天都在发生的事情，经济学也是日常中的生活原理，它只有与日常大众无缝对接，才可能真正地起到普及作用。因此，本书依据"商业趋势""企业所有权""企业管理""人力资源管理""营销""管理财务资源"等模块展开记述，是一个非常适合阅读、也很实用的架构。

另一方面，尽管它能让众多初入社会的初学者获益匪浅，但同时也能让久经沙场的先行者更好认识自己的事业。比如它在分析企业家精神和知识对现代商业的影响时指出："传统上，生产要素只会强调四项，便是土地、劳动、资本和企业家精神，却经常会忽略知识才是生产中最重要的要素。"认识最基本的原理有助于企业家认识自己，否则我们永远无法明白，为何我们付出了辛勤劳动、投入了大量物力与资金，却依然只能获得微薄的利润，而更大的方面也无法说明，为什么俄罗斯地大物博、资源丰富却贫穷，而日本缺乏土地和天然资源，却能够成为世界第二大经济体。

这些问题的答案，便在《认识商业》之中。

**吴晓波**

# 职业经理人时代的到来

**唐　骏序**

（曾任福建新华都实业集团总裁兼CEO，现为上海微创软件股份有限公司董事长）

中国改革开放造就了一大批优秀的企业，创造了成长的奇迹，但距离世界级企业显然还有一定距离。中国企业在管理上是没有太多竞争优势的，整个的管理模式和管理理念的水准都不高。还没有一家国内公司，具有与微软这种类型公司形成竞争的潜力。西方国家有百年的历史，过去40年，我们没有出现国外那种非常优秀的企业，不是大的企业，"大"不代表优秀，这其中存在着一定的差异性。

究其原因，中国企业一直以来注重资金、规模、人才、市场和技术等硬实力建设，而在创新能力、企业文化、品牌效应及辐射能力等软实力方面缺乏重视。企业若想追求卓越，真正跻身世界一流企业行列，就需要培养好软实力，才有可能在下一轮竞争中把握主动权。硬实力促使人们从单纯的经济角度出发与企业合作，而软实力则侧重于将利益相关者吸引到企业的周围，客户与供应商会因为企业的品牌吸引力、企业文化的崇高使命感等愿望与企业结盟。这种力量往往更持久。

管理是做企业一个非常重要的因素。企业从优秀到卓越的进程就是管理和软实力的体现，管理和软实力也是中国企业基业长青的根本。企业是不是优秀，是不是卓越，不是看销售量和规模，而是看公司的国际影响力，或是在行业当中起到的标杆作用。像微软和IBM，或是沃尔玛，都有一个商业模式在里面，而这正是国内企业所缺失的。中国的商业缺失基本理念和精神，都是靠着机遇，在特定的环境当中做成功的。相信未来十年，应该是中国企业的一个转型期，管理将成为企业最关键的要素，中国企业特别需要职业经理人的时代到来了。

人才是企业真正的软实力。经验可以在工作中积累，人才本身的学习能力则更为可贵。这个世界唯一不变的真理就是一切都在变，所以过去知道什么虽然重要，但不一定对未来适用，而拥有良好的学习能力则可以让人的能力和技能在快速发展的现代社会中"永葆青春"。从长远看，具备开阔思路、适应性强的软实力的人将占据上风。在董事会会议室内，就像在战场上一样，管理者可能赢得战斗却失去人心。

福特莱说："人们必须像对待其他任何一种职业那样，严肃地来对待这种（管理）职业。他们必须认识到，正如所有的专家一样，他们担负着重大责任。"

管理是个性化的东西，但也有规律可循。《认识商业》作为商学院企业管理入门教材，总结了几十年管理教学的智慧与经验，全面介绍企业管理，更重要的是潜移默化地传递着一种商业理念。管理归根到底是一种实践，需要我们将书本上的知识转化成实际中的智慧。《认识商业》可以帮助我们的企业在管理和经营上得到提升，它也将成为我们企业做大做强的一本好的教科书。

唐　骏

# 目　录

## 第一篇　商业趋势：在全球多元化的环境中培育企业

### 第1章　动态商业环境：风险和获利　29

# 表目录

# 图目录

# 导言

## 做好准备，迎接你的黄金时代

### 非读导言不可的十大理由

10. 管他呢，你都已经买了这本书了，所以最好让它物有所值。

9. 你不会希望自己加薪的理由不过是因为政府提高了最低工资标准吧？

8. 商业竞争这么激烈，不学点多样化的专业知识怎么能够应付得来？

7. 你要知道求职信可不是一张用来保护简历内文的白纸。

6. 如果求职面试的时候只会说："像……呃，你知道的，就像这样，我想要做的是，呃，做，你知道。"

5. "好的开头是成功的一半"，从导言开始，学好本门课程能够让你获得更高的成绩，而每得一次A，你的厄尼叔叔就会给你寄1美元。

4. 你不想体验在凌晨3点阅读"时间管理"章节这种讽刺意味的疯狂吧。

3. 既然作者们呕心沥血，这个导言绝对是极具价值的。

2. 如果你想飞黄腾达。

1. 考试可能会考到。

## ◎ 学习成功的技巧

你的生活忙碌。一个新的学期刚刚开始，大学学业可能正在你面前展开，而你对于眼前的无数方向感到十分迷惘。何不花点时间读读本篇呢？我们在前文轻松地列出了十项非读不可的理由，而这部分内容对于你未来的重要性绝非玩笑。

导言的目的在于帮助你学习成功的原则、策略与技能，这些技能不只能被运用在课堂上，还可以为你的职业生涯和人生加分。学不学这些技能由你决定，学会不保证必然成功，但是如果放弃机会——你很清楚可能的后果。

我们衷心希望你花点时间读完本导言。当然，我们知道部分篇章可能更契合你的个人需求，为了协助你将重心放在最需要的信息上，我们将本篇大致分为两个主要段落：

1. 完美的一堂课。你可以学到本项课程、大学生活甚至是毕业后事业成功所需的技能。在你上第一堂课前读完本文，你将对此项课程留下美好的印象。

2. 获得理想的工作。提供了一些找到并获得你心目中理想工作的准则，包括搜寻工作、撰写简历与面试技巧。

这是一个前所未有且充满刺激、成功与挑战的年代。在任何事业上的成功都来自于对其基本原则的了解，以及有效运用这些原则的技能。目前所学的将带领你迈向成功——为你往后的人生。马上学习运用这些技能，让你在激烈竞争的环境中脱颖而出。祝你好运，我们愿你梦想成真。

**威廉·尼克尔斯　詹姆斯·麦克修　苏珊·麦克修**

## ◎ 关键的一课

既然你已经选修了这门课，那么我们就认为你已经了解了大学教育的重要性。美国大学毕业生平均年收入为4.6万美元；相比之下，高中毕业生只有3万美元，前者年所得比后者高出53%。大学毕业生经过30年的职场生涯，平均会比高

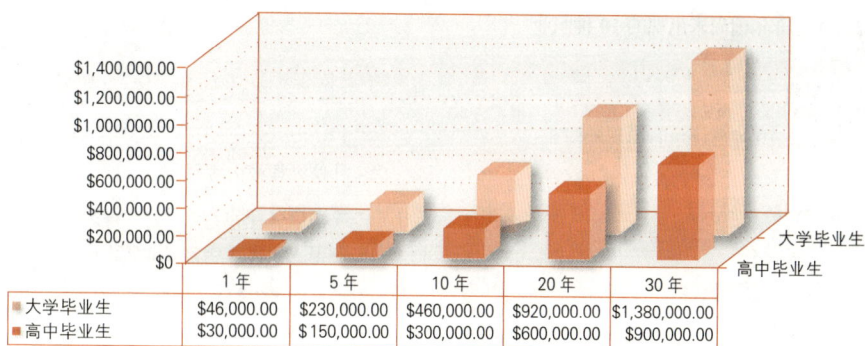

图 0.1　高中毕业生与大学毕业生薪酬比较

中毕业生多赚取近50万美元。因此，你在大学教育中的投资，未来将会以数倍方式归还。从图0.1中可以看出，一位大学毕业生30年的职场生涯共可以获得多少财富。当然，这并不代表非大学毕业生就没有机会，只是接受教育能为自己创造更多财富。

大学教育的价值不只是较高的工资，还包括提高批判性思维能力与沟通技能、改善运用科技的能力，并为在多元世界的生活做好准备。达成你的个人目标与取得大学学位，都能增加你的自信并使你持续为新的目标而努力。

专家表示，当今的大学毕业生一生可能更换七八项工作（通常隶属不同职业）。目前，大学里有许多重返学校的学生，正准备转换职业以及改变人生规划。事实上，现在大学里超过30%的学生入学年龄是25岁或更高，在职大学生中超过60%的人年龄大于25岁。

或许你有一天也会换工作，这会为你带来幸福与成功。这意味着你必须保持弹性，并为新机会做好准备。你应终生学习，如果你想始终保持竞争力，就要不断地提升自己的专业技能水平。

和多数大学生一样，你可能不知道将来该从事何种行业，别担心，对当今多变的就业市场而言，这不一定是很大的缺点。毕竟，未来的许多好职位现在还不存在。表0.1列出了10年前还没有出现的10种职业。迄今，并无一套完美或固定的方法，可以让你为未来有趣且充满挑战的工作预先做好准备；不过，你仍应该完成大学教育、培养计算机技能、增进自我表达与书写沟通的技能，让自己在就业市场上保持弹性。

**表 0.1　10 年前尚未出现的 10 种职业**

**新职业**

以下是 10 年前还没有出现的职业：

- 博主
- 绿色殡葬承办人
- 病人代表
- 社交媒体战略师
- 视频记者

- 社群经理或内容经理
- 室内再设计师
- 老年人迁移管理
- 用户体验分析师
- 虚拟商务提供商

资料来源：Rachel Zupek, "10 Careers That Didn't Exist 10 years Ago", www.Careerbuilders.com, accessed June 2011.

## ◎ 为职业生涯做准备

这门课、这本书的主要目标，在于协助你选择对自己而言有趣又能成功的领域。你将学到经济、国际商务、伦理、企业家精神、管理、营销、会计、财务等相关知识。课程结束之后，你应该更了解哪一种职业适合你，哪一种不适合你。

不过，你不一定只能在企业中运用所学的商业知识。求职过程以及向他人推销自己的构想时，你同样可以利用营销原理；在股市上也可以利用投资知识获利。同样地，不论你身处何地或是做什么工作——不论是在政府机关、慈善团体、社会各界，你都能够充分利用管理技能与一般企业知识。

## ◎ 衡量技能和人格

尽早评估并了解个人兴趣、技能与价值观，对于未来的职业生涯发展相当有利。有鉴于此，许多大学的自我评价计划都广泛采用一套"互动导引信息系统"（System for Interactive Guidance and Information, SIGI）软件，以及一套被称为"探索"（DISCOVER）的评价方案。上述两套自我评价方案都能依照兴趣能力产生个性化的职业表单，提供不同的职业信息与所需的资格条件。寻访你就读的学校就业辅导中心、就业信息网或图书馆，可以进一步了解。即使你是重返学校的大学生，自我能力的评估仍能帮助你选择适当的课程与职业生涯。

自我评价有助于判定个人偏好的工作环境类型（高科技、社会服务或商业）；在工作中追求的价值观（安全、多元或独立）；拥有的能力（创造性、艺术性、擅长数字或销售）；自己最看重的工作特性（收入、出差或相对工作压力大小）。

## ◎ 现在就运用专业商业策略

有两项学生应该马上开始练习的成功秘诀：拓展人脉和持续掌握重要的知识。

拓展人脉就是建立个人档案，记录你遇见、交谈过的人，或与可以给你建议甚至帮助你职业选择的人建立联系。可以先从搜集教授的名字开始，他们既可能成为你的就业推荐人，也可能是你感兴趣领域的老师。除此之外，关注周围接触的人、指导老师和有人脉的人士，与这些人谈论职业生涯时，记得勤做笔记，包括工资、需要学习的课程。

所有大学生都需要对所学的东西加以记忆。成为企业相关领域专家的最佳途径，就是建立自己的信息系统。你可以将数据存放于自己的计算机和手机上（记得要备份！），或建立一套完整的纸本档案系统，也可以同时使用这两种方法。只有少数大学生管理档案，其他未采取类似做法的大学生将因此丧失许多宝贵信息。

尽可能保存你的教科书、老师布置的阅读材料和课堂笔记，订阅一份全国性的报纸，如《华尔街日报》（*The Wall Street Journal*）、《纽约时报》（*The New York Times*）或《今日美国》（*USA Today*），读一读你居住地的报纸。每当你读到感兴趣的故事，都可以将它剪下或影印后放入适当的档案夹，或是在电子文件里加入故事的网址链接，分别标记上职业、小企业、营销、经济、管理等档案名称。你在网络上可以找到任何主题的最新资料，但不要只从一个渠道获取信息（尤其要留神维基百科），应熟悉各种获取资源的途径并加以利用。

你应着手为"我的简历"建档，将当前的简历备份、推荐信和其他工作信息一并列入，写明完成的项目和你在其中所承担的任务。很快地，你将拥有大量信息，足以帮助你准备一份熠熠生辉的简历，还能让你在遇到棘手的面试问题时轻松作答。

观看商业类的电视节目，例如《晚间商业报道》(*Nightly Business Report*)与吉姆·克莱默(Jim Cramer)的《我为钱狂》(*Mad Money*)，就像上免费商业研究所课程。试着观看这类节目或是收听类似广播节目，看看自己最喜欢哪一类，勤做笔记然后放入档案。与当地商业新闻保持同步，你能因此了解就业市场。你也可能希望加入当地企业团体与他人交流，以学习当地企业活动秘诀。基本上，许多企业团体与专业组织都接受学生会员。

## ◎ 学习专业举止

很显然，适宜的礼仪总是受到重视。当全球竞争日趋激烈时，讲究礼仪的个人或团体更容易出类拔萃。能够为自己塑造一个良好的形象的人，无论求职、升迁与达成交易将更为容易。彬彬有礼和职业精神并不稀见，如果个人希望创造一番成就，那么礼仪与专业必须成为其第二天性。

你可能拥有好看的文凭或穿着得体的外衣，但是良好的礼仪更为重要，这其中包括了面试中的言语行为。当你向他人提出请求时，务必说出"请"与"谢谢"；习惯为他人开门，当年长者出现时，务必起立；使用有礼貌的语气。你可能希望选修一门礼仪课程，学习如何在高级餐厅里用餐、使用不同餐具以及正式场合的社交礼仪等等。当然，重要的是你要真诚、值得信赖与重视伦理。

虽然许多规矩并无明文规范，但是每位专业的企业人士都会通过经验的累积而学习到这些规范。如果在大学就读时便开始熟悉这些习惯，开始工作后你就能拥有成功所需的技能。以下是一些基本规范。

**1. 给别人良好的第一印象**。俗语说："你没有第二次机会去建立良好的第一印象。"因为你只有几秒钟的时间去给人留下印象，因此你的穿着仪态非常重要。看看成功企业人士的穿着。他们穿着什么？如何应对进退？

**2. 重视良好的装扮**。注意仪表与其带给周遭人的影响，穿着应该合体整洁、减少配饰，衬衫外露、带鼻环、刺青等在工作场合并不适合。穿着风格的一致性非常重要。在一周之内，你不能有几天穿着非常正式，但其他几天又穿得像除草工人。

许多企业采取"商业休闲服"政策，另一些企业则仍要求穿着传统服饰。因此你应问清企业的政策，选择相应的行头。休闲并不代表邋遢与寒酸，穿着皱折衣服、在室内戴帽并不总是合适的。对于女性而言，商业休闲装扮包括简单的裙子与裤子（牛仔裤不算）、棉制衬衫、毛衣（不宜过紧）、上衣、低跟鞋与靴子；对于男性而言，可被企业界接受的商业休闲装包括卡其裤、有领运动衫、毛衣或夹克、休闲鞋或绑带鞋。

**3. 准时**。当你未能准时上课或上班时，你就向老师或主管传达了一个信息："我的时间比你的时间重要，我还有其他更重要的事。"不仅缺乏对老师与主管的尊敬，也干扰了其他同事的工作。

你必须注意企业文化，为了获得晋升，有时你要比他人早来晚走。为了培养良好的工作习惯并拥有好成绩，上课准时与不早退非常重要。

**4. 学习体贴行为**。体贴行为包括懂得"聆听"他人说话，比如不在上课时看报纸吃东西、不打断他人谈话、在教室或工作场合等待适当时机再表达自己的看法。避免使用亵渎的字眼，并使用适当的肢体语言，端坐优雅而非懒散。端坐可以进一步帮助你保持清醒。教授与经理对于那些态度谨慎者都有良好的印象。

**5. 学习良好的网络礼仪**。面对面交流的基本礼仪也适用于电子邮件的往返中。写信时，你必须在第一封电子邮件中介绍自己，并让收件者了解你如何知道他们的姓名及邮件地址，之后简明清晰地传达信息，要使用正式的词汇而不是网络语言，最后附上自己的签名。除非收件者表示愿意接受含有附件的邮件，否则不要内附照片或文本文件。你可以在网络上搜寻更多相关的网络礼仪信息，例如NetManners.com提供的网络礼仪建议。

**6. 学习良好的移动电话（手机）礼仪**。你的企管入门课程不是用来安排晚上约会的地方，在上课时或开会中，请将手机关机。如果你在等待重要电话，应在上课前告知授课教授，将铃声关掉改为振动。务必靠近走道或是门边就坐，一旦手机响起，你就能立即离开。你应在课后向教授道歉并解释接电话的原因。

**7. 社交媒体信息的安全发布**。要重视你在脸谱网（Facebook）或其他社交媒体网页上发布的信息。与你的朋友分享你最近的冒险经历可能是有趣的，但你的老板或未来的老板可能并不欣赏你最新的聚会照片。即使你从自己的网页上删除了这些照片，也要注意不能让它们流散出去。如果有人下载了它们，它们就仍然存在，等着新成员的发现。确保定期升级你的保密设置。将你工作上的朋友分开显示，并限制哪一组人能够看到的内容，不失为一个好主意。还要注意不要让有些同事对于成为你的脸谱网好友产生兴趣。为了避免狼狈，不要让同事首先找到你。确保知道你的雇主针对在工作时间使用社交媒体的政策。很明显，他们可能对在工作时间将社交媒体用于私事表示不满，对分享技术信息等可能也有相关的规定。留心社交媒体账户会将你的评论留下时间痕迹。

**8. 做好准备**。专业企业人士绝不会没有研读会议数据就去开会，而且他们也会按照既定议程参与讨论。若希望成为一位专业人士，你要学会他们的行为举止。对于学生而言，必须做到的是上课前阅读指定资料，课堂中提问并回答问题，同时与同学讨论课程内容。

就像是交通规则使人们行车安全，企业礼仪让人真诚且严谨地从事企业活动，熟悉这些规则会提升你的竞争力。如果你日后需要跨国出差，还要学习造访国家的企业礼仪。各国在与人见面、进餐、送礼、收受名片以及从事一般商业行为等日常交往中差异十分显著。日本的商务人士见面时往往会鞠躬而不是握手；在一些阿拉伯国家，坐下时不能让人看见鞋底，否则将视为侮辱行为。诚实、高道德标准、可靠与可信在任何国家都是成功的重要因素。

拥有诚实的声誉使你感到自信，对于你的商业成就也会有所帮助；不道德的行为会毁坏你的名誉，所以行动前务必三思而后行。一旦产生怀疑，切勿妄动。道德对于成功非常重要，我们将在后续文章里对其深入讨论。

## ◎ 对于学习，全力以赴

你在学习生活中所需的技能与你走出校门后所需的一样。事业、家庭和兴趣都需要学会时间管理和组织管理技能，大学时期你就可以善用这些技能。下面是帮助你改善读书习惯、教你如何准备考试以及时间管理的一些秘诀。

## 学习方法

　　为了更好地完成你的校园之旅，你应将学习作为自己的职业。即使你是兼职修习本课程的，你来到学校也是为了提升自己。因此，在你离开校园取得一份理想的工作前，读书就是你分内的工作。与任何一位优秀的商人一样，你的目标是迈向成功。试着遵循以下策略：

　　**1. 准时上课**。宜人的天气或另有要事，很容易让人想要逃课；但要在学校表现良好，出席每堂课便非常重要。尽可能坐在老师前面，可以让你集中注意力，避免分心。

　　**2. 仔细聆听**。如果你经常在课堂上打盹的话，那么就算身在课堂上也没有意义。记得务必与教授进行眼神接触，并在你心中将课程内容构思成图，然后将现有的知识和过去的经验与构想图联结，这样可以让你充分结合新学的内容对知识加以理解。

　　**3. 勤做笔记**。将笔记本或计算机文档分为两栏，一栏记下重要观念，一栏记下案例或详细注解。如果可以将之变为简写与图案，相较于大篇幅的文字笔记会更易于阅读；同时，字迹潦草的笔记不易阅读，下课之后需要重新誊写。阅读与重写笔记有助于加深长期记忆，因为课堂所学的观念与学习你最喜爱的歌曲歌词一样，需要反复练习。

　　**4. 找个好地方念书**。找个光线良好与安静的地方，有些学生听着古典音乐或没有歌词的音乐会读得更好。读书的地方必须备妥足够的笔、铅笔、计算器、档案夹与纸，避免因为寻找上述物品而中断阅读。

　　**5. 用"浏览、提问、细读、描述及复习"（SQ3R）等策略念书。**

　　a. 先纵览或浏览章节了解大致内容，包括目录、学习目标、标题与图示表格，如此一来你就可以了解书里的主要观念。浏览能提供简介协助你入门学习。

　　b. 写下问题，首先将标题改成问题，例如你可以将本章节的题目改为："我能使用哪些方法提升读书效率？"

c. 仔细研读内容，搜寻上述问题的答案，同时阅读专栏，其中提供了更多可供解释与讨论的概念。你可能会问："专栏内容是否会成为考题？"即使教授不直接出题，专栏文章通常都是章节内最有趣的内容，而且可以帮助你进一步记忆。

d. 对自己或读书小组叙述你的答案，确定你用自己的想法来解答，这样你就能清楚地了解书中概念。研究显示，亲自叙述事情比看、听和读对学习更有效。记得在读书小组中使用描述的技巧，这将是一项很好的练习，这对于职场上的团队合作也很有效。

e. 通过重读和信息摘要进行复习。章节摘要以问答方式撰写，这样很像课堂问答。摘要通常与学习目标相结合，所以你能得知自己是否已达到各章的学习目的。盖住答案，并尝试是否能正确地回答。

**6. 使用卡片。**掌握商业术语能使你更好地掌握课程内容。复习本书的术语表，记下你不了解的词汇，然后在课堂或课下寻找答案。

**7. 运用本书的在线学习中心（Online Learning Center, OLC）网站（www. mhhe. com/ub10e）。**它对考试非常有用，提供的模拟试题和复习解答，可以指出你未掌握和需要回顾的部分知识。

**8. 使用本书的Connect在线学习平台（如果你的教授向你的课程推荐的话）。**Connect在线学习平台的特色包括互动展示、LearnSmart（用于提供反馈，并根据你的成绩指导你复习课文的智能抽认卡）和互动应用。

**9. 练习历届真题。**教授如果不提供过去的考题，你可以直接询问教授相关的考试类型（多选题、判断题或问答题）。询问曾上过课的同学相关考题与重点也是可以的，非法取得试题则不道德。

**10. 学习时尽可能全心投入。**如果你是听觉学习者——即靠听觉记忆——你可以朗读笔记和录下答案。早上穿衣服时听录音带，通过大声朗读背诵来进行记忆。如果你是视觉学习者，你应该使用图片、图表和颜色。如果你是行动学习者，可以通过操作、接触和体验提升学习效率。

**考试秘诀**

经常有学生会说："我了解问题的核心，只是不善于回答多选题或问答题。"而有些学生则觉得考试容易。下面是几条考试秘诀：

**1. 充足的睡眠与良好的饮食**。考试中保持清醒比熬夜读书、头脑混沌要好。如果平常一直保持着学习进度并时常复习，便没有必要在考前挑灯夜战。同时，适当的营养对你正常思考也很重要。

**2. 携带所有必需品到达考场**。有时你需要2B铅笔、橡皮与计算器。事先检查自己需要什么。

**3. 放轻松**。考试前在家先做深呼吸，想象在考试时放松与充满自信的样子。早点到教室熟悉环境，如果在考试中感到紧张，先停下来深呼吸。翻阅试卷写下已知信息，有时这样可以让你把问题与已知的答案联系起来。

**4. 详细阅读考试规则**。以免漏掉任何必要的准备或违反规定。

**5. 详细阅读多选题里所有答案**。通常正确答案看来不止一项，但总有一个答案要更佳。静下心来读完全部答案，确保选出的是最佳答案。试着在阅读问题时盖住答案选项。如果你想到的答案恰好是选项之一，这很可能就是正确答案。如果你不确定，可以删除你认为错误的选项，留下2~3个答案以增加胜算。

**6. 回答所有问题**。除非教授采取倒扣式计分，猜题不会造成任何损失。跳过一题有可能导致试卷的回答顺序错误，紧接着你的答案可能就都错了。

**7. 仔细阅读判断题**。叙述内容必须正确，否则就是错误。找出绝对字眼如绝不、总是或都不是，这些通常会使叙述错误。

**8. 回答问答题之前，先构思你的想法**。拟定好回答的顺序，使用完整句型与标点符号，进行解释与论述。

**9. 最后，再将试卷重读一遍**。确定已回答了每一道问题，最后在试卷上写下姓名并遵循其他规则。

## 时间管理

你能学到的最重要的管理技能就是时间管理。现在正是你学习的最佳时刻，这里有一些其他学生的经验：

**1. 写下一周的目标**。确认你的目标可以实际达成，然后写下达成目标的步骤，当你达成目标时便可以奖赏自己。

**2. 列出"要做的事"清单**。除非将这些事都记下，否则很容易忘记。第一次想到时就要将其记下，这可以省掉记住该做什么事的麻烦。

**3. 准备日程表**。使用商业日记本（软件）或自己动手做一个，将一周的日期写在最上面，再将起床到就寝的时间写在左边，画线将时间分栏，然后填下你计划每小时的活动。你将会惊讶还有许多念书的时间。

**4. 前一晚为第二天预做准备**。准备好每件事可以让你在第二天早上有个迅速而从容的开始。

**5. 准备一周与一个月的行事计划日历**。将活动与工作安排填上月历，包括学校与社交活动，如此一来，你便可以平衡工作与娱乐。

**6. 预留一些空间**。不要等到最后一周才写报告或准备考试，如果你每天读几页或者写几页，就能不费力地在几周内完成20页，要知道在一两天内读完写完20页东西可是有点困难的。

**7. 预留读书时间**。每天都要学习。在课间浏览记忆卡并预习第二天的功课，养成这样的读书习惯才不会略过重要的信息。

**8. 预留休闲时间**。如果你每天都有娱乐，生活将会非常充实。根据你的读书时间来规划休闲时间以达到平衡。

俗话说："时间就是金钱。"事实上，许多人认为时间比金钱重要。如果存款不够，可以换一份薪水更高的工作、兼职，甚至变卖物品。如果时间不够，就没有什么办法可以补救。学会管理好自己的时间，时间一旦逝去，就无法挽回。

## ◎ 善用本门课程的资料

大学课程和教科书是你获取关于企业管理的观念和思考方式的最佳途径，然而为了学到如何将思维运用于真实商业情境的第一手资料，你必须探索其他资源并与之互动。这里提供了教科书之外的七项基本资源：

**1. 教授**。大学教育的核心就是与经验丰富的教授一同学习。你的指导老师可以回答你的问题或指导你从别人那里获得答案。许多教授了解工作机会，并且成为你未来求职的重要推荐人。因此与教授保持友善的关系非常重要。

**2. 本书补充内容**。在线学习中心（请登录www.mhhe.com/ub10e）和Connect在线课程资料有利于你复习和了解主要概念，以及练习解答考题。即使教授没有指定这些补充教材，你仍可以使用它们。这样做可以提高你的考试分数，并帮助你在班级里出类拔萃。

**3. 课外读物**。在商业中取得成功的秘诀之一就是要紧跟时代。我们建议你在这堂课期间和今后的职业生涯中，阅读下面的杂志及报纸：《华尔街日报》（*The Wall Street Journal*）、《福布斯》（*Forbes*）、《巴伦周刊》（*Barron's*）、《彭博商业周刊》（*Bloomberg Businessweek*）、《财富》（*Fortune*）、《钱》（*Money*）、《西班牙商业》（*Hispanic Business*）、《财智月刊》（*Smart Money*）、《哈佛商业评论》（*Harvard Business Review*）、《黑人企业》（*Black Enterprise*）、B t oB、《公司》（*Inc.*）及《企业家》（*Entrepreneur*）。你可能也想通过本地报纸的商业专栏与全国性新闻杂志——如《时代》（*Time*）及《新闻周刊》（*Newsweek*）——了解时事。如果你对这些资料不熟悉，现在就要开始尝试了解了。你可以在学校的学习资源中心与本地公共图书馆里找到这些资料，有些则在网上免费提供。

**4. 你和同学的经验**。许多学生在企业界或非营利组织工作过，与他们谈论这些经验能让你有机会认识实际案例及真正的企业。不要只是依赖教授的课堂案例或其他作业解答，因为通常没有唯一"正确"的答案，因此同学可能可以向你提供一个从崭新的角度看事物的方法。

若要成为一个成功的企业人士，就必须了解如何与他人共事。许多教授为学生提供小组合作的机会，帮助学生建立团队精神以及演讲与分析技能。如果班上有其他国家学生，类似的合作过程能让你学会利用不同的文化及方法去处理商业问题。多元化相当有益，所以需要找些与你不同的人加入小组。

**5. 外界关系**。还有谁能比目前正从事会计工作的人更能分享从事会计的心情呢？了解不同企业的最好办法就是亲自拜访，这个世界可以是你的教室。

你购物时想象一下自己是否乐于经营管理一家店面。你可以想象拥有或管理一家餐厅或是洗车行、健身俱乐部以及其他你曾拜访过的组织。倘若一切看来非常有趣，你可以与员工交谈以了解他们的工作及行业。很快地，你将会发现许多有趣的工作。时常留意工作机会，积极地和他人交谈与其职业相关的内容，一些人会乐意花时间与你谈论。

**6. 互联网**。网上的信息你一生都用之不尽。本书提供了需要你在网络上使用的信息与练习。信息快速变革，你必须自己决定是否跟上潮流。

**7. 图书馆和学习信息中心**。图书馆是与网络相辅相成的好工具，向图书馆管理员请教并学习如何取得所需信息。

## 善用本书

本书许多学习辅助单元可以帮助你理解每章的概念：

**1. 章首的"学习目标"**。详细阅读这些学习目标能够帮你了解本章的架构和关注点。因为每位学生都会时不时地发现难以学进去，而学习目标能提供引导，使你进入学习状态。

**2. 人物侧写**。章首的"人物侧写"讲述的故事可以帮助你了解成功应用本章所阐述概念的专业人士。

**3. 专栏**。每章都有专栏，用于扩展与本书主题有关的案例或讨论。包括：（1）道德抉择，（2）聚焦小企业，（3）法律实例，（4）域外观察，（5）环保意识，（6）社交媒体的商业价值。专栏文字写得很有趣，我们希望你乐于阅读，而且有所收获。

**4. 章末总结**。你能从此部分得知是否已经完成了本章的学习目标。

**5. 批判性思考**。章尾列出的问题会帮助你将阅读材料与自己的经验联系起来。

如果你采用本文所提建议，你就拥有了成功的学习经验。成功的最重要秘诀在于爱你所做的事，并尽力做好它。善加利用这些学习辅助数据，你会将自己的能力发挥到极致。

## ◎ 获得理想的工作

本节旨在协助你获得理想工作。首先，你必须决定你想做什么。我们将详细解说各行各业的工作，包括人力资源管理、营销、会计与财务等。许多好书都有助于你获得理想工作，因此我们主要想通过介绍这些主题，使你能够在阅读本书各章之时，思考你未来的事业。

如果你是重返校园的学生，与年轻学生相较，你拥有优势但也居于劣势。首先，你可能已经做过全职工作，可能比较了解自己不想从事哪一类工作，这确实是一项优点，通过深入探索各行各业，你能选择一份符合个人目标的事业。

如果你目前拥有一份全职工作，一定会感受到在职进修时学校任务与工作职责之间容易失衡。许多比较年长的学生必须辛苦负担家计，同时还要兼顾学业与工作。不过切记，这样的学生也会从中学会许多技能。即使领域不同，这些技能将在你跨入新事业时发挥关键性的影响。与年轻学子竞争，也不会有问题；相较之下，你拥有更多的经验并更能集中注意力。指导老师乐于同时教导这两类学生，因为两者看待事物的角度不同。

无论你是在追寻第一份或是最后一份事业，都应该开始发展策略，寻找并确保获得个人满意的工作。

## ◎ 求职策略

思考未来的生涯规划永远不嫌早。下列策略可以在这方面为你提供一些指引：

**1. 从自我分析开始。** 展开生涯之前不妨先完成自我分析，表0.2提供了一个简单的范例。

**2. 寻找你会乐在其中的工作。** 如果学校有生涯规划处或就业辅导处，就从那里开始。即便你已找到工作，也应继续找各行各业的人谈话。若是想要获得越来越好的工作你就要不断地寻找。

**3. 拓展人脉。** 人际网络比网络求职更能为求职者取得工作机会。你可以从同学、亲友、邻居、教授或当地企业人士着手。务必留下档案，记录上述联系人的姓名、住址、联络电话——他们在哪工作、推荐者是谁，以及推荐者与上述联系人之间的关系。要认识上述联系人并为雇主留下良好的印象有一个很棒

**表 0.2 个人评价**

| 兴趣 | 人格 |
|---|---|
| 我喜欢如何打发时间？ | 我有哪些好的和不好的特质？ |
| 我喜欢和人相处吗？ | 我是一个求胜心切的人吗？ |
| 我喜欢操作机械吗？ | 我能与别人愉快地合作吗？ |
| 我喜欢处理数字吗？ | 我是一个直言不讳的人吗？ |
| 我加入了很多组织吗？ | 我是领导者还是追随者？ |
| 我喜欢体育活动吗？ | 我能够在压力下表现优异吗？ |
| 我喜欢阅读吗？ | 我工作起来速度快吗？ |
| | 我与他人相处融洽吗？ |
| **能力** | 我有雄心壮志吗？ |
| 我擅长处理数字吗？ | 我能够独立工作吗？ |
| 我对机械拿手吗？ | |
| 我具有良好的口语和书面沟通能力吗？ | **理想的工作环境** |
| 我具有什么特长？ | 我想要调职吗？为什么？ |
| 我希望增进什么能力？ | 我对工作地点有偏好吗？为什么？ |
| | 我是否介意出差？ |
| **教育** | 我是否必须在大型国际知名企业工作才会 |
| 我为职业能力修过相关的专业课程吗？ | 感到满足？ |
| 我最擅长的科目是什么？最不擅长的呢？ | 我是否一定要求高起薪？ |
| 我最喜欢的科目是什么？最不喜欢的呢？ | 必须是一个提供迅速升迁机会的工作才行吗？ |
| 我参加的课外活动如何帮我为求职做好准备？ | 哪种工作环境最能令我感到舒适？ |
| 我在学校的绩点是否能够准确反映我的学 | 如果我可以自行设计工作，它会有哪些特色？ |
| 术能力？为什么？ | |
| 为什么我选择所学的专业？ | **个人目标** |
| | 我的短期和长期目标分别是什么？为什么？ |
| **经验** | 我是一个工作至上的人吗？我的兴趣广泛吗？ |
| 我之前做过什么工作？分别负责什么？ | 我的职业目标是什么？ |
| 我的工作经验对我目前的求职意向是否使 | 什么样的工作可能帮我实现目标？ |
| 用？为什么？ | 我希望在 5 年内做什么？10 年内呢？ |
| 对于以往的工作我最喜欢什么？最不喜欢什么？ | 我想从生活中得到什么？ |
| 为什么我会从事以往的工作？ | |
| 如果重新来过我还会从事那些工作吗？为什么？ | |

的方法，就是到你感兴趣的公司做兼职或暑期打工。许多专业人士利用社交网络（例如脸谱、推特或领英等网站）展开他们的工作，假如你选择了这些网站，

你应该留意只提供潜在的雇用代理人喜好的信息，而提供不妥的信息可能会影响你获得这份工作的机会。

**4. 上网寻求协助**。你将在各种网站发现重要的求职细节，许多网站协助求职者撰写简历，并帮助他们寻找符合自身兴趣与技能的工作。

**5. 准备出色的求职信与简历**。一旦你了解自己对于工作内容及地点的期望，就需要制作出色的简历与求职信。简历务必列出教育背景、工作经验及社会活动。我们将会更加详细地讲述关键的求职工具，还会提供一个可用的资源清单。

**6. 培养面试技巧**。面试官将检视你的外形（服装、发型、指甲、鞋子），态度（友善是上上策），口语能力（要够清楚）以及你的动机（要表现热忱）。值得留意的是，面试官会希望你积极参与社团活动，并且已经制定了目标。现在就针对上述项目自行评估，检视自己在哪些项目表现较差。你可以想办法努力改善，以便应付未来真正的面试。待会儿我们将给你一些提示。

**7. 后续追踪**。面试后写一张感谢函，即便你认为过程并不顺利，后续简短的两三句话足以让你创造最后良好的印象。与你感兴趣的企业保持联络，定期拨电话或是寄发电子邮件，让对方了解你仍然对他们的公司感兴趣。表达出你前往接受第二次面试的意愿，甚至异地也无所谓。通过认识该企业的人，了解应该跟谁联络，以及自己必须加强哪些自身条件。

## ◎ 更多求职小秘诀

学校的就业辅导处是你开始搜寻就业信息的好地方。校园招聘会高居就业信息来源排行榜首位（参阅表0.3），图书馆和网络可以提供年度报告，让你更了解所选择的企业。

其他好的来源包括招聘广告、招聘会、暑假实习计划、就业辅导处，甚至包括毛遂自荐。《职业展望季刊》（*Occupational Outlook Quarterly*）是美国劳工部出版的刊物，内文对求职有一段描述：

相较于求职技能，工作技能反而在求职中居于次位。求职技能包括寻找职

表 0.3　大学毕业生在哪找工作

| 工作来源 | 新员工百分比（%） |
|---|---|
| 校园招聘会 | 49.3% |
| 投求职信 | 9.8% |
| 现任职员推荐 | 7.2% |
| 就业辅导处刊登的资料 | 6.5% |
| 招聘广告 | 5.6% |
| 登门自荐 | 5.5% |
| 教育合作项目 | 4.8% |
| 暑期兼职 | 4.7% |
| 大学教职人员介绍 | 4.5% |
| 实习计划 | 4.5% |
| 高需求专业培训项目 | 4.4% |
| 少数族群就业项目 | 2.9% |
| 兼职 | 2.4% |
| 就业辅导处推荐 | 2.1% |
| 女性就业项目 | 2.1% |
| 求职介绍所介绍 | 1.9% |
| 校园组织介绍 | 1.8% |

缺、完成申请表、准备简历以及成功面试。

尽早构思简历和求职信，利用这些文件清楚地展示你的优点。现在就着手准备简历，也许你会发现参与的课外活动太少，无法给雇主留下深刻印象。因此，你可能需要开始加入一些学生团体或当志愿者，以强化你的社交技能。

你可能发现自己的经验不足，应该寻求实习或打工机会。无论如何，准备简历永远不嫌早，它绝对可以帮助你决定主修的方向以及其他职业培训。根据这样的脉络，我们开始讨论如何准备你的简历。

## ◎ 撰写简历

简历可以详细列出你的相关信息，让雇主评价你的背景。说明你的短期目标和职业目标，以及你的教育背景、经验、兴趣以及其他相关信息。例如，许

**表 0.4　有用的动词**

| | | |
|---|---|---|
| 管理 Managed | 安排 Scheduled | 建立 Established |
| 计划 Planned | 操作 Operated | 实施 Implemented |
| 组织 Organized | 指挥 Conducted | 改善 Improved |
| 协作 Coordinated | 执行 Administered | 提高 Increased |
| 监督 Supervised | 安排 Budgeted | 调查 Investigated |
| 训练 Trained | 设计 Designed | 团队 Teamed |
| 撰写 Wrote | 指导 Directed | 服务 Served |
| 生产 Produced | 发展 Developed | 处理 Handled |

多公司都重视团队工作经验。如果你拥有特殊才能，但却无法通过简历告诉雇主，这些才能就无法被列入评价。在简历中可以使用表0.4中所列的动词，因为公司会利用这些术语来过滤简历。简历必须清楚地列出你的全部特质。

简历等于是你的广告，如果广告比别人好，你就比较可能得到面试机会。这里所谓的"比较好"，表示你能以吸引人的方式强调个人特质。例如，在说明教育背景时，不要忘记强调课外活动经验，像是打工、运动、社团活动等。如果你的学业成绩优异，那就把学业成绩列入。重点在于，让简历和实际的你一样好。

工作经验也是如此，记得说明你的工作内容、参与过的项目和负责的内容。至于兴趣部分，不要只是提到什么兴趣，还要描述投入程度。如果曾经组过社团、当过志愿者，或是积极参与某个组织，一定要在简历里详细说明，参见表0.5的简历范例。多数企业希望简历长度不要超过一页，除非你拥有多年的工作经验。

## ◎ 上网张贴简历

许多大型企业都会上网寻找人才。因此，网络简历可以让你以最少的努力，接触到最多的潜在雇主；不过，网络仍不是最有效的求职方法，几年前也许有

**表 0.5　简历范例**

**黄燕（Yann Ng）**

地址：密苏里州柯克伍德大本德大道 345 号（63122）

电话：314-555-5385

电子信箱：YNG@AOL.COM

**应聘职位：** 企业 B2B 销售代表

**教育背景：**

**莫拉麦克圣路易社区学院**

准商业学士（平均分 3.6 分）

学生代表委员会成员

**圣路易斯市密苏里大学**

商业学士学位，市场营销专业（平均分 3.2 分，主修课 3.5 分）

每周打工 35 小时，自理全部学费和生活费

美国学生营销协会会员

学生自治会副主席

两学期被评为"优秀学生"

**工作经验：**

思纳克超市：大学四年课余在此打工，担任收银员。学到许多宝贵经验——能迅速答复客户要求，以友善且积极的态度与客户沟通。

玛丽·塔特尔花店：两个暑假在此工作，负责订购花卉、管理花卉销售，并担任店长助理；同时训练和管理三名员工，经常要处理客户询问与投诉。

**特殊专长：**

能说流利的越南语、法语和英语。精通 Word 操作，建立自己的个人网页 www.yng@stilnet.com，经常利用网络为论文搜集资料，以及发展个人兴趣。

**兴趣爱好：**

烹饪：经常为家人和朋友下厨；喜欢阅读，特别是古典文学；弹钢琴和有氧运动。

旅游：曾经去过亚洲、欧洲及美洲。上网搜集研究数据。

效，目前数以千计的求职者都将简历挂上网络，大量的求职信息让招聘者无所适从。然而，这并不代表你不用上网张贴简历表，不过你不能只是利用网络送出几百封简历之后，就坐在家中等待面试通知。无论如何，网络简历仍是求职的重要工具，不过记得还要利用人脉关系等传统工具来求职。

网络简历和标准简历不同，因为它是通过电脑筛选的，因此，你务必了解电脑程序搜寻的关键词。按照时间顺序排序列出工作经验不再适合，最好强调你的知识和技能。参照职位描述组织内容和使用词汇可能让你在数以千计的简历中崭露头角。参考表0.6的网络简历范例，你还应该查阅最新的简历写作指南，看看新近的格式规范。

以下是准备网络简历的小秘诀：

·尽量简单，只用文字。开头明确标示技能和目标，让对方在30秒内看到重点。

·若是通过电子邮件，直接通过邮件正文传送简历，不要以附件方式，让对方费时打开。

·针对不同企业撰写不同简历。标准文本可以雷同，不过要针对公司的求才说明加入不同资料。

·将求职信和简历存入同一个档案。

·用广告词语作为自己E-mail的标题，并且将职位编号引用在上面。

上网张贴简历可能是许多求职者的梦魇，包括个人隐私问题、身份盗用、使用相同求职服务的雇主看到雇员的求职信息等。另外，有时网络简历可能被转售给其他网站或个人。骗子们伪装成招聘方能够下载所有的应聘者简历，几乎能够肆无忌惮地使用这些简历。最坏的情况是，网络简历导致个人身份信息被盗用。以下告诉大家几个保护个人简历和身份的小秘诀：

·千万不要张贴高度隐私的信息，例如身份证号码和出生年月日等。

·详细阅读网络版面的隐私政策，了解该版面信息如何被使用。

·尽可能直接将简历发送给雇主。

·标示简历日期并在找到工作之后尽快将其移除。

·尽可能撤除隐私信息，包括电话号码和姓名，并且使用暂时性的E-mail邮址作为联系方式。

**表 0.6 网络简历范例**

黄燕（Yann Ng）

地址：密苏里州柯克伍德大本德大道 345 号（63122）

电话：314-555-5385

电子信箱：YNG@AOL.COM

应聘职位：企业 B2B 销售代表

教育背景：

莫拉麦克圣路易社区学院

准商业学士（平均分 3.6 分）

学生代表委员会成员

圣路易斯市密苏里大学

商业学士学位，市场营销专业（平均分 3.2 分，主修课 3.5 分）

每周打工 35 小时，自理全部学费和生活费

美国学生营销协会会员

学生自治会副主席

两学期被评为"优秀学生"

工作经验：

思纳克超市：大学四年课余在此打工，担任收银员。学到许多宝贵经验——能迅速答复客户要求，以友善且积极的态度与客户沟通。

玛丽·塔特尔花店：两个暑假在此工作，负责订购花卉、管理花卉销售，并担任店长助理；同时训练和管理三名员工，经常要处理客户询问与投诉。

特殊专长：

能说流利的越南语、法语和英语。精通 Word 操作，建立自己的个人网页 www.yng@stilnet.com，经常利用网络为论文搜集资料，以及发展个人兴趣。

兴趣爱好：

烹饪：经常为家人和朋友下厨；喜欢阅读，特别是古典文学；弹钢琴和有氧运动。旅游：曾经去过亚洲、欧洲及美洲。上网搜集研究数据。

## ◎ 撰写求职信

求职信旨在告知对方你的特长并提出申请，这是最重要的自我宣传文件之一，所以应该正确书写。

首先，应该在信里指出你已经研究过该公司，对于应聘的职位深感兴趣。第一段，告诉对方你搜寻和了解了哪些信息，让对方感觉到你的用心投入。

俗话说："你知道什么并不重要，认识谁才是问题核心。"这句话只有几分是正确的——因为知识和人脉都是必要——不过这句话的重要性仍然不减。如果你原先不认识什么人，你可以选择去认识他们。例如，拨电话给该公司（当然亲自拜访更好），与相关的重要员工洽谈有关培训和工资等问题。求职信中表示已经和该公司员工谈过，类似不经意地表达"认识某人"，以及表示你的兴趣浓厚到主动咨询，这些都是重要的人脉关系。

第二段为自我介绍，一定要指出你的特质将使公司获得好处。例如，不要只是说"我即将取得市场营销学学位"，而是说"我在大学接受营销和市场调查训练，我能很快融入贵公司的营销体系，立即为公司做出贡献"。参阅表0.7求职信范例。

第三段，一定要表示可以配合对方的面试时间。次参阅表0.7。留意求职者可以如何不露痕迹地指出她读过的商业出版物，使她的简历更具吸引力。

以下是撰写求职信和准备简历的原则：

·要有自信，列出你所有的特质。

·不要有歉意或负面感觉，而应该像一位专业人士写给另一位专业人士那样平起平坐。切勿展现出请求对方给你工作的卑微学生形象。

·说明你的经验和教育如何提升公司价值。

·彻底调查应聘的公司，面向几家特定公司撰写针对市场营销职位的求职信，书写过程避免笼统。

·如果不太会使用电脑，找一个经验丰富的录入员帮你准备简历材料。可以使用FedEx Office来帮助你。

·找人帮你校对文字、语法和格式，你不会希望寄第二封信以订正第一封的错误。

·如果你要列出介绍人或推荐人，必须先征得对方同意。

**表 0.7　求职信范例**

> 密苏里州柯克伍德（63122）
>
> 大本德大道 345 号
>
> 2012 年 10 月 10 日
>
> 卡尔·卡林斯基 先生（招聘负责人姓名）
>
> 第一设计（Premier Designs）（招聘公司名称）
>
> 伊利诺伊州芝加哥（60536）
>
> 苹果园 45 号（招聘公司地址）
>
> 尊敬的 卡尔·卡林斯基 先生：（注意，最好知道收信人的姓名）
>
> 看了最近一期《公司》（Inc.）与《成功》（Success）杂志中的一篇文章，我对于贵公司具有创意的产品及以客户为中心的理念称赞不已。本人对于贵公司产品材料非常熟悉。事实上，玛丽·塔特尔花店——我前两次暑假打工的老板——就是采用同样的材料。贵公司当地业务代表——克里斯蒂·布夏尔与我谈及了贵公司产品及"最佳设计"教育训练课程。克里斯蒂提及贵公司正在招聘业务代表，以下是她告诉我的招聘条件以及我的个人资料。
>
> 条件：有业务能力的男性或女性。
>
> 资历：具有在玛丽·塔特尔花店成功销售、订购花卉的管理经验；在思纳克超市有实际与客户双向沟通的经验。
>
> 条件：具有领导能力及积极进取者。
>
> 资历：大学期间，我利用晚上与暑假工读赚取学费及生活费。就与位于莫拉麦克的圣路易斯社区大学时，当选为学生会代表。在密苏里大学也积极参与学生自治会活动。自己负担亚洲、欧洲及美洲等地旅行的费用。
>
> 您愿意雇用像我这样认真的人，为"第一设计"服务吗？1 月 4 日到 9 日这一周我将会在芝加哥停留。不知道何时较为方便，可以让我们谈谈这个工作机会？我将会给您的秘书打电话预约拜会时间。
>
> 黄燕谨上

## ◎ 准备面试

　　公司通常不会随便通知面试，除非他们确信应征者可以胜任，因此面试是个不成则败的形势。如果面试表现好的话，受聘机会就会更大，所以必须做好准备。以下是准备面试的五个阶段：

　　**1. 调查应聘企业**。了解其产业类别、有哪些竞争者、提供哪些产品或服务、市场接受度以及你意向的职务的情况。你可以详细阅读该公司的年度报告、标准普尔公司（Standard & Poor）、胡佛（Hoover's）、穆迪投资服务（Moody）手册，或各种商业刊物，例如《财富》《商业周刊》或《福布斯》。你也可以去图书馆或上网寻找所需的信息。另外，《商业文献读者指南》（*Reader's Guide to Business Literature*）能让你找到相关文章的信息。这项步骤显示你积极地了解该公司的背景。

　　**2. 面试演练**。表0.8列出了面试常见问题。试着与室友、父母或朋友讨论练习。不要死记答案，但要充分准备——了解你想说的内容。复习表0.4的专用术语范例，面试时尽量使用。如果你对应征公司的产品、工作及企业文化等问题进行了充分的准备，面试官将会对你印象深刻。表0.9列出了一些你可以询问的问题范例，确认你要与谁联络，凡是曾经见过面的人都应逐一记下姓名。

　　**3. 表现专业**。面试过程中，你的外形和表达都要专业。先了解应征公司管理者如何穿着，确定你的服装仪容得体。与面试官见面时，要称呼对方尊称，保持微笑，保持适当的视线接触。要端坐、全神贯注、表现出高度兴趣。如果先前曾经练习，你应该能怡然自得信心十足。另外，忠于自己并友善地回答问题，同时要有适度反应。（在第11章中你会学到更多面试官会问到哪些法律上允许询问的问题。）记住，面试不是一个单向沟通，不要忘记询问先前准备好的问题，不要询问薪水问题，直到你已经得到这份工作。离开时要感谢面试官，如果你仍然对工作有兴趣，就告知对方。如果对方没有响应，主动询问接下来如何执行，保持正面态度。表0.10和表0.11描述了面试官的评价指标。

　　**4. 后续追踪**。写下你记得的面试内容——面试官姓名和职称、工资和培训等，将这些信息放入求职档案。你可以写信感谢对方抽出时间与你面谈，也可

**表0.8 常见问题**

| | |
|---|---|
| · 你会如何描述自己? | · 你愿意出差吗? |
| · 你的优缺点是什么? | · 哪件事令你最有成就感? |
| · 你如何选择这家企业? | · 你认为工作中哪一点对你最重要? |
| · 你的长期职业目标是什么? | · 为什么我要雇用你? |
| · 你最喜欢什么科目?最不喜欢呢? | · 你在这类工作中有哪些经验? |
| · 你有哪些兴趣爱好? | · 你的期望薪酬是多少? |
| · 你是否偏好特定的地理区位? | |

**表0.9 可以询问面试官的问题范例**

| | |
|---|---|
| · 贵公司的主要竞争者是谁?相较之下,它们的产品和营销表现如何? | · 我如何被考核? |
| | · 公司有哪些升迁政策? |
| · 整个培训计划需要多长时间?包括哪些内容? | · 公司的企业文化是什么? |
| | · 面试之后的下一步是什么? |
| · 培训之后何时开始上班? | · 何时能收到贵公司的面试结果? |
| · 在贵公司工作有何好处? | · 关于我的背景、经验或教育,您还需要哪些其他信息? |
| · 通常你期望的出差频率是多少? | |
| · 我所从事的领域管理风格如何? | · 贵公司接下来的半个月的工作重点是什么?我可以贡献什么? |
| · 我所从事的领域工作环境如何? | |

以附加推荐函,让他们保持对你的兴趣。俗话说:"会叫的鸟儿有虫吃。"你的热情可能大大地影响到你能否得到工作。

**5. 准备行动**。了解得到工作之后的响应方式,当得知了所有信息之后,也许你不想拥有这份工作。别期望每次面试都能获得工作,但你可以从每次面试中学到东西。练习和持之以恒,可以让你获得回报——一份具有挑战性的工作。

## ◎ 准备转行

和多数人一样,这辈子你可能会多次转换工作。这是一件好事,你可以尝试不同的工作，保持新鲜、冲劲和活力。在人生道路上始终向前迈进的关键在于愿意转换工作、不断寻找可以带来满足和成长的工作。这也代表你必须写许多求职信和简历，以及参加许多面试。每当你转换工作，一定要再回头复习本章介绍的步骤，作好充分准备。祝你好运！

**表0.10　招聘者针对工作前景寻求的特质**

1. **沟通能力**。你具有有效组织思维和想法的能力吗？你能清晰地口头和书面表达吗？你能以令人信服的方式将你的想法呈现出来吗？
2. **才智**。你能够理解工作内容吗？你能学习操作细节吗？能够为工作带来创新的想法吗？
3. **自信**。你是否够成熟，能积极有效地处理各类情况和人际关系？
4. **愿意承担责任**。你清楚需要投入的工作吗？并且愿意去做？
5. **主动**。你是否有能力辨识工作目的，并且确实行动？
6. **领导才能**。你能指导并带领他人完成既定的目标吗？
7. **冲劲**。你能推动工作，并且让工作绩效保持在平均水平之上吗？
8. **想象力**。你能够面对并处理没有标准答案的问题吗？
9. **灵活性**。你是否能改变并接受新局面和新想法？
10. **人际交往能力**。你能够使别人发挥最大潜能，并让他们成为团队中高效热情的一员吗？
11. **自知之明**。你能实际评估自己的能力吗？能以别人的角度观察自己？能清晰地认识自己的优势和劣势？
12. **处理冲突的能力**。你能成功处理紧张或对立的情势吗？
13. **竞争力**。你能够与他人竞争吗？你愿意自己的工作表现接受评估吗？
14. **实现目标**。你能制定并完成特定的目标吗？这些目标是对你能力的挑战吗？
15. **职业技能**。你的教育与技能是否符合你在寻找的工作？
16. **方向**。你是否明确自己的个人基本需求？你是否明确哪一种职位能够满足你的知识、技能与目标？

资料来源："So You're Looking for a Job?" The College Placement Council

**表0.11　面试评分表**

求职者：下列每个特质评分从1（最差）到7（最佳），每一项圈出一个数字来表示自己在面试中的表现。

求职者姓名：_____

**1. 外表**

　　　　邋遢　1 2 3 4 5 6 7 整洁

2. 态度

　　　不友好　1　2　3　4　5　6　7　友好

3. 自信 / 语言能力

　　　a. 充分回答问题

　　　　差　1　2　3　4　5　6　7　好

　　　b. 清楚描述个人背景，并说明此背景如何符合工作条件

　　　　差　1　2　3　4　5　6　7　好

　　　c. 能够说明工作能力并使人信服

　　　　差　1　2　3　4　5　6　7　好

　　　d. 针对该公司及职位提问

　　　　差　1　2　3　4　5　6　7　好

　　　e. 完整表达个人目标和能力

　　　　差　1　2　3　4　5　6　7　好

4. 动机

　　　差　1　2　3　4　5　6　7　好

5. 学科 / 学术知识

　　　差　1　2　3　4　5　6　7　好

6. 稳定性

　　　差　1　2　3　4　5　6　7　好

7. 沉着冷静

　　　局促不安　1　2　3　4　5　6　7　轻松

8. 个人参与 / 活动、社团等

　　　差　1　2　3　4　5　6　7　好

9. 心理印象

　　　迟钝　1　2　3　4　5　6　7　警觉

10. 适应性

　　　差　1　2　3　4　5　6　7　好

11. 口语表达

　　　差　1　2　3　4　5　6　7　好

12. 整体印象

　　　差　1　2　3　4　5　6　7　好

13. 如果由你来做决定，是否雇用这个人？

　　　会　　不会

# 1

# 动态商业环境：风险和获利

## 学习目标

1. 描述利润与风险之间的关系，说明企业和非营利组织如何提高所有人的生活质量。

2. 比较企业家和打工者的不同之处。

3. 分析经济环境和税收对企业的影响。

4. 描述科技对企业的影响。

5. 描述企业如何赢得竞争。

6. 分析影响企业的社会变革。

7. 分析企业应该如何迎接全球挑战，包括战争和恐怖主义。

8. 回顾过去的变化趋势如何在当今重演，这些趋势对未来的大学毕业生有何启示。

# 人物侧写

## 认识 Monifc.com 的创办者莫尼芙·克拉克

　　如果你是一位人高马大的女士，还想穿漂亮的衣服，特别是一套讨人喜欢的泳衣，你会怎么办？很少有服装设计师提供尺码较大的衣服，这使服装店在为胖女士提供服务方面很是失败。这是莫尼芙·克拉克（Monif Clarke）要面对的问题。她决定设计自己的款式来满足对此类服装的需求。利用从她父亲那借来的 3 万美元和母亲（也是她的生意伙伴）的帮助，她创办了莫尼芙·克拉克时代大号服装公司。作为一个身高体胖的女士，克拉克认为在大尺码服装市场需要有一个新的观点。"欣赏自己的曲线，并意识到它们对我有好处而不是有坏处，这一点我用了很多年才明白……我讨厌购买适合每个妇女的标准服装，我需要奢华的女人味十足的衣服。谁说大尺码衣服不能性感、奢华、有女人味呢？"因为对加勒比海、纽约夜生活的魅力和欧洲式样的热爱，克拉克的设计从中得到了很大的启发。认识到多变的重要性，她要确保衣服在白天和晚上、盛装和便装时都能得体。质地、镶边和处理都经过精心的选择。莫尼芙·克拉克精品服装的目标消费群体是年轻而时尚的女性。你可以登录 www.Monifc.com 挑选适合自己的服装。

　　克拉克在美国罗格斯大学获取了学位，主修数学和计算机。她报名参加了纽约时装技术学院的课程，建立了自己的圈子（结识人），并参加商品交易会。她遇到了一位生产商，她努力说服他生产她的作品，但是，她的订单太小了，让他根本无钱可赚。然而，克拉克的热情和坚持给他留下了非常深刻的印象，因此，他向她提供了生产厂家、织物供应商和镶边供应商的联系方式，这些人她现在还有业务往来。她的服装全部在纽约的服装区加工。这对本地的新服装设计师来说意义重大，因为它们承接较小的订单。

　　克拉克的服装出现在 TLC 的《时尚大忌》（*What Not to Wear*）电视节目，该节目称赞她的服装是身材胖大女士的好选择，她的知名度因此大增。因为主要的百货商店正在寻找更为传统的设计（设法掩饰曲线的黑色或棕褐色），在把产品打入这些商店时，克拉克遇到了麻烦。她转向了互联网，创建了电子商务网站来销售她的服装作品。她还与 Overstock.com、Ideeli.com 等在线零售商合作，推广她设计的时装。有些客户穿上她的服装当模特，在 YouTube 上帮她做广告。

　　现在，她将自己的服装卖给美国和世界各地的零售商。就像所有的企业一样，她的公司也受到经济下滑的影响，但克拉克能够固定价格，并修改设计以满足市场变化的需要。在她母亲去世后，克拉克被迫雇用新人，她甚至更加渴望成功。自 2005 年开始，Monifc.com 重获生机，以此证明了她的成功。请一定看看她网站上的泳衣模特，现在，泳衣占到了 40% 的销售额。

　　企业正在想方设法适应客户的需求及他们所使用的技术。本章向你介绍一般性的创业精神，以及今天商业世界发生的变化。当你对企业和非营利组织了解得更多，你会明白，适应时代的变化是硬道理。

资料来源：Tamara E. Holmes, "Plus-Sized Profits", *Black Enterprise*, April 2011, and www.Monifc.com, accessed April 2011.

## ◎ 企业家精神和财富创造

你可以从章首"人物侧写"中学到，商业成功源自紧随市场的脚步。**企业**（business）是任何通过提供商品和服务来获得利润的实体。为某个区域的人们提供所需的商品、工作和服务，才能获得这部分利润。**商品**（goods）是指有形的产品，例如计算机、食品、衣服、汽车和用具；**服务**（service）则是无形的产品，即无法抓取在手里的产品，比如教育、医疗、保险、娱乐及旅游。一旦开发出了正确的商品与服务，除了要能满足消费者的需求，还必须让消费者获知。信息可以通过消费者惯常使用的媒体，如博客、推特（twitter）、脸谱网（facebook）、电视广告等各种方式来转播。

即使你没有把致富当作主要的人生目标，你仍可以通过满足市场需求来赚钱，有时，为消费者提供所需甚至可以赚大钱。沃尔玛百货的山姆·沃顿（Sam Walton）发家于美国阿肯色州的一家商店，如今已成为美国最富有的人之一。目前全球有超过1,100万百万富翁。你投身创业后，或许也将成为其中的一员。**企业家**（entrepreneur）就是投入时间与金钱创建与管理企业的人。

### 收入、利润和亏损

**收入**（revenue）是指在某段特定时期内，企业销售产品或服务获得的金钱总额；**利润**（profit）是企业获取的、扣除所支付的工资和经营所需的其他费用的总金额数；**亏损**（loss）则发生在企业成本与支出超过收入之时。企业很可能因持续亏损而倒闭，致使员工失业。美国每年大约有8万家公司经营失利，2008年经济放缓后，更多企业倒闭了。

如前所述，商业环境瞬息万变，曾经巨大的机会——如网上卖场或SUV——可能因为经济变化转变为无可弥补的败绩。创业伴随着风险，高风险往往带来高额利润，下面就来分析这个概念。

### 权衡风险和利润

**风险**（risk）是指企业家在商业活动中所承担的，遭受时间与金钱无效益的损失概率。前文提到，利润是企业扣除所支付工资与其他费用后的盈余。假如你想在夏天摆摊卖热狗，你就需要先花钱租推车并购买热狗食材，当你不在时，还得请人看管摊位。等付完自己和雇员的薪水、材料成本、手推车租金及税金之后，剩下的金钱所得就是利润。

切记，利润要扣除自己的薪水。你可以用利润再租一辆推车，或是再请一位助手。几年之后，你可能已经摆了十几个摊位，雇用了十几名员工。

即使同样是获利的企业，不同公司获利的多寡也不尽相同。风险较高的活动——例如制造一款新型汽车——利润也就可能较高。同样，在市中心开店比在郊区要承担更多风险，因为保险和租金更高，但较少的竞争也使可能的获利更高。Digicel公司的爱尔兰企业家丹尼斯·奥布莱恩（Denis O'Brien）在世界上最贫困、最动荡的国家出售手机，获利上亿美元。风险越大，利润越高。

### 生活水平和生活质量

山姆·沃顿（沃尔玛百货）和比尔·盖茨（微软）之类的企业家不但自己获得了巨大的财富，也为他人提供了工作机会。沃尔玛百货是目前全美最大的私营雇主。

企业及其员工向联邦政府与当地社区缴税，用于兴建医院、学校、图书馆、运动场、道路等公共设施，还可以用来保持环境整洁、协助需要帮助的人、提供警力和消防。因此，企业创造的财富和上缴的税收对当地每个人都能有所帮助。全国（乃至全世界）的企业都是经济体系的一环，对大家的生活水平和生活质量均有贡献。近年的经济放缓是如何影响你周边人们的生活水平和生活质量的？

**生活水平**（standard of living）指人们负担得起的商品和服务的数量。例如，即使德国和日本等国家的工人时薪更高，美国的生活水平仍居全球之冠，原因就是德国和日本的物价较高，所以同样的花费在美国可以买到更多商品和服务。例如，在日本一瓶啤酒要价7美元，而在美国为3美元。

某些国家的商品价格高于别国，原因通常在于这些国家的税赋较高、法令规定较严格。合理的税赋和法令环境对经济发展非常重要。第2章将深入探讨这些议题，以了解美国如何通过企业管理有效地提升生活水平。现在，我们明白美国的高生活水平来自于企业所创造的财富。

**生活质量**（quality of life）指社会上全面的福利情况，包括政治自由、自然环境、教育、医疗保健、安全、休闲娱乐以及其他能够带来满足与喜悦的商品与服务。要保有高品质的生活，企业、非营利组织及政府机构就必须共同努力。企业创造越多财富，为每个人的生活质量所带来的影响就越大。需要提醒的是，努力工作以创造更高的生活水平，可能导致陪家人的时间减少或承受更大压力，从而影响生活质量。

## 回应不同的企业利益相关者

**利益相关者**（stakeholders）就是指因企业的政策和活动而获得收益或者遭受损失的人群，企业需要满足其关注点，他们包括了客户、员工、股东、供应商、经销商（零售商）、银行、附近居民、媒体、环保人士及当选的政府领导人，如图1.1所示。

21世纪组织面临的主要挑战，在于识别和回应不同利益相关者的需求。例如，企业除了追求获利，还必须努力提高员工薪资或保护环境；忽视媒体利益，它们会报道不利于企业的新闻，造成销售损失；与当地社区对抗，将妨碍企业扩张。

为了确保竞争力，企业可能需要外包。**外包**（outsourcing）指与其他组织（通常位于其他国家）进行协议以委托该组织执行部分或全部企业职能（例如，生产或会计）。企业外包已经造成了美国多个州的工作岗位流失给海外竞争对手。我们将在第3章更详细地讨论外包。

另一方面，内包（insourcing）则是指其他国家的企业将生产和设计留在某国。例如，韩国现代汽车（Hyundai）将设计和工程部设在美国密歇根州底特律，生产部门则设在阿拉巴马州蒙特利市。日本丰田（Toyota）和本田（Honda）汽车在美国生产汽车多年。内包创造了许多新工作，多少也抵消了外包造成的失业冲击。

外包虽然是合法且有利可图的企业行为，但是否对所有利益相关者都有利

利益相关者

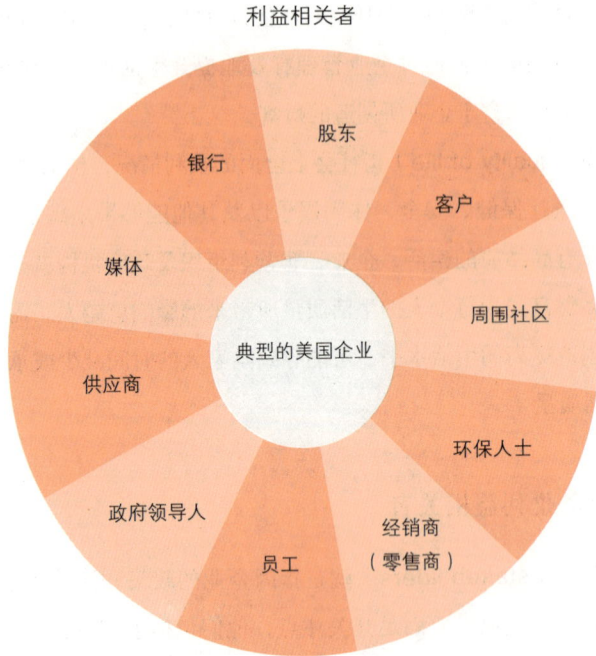

图 1.1　企业与利益相关者

通常企业各个利益相关者之间的需求会有冲突。例如，支付给员工更高的薪酬会减少股东的利润。平衡这些需求是企业管理者的主要职责之一。

呢？企业领导者进行外包决策时必须考虑所有因素。满足所有利益相关者并不容易，很多时候必须取舍。

### 在非营利组织运用企业原则

　　企业虽然会尽力满足利益相关者的需求，却不能保证每件事都让全社会满意。非营利组织——例如公立学校、民间组织、慈善机构（如联合劝募会 United Way、救世军组织 Salvation Army）及其他社会团体——也能促使国家与世界更重视人民需求。**非营利组织**（nonprofit organization）指不以为其所有人或组织者创造个人利润为目标的组织。非营利组织也常常致力于获利，但获利的目的是为了达成社会或教育目标，而非替组织所有者牟利。

　　**社会企业家精神**（social entrepreneurs）就是指人们使用企业原则去创立和管

理一个组织，但目的并非是自身利益，而是协助国家改善一些社会问题。穆罕默德·尤努斯（Muhammad Yunus）因创立孟加拉乡村银行（Grameen Bank）而获得诺贝尔奖，该机构为无法获得贷款资格的创业者提供小额贷款。尤努斯组建了30个他称为"社会企业"的组织，均不以获取利润为目的。例如，其中一家企业为白内障手术承担部分费用。

你可能有兴趣为类似尤努斯组建的非营利组织工作，但这并不表示你不必在学校学习任何管理技能。你仍须学习一些经营企业的技能，例如信息管理、领导力、营销及财务管理等。掌握各种商业课程提供的知识和技能，对你未来选择的任何工作和生活，包括在非营利组织的职业生涯，都非常有用。做完学习评估，我们会在后面的章节里探讨更多有关企业家精神的细节。

## ◎ 企业家与打工者

成功有两种方式，其中一种就是在大型企业中工作并获得擢升。受雇于人的优点在于，经营企业的风险由他人承担，受雇者由他人提供报酬、休闲时间和健康保险。这是一种很好的选择，许多人都选择了这种方式。

另一种则是成为一个企业家，不过风险较高。美国国歌《星条旗永不落》（*The Star Spangled Banner*）中，提到美国是"自由的乐土和勇敢者的天堂"，其中的"自由"，部分就体现在可以拥有自己的企业并享有其利润的自由上。但是，有成功的自由，当然就有失败的自由。每年都有许多小企业经营失利，因此若要自行创业，就必须拥有十足的勇气。如果你是一位企业家，你也就无法获得任何福利，诸如带薪休假、日间托儿的福利、使用公务车和健康保险等，你必须自己赚取上述的一切。在迎接挑战之前，你有必要深入研究成功企业家的经营流程。你可以借由当面讨论来学习成功的案例，或者通过阅读本书第6章以及其他书籍与杂志来研究成功之道。

## 聚焦小企业

### 为少数族裔服务的企业的网络化

　　黑人企业创业家会议每年吸引约 2,000 名富有才华的企业主参加。《黑人企业》的发行人厄尔·格雷夫斯（Earl Graves）说："如果不能积极和有效地与他人建立关系，并对这些关系施加影响，我们就无法在全球市场上建立具有规模和意义的企业。"他继续说道："你需要在你行业内部与你的客户、供应商、其他企业主、银行、律师、金融家和公司管理者建立互惠互利的关系，这样才能促进企业的成长。"

　　"卡萝尔的女儿"（Carol's Daughter）是一家生产护发和美容产品的公司，属于网络邮购型企业，由莉萨·普赖斯（Lisa Price）创立，它是黑人企业依赖其他供应商、客户、投资者和伙伴取得成功的范例。起步时，普赖斯尝试着销售她在布鲁克林家的厨房里自制的香水和洗浴用品。当她遇到音乐界高管史蒂夫·斯托特（Steve Stoute）时，他非常确信她的业务的潜力，因此鼓励其他名人投资她的公司，比如威尔·史密斯（Will Smith）和艺名为 Jay-Z 的肖恩·卡特（Shawn Carter）。现在，"卡萝尔的女儿"是国际知名品牌，在纽约的哈莱姆区开设了一家商店，并成为丝芙兰、梅西百货和居家购物网的零售伙伴。

资料来源：Earl G. Graves, "To Build Our Businesses, We Must Leverage Our Relationships," *Black Enterprise*, March 2011; and artgoodiesonline, accessed March 2011.

## 企业家的机会

　　全球各地有上百万人享受着创业的挑战与成功。例如，美国西班牙裔企业家的增长速度十分显著，西班牙裔现在是全美最大的少数族群。西班牙裔无论是男性还是女性，都同样出色。亚裔、太平洋群岛后裔、印第安人与阿拉斯加原住民的企业家人数也快速增长。

　　现在，三分之一的企业为女性企业家所有。知名人物包括奥普拉·温弗瑞（Oprah Winfrey）、当娜·卡兰（Donna Karan）和莉莲·弗农（Lillian Vernon）等。钟彬娴（Andrea Jung）是雅芳产品有限公司的CEO。全世界最有权势的女人包括新加坡淡马锡控股公司首席执行官何晶（Ho ching）、美国百事可乐公司首席执行官卢英德（Indra Nooyi）、英国英美资源集团首席执行官辛西娅·卡罗尔

（Cynthia Caroll）。

少数族裔女性企业家创立企业数量的增速远高于男性或非少数族裔企业家。有色人种女性建立企业的速度是她们男性同行的两倍，是非少数族裔女企业家的四倍以上。"聚焦小企业"专栏提供了少数族裔企业家的故事。

## 企业家对于财富创造的重要性

你是否曾经质疑，为何某些国家相对富裕，而某些国家则贫穷？经济学家已经对财富创造这个议题关注了很多年，他们找到五项能够带来财富的要素，称为**生产要素**（factors of production），如表1.1所示：

**表1.1　五大生产要素**

| 土地 | 被用来建屋、制造汽车和其他产品的土地和其他天然资源。 |
|---|---|
| 劳动 | 人力是生产产品和服务的重要资源，不过，目前许多人力已经被科技取代。 |
| 资本 | 资本包括机械、工具、建筑物以及其他生产工具。 |
| 企业家精神 | 如果没有敢于承担风险并开创新事业的企业家，其他资源的价值将会被大幅削弱。 |
| 知识 | 信息科技显著地改变了企业经营，使企业得以快速地掌握和满足消费者需求和欲求，并用相应的产品和服务来满足它们。 |

1. 土地（或自然资源）。

2. 劳动（工作者）。

3. 资本（包括机器、工具及建筑物；或是任何被用于产品生产的事物，但不包括金钱。金钱被用来购买生产要素，但它本身并非生产要素）。

4. 企业家精神。

5. 知识。

传统的企业管理书籍往往只强调四项生产要素：土地、劳动、资本及企业家精神，但是现代管理专家学者和管理大师彼得·德鲁克（Peter Drucker）则认为，经济体系中最重要的生产要素是知识。

比较富国和穷国的生产要素时，我们发现了什么？一些穷国通常拥有广阔的土地与天然资源，例如，俄罗斯地大物博，但并不富裕。因此，土地并非创造财富的主因。

多数穷国都拥有众多的劳工，例如墨西哥，所以现在劳动已经并不是主要的财富来源。劳工需要找到工作贡献所长；换言之，他们需要企业家提供工作机会。再者，资本——机器与工具——在国际市场上变得越来越容易获得，因此也不是绝对关键。倘若没有企业家充分运用，资本仍然无法发挥生产效用。

当今富国之所以富有，关键在于对企业家精神与知识的有效应用的整合。企业家运用他们学得的东西（知识），令企业成长，从而增加财富。经济体与政治自由也起着重要作用。

企业环境对企业家精神同时存在着正反两方面的影响。这解释了为何美国某些州与城市变得富裕，而有的地方却仍然贫穷。紧接着，我们将探讨组成企业环境的主要因素，以了解如何创造一个有助于企业成长和创造工作机会的环境。

## ◎ 企业环境

**企业环境**（business environment）由协助或干扰企业经营与发展的要素组成，图1.2指出了共同组成企业环境的五大要素：

1. 经济和法律环境。

2. 科技环境。

3. 竞争环境。

4. 社会环境。

5. 全球企业环境。

企业在健全的环境中会成长得比较好，会创造财富，并带动工作机会的增加。因此，创造正面的企业环境是社会进步的基础，有了它，社会各方面才能进步，包括良好的学校、洁净的水与空气、完善的医疗保健与较低的犯罪率。企业往往无法控制所处的环境，而需要小心地观察并尽其所能适应环境的变化。

全球企业环境

**经济和法律环境**
1. 自由所有权
2. 合同法
3. 消除腐败
4. 可交换的货币
5. 最低的税捐和管制

**科技环境**
1. 信息技术
2. 数据库
3. 条形码
4. 互联网

企业管理和工作机会的创造

**竞争环境**
1. 顾客服务
2. 利益相关者的认同
3. 员工服务
4. 对环境的关切

**社会环境**
1. 多元化
2. 人口变化
3. 家庭改变

全球竞争

自由贸易

品质要求

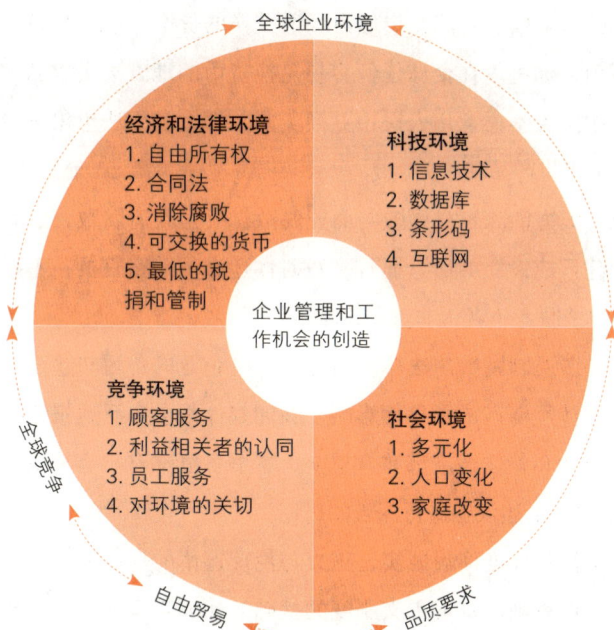

**图1.2 动态的企业环境**

## 经济和法律环境

倘若觉得亏损的风险不大，人们就会愿意创业。经济体系以及政府对于企业的支持或反对态度对风险水平具有重大影响。例如，政府可以降低税率与放松政府管制，这类政策企业是欢迎的。奥巴马为了使经济快速增长，采取了增加政府开支的办法。经济学家有的将此视为对经济的刺激，有的则持反对意见。政府主动提倡企业家精神的方法之一，就是允许企业私有。在有些国家，企业多属政府所有，因此人民比较缺乏努力工作和创造利润的动机。然而，当今全球许多政府将国有企业转售民间，以创造更多的财富。发展中国家政府可以提出的最佳政策，就是降低或最小化对商品与服务交易的干预。

政府可以通过法案确保商业合同的法律效力，从而进一步降低创业风险。例如，美国的《全球商务条款》（Universal Commercial Code）便在商业条约中纳入合同和产品保单等相关规定，企业由此可以相互信任。反之，在尚未制定相关法律的国家里创业，风险就相对较高。

另外，政府可以发行能在全球市场上交换的货币。也就是说，通过使用政府发行的货币，你可以在全球任何容易兑换货币的地方买卖货品和服务。举个例子，如果中国人不愿意用人民币兑换美元，那么就无法想象可口可乐或迪士尼可以在中国出售产品和服务。

政府也可大力消除自身腐败与商业腐败。一旦政府腐败，没有政府许可就很难在当地建厂或设立商店，而且多数时候还必须贿赂官员；不择手段的企业领导人还可以威胁竞争者，非法弱化竞争。

美国有许多遏制腐败的法律。当然，某些企业的贪污与违法活动也对当地的商业乃至总体经济产成了负面影响。新闻媒体都会广泛地报道相关案例。伦理对于企业成功和整体经济都非常重要，本书各章都有"道德抉择"专栏，而且将在第4章对于上述议题进行深入的讨论。

资本主义体系极度仰赖诚实、正直与伦理道德的高标准。倘若这些根本信念丧失，将会严重削弱资本主义制度的基础。2008年全球经济停滞不前，部分原因就是由于诚信基础的动摇。例如，一些抵押贷款机构没有充分调研以确保贷款者的信用，许多次级抵押贷款的借款者信用也较低，丧失了抵押品的赎回权。这些未偿付的债务引起了连锁反应，不仅让人们赔上了自己的房屋，还造成全球房价的下跌，连商业借款者都贷款困难。没有如实提供收入信息或欺骗贷款方的人对这场经济灾难负有部分责任。

我们很容易看到，上述损害源于某些企业家的道德沦丧。与之相对，普通消费者（也就是你和我）的不道德行为产生的影响却不那么容易被发现。在"道德抉择"专栏中，我们会更深入地讨论上述这些议题。

## 科技环境

自史前时代迄今，人类便一直通过创造工具来提升工作效率。对于企业影响最具综合性与持久性的是信息科技：计算机、网络、手机等，尤其是互联网。

苹果平板电脑、苹果手机、黑莓等智能手机以及MySpace、脸谱网、推特等社交媒体，完全改变了人际沟通的方式。广告主等商业人士开发途径，通过这些工具接触供应商和消费者，即使是政客也利用互联网的力量经营

## 道德抉择

### 职业道德从你开始

如果某些人的名字出现在了新闻头条中，人们就容易对他们的道德评头论足。然而，要看到你所在社群的不道德行为却比较难。你是否发现身边朋友的行为有违道德呢？

调查发现，员工打电话请病假的数量达到了 5 年来的最高，而有 3/5 的人根本没有病。其他员工还被逮住在工作时间处理个人事务，比如缴纳税收。还有人用工作电脑玩电子游戏。我们敢说你还能说出更多类似事例。

当今，许多公司都在制定职业道德规范，用于指导员工的行为。我们认为改进职业道德行为的趋势非常重要，因此，我们将其作为本书的主题之一。"道德抉择"这样的小栏目会贯穿本书，它会列出道德上的两难困境，并询问你将如何解决。其目的就是促使起你从道德、伦理的角度对自己所做的每一个决定加以思考。

你的第一个两难选择是：你已经对玩数码产品上瘾了。有些日子，你会在办公室花大量的时间在自己的设备上玩游戏、看电视、发短信、给朋友发邮件、读书或看杂志。此种情境下的问题是什么？你有替代的做法吗？每种替代选择的后果是什么？你会选择哪种替代做法？你的选择合乎职业道德吗？

事业。"社交媒体的商业价值"专栏给出了一家成功企业如何利用这些方法与消费者互动的例子。

信息技术是今日商业发展的主要力量，因此，本书每章都会讨论网络对于企业经营的影响。

**科技如何让工作者和你获益**　受雇于人的一项优点，就是公司经常会提供各种工具和科技以提高你的工作效率。**技术（technology）** 是指能够提高企业的效益效率和生产率的任何手段，包括电话、复印机、计算机、医学影像器材、掌上电脑（PDA）以及各种软件程序等。效益（effectiveness）指产出符合预期的结果。效率（efficiency）是指用最少的资源进行生产。

**生产率（productivity）** 指既有投入（如工作时数）所得到的产出数量。你在特定时间内生产得越多，对公司的价值就越高。美国平均每名工人对GDP的贡献是63,885美元，他们是全世界最有生产率的工人之一。高生产率带来的问题是

## 社交媒体的商业价值

### 与杰西潘尼（JCPenney）保持联系

　　没有什么比人们现在携带的新电子设备的数量更能彰显商业的动态性了，这些电子设备包括各种苹果平板电脑、苹果手机、电子阅读器和手机。人们似乎在不断地发短信、上推特、打电话。在饭店、乘坐公共汽车甚至走在大街上时，你都会无奈地注意到它们。不过，你看不到他们在开车时这样做，但愿如此。

　　为了能够接触到 18 岁至 35 岁这一年龄段的人，杰西潘尼（JCPenney）公司在报纸上刊登了一条广告，以时尚博主格里·赫什（Geri Hirsh）作为代言人。赫什现场展示了零售商的春装系列，因为她正准备参加奥斯卡晚会。然后，杰西潘尼公司的社交媒体将赫什选择的衣服发布到该品牌的脸谱网首页，同也包括了一个购物的应用程序。

　　在奥斯卡播送期间，杰西潘尼公司利用 7 个商业广告将推特和脸谱网结合起来发起了春装促销活动。杰西潘尼是电影展的唯一零售商赞助人，希望影响年轻的女性。时装秀期间，该公司发布了一条包含几个时装小问题的推特。第一位发送正确答案的人将得到相应零售商的一张 20 美元的礼品卡。在时装秀之前，该公司也发布了预热的推特，所提的问题有："哪部电影会赢得最佳服装设计奖？"

　　商店在脸谱网上也发起一个"像名人一样购物"的彩票抽奖活动。赢者会得到一次免费到纽约旅游的机会，外带两晚住宿、500 美元的杰西潘尼礼品卡以及博主米娅·摩根（Mia Morgan）的时尚建议。其他网络活动包括社交购物网站 Polyvore 上的一个时装设计比赛和 Olsenboye.com 上的原创视频连载。杰西潘尼是已有市场地位的企业持续适应客户需求及其所用技术的极好案例。

资料来源：Christopher Heine, "JCPenney Hopes Twitter Contest Creates Oscar Buzz", *Department Store Retailing News* online, accessed March 3, 2011; and Marilyn Much, "The Changing Face （book） of Internet Commerce," *Investor's Business Daily*, February 2, 2011.

工人需求的下降，现在美国就面临着由此造成的高失业率。

　　科技影响了所有的产业。例如，多恩·格伦（Don Glenn）是美国亚拉巴马州迪卡特地区的农民，他通过卫星发回的图片，在个人计算机上比对去年和今年的农收数据以了解农场内哪一种作物生长茂盛；他的桌面计算机终端（称

DTN）可以让他进一步了解到最新的农作物价格，并通过AgTalk网络公告栏与全球各地的农民交流；此外，他还利用XSAg.com在线农作物交易网站，拍卖大批肥料。高科技设备可以告知格伦如何以及在何处喷洒肥料与进行播种，并且通过地毯式追踪使其维持高获利水平。

**电子商务快速发展** 电子商务（e-commerce）意指在网络上买卖商品和服务。电子商务交易有两种主要类型：企业对消费者（Business-to-Consumer，B2C）和企业间（Business-to-Business，B2B）的电子商务。在消费者市场上，网络对类似亚马逊（Amazon.com）的零售商十分重要；同样，电子商务在企业间市场上也越来越重要。企业间意指企业销售产品和服务给其他企业，例如IBM销售咨询服务给当地银行。网站变成了新商店。

传统企业必须学习如何面对新的竞争环境，包括企业间和企业对消费者的经营形态。许多年轻父母不是到婴儿用品商店购物，而是就手在Craigslist上购买二手物品。在易贝（eBay）上开店再简单不过了。中国有超过4.5亿网民，几乎是美国网民人数的两倍。现在简直难以想象没有谷歌的日子。后面的章节中，我们会持续讨论电子商务这一重要主题。

**运用科技回应并满足顾客** 企业经营的成败关键取决于对待顾客的态度。为了有效应对网络变革，传统零售商运用科技加强了对顾客需求的回应。例如，企业通过条形码了解顾客所购买产品的大小、颜色和价格。结账台的扫描仪会读取数据，然后储存到**数据库**（database）——存放电子文档信息的地方。

数据库使企业能够提供满足消费者期望的商品。不过，由于公司之间会交易数据库，许多零售商都会知道你的消费习惯，并据此邮寄相关目录或直销邮件广告。我们会在后面的章节中讨论企业运用技术满足消费者的其他方法。

不幸的是，个人资料的合法搜集容易导致**身份盗用**（identity theft）问题，亦即取得私人信息，包括社会保障号和信用卡号等，并利用这些数据进行非法交易。据美国联邦贸易委员会推算，每年约有上百万名消费者的身份遭到盗用。上述案例让我们学到：要避免自己个人信用被他人取得；此外，你还需要使用杀毒软件、防火墙、防间谍软件等工具。理解身份盗用、安全、隐私、稳定性等信息技术问题对你很重要。

## 竞争环境

当今企业之间竞争的激烈程度前所未见。有些公司聚焦于生产优质产品，借此取得竞争优势。零缺陷，即制造产品时不发生错误，是许多企业的目标。不过，达到零缺陷并不足以维持企业的全球竞争力。企业必须同时提供优质的产品和良好的价值，即以有竞争力的价格提供卓越的服务。

**满足顾客** 当今顾客不只期望物美价廉，还想要一流的服务。全球的制造和服务组织都应该在门上挂牌，告诉员工"顾客第一"。企业在过去以管理为导向，而现在越来越以顾客为导向。当今成功的组织必须更仔细地聆听顾客的心声，了解他们的欲望与需求，然后调整公司产品、政策与做法加以满足。在第13章我们将深入讨论更多类似的概念。

**组织重组和授权** 为了满足顾客需求，企业必须赋予一线员工（办公室职员、旅店前台人员、业务人员等）责任、权力和自由，提供培训和设备，让他们能够迅速响应顾客的要求，及时提供高质量的产品和服务，这就是所谓的**授权（empowerment）**。本书将一直涉及这个主题。

许多企业已经发现，组织重组需要好几年的时间，所以管理者愿意放弃一些权限而员工也愿意多承担一些责任。第8章我们将会继续讨论组织变革与相关模式。

## 社会环境

**人口统计（demography）** 是对人口的规模、密度和其他特征，包括年龄、种族、性别、收入等所进行的统计研究。本书主要关注影响企业经营和职业选择的人口统计要素。美国人口正在经历重大变化，这深深地影响到人们的生活、住宅、消费内容及休闲娱乐。此外，人口的变动为一些公司增添了新的机遇，也使一些公司的机会减少。例如，现在的退休人员越来越多，他们的需求形成了各种商品与服务的新市场。

**管理多元化** 多元化的意义已经超越了聘用少数族群和女性员工。多元化的努力覆盖的群体包括了年长者、残疾人、同性恋、无神论者、性格外向者、性格内向者、已婚者、单身族和离婚者等。多元化还包括审慎地与来自世界各地的工人及其文化打交道。

合法和非法移民显著地影响着许多城市，学校和医院也因此受到影响。当地政府必须因此将标志、手册、选举信息等更改为更多语言的版本。你所处的地区是否也面临着类似问题？你发现了哪些影响和变化呢？

**递增的老年人口**　65到74岁的人是当今美国社会最有钱的群体。在餐饮、交通、娱乐、教育、住房等市场上，他们都是消费的主流。年龄超过60岁的公民到2020年将会超过全美人口的22.8%，而2000年这一数字为16%。这样的人口族群对你和对未来企业意味着什么呢？想象一下中老年人所需的产品和服务——药品、养老院、赡养中心、休闲活动、家庭医疗看护等——你将看到21世纪存在哪些潜在商机。别忘了计算机游戏和互联网服务，甚至Wii游戏机企业若能考虑到满足老年消费者的需求，公司的业绩也将会大幅度提升。这绝对是一块值得开拓的大市场。

另外，当退休人口耗尽财富之际，社会保障就成了重要的问题。例如，美国1940年时每位退休人口是由42名工作者负担的，而到了1960年则已经变成了每5名工作者负担1位退休人口；现在这项数字已经接近每3名负担1位，并在继续减少。当婴儿潮世代（出生于1946至1964年间）退休时，这一数字将降到3名以下，并持续减少。况且，政府一直在支取社会保障账户上的钱，而不是存入。

很快，社会保障账户上的余额将所剩无几，美国政府必须努力填补上述缺口。方法很多，不过没有几项有利于普通人，像是增税、削减社会福利（如提高退休年龄）、减少其他支出（如删减社会福利方案），或是国际举债等。

简而言之，为年长公民提供相关的社会保障福利，将会造成工作人群的庞大负担，这也是当今许多媒体持续热烈讨论的话题之一。

**单亲家庭增多**　要全职工作，又要养家，这是一项艰巨的任务。美国单亲家庭的总数急剧上升，对企业产生了极大的影响。福利政策迫使单身父母在特定时期后必须参加工作，因此，企业针对单身父母提供了家庭事假（员工可以请假照顾生病的小孩）与弹性工作时间（员工可以选择上下班时间）。这些方案的细节将于第11章继续讨论。

### 全球环境

全球环境对于企业来说十分重要，因此在图中我们将它环绕在所有其他环境影响的外围（参阅图1.2）。近年来，两个重要的变化是国际竞争的加剧和跨国自由贸易的增加。

世界贸易或者说全球化的增长来源于更有效率的分销系统（详见第12章），以及先进的沟通技术（例如网络）。全球化大幅改善了全球人类的生活水平。中国和印度也已经成为美国的主要贸易竞争者。中国的联想计算机2014年更并购了美国IBM的个人计算机部门。当你在沃尔玛百货及其他美国零售渠道购物时，目光所及的产品尽是"中国制造"，而当你寻求计算机协助时，为你提供了大多数支援的人会让你觉得自己宛若置身印度。

全球贸易既有优点又有不足，你会在本书的"域外观察"专栏以及第3章读到更多的相关内容。

**战争和恐怖主义**　伊拉克战争从美国经济中带走数十亿美元，其中制造弹药、坦克和军服的企业受益最大。然而，一些企业受到了负面冲击，更有甚者因资金用于战争而成长趋缓。由于受到其他战争的威胁，美国政府必须投入更多的军事支出。尤其是美国在经济衰退后，这些支出更是饱受质疑。

恐怖主义的威胁也大大增加了组织成本，包括保险成本。事实上，一些企业发现，很少有保险受理类似的恐怖攻击事件。安保一样很费钱。例如，航空公司必须强化驾驶座舱门、添置更多旅客安检设施。

全球似乎正逐渐朝着民主的方向发展，这意味着世界将会更加繁荣与和平。企业家也和民众一样，更希望享受一个和平和繁荣的世界。为了达成上述目标，其中的一个方式就是减少全球紧张，促进全球经济发展（包括通过营利和非营利组织）。

**面对全球变革**　当业务扩展到全球市场时，制造业和服务业都会产生新的工作机会。全球贸易也代表着全球竞争。机会是留给那些为明日的市场预先做好准备的学习者的。你必须不断学习以应对快速变革，在为自身事业奋斗的同时不断接受教育。只要准备充分，你大可乐观地看待未来的工作机会。

**生态环境**　很少有比气候变化更能引起跨国企业的注意了。气候变化是地

## 环保意识

### 亲自参与

人会采取行动保护环境，这一点几无疑问。现在我们做什么开始行动起来呢？

为了显示自己的与众不同，你不必根本地改变生活方式。更有效率地将你住的公寓或住宅升温或降温就是一个良好的开始。为什么不购买一个可重复使用的购物袋呢？你可以重复使用纸张和容器。你可以步行或骑自行车，而不是开车。你可以减少电器和水的使用（抽水要耗费很多电）。购买当地出产的产品，以节省长途运输所需的能源。如果你在车市，你可以通过购买双动力汽车或省油的小汽车来支持环保。

环保运动的理念是提高人们的生态意识，并吸收世界各地的人参加，使用更少的能源，并减少向大气的碳排放。空气清新会让每个人受益。这是环保运动所倡导的一部分内容。

球温度随时间的升降运动。现在的问题是全球变暖，但有可能会转变为全球变冷。世界上最大的几个公司都认为，气候变化的证据是无可否认的。这些企业包括通用电器、可口可乐、壳牌、雀巢、杜邦、强生、英国航空和上海电器等。节省能源、生产对环境损害较少的产品是一种潮流，它就叫作**环保**（greening）。环保已经成为一个非常普遍的主题，因此，我们在本教材专门开辟了一个专栏。（参看本章"环保意识"专栏，看看你能为此事业做什么贡献。）

## ◎ 美国企业的演进

与过去相比，美国企业的生产率大幅提高，不再需要更多的劳工来生产商品，这导致许多制造公司的管理者与劳工失业。全球竞争与科技进步令技术工人退出工作岗位，我们难道不该担心高失业率与低收入吗？毕业之后你的工作着落在哪里？这些重要问题迫使我们必须正视国家的经济及未来。

### 农业和制造业的进步

美国经济从19世纪初叶开始蓬勃发展。农业发展一马当先，为美国和世界许多地方提供食品。1834年，塞勒斯·麦考密克（Cyrus McCormick）发明了收割机，其他现代化设备，比如伊莱·惠特尼（Eli Whitney）发明的轧棉机，以及后人对这些设备的不断改进，促成了大规模耕作。科技使得现代农业如此高效，以致农业人口从33%降至今天的1%，而农田平均面积却从过去的160英亩，扩充至今日的455英亩。

农业仍然是美国的主要产业之一。其主要变革在于，之前上百万座小农场已经被巨型农场、大型农场、高度专门化的小农场所代替。过去100年间农业人口的减少未必是负面征兆，它表示美国农业人口极具生产效率，即使人数变少也不致影响生产。

19世纪和20世纪，大部分失业的农业人口转而进入工厂工作，而制造业的情况其实也与农业类似，同样使用科技（如工具和机器）来提高生产率，同时这些科技也导致了工作机会的减少。

如果由效率和生产率的提升所增加的财富在别处可以创造新的工作机会，那么社会的损失会被降至最低——这正是过去50年的写照。目前，许多工业领域的工作者都开始转向服务业。现今大多数的失业者，都是那些需要接受再教育与培训以便胜任今日或未来的工作需求（如建设风力农场或制造电动汽车）的人。在第9章中，我们将深入讨论制造业与生产。

### 服务业的进步

美国过去发展最快的产业是制造业（钢铁、汽车、机械工具等），今日则是服务业（法律、医疗、通信、娱乐、金融等）。

现在，服务业贡献的价值占美国经济的70%以上。从20世纪80年代中叶开始，就业领域的增长几乎都来自服务业。尽管服务业的成长有减缓的迹象，但比起其他产业来仍属于成长迅猛的。未来你所从事的工作极有可能就是服务业。表1.2列出了许多服务业工作，请细想未来有潜力的事业可能在哪里。像AE美国鹰（American Eagle）那样的零售商们也是服务业的一环，每个新的零售店都会为大学毕业生提供许多管理职位。

　　另一则令人振奋的消息是，服务业的高薪工作往往比制造业多。高薪的服务业工作包括医疗、会计、金融、通信、建筑、法律及软件工程。根据预测，有些服务业在未来仍将持续成长，例如通信业；反之，有些领域则会减缓成长，例如广告业。大学毕业生的求职策略应该是保持灵活性，及时发现新的工作，并且在合适的时机出动。

**表 1.2　服务业包括哪些?**

大家都在谈服务业，但是很少有人逐一列出项目。以下是美国政府对服务业的分类：

| | |
|---|---|
| **住宿服务** | 饭店、旅馆及其他提供住宿的地方<br>运动和休闲营区<br>提供给活动房屋住户的拖车公园和营区 |
| **个人服务** | 洗衣店、育婴托儿、贴身衣物供给、修鞋店、尿布服务、葬仪社、地毯清洁、报税准备、照相馆、美容院、健身俱乐部 |
| **企业服务** | 会计、除虫、广告商、职业中介、催收机构、计算机程序设计、商业摄影、研发实验室、商业艺术、管理服务、速记服务、公共关系、窗户清洁、征信社、咨询、室内设计、设备出租、网络设计 |
| **车辆修理服务和停车服务** | 租汽车、轮胎更换、租卡车、排气系统服务厂、停车场、洗车、烤漆厂、传动装置修理 |
| **各项修理服务** | 电视和收音机、焊接、钟表、磨刀、家具修复、化粪池清洁 |
| **电影业** | 制作、剧院、发行、汽车电影院 |
| **休闲游乐服务** | 舞厅、赛车跑道、管弦乐团、高尔夫球场、台球厅、游乐场、保龄球馆、嘉年华、游乐会、溜冰场、植物园、游轮、录像带出租店、娱乐信息 |
| **医疗服务** | 内科医生、看护、牙医、医学实验室、指压、牙科实验室 |
| **法律服务** | |
| **教育服务** | 图书馆、学校、计算机学校 |
| **社会服务** | 孩童照顾、家庭服务、工作培训 |
| **非商业性博物馆、美术馆及植物动物园** | |
| **会员制组织** | 企业协会、公民协会 |
| **金融服务** | 银行、房地产中介、保险、投资经纪公司 |
| **各项服务** | 建筑、调查、工程、公共事业、通信 |

## 你在企业的未来

尽管如前所述，当今服务业仍在快速成长，不过它似乎正被一个新世纪所取代。我们正处于以信息为基础的全球变革中，经济的各层面都将改观，包括农业、工业和服务业。在这一场激烈变革当中，想一下自己将扮演什么样的角色着实令人振奋——或许是一位适时做出变革，接受全球化挑战的领导者呢。本书将介绍一些相关概念，让你能够成为这样的领导者，不仅在商界，同样在政府机构与非营利组织。如果没有各国政府和社会领导人携手合作，企业也是无法在未来蓬勃发展的。

# 总　结

**1. 描述利润与风险之间的关系，说明企业和非营利组织如何提高所有人的生活质量。**

· 企业利润和风险之间的关系是怎样的？

　　"利润"是企业获取的、超出所支付的工资和其他费用的总金额数。企业家通过承担风险获取利润。"风险"是企业家在商业活动中所承担的、遭受时间与金钱无效益的损失概率。"亏损"是指企业成本与支出超过收入。

· 哪些群体可以被视为利益相关者，又是哪些利益相关者对于企业经营至关重要？

　　利益相关者包括顾客、员工、股东、供应商、零售商、银行、媒体、周围民众、环境保护者，以及通过选举产生出来的政府领导人。企业领导人的目标在于识别和回应各种利益相关者的需求。

**2. 比较企业家和打工者的不同之处。**

· 当企业家的优缺点是什么？

　　为他人打工意味着得到带薪假期和医疗保险。企业家承担更大的风险，并缺少上述权益。他们获得决策的自由、更多的机会和可观的财富。

· 什么是五大生产要素？

　　企业使用的五大生产要素是土地、劳动、资本、企业家精神以及知识。企业家精神与知识显然最为重要，企业家精神与知识的有效利用使国家变得富裕。

**3. 分析经济环境和税收对企业的影响。**

· 发展中国家政府可以如何降低创业风险并帮助企业家？

　　政府降低创业风险的方法很多：准许私人拥有企业、立法使企业家签订具法律效力的合同、建立可以在全球市场交换的货币、致力于消弭企业与政府腐败，以及尽量减少税收和限制性法规。从企业层面来看，较低的赋税代表着较低的风险、较多的成长、较富裕的员工与政府。

**4. 描述科技对企业的影响。**

· 科技如何使工作者、企业与消费者获益？

　　科技使工作者更具效益、效率及生产率。效益代表用对的方法做对的事。效率代表用最少的资源进行生产。生产率代表既有投入（如工作时数）获得的产出数量。

**5. 描述企业如何赢得竞争。**

· 企业赢得竞争的方式有哪些？

　　许多企业发现，提供优质零缺陷的产品是提高竞争力的关键。公司经营的目标在于超出消费者预期，这也表示需要经常赋予一线员工更多的培训、责任与职权。

6. 分析影响企业的社会变革。

· 社会变革如何影响企业？

多元化的意义已经超越了聘用少数族群和女性员工。多元化的努力覆盖的群体包括了年长者、残疾人、同性恋、无神论者、性格外向者、性格内向者、已婚者、单身族和离婚者等。多元化还包括审慎地与来自世界各地的工人及其文化打交道。提供年长公民相关的社会保障福利，将会造成工作人群的庞大负担，这也是当今许多媒体持续热烈讨论的话题之一。

7. 分析企业应该如何迎接全球挑战，包括战争和恐怖主义。

· 哪些国家最具挑战性？

中国和印度是两个重要竞争者。

· 战争和恐怖主义将为未来带来何种冲击？

部分从事军火生产的企业可能因此获利。然而，其他的许多产业，包括观光旅游业，则可能因此受害。将全球局势平缓化的一个方法就是协助较贫穷的国家变得更富足。

8. 回顾过去的变化趋势如何在当今重演，这些趋势对未来的大学毕业生有何启示。

· 美国的经济发展史是怎么样的？关于未来它告诉了我们什么？

美国被取代的农业人口最后转往工厂发展，制造更多的工业产品。由科技的发展和外国公司带来的竞争所导致的生产率的改善，使工厂不再需要那么多劳工，结果这些多余的人口转而造就了美国服务业。目前服务时代也要让位，以信息为基础的全球革命即将影响到经济的所有部分。在这种经济环境中，长期成功的秘诀在于保持灵活性与持续接受教育，随时准备应对未来机会的来临。

· 服务业中有哪些机会等着大学毕业生？

检视表1.2关于服务业的简介，你可以发现哪些是未来快速成长的企业。


## 批判性思考

设想你正考虑在你所在社区开一家饭店。请回答下述问题：

1. 谁会成为你企业的利益相关者？

2. 除了提供就业岗位和税收，你还能做什么事情让你所在社区受益？

3. 你如何与你的供应商建立良好的合作关系？与你的员工如何搞好关系？

4. 你如何看待尽可能获利和支付员工维持生活的工资这两种渴望之间的冲突？

5. 本章概述的哪些环境因素会对你的企业影响最大？如何影响？

# 2

# 理解经济学及其对商业的影响

## 学习目标

1. 解释基础经济学。

2. 解释资本主义以及自由市场的运作。

3. 描述美国经济体系，包括关键经济指标（尤其是国内生产总值）、生产率和商业周期的重要性。

4. 比较财政政策与货币政策，解释它们如何影响经济。

# 人物侧写

## 认识经济学家约翰·梅纳德·凯恩斯

如果你听过很多最近就国家的经济状况以及何去何从展开的争论，你就可能听到人们提及凯恩斯和凯恩斯主义经济学，并且好奇他们谈论的是什么。约翰·梅纳德·凯恩斯是对美国经济政策产生重大影响的经济学家之一。正是凯恩斯提倡了要利用财政政策（与税收和支出相关的政策）来稳定经济。他认为：如果经济出现衰退，为了刺激经济发展，政府应当增加支出（即基础建设，比如道路、桥梁、学校和公用事业）和减免税收。减税意在增加消费者的消费以振兴企业。反之，当经济似乎增长过快，出现通货膨胀时，凯恩斯主义理论建议缩减政府支出并增加税收。政府此种干预行为被认为是针对商业周期大幅波动的短期解决方案。凯恩斯认为，一旦经济稳定，自由经济原则就要重新披挂上阵。

1936 年，凯恩斯出版了他最知名的著作《就业、利息和货币通论》。在此之前，美国的经济思想是由亚当·斯密的古典经济学一统天下。斯密认为：如果政府的干预最小化，经济就会在充分就业的基础上自动发挥作用。20 世纪 30 年代的大萧条改变了这种观点，凯恩斯学派接过了大旗。

虽然凯恩斯主义经济学从 20 世纪 30 年代以来时兴时衰，但当布什总统和奥巴马总统试图通过消费刺激经济时，他们想到的正是凯恩斯主义的理论。尽管有迹象表明经济现在正处于恢复阶段，但 7870 亿美元的一揽子刺激计划并没有带来预期的就业岗位的增加，失业率仍然保持在约 9% 的水平。

经济环境对于企业的成功至关重要。这正是本章所要讲述的内容。你将要学习比较不同经济制度的优劣。你也会了解美国的自由市场制度是如何运行的，也会更多地了解导致某些国家富裕而其他国家贫穷的原因。在本章的末尾，你应当理解经济制度会对世界上不同社会的财富和幸福产生什么直接的影响。

资料来源：Paul Johnson, "There Is No Keynesian Miracle", *Forbes*, March 1, 2010; Daniel Fisher, "Keynes Who?" *Forbes*, August 9, 2010; Peter Coy, "The Keynes Solution", *Bloomberg Businessweek*, November 1 - November 7, 2010; and Peter Coy, "Keynes vs. Alesina; Alesina Who?" *Bloomberg Businessweek*, July 5 - July 11, 2010.

## ◎ 经济形势如何影响企业经营

与墨西哥相比，美国显然属于富裕的国家，为什么呢？为何韩国如此富裕，而朝鲜如此衰败呢？这些问题都是经济学中重要的部分。本章将探讨世界上各种不同的经济体系，以及它们如何协助或阻碍企业成长、财富创造，并让人们享有更高的生活品质。

美国企业成功的关键在于其经济体制与社会氛围，让企业得以自由经营。人们拥有创业的自由，当然，同样也必须承担失败的风险，然后从头再来。这种自由激励了人们的创业动机，为了获得隐藏在成功背后的巨大回报，他们会不断努力直到获得成功。

美国经济或政治体系的任何变化，都会深深影响到企业体系的成败。例如，最近美国政治更多介入商界的行为会影响经济，长期的影响则尚不明朗。

全球的经济与政治变化也会深深影响到美国企业。因此，要了解企业，你必须了解基本的经济学与政治学。

### 何谓经济学

**经济学**（economics）是研究社会如何选择运用资源制造产品与服务，以及如何在不同的竞争团体及个人消费间进行分配的科学。经济学家通常从两个角度对此进行研究：**宏观经济学**（macroeconomics）把整个国家的经济运作视为一个整体（如整个美国）；**微观经济学**（microeconomics）则主要以特定市场中的个人或组织的行为作为研究对象。宏观经济学会问这样的问题：美国怎么做才能减少国债？本章中关于宏观经济的讨论包括国内生产总值、失业率以及价格指数等。微观经济学讨论的问题则是：汽油价格上涨时，人们为何会减少汽车购买量？

某些经济学家将经济学定义为一种研究稀有资源分配的科学；他们相信资源是缺乏的，并且需要在人与人之间妥善分配，这种分配工作经常由政府负责。事实上，倘若只将现有资源分配给世界各国，是无法创造出和平与繁荣的，问题的症结在于现有资源的不足。**资源发展**（resource development）就是研究如何增加资源（例如从页岩及焦油砂中提取石油），以及创造环境使资源获得更好的利用（例如循环和保护）。

企业也可以通过发明用以增加资源可获取量的产品来对经济体系有所贡献。企业可以找出新能源（例如为汽车提供氢燃料），发明种植粮食的新方法（水培），或是开发产品与服务所需的新技术（纳米技术）。在箱网中养殖更多的鱼苗，然后流放大海，可以提高食物供给，并创造更多就业机会。目前美国每年进口近10亿磅虾。后面的"环保意识"专栏探讨了新成立的几家创业公司是如何帮助减缓气候变化的。

### 创造富裕经济的秘密

想象一下那个国王与地主拥有多数财富而多数人都是农民的世界。农民有许多孩子。如果情况维持不变，就自然会产生如下结论：人口迅速增加，而粮食与资源匮乏。英国经济学家托马斯·马尔萨斯（Thomas Malthus）在18世纪末19世纪初就提出了这项见解。苏格兰作家兼思想家托马斯·卡莱尔（Thomas Carlyle）对此做出回应，将经济学称为"沉闷科学"（dismal science）。

今日，马尔萨斯的追随者（新马尔萨斯主义者）仍然相信全球人口过多，要终结贫穷必须先进行生育控制，措施包括实行强迫堕胎和强迫结扎等。根据最新的统计数据显示，全球人口增长已比预期趋缓。在某些发达国家（包括日本、德国、意大利、俄罗斯及美国）人口逐渐老化，年轻人口比重逐年降低。发展中国家人口则快速攀升，这可能会导致更大的贫困和社会动荡。人口增长对经济的影响同样也是宏观经济学的研究范畴。

某些宏观经济学者相信，庞大的人口可以成为宝贵的资源，尤其是受过教育的人口。你大概听过这么一句话："授人以鱼不如授人以渔。"其实你还可以对此进行补充："如果教这个人成立养鱼场，他或她甚至可以喂饱整个村庄。"经济发展的秘密就在这句话里。企业主为员工、社区及自身提供工作与经济成长。

经济学家的挑战在于：判断导致国家贫穷或富裕的原因，然后实行政策或计划让大家增加财富。要了解这项挑战，我们不妨先了解亚当·斯密（Adam Smith）的理论。

# 环保意识

## 生产环保产品

根据气候变化做出相应的调整创造了许多机会，但也带来了同样多的挑战。随着人们对气候变化的益发关注，促进低碳排放的公司会生意兴隆。丰田公司已经成功销售其混合动力车普瑞斯（Prius），大多数汽车制造商现在也提供类似的混合动力车。与燃油汽车相比，它的污染更少，而续航里程更长。有些纯电动汽车现已有售。几家制造商正出产车身比普通车小一半的汽车，以节省燃料。

农民种植了更多的玉米和其他农作物以用作生物燃料。这会引起对拖拉机和其他农用机械的更大需求，从而帮助经济增长，这当然也会造成食品价格的猛涨。鉴于这种结果，你会劝人增加生物燃料的使用吗？

当你开始寻找更加环保的企业时，你的发现会让你大吃一惊。现在已经有"绿色"网球鞋和"绿色"牛仔裤了。你是否在棒球场上见过被风吹得到处散落的热狗包装袋？将来它们可以回收。减少、重复利用、回收利用，它们已经成为更环保的生活方式。

资料来源：Christina Binkley, "How Green Is My Sneaker?" *The Wall Street Journal*, July 22, 2010; Jason B. White, "The Confusing Shades of Green Cars", *The Wall Street Journal*, October 13, 2010; and Paul H. Rubin, "Why Is the Gulf Cleanup So Slow?" *The Wall Street Journal*, July 2, 2010.

## 亚当·斯密与财富创造

苏格兰经济学家亚当·斯密并不赞同有限资源在竞争性群体和个人中分配的说法，相反，他期望创造"更多"的资源，让大家都变得更富有。1776年，亚当·斯密出版了著作《国民财富的性质和原因的研究》（*An Inquiry into the Nature and Causes of the Wealth of Nations*），通常我们简称为《国富论》（*The Wealth of Nations*）。

亚当·斯密相信自由对于任何经济生存都很重要，尤其是拥有土地或财产的自由，以及努力工作赚取利润的自由。他相信如果有动机——了解辛苦耕耘必有收获，人们都会全心投入。他们的努力会使经济变得更加繁荣，为每个人带来更多的食物和各式各样的产品。亚当·斯密的想法随后遭到马尔萨斯等人的质疑，后者相信若如此则社会的经济状况只会更恶化。但有些人认为亚当·斯密是现代经济学之父，而不是马尔萨斯。

## 造福社区

在亚当·斯密看来，商人并非全都愿意协助他人，他们的工作主要是为了自己的利益和成长。不过亚当·斯密表示，当人们努力工作以改善自己的生活时，他们的努力就成了一只**"看不见的手"**（invisible hand），通过生产的产品、服务与理念促进经济的增长和繁荣。因此，我们用"看不见的手"来描述这一将以自我为导向的个人利益转化为造福所有人的社会与经济利益的过程。

人们是如何基于自身的利益替他人创造产品、服务和财富呢？农民为了营利，必须将农产品销售给他人。农民要变得更富有，就必须雇人生产更多的农产品。所以农民为自己致富所做出的努力同时也为他人创造了工作机会，而且生产的粮食几乎喂饱了所有人。花几分钟稍微思考一下这个过程，了解了这一过程才能了解美国等自由国家的经济增长。同样的原理也适用于其他产品，从衣服、房屋到iPad均包含在内。

根据亚当·斯密的假设，当人们变得更富有，自然会对需要协助的人伸出援手。过去不见得必然如此，然而当今的许多商人越来越关心社会，觉得自己有义务将部分利润回馈社会。如同第1章提到的，伦理和慈善对于企业非常重要。违反伦理的行为很容易破坏整个经济体系。"道德抉择"专栏探讨了大学是如何面对这个问题的。

## ◎ 了解自由市场资本主义

美国、欧洲、日本、加拿大等地商人追随亚当·斯密的想法，创造出前所未有的财富。他们雇人到农场或工厂工作，结果不但国家欣欣向荣，商人也很快成了社会上最富有的群体。

不过，贫富不均一直都存在，并且越来越悬殊；商人住豪宅、开名车，而工人的居住环境寒酸不堪。尽管如此，情况仍有好转的希望。致富的方法之一就是自行创业，不过成功创业并不容易。你必须筹资买下或创立一家企业，然

## 道德抉择

------------------------------

### 腐败对经济的影响

在贫穷国家，有很多力量阻碍了经济增长和发展，其中之一就是腐败。在很多国家，商人必须贿赂政府官员才能获准拥有土地，在上面建设厂房，继而进行正常的生产经营。

美国商人中间也有很多腐败，比如嫖娼、吸毒、酗酒和赌博。设想你需要获准在你饭店的菜单上添加白酒以增加利润。你尝试了几年，却没有结果。你在政府有一位朋友，承诺可以帮助你，但你要为他或她的连任竞选捐一大笔钱。你会受到诱惑捐出这笔竞选资金吗？你还有没有其他的替代办法？各自的后果如何？

资料来源：Alina Dizik, "Social Concerns Gain New Urgency", *The Wall Street Journal*, March 4, 2010; and Carol Loomis, "The $600 Billion Challenge", *Fortune*, July 5, 2010.

后长期经营让它成长。无论如何，创业的机会始终存在。

世界上许多国家采用的、促进财富产生的一种经济制度是资本主义。在**资本主义**（capitalism）的经济体系下，所有或至少大部分生产、分配要素（例如，土地、工厂、铁路、商店）均属私有，其经营以营利为目的。在资本主义国家，是企业家而不是政府部门决定生产什么、支付多少工资、产品与服务的售价是多少，以及要在本国生产还是进口他国产品等一系列问题。然而，纯粹的资本主义国家是不存在的，政府通常都会或多或少地介入，例如规定最低工资标准、设置农产品保护价格、向破产企业贷款等。美国便是其中之一，但是美国经济体系的基础是资本主义。同样地，资本主义也是包括英国、加拿大、澳大利亚等多数发达国家经济制度的基础。一直以来，人们都在讨论如何改进美国的资本主义制度，自2008年经济衰退后尤甚。

一些国家实施的是国家资本主义，表现为国家取代私人运营企业。俄国和中东一些阿拉伯国家可以算是这类国家的代表。这些国家虽然尝到了运用资本主义原则的甜头，未来的成败并不好说。

资本主义一词的字根是"资本"。"聚焦小企业"专栏展示了小额资本是如何帮助世界上贫困国家的小企业发展的。

# 聚焦小企业

## 贷款小，影响大

工业化国家帮助发展中国家的一个方式就是创建一个当地的"银行"，借钱给初露头角的创业人，使他们能够建立和扩展企业。创业人必须还本付息，而且常常要在银行中存一定数量的钱。此类银行不必设在银行大楼里。村妇常常会承担银行家的角色，决定哪位妇女可以获得贷款。这些"银行家"在某些社区办公场所与用户面谈。

此类银行的主办方是国际社区援助基金会（FINCA）。成立 10 年以来，FINCA，在世界最贫穷的国家向 60 多万小规模企业家发放贷款超过 4.47 亿美元。借款人的还贷率达 97.6%。

某位小企业家的故事会有助于你理解这一过程。普罗斯·马加加（Pros Magaga）生活在乌干达的坎帕拉，她在小镇上开了一家小商店，但没有多少存货。她赚的钱不足以供她 4 个孩子上学读书，一天只能吃一顿饭。FINCA 借给她 50 美元，她用它购买了冰箱，以备办新鲜的食品和需要冷藏的小吃。后来，她添置了冰柜。现在，她的孩子都在上学，家人可以每天吃两顿饭了。马加加盖了一个两居室的小屋，打算很快再加盖一间。因为她已经偿还了 50 美元的贷款，所以她可以从 FINCA 那里借到更多的钱。

资料来源：Ruth David, "In a Microfinance Boom, Echoes of Subprime", *Bloomberg Businessweek*, June 21 – June 27, 2010; and Daniel Fisher, "Bullish on Harare", *Forbes*, November 22, 2010.

## 资本主义的基础

在自由市场资本主义下，人民享有四项基本权利：

**1. 私有财产权**。这是资本主义制度下最基本的权利，私有制表示个人可以买卖与使用土地、建筑物、机械、发明等各种形态的财产，并且可以将这些财产传给下一代。如果农民不能拥有自己的土地、保留赚得的利益，他们还会努力工作吗？超过90%的埃及人没有个人财产的合法所有权，这是他们无法创造财富，以及发起2011年抗议游行的原因之一。

**2. 企业所有权与企业获利保有权**。第1章指出，利润等于收入减去支出（包括薪资、材料费、税金等）。利润是企业主投入工作的重要动机。

**3. 自由竞争权**。在政府设立的框限之内，个人在出售商品和服务并促销等方面享有与其他人或其他企业自由竞争的权利。

**4. 自由选择权**。人们可以自由选择工作地点与就业领域，此外还包括选择居住地和买卖的自由。

资本主义的这四项基本权利的优点之一，就是使人们愿意承担更多的风险。富兰克林·罗斯福（Franklin Roosevelt）总统相信有四种附加自由是经济成功所不可或缺的，分别是言论自由、宗教信仰自由、免于匮乏的自由以及免于恐惧的自由。你明白这些附加自由的意义吗？

现在让我们深入探讨自由市场体系是如何运作的。至于消费者在过程当中扮演什么样的角色，以及企业如何得知消费者的需求，这些则是我们后续将讨论及回答的问题。

## 自由市场如何运作

在自由市场体系当中，生产什么和生产多少由市场决定。换言之，通过买卖双方的协议来决定产品与服务的价格。你、我及其他消费者会告诉生产者他们要制造什么、制造多少、制造什么颜色的等内容。消费者通过选择买（或不买）某些产品与服务，来向制造商传递信息。

例如，如果球迷希望拥有一件最爱球队的T恤，服饰业将会回应这样的需求。制造商与零售商可能会涨价，因为他们知道大家愿意付出更多钱来购买T恤。服饰业者也知道他们可以通过多生产T恤来获取更多利润。因此，他们有了延长工作时间的动机。再者，制造T恤的公司也会增加。他们要生产几件，是由我们需要或购买多少件来决定。根据购买总量的多寡变化，T恤的价格与数量也会随之改变。

其他产品多数也有同样的过程。价格的高低会告诉制造商该制造多少。如果产品供不应求，价格通常会上涨，直到有人开始增加生产、取出存货贩卖，或者生产替代品。结果是，在美国很少有东西长期缺货。

## 价格的决定

自由市场中的价格并非由卖方决定，而是由买卖双方在市场上协商后所决定。卖方也许希望一件T恤能卖50美元，但如此一来，需求量就可能会减少；如果卖方降价，需求量就可能会增加。买卖双方都能接受的价格是怎么决定的呢？答案可以在微观经济学的供给和需求概念中找到。下面我们将讨论这些问题。

## 供　给

供给（supply）指的是在一定时期内，产品制造商或所有者在不同价格下所愿意销售的产品数量。一般而言，供给量会随着价格的增加而增加，因为价格越高，卖方的获利越大。经济学家用图形说明供给量与价格的关系。图2.1简单显示了T恤的供给曲线。纵轴为T恤价格，单位为美元；横轴为卖方愿意供给的T恤数量。图中不同点指出在不同价格下卖方愿意供给的T恤数量。例如，一件卖5美元时，卖方只会供给5件；倘若一件50美元，卖方会供给50件。这条连接各点的线称为供给曲线，显示价格与供给量之间的关系。假设其他条件不变，价格越高，卖方愿意供给的数量也就越多。

## 需　求

需求（demand）指的是在一定时期内，人们在不同价格下所愿意购买的产品数量。一般而言，需求量随着价格的下降而上升。同样地，价格与需求量的关系也能用图形来说明。图2.2简单地显示了T恤的需求曲线，图中不同点指出了各种不同价格下的需求量。例如，在一件T恤卖45美元时，需求量只有5件；但倘若一件只需要5美元，需求量就会增加到35件。假设其他条件不变，价格越低，买方愿意购买的数量也就越多。

## 均衡点或市场价格

检视图2.1与图2.2之后，你会发现决定供求数量的关键因素是价格。如果你将这两张图表重叠，会发现供给曲线和需求曲线相交。在这个交点上，需求量等于

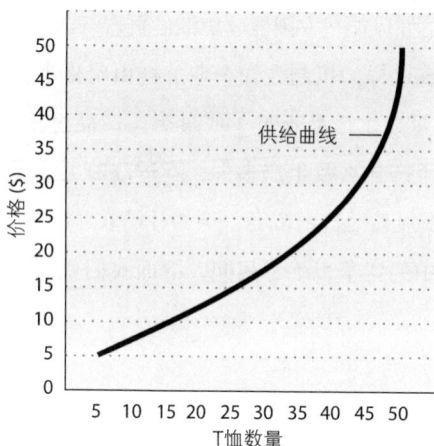

**图2.1 各种价格下的供应曲线**

供给曲线由左向右递升。T恤价格越高,市场供给量越大。

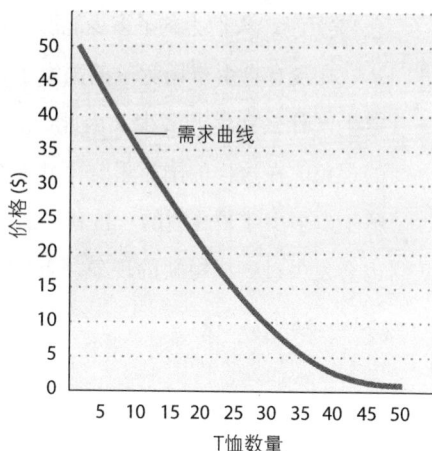

**图2.2 各种价格下的需求曲线**

这是一条简单的需求曲线,显示在不同价格下T恤需求量。需求曲线由左向右递减。T恤价格越低,市场需求量越大。

供给量,图2.3显示了这个交会点。当价格为15美元时,T恤的需求量与供给量相等(25件)。这个交会点就是所谓的均衡点(equilibrium point)或均衡价格。长期内,这个价格便会成为市场价格。于是,**市场价格(market price)由供给和需求决定**,最终市场将趋向这个价格。

自由市场的支持者认为,供给和需求的相互作用决定价格,因此,不需要政府制定价格。如果供给超过需求,卖方会收到信息降价;如果需求超过供给,卖方会收到信息涨价。最后,如果市场力量未受任何干扰的话,供给与需求会再度平衡。

例如,墨西哥湾石油泄漏导致石油

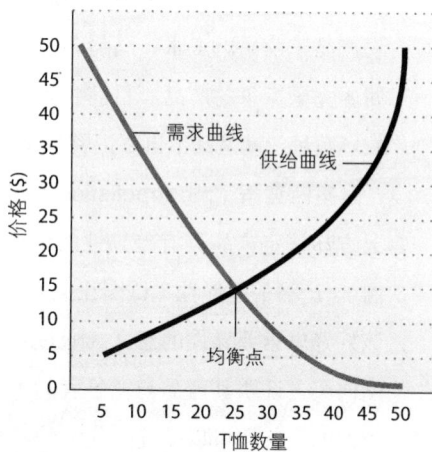

**图2.3 均衡点**

供给量与需求量一致的点被称为均衡点。当我们把供给曲线和需求曲线画在同一张图上时会发现它们会在某一价格相交,这一价格使供给量等于需求量。长期看,市场价格会趋向于均衡点。

供给减少,油价攀升;不过,当供给量提高时,油价又开始下滑。中东(如叙利亚)发生骚乱,造成油价再次上涨,石油供应变得不明。注意到,汽油接近每加仓4美元后，人们尝试了多少能源替代品，如风能、太阳能、焦油砂页岩气等。

在没有自由市场竞争的国家里，没有这样的机制告知企业怎样由价格来决定生产什么和生产多少，因此经常发生短缺（产品不足）或过剩（产品过多）的现象。在这样的国家里，由政府决定生产什么及生产多少，不过政府无法了解生产多少才是合适的。再者，当政府干预某个自由市场，例如补贴农产品时，也会发生过剩或短缺的现象。自由市场中的竞争也不尽相同，下面我们就来深入讨论这个概念。

## 自由市场内的竞争

经济学家一般同意有四种程度的竞争：（1）完全竞争；（2）垄断竞争；（3）寡头垄断；（4）完全垄断。

**完全竞争**（perfect competition）是指卖方数量众多，并且产品几乎相同，其中没有任何卖方实力强大到足以制定产品价格的市场情况。例如，通常认为农产品（苹果、玉米、马铃薯等）是最接近这种情况的产品。其实并没有真正属于完全竞争的产品。目前，美国政府对农产品实行价格支持政策、大力减少农场数量，就是其不再真正属于完全竞争的事例。

**垄断竞争**（monopolistic competition）是指许多卖方生产类似的产品，但买方却认定产品具有差异性的市场情况（例如，热狗、糖果、个人计算机、T恤）。产品的差异性（试图让买方认为类似产品存在差异）是成功关键，我们应该好好思索差异性的意义。通过各种策略，例如广告、品牌、包装等，卖方试图向买方证明其产品与竞争者的不同。不过事实上，其产品与竞争产品可能是类似的，甚或可以彼此替代。快餐业经常进行汉堡价格战，就是垄断竞争的最佳案例。

**寡头垄断**（oligopoly）是市场由少数卖方所操控的竞争形态。寡头垄断的市场包括早餐麦片、烟草、汽车、无酒精饮料、铝以及飞机等产业。有些产业由少数卖方所操控，原因之一是进入该产业需要庞大的资本。试着想想开一家飞机制造厂得投入多大的资金。

在寡头垄断之下，来自不同公司的产品价格差异不大。原因很简单，激烈的价格竞争会降低所有竞争者的利润，因为只要其中一名制造商降价，其他厂商就必须跟进。寡头垄断跟垄断竞争一样，市场成功的关键是产品的差异化，而不是价格。多数麦片与无酒精饮料的价格都相差不大。由于广告通常能够在消费者心中营造出可察觉的差异性，因此这数量很少的几家厂商都会选择通过广告来影响消费者对某品牌的印象。

**完全垄断**（monopoly）是唯一的卖方操控了产品的总供给及价格的情况。美国法律禁止完全垄断，但允许公共事业完全垄断，例如水电与煤气。这些企业的价格和利润通常要受公共服务委员会的监督与控制，以维护消费者的利益，例如，佛罗里达公共服务委员会就是负责监管佛罗里达电力公司的行政组织。立法终结了某些公共事业的完全垄断，消费者可以选择不同的供应商。撤销管制的目的是提高市场竞争，消费者也可以获得更低价格。

### 自由市场体系的优点与缺点

自由市场的优势之一就是开放竞争。企业必须为消费者提供物美价廉的产品和服务，否则他们将会丧失消费者，把市场拱手让给能这样做的企业。试问政府的服务有类似的激励吗？

自由市场——充满竞争、自由与激励——这是发达国家创造财富的主要原因。有些人甚至认为自由市场体系是经济奇迹。比起其他体制，自由市场资本主义更能为穷人摆脱贫穷提供机会。资本主义也鼓励企业提高效率，这样它们才能在价格与质量方面成功竞争。

然而，尽管自由市场资本主义带给美国及许多国家繁荣与富裕，它同样也带来不平等。企业主与管理者比劳工获利更多；老弱病残者可能无法创业经营；有人则缺乏天分与冲劲。社会如何解决类似的不平等呢？并非所有人都像微软创始人比尔·盖茨一样慷慨大方，他和妻子梅林达·盖茨（Melinda Gates）设立了盖茨基金会，来支持全球健康和教育。事实上，为了生产更多的产品、创造更多的财富，历史上的许多企业采取了奴役劳工或使用童工的策略。

自由市场的危机之一在于一些人的行为可能被贪婪主导。近来某些大型企业，包括石油公司、会计师事务所、通信公司及制药公司等，都陷入了这样的危机中。某些企业家利用产品欺瞒社会大众，有些则是用错误的股价欺骗股东，所有这一切无非只是为了增加执行主管的个人利益。

显然，政府需要制定一些法规来保障所有的利益相关者，同时确保无工作能力者得到基本的照料。

## ◎ 了解美国的经济体系

这一节我们将介绍一些专有名词和观念，你作为一位信息公民（informed citizen）应理解这些概念，从而把握当前的政府和企业领导人面临的问题。

### 关键的经济指标

经济情况有三项主要指标：（1）国内生产总值；（2）失业率；（3）价格指数。其他重要的统计指数则是对于生产率增减的显示。在阅读商业文献时，类似的名词会一再出现。下面我们就来学习这些名词。

**国内生产总值**　我们曾在第1章提及**国内生产总值**（gross domestic product, GDP），它指的是一个国家一年内生产的产品与服务的价值总量。无论是本国公司还是外国公司，只要位于该国境内，那么它们所生产的产品和服务都会被计入国内生产总值。例如，日本本田汽车在美国俄亥俄州工厂的生产价值将属于美国的国内生产总值；同样地，美国福特汽车（Ford）在墨西哥工厂的营业额则属于墨西哥的国内生产总值。

讨论一国经济时，几乎都以国内生产总值为基础。国内生产总值成长趋缓或衰退将对市场的景气情况造成负面的影响，正如2008年开始经历的零售业衰退一样。生产率是国内生产总值成长的主要影响因素，即既定投入下的产出数量。美国的国内生产总值约为14万亿美元。事实上，美国的经济活动远比国内生产总值表面数字所显示的要大，因为非法活动（例如毒品买卖）并没有被包括在内。高水平的国内生产总值使美国人得以享受高生活水平。

**失业率** 失业率（unemployment rate）是指年满16周岁、没有工作并且在过去4周里尚在求职的劳动力占总人数的比率。美国在2000年时失业率为3.9%，创30年来最低。不过，到2010年失业率超过了9.5%，如图2.4所示。2011年失业率降至9%以下，许多人放弃寻找工作，因此没有被计入失业率统计。

**图 2.4 1989 年至 2011 年美国失业率**

表2.1说明了四种失业类型：摩擦性、结构性、周期性与季节性。美国尽力保护那些因经济衰退（本章稍后会讨论）、产业转移以及其他周期性因素而失业的人，但是2010年的失业数字约达到17%（涵盖寻求全职工作的兼职者，亦即不找工作人群）。

**表 2.1 失业类型**

| | |
|---|---|
| **摩擦性失业** | 不喜欢原来的工作、老板、工作环境，且尚未找到新工作者，包括首次进入职场者（如应届毕业生），或者长期休息之后重回职场者（如为人父母二度就业者）。此时将会产生摩擦性失业，因为寻找第一份工作或另一份新工作需要时间。 |
| **结构性失业** | 公司重组造成失业，或者求职者技能（或地点）与求才者的资格要求（或地点）不符，例如因当地矿场关闭而失业的矿工。 |
| **周期性失业** | 来自企业周期( 企业的长期成长与衰退 )的衰退或不振。这种情况最为严重。 |
| **季节性失业** | 不同季节所需的劳动人口不同，例如农作物收割季节。 |

**通货膨胀和价格指数** 价格指数（price index）协助我们通过通货膨胀、通

货减缩、通货紧缩以及停滞膨胀等水平，衡量一个经济体系的健康状况。**通货膨胀（inflation）**指产品与服务的价格在某个时期普遍上扬。官方对此的定义是："通货膨胀是消费者价格水平的持续上升，也即货币购买力的持续降低，由可获得的货币和信贷的增长超过商品和服务的增长造成"，因此也被描述为"过多的金钱追逐太少的商品"。回顾一下供给需求法则，可知其中的机理。快速的通货膨胀容易引起恐慌。设想一下，如果产品与服务成本1年上升7%，10年内所有商品和服务的成本都将翻倍，回忆一下2011年油价快速上涨引发的恐慌。

**通货减缩（disinflation）**指物价上扬缓慢（即通货膨胀率下滑）。美国在20世纪90年代时的经济情况都是如此。**通货紧缩（deflation）**是指商品和服务价格随着时间变化呈下跌趋势，一般发生在生产的产品过多，人们没有购买全部产品的能力（即太少货币追逐过多商品）的时候。**停滞膨胀（stagflation）**则是指经济增长迟缓，而物价仍持续上扬的情形。

**消费者价格指数（consumer price index, CPI）**是一组衡量通货膨胀和通货紧缩情况的月度统计指标。产品与服务的成本——包括食品、服饰及医疗——均被列入政府对价格涨跌的评估中。消费者价格指数是重要的数据，因为很多薪资、租金、税收等级、政府福利以及银行利率都是以它为根据的。你可能知道核心通货膨胀（core inflation）这个概念。它是剔除粮食和能源价格后的消费者价格指数。由于粮食和能源价格快速增长，核心通货膨胀通常远低于实际的消费者价格指数。

**生产者物价指数（producer price index, PPI）**指的是产品的批发价格指数。其他一些反映经济情况的指数包括房价、零售额、个人收入的变化等。通过阅读商业期刊、收听收看商业广播电视与浏览网上的商业站点，你能掌握更多的相关内容。

## 美国的生产率

生产率指在一段特定时间内产品与服务的总产量除以工时（每工时产出）。生产率增加表示劳工可以在相同时间里生产比从前更多的产品与服务。美国生产率近年来大幅提升，主要是因为计算机与其他科技让劳工工作更有效率。生产率越高，产品和服务的生产成本越低，价格也越低。因此，企业人士都希望增加生产率。不过，你应该记住高生产率也会带来高失业率，这是美国当下正在发生的。

由于现在美国的经济是服务型经济，生产率非常重要，因为服务公司也是劳动密集的。在国外竞争的刺激下，制造业的生产率正在大幅提升。服务业生产率的提升速度比较慢，因为和工厂工作者比较起来，服务业的工作者（例如，教师、职员、律师及理发师）所能利用的新技术比较少。

## 服务部门的生产率

服务业存在着一项问题，就是大量使用机械可能可以提升服务质量，但却无法提高每位劳工的产出。例如，你可能发觉大学里到处都用计算机来协助工作，它们或许提升了教育质量，但未必能增加教授的生产率。同样地，在医院里更新设备亦复如此，例如计算机X射线轴向分层造影（CAT）扫描仪、正电子发射断层扫描（PET）扫描仪和核磁共振成像（MRI）扫描仪虽然有助于医疗质量的提升，却未必能让医生多看几个病人。换言之，当今服务部门生产率的评估方法无法检视新科技对于质量的改善。

显然，美国与其他国家需要发展新方法，以评估服务经济的生产率，包括产出的质与量。无论生产率如何改进，美国经济还是可能再经历几波震荡。以下，我们将针对此过程进行介绍。

## 商业周期

商业周期（business cycles）指发生在所有经济体系的周期性涨跌。经济学家将商业周期分为许多类型，既有季节性的、一年以内发生的，也有每48到60年一次的循环。经济学家约瑟夫·熊彼得（Joseph Schumpeter）指出四个长期商业周期阶段，分别为繁荣、衰退、萧条与复苏。

1. **繁荣**（boom）顾名思义就是商业正处于蓬勃发展的时期。

2. **衰退**（recession）指国内生产总值连续两个季度（每季度3个月）或更长时间下滑。衰退发生时，价格下跌，消费减少，企业破产增加。衰退对经济会造成许多不良后果：失业率增加、公司倒闭、生活水平全面下降。2008年的经济衰退正是一例。

3. **萧条**（depression）指通常伴随着通货紧缩的严重衰退。商业周期很少经历萧条阶段，事实上，20世纪已经经历过多次的商业周期，不过只有一次是严重萧条（20世纪30年代）。然而一些经济学家预测，萧条会在未来几年出现。

4. **复苏**（recovery）则是经济处于稳定并开始增长的时候。这个阶段最终会发展到繁荣阶段，并重新开始一个新的周期循环。

对于一些经济学家来说，他们的职责之一在于预测经济的上下波动，不过这是一项艰巨的任务。商业周期是基于客观事实的，对这些事实的描述只能从理论层面加以解释。因此，没有人能够确切地预测未来。不过可以确信的是，经济将不断地波动，就像最近发生的那样。

经济剧烈的起伏波动会对企业造成各种各样的干扰，所以政府总是试图把这种波动所造成的影响降到最低。通常，政府使用财政政策和货币政策来防止经济增长得过快或衰退得太厉害。

## 财政政策

**财政政策**（fiscal policy）指政府通过增减赋税或政府支出来维持经济稳定。财政政策的第一项重要工具就是课税。理论上，高税率会减缓经济的增长速度。由于高税率能将民间资金移向政府部门，因此，它会抑制小企业发展，因为他们努力所带来的回报减少了，这也就打击了他们的积极性。也就是说，降低税率在理论上可以催化经济繁荣发展。

美国政府各级别（联邦、州与当地政府）的征税总量大约是国内生产总值的28%。如果你把所有费用、销售税以及其他支出都计算在内，你会发现高收入公民近来的税率将会超过50%。你是否认为这个比率过高了呢？原因是什么？

财政政策的第二项工具就是政府支出。政府支出用于高速公路、社会项目、教育以及安全防御等。当政府支出超过课税所得，就会产生政府预算赤字，这种现象在财政年度内就是财政赤字。未来几年，美国的赤字预计将达1万亿美元。长期而言，赤字的累积将会增加政府的债务。**国债**（national debt）是政府赤字随着时间积累的总额。近年来，美国的国债总额超过14万亿美元（详见图2.5）。这个数字并不准确，光是医疗保险的短期债务就达34万亿美元，除此之外

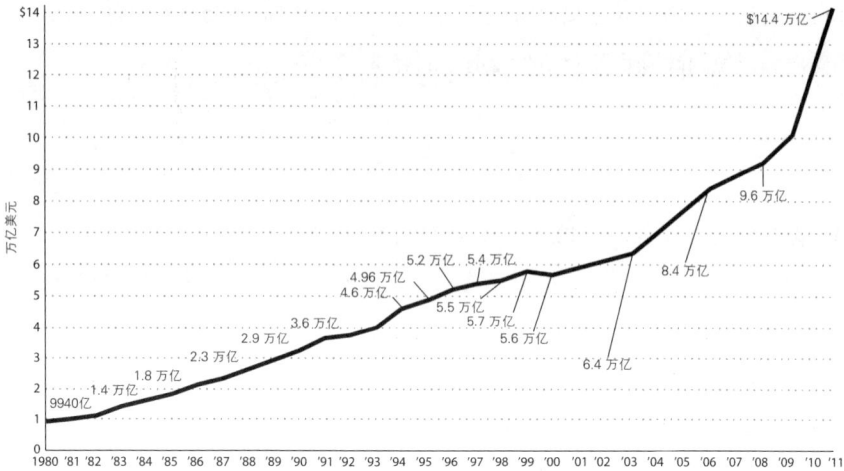

**图 2.5 国债**

2008年经济危机为华尔街员工和普通民众带来了巨大的痛苦。政府的应对效率有多高呢？

尚有社会保险的短期债务。如果政府的税收收入超过支出，就会产生国家盈余。不过美国在近期无法实现这种盈余。

缩减赤字的一项方法就是降低政府支出。例如，许多政府首脑和国会议员都承诺精简政府组织；换言之，就是努力降低政府支出，不过这种情况很少发生。反之，我们可以发现，社会福利需求与国防支出逐年提高（如投入伊拉克、阿富汗和利比亚战争），造成政府赤字及国家债务持续增加。有些人相信，政府支出可以促进经济成长；同样有些人抱持反对态度，认为政府支出会掏空消费者和企业主的口袋，进而减缓经济成长。你认为呢？

## 2008 年经济危机期间实行的财政政策

在总统任职的大部分时间里，乔治·沃克·布什（George W. Bush）都在遵循着自由市场的基本经济原则。然而，在其任职届满之时，经济面临严重的危机，布什总统同意政府增加约10亿美元的支出，以期重新振兴衰落中的经济（包括帮助银行、汽车业和其他行业摆脱困境）。巴拉克·奥巴马总统承诺追加资金。两位总统所遵循的正是"人物侧写"中讨论过的凯恩斯的基本经济理论。

你可能还记得，**凯恩斯主义经济理论**（Keynesian economic theory）认为：增加支出和减税的政府政策会刺激衰退中的经济。

## 货币政策

你是否曾经好奇，究竟是什么组织负责操控美国经济中的货币数量？答案是美国联邦储备委员会，简称美联储（Federal Reserve Bank, Fed）。美联储是一个半私营（semiprivate）机构，它不由政府直接管辖，不过理事成员皆由美国总统直接任命，本书第19章将深入讨论这个组织。本章主要简单介绍货币政策，以及美联储在控制经济上扮演的角色。

**货币政策**（monetary policy）指的是对货币供给和利率的管理。美国的货币政策主要由美联储控制，最主要的作用是提高或降低利率。当经济发展过快时，美联储倾向于提高利率，借此提高借款成本，企业降低融资，减少各项支出，包括劳力与机器投入，进而减缓经济增长。在相反的情况下，美联储降低利率，企业倾向提高融资，进而带动经济发展。因此，利率的升降有助于控制经济的剧烈波动。2010年至2011年，美联储将利率控制在接近0的位置，但经济持续低迷。你可以想象得到美联储主席承受了多大的压力。

美联储同时也会控制货币的供给。简而言之，美联储提供给企业家越多的货币，经济增长就越快。反之，如果想要减缓经济增长的速度（并防止通货膨胀），美联储可以降低货币的供给。

总结起来，控制美国经济有两种策略：财政政策（政府税收与支出）与货币政策（美联储控制的利率和货币供给）。经济的目标主要是保持经济增长，使更多人步入更高的经济生活阶层，达到满意的生活水平，拥有更好的生活质量。

# 总 结

**1. 解释基础经济学。**

· 什么是经济学?

　　经济学是研究社会如何选择运用资源制造产品与服务，以及如何在不同的竞争团体及个人消费间进行分配的科学。

· 经济学的两大分支是什么?

　　经济学有两大分支：宏观经济学把整个国家的经济运作视为一个整体；微观经济学则主要以特定市场中的个人或组织的行为作为研究对象（如汽油价格上涨时，人们为何购买小型汽车）。

· 如何能保证我们有足够的资源?

　　资源发展研究如何增加资源，以及创造环境使资源获得更好的利用。

· 资本主义如何创造一种促进经济成长的氛围?

　　资本主义制度之下，企业人士并非一开始就有意帮助他人。事实上，他们是为了自己的财富和成长而工作。然而，人们为改善自己的生活情况所付出的努力就如同一只看不见的手，通过人们生产所需的产品、服务与知识，促进经济的增长与繁荣。

**2. 解释资本主义以及自由市场的运作。**

· 什么是资本主义?

　　资本主义是一种经济体系，所有或至少大部分生产、分配要素均属私有，其经营以营利为目的。

· 在资本主义制度下，生产什么由谁决定?

　　在资本主义国家，企业主可以决定要生产什么、支付多少工资、产品与服务的价格是多少，以及要在本国生产还是进口他国产品等。

· 在资本主义之下，人们享有哪些基本权利?

　　资本主义下的四项基本权利为：（1）私有财产权；（2）企业所有权与企业获利保有权；（3）自由竞争权；（4）自由选择权。

· 自由市场如何运作?

　　在自由市场体系当中，生产什么与生产多少由市场决定。换言之，由买卖双方协商产品与服务的价格。买方在市场上的决定告诉卖方要生产什么与生产多少。当买方需求变大，价格上涨，卖方将因此提高生产。价格越高，卖方愿意生产的产品和服务越多。因此，价格是自由市场运作的重要机制。

**3. 描述美国经济体系，包括关键经济指标（尤其是国内生产总值）、生产率和商业周期**

的重要性。

· 用来描述美国经济体系的关键指标有哪些？

国内生产总值是一个国家一年内生产的产品与服务的价值总量。失业率是年满16周岁、没有工作并且在过去4周里尚在求职的劳动力占总人数的比率。消费者价格指数计算大约400种消费者所购买的产品与服务的价格改变。

· 商业周期的四个阶段是什么？

繁荣阶段，经济发展良好。衰退则发生在连续两个季度或更长时间里国内生产总值呈现下滑时，此时价格下跌，人们减少购买，企业面临倒闭。萧条代表经济严重衰退。至于复苏，则是经济处于稳定且开始增长的时候。

**4. 比较财政政策与货币政策，解释它们如何影响经济。**

· 什么是财政政策？

财政政策指政府通过增减税收或政府支出来维持经济稳定。

· 货币政策对于经济有哪些重要作用？

货币政策指的是对货币供给和利率的管理。当美国失业率过高时，美联储可能降低利率和发放更多的货币，为经济提供推动力，企业可以提高融资、增加投资，并雇用更多的劳动力。


## 批判性思考

美国高等法院裁定，城市可以出台学校教育补助金券计划，直接将钱发放给父母，他们可以在相互竞争的公立、私立学校之间做出选择。这一理念是为了鼓励学校之间的竞争，期待学校像企业一样改进他们的服务（他们教学的有效性），来赢得学生的青睐。其结果可能是各类学校教学质量的提升，许多学生会因此受益。

1. 你认为像竞争这样的经济原则在公立组织和私立组织都能应用吗？请做好准备为你的答案辩护。

2. 还有其他的公共职能会因更多的竞争而受益吗？包括来自私人企业的竞争。

3. 许多人说商人对社会没有做多少贡献。有些学生选择进入公共部门，而不是进入企业，因为他们想帮助别人。然而，商人说他们比非营利组织对他人的帮助更大，因为他们提供了就业岗位，而不是给他们做慈善。而且，他们认为商业创造了非营利组织所分发的所有财富。

a. 你如何能在这场争论中发现一些中间立场，表明商人和为非营利组织工作的人都对社会有贡献，而且需要更加密切地合作，以便更好地帮助别人？

b. 你如何利用亚当·斯密的思想说明你现在的处境？

# 3

# 全球市场上的商业活动

## 学习目标

1. 讨论全球市场的重要性及全球贸易中比较优势和绝对优势的作用。

2. 解释出口和进口的重要性，理解国际商务中使用的关键术语。

3. 说明进入全球市场的可行策略，并解释跨国公司在全球市场中扮演的角色。

4. 评价影响全球市场贸易的因素。

5. 探讨贸易保护主义的利弊。

6. 探讨全球市场变革的图景和境外外包议题。

# 人物侧写

## 认识杨澜　阳光传媒集团共同创立人及主席

　　人口超过13亿的中国拥有目前世界上最大的传媒市场。杨澜是中国最出名的电视人之一，这不仅表现在她在此行业中取得了辉煌的成绩，还因为她成功地创造了大型传媒帝国。难怪很多人会称呼她为中国的奥普拉·温弗瑞。不仅如此，再大胆的说法也不为过：与2亿观众收看杨澜每一个节目相比，奥普拉每天平均700万观众可谓小巫见大巫。

　　杨澜的母亲是通信技术工程师，父亲是英国文学教授，她则就读于北京外国语大学英语专业。大学毕业之后，她首先现身荧屏，从1990年开始担任《正大综艺》节目的共同主持人。因为当时中国的观众没有多少选择，该节目备受热捧，使得杨澜成为家喻户晓的人物。但是，在小小荧屏上的成功并不是杨澜当时唯一的抱负。1994年，她退出该节目，远赴美国留学，就读纽约哥伦比亚大学国际事务专业。

　　研究生毕业之后，杨澜返回中国电视界，推出了《杨澜视线》，之后更名为《杨澜访谈录》。杨澜对英语的精通以及对电视节目高度专业的风格获得很多外国嘉宾的好评，包括比尔·克林顿和希拉里·克林顿、前英国首相托尼·布莱尔和科比·布莱恩特。该节目也让杨澜成为中国最有知名度的媒体人之一，仅次于国际超级巨星姚明和成龙。

　　20世纪90年代后期，杨澜利用其逐渐上升的媒体影响力收购了多家出版商，并在快速发展的互联网上开办汉语网站。然而在2000年，她却在创办自己的电视台"阳光卫视"时遭遇失败。2003年，杨澜最终出售了该电视台。

　　尽管阳光卫视的失败对她打击很大，杨澜重新振作，在很多其他领域发挥其创业的才能。目前，她的阳光传媒集团制作了其他的电视节目，拥有信用卡开发业务，并与席琳·迪翁（Celine Dion）联合创办了一个珠宝品牌。

　　杨澜是新兴的全球化商人的最好例子。她学会了说不同的语言，理解文化和经济的差异，而且在技术方面训练有素。本章解释像杨澜这样的商人在应对动荡的国际商业环境时每天所要面对的机遇和挑战。

## ◎ 动态的全球市场

你梦想过到巴黎、伦敦、里约热内卢或是莫斯科这样有异国情调的城市旅游吗？现在，90%有全球业务的公司认为员工有在他国的工作经验是非常重要的。这其中的原因丝毫不奇怪：美国是一个拥有大约3.1亿人口的市场，但全球市场是由194个国家、超过69亿个潜在客户组成的，谁也无法无视这么多的人！图3.1便是根据人口数绘制出来的世界地图。

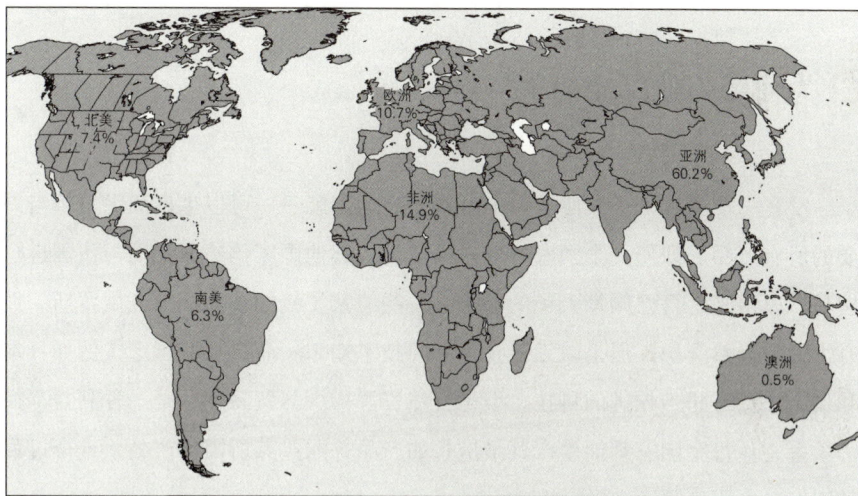

**图3.1 世界各大洲人口分布**

现在，美国每年都要向中国购买价值数十亿美元的产品。去年联合包裹服务公司（United Parcel Service, UPS）的全球业务市场增长了两位数，沃尔玛计划进军非洲。美国职业棒球大联盟在日本举办了2008年的赛季，国家篮球协会（NBA）和国家橄榄球联盟（NFL）经常去墨西哥、意大利、英国及其他地方比赛。中国的姚明曾效力于NBA休斯敦火箭队，参加过七次NBA全明星赛。来自西班牙的保罗·加索尔（Paul Gasol）帮助洛杉矶湖人队获得了2009—2010赛季的冠军。美国电影明星约翰尼·德普（Johnny Depp）、威尔·史密斯（Will Smith）和朱莉娅·罗伯茨（Julia Roberts）也将全球的人们吸引到当地电影院。

全球市场是如此巨大，因此理解全球贸易中使用的术语就很重要。例如，**进口**（importing）指从另一个国家购买产品；**出口**（exporting）指将产品销售到另一个国家。你可以想见，出口方面的竞争相当激烈。美国是全球最大的进口国，全球第三大出口国，排在中国和德国之后。

本章旨在让你熟悉全球市场和将会面临的问题。由于全球市场的竞争与日俱增，企业对经过国际业务方面训练的学生的需求自然提高。你甚至可能会把进军跨国企业当作自己的长期目标。

## ◎ 为何要与他国交易

没有一个国家——即使是一个科技先进的国家——可以生产国民希望与需要的所有产品。即使一个国家可以自给自足，其他国家仍然会试图与该国进行贸易，以便满足自己国家人民的需求。一些国家（例如委内瑞拉或俄罗斯）拥有大量的天然资源，但是缺乏科技等专门技术知识；而另一些国家（例如日本和瑞士）拥有相当先进的科技，但是自然资源稀少。贸易关系是一种利益互换的关系，让每个国家都能生产其最擅长的产品并购买其所需的产品。这个过程就叫作自由贸易。

**自由贸易**（free trade）是指在没有政治或经济阻挠的情况下，产品和服务在各国之间的流动。这是一个有很大争议的概念。事实上，许多美国人主张"公平贸易，而不是自由贸易"表3.1列举了赞成自由贸易与反对自由贸易的一些理由。

### 比较优势和绝对优势理论

国家之间的交换行为不仅涉及产品与服务，还涉及艺术、体育、文化活动、医学发展、太空探索及劳工。19世纪初期由英国经济学家大卫·李嘉图（David Ricardo）提出的比较优势理论是支撑自由经济交换的指导性原则。

表 3.1　赞成和反对自由贸易的理由

| 赞成理由 | 反对理由 |
|---|---|
| • 全球市场拥有超过 69 亿潜在客户。<br>• 当国家生产具有比较优势的产品与服务时，生产率就会上升。<br>• 全球竞争以及较低的进口成本保证了物价低廉，因此通货膨胀不会削减经济增长。<br>• 自由贸易鼓励创新，让创新构思从外国市场涌进。<br>• 不断流通的资本提供海外投资渠道，让利率保持在低点。 | • 当地制造业员工会因进口增加或生产移向全球市场而失业。<br>• 员工可能面临减薪要求，雇主可以用将工作机会外移来威胁他们。<br>• 竞争压力导致的组织外移常常意味着服务性及白领岗位的减少。<br>• 当竞争对手在低工资国家成立优势生产的组织时，当地企业可能因此失去比较优势。 |

**比较优势理论**（comparative advantage theory）主张一个国家应该向其他国家出售在本国生产最具效益和效率的产品，并且向其他国家购买自己无法有效益或效率生产的产品。美国在许多产品与服务的生产上都拥有比较优势，例如软件及工程服务。相对地，在种植咖啡或是制鞋方面，美国则不具有比较优势，因此这些产品需要进口。通过专业化生产和商品贸易，美国与贸易伙伴实现了利益互换。

如果一个国家在生产某项产品上占有垄断地位，或比所有其他国家都更具制造效率，该国就拥有**绝对优势**（absolute advantage）。不过，自然资源方面的绝对优势并不能长久。例如，南非曾经在钻石生产上占有绝对优势，但现在已然失去了这一优势。全球竞争还造成其他类型绝对优势的消失。现在的全球市场上已经很少有绝对优势的例子。

## ◎ 参与全球贸易

那些有意在全球性企业中工作的人，可能通常会考虑波音（Boeing）、卡特彼勒（Caterpillar）或 IBM 这些拥有多国大客户的企业。然而，全球市场中真正潜在的工作机遇可能是在小型企业之中。美国2900万小企业中拥有出口业务的只有1%，却占了所有出口量的30%。

做出投入全球化的决定通常与观察力、决心及风险意识有关。例如，几年前一位前往非洲某国旅行的美国旅客留意到当地没有冰块来放进饮料或让食物保鲜。经过深入探查，他发现好几百公里之内都没有制冰工厂。由此似乎可看出潜藏的无限商机。那位旅客回到美国后，找了几位投资者，再度返回非洲建立起了一座制冰厂。在与有关当局协商之后（让了解这个体系的当地人去做是最好的），工厂终于落成。这位颇有远见的企业家因此获得极高的报偿，而该国人民现在也能购买所需的产品。"聚焦小企业"专栏强调了一家非营利企业如何建立更宏大的全球视野。

## 进口产品和服务

就读海外院校的学生经常会注意到，有些在本国到处都能买到的产品，在当地却买不到或是在价格上昂贵许多。因此有些学生与国外生产者合作，寻求启动资金并投入大量的时间努力工作，他们中的很多人在毕业之前就已经成为大型进口商。

星巴克董事长霍华德·舒尔茨（Howard Schultz）就是一个范例。舒尔茨在意大利旅游时，对20万邻近社区的咖啡吧里那种氛围、香味，特别是其乐融融的亲切气氛甚为着迷，心想为何在美国没有如此美好的聚会场所。舒尔茨看到了一个大好机会，买下了原先位于美国西雅图的星巴克咖啡店，从而成功创出一个全国知名的品牌。意大利的咖啡吧吸引了舒尔茨的注意，现在全美各地的人因此都知道了"大杯拿铁咖啡"。

## 出口产品和服务

谁会想到美国企业能在拥有那么多好啤酒的德国销售啤酒？但是在慕尼黑一家著名啤酒厂的街角，你就能买到萨缪尔·亚当姆斯·波士顿淡啤酒（Samuel Adams Boston Lager）。倘若这令你感到惊奇，更绝的事还在后头！你能想象往中东国家卖沙子吗？马利丹集团（Meridan）就出口一种用于游泳池过滤系统中的

## 聚焦小企业

### 小企业，大愿景

当验光师乔丹·卡萨罗（Jordan Kassalow）到墨西哥开展援助之旅时，他对眼镜的缺乏如何影响当地的工人有了切身的感受。"视力丧失默默地剥夺了一个人的经济活动，"卡萨罗说，"在他们的黄金工作年龄，成千上万的穷人无法挣钱维持生计。"

卡萨罗想帮助他遇到的人，但他不愿意仅仅依靠捐款实现自己的目标。因此，卡萨罗和一位伙伴创立了"视觉春天"（VisionSpring），这是一家部分做慈善，部分开展经销商业务的企业。卡萨罗大多雇用需要额外补贴家用的妇女，她们便在其村子周围，走家串户销售眼镜。这些妇女从"视觉春天"以成本价每副 2.5 美元购买眼镜，然后卖到每副 4 美元至 7 美元。通过这种方式，卡萨罗不仅让最需要眼镜的人恢复了视力，而且也刺激了当地经济。截止目前，"视觉春天"在 7 个国家已经售出 60 万副基本的阅读眼镜。

不过，"视觉春天"仍然在亏本经营，慈善捐款是该公司收入的必要构成。但是，卡萨罗正在逐步实现盈利。最近，视觉春天在中美洲的萨尔瓦多开了第一家商店，出售价格较高的处方眼镜。15 美元一幅的处方眼镜其利润大约 4.5 美元，包括 1 美元的介绍费，需要付给当地的销售人员。该商店第一年经营就赚到了钱，使得卡萨罗朝着在发展中国家可持续地、按照市场规律运作来解决视力问题的梦想迈进了一步。

资料来源：Helen Coster and Jason Daley, "The Vision Thing", *Entrepreneur*, March 2010; and "New Vision for Nonprofits", *Forbes*, February 14, 2011.

特殊沙子，而且销量非常好。

因此，事实上你能将几乎任何美国的产品与服务销售到外国，而且对于多数生产者而言，全球市场上的竞争远没有国内激烈。例如，你可以向沙特阿拉伯人出售铲雪机，他们会用其清扫车道上的沙砾。出口对于美国经济也十分重要。据美国彼得森国际经济学研究所（Peterson Institute for International Economics）所长C. 弗雷德·伯格斯坦（C. Fred Bergsten）称，美国出口的15万亿美元商品和服务在国内创造了约1000万个待遇良好的工作。他还估计，美国每多出口10亿美元，就能产生超过7000个工作岗位。但是在国际市场上销售产品绝不是什么容易的事情。接下来我们将讨论影响全球贸易的重要因素。

## 评估全球贸易

在评估全球贸易的效用时，各国都遵循两项指标：贸易差额与国际收支。**贸易差额**（balance of trade）是一段时期内一个国家出口和进口的差额。"有利"（favorable）的贸易差额，或**贸易顺差**（trade surplus），代表着一个国家的出口值超过了进口值；而"不利"（unfavorable）的贸易差额，或**贸易逆差**（trade deficit），则代表着一个国家的出口值低于进口值。因此，我们不难理解为何各国都偏好出口多过进口。如果我销售了价值200美元的商品，却只购入价值100美元的商品，我还有100美元能够购买其他东西。然而，如果我向你购入价值200美元的商品，却只卖给你100美元的商品，那么我的情况就很不利了。

**国际收支**（balance of payments）指一个国家出口流入现金与进口流出现金之间的差额，再加上通过旅游、国外援助、军事费用和外国投资之类的其他因素导致的现金流入与流出量。通常各国的目标都是确保流入国内的货币多于流出的，换句话说就是"有利"的国际收支。相对地，"不利"的国际收支则代表着流出国内的货币多于流入的。

过去，美国出口到其他国家的产品和服务要比进口多。但是从1975年开始，每年美国进口的产品就比出口销售还多，形成了"贸易逆差"。近几年来，美国与中国产生了极大的贸易逆差。不过，美国依然是全球最大的出口国之一，即使它的产品出口的绝对比例比其他国家（如中国、日本和德国）低很多。表3.2列出了世界上主要的贸易国和美国主要的贸易伙伴。

在支持自由贸易方面，美国和其他国家一样，都希望确保全球贸易的公平。为了确保这个竞争领域的公平性，各国都实施禁止倾销之类的不公平行为的法律。**倾销**（dumping）指生产国以低于本国市场的价格出口产品。掠夺性定价战术旨在减少国外市场上的过剩产品，或是通过比国内竞争者更低的价格来占领海外市场。某些国家政府为特定产业提供金融奖励，协助它们在全球市场以低于本国市场的价格出口产品。例如，中国、巴西和俄罗斯被指控违法倾销钢铁，加拿大则被指控倾销软木。为了防止上述倾销行为，美国对外国产品的价格做

表 3.2 世界上主要的贸易国和美国主要的贸易伙伴

| 全球最大的出口国家 | 美国最大的贸易伙伴 | |
|---|---|---|
| | 国家或地区 | 2010 年总贸易额（10 亿美元） |
| 中国 | 加拿大 | 525 |
| 德国 | 中国 | 456 |
| 美国 | 墨西哥 | 393 |
| 日本 | 日本 | 180 |
| 法国 | 德国 | 130 |
| 韩国 | 英国 | 98 |
| 意大利 | 韩国 | 87 |
| 荷兰 | 法国 | 65 |
| 加拿大 | 中国台湾 | 61 |
| 英国 | 巴西 | 69 |

出了具体要求，产品在定价时必须至少包含10%的成本加成和8%的利润。

目前你大概已经了解了一些基本的全球商业用语，我们可以探讨进入全球市场的各种可行策略。

## ◎ 进入全球市场的策略

一个企业可以有很多种途径进入全球市场，包括许可、出口、特许经营、合同制造、国际合资企业和战略联盟、设立海外子公司，以及外商直接投资。每种策略都是企业进入全球市场的经济机会，当然也都伴随着义务约束与风险。图3.2显示了每种战略的责任、控制、风险及潜在利润的多寡。在阅读下面文章之前，请先浏览图3.2。

### 许可贸易

一家公司（许可方）可能决定通过**许可**（licensing）并收取费用（权利金）

**图 3.2　进入全球市场的模式**

的方式——许可一家外国公司（被许可方）拥有生产其商品或者使用其商标的权利——来进入全球市场。一家有意许可的公司通常需要指派代表到外国生产商处协助建立生产线。许可方也可以协助被许可方或与被许可方合作，处理分销、促销和咨询等方面的事宜。

许可协议对企业来说存在以下几点益处。首先，企业可以赚到在本国市场无论如何都赚不到的收入。而且，外国被许可方经常必须从许可公司购买创业设备、原料以及顾问服务。可口可乐公司用300多份许可协议分享着全球许可经营市场，这些许可协议已经延展为长期服务合同，每年销售公司产品超过10亿美元。基于服务的公司也在许可经营上十分活跃。例如，最近，零售商"好莱坞的弗雷德里克"（Frederick's of Hollywood）涉足许可经营，在中东与埃米尔联合商业集团（EABG）建立和运营它的商店。

值得注意的是，许可的最后一项优点，则是许可方几乎不需要额外的花费就可以生产与营销其产品。这些成本通常由被许可方负担，因此，被许可方往往非常努力地让许可产品在市场上获得成功。不过许可协定也有其缺点。通常公司授予产品专利权的期限必须足够长，也许长达20年或更久。如果产品在外国市场成功经营并且逐步成长，其间获取的利润主要归被许可方所有。也许更大的威胁是，许可公司事实上也在销售其专门技术与知识。如果被许可公司学会了该项技术，可能会毁约并开始自行生产类似产品。如果通过法律途径无法解决，许可公司可能因此丧失其贸易优势与技术秘密，更别提先前协议中的特许权使用费。

出 口

随着全球市场竞争日趋激烈，美国政府成立了出口支持中心（Export Assistance Centers, EACs），为选择直接出口产品与服务的中小企业提供出口实战经营与贸易金融支持。出口支持中心的网络覆盖了全美109个城市及世界上80个国家，而且该网络还有进一步的扩张计划。这个计划活动对于全美中小型企业来说非常重要，因为1994年到2004年美国出口增幅中有98%源于中小企业的贡献。

尚在犹豫不决的美国公司可以通过专业的外贸公司（或外贸管理公司）间接地从事出口，它们可以协助谈判并建立贸易关系。外贸公司不仅会将不同国家的买卖双方匹配起来，而且还可以处理海关事务，提供文件，甚至将重量与测量等数据加以转换，使进入国际市场的程序更加便捷。它还可以在仓储、发票和保险方面为出口商提供帮助。如果你正考虑从事国际商业，你应该知道外贸公司常为学生提供实习与兼职的机会。

## 特许经营

特许经营指的是一种契约协议，某些拥有良好企业经营理念的人将其企业名称的使用权卖给其他人，允许他们在特定的地区以一种特定的方式销售产品或提供服务。（我们会在第5章深入讨论。）诸如赛百味（Subway）、假日酒店（Holiday Inn）以及邓肯的甜甜圈（Dunkin'Donuts）等美国大型连锁店拥有许多外国特许加盟商经营的分店。例如，落基山巧克力厂（Rocky Mountain Chocolate Factory）总部设在科罗拉多州，专门生产优质巧克力，它与阿拉伯联合酋长国的阿穆哈瑞集团（Al Muhairy）达成了特许经营协议，巧克力在当地被视为是高档美味，类似于美国的鱼子酱。外国的特许经营商也会觊觎美国市场的开拓。

特许经销商必须谨慎调整产品或服务以适应所在国家的特殊情况。百胜餐饮集团（Yum Brands）在世界109个国家拥有37,000家肯德基、塔可钟（Taco Bell）和必胜客快餐店。它们很快就认识到世界各地的人对于比萨饼顶配料有不同的偏好。例如，日本消费者就很喜欢鱿鱼和甜蛋黄酱口味的比萨。在中国的肯德基快餐店，菜单上则是鸡块沾四川辣酱、米饭、鸡蛋汤和"老北京鸡肉卷"。请阅读本章"域外观察"专栏,它主要讲述了麦当劳的海外经营策略,这是另外一家连锁经营的优胜者。

## 合同制造

合同制造(contract manufacturing)指的是由国外公司生产该产品,然后国内零售商再贴上自有品牌或商标再行销售。例如,合同制造商为戴尔、施乐和IBM等公司生产计算机、打印机、手机、医疗产品、飞机和家用电器用的电路板和元件。耐克(Nike)在全球拥有700家以上的合同制造商,它们为耐克加工了所有的鞋类产品和服装。

合同制造商经常让一家公司在极低的创业成本之下,得以尝试扩张进入新市场。如果该品牌成功跨入新市场,公司承担的风险相对较低。公司也能在订单量突然大增时,临时使用合同制造解决困境。合同制造也属于外包(我们在第1章讨论过,也将在以后做深入的讨论)。

## 国际合资和战略联盟

合资(joint venture)是一种由两家或两家以上公司(通常来自不同国家)共同承担一项主要项目的合伙关系。合资经营经常由政府委托经营,比如在中国,政府主导是作为进入该国经商的一个条件。例如,迪士尼和国有企业上海申迪集团共同出资,在上海建设迪士尼主题公园,并于2016年开始接待游客。

合资企业的设立有许多不同的原因。美国酒店集团万豪国际(Marriott International)和西班牙的AC酒店公司(AC Hotels)成立了一家合资公司万豪AC酒店(AC Hotels by Marriott),以拓展全球业务,促进未来增长。百事可乐同意与印度的塔塔全球饮料公司合资,开发有益健康的瓶装泉水饮料,推向印度的大众消费市场。合资经营也可能是独一无二的,比如,匹兹堡大学医学中心和意大利政府合资经营,在西西里岛成立了一个新型医疗移植中心。在意大利巴勒摩的移植中心叫ISMETT,前两年刚刚举办了它的开业15年庆典。

成立合资公司经营的好处是明显的,包括:

1.共享科技与分担风险。

# 域外观察

## 金色拱门闪耀全球

几十年来，无可争议的全球食品连锁之王是麦当劳，它在 117 个国家拥有 3.2 万多家快餐店，每天服务的客户超过 6000 万人。

那么，麦当劳如何变成了一家跨国企业巨头？它能发展到今天确实不单单依靠汉堡。自从第一次拓展到海外以来，在照常提供巨无霸和法式炸薯条的同时，麦当劳很重视将当地口味的食品吸纳进它们的食谱。例如，泰国的客户可以定购武士汉堡，这是中间夹猪肉饼的三明治，浸泡在照烧酱（teriyaki sauce）中，上覆蛋黄酱和酸菜。如果你更喜欢吃鱼，不妨试吃一下挪威的三文鱼汉堡，或者日本的炸虾汉堡。

麦当劳也重视修改其菜单，以适应当地的客户和文化风俗。在以色列，连锁餐馆中供应的所有肉食全部是符合犹太教规的洁净牛肉。公司的很多快餐店也会在安息日和宗教假日关门停业。通过不供应任何牛肉或猪肉食物，麦当劳也表达了对印度人宗教感情的尊重。如果想看到更多的例子，请登录 www.mcdonalds.com 网站，浏览麦当劳的各个国际连锁网页。关注该公司如何将每个国家的文化融进快餐店的形象当中。

近来，麦当劳对全球市场的关注主要放在了中国。截至目前，麦当劳的战略似乎是奏效的。在上海，麦当劳的汉堡包大学吸引了一大批优秀大学毕业生来接受管理岗位的培训。每 1000 名申请者中大约只有 8 位进入该计划，录取率甚至低于哈佛大学。在香港，麦当劳提供叫作麦当劳婚礼（McWeddings）的服务，为自己赢得了声誉。在这个城市中，结婚是一件大事，普通人婚礼的花费大约为 2.9 万美元，为了办一场体面的婚礼，许多年轻人要积蓄多年或借很多债。但是，麦当劳婚礼只要 1280 美元就可以举行，包括供 50 人享用的饮料和食物以及礼物和请柬。这个消费得起的婚礼服务包甚至还随赠一个"蛋糕"——一大摞有麦当劳标志的苹果派。

另外，麦当劳继续为平息人们对其食物的脂肪含量和制作方法安全性的争论而努力。例如，2010 年，在接到表面有镉污染的报告之后，该公司召回了印有怪物史莱克的玻璃器皿。最后，我们只能希望麦当劳在继续适应和拓展国际市场的同时，仍然致力于保持产品质量。

资料来源：Bloomberg News, "Getting into Harvard Easier than McDonald's University in China", *Bloomberg*, January 25, 2011; Joyce Hor-Chung Lau, "Raising a Milkshake to the Bride and Groom", *The New York Times*, February 27, 2011; Zach Tropf, "McLobster Sandwich and other McMenu Madness", *Gunaxin*, March 12, 2009; and McDonalds, www.mcdonalds.com, accessed March 20, 2011.

2.共享营销与管理等专业技能或知识。

3.进入那些除非商品是当地生产，否则外国企业很难进入的市场。

相比之下，缺点则不怎么明显。其中比较重要的一点是，合伙的一方可能学会另一方的技术与实践，然后自行创业而成为竞争对手。还有，随着时间的推移，共享的科技可能已经过时，或是合资经营的规模太大而不够灵活。

全球市场同样也会促进战略联盟的增长。**战略联盟**（strategic alliance）是由两家或更多的公司建立的长期合作关系，旨在帮助各联盟公司建立市场竞争优势。它们通常不涉及分摊成本、风险、管理甚至利润的问题，这一点与合资经营有所不同。此种战略联盟为进入市场、接洽资本以及利用专业技术提供更宽广的途径。由于灵活性很强，所以，战略联盟可以有效地联结不同国家的公司和规模差异极大的企业。惠普（Hewlett-Packard）与日立（Hitachi）和三星（Samsung）拥有战略联盟，早在1990年，可口可乐和雀巢就建立了战略联盟，对茶饮料和咖啡市场进行划分。

## 外商直接投资

**外商直接投资**（foreign direct investment）指在国外购买永久性产业或企业。最常使用的外商直接投资方式就是成立海外子公司。**海外子公司**（foreign subsidiary）是指由另一家公司即"母公司"（parent company）所拥有的海外企业。海外子公司在运作上会比较像本地公司，生产、经销、促销、定价及其他企业功能都由海外子公司负责控管。当然，子公司必须同时遵守母公司所在地，也就是母国（home country）和子公司所在地，也就是东道国（host country）的法律规定。

设立子公司的主要优点是母公司可以完全控制它持有的所有技术或专业知识。而主要缺点是母公司需要在外国投入资金与科技。假如与东道国的关系出现了裂隙，该公司的资产所有权可能会被剥夺（被外国政府接收）。总部设在瑞士的雀巢（Nestlé）公司拥有许多海外子公司。这个消费品巨头会花费数十亿美元将外国公司并购为自己的子公司，比如珍妮克雷格公司（Jenny Craig，减肥公司）、美国宠物食品制造商罗尔斯顿·普瑞纳公司（Ralston Purina）、冷冻食品制造商美国厨师（Chef America，品牌名称为Hot Pockets）、美国德雷尔冰激凌公司（Dreyer's Ice Cream）和法国的毕雷矿泉水公司（Perrier）。雀巢拥有员工超过28万人，几乎在世界各国都开展了业务。

雀巢是一家跨国公司。**跨国公司**（multinational corporation, MNC）是那种在许多不同的国家生产和营销产品的组织，在不同的国家拥有股票所有权和经营管理权。该公司营运所在的国家越多，就越需要努力避免来自各国政府的限制。跨国公司是典型的超大型企业（像雀巢），但并非所有参与全球事业的大公司都是跨国公司。一个企业可能出口生产的所有商品，收入和利润可能全部来自国外，但它依然不是跨国公司。只有那些在不同国家拥有"制造能力"或是具有其他"实体"的企业，才能真正被称为跨国公司。表3.3即列出了全球十大跨国公司。

外商直接投资增长最快的形式之一就是**主权财富基金**（sovereign wealth fund, SWFs）的利用，它是由在外国公司中持有较大股份的政府控制的投资基金。来自科威特、新加坡和中国的主权财富基金已经购买了对花旗集团（Citigroup）等美国公司有重大影响的股份。主权财富基金的规模及其政府所有权会使人们担心，害怕它们会被用来达成地缘政治的目标、控制战略性自然资

表3.3 全球十大跨国公司

| 公司 | 所属国 | 网站 |
|---|---|---|
| 1. 沃尔玛 | 美国 | walmartstores.com |
| 2. 壳牌石油 | 荷兰 | shell.com |
| 3. 埃克森美孚 | 美国 | exxonmobil.com |
| 4. 英国石油 | 英国 | bp.com |
| 5. 中国石化 | 中国 | www.sinopec.com |
| 6. 中国石油 | 中国 | cnpc.com.cn |
| 7. 国家电网 | 中国 | sgcc.com.cn |
| 8. 丰田 | 日本 | toyota.co.jp |
| 9. 日本邮政控股公司 | 日本 | japanpost.jp |
| 10. 雪佛龙 | 美国 | chevron.com |

资料来源：*Fortune*, July 25, 2011.

源或者获得敏感技术。主权财富基金也会削弱被投资公司的管理基础。相反，有些专家将借助主权财富基金进行的外国投资看作是对美国经济有信心的投票，以及是为美国创造无数就业岗位的一种方式。在第17章，你可以阅读到更多有关主权财富基金的材料。

要成为跨涉全球市场的企业，就必须选择最契合公司目标的市场战略。各种不同的策略反映出企业的不同产权结构、资金投入，及其所能承担的风险。不过，这对于准备进入全球市场的人来说只是一个开端。重要的是要警惕那些影响企业在全球市场上的贸易能力的关键市场因素。下面，我们将深入讨论这些影响力。

## ◎ 全球市场经营的影响力

企业在全球市场上成功的障碍比在国内市场更为艰难复杂，尤其是在社会文化、经济与金融、法律管制以及物理环境方面时更是如此。让我们来分析这些挑战，以及它们对公司——即便是那些地位稳固的全球企业——有什么样的影响。

### 社会文化因素

文化（culture）指特定人群所共同拥有的价值观、信仰、规则和制度。文化的主要组成部分包括社会结构、宗教、行为和习惯、价值观和态度、语言和人际沟通等。如果你希望参与全球贸易，那么一定要留意各国之间的文化差异。不同国家有着不同的经商方式，不幸的是，美国虽然是个多民族国家，但商人在适应文化的能力上并不理想。美国商人总被指控具有"民族优越感"（ethnocentricity），即一种认为自己民族的文化比其他民族的文化优越的态度。

相较之下，外国商人反而更能适应美国文化。想想德国、日本与韩国的汽车生产商是多么有效地将美国人的欲望和需求运用于汽车工业上的。反之，过去美国汽车制造商并未考虑到汽车在许多国家都是靠左行驶的，汽车驾驶指南也经常只印制英文版。另外，利比里亚、缅甸和美国也是当今全球少数几个拒绝实行公制单位的国家。让我们来看看美国企业在适应重要社会文化差异上遭遇到的一些难题。

宗教是每个社会文化中重要的一环，而且可能对企业营运带来相当大的冲击。想想发生在印度、巴基斯坦、北爱尔兰及中东等地区的暴力冲突，这些暴力冲突严重地削弱了这些国家的经济。公司在进行企业决策时，有时并未考虑到宗教因素。例如，为了向参加世界杯比赛的国家致敬，麦当劳和可口可乐决定将参赛国的国旗印在它们的包装上。但将沙特阿拉伯的国旗印在包装上却冒犯了穆斯林，因为国旗的设计中包含了一段《古兰经》，而穆斯林认为他们神圣的经文永远不能被揉成一团，并被扔弃在地上。

另一个案例则是，一位美国经理到伊斯兰教国家巴基斯坦参观访问其管辖的新工厂。当工厂开始完全运作之后，他走进办公室开始准备生产进度预估。突然间，工厂所有机械全部停止运作，他急忙冲了出去，以为是停电了，却发现所有生产线员工都跪在祈祷布上。当他了解伊斯兰教徒每天必须祈祷五次时，这位经理再次返回办公室，并且降低了原先的生产预估。

社会文化上的差异也会影响企业在人力资源管理上的重要决策。在拉丁美洲国家，员工相信经理级人物之所以位居要津，就是为了做出决策以及为员工的福利负责。一位在秘鲁工作的美国经理，由于不了解这项重要的文化特质，于是充分让员工参与管理事务，原以为可借此创立民主风格，激励员工并提升生产力，但不久之后，员工开始成群辞职。当秘鲁员工被问及辞职原因时，他们表示新来的生产部经理与主管未尽本分，连自己该怎么做工作都不知道，反而还需要向员工去请教。所有的人都说他们希望寻找新的工作，因为经理能力不足，显然这家企业很快就会寿终正寝。

许多美国公司仍然无法以全球眼光来进行思考，即使是花的颜色在不同文化下也有不同的含义。怀抱全球市场的最合理哲学是：在特定国家的营运模式，未必适用于另一个国家。一些公司，比如英特尔、耐克、IBM、苹果、本田、肯德基以及沃尔玛等，都已经发展出具有广泛的全球形象与知名度的品牌名称。不过，即便是这些成功的全球经销商同样经常会遇到困难。想要了解公司面临的翻译问题，请详细阅读表3.4。

**表 3.4 这些广告真瞎！**

企业营销策略有时困难重重，看看这些知名企业在全球市场忽略了什么。

> - 百事可乐将口号"动起来，你们在百事时代（Come Alive. You're in the Pepsi Generation）"译成中文，结果变成"百事可乐，让你的祖宗死而复生"。
> - 康胜啤酒酿造公司（Coors Brewing Company）将口号"轻松起来（Turn It Loose）"译成西班牙文，结果变成"痛苦地拉（肚子）吧"。
> - 柏杜鸡养鸡农场（Perdue Chicken）将口号"壮汉生产的鲜嫩鸡肉（It Takes a Strong Man to Make a Chicken Tender）"译成西班牙文，结果变成"唯有雄赳赳的男人，可以让小鸡产生爱意"。
> - 肯德基炸鸡口号"吮指美味（finger-lickin' good）"译成日文，结果变成"咬掉你的手指"。
> - 翻译过程中出错的另一种案例是：一家北欧吸尘器制造商伊莱克斯试图销售产品至美国，公司口号是："没有什么产品比伊莱克斯更烂（更能吸）"。

## 经济与金融因素

经济差异同样也会干扰全球市场。当然，我们很难想象口香糖只买一片的情形。然而，这种购买行为在经济萧条的国家，例如海地，则是极为平常的，因为当地消费者只有很低的购买能力。你可能会猜想，印度和中国拥有超过10亿人口，对于百事可乐与宝洁而言，将是一个很棒的市场。然而在印度，每人每年却只消费三瓶软饮料；而中国13亿消费者由于人均收入偏低，每年人均消费价值3美元的宝洁产品。

墨西哥人使用比索购物，中国人使用元，韩国人使用韩元，日本人使用日元，而美国人则使用美元。美元是全球公认的具有稳定性与主导性的货币，然而，这并不表示美元价值会维持不变。例如，在现今国际交易中，1美元或许可以兑换8比索；明天，同样的1美元或许只能兑换7比索。**汇率（exchange rate）**指一个国家货币相对于其他国家货币的价值。

一个国家汇率的改变对于全球市场可能带来重大的影响。美元升值（high value of the dollar）是表示1美元可以兑换比之前更多的外国货币，所以外国生产者的产品会变得比较便宜，美国人用较少货币就能买到；然而，美国生产的商品价格对于其他国家的买主而言，则会因为美元的高价值而显得昂贵。相对地，美元贬值（low value of the dollar）表示1美元可以兑换到比之前少的外国货币，因此外国商品显得昂贵，因为需要用较多货币才能买到，而美国商品对于外国买主而言则变得比较便宜，因为花较少的外国货币就能买到美国商品。

全球金融市场在一个被称为浮动汇率（floating exchange rates）的体系下运作，亦即汇率会根据市场上货币的供需有所"浮动"。这种货币供需是由全球货币交易商创造出来的，他们根据一个国家的贸易与投资潜力创造出该国的货币市场。

币值的改变目前在全球造成了许多问题。想想雀巢、通用电气或索尼这样的国际企业，劳工成本会因币值变动而有很大的变化。至于像美国明尼苏达州富乐公司（H. B. Fuller）等中型企业同样会受到币值波动的影响。富乐公司在38个国家营运，拥有3100名员工。与大型公司同行一样，它们都已经学会了善加利用币值的波动在全球市场上获利。

币值问题在经济发展上尤其重要。某些时候，一个国家会干预并再次调整其货币价值，借此增加该国产品的出口潜力。**贬值**（devaluation）指一个国家的货币相对于他国货币价值降低。在许多发展中国家，贸易的唯一可能就是通过最古老的"以物易物"（bartering）贸易方式，即不使用金钱，而是通过商品来交换商品，或是用服务交换服务。

**对销贸易**（countertrading）指一种复杂的易货形态，参与的国家可能很多，每个国家都用商品交换商品，或是服务交换服务。例如，假设一个发展中国家，比如说牙买加，希望用牙买加矾土矿交换购买福特公司的汽车。但福特汽车并不需要牙买加矾土矿，而是需要计算机屏幕显示器。在相对贸易协议中，福特汽车把汽车卖给牙买加，然后牙买加将这些矾土矿卖给其他国家（如印度），而那个国家将计算机屏幕显示器卖给福特公司。这样，这个对销贸易对于三方都有好处。根据估计，在所有国际贸易中，对销贸易超过20%，尤其是发展中国家的交易。

## 法律法规因素

在任何经济中，企业行为及发展方向都与法律环境紧密相连。在全球市场中，没有一套中央法律体系，因此好几种法规都能适用，各种法律法规又经常是不一致的，这让经营全球事业的工作显得困难重重。反托拉斯规则、劳工关系、专利、版权、贸易业务、税务、产品责任、童工、监狱劳工，以及其他重要法律问题，在每个国家的制定与解读都有差异。

美国的企业人士在经营全球事业时必须遵守美国的法律规定。美国法令如《1978年海外反行贿法案》（Foreign Corrupt Practices Act of 1978），就使得美国企业在与外国竞争者竞争时处于劣势。该法律明文禁止为保证企业合同而用"有问题的"（questionable）或"暧昧的"（dubious）方式付款给外国官员。问题是该法律与许多国家的信仰及行为完全背离；因为在那些国家，企业或政府受贿不仅是可以接受的，而且还可能是签订并保证合约利润的唯一途径。世界经济合作与发展组织（Organization for Economic Cooperation and Development, OECD）长期致力于与全球市场上的腐败与贿赂行为进行斗争，并已取得显著成果。表3.5中列出了一些普遍存在贿赂的国家。

与东道国当地企业人士进行合作，可以协助公司进入市场并处理法律法规以及官僚体系中的障碍。

**表 3.5　商业贿赂国家排行**

| | |
|---|---|
| 1. 索马里 | 6. 土库曼斯坦 |
| 2. 缅甸 | 7. 苏丹 |
| 3. 阿富汗 | 8. 乍得 |
| 4. 伊拉克 | 9. 布隆迪 |
| 5. 乌兹别克斯坦 | 10. 安哥拉 |

资料来源：Transparency International, 2011.

### 物理环境因素

物理环境因素也可能对你在全球市场上的经营能力带来巨大的冲击。一些发展中国家仍在使用原始的交通运输和仓储系统，国际配送的效率很低，甚至不可行，尤其在易腐坏食物方面更是如此。再加上不干净的水及缺乏有效的下水道系统，你可以更加感受到问题的严重性。

科技差异会影响到出口产品的质量。例如，多数发展中国家房屋中的电器系统在种类或性能上都与美国家庭不相符。许多发展中国家很少或完全没有使用计算机和网络，这严重影响了企业的整体环境。接下来，我们将探讨贸易保护主义如何影响全球经济。

## ◎ 贸易保护主义

前几节讨论的社会文化、经济金融、法律管制以及物理环境因素，对全球贸易都是挑战。然而，很多情况下贸易保护主义才是全球贸易的更大阻碍。**贸易保护主义**（trade protectionism）是指通过政府法规来限制产品与服务的进口。支持者认为这样能让本地生产者生存扩展，同时增加更多的工作机会。其他国家采用贸易保护主义，因为它们对于一般的外国竞争抱持警觉的态度。为了解这种政治氛围如何影响全球企业，让我们简单回顾一些世界贸易历史。

企业、经济与政治之间的关系向来紧密。我们现在所称的"经济学"，曾经一度被称为"政治经济学"（political economy），由此说明政治（政府）与经济之间的密切关系。在17及18世纪，企业人士与政府主张一种被称为"重商主义"（mercantilism）的经济原则，即对一个国家来说，销售给其他国家的商品要比向其他国家购买的多，也就是拥有贸易顺差。这就会使在全球出售最多货物的国家获得大笔收益。政府在此过程中通过征收**关税**（tariff）——课征进口税——使得进口商品更为昂贵。

关税分为两种：保护关税和收入关税。"保护关税"（protective tariffs）（进口税）旨在提高进口产品零售价，让当地商品更具竞争力。这些关税的目的是确保当地员工的工作，并且让产业（特别是幼稚产业，它由很多刚起步的新创企业构成）不因受外国竞争而整体倒闭。"收入关税"（revenue tariffs）旨在为政府筹措资金。发展中国家经常通过收入关税来协助新兴产业在全球市场上竞争。

**进口配额**（import quota）指对于可以进口的某类产品进行数量限制。美国对于许多产品都有进口配额规定，例如糖和小虾子。同样地，其目的是保护美国企业，确保当地人民的工作机会。同时，有些国家也禁止某些产品出口至全球。例如，《1979年美国出口管理法案》（U.S. Export Administration Act of 1979）禁止出口会对美国安全造成危害的商品（如高科技武器）。**禁运（embargo）**意指完全禁止某项产品的进出口，或是禁止与某国有贸易往来。政治敌对造成美国从1962年起就对古巴实施禁运措施。

"非关税壁垒"（nontariff barriers）虽然不像关税、进口配额和禁运那么明显或正式，但同样会对自由贸易造成伤害。例如，印度实行一系列的限制标准，比如进口许可、严格的产品检测要求和漫长的海关流程，目的是抑制进口产品的销售。中国政府采购目录规定了大型政府机构可以采购哪些产品，现在，许多美国制造的产品都已从该目录中删除。此外，一些国家还详细规定了产品应如何在该国销售。韩国每年在美国销售差不多45万辆汽车，但从美国进口的汽车却少于6000辆，原因是发动机功率上的非关税壁垒。正在与韩国谈判的自由贸易协定有望减少此类非关税壁垒，对美国产品开放市场。

某些短视近利的出口商总把上述贸易障碍当作回避参与全球贸易的借口，但冲破这些限制就意味着创造商机。下一节中，我们将检视为促进各国贸易而成立的各种组织与协议。

### 世界贸易组织

1948年，来自全球23个国家的领导人签署了**关税与贸易总协定（General Agreement on Tariffs and Trade, GATT）**，该协议建立了通过协商共同降低贸易限制的国际性论坛，这可以促进产品、服务、理念以及文化交流。1986年，关贸总协定的乌拉圭回合重新商定了原贸易协定中的部分内容。历经8年的会议协商，124个国家终于投票同意全球关税平均降低38%，并将协议规范延伸至农业、服务及版权保护等。

乌拉圭回合还建立了总部设于瑞士日内瓦的**世界贸易组织（World Trade Organization, WTO）**，它负责调解各国间贸易纠纷。世界贸易组织由153个成员国组成，是一个负责监督重要国际贸易问题与全球性贸易行为的独立实体。成员国间的贸易争端通常会在1年内获得解决，而不再像过去一样拖上好几年，还可就裁决提出上诉。

世界贸易组织无法解决所有的全球贸易问题。法律问题经常对贸易拓展产生阻碍。另外，发展中国家（占世界贸易组织会员的八成）与发达国家（例如美国）之间存在着极大的分歧。2001年，世界贸易组织的新一轮谈判在位于波斯湾的卡塔尔的首都多哈举行，此次讨论的重要议题包括废除制造品保护、消除农产品补贴以及取消干扰全球贸易的暂时性保护主义措施，但最终并未达成重要协议。

## 共同市场

关贸总协定和世界贸易组织尚未解决的一项问题就是共同市场是否会因创造区域性联盟而牺牲了全球的增长。**共同市场（common market）**也称为贸易集团（trading bloc），意即区域内国家拥有共同对外关税但无对内关税，并且通过法律协调来促进会员国间的交易。共同市场有：欧盟（EU）、南方共同市场（Mercosur）、东南亚国家联盟（ASEAN）经济共同体以及东南非共同市场（COMESA）。

欧盟建立于20世纪50年代末，开始时由六个贸易伙伴组成（当时被称为共同市场或欧洲共同体）。现在，欧盟由28个国家组成（如图3.3所示），人口达到5亿，GDP为16.4万亿美元。其中，法国、德国、意大利、荷兰、波兰、西班牙与英国贡献了整个欧盟GDP的80%。欧盟将经济整合视为竞逐全球的重要策略，特别是在与美国、中国和日本的竞争中。

然而，欧洲迈向一体化的路程漫长而艰苦。其中具有重大意义的一步发生在1999年，欧盟正式发行了自己的联合货币：欧元。欧元帮助欧盟企业每年省下了数十亿元的兑币费用，并在全球市场的领导地位上成为美元的重要挑战者。2010年以后，欧盟因希腊、爱尔兰、葡萄牙、西班牙这几个成员国的财务危机，而面临债务、赤字以及增长的问题。欧盟官方正在推动经济政策的全面整顿，以此确保联盟的稳定。

至于南美共同市场，则由巴西、阿根廷、巴拉圭、乌拉圭，以及半正式会员玻利维亚、智利、哥伦比亚、厄瓜多尔与秘鲁共同组成，这一贸易区的人口超过2.5亿。与欧盟一样，南美共同市场也制定了发行单一货币的宏伟目标，甚

**图 3.3　欧盟成员国**

深色为成员国；浅色为候选国

至还计划建立南美洲国家联盟，从而成为一个横跨南美洲的经济自由贸易区，类似欧盟那样。

东盟经济共同体于1967年在泰国成立，旨在增进五个创始成员国之间的经济合作（印度尼西亚、马来西亚、菲律宾、新加坡和泰国）。现在，东盟已经扩展至文莱、柬埔寨、老挝、缅甸和越南，人口达到约6亿，GDP达到1.8万亿美元。

东南非共同市场是非洲19个成员国的贸易集团。2008年，东南非共同市场与南非发展共同体（SADC）和东非共同体（EAC）共同组成了一个扩大了的自由贸易区，拥有人口5.33亿，实现GDP 7400亿美元。

### 北美和中美洲自由贸易协议

20世纪90年代初期一项最具争议的议题就是**北美自由贸易协定（North American Free Trade Agreement, NAFTA）**，它缔造了一个囊括美国、加拿大与墨西哥三国的自由贸易区。反对者宣称，这个条约将会导致工作与资本远离美国；赞成者却预测，北美自由贸易协定能为出口开拓一个广大的新市场，长期而言将会创造工作与机会。

北美自由贸易协定的目标包括：（1）消除贸易壁垒并促进货物和服务的跨国流动；（2）在自由贸易区内促进公平竞争；（3）增加投资机会；（4）有效保护和实施知识产权（专利与著作权等）；（5）为未来的区域内贸易合作建立框架；（6）改善北美的工作环境。现在，北美自由贸易协定国家的人口超过4.5亿，国内生产总值达17万亿美元。

北美自由贸易协定在获得通过后经历了许多成功与困难。乐观的一面是，三国之间的贸易规模由1994年的2890亿美元成长为目前的1万亿美元。悲观的一面则是，自从北美自由贸易协定成立之后，美国国内丧失了大约75万个工作机会，大部分是高薪制造业的岗位。由于墨西哥的人均收入仍大大落后于美国，故非法移民的问题持续存在且难以解决。此外，墨西哥，特别是南墨西哥的工作条件也在加入该协定后有所恶化。

即便如此，北美自由贸易协定并未改变美国对于自由贸易协议的立场。2005年，美国国会继续通过了中美洲自由贸易协定（Central American Free Trade Agreement, CAFTA），范围更扩及哥斯达黎加、多米尼加共和国、萨尔瓦多、危地马拉、洪都拉斯，以及尼加拉瓜等中美洲国家。支持者认为中美洲自由贸易协议将开启一个崭新的自由贸易市场，不仅降低了关税，还减少了法律障碍。批评者同样指出此举将会造成美国劳工大量失业，特别是糖业及纺织业等。如今，自由贸易协定的谈判扩大至韩国、哥伦比亚和巴拿马。

类似共同市场和自由贸易协议的诸多看法，在未来仍将持续争论。虽然上述议题获得了某些经济学家的支持响应，不过也有一些较为悲观的人指出，如果全世界都被分为某些主要贸易区块（欧盟、北美自由贸易协定等），那么无法加入任何区域的贫穷国家将会无法生存。之后，我们将进一步讨论全球贸易和外包的问题。

## ◎ 全球贸易的未来

全球贸易商机日新月异，新兴的市场为贸易发展带来了无比的潜力。无论如何，69亿的潜在市场十分诱人，但恐怖主义、核扩散、流氓国家之类的问题为全球市场甚至你的职业生涯蒙上一层阴影。

中国拥有超过13亿人口和令人难以置信的出口实力，改变了整个世界的经济格局。不久前，外商在中国直接投资仍被视为过于冒险且是不值得的。但在2010年，中国吸引的直接投资资金就达到了1050亿美元。如今，《财富》500强企业（世界上最大的公司）中的400家已在中国投资了超过2000个项目。中国已经把德国赶下了第一大出口国的宝座，并超过日本成为世界第二大经济体。据高盛集团（Goldman Sachs Group）经济学家吉姆·奥尼尔（Jim O'Neill）推测，中国将在2027年取代美国成为世界第一大经济体。

2009年以后，中国成为了世界上最大的汽车市场，2010年汽车销售及生产量高达1800万辆。据估计，2005年至2030年，中国的汽车市场会增长10倍，这就意味着，到那时会有比当今世界车辆总量还要多的汽车跑在中国的道路上。沃尔玛从1996年开始在中国运营，现在已经开设了200多家店，计划还要开设更多。像Imax等新进入的公司也在这个快速增长的市场中获得了拓展。Imax 计划在2016年之前开设80家电影院，在这个可以与美国匹敌的市场中抢占份额。

许多人把中国视为自由贸易者的梦想之国，在那里，来自全球的投资和企业家精神会给人带来财富。不过，受政治、货币政策和城市化进程的影响，中国所面临的问题依然严重。中国的地下经济活跃于制造盗版和仿冒产品，不过自中国正式加入世界贸易组织起，上述问题得到了一定程度的解决。2008年年初的全球经济危机虽然多少影响了中国经济的增势，但她已和日本、欧盟、美国一样，成为了全球经济的重要驱动力量。

虽然中国是亚洲最吸引人的地区，拥有11亿人口的印度也同样蕴含着无限商机。现在印度年龄低于25岁的人口有6亿，且劳动年龄人口还在持续增长，而到21世纪20年代，美国、中国和欧盟的劳动人口可能就会下降。另外，印度的信息科技和生物科技方面都在快速地成长，预计到2020年制药业总值将达到300

亿美元，增长率超过150%。不过，印度仍旧是一个贸易法令繁杂和官僚体制僵化的国家。

俄罗斯则是新兴工业化国家，拥有庞大的石油、天然气和黄金等天然资源。雪佛龙汽车、埃克森美孚石油、英国石油公司等跨国公司全都积极投入开发俄罗斯的石油储备；福特、通用、丰田和大众也都宣布在俄罗斯投资，促进了俄罗斯汽车制造业的发展。不幸的是，严重的政治、货币及社会问题仍笼罩着俄罗斯，旨在反腐的非营利民间组织透明国际（Transparency International）将其视为世界上最腐败的主要经济体。

巴西是与中国、印度和俄罗斯一道的新兴国家，预期到2030年，它会变成较为富裕的国家之一。事实上，金砖四国（BRIC）被用作巴西、俄罗斯、印度和中国经济的首字母缩写词。预期巴西和俄罗斯会主导全球原材料供应贸易，中国和印度会引领全球制造产品和服务的供应。今天，巴西是南美最大的经济体和世界第七大经济体，它拥有发达的农业、采矿、制造和服务业。这个2亿人口的快速增长的消费市场是美国和中国等主要出口国紧盯的目标。

金砖四国当然不是全球市场唯一存在机会的地区。印度尼西亚、泰国、新加坡、菲律宾、韩国、马来西亚和越南等亚洲国家的发展也为美国企业提供了巨大的可能性。非洲特别是南非已开始成长为全球经济增长的中心。当今的商业是真正全球化的，在其中扮演什么角色取决于你自己。

### 境外外包的挑战

诚如第1章讨论的，外包（outsourcing）指公司与其他企业（往往在国外）签署合同，由外部提供部分或全部所需职能。多年来，许多美国企业已经将财务、会计、部分生产职能外包办理。不过，美国企业大量把制造职能交由海外低工资国家代工，已经成为相当重要的议题。这些转变就是所谓的境外外包（offshore outsourcing）。境外外包的各种赞成和反对的理由，如表3.6所示。

由于低端生产已更为简化，美国企业如李维斯牛仔裤（Levi-Strauss）和耐克均采取了境外外包策略。现在，许多经济学家指出，我们正迈入"第二波"境外外包阶段，外包业务从产品组装转向设计与构架。但是，这一变化对于美国的就

**表 3.6　赞成和反对境外外包的理由**

| 赞成理由 | 反对理由 |
|---|---|
| 1. 企业将低策略性工作外包，可以聚焦于高阶和前瞻性工作。<br>2. 外包可以提升企业效率，同时聘用更多的员工。<br>3. 消费者可以获得更低的产品价格，通过高效地使用全球资源，促进发展中国家和全球经济成长。 | 1. 海外低成本劳力竞争会造成长期失业和劳工薪资下滑。<br>2. 境外外包可能造成产品质量下降，进而影响企业的整体形象。<br>3. 企业和供应商与消费者之间的沟通更加困难。 |

业市场更具破坏力——第一波外包对就业市场的影响还主要集中在制造业上。而现在，包含了更多技术性、受过高等教育和来自中产阶级人力的服务型产业，例如会计、法律、金融和风险管理、保健、信息技术等，逐渐被境外外包。

虽然工作岗位的减少是人们主要关心的问题，但并非是唯一令人担忧的。像中国这样的国家，玩具、食品和药品制造的安全状况不佳。今天，越来越多的人开始担心美敦力（Medtronic）和西门子公司，它们向中国转移灵敏的医疗设备，比如MRI和CT。IBM正在海外建立研发机构。美国航空公司甚至将飞机维修外包给了萨尔瓦多这样的国家。印度一度是电话促销、数据输入、电话呼叫服务、计费和低端软件开发的中心。目前，拥有大量受过良好教育的科学家、软件工程师、化学家、会计师、律师和医师等人才的印度正在提供更尖端的服务。例如，来自威普罗健康科学中心（Wipro Health Science）的放射科医师正在为美国医院解读CAT扫描和MRI的数据。有些医疗服务提供方正在将外科手术流程转移到印度和其他国家来做。本章"道德抉择"专栏就这一流程提出了一个有趣的伦理问题。

技术人才分布在全球，境外外包今后必然还会增加。对于美国员工来说，通过适当的教育训练以确保技术始终领先是非常重要的，这样才能赢在未来。

## 全球化与你

无论你是渴望成为企业家、经理人还是其他的商业领袖，你都必须在规划事

## 道德抉择

### 观风景，看医生

最近的医疗改革方案可能会使天文数字般的保险费用有所降低。与美国的保险费持续上涨不同，在像泰国、韩国和印度等海外国家，医疗保健不仅是能够支付得起的，而且是高质量的。

例如，在美国做一次心脏搭桥手术需要花费大约14.4万美元。在像曼谷的康民国际医院（Bumrungrad International Hospital）这样的外国医疗中心，同样的手术只需大约1.5万美元。康民医院前营销主任鲁宾·托拉尔（Ruben Toral）说："区别就在于，你是刷信用卡付账，还是破产。"像韩国塞弗伦斯（Severance）医院或泰国康民医院的竞争者百世威医院也拥有第一流的医生和最先进的医疗设备，比某些美国医院的条件还要好。因此，寻求便宜而且一流医疗服务的外国游客纷纷涌向这些医院。康民医院甚至还拥有一家邻近的宾馆，用于病人的恢复，并且拥有几家餐馆。托拉尔说："这看上去不像医院。感觉更像一家宾馆，或者是一家高档购物中心。"

虽然很少有美国公司将医疗旅游纳入它们的医疗计划，但美国企业员工健康组织（National Business Group on Health）的一项调查显示：在接受调查的公司中，有40%打算增加这项业务。它将成为一个年收入1000亿美元的行业，每年增长20%至30%。为了省钱，迫使病人在危机时刻旅行几千公里，并且远离朋友和家人，这道德吗？

资料来源：: Alix Stuart, "Have Illness, Will Travel?" CFO, October 2010; Medical Tourism Association, "Medical Tourism Sample Surgery Cost Chart", http://www.medicaltourismassociation.com/en/for–patients.html, accessed March 20, 2011; and Ira Mellman, "Concerns over Medical Tourism in Asia", *Voice of America*, March 1, 2011.

业的同时，利用全球化的思维方式进行思考。学习外语、了解外国文化以及选修相关的商业课程（包括全球企业课程），有利于规划美丽的全球事业愿景。在本课程的学习中，你应牢记两件事：全球化是正在发生的现实，经济竞争注定会更加激烈。

还要请你记住，竞逐全球市场并非只是跨国公司的专利。与大型企业比起来，中小型企业通常更能掌握趋势以竞逐全球市场，且对于机会能更快地做出反应。同时别忘了特许经营的潜力，相关内容我们将在第5章详加讨论。

## 总　结

**1. 讨论全球市场的重要性和全球贸易中比较优势和绝对优势的作用。**

· 为何要与他国进行贸易？

　　（1）没有一个国家是自给自足的；（2）不同国家需要彼此生产的产品；（3）自然资源与科技技术在世界上分布得并不均等。

· 何谓比较优势理论？

　　比较优势理论主张一个国家应该向其他国家出售在本国生产最具效益和效率的产品，并且向其他国家购买自己无法有效益或效率生产的产品。

· 何谓绝对优势？

　　绝对优势指一个国家在生产某项产品上占有垄断地位，比所有其他国家都更具制造效率。绝对优势在当今全球市场中的案例已经不多见了。

**2. 解释出口和进口的重要性，理解国际商务中使用的关键术语。**

· 哪类产品可以进出口？

　　几乎所有类型的产品都可以进口和出口。企业有时会发现能在进出口上获利，不过进行全球市场销售未必容易。

· 哪些术语对理解世界贸易比较重要？

　　"出口"是销售产品到他国；"进口"是从他国购买产品；"贸易差额"是出口对进口的差额；"国际收支"是贸易差额加上其他流入资金，例如观光与外国资助；"倾销"是以低于本国的价格在他国销售产品。

**3. 说明进入全球市场的可行策略，并解释跨国公司在全球市场中扮演的角色。**

· 企业可以采取哪些方法接近全球市场？

　　进入全球贸易的方式包括许可、出口、特许经营、合同制造、合资及战略联盟，以及外商直接投资。

· 跨国公司与其他参与国际商务的企业有何差异？

　　不像其他参与进出口的企业，跨国公司在不同的国家同样拥有制造设施或其他类型的实体。

**4. 评价影响全球市场贸易的因素。**

· 哪些因素阻碍了企业参与国际商业活动？

　　可能阻碍全球贸易的潜在因素包括：社会文化因素、经济与金融因素、法律法规因素以及物理环境因素。

**5. 讨论贸易保护主义的利弊。**

· 什么是贸易保护主义?

　　贸易保护主义是通过政府法规来限制产品与服务的进口；支持者认为这让当地生产者能够生存扩展，同时也增加工作机会。保护主义的主要工具是关税、进口配额及禁运。

· 什么是关税?

　　关税是对进口产品课征的税。关税分为两类:（1）"保护关税"，用来提高进口产品的售价;（2）"收入关税"，则旨在为政府筹措资金。

· 什么是禁运?

　　禁运指完全禁止某项产品的进出口。

· 贸易保护主义对于当地生产者有利吗?

　　此项议题是有争议的，贸易保护主义有利有弊。

· 为什么政府继续这种行为?

　　重商主义理论是贸易保护主义的起源，而后它持续了下来，虽然已经不像过去那样严重。

**6. 探讨全球市场变革的图景和境外外包议题。**

· 什么是境外外包? 为何它是未来的重要策略?

　　外包指采购自公司外部而非内部生产的产品和服务。近年来，外包事业比重逐渐增加。目前，越来越多美国企业采取境外制造和服务外包策略，也因此让许多美国人担忧失去工作的机会，且产品质量会每况愈下。


## 批判性思考

　　1. 大约95%的世界人口生活在美国之外，但许多美国公司尤其是小企业仍然没有涉足国际贸易。为什么没有? 你认为未来会有更多小企业参与国际贸易吗? 理由是什么?

　　2. 像美国这样生活水平很高的国家被称作工业化国家。生活水平和生活质量较低的国家被称作发展中国家（不发达国家或欠发达国家）。阻碍发展中国家成长为工业化国家的因素是什么呢?

　　3. 在国际市场上处理社会文化、经济和金融、法律和管制以及自然和环境时，企业做什么能够防止意外问题的发生?

　　4. 你如何为在当今国际市场上使用税收和保护性关税辩护?

# 4

# 道德与对社会负责的行为

## 学习目标

1. 解释为何合法只是按伦理行动的第一步。

2. 指出面对潜在不道德行为时，你需要问自己的三个问题。

3. 描述管理者在制定伦理标准中的作用。

4. 区分基于服从的道德规范和基于正直的道德规范，并列出制定企业伦理信条的六大步骤。

5. 定义企业社会责任，并检视企业对于各利益相关者的责任。

6. 分析美国企业在全球市场上如何影响伦理行为和社会责任。

# 人物侧写

## 认识布莱克·麦考斯 汤姆斯布鞋的创始人

虽然很多公司对慈善事业慷慨解囊，却很少有公司在第一次勾勒创业计划时就考虑到了慈善。然而，对于汤姆斯鞋业公司（TOMS Shoes）的创始人布莱克·麦考斯基（Blake Mycoskie）而言，赚钱和捐赠从一开始就是密不可分的。高价销售优质布鞋仅仅满足了公司利益驱动的一面，然而，汤姆斯公司的存在还有另外一面，它要实现一个高尚的目标：每卖出一双鞋，公司就会给缺鞋穿的孩子捐赠一双。

自 2006 年建立以来，汤姆斯公司一共捐赠了超过 100 万双鞋，非常成功地完成了自己的使命。为什么麦考斯基不建立一个非营利组织，而是建立一个创收的公司来完成他的慈善目标呢？这是因为他对如何建立一家慈善机构没有概念，却对创立一家企业有所了解。

还在南卫理工会大学读书时，麦考斯基的创业生涯就开始了。当时他 19 岁，创办了一个上门服务的洗衣公司。当它拓展至全美时，他卖掉了这家企业。之后几年他进行了多次商业投资。在汤姆斯公司还只是个模糊的创业想法时，麦考斯基已经建立并经营 3 家公司了，其中包括一家广告代理公司和一个在线驾校。

然而，当麦考斯基作为选手参加美国真人秀节目"极速前进"（The Amazing Race）游历阿根廷时，他的生活改变了。他目睹了农民的极端贫穷。他们终日劳作，赤脚走在粗砺的地面上。节目拍摄完成之后，他又重返阿根廷。这次他考察了乡村，孩子们常常赤脚走上几英里上学或汲水。令人心疼的场景促使麦考斯基想要某种方式帮助他们，但在他看来，仅仅像当地志愿者那样筹集捐款并不是一个长久的解决之道。

"大多数人看到第三世界的问题，脑子里会想到一个词：慈善。"麦考斯基说，"但我想到的那个词却是创业精神。"于是，2006 年，他创立了汤姆斯鞋业公司，取意于公司最初的标语"明日之鞋"。企业用零售业务形成的资金来持"买一捐一"计划，而不是要求别人捐款。汤姆斯的营销把重点放在捐赠布鞋的计划上，仅仅过了几个月的时间，汤姆斯的名字就成了独一无二的品牌。

2007 年，麦考斯基重返阿根廷，同去的还有他的朋友、家人和公司员工，他们分发了 1 万双新鞋。同年，公司获得了史密森学会国家设计博物馆颁发的"人民设计奖"。随后几年，随着公司的增长，它所获得的荣誉级别也在增加。2009 年，麦考斯基和汤姆斯公司获得很有声望的"卓越企业奖"，由时任美国国务卿的希拉里·克林顿颁发。麦考斯基认为，像他这样同时扮演精明商人和人道主义者双重角色的企业家，将会成为未来企业家的标准。他说："我对初露头角的企业家的建议是：不要设法成为一个企业家，要设法找到你想要解决的问题。那常常会让你得到一个伟大的商业理念。"

虽然有道德的企业家不像腐败的同行在丑闻被曝光时获得那么多的新闻关注，但他们是商界的脊梁。企业的利益相关者有客户、投资者、员工和社区，在本章，我们探讨企业对其利益相关者应负的责任。我们也关注个人的责任。毕竟负责任的企业行为取决于企业中每个人的负责行为。

资 料 来 源：Will Fifeid, "Not Business as Usual," *The Costco Connection*, September 2010; TOMS Shoes, Annual Giving Report; TOMS Shoes, "Bio of Blake Mycoskie," http://www.toms.com/blakes-bio, accessed March 14, 2011.

## ◎ 伦理不只是合法

21世纪初，美国人从令人震撼的安然事件中，了解到这家破产的能源交易公司是如何通过虚设关系企业来非法隐匿债务亏损的。继安然公司事件之后，紧接着又有许多大型企业发生了同样的丑闻，包括世界通信（WorldCom）、泰科国际（Tyco International）、英克隆生物技术（ImClone）、南方保健医护公司（Health South）以及波音公司（详见"法律实例"中近年来几则案例摘要）等。近年来，贪婪的借贷者正是把房地产、抵押和银行业带入财务危机进而威胁整个美国及全球经济的罪魁祸首之一。

当今社会上道德沦丧的情形非常普遍，如何恢复对自由市场体系及企业领导人的信任呢？首先，违法乱纪者必须受到适当的法律制裁。新法律应该让财务记录更加透明（易于阅读和理解），让企业人士及其他人承担更多责任。不过，法律无法让人诚实和值得信赖。如果正能如此，那么犯罪行为就无处寻觅了。

但是为了规范道德行为而撰写新的法律的危险性在于，这可能会使人们认为所有在法律规范内的行为都是可以被接受的，结果伦理方面的问题就会变成："这样的行为合法吗？"当一个社会认为伦理道德与守法是一回事时，它就很容易出现问题。伦理与合法基本上是两回事：守法是极为重要的第一步，但是伦理道德所要求的不只如此。伦理道德反映了个人操守及人际关系：我们应该如何对待其他人？应该对其他人负什么责任？相对而言，守法的范围较小，这里所说的法律不过是我们已经起草并用来保护自己免受欺骗、偷盗以及暴力伤害的法律。事实上，即便行为合法也不见得具有伦理道德。例如，你闲话邻居或交换小道消息并不道德，但绝非违法。

### 伦理准则只是基础

我们定义**伦理**（ethics）为符合道德与良心的行为标准，亦即社会所接受的"对"而非"错"的行为。当今，许多美国人对于道德几乎没有什么基本原则，他们视情况决定能否偷窃、说谎以及酒后驾车。他们似乎认为对自己好的行为就是正

## 法律实例

### 腐败的代价

公司欺诈和腐败的新闻报道已经司空见惯了。白领罪犯常常假定金融体系的复杂性会为他们的犯罪提供掩护,让他们可以尽情地侵吞财产。但当几十亿美元突然消失的时候,人们很容易就会注意到。最终,即使最小心的商业罪犯也必定会为他们的罪行付出代价。

2008年,随着信贷危机的来袭,有史以来最无耻的金融重犯之一浮出水面。20世纪70年代以来,伯纳德·麦道夫(Bernie Madoff)经营的独特的财富管理公司是一个巨大的庞氏骗局。合法的基金经理人利用客户的资金进行风险投资,然后扣除佣金之后再将收益支付给客户。然而,在庞氏骗局中,诈骗犯们并没有投资,只不过将新投资者投入的钱转移给先前的投资者(当然,扣除了大量资金用于骗子的自己挥霍),并且声称这些钱是他们已有客户的"投资"利润。稳定的回报愚弄了投资者,让他们认为自己的财富在增长,而实际上是从其他人的钱中抽出来的。很明显,这个骗局取决于能够不断地吸引新的"投资者"加入。

华尔街的泡沫破裂后,麦道夫向儿子们承认了罪行,他的儿子们随后联系了警察。尽管准确的评估还没有确定,麦道夫从其投资者手中诈骗了大约650亿美元。其中200亿美元现金损失永远找不回来了。2009年6月,法官判麦道夫入狱150年,不得假释。

不过,在麦道夫之前,21世纪头十年(2000年~2009年)初期,安然公司的丑闻成为美国公司骗局的典范。安然公司前主席和首席执行官肯尼思·莱(Kenneth Lay)、前首席执行官杰弗瑞·斯基林(Jeffery Skilling)和首席会计官理查德·考西(Richard Causey)被判犯有财务造假罪,他们联手以不正当的手段增加利润,同时把几十亿美元的债务从公司资产负债表中删除。这使得公司得到了不符合实际的漂亮的财务报表,从而人为地抬高了公司股票价格和债券价格。

该公司的养老金条例阻止了正式员工出售他们的股票,但在欺诈罪行公开之前,执行官们却将他们手中的几百万美元股票卖了出去。他们搞垮了公司,自己赚了钱,却让员工和其他小投资者损失惨重。

斯基林正在明尼苏达州的监狱服刑(刑期24年),并须缴纳4500万美元的罚款。他的律师仍然在想方设法推翻对他的判决。考西提起了罪行抗辩,得到了比斯基林短的刑期。按照刑期,他于2011年10月获释。莱患了心脏病,在听到宣判之前去世,他的有罪判决被撤销。

在安然丑闻曝光前后，通信行业跨国企业世通公司（WorldCom）承认故意会计违规，虚报公司利润约 40 亿美元。对该公司的财务账目进一步的审查揭露了世通公司早在 1999 年就曾经浮报了两倍的收入，其中包括不入账额外的债务，以及入账未收到的收入，未揭露的违规数量超过了 110 亿美元。

2005 年，世通公司前首席执行官伯纳德·埃伯斯（Bernie Ebbers）被判欺诈、共谋和伪造监管文件的罪名，他要在联邦监狱服刑 25 年。该公司已经摆脱了破产保护的困境，现在更名为美国微波通讯公司（MCI）继续经营。埃伯斯现在路易斯安娜的奥克戴尔联邦惩教所服刑，预计于 2028 年 7 月获释。

资料来源："Top 10 Crooked CEOs", Time.com, accessed March 14, 2011; and Diana B. Henriques, "From Prison, Madoff Says Banks 'Had to Know' of Fraud", *The New York Times*, February 15, 2011.

确的行为，任何人都要靠自己的实际情况分辨对错。这样的思维导致近来政府与企业丑闻不断。

回顾过去，美国前总统杰弗逊（Thomas Jefferson）在写下"人人都有享受生活、自由，以及追求快乐的权利"时也声明"至少我如此认为"。让我们回到更早以前，十诫（Ten Commandments）并没有被称为"十大最高权宜建言"（编者按：谨守十诫，并不代表就是达到了理想的道德典范）。

也许你会认为，在像美国这样融合了各种文化的国家是不可能制定共同的伦理标准的。然而，研究一下不同时期与地方的文献，如《圣经》《古兰经》、亚里士多德的《伦理学》，以及孔子的《论语》，你会发现他们都有着共同的基本道德价值：强调正直、尊重生命、自我控制、诚实、勇气及牺牲小我；否定欺骗、懦弱及残忍。事实上，世界上所有的主流宗教都支持一种版本的黄金法则："己所不欲，勿施于人。"

## 伦理从自身做起

批评企业与政治领导人的操守极为容易。最近的一项调查显示，管理者及员工都认为，管理道德沦丧是当今美国企业面临困境的一个主要原因。员工表示他们经常违反安全标准，并且平均一周大约有7个小时在偷懒。美国人一直都没有他们应该具有的那种诚实和可敬。据美国人口普查局调查，有四分之三的美国人没有为所在的社区做过任何事情。

利用网络抄袭是目前非常普遍的作弊行为，学生通过网络取得未经查证的信息。为了解决这项问题，许多教授现在使用TurnItIn.com服务，它能扫描学生的作业，并在一秒钟内用130亿个网络资源来判断作业是否抄袭。

最近一项研究显示，大多数年轻人做好了遵守职业道德的准备，然而有高达38%的人觉得撒谎、欺骗、抄袭或施暴有时是必要的。研究发现，大学生在校时期与毕业之后的诚信表现联系非常紧密。因此，目前许多学校对舞弊行为采取更严厉的奖惩政策，你认为这些政策可以引导学生端正行为吗？

讨论伦理议题时，有个良性做法：要记住提醒自己道德行为从你我做起。除非我们每个人自己都越来越遵守道德规范，否则我们不能期望社会的道德水平越来越高。

"道德抉择"专栏旨在说明无论在何时进行企业决策，内心都应该谨记道德的重要性。有时候抉择并不容易，有些行为从伦理道德上看是合理的，但在个人或职业的角度上却很让人困惑。假设上司要你做出违背道德的事情。你刚贷款购买了新房子，准备两个月后迎接第一个小孩，倘若你不服从上司，你就可能会遭到开除，这时你该怎么做？有时候并没有所谓理想的途径，此时我们称它"伦理困境"，也就是两种选择都不好，但是你必须选择其一。

要在伦理与其他因素——比如取悦利益相关者或者个人职务晋升等目标——之间取得平衡可能是非常困难的。一旦面对伦理困境，考虑以下问题会给你帮助：

1. 我建议的行动合法吗？我是否违反法律或公司政策？无论是搜集营销经验、设计产品、雇用或开除员工、计划怎样处理废弃物、给员工取绰号甚或是在酒醉的时候考虑是否要自己开车回家，任何状况都必须考虑到是否合法。这是企业伦理最基本的问题，但只是第一步。

2. 这样公平吗？我的做法公平吗？我会希望别人如此对待我吗？我是否将自己的快乐建筑在别人的痛苦上？输赢兼具的局面最后经常导致双输。并非所有情况都能完全达到公平，但是它对良性的人际关系极为重要，因此我们必须避免长期的不公。具有伦理的商人抱持双赢态度，会尽力做出对众人都好的决定。

3. 它让我如何看待自己？倘若家人和朋友得知我的决定，我是否感到骄傲？

## 道德抉择

### 真脸谱，还是假脸谱？

脸谱网成为我们文化的一部分，以至于很多人将他们的在线档案看成是自己的延伸。注册一个脸谱账户只需要一个电子邮箱地址。这种易得性使得利用人们对脸谱网的信任来行骗成为可能。

因为网站收集了大量的图片和数据，高明的骗子不用费很大的劲就可以建立一个虚假的脸谱账户。例如，几个骗子从几位军人的简介中复制他们的照片，并建立一个假账户。从这些账户中，他们扮演寻找爱情的单身士兵，与女士建立联系。冒名的骗子很快就会打着交手机费或回家的名义向受骗者要钱。等到钱到手之后，骗子就会与他们的猎物切断联系，删除虚假的账户，然后再次针对新的受骗者重启整个行骗流程。

其他脸谱网欺诈可能不会这么怯懦，他们的做法更像是危险的创造。例如，网页中有一个广告条提供了一项申请，叫作"爬行者的轨迹"，大概是让用户知道谁浏览他们的网页最多。虽然这种方法在骗子中比较普通，但这个特殊的骗局增加了一项新内容。在受骗者填写了可以为骗子带来收入的调查表之后，他们就会在引导下进入一个新网页，在此他们可以购买一个工具包，该工具包会提供指导，让你一步一步地建立自己的骗局。因此，脸谱网用户要当心，因为在这个社交媒体驱动的世界，就算是骗人的行为也可以变成病毒。

有些人创建虚假的脸谱身份并不是为了开展犯罪行为，而是跟朋友搞恶作剧，或者是骚扰跟他们作对的人。你认为创建这种虚假的网络身份合乎道德吗？合乎或不合乎的原因是什么？

资料来源：Bruce Schreiner and Janet Cappiello Blake, "Soldier Impersonators Hit the Web", *Associated Press*, February 27, 2011; and Matt Liebowitz, "Malicious Facebook Trick Has Users Create Their Own Scam", *MSNBC*, February 8, 2011.

我能与直属上司讨论吗？能与客户讨论吗？我的举动必须保密吗？有人警告我不能透露吗？倘若我的决定在晚间新闻播出，我会有何感觉？我感到异常紧张吗？违背良心的决定会让人不安及自尊受损。因此，有伦理的商人会做出既合乎情理又能获利的事。

一些个人与企业制定了强制性的严谨伦理规范，并且使用上述的三个伦理

**表 4.1 伦理问卷**

请回答下列问题。

1. 哪个较糟?

　A. 说实话伤害到他人感受。

　B. 说谎保护他人的感受。

2. 哪个较糟?

　A. 有太多例外。

　B. 太拘泥于规定。

3. 哪个较糟?

　A. 不留情。

　B. 不公平。

4. 哪个较糟?

　A. 随便偷取别人的有价物品。

　B. 随意失信于朋友。

5. 哪个较好?

　A. 公正与公平。

　B. 富有同情心。

6. 哪个较糟?

　A. 拒绝帮助有困难的人。

　B. 偏心不公平。

7. 做决定时,你较重视:

　A. 确切实证。

　B. 个人感受与直觉。

8. 老板要你为非作歹,你若照办,是否代表你真的犯错?

　A. 是。

　B. 不是。

9. 决定行为的对错时,哪个较重要?

　A. 是否有人真的受到伤害。

　B. 有无违反法令或道德原则。

计分:答案分成两类,J 和 C。计算方法如下:

1. A=C, B=J;2. A=J, B=C;3. A=C, B=J;4. A=J, B=C;5. A=J, B=C;6. A=C, B=J;7. A=J, B=C;8. A=C, B=J;9. A=C, B=J

　　分数意义:J 越多,表示越重视正义伦理。C 越多,表示越重视人情伦理。未置可否,表示两者只是略有差异。这两种伦理看似彼此对立,实则相辅相成。事实上,你的 J 与 C 应该是差不多的(很少人是极端的 0 和 9)。你越能拿捏两种方式,就越能解决伦理困境,也越能了解他人,与他人沟通也就更容易。

　　正义伦理基于正义、公平、平等、权威等原则。偏爱这种作风者视伦理困境为权利冲突,可以借由一般公正原则寻求解答。这种方式的优点,在于以逻辑公正性看待问题,通常他们尝试达到公平客观,希望以超越个人私利的标准来做决定。这种方式的缺点,则是可能忽略某些人的直接利益,不经意为了抽象的理想或政策严格待人,这种作风的男性多于女性。

　　人情伦理基于降低实际伤害或苦难的责任感,偏爱此种作风者视伦理困境为责任冲突。解决方法视每个人的情况而定,他们通常不考虑政策滞碍。这种方式的优点,在于考虑到直接的伤害或苦难;缺点是倘若过于极端,决策可能过于主观独断。这种作风的女性多于男性。

　　要得知上述两种作风的更多细节及其与性别之关系,你可以访问 www. ethicsandbusiness. org/kgl.htm。

资料来源: Thomas I. White, Discovering Philosophy — Brief Edition, 1e,© Copyright 1996. Adapted by permission of Pearson Education, Inc., Upper Saddle River, NJ.

问题检测自己的伦理道德，以便尽可能地解决伦理问题。如果你想了解自己偏好哪种识别类型及解决伦理困境的方法，请回答表4.1的伦理导向问卷。

## ◎ 秉持伦理和责任经营企业

伦理是以身作则而非纸上谈兵，也就是说，人们从他人所做的而不是所说的来了解他们的标准和价值观。这对企业和家庭同样正确。组织伦理必须从高层管理者开始做起。强有力的高层管理者的领导才能和示范作用会有助于向员工灌输企业的价值观。大多数最近接受调查的首席执行官都把公司中不道德的员工行为归咎于领导在建立伦理道德标准和文化上的失败。

员工与管理者之间的信任与合作都必须基于公平、诚实、公开与道德正直；同样地，企业之间和国家之间的关系也是如此。企业管理秉持道德的理由有很多：维持良好声誉，留住当前客户，吸引新的客户，避免法律诉讼，降低员工离职率，避免政府干预（通过立法控制企业活动），满足客户、员工与社会，以及仅仅是做正确的事情。

有些管理者认为伦理是个人的问题——有无伦理原则纯粹看个人。这些管理者觉得员工个人不当行为与管理者自身无关，而伦理也与管理无关。不过，越来越多的人现在已经认为伦理与管理密不可分。个人通常并不是单独做事，员工做出违反伦理道德的行为通常是受到直接命令或被间接暗示，并要有其他人的合作。

例如，有报告称手机销售代理确实存在欺骗用户延长服务合同的行为，甚至在用户不知情的情况下延长他们的服务合同。有些手机销售代理故意挂断打给他们的电话，以防止用户取消合同。为什么这些销售代理有时会采用过于激进的策略？因为设计粗劣的激励计划会因他们达成某种目标而给予奖励，有时奖励会是他们工资的两倍或三倍。他们的经理人会直接说"欺骗用户"吗？不会，但传达出来的信息再清楚不过了。过大的目标与激励共同作用，创造出了一种环境，使这种不道德的行为不断发生。

## 企业的伦理标准

书面的企业伦理信条越来越受欢迎。表4.2就给出了强生公司的伦理信条作为例子。虽然不同组织间的伦理信条差异极大，不过主要可以分为两类：基于顺从的伦理道德与基于正直的伦理道德，如表4.3所示。**基于顺从的道德规范（compliance–based ethics codes）** 指通过增强控制和处罚犯错者以制止不法行为的伦理标准。反之，**基于正直的道德规范（integrity–based ethics codes）** 则是定义组织的指导性价值观，创造支持伦理行为的环境，强调员工负有的共同责任。

### 表 4.2　强生公司的伦理信条

这是强生公司的伦理信条摘要，若要了解此信条的完整内容，请访问ww.jnj.com/counerlabout=jnj/jnj=credo。

> 这份书面文件于1943年由终身主席罗伯特·伍德·约翰逊（Robert Wood Johnson）亲自签署。强生公司（Johnson & Johnson）信条作为一项有意识的规划，代表并激发了一种独特的价值观。归纳公司的伦理信条，其中包括对于下列四类群体的责任：
>
> - 我们的客户：公司有责任提供令人信赖与价格合理的优质产品。
> - 我们的员工：公司有责任给予尊重对待，并且给予公平合理的报酬，协助他们发展个人生涯与专业。
> - 我们的社区：公司有责任成为优质的企业公民，提供良好的工作与较佳的健康及环境保护。
> - 我们的股东：公司有责任提供一个公平的投资报偿。
>
> 如果重新思考这些团体的排序，客户第一，股东最后。公司借此宣示一个明确的企业经营哲学，就是假如公司符合前述三项责任，第四项责任将自行完成。为了确保公司遵守这个信条，公司定期要求每位员工评价企业绩效是否符合他们的要求，相信通过检视企业行动是否符合伦理信条，可以确保企业做出最负责任的决策行为。

下列六项步骤有助于改善美国企业伦理：

1.最高管理层必须实行且无条件支持某种明确的企业行为标准。

2.员工必须知道自上而下的对伦理道德行为的期望，也要知道高级经理期望所有的雇员都据此行事。

3.管理者必须受训，以学会考虑所有决策对伦理道德的影响。

**表 4.3 伦理管理策略**

从表中你能看到，基于正直的道德标准与基于服从的道德标准有些类似，两者都考虑到法律，并且都有惩处。基于正直的道德标准超越服从法律，创造出"做对"的风气，强调核心价值，例如诚实、公平竞赛、优质客户服务、多元化承诺，以及参与社区。这些都是崇高的道德，但是未必具有法律强制效力。

| 基于服从的道德标准的特色 | | 基于正直的道德标准的特色 | |
|---|---|---|---|
| 理想 | 遵守外界标准（法规） | 理想 | 遵守外界标准（法规），并且选择内部标准 |
| 目标 | 避免犯罪 | 目标 | 使员工展现负责的行为 |
| 领导者 | 律师 | 领导者 | 有律师等协助的管理者 |
| 方法 | 教育、减少员工自行决定的权力、控制、惩处 | 方法 | 教育、领导、责任、决策过程、控制、惩处 |

4. 必须成立道德操守办公室（Ethics Office），员工可以匿名联系。**举报者**（whistleblowers，表示检举不合法和不道德行为的内部人）必须免于受到报复的威胁。《萨班斯–奥克斯莱法案》（Sarbanes–Oxley Act）为了保护举报者，要求所有的上市公司允许那些担心会计和审计问题的员工秘密地和匿名地举报。该法案还要求那些给因将欺诈信息透露给官方而受到雇主惩罚的人复职和补偿。（我们在第17章将详细讲述《萨班斯–奥克斯莱法案》。）2010年，《多德–弗兰克华尔街改革和消费者保护法案》（Dodd–Frank wall Street Reform Consumer Protection Act）获得签署之后成为法律。新法律包含了一个"慷慨大方"的条款，如果公司举报者提供的信息导致一次成功的强制措施，并对肇事者处罚100万美元以上，那么，举报者可得到罚款总额的10%~30%作为奖励。2011年，安然案例中的一个举报者从美国国内收入署领取了100万美元的奖金（没错，它要交税）。

5. 必须将公司实行的伦理道德规范告知公司外部的人，例如供应商、批发商、经销商、客户等。来自外界的压力经常使伦理遭受忽视，因此，让每个人都了解公司实行的伦理道德规范，将有助于公司员工抵御外部的压力。

6. 必须严格执行伦理道德规范。违反时，务必及时处理。此举可告诫员工公司确实认真地执行伦理信条。

最后一步或许是最关键的一步。无论企业拟定的道德守则意图多么良好，如果不能落实就毫无价值。由于忽视企业道德规范，安然公司的董事会与管理人员向员工传递的信息是：如果不方便，规则可以束之高阁。相反，20世纪80年代，强生公司对氰化物中毒危机的反应表明强制执行道德守则能够增加利润。虽然这样做并不是法律要求，但该公司召回了泰诺林产品，从而为企业诚信赢得了极大的赞誉。

成功实施伦理信条的一个关键就是慎选伦理道德主管（ethics officer）。优秀的伦理道德主管可以塑造正面风气、做到有效沟通，并与各阶层员工产生良性的互动。通常伦理道德主管都拥有法律知识背景，值得信任，调查客观，并且处事公正。他们可以向利益相关者保证，伦理道德关乎一切。

## ◎ 企业的社会责任

就如你我都需要成为一位好的公民、竭尽所能地为社会做贡献一样，公司也需要做一个好公民。**企业的社会责任**（corporate social responsibility, CSR）是企业对于社会整体福利——不只是股东个人福利，还包括所有利益相关者的福利——的关心。换句话说，企业的社会责任不只是道德而已，它是基于一些基本原则——包括正直、公正和尊敬——的一种承诺。

也许你会对不是所有的人都认同企业的社会责任感到吃惊。许多批评者认为，企业的社会责任就是在市场上成功经营。美国经济学家弗里德曼（Milton Friedman）提出一个经典描述："企业唯一的社会责任就是提高股东利益。"他认为投资的目的在于获得更高利润，而不是为了提升社会上的生活质量。企业在社会责任上进行支出等于偷窃投资者的金钱。

相反地，支持企业的社会责任者认为："企业取之于社会，应该用之于社会。"失败的社会，无法造就成功的企业。资本主义之父亚当·斯密相信，自私地追求获利是错误的，慈善才是最高道德。虽然如此，企业的社会责任的拥护者承认企业对股东负有很重大的责任，不应该投入或取代国家与政府应该担负的责任。不过，他们也认同拥有良好社会责任的企业，可以为投资者获得长期利润。研究表明，这些企业可以留住更好的员工、吸引更多的客户以及享受更高的员工忠诚度。

企业的社会表现可以有如下几方面：

·**企业慈善**（corporate philanthropy）包含各种对非营利组织的慈善捐赠。有八成的企业领导人在最近的一项调查中表示，他们的公司会参与慈善活动。战略性的慈善事业包括公司对一项事业的长期承诺，例如麦当劳的"麦当劳叔叔之家"（Ronald McDonald Houses），为那些需要离家治疗的重病孩子的家庭提供住房。比尔·盖茨夫妇基金会（The Bill & Melinda Gates Foundation）是全美最大的慈善组织，资产金额高达340亿美元。

·**企业社会行动**（corporate social initiatives）包括企业慈善的各种提升形式。企业社会行动不同于传统的慈善活动，它与企业的能力直接相关。例如，物流巨头TNT公司设立了50人应急小组，随时待命在48小时内全球响应，提供航空、仓储、运输、报道和通信支持。自2005年起，225名TNT员工共参与了17起应急响应行动。

·**企业责任**（corporate responsibility）包括雇用少数族群员工、制造安全产品、将污染减至最低、高效地使用能源以及提供安全的工作环境等，也就是与在社会上负责任地行事相关的一切事情。

·**企业政策**（corporate policy）指的是企业在社会与政治议题方面采取哪一种立场的社会责任。例如，巴塔哥尼亚公司（Patagonia）的政策包括如下声明："我们因爱而努力去挽救野生美丽之地，并帮助减缓地球整体环境的急剧恶化。我们奉献自己的时间，付出服务，至少拿出公司收入的1%，用于支持全球数以百计致力于扭转环境不良态势的基层环保组织。"

媒体报道会关注许多企业造成的社会问题，容易让企业给人以一个负面的社会形象。但企业还可以产生正面的社会形象。例如，几乎没有人知道施乐（Xerox）设有一个"社会服务假"，允许员工离开长达一年的时间去为非营利组织工作；员工在这段时间里可以留职带薪，并且享有一切福利。IBM与富国银行（Wells–Fargo Bank）也有类似的做法。

事实上，许多公司都允许员工在业余时间去帮助各种类型的社会组织。最近的经济衰退改变了许多公司开展企业慈善的方式。根据美国企业慈善促进委员会（Committee Encouraging Corporate Philanthropy）的调查，自从2008年以来，

60%的公司削减了慈善捐款，大多数的削减额超过了10%。这并非意味着它们不再捐款。现在，它们更愿意付出时间，捐赠物品，而不是给钱。当被问及经济衰退如何改变了它们的慈善方式时，回答最多的是他们鼓励员工更多地去做志愿者。NetworkforGood.org、1-800-Volunteer.org与VolunteerMatch.org是上述服务的官方网站，可以把志愿者与全美各个非营利组织和公共部门组织连接起来。志愿者只要输入邮政编码，或者标明他们愿意服务的地理区域，志愿服务项目就会列出需要他们帮助的组织。

根据一个名为"想去负责任的企业的学生"团体的调查，美国三分之二修习企业管理硕士的学生都表示，只要公司对社会负责，他们会接受较低的薪资。但是当这些学生被要求定义什么是对社会负责的企业时，事情就显得复杂许多。大家都希望对社会负责，但是似乎无法达成共识。如果我们要从利益相关者的角度来看社会责任，理解起来可能会容易一些。利益相关者是企业负有责任的对象，包括客户、投资者、员工与社会。

## 对客户的责任

约翰·肯尼迪（John F. Kennedy）总统提出，消费者有4项基本权利：（1）安全的权利；（2）被告知的权利；（3）选择的权利；（4）发表意见的权利。只有企业和消费者认识到这些权利，并且在商界付诸实施，它们才能实现。

本书反复提到提供具有实用价值的产品与服务以满足客户的重要性。有五分之三的新企业会倒闭，因而我们知道这个责任并不像它看上去的那样容易履行。我们无法使消费者满意的一个确切原因是对待客户不太诚实。然而，具有社会责任感的企业终将获得回报，那就是新客户的增加，他们钦佩公司所付出的努力，这是一种强有力的竞争优势。消费者行为研究报告指出：在其他条件相同的情况下，具有社会责任感的公司更能赢得人心。

假定客户重视社会责任感，企业如何让客户了解他们付出的努力呢？许多公司用社交媒体来增进客户认识他们在社会责任方面付出的努力。在接受调查的高层经理人中，超过70%的人指出：如果使用社交媒体传达企业在社会责任方面的努力，它的主要价值在于使企业接触到更为宽泛和多样化的群体，以低成本高效率的方式直接与客户交流，而且与很多传统方式相比，企业可以更容易地与特定群体进行互动。

公司只是自吹在社会责任方面付出的努力是不够的，它们不能辜负客户对他们的期望，或必须面对一切后果。药草茶制造商诗尚草本（Celestial Seasonings）因在土地上毒杀土拨鼠而毁坏了自己在环境管理方面的广告形象，并激起了消费者的愤怒。客户喜欢与他们信任的公司做买卖，更重要的是，不想与他们不信任的公司做买卖。假以时日，通过证明自己的可靠性，公司可以赢得客户的信任；当然，这种信任也会随时失去。

## 对投资者的责任

符合伦理道德的行为不仅不会减少公司的盈利，反而会使盈利增加。相反地，不法的财富变化会对财务造成伤害。被财务不正当行为欺骗的是股东自己。例如，2002年6月短短的11个营业日里，全美就有4位CEO因为不正当行为以及打压股价被控违法。

有人相信，为善之前必须先善尽本分——例如，赚很多钱；同样也有人相信，通过做好事就可以善尽本分。创立于美国新英格兰的百吉饼连锁店（Bagel Works）实行了双重绩效结算，让公司的经营得以既关注社会福利也关注企业利润。除了每家分店都采用店内再循环、堆肥处理、使用有机材料以及应用无毒清洁剂等环保措施，每家店的预算里还包含了对社区事业的捐赠。该公司每年会把10%的税前利润捐给慈善事业。对社会责任的关注使它得到了全国范围的认同。

许多投资者相信投资那些重视环保的企业在财务与伦理上同样有意义。选择那些能够给社区和环境带来好处的公司，投资者在改善自己财务状况的同时也能改善社会的状况。

然而，少数投资者会选择不道德的做法改善自己的财务状况。例如，**内幕交易（insider trading）**指的就是利用不公开的公司信息为自己或亲友谋取利益。2011年，历史上最大的内幕交易之一在纽约受审。百万富翁拉杰·拉贾拉特纳姆（Raj Rajaratnam）被控暗中策划了一个内幕交易圈，使他的帆船集团（Galleon

Group）对冲基金多赚了6400万美元。当然，这并不是由他一人所为。40多位前交易员、执行官和律师已经认罪，或面临帮助拉贾拉特纳姆非法交易的指控。非法交易涉及35只以上的股票，其中包括英特尔、希尔顿、IBM和易贝。

不过，内幕交易不仅限于公司的主管与他们的朋友。在IBM宣布接管莲花国际有限公司（Lotus Development）之前，一名秘书把这件事告诉了她的丈夫，随后她先生又转告另两名同事，他们又告诉亲朋好友，甚至是一名比萨外送员。6个小时内，总共有25人进行了非法的内幕交易。内幕交易者之一将消息告诉了几位客户，因而净赚了46.8万美元。美国证交会控告该名秘书，她的丈夫，以及其余23人。其中4名被告庭外和解，罚金为他们获利的两倍。现在，检方越来越重视内幕交易案件，以确保公众在公平和机会均等的证券市场中交易。

21世纪头几年，随着大量的内幕交易问题爆发，美国证交会公告了"公平披露"（fair disclosure, FD）原则，事实上，该原则并没有记载哪些数据应该或不应该披露，它只简单要求任何公司都应该公平分享数据，而非只是给予少数人。换言之，如果公司告诉任何个人，也应该同步告知每一个人。

公司也可能为了自身利益使用虚假的信息，损害投资者的利益。当世界通信公司承认违反会计规则虚增利润时，根据不实的财务报表购买了股票的投资者见证了股价的跳水。股价从2002年1月中旬开始持续下跌，直到同年7月时金额已不及1美分。对那些1999年以60美元左右购入股票的长期投资者而言，损失更是巨大。

## 对员工的责任

据说世界上最好的社会福利方案就是提供工作。如果企业想要有所成长，那么它就要承担创造工作机会的责任。一旦企业创造出了工作，就有责任要确保努力投入者获得公平的回报。员工需要实际看到更好的未来，而这只能通过升迁实现。研究显示，对于公司总体绩效影响最大的是人力资源管理，我们将在第11章讨论人力资源管理。

如果公司尊重员工，那么员工也会尊重公司。相互尊重给企业带来的效益将大为不同。在比尔·凯特利特（Bill Catlette）和理查德·海登（Richard

Hadden）合著的《满意的母牛，提供好的牛奶》（*Contented Cows Give Better Milk*）中，他们比较了员工"感到满意"和"没啥感觉"的公司。拥有满意员工的企业成长高过一般企业的四倍，时间长达10年以上。前者获利也比后者高出400亿美元，同时创造了80万个工作机会。凯特利特和海登把上述绩效差异归诸企业对于员工的尊重和承诺。

企业可以通过给予员工薪资及协助其达成人生目标来展现上述承诺。好市多（Costco）提供同业中最优渥的薪资和福利水平，即使是兼职员工也都被纳入公司的健康保险计划。类似上述更好的福利，可以降低员工的离职率。好市多的员工离职率大约低于同业平均值的三分之一。美国劳工部估计更换员工的花费，大约是他们年薪的150%到250%，考虑到这点，留住员工对于企业及士气都有好处。

好人为何会做出坏事？公平是最强的动机之一。并非所有员工都会在工作场合采用暴力发泄，但是许多人都会采用不着痕迹的方式表达其不满，例如推卸责任及不接受决策、操纵预算与支出、故意食言与隐匿资源、粉饰太平以及浑水摸鱼等。

员工对于公司及管理层缺乏承诺、信任与信心，会使公司蒙受损失。注册舞弊审核师协会（Association of Certified Fraud Examiners）的调查报告显示，这会使公司损失约5%的年收入，这也是30%的倒闭企业失败的原因。在第11章，你会了解更多关于员工管理方面的问题，如薪资公平、性骚扰、儿童及老年保健、药检以及职场暴力等。

## 对社会和环境的责任

美国有超过三分之一的工作者从非营利组织领取薪水，非营利组织的经费来自捐款者，而捐款者的钱则来自企业。基金会、大学等非营利组织拥有上市公司几十亿美元的股票。随着股价上涨，可以有更多的资金使社会受益。

企业也负责伸张社会正义。许多公司相信企业有责任建立一个良好的社区；对他们而言，从事慈善还不够。他们的社会贡献包括清洁环境、兴建社区厕所、提供计算机课程，以及资助低收入家庭的老人与孩童等。韩国三星电子集团强调自愿参与。

随着对气候变化关注的加大，环保运动几乎出现在日常生活的方方面面。是什么让产品环保呢？有人认为产品的碳足迹定义了是否环保。（碳足迹指产品在生产、配送、消费和销售过程中碳排放的量。）影响产品碳足迹的因素有很多。比如，冷冻玉米包装的碳足迹就不仅包括种植玉米的肥料排放的碳，而且还包括肥料本身、驱动农机设备和将玉米运到市场所消耗的汽油、制造塑料包装和冷冻设备的耗电等碳排放。

并没有特别的规定来定义产品、企业或个人的碳足迹，也没有特定的方式将关于碳足迹的信息传达给消费者。百事可乐将碳信息印刷在干酪和洋葱薯片包装袋的标签上，比如"75克二氧化碳"。看起来简单，但它是什么意思呢？（我们也不知道。）

环保运动为消费者提供了大量的产品选择。然而，做出这些选择意味着要对制造商提出的许多令人混淆的声明加以分类。（参阅探讨滥用绿色标签的"环保意识"专栏。）这些混乱的信息让即使最具奉献精神的环保人士也感到了挑战，但随便地购买最容易得到的产品又有违环保运动的原则。

环保可能会增加公司的花费，但是也能让公司提高价格或增加市场占有率。一家瑞士纺织染料制造商汽巴精细化工公司（Ciba Specialty Chemicals）开发出比传统染料用盐量更少的新染料。由于染剂须先经过处理才能排进河流，因此含盐量更少就意味着水处理成本的降低。汽巴精细化工公司申请了专利来保护自己的低盐染料，所以能比别家公司要价更高。汽巴公司的经验说明了环保可以增加企业价值，就像新机器可以提高劳工生产力一样。

不过，并非所有环保策略都与汽巴精细化工公司一样，可以获得金钱上的好处。例如20世纪90年代初期，星琪（StarKist）公司针对消费者关于东太平洋海豚游在黄鳍金枪鱼群上方结果被捕渔网缠死的忧虑，宣布只卖西太平洋的金枪鱼，因为那里的正鲣金枪鱼不会游于海豚下方。不幸的是，星琪公司发现客户不愿为此增加花费，还认为西太平洋正鲣金枪鱼没有东太平洋的黄鳍金枪鱼美味。此外，该公司在环保上也是徒劳无功：不在东太平洋捕鱼而拯救的每一条海豚，都以数以千计的金枪鱼幼苗、数十只鲨鱼、海龟等海洋生物在西太平洋捕捉金枪鱼的过程中死亡为代价。

## 环保意识

### 可持续还是可疑：漂绿

随着大众对环境的关注空前高涨，众多公司不断寻求更环保的方式开展经营。然而，有些企业只想让自己显得具有环保意识，在经营管理上却仍然走着老路。

这些投机取巧的公司已被指责为"漂绿"——利用虚伪的营销和广告手法，将自己描绘成环保企业。例如，许多油漆品牌声称自己的产品中对环境有害的 VOC（挥发性有机化合物）含量低，但在商店里添加颜料时，VOC 会被添加至危险水平。也有产品通过提供不相关的信息来体现环保形象，比如，印刷有绿色斑点的喷雾罐，目的是显示该产品不含消耗臭氧的氯氟化碳（CFC）。事实上，喷雾罐都不含氯氟化碳，因为早在 1978 年该化学物质就被明令禁止了。

因为大多数漂绿广告都制作得很巧妙，它们不会违法，也会被多数消费者忽视。为了与这种营销策略作斗争，像《消费者报道》（*Consumer Reports*）杂志的 greenerchoices.org 网站和俄勒冈大学 greenwashingindex.com 网站这样的独立组织屏蔽了成千上万的此类广告，并且确定何者是真正的环保的，何者是漂绿的。如果想获得更多信息，浏览这些网站。请记住并不是所有的东西都像它看上去那样环保。

资料来源：Irene Park, "Chicago Shoppers Wary of Green Labeling by Marketers", *Medill Reports Chicago*, March 10, 2011; "Sherwin-Williams Zero-VOC Claim Mis-leading", *Environmental Building News*, January 21, 2011; and "What Is Greenwashing and How You Can Avoid It", GreenAnswers.com, March 4, 2011.

环保运动对美国的劳动力具有积极的影响。根据美国太阳能协会的绿领就业报告，逐渐兴起的可再生能源行业和节能行业目前提供了900万个工作岗位，到2030年，它在工程、制造、建筑、会计和管理等方面创造的工作岗位将超过4000万个。

环保是一项公共产品——不管由谁推动，所有人都会因此受益。企业的挑战在于找到这样对消费者具有吸引力的公共产品。许多企业会发布报告，记录公司对于社会的贡献。在此之前，公司必须衡量其正面的社会贡献，减去负面的社会影响。下面，我们将讨论这个过程。

## 社会审计

我们能否判断组织最高管理层在做决策时是否考虑了社会责任呢？答案是肯定的，这种方法被称为"社会审计"。

社会审计（social audit）是对一个组织实施有社会责任和反响的项目的进展情况进行系统评估。进行社会审计的主要困难之一是如何建立衡量公司活动及其社会影响的方法。应该评估哪些项目？许多社会审计主要聚焦于工作场所、环境、产品安全、社区关系、国防安全、国际经营和人权，以及尊重当地居民的权利等。是否应该加入正面活动，然后减去负面效应以取得净社会贡献，或者只是记录正面活动？你怎么看？无论社会审计如何被引导，他们会迫使企业不止步于感觉良好或是成功管理公共关系，进而追求社会责任。

除了企业本身进行社会审计，另外还有五种团体是对公司社会伦理责任政策执行程度的监督者：

1. 具有社会意识的投资者，坚持公司应将自己的高标准推及所有供应商。社会责任投资（social responsibility investing, SRI）正逐步成长，目前美国大约有3万亿美元投入于SRI基金。

2. 社会意识研究机构，例如Ethisphere，它们分析公司的社会责任并形成报告。

3. 环保人士指名道姓地对不符合环保标准的企业施压。在旧金山雨林行动联盟（RAN）抗议数月之后，摩根大通银行（J. P. Morgan Chase & Co.）采用限制可能对于环境造成有负面影响的生产项目。RAN 的执行董事表示："我们的策略是先从摩根大通银行一类的产业龙头下手示范，然后再逐步聚焦于小型企业。"

4. 工会职员追踪违规事件，强迫企业遵守规定以免损害声誉。

5. 消费者依据自己的社会意识做出购买决策。对半数企业所做的调查显示，它们已调整了环境和社会责任战略，因为消费者在购买决策中会考虑这些因素。

麦睿博（Bob McDonald）是宝洁公司的董事会主席、总裁和首席执行官，在描述公司社会责任感的重要性时这样说道："我认为可持续性不再只是一种可选项。当今的世界是扁平的，也因互联网而变得透明，同时个人影响力也因博客、推特和其他媒介而大增。因此，当消费者为你的品牌掏钱时，他们想知道购买的是什么东西。他们想了解品牌后面的公司。他们想知道该公司的立场，他们想知道公司如何关心环境问题。"正如你看到的那样，在履行道德与社会责任方面，企业仅仅做对的事是不够的，它还必须让消费者与社会相信它这么做是对的。

## ◎ 国际伦理与社会责任

伦理问题与社会责任议题并非只在美国才有，日本、韩国、意大利、巴西、巴基斯坦和刚果（金）等国也有企业及政府高层领导人被控受贿。评论政府领导人道德和伦理的最新标准是什么？较之以往，这些标准都严厉得多。现在，大家都采用更高的标准来评判高层领导人。

许多美国企业也开始要求外国供应商对社会负责，确定供应商没有违反美国的人权及环保标准。西尔斯百货不会进口由监狱犯人制造的产品。服饰制造商菲利普斯·范·霍伊森（Phillips-Van Heusen）表示，如果发现供应商违反伦理、环保、人权等规范，就会取消订单。陶氏化学（Dow Chemical）期望供货商遵守美国苛刻的污染和安全法律而不只是本国的法律。另外，麦当劳虽然否认了其供应商在热带雨林养殖肉牛的谣言，但它还是发布了禁令。

有些公司会要求供应商负起社会责任，但是也有公司在欠发达的国家剥削劳工。耐克这个全球最大的运动鞋制造公司便遭到人权及劳工团体的指控。他们批评耐克虐待劳工，却花费巨款聘请运动明星拍广告。漫画家加里·特鲁多（Gary Trudeau）在他广受欢迎的系列连环漫画《杜恩斯比利》（Doonesbury）中描绘了一场反对耐克的运动。1998年，深知耐克的CEO菲利浦·奈特（Phil Knight）都承认："耐克产品变成了雇佣奴隶、强迫加班和滥用职权的同义词。"

耐克已在努力提高其声誉。20世纪90年代后期，耐克开始监督其700家劳动条件受当地文化和经济条件所限的合同生产厂家改善劳动条件。2005年，耐克发布了下属工厂的名称和地理位置，这既是要彰显透明性，也是要激励竞争对手改善生产条件。该公司与麻省理工学院斯隆管理学院的一位教授分享了其审计数据，该教授于2006年发表了他的研究结果，结论是：尽管"耐克做出了巨大努力，加大了投资……但其供应商中约有80%不是维持不变，就是变得更糟"。

为什么耐克的监督计划并没有预期的那样成功？原因之一是在新兴经济体中政府的监管比较薄弱，使得这些公司不得不监管它们的供应商。耐克鞋有98%是在不同国家的几百家工厂里制造的，所以这些监督工作就成了像耐克这样的公司的一项主要任务。另一个原因是，作为购买者的耐克对不同供应商的影响力会有差异，这与耐克与供应商的合作时间或者这些工厂在收入方面对耐克的依赖程度有关。

现在，通过帮助供应商从技术含量较低的装配线转向精益制造，从而将工人组织成同时处理多项任务的团队，耐克正努力改变其外包模式。（参阅第9章，了解更多关于精益制造的内容。）这要求工人接受更多的在职培训，反过来促使工厂主改进生产条件，以便留住高技能的人才。

要求外国供应商遵守美国伦理标准并不像想象中那样简单。例如，在特定文化被视为赠送礼物的行为，在另一种文化中可能被视为贿赂。要求别人遵守自己的标准，这样符合伦理吗？童工在有些国家是合法的，大人需要他们帮忙维持家庭生计，你能说这样不符合伦理？又怎么对待与美国做生意的外国企业呢？它们也有权利要求美国企业遵守自己的伦理标准吗？跨国公司又该怎么办呢？由于跨越不同的社会，跨国公司该如何遵守各种不同的社会伦理标准呢？当美国还有很多依靠犯人生产的企业的时候，为什么西尔斯（Sears）百货会因不进口监狱制品而获得赞扬呢？这些问题都不好回答，但是你能了解在国际市场上承担社会责任是一个多么复杂的问题（参阅"域外观察"专栏中描述的道德文化冲突案例）。

20世纪70年代，《海外反腐败法》（Foreign Corrupt Practices Act，在第3章讨论）因将出于经营目的向外国企业或政府领导人行贿入罪，而让整个美国企业界不寒而栗。许多美国企业高管抱怨此法使他们的企业在与非美国企业竞价时处于劣势，因为外国公司不必遵守此法。

为了确定全球共同遵守的伦理道德标准，并在全球市场上打击腐败，美洲国家组织（The Organization of American States）的成员签订了《美洲反腐公约》（Inter-American Convention Against Corruption）。另外，联合国、欧盟及经济合作

# 域外观察

## 道德文化的冲突

既然企业已扩展至全球的各个社群，这就带来了一个问题：它们应该为哪个社群负责？

以通讯和电子产品巨头摩托罗拉为例。其员工几乎有一半生活在美国之外，而且其超过一半的收入来自非美国的市场。毕竟摩托罗拉要在东道国制造和销售产品，在尊重东道国价值观的同时，还要遵循所在公司的道德价值观，这对摩托罗拉的员工来说困难吗？

有一个案例可以说明公司道德是如何与文化伦理产生冲突的。乔是南美一家贫穷布贩的长子，他设法移民到了美国，读取了工程学学位，并在摩托罗拉找到了工作。5年之后，乔似乎已经融入了摩托罗拉的文化，而且很高兴地接受了归国的任命。公司需要他有一个安全且不失身份的住所，由他选择。为了帮他支付住宅的开支，摩托罗拉同意每月补助他最多2000美元，用于支付房租和家政服务的费用。乔每月要上交恰好2000美元的租金收据。后来，公司查明乔住在别处，按照西方标准来看，那是一个简陋的小房子，而且位于城镇的一个危险区域。如此简陋的住房每月花费不会超过200美元。公司关心乔的安全，也考虑他的住宅对摩托罗拉形象的影响。鉴于乔提交虚假的收据以领取补贴，人力资源经理还对乔的诚信表示忧虑。

乔感到心烦意乱，他认为公司侵犯了他的个人隐私。他主张自己应该每月领取全部2000美元的补贴，这是所有员工都有的。他解释说：之所以选择这样的住宅，他是想做出牺牲，那样他就可以把剩余的钱留给家人，并帮助弟弟完成学业。他的父亲已经去世，他的家人没有其他人可以依靠，因此，这样做特别重要。"瞧，我家穷，"乔说道，"非常穷，以至于即使西方人看到了会难以相信。这些钱会让我们不再绝望，而是心怀希望。如果我不能尽力维护这个家，就会损坏我去世的父亲的名誉。你难道不明白吗？"

理解其他人的道德观通常是困难的。通常不同的情境会将如清水般透明的"正确"转变成一塌糊涂的泥浆。乔正在努力为其家人做值得自豪的事。不过，假定乔居住的城市不安全的话，摩托罗拉希望其高层管理人员居住在安全之处也不是不合情理的。摩托罗拉制定住房补贴政策意在让其员工居住在舒适和安全的国家，而并非增加他们的薪水。如果乔在美国工作，他就不会收到住房补贴。如果他为了获得更多的钱以便留给家人，提交虚假的开支报告就是不道德的。然而，在南美国家，这件事就没有这样明确。

资料来源：R. S. Moorthy, Robert C. Solomon, William J. Ellos, and Richard T. De George, "Friendship or Bribery?" *Across the Board*, January 1999; Yale Political Union, "Should Corporations Be Responsible to More than Their Shareholders?" *The Huffington Post*, October 27, 2009; and Walter Mosley, "Ten Things to Foster Socially Responsible Corporations," *The Nation*, July 15, 2010.

与发展组织同时也签署了一个反腐公约。国际标准化组织（ISO）发展出一套新的社会责任标准，包括产品生产、公正平等的工资水准、员工的聘用和待遇原则等。这些标准仅供参考，并没有任何认证文件，未来也不可能形成一套适于各种跨国企业管理的单一标准。在许多地方，"对抗贪污"仍然只是一句口号。但即便如此，这仍然是一个良好的开端。

# 总　结

**1. 解释为何遵守法律只是按伦理标准行动的第一步。**

· 合法与伦理有何不同？

伦理不只是遵守法律，它还包含遵守社会所接受的伦理标准。伦理行为反映了个人操守和人际关系。合法的范围较小，它只是我们明文规定的法律，用来保护自己免受欺骗、偷盗和暴力等伤害。

**2. 指出面对潜在不道德行为时，你需要问自己的三个问题。**

· 我们要如何判断企业决策是否合乎伦理？

企业可以通过三个问题检视决策是否合乎伦理：（1）它是合法的吗？（2）它是公平的吗？（3）它会让我有怎样的感觉？

**3. 描述管理者在制定伦理标准中的作用。**

· 管理者在制定伦理标准方面起着何种作用？

管理者经常制定正式的伦理标准，但是更重要的是以身作则。管理层自身是否容忍不符合伦理的行为，比白纸黑字的伦理信条规范对员工的影响更大。

**4. 区分基于服从的道德规范和基于正直的道德规范，列出制定企业伦理信条的六个步骤。**

· 基于服从的道德规范和基于正直的道德规范的不同点是什么？

基于服从的道德规范关心的是如何避免法律的惩罚，而基于正直的道德规范定义了组织的指导性价值观，创造支持伦理行为的环境，并且强调员工之间要分担责任。

**5. 定义企业社会责任并比较企业对不同利益相关者的责任。**

· 什么是企业社会责任？

社会责任是企业对社会的关注。

· 企业如何对利益相关者表明自己的企业责任？

企业要对四种利益相关者负责：（1）企业对消费者的责任是以有实在价值的产品和服务满足他们；（2）企业要对投资者的责任是盈利；（3）企业对员工有几项责任：创造工作、提供工作保障、确保努力和有天赋者获得公平的回报；（4）企业对社会有几项责任：创造新财富、促进社会公正、致力于改善环境。

· 如何衡量公司在社会责任方面的努力？

企业的社会审计在评价组织的社会责任方面，近来有相当的进展。有些人认为审计应该把企业的正面行为加起来然后减掉负面影响，从而得到社会净收益。

**6. 分析美国企业在全球市场上影响伦理行为和社会责任的作用。**

· 美国公司如何在全球市场上影响伦理行为和社会责任？

许多美国企业通过确保其国际供应商不违反美国人权和环境标准，来要求它们履行社会责任行为。像西尔斯百货、菲利普·冯·胡森和陶氏化学等公司，如果对方公司不合乎它们的道德和社会责任标准，它们就不会进口那些产品。

## 批判性思考

设想一种检验你的道德行为的情形。例如，可能是你的朋友忘记写第二天要交的学期论文，问他能否抄一份你上学期为另外一个导师写的论文。

1. 你有什么备选的办法应对他吗？每种办法会有什么结果？

2. 如果你问自己本章列出的那3个问题，会更容易解决这一难题吗？现在尝试回答它们，看看你是否会做出不同的选择。

# 5

# 选择企业的经营模式

## 学习目标

1. 比较独资企业的优缺点。

2. 描述普通合伙人与有限合伙人的区别，并比较合伙企业的优缺点。

3. 比较公司的优缺点，并总结C公司、S公司和有限责任公司的区别。

4. 定义并举例说明三种公司兼并的类型，并解释杠杆收购的作用和公司私有化。

5. 描述特许经营的优缺点，并讨论特许经营中多元化的机会和国际特许经营的挑战。

6. 解释合作社的作用。

## 人物侧写

### 认识玛丽·埃伦·希茨 "两男一车"搬运公司的创立人

不管背景或经验有什么不同，成功的创业者至少拥有一个共同点：他们都能辨识需求，并且满足它。对于玛丽·埃伦·希茨（Mary Ellen Sheets）而言，她开办企业时所想的无非是能让她两个儿子布里格（Brig）和乔恩·索尔伯（Jon Sorber）走出家门，在暑假期间赚一些钱用。希茨给两个儿子一辆皮卡车，很快他们就用纸贴出了广告，上写："两个男人和一辆车。"这个简单的标语最后变成了搬运业务的名字，整个高中时期，希茨的儿子们都没有中断经营。

布里格和乔恩读大学之后，希茨继续接到要求她儿子提供服务的电话。意识到这一需求，希茨花350美元购买了一辆二手的厢式搬运车，并雇了两名搬运工。结果，自从那笔最小的初始投资之后，她再也没有为企业掏过腰包。随着业务的稳定增长，希茨做出了一个非常冒险的举动，她辞掉了州政府的工作（放弃了退休金），全职开展这一业务。不到一年，希茨就授权居住在佐治亚州亚特兰大的女儿梅勒妮（Melanie），开了第一家连锁公司，她赌赢了。

从那以后，希茨和她的家人利用这一品牌在美国开办了超过215家连锁公司，每年收入1.933亿美元。公司成功的关键就是简单。名字说明了一切，正如他们用线条勾勒的人物标识那样直截了当。这个标识由希茨所绘，当时，公司还只是她儿子的暑假工作。

除了财务取得成功，"两男一车"坚持回馈服务过的每个社区。其连锁系统的每辆卡车上都绘有一条标语：有爱心的搬运者（The Movers Who Care）。"两男一车"的慈善记录可追溯到公司创立之始。公司成立之后，第一年的利润有1000美元。希茨非常高兴，她将这些钱捐给了10家慈善机构，每家捐款100美元。"两男一车"还不断向那些有创造性的组织慷慨捐赠。该公司每完成一次搬运就会向美国癌症协会捐赠一部分收入。仅2010年一年就完成搬运317,841次，算起来捐赠额确实不小。然而，希茨及其家人将慈善和服务视作她们商业计划不可分割的一部分。该公司总部甚至每年向服务社区最多的特许加盟商颁发博爱奖。在无偿提供2000多个小时的服务之后，奥马哈市东北部的特许加盟商获得了2010年的博爱奖。

希茨本人也是一个获奖大户。2004年，她成为获得国际特许加盟协会"年度企业家奖"的第一位女士。多年以来，她还受到很多褒奖，包括蓝筹企业奖和密歇根年度企业家奖。目前，她的孩子们承担起公司大部分的领导工作，希茨则在密歇根州的兰辛经营着公司的旗舰店，现在管理着53名员工，2010年完成了4200多次的搬运。对于350美元的投资而言，这可是一个挺不错的买卖。

就像希茨那样，所有企业主必须决定哪种商业模式最适合自己。不管你梦想着开办自己的企业、与合伙人一起经商、组建公司或有一天成为领先的特许加盟商，重要的是要知道每种所有制形式的优缺点。在本章，你将会有全面的了解。

资料来源: Randy J. Stine, "A Long History of Giving", *The Greater Lansing Business Monthly*, April 2011; "Recent Interview with Mary Ellen Sheets", *Franchise Gator*, accessed April 2011; "Two Men and a Truck Leads the Way as It Arrives in the UK", *The Franchise Magazine*, accessed April 2011; and www.TwoMenAndATruck.com/mary-ellen-sheets, accessed April 2011.

## ◎ 企业所有权的基本形式

像玛丽·埃伦·希茨一样，美国每年有成千上万的人创立新公司。事实上，目前每年在美国开设的新企业数目达到了60万家。你可能也曾想过拥有自己的公司，或是认识有此想法的人。

构建企业的方式与未来的长期成功有极大关联，三种主要的企业所有权形态为：（1）独资企业；（2）合伙企业；（3）公司制企业。接下来我们会讨论各自的利弊。

创立自己的新公司其实也很容易。你可以提供修理草坪服务、成立网站或是着手满足当地社区中其他人的需求。由一个人独有并且通常也由该人管理的企业被称为**独资企业**（sole proprietorship），这是最常见的企业所有权形态。

许多人没有金钱、时间或欲望来经营自己的事业，他们偏好与其他人或其他团体一起来组建企业。当两个或更多的人在法律上同意成为一个企业的共同所有人时，这个组织就被称为**合伙企业**（partnership）。

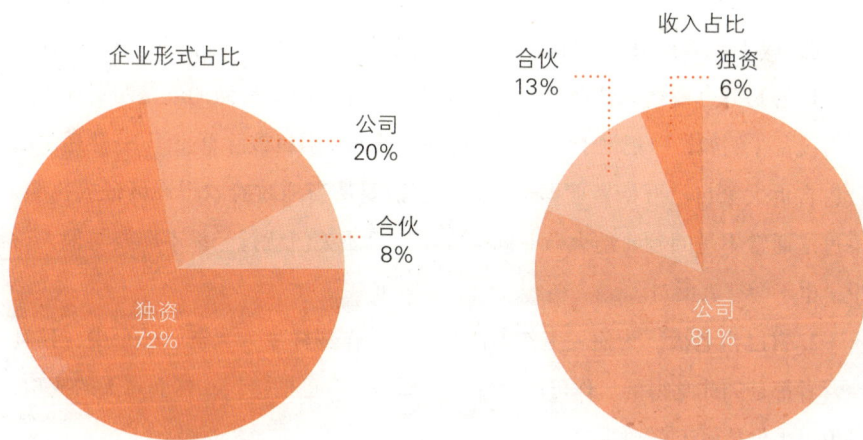

企业形式占比

公司
20%

合伙
8%

独资
72%

收入占比

合伙
13%

独资
6%

公司
81%

**图5.1　企业的所有权形态**

虽然公司只占所有企业总数的20%，它们的收入却占企业总收入的81%。独资是最常见的形态（72%），但它们只占收入的6%。

来源：美国国家税务局。

独资企业和合伙企业相对容易成立，但成立独立的不受所有者控制的企业是有好处的。被授权经营并且债务独立于所有者的法律实体被称为**公司**（corporation）。美国有500万家公司，这个数值只占企业总数的20%，但其收入却占总体收入的81%（参阅图5.1）。

切记，虽然一个企业必须以某种形态的所有权形式开始，但并不表示它必须一直保持这种形态。许多企业以某种形态开始，然后增加（或减少）了一两名合伙人，最后变成了股份有限公司、有限责任公司或是特许经营商。让我们从所有权的最基本形态——独资企业——开始讨论。

# ◎ 独资企业

## 优 点

独资是从事自己感兴趣职业的最简单的企业类型。在每个城镇都可看到独资经营者。你可以与这些企业人士谈一谈他们创业的乐趣和挫折，多数人都会提到给自己当老板及自己决定上班时间的好处，此外他们还可能提到以下几项优点：

**1. 容易开办或结束营业。** 开办一家独资事业，所需要做的就是购买或租用所需设备（例如，一把锯子、一部笔记本电脑、牵引机或除草机等），然后贴出公告告诉大家自己开始营业即可。你可能需要从当地政府取得许可证或执照，不过这通常不是问题。结束营业同样容易，只要关门就行。你不需要与他人讨论，也不会有人反对。

**2. 自己当老板。** 为他人工作不像为自己工作那样令人兴奋——至少，独资经营者都是如此觉得的。你可能犯错，但那是你自己的错误；然而每天的成功，哪怕很小也是属于自己的。

**3. 作为所有者的骄傲。** 拥有并管理自己的事业的人，理所当然对自己的工作感到骄傲。他们承担风险，提供人们所需的产品与服务，的确值得钦佩。

**4. 遗产的传承。** 企业主所有的一切可以留给子孙继续经营。

**5. 公司利润的保留**。所有者不仅保留获得的利润，同时还享有企业成长带来的价值增加。

**6. 没有特别税赋**。独资企业的所有利润都以所有者个人所得税的形式来征收，企业所有者只需要缴纳普通的所得税。不过，企业主必须（向社会保险和医疗保险）支付自雇税。他们还需要预估税收并且按季度支付给政府，否则会因为不交税而受到惩罚。

## 缺　点

并非每个人都适合创业并管理。要筹措足够的经费开办并且维持一家企业的经营通常很困难。存货、补给、保险、广告、租金、计算机以及公共事业等费用，要一个人负担可能太过沉重。自行创业还有一些其他缺点：

**1. 无限责任——个人损失的风险**。当你为别人工作时，企业亏损是他人的事。当你拥有自己的企业后，你与你的事业则合为一体，你将承担**无限责任**（unlimited liability）。也就是说，任何由企业产生的债务或毁损都由你负责偿还，这表示你要卖掉自己的房子、车子，或是拥有的任何物品。这是极大的风险，不仅需要自己认真考虑，还得与律师、保险员及会计师等人商量。

**2. 有限财务资源**。企业的可用资金受限于个别（独资）所有者的资金能力。因为个人能够筹措到的资金有限，合伙与公司开办并维持企业经营的财务支持能力可能更大。

**3. 管理困难**。所有的企业都需要管理，也就是说，必须有人负责登记存货记录、会计记录及税务记录等工作。擅长销售及提供服务的人在会计上可能不太灵光。独资者往往很难找到好的、优秀的员工，因为其薪资与福利难以与大公司竞争。

**4. 长时间投入**。虽然独资者可以自己安排工作工时，但若要自行创业、管理经营、训练人员，很难有空闲时间去做其他事。这对任何企业都一样，但是独资者没别人可以共同分担，通常必须投入更长的时间工作。例如，商店老板可能一天要工作12个小时，至少一周6天——这几乎是一家大型企业非主管层员工的两倍。想想这种长时间工作会如何影响独资者的家庭生活吧。许多独资者会告诉你："这不是一份工作，不是一个职业，而是一种生活方式。"

**5. 很少有其他福利**。如果自己身为老板，便失去为他人工作所享有的一切福利。没有人会替你支付健康保险和残疾保险，没有病假和带薪休假，以上这些福利合计起来可能会超过一位工作者收入的30%。

**6. 有限成长**。扩展的速度经常很慢，因为独资企业完全仰赖所有者自身的创造力、商业知识以及资金。

**7. 有限寿命**。如果独资企业主过世、失去工作能力或退休，企业就无法继续存在（除非出售或由独资者的继承人接管）。

与当地的一些独资企业主谈一谈他们独立经营时所面临的问题。他们应该会有许多有趣的故事可以分享，比如如何向银行贷款、避免偷窃以及单纯地在该行业生存下去等。上述问题也是许多独资者选择寻找合伙人来共同分摊的原因。

## ◎ 合伙企业

合伙企业是一种由两个或两个以上所有者共同成立的企业法定形态。合伙企业有以下几种类型：（1）普通合伙企业；（2）有限合伙企业；（3）业主有限合伙制企业。**普通合伙企业（general partnership）**指全部所有者共同经营企业并对债务负责的合伙企业。**有限合伙企业（limited partnership）**是由一个或多个普通合伙人以及一个或多个有限合伙人组成的合伙企业。**普通合伙人（general partner）**指承担无限责任并有权管理公司的所有者（合伙人），每个合伙企业必须要有至少一位普通合伙人。**有限合伙人（limited partner）**参与企业投资，但只承担有限责任，不承担管理责任。**有限责任（limited liability）**指有限合伙人不需要对超过其投资额度的企业债务负责——他们的责任是"有限的"，仅限于其投资额；他们的个人资产不需要承担风险。

有一种新形态的合伙企业被称为**业主有限合伙企业（master limited partnership, MLP）**，看上去很像公司（公司的概念将在稍后讨论），像公司一样运作，也像公司一样在股市上交易，但是却像合伙企业一样交税，因此可以避免公司所得税。例如，太阳石油（Sunoco）公司成立了MLP太阳石油物流公司（SXL），主要负责收购、拥有并经营原油和精炼产品的管线与仓储设备。SXL所得在以红利方式交付给投资人之前不会被课税。

另一种伙伴关系的崭新类型弱化了无限责任的缺点。**有限责任合伙企业**（limited liability partnership, LLP）合伙人的失去个人资产的风险仅限于自己及下属的行为和失职所导致的损失。这意味着有限责任合伙企业让合伙人不必担心因为其他合伙人的疏误而使自己的房产、汽车、退休计划等受到影响。然而，在许多州，这类保障并未包含银行贷款、租赁欠款和应付账款等合同责任，意即个人仍然有可能暴露于上述风险之中。在那些确实给予有限责任合伙企业附加合同责任保障的州，LLP在很多方面与LLC（将在本章后续进行讨论）相似。

目前除了路易斯安那州之外，美国各州都已采用了《统一合伙企业法案》（Uniform Partnership Act, UPA）来替换关于合伙企业的法律。《统一合伙企业法案》定义了任何普通合伙企业的三要素：（1）共同所有权；（2）共享的利润和损失；（3）参与管理企业运营的权利。

## 优　点

与一个或多个合伙人共同拥有及管理企业往往比较容易。合伙人可能擅长存货管理或会计，而你则负责销售或服务；合伙人也能提供额外的资金支援，以及专门的知识或技术；当你生病或度假时，你的合伙人可以替代你。"聚集小企业"专栏给出了选择合伙人的一些建议。

合伙企业通常具有下列几项优点：

**1. 更多的资金资源。** 当两个或更多的人结合资金与贷款时，支付企业带来的租金、水电费和其他账单就会变得比较容易。有限合伙企业就是特别为协助筹措资本（金钱）而设计的。如前所述，有限合伙人投资于企业中，但在法律上不能拥有任何管理责任，其责任是有限的。

**2. 共同管理以及互补性技能和知识的整合。** 经过仔细选择合伙人的企业，在日常管理活动中会轻松很多。合伙人让彼此多了公务以外的自由时间，并且能提供不同的技能与观点。有些人认为最佳合伙人就是配偶，这就是为什么许

# 聚焦小企业

## 同舟共济

在匆忙开始合伙创业之前，你要针对有可能成为合伙伙伴的那个人问自己以下的问题：你们的目标是一致的吗？你们对公司未来的愿景是相同的吗？那人有什么技能？那些技能跟你的一样，还是对你的技能是个补充？那人会给企业带来什么样的人脉、资源或特殊的贡献呢？那人是什么类型的决策者？那是你想在企业所有重大决策上愉快地分享权力的人吗？你们互相信任吗？那人对逆境的反应是怎样的？他或她是想方设法解决问题还是想方设法保护自己？那人能够接受建设性的批评而不会心存戒备吗？你能让合作变得多么地有趣和令人兴奋呢？

如果很多问题的答案是否定的，那人就不适合当你的伙伴。但请记住：没有完美的伙伴，因此，要容许某些不足，毕竟你也不会是一个完美的伙伴。正如幸福的婚姻一样，在合伙创业中避免激烈冲突的最好办法就是从一开始就开诚布公地讨论合作各方期望给予和获得什么。

多夫妻会联手经营餐厅、服务商店和其他企业。

**3. 存续时间较长**。相关研究报告指出，1960年创业迄今的2000家美国企业中，合伙企业成功经营的比率是独资企业的4倍。合伙人的互相监督可以提高企业的经营纪律。

**4. 没有特殊税赋**。如同独资企业，合伙企业的全部利润以所有者个人所得税的方式征收。同样地，合伙人必须估计当季税收并且按时支付，否则会受到惩罚。

## 缺　点

合伙的两个人必须承认，任何时候都有爆发冲突和关系紧张的可能性。合伙曾导致家庭、朋友及婚姻关系的破裂。让我们来探讨合伙的缺点：

**1. 无限责任**。每个普通合伙人对公司的债务都负有责任，不论这些债务是由谁造成的，你必须为自己及合伙人的错误负责。就像独资企业主一样，如果企业输掉官司或是破产，普通合伙人也有可能失去他们的房子、车子以及任何

**表 5.1 如何建立合伙企业**

建立合伙不难，但每个潜在合伙人最好都在这种协议方面找有经验的律师咨询。律师服务通常很贵，因此未来合伙人应该阅读所有合伙方面的数据，达成基本的协议之后，再打电话给律师。

为了保护你的权益，一定要将你的合伙协议写下。《示范商业公司法案》（Model Business Corporation Act）建议将下列几点写在合伙协议中。

1. 企业名字。如果企业的名字和任何一位合伙人的名字都不同，许多州都要求将企业名字向州或县官员注册登记。

2. 所有合伙人的姓名和住址。

3. 企业的目的与性质，主要办公室的地点及任何其他进行生意的地点。

4. 合伙的开始日期及将会维持多久。它将会存在一段特定的时间，或是在其他一位合伙人过世，或合伙人们同意不再继续时结束？

5. 每位合伙人的贡献。是否采取有些合伙人贡献金钱，而有些则提供房地产、个人财产、专业或是劳力？这些贡献需要何时做出？

6. 管理责任。是否所有的合伙人在管理上都有相同的权力，或是有资深和资浅之分？

7. 每位合伙人的职责。

8. 合伙人的薪水和提款账户。

9. 分摊利润或亏损的规定。

10. 会计程序的规定。谁来负责会计？要使用何种簿记和会计方法？账簿要放在哪里？

11. 新合伙人的加入资格。

12. 对任何合伙人的任何特殊限制、权利或是职责。

13. 对退休合伙人的规定。

14. 对购买过世或退休合伙人股份的规定。

15. 如何处理员工申诉的规定。

16. 如何取消合伙及将资产分配给合伙人。

其他物品。

**2. 利润的分配**。分担风险代表着分享利润，同样也有可能引起冲突。合伙企业没有一个既定的利润分配机制，因此，利润分配有时会有不公正的情况。例如，两个人建立合伙企业，其中一人投入了较多资金，另一人则投入了较多时间，双方可能都认为自己应得较多利润。

**3. 合伙人之间的意见相左**。在金钱方面的意见不合只是潜在冲突之一。谁在员工问题上拥有最终权威？由谁雇用及开除员工？谁工作多少时间？倘若一位合伙人希望为公司增添昂贵的设备而其他的合伙人不同意，该怎么办？潜在冲突的确很多。因此，合伙企业的所有条款都必须清楚地写出来，以保护所有的参与者并将误会降到最低程度。

**4. 难以终止**。一旦你投入了合伙关系，将很难全身而退（除非死亡）。当然，你能通过辞职来结束一个合伙企业，然而，如何分配利益及未来如何等问题都很难解决。令人惊讶的是，连律师事务所的合伙协议通常都不完善，合伙人很难打破合伙关系。你要如何摆脱一个你不喜欢的合伙人？这些最好预先在签订合伙协议中加以明确。表5.1列出了合伙协议注意事项，让你对此有更深的了解。

了解企业所有权利弊的最佳途径，就是访问几位签订过类似协议的人，他们会告诉你如何避免麻烦。

自行创业或是拥有合伙人有一个让人担心的共同问题，如果企业亏损过多或是遭到控诉，你可能会丧失一切。许多企业人士试着通过组建公司来避免独资企业和合伙企业的各种缺点。在下一节中，我们将详细讨论公司这种企业所有权的基本原则。

## ◎ 公司

许多公司像通用汽车、微软及沃尔玛百货那样规模庞大，为美国经济不断做着贡献。但其实公司并不一定都是很大的，组建成公司形式对小企业也有好处。

**传统公司**（Conventional Corporation，又称C公司）是有权独立于所有者行动并承担责任的政府许可的法律实体，其责任与所有者（公司股东）分开。所有者不对超过其投资金额的公司债务或其他问题负责，不需要担心因为企业的一些问题而失去房子、车子或是其他个人财产——这是一项极大的利益。公司不只限制了所有者的责任，经常也让更多人得以分享企业的所有权和利润，而不需要在公司里工作或是对企业负有其他责任。公司可以选择是否让外部投资者持有公司

**表 5.2 公司种类**

一家公司可以分别属于几个不同的种类。

> 当你阅读到公司时，可能会对于它的一些种类感到困惑。以下是常见的名词：
> - "外国公司"（Alien Corporation）在美国做生意，但在另一个国家注册（成立）。
> - "国内公司"（Domestic Corporation）在其所注册（成立）的州做生意。
>   - "外州公司"（Foreign Corporation）在一州做生意，但却是在另一州注册的。大约三分之一的公司都是在特拉华州注册的，因为在该州成立公司的规定比较有利。外州公司必须在其所营运的州登记。
>   - "封闭型（私人）公司"［Closed (private) Corporation］的股票由几个人所拥有，不开放供一般大众申购。
>   - "开放型（公开）公司"［Open (public) Corporation］出售股票给一般大众。例如，通用汽车和埃克森石油就是公开公司。
>   - "准公开公司"（Quasi-public Corporation）是由政府所注册的公司，允许垄断以为一般大众提供服务。公共事业就是准公开公司。
>   - "专业公司"（Professional Corporation）的所有者提供专业服务（医生、律师等），专业公司的股份不公开交易。
>   - "非营利公司"（Nonprofit Corporation）不为其所有者寻求个人利润。
>   - "跨国公司"（Multinational Corporation）在几个国家营运。

所有权，或是维持私人持有状态（第18章讨论股票所有权）。表5.2描述了各种不同的公司形态。

## 优　点

多数人都不愿意冒着失去一切的风险跨入商场。但是为了企业的增长、繁荣并创造经济机会，许多人必须将资金投注进去。解决这个问题的方法之一，就是创造一个人造实体，一个只在法律中存在的实体——公司。让我们来看一看公司的优点：

**1. 有限责任**。公司的主要优点之一就是所有者的有限责任。有限责任表示企业所有者负责的亏损限额被限制在他们的投资额内。

**2. 筹集更多资金的能力**。公司可以向任何感兴趣的人出售所有权（股票）。

这意味着数以百万计的人都能拥有诸如IBM、苹果、可口可乐这些大公司的一部分，对小公司也一样。如果一家公司以50美元一股的价格卖掉1000万股，就可以筹集到5亿美元用来建厂、购买材料、用人及生产等，如此大笔的资金很难用其他方式筹措。

公司可以向金融机构如银行贷款，通过发行债券向个人投资者借钱，在未来支付债券时才偿还投资者权益。我们将在第18章讨论公司如何通过股票交易和发行债券获得资金。

**3. 规模**。这个字眼概括了公司的诸多优点。因为有能力筹集大笔的资金，公司可以兴建现代化的工厂，拥有最新的设备软件。它们也可以雇用各经营领域的专家，可以收购其他行业来分散自己的风险。简而言之，资源丰富的大型公司可以利用世界上任何地方的任何机会。

公司并不一定要是大型企业。许多医生、律师及个人与企业中的合伙人都成立了公司。美国多数公司也都是小企业。

**4. 永久的生命**。因为公司与所有者是分离的，因此一位或多位所有者死亡并不会使公司终结。

**5. 容易变更所有权**。变更公司所有者非常容易，只需将股票转售给其他人就可以了。

**6. 容易吸引有天赋的员工**。公司可以通过提供诸如股票期权（以一个固定的价格购买公司股票的权利）等福利，来吸引有才能的员工。

**7. 所有权与管理层分开**。公司筹资可以来自许多不同的投资者，并且无须让他们参与管理。图5.2中的公司层级表明，所有者／股东及管理层与员工皆是分开的。所有者／股东会选出一个董事会，董事们则聘用公司高层主管，并监督主要政策议题。他们也聘用管理者及员工，因此所有者／股东对于由谁来经营公司有某种程度的参与，但他们对于日常营运却没有控制权。

## 缺　点

在美国，独资与合伙企业非常多，显然我们可以肯定公司这种形式一定有其缺点，否则，应该有更多的人选择设立公司。以下就是公司的几项缺点：

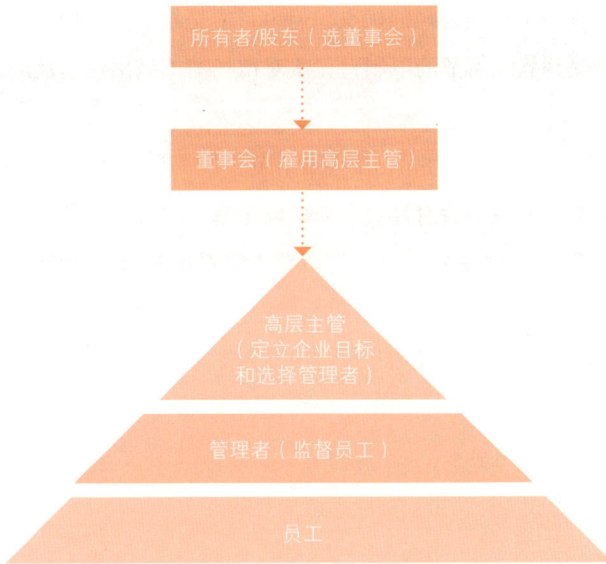

**图 5.2 所有者如何影响管理**

所有者借由选出一个董事会来影响企业的管理，董事会雇用高层管理者（或解雇他们），决定其工资；然后，高层管理者在人力资源部门的协助下，选择其他的管理者和员工。

**1.初始成本**。成立公司可能要花费几千甚至数万美元，还包括昂贵的律师费和会计师费用。不过，在某些州成立公司的成本相当低廉。然而，如果没有律师的协助，多数人并没有时间和自信完成这个过程。

**2. 大量文书作业**。申请开办公司的文书工作仅仅是一个开始。独资或合伙公司的会计记录不必如此详尽，而公司则必须具备详尽的财务报表、会议记录等更多的文书。如表5.3所示，许多公司在特拉华州或内华达州成立公司，因为当地的法律使得创办公司比其他州容易。

**3. 课税两次**。公司收入要被征税两次。首先公司在把收入分配给股东之前，必须先支付所得税；然后，股东必须为从公司获得的收入（股利）交税。州政府对公司征税经常比对其他企业严厉。

**4. 两份所得税申报表**。如果成立公司，就必须提交公司所得税申报表及个人所得税申报表。依照公司规模大小而定，公司所得税申报表可能相当复杂，有时甚至需要注册会计师（Certified Public Accountant, CPA）协助。

**5. 规模**。规模虽然是公司的优点，但也可能是缺点。大型企业有时会缺乏灵活性，而且受到繁文缛节的限制，无法对市场变革做出快速反应，从而影响获利。

**6. 难以终结**。一旦成立公司，就很难结束。

**7. 可能与股东或董事会有冲突**。如果股东选出的董事会与目前的管理层无法达成共识，就会产生冲突。因为公司高主管系由董事会决定，企业主可能面临被自己一手创建的公司逐出的窘境。MTV创始人之一汤姆·弗莱斯（Tom Freston），还有苹果计算机创始人史蒂夫·乔布斯（Steve Jobs，后重返公司）就是前车之鉴。

许多人都因为公司成本、文书作业以及必要支付的特殊税款泄气了。甚至许多企业人士认为成立公司带来的麻烦多于其优点。

## 个人公司

并非所有的公司都是拥有上百位员工或上千位股东的大型组织，个人（例如，卡车司机、医生、律师、水电工、运动员及电影明星）也能组建公司。通常它们不向外人出售股票，因此，小型公司与大型公司的优缺点并不一致（例如较多投资金额与规模这一类）。它们的主要优点是有限责任及可能的税收优惠。虽然你不需通过律师申请成立公司，不过最好还是请教一下律师较为妥当。除了律师费，州务卿办公室也会索取公司成立费用。这项费用各州不同，从科罗拉多、艾奥瓦、肯塔基、密西西比、俄克拉玛五州的50美元到得克萨斯州的300美元不等。正式成立公司所需的时间在不同的州也有所不同。一般从申请日起大约需要30天。表5.3概述了如何成立公司。

## S公司

S公司（S corporation）是一种独特的政府产物，看来像是公司，但却像独资企业和合伙企业一般交税（S公司这个名称来源于《美国国内税收法典》第1章下的第S子章，其中规定了管理S公司的办法）。S公司的文书作业及细节与传统（C）公司类似，也有股东、董事、员工及有限责任利益，不过利润作为股东

**表 5.3 如何成立公司**

成立公司的程序依各州规定而有所不同。公司的条款通常必须提交至该公司成立所在的州务卿办公室。条款包括：

- 公司的名称。
- 成立公司者的名字。
- 它的目的。
- 它的期限（通常是永久的）。
- 可发行的股票数，股东的投票权，以及股东所拥有的其他权利。
- 公司的最低资本。
- 公司办公室的地址。
- 公司负责法律服务者的姓名及地址。
- 一级董事的姓名及住址。
- 任何其他公司想要声明的公开数据。

在企业欲开银行账户或雇用员工之前，需要一个联邦税务识别号码。欲申请该号码，向国税局索取一份 SS-4 表格。

除了所列出的成立公司条款，公司也有一些细则，描述了公司该如何从法律和管理的角度来营运。这些细则包括：

- 股东和董事会议在何时、何地、如何召开，以及董事的服务年限。
- 董事的职权。
- 主管的职务和责任，以及他们的服务年限。
- 如何发行股票。
- 其他事务，包括员工合约。

的个人收入交税——因此避免了C公司被课税两次的情况。

避免双重税收是超过300万家美国公司以S公司的形式进行营运的理由。然而，并非所有企业都能成立S公司，公司必须符合以下资格：

1. 股东人数不能超过100位（所有的家庭成员只会被列为一位股东）。

2. 股东必须是个人或产权，并且是美国公民或永久居民。

3. 只能有一种已发行的股票（第18章将讨论各种股票类型）。

4. 被动性质的收入（例如，租金、专利使用费及利息等）未超过总收入的25%。

S公司一旦丧失了上述资格条件，至少要5年之后才能重新提出申请。另外，S公司税务结构并非对所有企业都有利。值得一提的是，S公司的好处会随着每次税法变革有所改变。若要了解一种特定企业的所有优缺点，最好的方法就是与律师和会计师共同仔细考察税收优势和责任的差别。

## 有限责任公司

**有限责任公司**（Limited Liability Company, LLC）与S公司很像，但不需要

# 法律实例

## 虚拟公司

云计算、社交媒体和互联网总体上带来的好处之一就是企业及其员工不必再为了共事而聚在一起。大多数公司仍然依据法律要求拥有一个固定的办公场所和管理团队，并对任何交易留存纸质材料。然而，最近佛蒙特州的法律创设了一种新型有限责任公司，叫作"虚拟公司"，即可以只存在于网络的公司。注册公司要求的任何文件可以以电子文件的形式提交，可以利用任何形式的在线交流举行公司会议，公司成员的关系可以建立在电子身份的基础上。他们可以利用由社交网络软件管理的股权投票结构共同做决策。

传统公司要投入大量金钱招聘、雇用和培训员工，使之承担起各个岗位的职责。相反，虚拟公司可以允许在线贡献人拥有不同的技能和兴趣，并根据自己的选择确定各自的身份和贡献。虚拟公司的成员决定每位成员贡献的价值大小和利润分成。

佛蒙特州法律的支持者认为：它将使得该州对有限责任公司产生很强的吸引力，以至于变成"网络业的特拉华州"。（因为通过了具有吸引力的公司法，特拉华州每年征收大约7亿美元的公司税费。）看看佛蒙特州会不会真的成为"网络业的特拉华州"将是一件有趣的事情。

资料来源：P. Jaskiewicz, "Is a 'Virtual Company' Worth the Effort?" *Law Technology News*, April 16, 2010; and Christopher Steiner, "Five Ways to Build a Virtual Company", *Forbes*, September 21, 2010.

---

专门的资格要求。有限责任公司于1977年被引入怀俄明州，1988年在征收联邦所得税中被国税局（Internal Revenue Service）视为合伙企业。1996年，全美50个州以及哥伦比亚特区都承认了有限责任公司。

1988年，申请有限责任公司者不到100家，之后数量却急遽增加；今日，美国某些州一半以上的新设企业都属于有限责任公司。"法律实例"解释了虚拟企业——一种新形式的有限责任公司的特点。

为何有限责任公司如此诱人？它提供公司世界中最好的一切，其优点包括：

**1. 有限责任**。个人财产受到保护。有限责任曾经只能为有限合伙人和传统公司的股东享有。

**2. 税赋选择**。有限责任公司能够选择以合伙企业或公司方式被征税。以前只有合伙人或者S公司所有者能够享有作为合伙企业交税的好处。

**3. 弹性的所有权**。有限责任公司无须遵从如S公司一样的所有权限制。所有者可以是自然人、合伙企业或是公司。

**4. 弹性的利润与损失分配**。利润和亏损不必按每个人的投资比例来分配。有限责任公司的每个成员可以以相同的比例进行分配。

**5. 营运弹性**。有限责任公司必须服从类似公司的组织条款，但是不用保留备忘录、把书面解决方案归档或者举行年度会议。有限责任公司同样要提交类似于合伙协议的书面营运协议，描述该公司要如何经营。

当然有限责任公司也有下列缺点：

**1. 没有股票**。有限责任公司的所有权不可转移，公司成员需要其他成员同意才能出售所拥有的股份。反之，一般公司及S公司的股东可以依个人意愿出售股份。

**2. 有限的存续期间**。有限责任公司被要求于组织规章中确认解散日期（某些州甚至不允许其超过30年）。成员的死亡可能导致有限责任公司自动解散，但其他成员可以选择在解散之后再重新建立有限责任公司。

**3. 较少的激励机制**。不像公司制企业，有限责任公司无法为拥有公司2%及以上股份的成员免除其额外福利的纳税成本。因为没有股票，所以也无法通过股票期权激励员工。

**4. 税赋**。有限责任公司成员必须用利润支付自雇税，这相当于独资企业和合伙企业所支付的社会医疗保障。相比之下，S公司用薪水而不是整体利润来支付自雇税。

**5. 书面作业**。有限责任公司对文书工作的要求没有公司制企业那么多，但还是比独资企业要求的多。

成立一家有限责任公司的成本各不相同，类似Legal Zoom（www.legalzoom.com）这样的在线法律服务只收取必要的书面作业费用150美元。表5.4列出了企业所有权的主要形态的优缺点。

表 5.4　企业所有权形态的比较表

| | 独资 | 合伙 | | 公司 | | |
|---|---|---|---|---|---|---|
| | | 普通合伙 | 有限合伙 | 传统公司 | S 公司 | 有限责任公司 |
| 创始企业所需的文件 | 无，可能需要许可证或执照 | 合伙协定（口头或书面） | 书面协定；必须提交有限合伙证书 | 成立公司条款与细节 | 成立公司条款与细节；必须符合细节规定 | 组织和运营协定票款；没有资格限制 |
| 终结的难度 | 容易终结，只要付清债务然后结束即可 | 或许难以终结，取决于合伙拥有权协定 | 与普通合伙一样 | 终结困难而且昂贵 | 与传统公司一样 | 可能很困难；取决于运营协定 |
| 寿命 | 在所有者过时告终 | 合伙人过世或退出时告终 | 与普通合伙一样 | 永久寿命 | 与传统公司一样 | 依据组织解散条款规定之日期 |
| 所有权的转移 | 企业可以被卖给合格买主 | 必须得到其他合伙人的同意 | 与普通合伙一样 | 容易变更所有者；只需出售股票 | 可以出售股票，但有限制 | 无法出售股票 |
| 财务资源 | 受限于所有者的资本和贷款 | 受限于合伙人的资本和贷款 | 与普通合伙一样 | 需更多钱创始及营运；可以出售股票和证券 | 与传统公司一样 | 与合伙一样 |
| 损失风险 | 无限责任 | 无限责任 | 有限责任 | 有限责任 | 有限责任 | 有限责任 |
| 税务 | 以个人所得来课税 | 以个人所得来课税 | 与普通合伙一样 | 以公司来课税，征税两次 | 以个人所得来课税 | 多变 |
| 管理责任 | 所有者管理企业的所有层面 | 合伙人共同管理 | 无法参与管理 | 管理层与所有者分开 | 与传统公司一样 | 多变 |
| 员工福利 | 通常福利较少，薪资较低 | 通常福利较少，薪资较低；承诺员工成为合伙人 | 与普通合伙一样 | 通常福利和薪资较好，有升迁机会 | 与传统公司一样 | 多变，但无税优惠 |

## ◎ 公司扩张：兼并和收购

美国在20世纪90年代后期掀起的兼并狂潮在2000年达到了顶峰，当时兼并和收购的总价值达到了惊人的3.4万亿美元，平均每17分钟就会达成一项新的交易。每件并购交易的金额似乎都会超过前一次。绝大多数进行交易的公司都试图在其领域内扩张，以节省成本、进入新市场、确定国际竞争地位，并适应科技和法规的变化。而结果却是很多合并起来的巨头都没能实现目标。20世纪90年代后期的并购有2/3以失败告终。2009年，惨淡的美国经济致使并购金额骤减86%。2010年并购金额上升14%，再度显示出乐观的迹象。

兼并和收购的差别是什么？**兼并**（merger）指两家公司组合成一家公司，情况就像是婚姻关系。**收购**（acquisition）是指一家公司买下另一家公司的所有权和债务，它更像是购买一个房子而不是进入婚姻。

公司兼并有三种主要形态：垂直兼并、横向兼并以及混合兼并。**垂直兼并**（vertical merger）是相关行业中产品处于不同阶段的两个企业的结合；想想一家自行车公司和一家生产自行车车轮的公司的兼并，不仅能确保自行车制造商所需的车轮供应，也能确保自行车公司产品的质量控制。

**横向兼并**（horizontal merger）指同一行业中两家相同层次的企业的结合，这可以实现多样化或扩展公司产品类型。横向兼并的一个例子是自行车公司和三轮车公司的合并，以供应各式不同的轮式产品。

**混合兼并**（conglomerate merger）指完全无关的产业中的公司的结合，主要目的在于将企业营运及投资多样化。软饮料公司与零食公司之间的合并，就是混合兼并的典型。图5.3说明了这三种不同的兼并方式。

相比兼并或者将公司出售给另一个公司，一些公司选择内部维持控制权，或者在某些情况下重新获得控制权。"将公司私有化"（taking a firm private）代表股东或管理层从其他股东手里取得公司的所有股票。汉堡王（Burger King）和金宝贝（Gymboree）都是公司私有化的例子。如果员工害怕自己会失业，或是管理者希望拥有公司，他们是否有机会获得公司所有权？是的，他们可以考虑杠杆收购。

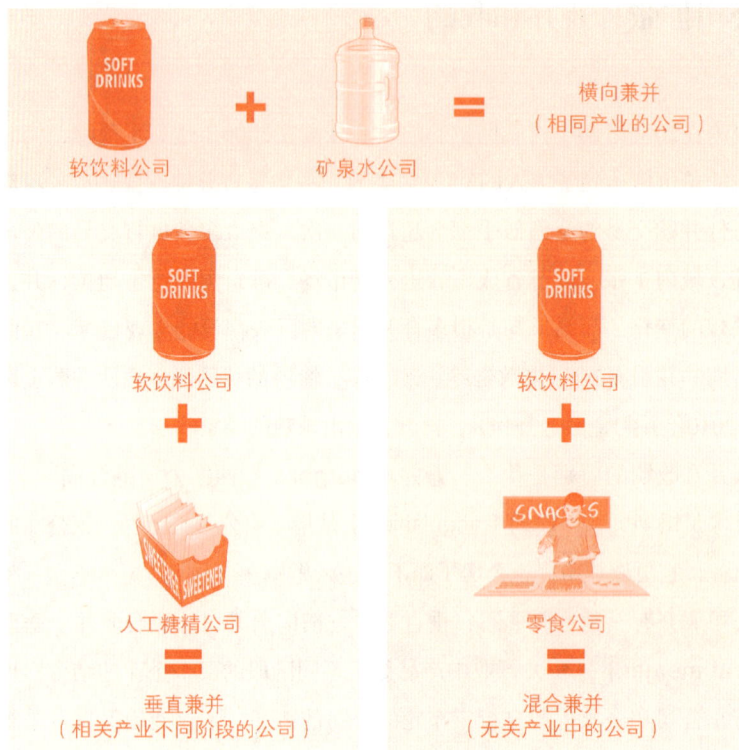

图 5.3　兼并的三种形态

**杠杆收购**（leveraged buyout, LBO）是一项可行策略，是指员工、管理层或者部分投资者主要通过借款来购买一个组织的行为。借来的资金用来买断公司的股份，而这些员工、管理者或投资者就成为公司所有者。杠杆收购的规模从5000万美元到310亿美元不等，而且各种企业都有，从小型家族企业到大型企业，例如赫兹租车公司（Hertz）、玩具反斗城（Toys "R" Us）与之前的雷若兹—纳贝斯克（R. J. R. Nabisco）烟草公司。

现在，企业并购不再局限于美国公司。外国企业发现最快的成长方式往往是购买一个现成的公司，以提高自己的技术水平，或增加所拥有的品牌数量。瑞士制药企业罗氏（Roche）公司用430亿美元收购了生物技术巨头基因泰克（Genentech），比利时的英博（InBev）公司用520亿美元购买了美国最大的啤酒制造商安海斯—布希（Anheuser-Busch）及其百威和百威淡啤两个品牌。第二大啤酒制造商米勒酿酒公司（Miller Brewing Company）被总部在伦敦的南非啤酒集团（SAB）公司收购。2010年，涌入美国市场的外国投资额超过了3000亿美元。

不过，这种方式不见得都受到欢迎。2005年，美国立法部门关注到美国加州联合油公司（Unocal）被中国的海洋石油公司（CNOOC）并购，可能会威胁到美国的经济和国家安全利益。最后，中国海洋石油公司决定撤回上述的并购案件。

## ◎ 特许经营

除了三种基本形态的企业所有权，我们还会讨论所有权的两种特殊形式：特许经营及合作社。让我们先来看看特许经营。**特许经营协定（franchise agreement）**是**特许经营商（franchisor）**对某一事业拥有良好创意，通过在特定区域内把使用企业名称的权利、出售某项产品或服务的权利即**特许经营权（franchise）**出售给**特许加盟商（franchisee）**的协议。

有些人不敢自行创业，他们宁愿通过特许经营协议，加入一个有规矩可以依循的企业。特许经营权可以以独资企业、合伙企业或是公司的形态成立。美国人口普查局估计，每十家美国企业中有一家是特许经营企业。一些知名的特许经营案例包括：麦当劳、捷飞络汽车服务公司（Jiffy Lube）、7-11便利店（7-Eleven）、窈窕者（Weight Watchers）和假日酒店。

根据国际特许经营协会的统计，美国有超过82.5万家特许经营企业，创造了大约1750万个工作岗位，并直接或间接为美国国内生产总值贡献了2.1万亿美元。最受欢迎的特许经营是餐厅（提供快餐和全方位服务）和经营便利店的加油站。麦当劳是美国最大的连锁快餐店，也被视为是加盟连锁的典范。零售店、金融服务、健身俱乐部、宾馆和汽车旅馆以及汽车配件和维修中心也是普遍的特许加盟业务。现在，快速增长的特许加盟行业是老人护理。事实上，《企业家》杂志2011年列出的100个增长最快的特许加盟业务就包括8个老人护理概念。目前，美国有大约4000万老年人，预计在下来的20年里这一数字会翻番，这是一个不

## 环保意识

### 打球也要环保

许多人认为，在各类的连锁店中，唯一可以消费的就是餐馆。然而，连锁经营已经不再局限于赛百味（Subway）和肯德基（KFC）这些快餐店了。宾馆、学校甚至美国橄榄球联盟（The National Football League）和职业棒球大联盟（Major League Baseball）都是连锁经营的。尽管这些体育连锁在为球迷展开竞争，美国橄榄球联盟和职业棒球大联盟还是就环保达成了共识。

华盛顿特区决定国家棒球队的新主场要成为第一个荣获能源与环境设计先锋奖（LEED）的体育场，该奖由美国绿色建筑委员会（USGBC）负责评定。当国家队在2008年启用这一场地时，球迷们可能不会注意到看台采用的钢铁有95%是回收再利用的，也不会注意到水流速度慢的洗手间会在每个赛季节省几百万加仑的水。他们还有可能不知道排水系统过滤掉了有机碎片，比如花生壳和热狗碎屑，也可能不知道该体育场的回收中心足够大，可以处理连续三个主场比赛期间收集到的可循环利用的玻璃、金属和塑料。这才只是开始。

当纽约大都会棒球队建造新主场时，他们与美国环境保护署（EPA）达成协议，利用最新环保技术和做法来建设新球场。当地环保局的局长夸耀说，为奖励其在花旗球场减少碳足迹和废物处理系统方面付出的努力，大都会棒球队理应获得环保MVP奖。纽约巨人队（New york Giants）和纽约喷气机队（New York Jets）也不甘落后，它们与美国环境保护署联手使新牧场体育场成为了全国最环保的体育场之一。我们打球吧！但我们也要环保！

资料来源：www.epa.gov, accessed April 2011; www.mlb.com, accessed April 2011; and www.nfl.com, accessed April 2011.

会消失的市场。

本章的"环保意识"专栏讨论了一个很多人认为不属于特许经营体系的行业。

## 优　点

特许经营已经进入了美国和全球企业生活的每个方面，提供可靠、方便和有价格竞争力的产品和服务。它显然存在一些优点：

**1. 管理与营销协助**。特许加盟商在事业上成功的机会较大，因为他们已经拥有了成熟的产品，可以获得选址和促销上的帮助，以及各阶段营运的协助。就像在你自己的店里雇用了可以随时协助你的全职顾问。特许经营商提供密集的训练，例如，麦当劳将所有新的特许加盟商的管理者送到美国伊利诺伊州橡树溪的汉堡包大学培训。

有些特许经营商为特许加盟商提供当地市场上的销售帮助，而不是让他们仅仅依赖全国性的广告来取得成功。此外，特许加盟商有众多的伙伴，面对相似的问题，因此能够分享经验。联合包裹服务（UPS）连锁店向4500个特许加盟商提供了软件以协助其建立客户姓名和住址等数据库，并提供一对一的电话支持，以及快速的电子邮件渠道。

**2. 个人所有权**。你所运营的特许经营店依然是属于你自己的店铺，享有任何独资者应该享有的激励和利润。你还是自己的老板，虽然比起你自己拥有私人店铺，你必须遵守更多的规则、规章和程序。

**3. 品牌全国知名**。开一家礼品店或冰淇淋店是一回事，开一家新的霍马克贺卡连锁（Hallmark store）或31冰淇淋（Baskin-Robbins）则又是另一回事。知名的特许经营店能让你立即获得产品认同与支持，而且拥有来自全球的客户。

**4. 财务建议与援助**。小企业主的两个主要困难就是如何融资以及学会记好账目。特许加盟商常常可以从这些领域的专家那里获得宝贵的协助及定期的建议。事实上，一些特许经营商会向他们认为有价值的潜在特许加盟商提供融资。例如，家政服务业的领先者快乐女佣（Merry Maid）会用加盟费提供最高达80%的融资援助，以促进特许加盟商的发展。

**5. 失败率较低**。根据经验，特许经营的失败率比起其他企业模式的几率要低。部分专家认为，独立企业的失败率是特许经营的8倍。然而，由于特许经营成长得如此快速，许多较脆弱的特许经营商也进入了该领域，因此你必须格外小心谨慎，并且明智地投资。

## 缺　点

特许经营的优点听起来无比诱人，但是在购买之前应该谨慎进行研究，包括通过现有的特许加盟商了解相关的规划事宜，并且尽量找律师及会计师商量。特许经营的缺点包括以下几项：

**1. 较高的启动成本**。多数特许经营都会对特许经营权收取费用。加盟权费用的高低差别非常大。例如，爵士健身操的特许经营费用从2000~3000美元不等；而如果你想要加盟脆邓肯甜甜圈（Dunkin Donuts）特许经营，除了准备一些生面团，你最好还要有更多的钱（约200万美元）。

**2. 分摊利润**。通常，特许经营商除了索取加盟费之外，还会要求分享较大比例的利润，或是根据销售额而非利润的百分比抽取佣金。特许经营商要求的比例一般被称为"特许权使用费"（royalty）。例如，如果特许经营商要求特许加盟商支付净销售额10%，那么特许加盟商收入的（在税收与其他支出之前）每1美元就有10美分需要支付给特许经营商。

**3. 管理规定**。管理"协助"很可能会变成管理命令、指挥和限制。受限于公司的规则和章程，特许加盟商可能会失去拥有自己的企业、当自己的老板的热情与激励。特许加盟商常常因为对特许经营商的不满而联合起来要求解决，而不再是单打独斗。例如，2010年，肯德基全国委员会和广告合作组织代表旗下所有美国特许加盟商起诉肯德基，以便取得其广告策略的控制权。肯德基所属的百胜餐饮集团（Yum Brands）决定发布一系列的广告，强调将业务重点由炸鸡转向烤鸡，特许加盟商对此非常愤怒。这一系列广告的核心标语"改变对肯德基的想法（Unthink KFC）"被认为正代表了顾客的想法。该季的销售额下跌7%，特许加盟商不得不扔掉多达50%的烤鸡供货。在另外一个案例中，汉堡王的特许经营商要对双层奶酪汉堡加价1美元，特许加盟商声称这减少了他们的收入，从而对特许经营商是否有权加价提起诉讼。

**4. 燕尾服效应**。如果其他特许加盟商失利，那么你的特许经营店将会如何？即使你的特许加盟商仍有利润，你也有可能被迫歇业，这就是通常所谓的"燕尾服效应"（coattail effect）。其他特许加盟商的行为显然会极大地影响你未来的成长及利润。此外，特许加盟商也必须小心来自其他特许加盟商的竞争，例如，当市场上充斥着21世纪初风靡一时的奶油多纳圈（Krespy Kreme）的特许加盟新店面时，消费者对其的喜爱就会大打折扣，产品在零售点的易得性造成了过度曝光。麦当劳和赛百味的特许加盟商就曾经抱怨，因为两者的持续增长方式，有些新开幕的店将旧店生意全都抢光，使这些特许加盟商的利润被压榨殆尽。

**5. 出售限制**。不像私营企业所有者可以开出自己的条件，将所属企业出售给其他想要的人，许多特许加盟商在出售其特许经营店时受到约束。为了控制特许加盟商的品质，特许经营商经常坚持拥有核准所有新进加盟者的权利，而新进加盟者必须符合其标准。

**6. 特许经营商的欺骗**。一般人可能以为多数特许经营商都是像麦当劳这样的大型企业，其实不然。许多特许经营商都是无名的小公司，而有意加入的特许加盟商可能对它们了解不多。多数特许经营商都很诚实，但是近来美国联邦贸易委员会（Federal Trade Commission）收到的关于特许经营商诈骗的申诉也越来越多。在加盟之前请务必对其有一个完整的了解，这样才能避免上当。俗话说："一分钱，一分货。"表5.5针对评估特许经营商提供了一些建议。

### 多样性

特许经营中的一个挥之不去的问题就是女性经营者的数量。尽管美国企业主中有一半是女性，且开业的速度是男性的两倍，但女性特许经营者只占到25%。有人认为这并不是由玻璃天花板，而是由绿色的天花板——资金的匮乏造成的。许多专家认为，我们需要用更多的机遇和融资机会来吸引受过教育的女性企业主。国际特许经营协会已努力吸引更多女性进入该领域。

已经有越来越多的女性获取了这个信息。事实上，女性不再只是特许加盟商，她们也成为了特许经营商。请回顾章首案例中玛丽·埃伦·希茨与"两个男人一辆卡车"的故事。当女性在扩展企业的过程中遇到融资困难时，她们通常会找特许加盟商规避扩充成本。例如，顶尖的特许经营事业安缇安（Auntie Anne's）、泰翁（Decorating Den）和爵士健身操就是由女性所拥有。

少数族裔开办的企业的成长率是全美平均值的6倍。少数族裔的特许经营商更注重发展少数族裔特许加盟商。少数族裔连锁加盟计划（MinorityFan）是国际特许经营协会发起的，旨在培养少数族裔社区内的特许经营意识。美国商务部联邦少数族裔企业发展局（U.S. Commerce Department Federal Minority Business Development Agency）则向胸怀大志的少数族裔企业主提供如何开展特许经营

**表 5.5　购买特许经营权**

　　因为购买特许经营权是一项大投资，在你加入之前，先确定调查清楚该公司的财务状况。也要小心诈骗行为，一种称为"落跑"（bust-outs）式的诈骗通常是外地的人租用新办公室、刊登广告，说服人们投资，然后拿着投资人的钱潜逃。举例来说，旧金山一家称为 T.B.S. 的公司出售在家艾滋病测试的经销权。该公司承诺将有庞大市场利益，200 美元以下的投资额就会有将近 3000 美元的利润。结果发现，该测试只不过是一份有关生活方式的邮寄问卷罢了。

　　要评估特许经营事业，《投资前先调查》（*Investigate before Investing*）手册是一份有用的资料，你可以向国际特许经营协会出版社索取。

**评估特许经营清单**

**特许经营权**

- 你的律师在仔细阅读完特许经营合约后，是否同意你签署？
- 该特许经营权是否在加盟期内给予你专属的地域？
- 在何种情况下，你可以终止特许经营合约或者要付出什么代价？
- 如果你卖掉你的特许经营权，你的商誉（事业的名声和其他非实体的价值）是否会得到补偿？
- 如果特许经营商卖掉该公司，你的投资会受到保护吗？

**特许经营商**

- 这家特许经营公司营运了几年？
- 它在与当地公司往来方面是否有诚实公平的名声？
- 特许经营商是否给你看过任何经过证实的数据，显示一家或多家你曾亲自造访过的特许加盟商的实际净利，而该数据和你与特许加盟商查对过的一样？向公司要公开财务报表来看。公司是否会在

以下各方面协助你？

- 管理训练方案？
- 员工训练方案？
- 公关方案？
- 资本？
- 贷款？
- 商品广告促销构想？

- 公司是否会协助你寻找开新店的好地点？
- 特许加盟商自己是否仔细对你做过调查，以确保你能够成功地经营它的加盟店，为他自己和为你带来利润？

**身为特许加盟商的你**

- 你将需要多少股本资本来购买特许经营权；运营多久你的收入和花费能够平衡？
- 特许经营商是否提供部分特许经营金的分期付款？条件是什么？
- 你准备好放弃一些行动独立自由，以确保特许经营所带来的一些优点吗？你的家人支持吗？
- 你对该行业感兴趣吗？你准备花上大部分甚至全部的事业生涯在该特许经营上，提供它的产品服务给大众吗？

**你的市场**

- 你是否研究过，在你所处的区域以商定好的价格来特许经营销售这种产品或服

务，是否有市场？

- 你所分配到该地区的人口在未来 5 年内是会成长、保持不变，还是减少？
- 你打算销售的产品或服务的需求在 5 年后和今日相比，是会增加、维持不变，还是减少？

- 你打算销售的产品或服务在你所在的地区是否已经有竞争对手存在？

资料来源：U.S. *Department of Commerce, Franchise Opportunities Handbook, and Rhonda Adams, "Franchising Is No Simple Endeavor," Gannett News Services,* March 14, 2002.

的培训。达美乐比萨饼（Domino's Pizza）发起了一个叫作"实现梦想"的少数族裔特许加盟商招募计划。该公司提供财务支持和融资伙伴来帮助特许加盟商"实现他们的梦想"。

目前，超过20%的特许经营店由非洲裔、拉丁美洲裔、亚裔和印第安人拥有。特许经营的机会似乎完全适合有抱负的少数族裔企业家。例如，朱尼奥·布里奇曼（Junior Bridgeman）在大学时是一个篮球明星，在NBA的密尔沃基雄鹿队和洛杉矶快船队也是球星。他将对球场的奉献转向致力于建立布里奇曼食品（Bridgeman Foods）有限公司。现在他的公司拥有几家温迪（Wendy's）连锁店，并且经营着162家温迪饭店。

### 居家特许经营

居家经营的企业显然存在许多优点，包括免除了上下班交通之苦、更多的时间处理家务事以及减少了企业一般性管理开支等。而缺点是孤立感。与居家企业家相比，居家特许加盟商孤立感较轻。有经验的特许经营商常常会与其他特许加盟商分享如何成立一家获利企业的经验。

居家特许经营小到5000美元就可以起步。今天，你可以成为一个清洁服务、税务申报、儿童护理、宠物护理或直邮服务等领域的特许加盟商。但是，不要以为在家工作很容易。当居家经营的特许加盟商拉尔夫·桑蒂斯特万（Ralph Santisteban）购买了航游一号（CruiseOne）特许经营权之后，他对这一挑战感到十分兴奋。但没有想到的是，每天他要投入12至14小时用于处理业务。在投资居家特许经营之前，自问以下问题会有帮助：你愿意长时间地工作吗？你能在一个孤独的环境中工作吗？你是否充满动力并且很有条理？你家有经营所需的空间吗？你家也是你工作的场所吗？仔细核查特许经营商也很重要。

## 电子商务的运用

互联网在很多方面改变了特许经营，许多实体店也将业务扩展到了网络，并创建了虚拟店面，为顾客提供增值服务。卡洛尔·舒茨（Carole Shutts）在伊利诺伊州的加利纳市拥有一家落基山巧克力工厂（Rocky Mountain Chocolate Factory）特许经营店，利用网络扩大了销售。不过许多特许经营商禁止特许加盟商建立网站，因为这会引发冲突。有时特许经营商会给那些因为不能建立网站而觉得自己的销售受到损害的分店所有者"反向的特许经营费"，但这并不总能解决问题。在购买特许经营权之前，最好详细阅读网络销售等相关细节。

今天，想做特许加盟商的人可以做出选择：是开一个网店，还是在住宅之外有个办公室或门店。做出何种选择常常由融资决定。传统的实体特许经营要求租赁房屋，并且常常要求支付高额的加盟费。像Printinginabox.com这样的网络特许经营不会预先收取加盟费，也不需要很多培训就可以开展业务。特许加盟商只需按月支付固定的费用。网络特许经营权也不会设定一个加盟商之间相互竞争的专属领域。网络特许加盟商其实是在与整个世界竞争。

## 科技的运用

特许经营商常常利用科技（包括社交媒体）扩大品牌影响力，以满足客户和特许加盟商的需求，甚至以此拓展业务。例如，阿肯色州小石城的糖花国际公司（Candy Bouquet International）提供特许经营权，销售的糖果要摆设得像花一样。特许加盟商要有实体店，以便向走进店的顾客进行服务，但它们也在公司的主网站上提供导购。所有的特许加盟商要通过电子邮件了解最新的公司新闻，并且通过聊天室互相探讨问题和产品创意。该公司发现互联网是发布信息的绝佳方式，为特许经营商的支持和特许加盟商的交流带来了革命。糖花国际计划在不久的将来开展国际业务。

一些特许经营商使用社交媒体来接触客户和现有的特许加盟商，并招募新

# 社交媒体的商业价值

## 在脸谱网上拓展特许经营业务

　　尽管社交媒体仍然是相对新兴的事物，但众多公司正利用它作为一种营销方式来接触客户，与客户进行交流，而有些企业却利用这一技术来吸引潜在投资者和特许加盟商的注意。

　　例如，2010年，冰淇淋制造商哈根达斯在脸谱网发布了一个游戏，叫作"冰淇淋老板"。该游戏模拟了哈根达斯商店的日常经营活动。而且，它每周会要求使用者对虚拟商店中发生的新故事或情境提供反馈。该公司最终希望已经迷上这个游戏的人再进一步，成为哈根达斯店的特许加盟商。虽然在写这些文字时还没有发现有"冰淇淋老板"玩家成为新投资者，但只有时间才能见证这一计划能否成功。

资料来源：Jason Ankeny, "Social Climbers", *Entrepreneur*, January 2011; and Lucy Fisher, "Fool's Gold?" *Marketing Week*, April 4, 2011.

---

的特许加盟商。参看"社交媒体的商业价值"专栏，了解一家企业利用脸谱网游戏吸引潜在特许加盟商的案例。

## 国际市场观点

　　特许经营如今也在全球展开。现在，美国的特许经营公司以欧元、人民币、比索、韩元、克朗、泰铢、日元和其他货币来计算利润。麦当劳在全球117个国家拥有超过13,500家分店，每天接待5000万名顾客。

　　由于地理邻近、语言相通，加拿大是最受美国特许经营商欢迎的目标市场。许多特许经营商现在发现进入中国、南非、菲律宾及中东其实也格外容易。不仅赛百味、万豪酒店这样的大特许经营商在主动推进，更新、更小的特许经营也在进行国际化。安缇安（Auntie Anne's）在印度尼西亚、马来西亚、菲律宾、新加坡、委内瑞拉及泰国等22个国家销售手工制椒盐卷饼。造熊车间（Build-A-Bear Workshops）在12个国家拥有63个特许加盟商，其中就包括南非和阿拉伯联合酋长国。2005年，29岁的马修·科林（Matthew Corrin）创办了Freshii。这是一家供应三明治、色拉和汤的饭馆，食物新鲜且价廉，且位于潮流地段。他已经在4个国家开设了45家店，并即将在印度开一家。

特许经营在国际市场上的成功秘诀和它在美国取得成功的秘诀相同：便利以及可以预知的服务和质量。不过，特许经营商在签署国际特许经营协议时必须谨慎，要提前做好功课。必须搞清这三个问题：你的知识产权会受到保护吗？你能给全球合作伙伴提供适当的支持吗？你能适应其他国家关于特许经营的法规吗？如果回答都是肯定的，那么，全球特许经营就会创造巨大的机会。同样重要的是，让产品和品牌名称适应不同的国家是一种挑战。在法国，人们会误以为一家名叫Dip'N Strip的家具拆卸店是一家脱衣舞酒吧。

就在麦当劳和赛百味把金色拱门和潜艇三明治出口到世界各地时，外国的特许经营企业把美国看作一个受欢迎的目标市场，如日本的公文式学习中心（Kumon Learning Centers）和加拿大的报税服务公司布洛克（H&R Block），布洛克甚至把总部设在了密苏里州的堪萨斯市。其他特许经营企业也正希望改变美国人的口味。越南企业家李归仁希望看到他的Pho 24河粉店成为美国一景，加拿大的优芙丝（Yogen Fruz）冻酸奶则希望我们吃到更健康的餐后甜食。

## ◎ 合作社

有些人不喜欢把所有者、管理者、员工和消费者分开，看成拥有不同目标的不同个体，于是他们成立一种不同的组织来满足自己对电力、儿童护理、住房、医疗保健、食物以及金融服务的需要。这样的组织被称为**合作社**（cooperative），指由有着相似需求、共享资源、共享收益的使用人（如生产者、消费者或员工）所共有与控制的企业。例如，在美国许多乡村地区，电力由合作社出售。一般来说，政府以比非联邦事业单位低40%~50%的售价向电力合作社批发电力。电力合作社目前为全美47个州4200万人提供电力，覆盖12%的人口。

目前美国大约有7.5万家合作社，服务世界上7.3亿人，其中1.2亿为美国人。成员推选董事会聘雇专业经理人，以民主的方式管理合作社。有些合作社要求成员或客户每个月在合作社中工作数小时，视为其主要职责之一。你家附近可能就有全美4000家食品合作社中的一家。若是，不妨与那些人闲聊一会，学习一下这种日趋流行的美国经济模式。如果你对合作社感兴趣，可以浏览美国国家合作企业协会网站（www.ncba.coop）。

在美国还有另一种合作社，组建的目的是为了加强成员整体的经济力量，最好的例子就是农场合作社。组建农场合作社最初旨在联合农场主以提高农产品价格，后来扩大到购买肥料、农耕设备、种子等产品。今天，这个产业的规模已达到上亿美元，拥有各种制造设施。农场合作社无须缴纳与公司一样的税赋，因此在市场上相当有利。

合作社仍然是当今美国农业的重要力量。有些顶尖的合作社早已家喻户晓，例如湖泊之洲饲料厂（Land O Lakes）、新奇士果汁（Sunkist）、优鲜沛果汁（Ocean Spray）、蓝宝石电源线（Blue Diamond）、美联社（Associated Press）、ACE五金制品（Ace Hardware）、货真价实五金零件（True Value Hardware）、威士兰食品（Riceland Foods）以及韦尔奇食品（Welch's）等。

## ◎ 你适合哪种企业所有权形式

你可以购买特许经营权以成为大企业的一部分。每种形态之间都各有利弊。在决定哪一种形态适合你之前，你需要谨慎地评估所有的选择。

自由企业的优势在于资本主义的自由与刺激，使得许多人可以接受风险，继续创造出美国的伟大企业。詹姆斯·凯希·佩尼（杰西潘尼）、史蒂夫·乔布斯（苹果计算机）、山姆·沃顿（沃尔玛）、李维·斯特劳斯（李维斯）、亨利·福特（福特汽车）、托马斯·爱迪生（通用电气）、比尔·盖茨（微软）等名人都是从小公司起家，累积资本、成长，最后成为产业领导者的。你是否也能办到呢？

# 总 结

**1. 比较独资企业的优缺点。**

· 独资企业的优缺点有哪些?

　　独资的优点包括: 容易开办或结束营业、自己当老板、作为所有者的骄傲、遗产的传承、公司利润的保留以及没有特别税赋。缺点包括: 无限责任、有限财务资源、管理困难、长时间投入、很少有其他福利、成长有限, 以及有限寿命。

**2. 描述普通合伙人与有限合伙人的区别, 并比较合伙企业的优缺点。**

· 什么是普通合伙制的三个关键要素?

　　普通合伙制的三个关键要素是: 共同所有权、分享利润和损失以及参与管理企业营运的权利。

· 普通合伙人与有限合伙人之间的主要区别是什么?

　　普通合伙人是有无限责任, 并且实际参与公司管理的所有者 (合伙人)。有限合伙人是具有有限责任, 但不实际参与公司管理的所有者 (合伙人)。

· 什么是无限责任?

　　无限责任表示独资与普通合伙人必须支付企业产生的所有债务及损失。他们可能必须卖掉自己的房子、车子或是其他个人资产来支付企业债务。

· 什么是有限责任?

　　有限责任表示企业所有者 (股东) 和有限合伙人只对投资额度内的债务负责, 其他的个人资产不会承担风险。

· 什么是业主有限合伙制企业?

　　业主有限合伙制企业是一种运作像公司, 但以合伙形态缴纳税收的合伙企业。

· 合伙企业的优缺点有哪些?

　　优点包括: 更多的资金资源、共同管理以及互补性技能和知识的整合, 存续时间较长以及没有特殊税赋。

　　缺点包括: 无限责任、利润的分配、合伙人之间的意见相左, 以及难以终止。

**3. 比较公司的优缺点, 并总结C公司、S公司和有限责任公司的区别。**

· 公司的定义是什么?

　　公司是被授权独立于所有者行动并拥有由政府许可的法律实体。

· 公司的优缺点为何?

　　优点包括: 有限责任、便于筹集资金、规模、永久的生命、容易变更所有权、容易吸引有天赋的员工, 以及所有权与管理层分开。

缺点包括：初始创业成本、文书工作、两份所得税申报表、规模、终结困难、双重征税以及可能与董事会产生冲突。

· 为什么人们要组成公司？

两个重要原因是：特别的税收优惠和有限责任。

· S公司的优点为何？

S公司的优点包括有限责任（和公司制一样）和更简单的税收（和合伙制一样）。要符合S公司的资格要求，股东人数不能超过100位；股东必须是个人或者产权，并且是美国公民或永久居民；只能有一种已发行的股票；被动性质的收入未超过总收入的25%。

· 有限责任公司的优点为何？

有限责任公司拥有有限责任的优点，却没有组建公司的束缚或是S公司的限制。有限责任公司可以选择像合伙企业一样或像公司一样缴税。

**4. 定义并举例说明三种公司兼并的类型，并解释杠杆收购的作用和公司私有化。**

· 什么是兼并？

兼并是两家公司组成一家公司。三种主要兼并方式包括垂直兼并、横向兼并以及混合兼并。

· 杠杆收购是什么？将公司私有化的意义又是什么？

杠杆收购是管理者与员工借钱将公司买下的行为。买下所有股票的单个人或一群人被认为对该公司进行了私有化。

**5. 描述特许经营的优缺点，并讨论特许经营中多元化的机会和国际特许经营的挑战。**

· 什么是特许经营？

使用某一企业名称并在某领域中销售其产品或服务的权利被称为特许经营权。

· 什么是特许加盟商？

特许加盟商是购买特许经营权的人。

· 特许加盟商的优缺点是什么？

优点包括：全国知名的品牌与声誉、既有的管理体系、促销协助，以及作为所有者的骄傲感。缺点包括：特许经营费高、管理规章、利润分享，以及其他特许加盟商失败时的连带拖累效应。

· 国际特许经营的主要挑战是什么？

在美国成功的构思或产品转移到其他文化并不一定表现得很好，适应当地文化特征非常重要。

**6. 解释合作社的作用。**

· 合作社的作用是什么？

合作社是由有着相似需求、共享资源、共享收益的使用人（如生产者、消费者或员工）所共有、使用与控制的企业。有些人组成合作社是为了加强成员整体的经济力量。小型企业经常通过组建合作社来提高采购、营销或产品开发的力量。

**批判性思考**

设想你正考虑开办自己的企业。

1. 你提供何种产品或服务？

2. 经营这个企业需要你具备什么才能或技能？

3. 你拥有开办企业所需的所有技能和资源吗？你需要找到一个或多个合作伙伴吗？如果需要，你的合作伙伴需要具备什么技能？

4. 你会选择何种企业所有制形式，是独资、合伙、C公司、S公司，还是有限责任公司？为什么？

6

# 企业家精神与创办小企业

## 学习目标

1. 解释人们愿意承担成为企业家的风险的原因；列出成功企业家的特点；描述创业团队、内部创业者和家庭企业、在线企业。

2. 讨论小企业对美国经济的重要性；简述小企业失败的主要原因。

3. 总结学习小企业的经营方法。

4. 分析创立和经营小企业需要具备的条件。

5. 概括小企业在全球市场中的优劣势。

## 人物侧写

### 认识杰斯　说唱歌手和美国洛卡公司的创立人

肖恩·卡特（Shawn Carter）又叫杰斯（Jay-Z），对于嘻哈迷来讲，并不陌生。他获得过10次格莱美奖，卖出的唱片超过4500万张，行销世界各地。在公告牌（Billboard）排行榜最畅销唱片方面，他仅次于甲壳虫乐队。虽然杰斯时不时地还发行唱片，但目前他更多地是考虑自己的企业，而不是说唱。理由也很充分：他的企业为他净赚4.5亿美元。

不过，杰斯并非是在一夜之间由说唱歌手变成媒体大亨。许多音乐人尝试将他们艺术上的成功转变成一个商业帝国，却以失败而告终，因为既缺乏知识，又不愿意适应新的体系。但是，杰斯利用其企业家的机敏，再加上对杰斯品牌的完全控制，成为世界上最富的音乐人之一。事实上，几年之内，杰斯的财富就超过了10亿美元，成为世界上最富有的人之一。

杰斯如此成功的原因部分在于他涉足商业音乐的时间几乎与说唱一样长。1996年，没有哪家唱片公司想与一个26岁、低调而且多半为纽约当地嘻哈舞台所熟悉的人签合约。出于需要，他和另外两人创办了Roc-A-Fella唱片公司。尽管创立自己的企业有风险，但这为他的事业和品牌都带来了丰厚的回报。因为他拥有自己的公司，这使得他对那些要削减成本的唱片公司更有吸引力，而这些公司想要回避传统的合同。最终，他与街头教父唱片公司（Def Jam Recordings）合资成立新公司，两家公司从《合理怀疑》（Reasonable Doubt）和《蓝图》（Blueprint）等唱片中赚到了数百万美元。

随着地位的提升，就像其他歌星一样，杰斯开始做代言。但与业内同行不一样，在控制每个广告创意的同时，杰斯认真地考虑要促销什么样的产品。例如，在惠普计算机的拍摄现场，杰斯扮演的角色是一位职业人士，统治着他的帝国，身穿时髦的西装，旁边摆着让他信赖的计算机。每个广告都突出了他的商业一面，慢慢地扭转了他在说唱期间形成的布鲁克林坏小子的形象，取而代之的是一个精明的商界人士。在杰斯担任街头教父唱片公司的首席执行官时，很少有人怀疑这个说唱歌手掌管一个大型公司的能力。

杰斯在品牌推广方面的专业技能也为他的服装生产线带来了好处。20世纪90年代后期，他注意到一个现象，当他在说唱中提到冰山牌服装时，它的销售量上升了。杰斯再次走上创业之路，创立了他自己的品牌洛卡薇尔（Rocawear）。服装系列迅速发展，2006年，杰斯以2.04亿美元将它卖给一家品牌授权经营公司。杰斯继续拥有洛卡薇尔的股份。

今天，杰斯企业的财产几乎多到无法计数。40/40夜总会国际连锁、新泽西网篮球队的部分股权和在锐步（Reebok）鞋的合作只是他广泛投资组合的一部分。目前，他最具雄心的商业冒险是做Roc Nation的首席执行官，这是一个与音乐会巨头Live Nation的合作计划。

杰斯曾经与国际级领袖人物一起对话，比如比尔·盖茨、沃伦·巴菲特和美国前总统比尔·克林顿，这足以显示他在商业上的成功。虽然他说唱歌手的名气帮助他创立了富有价值的品牌，但在其职业生涯中，若不能承受创业的风险，也就不会取得今天的成功。在本章你会读到这类冒险者的故事，说不定你自己也会受到激励，想成为一个创业者。

资料来源：Daniel Gross, "Jay-Z's $450 Million Business Empire", Yahoo Finance: *The Daily Ticker*, March 25, 2011; John Jurgensen, "The State of Jay-Z's Empire", *The Wall Street Journal*, October 29, 2010; Lisa Taddeo, "Jay-Z: It Takes a Harmless, Hand-Built Gangster to Run this Town", *Esquire*, February 2010.

## ◎ 创业者的时代

现在的年轻人大多认为，在大公司拥有一份超过30年的工作，已经显得不切实际。对那些想要掌握自己命运的人来说，在小公司工作或自行创立小公司是有意义的。**企业家精神（entrepreneurship）**指接受创业与经营企业的风险的精神，请认真学习本章并思索自己将来成为企业家的可能性。

## ◎ 美国企业家创造工作机会的能力

在最近发生的经济动荡之前，美国的一个重要问题就是如何创造更多的工作机会。当下失业率高企，创造工作岗位的重要性更突显出来。读过从前和现在那些伟大的美国企业家的故事之后，你能对企业家创造工作岗位的力量有一个基本概念。美国的历史也是企业家的历史，以下是几位协助创造了美国经济的企业家：

· 制造上千种产品，品牌包括特氟隆（Teflon）与莱卡（Lycra）的杜邦（Du Pont）公司是由法国移民艾伦尼·杜邦（Eleuthère Irénée du Pont de Nemours）于1802年创立的。当时是由18位股东提供了36,000美元的启动资金创业的。

· 1886年，大卫·麦克康奈尔（David McConnell）向朋友借了500美元创立了雅芳（Avon）公司。

· 1880年，乔治·伊士曼（George Eastman）投资3000美元创办了柯达胶卷。

· 1837年，宝洁公司由威廉·普罗克特（William Procter）与詹姆斯·甘布尔（James Gamble）以7000美元资金创立。

· 福特汽车由亨利·福特与11位同事创立，投资总额28,000美元。

· 亚马逊网络书店最初由杰夫·贝佐斯（Teff Bezos）家族及其朋友集资创立。贝佐斯父母投入30万美元，这笔金额占了他们退休金的大半，目前他们都已成为亿万富翁。

## 聚焦小企业

### 成功不在年龄

虽然财富是日积月累的，但并不意味着老年人就一定富裕。下面讲述几个年轻企业家的案例，他们在大学期间就找到了成功之路。

德里克·约翰逊（Derek Johnson）是在与几个大学朋友吃午饭时想到创意，开办了他的公司 Tatango。作为大学女生联谊会的通信主席，朋友抱怨说即使用脸谱网和电子邮件也不能快速完整地收到重要通知。约翰逊用了几个月的时间建立了群发短信业务，2010 年，实现销售收入超过 50 万美元。

彼得·芬德利（Peter Findley）在尝试了许多不同的专修科目之后，误打误撞地开始了他在大学的商业计划。一堂创业课使他获得了灵感，他开始为创办广阔校园（Giant Campus）撰写商业计划书。该公司组织初中和高中的孩子到大学校园参加夏令营，中学生们可以在那里学习网页设计等新媒体技术。在最初的思想火花出现五年之后，广阔校园发展到了世界各地的 70 多所大学。

萨姆·霍格（Sam Hogg）在圣诞节后的某天打开自己的钱包，凝视着他收到的塑料礼品卡。当对浪费塑料感到困扰的他了解到每年有 7500 万镑的礼品卡塑料最后成为填埋垃圾时，霍格震惊了。2008 年，他创办了 GiftZip.com 网站，这是一个电子礼品卡整合网站。目前有 275 家零售商在线开店，访问量比公司创立时增长了 2100%。

约翰·格斯查（John Goscha）在巴布森学院读大一时住在一个为学生创业者安排的宿舍里。他和朋友躲在房间里，很多夜晚面对着墙上贴满的纸张进行头脑风暴。突然，格斯查想知道有没有可能将他们的创意直接写在墙上。经过几年的开发，他最终发明了能将任何一堵墙变成一个可擦写字板的涂料。在朋友的帮助下，他于 2002 年创办了理想涂料公司（IdeaPaint），6 年之后，公司赢得了设计行业最大的展览——美国芝加哥国际办公家具及室内装潢展（NeoCon）的创新奖。

资料来源：Joel Holland, "What's Your Problem?" *Entrepreneur*, May 2010; Jason Daley, "A Charter for New Courses", *Entrepreneur*, April 2010; Ivy Hughes, "Guilt Free Gifting", *Entrepreneur*, April 2010; Kasey Wehrum, "30 Under 30: IdeaPaint", *Inc.*, October 1, 2009.

上述故事的情节有些雷同，就是一位或几位企业家拥有很好的构想，向朋友与家人借了一些钱，然后开始创业。这些事业目前都雇用了成千上万名员工，并且促进了国家繁荣。

当代美国也有很多企业家天才，包括苹果公司的斯蒂夫·乔布斯（Steve Jobs）、脸谱网的马克·扎克伯格（Mark Zuckerberg）、戴尔计算机的迈克·戴尔（Michael Dell）、微软的比尔·盖茨、星巴克的霍华德·舒尔茨、推特的杰克·多西（Jack Dorsey）以及YouTube的查德·赫利（Chad Hurley）与陈士骏。他们都与过去那些伟大企业家一样，成为家喻户晓的人物。"聚焦小企业"专栏提到了几位在学生时代就开始创业的年轻企业家。

## ◎ 人们为何接受创业的挑战

接受创业的挑战既可怕又刺激，一位企业家将它比喻成"蹦极跳"。你可能感到害怕，但假如你看到六个人都做了并且毫发无损，那么你就可能有勇气去尝试。以下是人们愿意冒风险创办企业的部分原因：

·机会。分享美国梦是一个巨大的诱惑。很多人，尤其是刚到美国的人，可能不具备在当今复杂的组织中工作所必需的技能。然而，他们却可能拥有成为企业家所必需的进取心和长时间工作的干劲。也有许多管理者离开安稳的工作（自愿离职或企业裁员），自行创业。此外还包括一些身心障碍者，比起受雇于人来创业为他们提供了更多的机会。

·利润。利润是另一项激励人们成为企业家的理由。美国最有钱的人是微软的创始人比尔·盖茨，他也是全世界最有钱的人之一。

·独立。许多企业家仅仅是不喜欢为他人工作。梅丽莎·哈维（Melissa Harvey）拥有一家名为威尔和罗斯（Will n'Roses）的公司，它的产品包括纯天然坚果和全谷物Kizo寿司卷。她说当企业家的最大好处之一是可以自由地做自己想做的事情："这关乎独立。你可以做你有动力做的事、能鼓舞你的事，而且没有人阻拦你。"

·挑战。有些人相信企业家是对刺激上瘾的人，他们通过冒险经营发展事业。企业家只接受适度的、计算过的风险，他们并不是在赌博。一般而言，与权力相比，企业家更追求成就。

### 成为企业家有何条件

你会是个成功的企业家吗？你可以学习经营公司所需的管理及领导技能，然而，你可能不具备笑对风险、激情满怀、视野开阔以及广聚贤能的个性。这些特质都是比学习或者培养学术技能要难不少的。审视一下自己，看看自己是否拥有下列企业家素质：

·自我引导。你必须完全乐在其中，虽然你是自己的老板但仍然要保持高度自律。你必须能够承受成功或失败。

·自我肯定。当众人都感到怀疑时，你必须坚持自己的想法，并且能够不断补充自己的热忱。当沃尔特·迪斯尼（Walt Disney）建议推出标准长度版动画电影《白雪公主》（Snow White）的时候，产业界无不捧腹大笑；但他个人的努力与热忱，让美洲银行愿意支持他，为他承担风险。后续情节就不必多说了。

·勇于行动。仅仅是拥有伟大的商业构想是不够的，更重要的是将强烈的梦想和愿望付诸行动，变成现实。

·精力旺盛。这是你自己的事业，你必须在感情、精神和体力上长期投入、努力工作。员工拥有周末和假期，企业家则经常一周上7天班，长年无法休假。一天工作18个小时可能让你厌倦，但大多数企业家认为这总比为别人每天长时间工作要来得好。

·忍受不确定性。成功企业家只承担那些可以预测的风险（倘若可能）。不管怎么说，摆在企业家面前的风险是必然存在的。记住，企业家精神对于那些容易被吓到或者事事追求稳妥的人，都不适合。你不能害怕失败。许多知名的企业家在取得成功之前都经历过失败。已去世的足球教练文斯·隆巴迪（Vince Lombardi）是这样总结创业理念的：“本赛季我们没有输球，只是有两次我们时间不够了。”在成功之前，新的创业者必须做好有几次时间不够用的准备。

### 把热情和问题变成机遇

拉塞尔·西蒙斯（Russell Simmons），一个纽约皇后区的年轻人，将他对嘻哈文化的热爱转化为街头教父唱片公司。今天，这个价值数百万美元的帝国还包括火辣农场（Phat Farm）品牌服装和拉什管理公司（Rush Management）。西蒙斯倾其时间、金钱和精力将爱好变成了一个可持续发展的企业。

尽管许多企业家都是从爱好中得到灵感而创业，也有许多人是在遭遇的困难中看到了商机。例如，安妮塔·罗迪克（Anita Roddick）创办的美体小铺（The Body Shop）将瓶瓶罐罐循环利用，因为在购买化妆品时她讨厌为昂贵的包装花钱。

大多数企业家不是从一闪而过的灵感中捕捉到产品或服务构想的。创新的来源更像是一个手电筒。设想一个在黑暗中行走的搜救队，他们要打着手电筒四处查看，提出问题，扩大搜寻范围。"大多数创新就是这么产生的，"商业作家戴尔·道廷（Dale Dauten）说，"四处打电话，问问题，说'如果……将会怎样？'直到你的舌头起泡。"

为了检视问题和（或）爱好，并从中看到机会，请自问以下问题：什么是我想过但没能发现的东西？什么产品或服务会改善我的生活？什么产品或服务令我不满或对我有帮助呢？

然而，要记住的是，并不是所有的需求都是机会。如果你的创意不能满足其他人的需求，企业也不会成功。在下述情况下，你会获得一个好商机：

·它能满足客户需求。

·你拥有创立企业所需的技能和资源。

·你能按照一个顾客有意愿并有能力支付的价格来出售产品或服务，并且盈利。

·在机会溜走（竞争对手用同样的方案在市场上打败你）之前，你能将你的产品或服务带给顾客。

·你可以将企业运转下去。

如果你认为自己具备成为创业者的素质，请完成下面的创业适合程度调查表。

## 创业团队

**创业团队**（entrepreneurial team）是一群来自不同商业领域的创业者，聚集在一起组成一个管理小组，拥有研发、制造及销售新产品所需的技能和经验。团队形式可能比创业者单打独斗要好，因为团队成员从一开始就整合了生产和

# 创业准备自我检视问卷

每一个问项描述某件事情，请就感觉符不符合你的个性或特质来回答。读完题目之后，请依你同意或不同意的程度圈选（1、2、3、4 或 5）。

**计分：**

问题 1、2、6、8、10、11、16、17、21、22、23 圈选 1 或 2：得 1 分；

问题 3、4、5、7、9、12、13、14、15、18、19、20、24、25 圈选 4 或 5：得 1 分。

**加总分数，看看你归属于哪一类：**

21~25 分　如有适当机会能充分运用，你的创业潜力十足。还等什么呢？

16~20 分　如果其他才能与资源能配合，你有很高的创业能力，可能会相当成功。

11~15 分　你的创业指数属于中等。要自行创业，可能还要许多准备工作来培养所需能力。

6~10 分　你成为创业家的可能性很低。可能需要大幅地调整你的人生哲学与行为才有可能。

0~5 分　面对事实吧！创业真的不适合你，然而，学习创业对你不会有任何损失。

| 审视我一贯的人生哲学与行为，我认为…… | 完全同意（1） | 大部分同意（2） | 部分同意（3） | 大部分不同意（4） | 完全不同意（5） |
|---|---|---|---|---|---|
| 1. 大抵而言，我很乐观。 | 1 | 2 | 3 | 4 | 5 |
| 2. 我喜欢竞争，而且事情做得比别人好。 | 1 | 2 | 3 | 4 | 5 |
| 3. 解决问题的时候，我会先选择最佳解决方案，而不考虑其他可能方案。 | 1 | 2 | 3 | 4 | 5 |
| 4. 下班后，我喜欢和同事在一起。 | 1 | 2 | 3 | 4 | 5 |
| 5. 赌马的时候，我宁愿押注在奖金高，但是不被看好的马。 | 1 | 2 | 3 | 4 | 5 |
| 6. 我喜欢设定自己的目标，并努力工作来达成。 | 1 | 2 | 3 | 4 | 5 |
| 7. 我常常很轻松自在，而且很容易和他人相处。 | 1 | 2 | 3 | 4 | 5 |
| 8. 我想了解现况，并且采取行动来探索。 | 1 | 2 | 3 | 4 | 5 |
| 9. 当有人引导、指导时，我能做得最好。 | 1 | 2 | 3 | 4 | 5 |
| 10. 当我是对的时候，我可以说服他人。 | 1 | 2 | 3 | 4 | 5 |
| 11. 我发现其他人常常浪费我的宝贵时间。 | 1 | 2 | 3 | 4 | 5 |
| 12. 我喜欢观看足球、棒球和类似的运动。 | 1 | 2 | 3 | 4 | 5 |
| 13. 我喜欢和他人很开放地讨论关于自己的事。 | 1 | 2 | 3 | 4 | 5 |
| 14. 我不在意服从拥有正当职权的主管的命令。 | 1 | 2 | 3 | 4 | 5 |
| 15. 比起"执行"计划，我较喜欢"规划"事情。 | 1 | 2 | 3 | 4 | 5 |
| 16. 我不认为在确定的事情上打赌会有趣。 | 1 | 2 | 3 | 4 | 5 |
| 17. 面对失败，与其自责难过，我宁可很快地把注意力转换到其他事物上。 | 1 | 2 | 3 | 4 | 5 |
| 18. 为家庭保留足够的时间，是事业成功的一部分。 | 1 | 2 | 3 | 4 | 5 |
| 19. 当我赚到一点钱，我认为将其安全地安置是很重要的。 | 1 | 2 | 3 | 4 | 5 |
| 20. 赚大钱主要是靠好运气。 | 1 | 2 | 3 | 4 | 5 |
| 21. 考虑各种可行或替代方案后，解决问题也会较有效果。 | 1 | 2 | 3 | 4 | 5 |
| 22. 我喜欢以我有把握能做得到的事来加深别人对我的印象。 | 1 | 2 | 3 | 4 | 5 |
| 23. 我喜欢和技巧比我稍强一点的人一起运动（像网球和手球）。 | 1 | 2 | 3 | 4 | 5 |
| 24. 有时候，道德伦理必须为商业交易让步妥协。 | 1 | 2 | 3 | 4 | 5 |
| 25. 我认为在组织里，好朋友可以成为最好的部属。 | 1 | 2 | 3 | 4 | 5 |

资料来源：Kenneth R. Van Voorhis, *Entrepreneurship and Small Business Management* (New York: Allyn & Bacon, 1980).

销售等各方面的创意技能，团队也可确保各项功能之间更紧密的合作及协调。

尽管乔布斯是位充满魅力与远见、家喻户晓的英雄人物，然而发明第一部个人计算机模型的人是斯蒂卡·沃兹尼亚克（Steve Wozniack），而麦克·马库拉（Mike Markkula）则负责贡献商业化知识并引进创业资金。苹果计算机早期成功的关键在于这群创业家组成的"菁英团队"。这个团队营造出了一种令员工感到自己是在参与一项成功的冒险的氛围，并意欲将这种氛围与大公司的纪律结合起来。这三位创始人雇用有相同理念、经验丰富的经理人来一起构想、开发和营销新产品。

### 小企业创业者和以家庭为基础的企业

并非每位企业家都有把自己开创的公司发展成大企业的目标，有些人仅仅是在享受一个平衡工作与生活方式的过程。这类企业主称为**小企业创业者**（microfreneurs）。当其他企业家致力寻求企业成长时，小企业创业者即使知道自己的公司永远无法荣登企业排行榜，也依然会感到满意。

许多小企业创业者都是以家庭为基础的企业主，在美国超过半数的小企业是以家庭为基础。小企业创业者包括咨询师、电影制作人、建筑师、会计师等。事实上，许多拥有如平面设计、写作和翻译等专业技能的人通过网站经营自由业务。例如Elance（www.elance.com）和oDesk（www.odesk.com），把客户与自由职业者联系在一起。这些网站发布工作机会和客户反馈，并为客户的支付提供安全中介担保。

许多家庭企业都是由那些试图把事业与家庭结合在一起的人所拥有，但不要错误地认为家庭工作者就是那些在照料小孩的女性，事实上将近60%的家庭工作者是男性。这里列出了家庭企业的增长的其他原因：

·电脑技术使得领域内的竞争变得平等，让家庭企业看起来像他们的大公司竞争者一样，行动起来也一样。今天，宽带网络、智能手机（如黑莓和苹果手机）及其他技术是如此的便宜，建立企业所需的投资比以前要少得多。

·企业裁员让员工只有自己创业。与此同时，大公司里被裁掉的雇员的工作还需要有人来做，于是这些公司把这类工作外包给小企业。

·社会态度已经改变。过去，人们会询问家庭企业家何时去找一份"真正的"工作，而现在人们则常常向他们请教经营家庭企业的经验。

·新税法放松了关于家庭办公税收扣除额的限制。

当然，在家工作也有其挑战，如下所述：

·寻找新客户。让人了解你在营业可能有些困难，因为你没有招牌或店面。

·管理时间。当然，你能省下交通时间，但若要妥善地运用这些多余时间需要自律。

·分开工作与家事。通常，把工作和家事分开是困难的。如果能够在工作到一半时把一篮脏衣服扔进洗衣机去洗当然棒极了，不过你必须将这些让你分心的事保持在最低限度。如果办公室就在家里，要丢下办公室里的工作也很困难。

·遵守政府法令。政府法令会限制家庭企业在社区的特定区域允许开设的公司类别，以及这些企业对邻里所带来的交通问题的程度。

·管理风险。家庭企业家必须检查房屋所有者的保险政策，因为并不是所有政策都担保企业的相关索赔。一些保险政策甚至拒绝考虑家里有企业的理赔情况。

以家庭为基础的企业家应该想办法去寻找机会而不是安于现状，寻求结果而不是循规蹈矩，谋取利润而不是死守薪资，尝试新想法而不是逃避错误，以

**表 6.1　潜在的以家庭为基础的事业**

许多事业都可以在家进行。以下就是十项低创业成本、不需要大量行政工作，而且高需求、容易销售的事业：

| | |
|---|---|
| 1. 清洁服务。 | 6. 家教。 |
| 2. 礼品篮事业。 | 7. 简历服务。 |
| 3. 网络商人。 | 8. 网络设计。 |
| 4. 邮购服务。 | 9. 医疗索赔协助。 |
| 5. 微型农业（小块农地种植高价农作物，例如蘑菇、食用花或豆苗）。 | 10. 个人教练 |

寻找符合以下重要标准的事业：(1) 该工作你是否真的喜欢；(2) 你对该工作有足够的了解并且能够做好，或是愿意投入时间边工作边学习；(3) 你可以为自己的产品或服务找到市场。

资料来源：www.entrepreneur.com, May 15, 2006.

及创造长期愿景而不是追求短期报酬。表6.1列出了对可能成功的家庭企业的10个想法，表6.2中则强调了避免家庭企业骗局的线索。你可以在《企业家》（*Entrepreneur*）杂志的网站（www.entrepreneur.com）上找到许多有关开办家庭企业的信息。

## 以网络为基础的企业

网络催生了很多的网上小企业，所销售的产品应有尽有，从订书机到冰箱磁铁、结婚礼服等不一而足。2010年，全美网络销售金额达到了1729亿美元，接近全部零售额的7%。网络销售额在2010年增长了11%，与此相比，全部零售额只增长了2.5%。佛雷斯特研究公司（Forrester Research）预测网络销售额在2014年将达2500亿美元。

以网络为基础的企业不能只是卖给顾客能在当地商店里轻易买到的商品，它们必须能提供独特的商品或服务。例如，马克·雷斯尼克（Marc Resnik）在

**表 6.2　小心诈骗**

你或许在报纸或杂志中见过许多广告，推介以家庭为基础的事业。你甚至可能收过陌生人发来的电子邮件，宣传某项在家工作机会的优点。小心在家工作的诈骗事件！这里列举一些值得留意的在家工作机会的骗局：

1. 该广告承诺你能在家工作一周，赚取上百甚至上千美元。

2. 无需经验。

3. 一周只需工作几个小时。

4. 信中有很多"大写字体"及惊叹号。

5. 你需要先拨打特定号码以取得更多信息。

6. 你必须先行汇款，然后收到一张在家工作机会的名单。

7. 你必须"现在"就做决定！

投资一项事业之前先调查研究一番，拨电话过去要求参考咨询。联络美国优良企业局（Better Business Bureau, www.bbb.org）、县或州政府消费者事务部门，以及州务卿办公室。在网络上搜索，在聊天室、Usenet 讨论群组或是留言板上公开征询，了解是否有人与该公司交涉过。上一些诸如 www.friendsinbusiness.com 之类的网站，寻找一些对特定网络诈骗提供的建议事项。最重要的是，除非你与律师谈过，否则不要投入大笔经费在单一企业上。

某天早晨醒来后，对自己的商业创意笑了笑后，创办了他的网络分销公司。现在，ThrowThings.com为他带来了财富，他已经为超过44个国家发送过货品。尽管该公司提供的货物似乎是随机选出且毫不相干的，但它所销售的所有东西都是能被扔掉的。你可以在"扔掉你的名字！"区购买促销商品，在"扔掉你的声音！"区购买腹语木偶，在"可以扔的东西！"区购买体育用品。不常见的产品包括假的呕吐物（呕吐！）以及售价3.5美元的证明你浪费了时间的证书（扔掉你的钱！）。这样的证书卖得并不多，但雷斯尼克在美国卖出的木偶比任何人都多。公司收入的2/3来自于促销产品区，这里允许消费者为几千件商品加上徽标。为什么雷斯尼克的业务如此成功？正如一位常客说的那样，是因为雷斯尼克的特别服务和快速的周转。

开办网络企业最简便的方式之一就是借助联盟营销。**联盟营销**（affiliate marketing）是一种基于互联网的营销策略，即企业奖励那些为其网站带来访客的个人或企业（分店）。例如，设想你在网上发现了一个双肩背包，它由极轻且结实的纤维制成，日常生活所需的所有物品都可以装进去，美观且便于携带。为了告诉自己所有的朋友，你在卖家的网站上注册了一个分店，并在自己的脸谱网页设置一个应用图标，将你的网页与卖家网站连接起来。每当有人点击这个图标（一个产品图片），并且购买一个双肩背包，卖家就会支付给你一笔佣金。

如果你能从单个双肩背包的销售中赚到一小笔佣金，你就可以设想开一家网店，出售许多自己喜欢的商品。社交商务服务的出现，比如柠檬汽水公司的柠檬小摊（Lemonade Inc.'s Lemonade Stand, www.lemonade.com），使得开办这样一个网店变得更加容易。一旦成为合作伙伴，在线零售商一般会为柠檬小摊提供产品的信息和图片。柠檬小摊随后将这些信息发布在它的网站上，以便用户可以选择在自己的网站、脸谱主页或博客中展示哪种产品的图标。这些用户会因为图标链接产生的销售而得到佣金。使用柠檬小摊这样的社交商务服务会为用户省去注册多家分店的时间。这样的服务使得互联网用户变成电子零售商的P2P分店，并从中赚钱。

开办网络企业并不总能迅速成功，它也可能是失败的捷径。数以千计野心勃勃的网络公司在承诺彻底改革我们的购物方式后就破产了。这是一个坏消息。好消息是，你可以从别人的失败中汲取教训，让自己免于失败。

### 内部创业者

在大型组织中，企业家精神经常被反映在内部创业者的努力与成就上。**内部创业者**（intrapreneurs）是在公司内部像企业家一样工作、富于创新的人。创新就是利用公司的现有资源——人力、财务及企业实体——推出新产品并赚取更多利润。3M公司的产品范围很广，从透明胶带到工业用的无纺材料，公司要求经理们每天必须投入15%的时间来构思新产品或服务。你知道那些色彩斑斓的记事贴吗？它们就是由3M的员工阿特·弗里（Art Fry）研发出来的。当时，他需要给赞美诗集的页码做标签，是否有一种不损坏书籍又不掉下来的方式呢？他提出了能自行粘贴并且摘下来后能重新使用的纸片的概念。3M实验室很快地生产出了样本，但是经销商认为该产品并不重要，而且市场调查结果也不确定。尽管如此，3M公司依然坚持将样品寄送给高层主管秘书。最后，在公司推动营销活动之后，订单开始涌入，记事贴更成了大赢家。该公司持续改进产品，包括利用再生纸制造便条纸等诸多创新。记事贴也进入了国际市场——销至日本的便条纸是窄长型，旨在适应当地的纵向书写方式。现在，你甚至可以使用电子记事贴——这是一款计算机软件。记事贴软件让你可以把信息输入到色彩明亮的电子标注上，然后保存在备忘录板上、嵌入文档中，或是通过电子邮件发送出去。

内部创业者经营的最佳典范非洛克希德·马丁公司（Lockheed Martin）的缩微工厂（Skunkworks）莫属。缩微工厂属于高度机密的研发中心，曾经研发出诸如1943年的美国第一架喷气式战斗机以及1991年的隐形战斗机之类的具有里程碑意义的产品。

### 孵化基地鼓励创业——政府能够做什么

1990年美国国会通过的移民法案中的部分条款鼓励企业家到美国经营投资。根据该法案，美国政府发放"投资签证"（investor visas）项目，每年允许1万个投资100万美元或提供10个工作岗位的企业家移民美国。有些人认为应该增加投资移民者人数，他们相信如果有更多的企业家被吸引到美国来，就会增加更多的工作机会，而经济也会有更高的增长。

鼓励人们成为企业家的另一个方法是建立**企业特区**（enterprise zone）。企业特区是政府通过提供比较低的税收和其他政府支持来吸引私有企业投资的特殊地理区域，也常被称作授权区（empowerment zone）或企业社区（enterprise community）。政府可以为企业家精神带来极大的影响力，并提供相关的投资、税额及信用服务。对于创造了工作岗位的企业，政府通过税收减免鼓励企业家的积极性。

通过创造直接投资新企业的项目，各州政府逐渐成为企业家的强力支持者。州政府商务部经常在类似的投资计划中，扮演票据交换所的角色。各州政府还设立了孵化基地及科技中心来减少创业资本需求。**孵化基地**（incubator）是向新企业提供拥有会计、法律咨询及秘书协助等基本企业服务的低成本办公中心。孵化基地在企业发展初期的关键阶段提供支持，帮助企业生存下来。美国企业孵化基地协会（NBIA）最近的研究报告指出，87%的孵化基地仍然在运营中。若想要了解孵化基地提供哪些服务，以及搜寻当地的孵化基地信息，你可以访问NBIA网站www.nbia.org。

美国有几个州向符合创业援助计划（SEA）要求的申请者提供援助。该计划允许参与者在创办企业期间领取失业救济。参与者也常得到培训和咨询服务。失业救济看上去似乎不多，但许多企业主说这笔钱足以帮助他们创办公司而不必为支付生活开支耗尽积蓄，直至企业发展到足以支撑生活为止。2007年，在罗斯·里奥斯（Rose Rios）被辞退，失去市场调查的工作之后，她加入了新泽西州的创业援助计划。在开办一家医学交流和市场调查公司时，她领取了大约450美元的救济金。之后，她的收入超过了250万美元，并且雇用了三位全职员工和几位自由职业者。

政府也可以联合私人企业来鼓励创业。例如，由白宫发起的"创业美国"活动，就是为了"表扬、激励和促进全国高增长性的创业"。经过政府和个人的努力，它聚集了全国最具创新精神的企业、协会、大学、基金和其他领导人，与联邦政府的机构一起努力，增加美国创业者的数量，并帮助他们成功。核心目标之一是让更多的美国人不仅有能力找到工作，而且有能力创造就业岗位。在www.startupamericapartnership.org可以看到更多由"创业美国"提供的资料。

## ◎ 准备创办小企业

假设你拥有一个绝佳的创业点子，你有企业家的特质，并且已经准备全心投入经营自己的事业，那么你将如何开办一家企业呢？会涉及多少文书工作？本章后半段将对此进行讨论。

要了解一家小型的社区企业比大型全球企业还要容易，不过这两种企业的管理基本原则其实是相通的。慈善机构、政府机关、教会、学校和协会的管理原则很大程度上也与大小企业的管理是一样的。因此，学习小企业管理，你会进一步理解一般意义上的管理。所有的组织都需要资本、好的构思、计划、信息管理、预算（以及一般财务管理）、会计、营销、良好的员工关系和全面的管理技巧。在本书后续章节，我们将深入探讨这些议题，以及这些概念如何应用于大型企业甚至全球性组织之中。

### 小企业对大企业

小企业管理局（SBA）将**小企业（small business）**定义为独立拥有和运营、在运营领域内不占领导地位，并在员工人数或年收入上达到某种特定标准（例如，服务业为每年收入不超过200万美元）的企业。小企业之所以被认为"小"，仅仅是相对于其所在产业而言。一家批发商可能销售额达到2,200万美元，但是依然被小企业管理局认定是小企业。在制造业中，一家工厂可以有1,500位员工，但依然被认为是小企业。让我们检视一些关于小企业的有趣统计资料。

· 在美国大约有2,780万家小企业。

· 美国所有非农业企业中的近97%根据小企业管理局的标准被认为是小企业。

· 小企业占了国内生产总值的50%以上。

· 每年大约有60万个交税且有雇员的企业在创办。

· 在美国，小企业创造了60%~80%的新工作岗位。

· 在小企业中工作的美国员工数量占私营部门雇员的一半。

· 大约80%的美国人在小企业找到他们的第一份工作。

由此可见，小企业的确是美国经济中的重要一环。这一环究竟有多大？接下来我们将讨论这个问题。

## 小企业的重要性

既然全美60%~80%的新工作产生于小企业，因此某一天你也很有可能会进入小企业工作，或是成立一家小企业。除了提供就业机会，小企业相信它们能够提供大企业所无法提供的事物。小企业主表示，他们最大的优势就是能提供更加个性化的服务以及快速的反应。

大不一定就好。想象地上有一个洞，如果你用大石头来装满它，石头之间会有许多缝隙；然而，如果你用沙子来装满它，颗粒之间就不会有空间。商业就是如此，大企业无法满足市场上的所有需求，小企业有很多空间来填补这些空隙并赚取利基。

## 小企业的成败

在企业经营上你不能过于天真无知，否则你会破产。关于每年有多少新的小企业失败是一个有争议的话题。传统的经验是三分之一的小企业会在5年内失败。然而根据经济学家布鲁斯·基尔霍夫（Bruce Kirchhoff）的研究，只有18%会在前8年里失败。基尔霍夫认为，其他统计结果中的失败率偏高都源于对邓百氏（Dun & Bradstreet）商情公司统计数据的误读。当小企业所有者离开原来的企业创建新企业时，被统计在"企业失败"类别中，而这显然不是实情。类似地，当企业的所有者形式转换（比如从合伙企业转换为公司）时，单独所有者的退休也被计入失败行列。因此，实际上企业失败率应比传统报告的数据要低得多。

表6.3列出了小企业失败的原因，其中包括管理能力的缺失与财务规划不足。所有者从创业失败中吸取经验更重要。一些经历过挫折的企业家会变得比初出茅庐时更现实。他们正是因为学到了教训，才可能在未来的尝试中成功。

选对企业经营的方向非常重要。许多低失败率的企业在起步时，都要求拥有专业培训——兽医、牙医，以及医疗服务等。培训学位或许可以取得稳定性，但却不见得会带来成长。如果你想要拥有独立性并且致富，就必须追求成长。

**表6.3　小企业失败的原因**

小企业在以下情况下比较容易失败：

- 未能以小规模先行尝试，就一头栽进去。
- 产品或服务的标价过低或过高。
- 低估建立市场所需的时间。
- 创业时的资本太少。
- 经验太少或没有经验，也未事先学习了解该产业或市场。
- 融资时未能计划该如何及何时还款。
- 试图以少量资本从事大型事业。
- 没有生意衰落和意外支出的空间。
- 借款的方式，购买过多。

- 信用展延太过自由。
- 信用扩充太快。
- 没有完整、精确的记录，致使企业主陷入困境而不自知。
- 将个人的奢华习惯带入企业。
- 未能了解企业循环。
- 忘记经商所需负担的税务、保险及其他成本。
- 误将自行创业的自由，视同看心情决定是否工作的自由。

**表6.4　小企业成功的原因**

小企业在以下情况下比较容易成功：

- 客户需要高度个人关切，例如美容院。
- 产品不易使用大量生产技术制造（例如，定制化服饰或定制车体生产）。
- 销售量不足以吸引大企业（例如，新奇用品店）。
- 所在地点不具有吸引力，例如犯罪率高或贫穷的地区，为小杂货店和洗衣店提供了独特的机会。
- 大企业销售特许经营权给当地买主（别忘了特许经营是进入小企业世界的好方法）。
- 企业主留意新竞争对手的出现。
- 该企业属于朝阳产业（例如，计算机服务或网页设计）。

具有最高成长机会的事业是制造业，但要在这些事业中创业并不容易，而且要维持经营就更难了。

最容易创业的事业似乎也是增长最慢且失败率最高的（例如餐饮业）；最容易持续经营的事业是最难创业的（例如，制造业）；可以让人致富的事业，则难以创业并且难以维持经营（例如，汽车装配业）。表6.4能让你了解那些最有可能引导企业成功的情况。

当你决定开始自己创业时，必须仔细思考所选择的企业类型。你不可能在一项事业中找到想要的一切——容易创业、完善保障和高额回报。选择你最重视的特点，接受无法十全十美的事实；计划、计划、再计划，然后放手去做！

## ◎ 学习小企业的运作

数以百计的未来企业家都问过类似的问题："我该如何学习经营自己的事业？"以下是一些有关学习运作小企业的建议。

### 向他人学习

对小企业知识的积累可以从当地社区大学的企业管理课程开始。全美各类进修学院中有数千个企业家精神方面的课程。这些课程的一项优点就是，它们将来自不同背景的企业家聚集在一起。而学习如何经营小企业的一个好方法就是与有此经验的经营者交谈。他们会告诉你选址是至关重要的，他们会警告你资本不能过少——也就是如果没有足够资金不要尝试，他们会提醒你如何寻找并留住优秀员工等问题。最重要的是，他们会告诉你如何做好会计记录，以及在创业之前找好会计师与律师。这些免费建议是非常宝贵的。

### 获取经验

要学习小企业的管理，最好的方法就是成为实习生，或是为一位成功的企业家工作。许多小企业老板都是从以前的工作中获得经营自己企业的想法。经验法则是：拥有在类似公司里三年的工作经验。

早在1818年，科流斯·范德比尔特（Cornelius Vanderbilt）为了学习新的蒸汽机技术，卖掉了自己的帆船到一家蒸汽船公司上班。学到了所需知识之后，他毅然辞职，开办了自己的汽船公司，成为了美国第一位亿万富翁。

在工作之余或周末兼职经营一个小企业，能让你在拥有正常收入的同时也享受为自己工作的回报。一边为他人工作一边学习经商之道可以为你省钱，因

# 道德抉择

## 弃船还是随船沉没

假定你在某公司已经工作了两年，而且你看到企业开始出现不稳定的迹象。你和一位同事对如何让一个公司像你老板的公司那样成功有自己的想法。但你和朋友并没有把你们的想法告诉老板，而是考虑辞职，一起开办自己的公司。你会向其他同事提议，让他们加入你的新冒险吗？你会想方设法吸引原来老板的客户转而与你自己的企业合作吗？你有什么替代做法吗？每种替代办法的结果是什么？哪一个是最合乎道德的选择？

为等到自行创业之后你或许能够少犯一些"新手"的错误。仔细看一看"道德抉择"专栏，想一想哪些情况容易引发问题。

## 接管一家成功企业

小企业所有者工作时间长，并且很少度假。多年以后，他们可能会觉得被困在自己的企业中并无法放弃，因为已经投入了太多的时间和心血。因此，有数以百万计的小企业主都渴望离开企业，至少出去度一个长假。

这正是你的大好机会。寻找一位成功的小企业主，告诉他你希望学习企业相关知识，并且希望能够在他那里见习，接受培训。然后表示在实习结束（一年左右）后，希望担任经理助理来帮助企业主或管理者。当你担任经理助理职务时，你能让企业所有者在周末或假期给自己放一个长假——这对他而言是个好交易。紧接着一年，你应该努力学习所有与企业有关的一切——供应商、存货、记账、客户以及促销等。两年之后，你可以向企业主提出提议：他可以退休或者半退休，然后由你接管事业。你可以在工资之外，为自己建立一个利润分配计划。对自己慷慨一点，如果你管理该事业，可以赢得更大利益。你甚至可以开口要求40%以上的利润。

企业主得到的利益是，他不但可以保有企业所有权，还能得到过去获利的60%——并且不需要去工作。你则获得了一个成功企业40%的利润。这对于一个即将退休的企业主来说是一个极好的交易，因为他能够保留企业并获得相当比例的利润。这也是分享一家成功小企业的利润却不必投入任何个人资金的聪明方法。

如果企业主对于利润分享不感兴趣，你或许可以将企业买下。怎样确定一个企业的合理价格呢？价值取决于：（1）这个企业拥有什么；（2）这个企业赚得到什么；（3）这个企业的独特之处是什么。当然，你需要会计师协助你决定企业价值。

如果通过利润共享和购买而接管企业的努力都失败了，你可以选择辞职，带着你学到的所有技能自行创业。

# ◎ 经营小企业

小企业管理局指出，大部分失败的小企业都是因为管理不良。不过切记，"管理不良"这个短语覆盖了很多缺点。它可以指差劲的规划、差劲的记账、差劲的存货管理、差劲的晋升制度或者差劲的员工关系，当然最有可能的是差劲的资本运作。以下几节之中，我们将会探讨小企业中的各种企业职能，帮助你成为一位成功的企业家：

· 规划你的企业。

· 为你的企业融资。

· 了解你的客户（营销）。

· 管理雇员（人力资源发展）。

· 做好记账（会计）。

虽然所有功能对于企业的启动和管理都很重要，但前两个功能——规划与融资——是你创业时的主要考虑，其余功能则是创业后实际经营企业时的重心。

## 从计划开始

许多人都急着想要开创一个小企业，但对创业的内容却只有模糊的概念。最后他们想出一个创办企业的想法，并开始与教授、朋友或是其他企业人士讨论构想。在这个阶段，企业家需要一个商业计划书。**商业计划书（business plan）**是描述企业本质、目标市场、竞争优势以及所有者的资源和限制的详尽书面说明。商业计划书迫使潜在的小企业主必须对于自己打算提供的产品或服务有清楚的概念。他们必须分析竞争，计算启动成本，并考虑其他经营细节。商业计划书也是与银行家或其他投资者洽谈时必需的文字介绍。

贷款人希望了解一家有志向的创业企业的所有方面。首先，选择一家银行，你的企业与它所服务的目标客户规模相当。聘请一位好会计师准备一份完整的财务报表以及个人资产负债表。在去银行之前先预约，去银行时带上会计师以及所有必要的财务信息，并且在银行家面前表现出你的良好品格：举止优雅、在企业界与社区内都受人敬重。最后，当他问到需要多少贷款时要给予明确答复，而且要做好以个人名义担保贷款的心理准备。

### 撰写商业计划书

撰写一份好的商业计划书相当费时，但你必须在5分钟内用执行摘要（executive summary）说服你的读者，否则这份计划就会被扔掉。银行家每天都会收到无数份商业计划书，这个摘要务必要能抓住读者的兴趣。虽然没有十全十美的商业计划书，不过未来的企业家的确需要想到每一个细节。后面的专栏介绍了一个全面的商业计划书大纲。

有很多电脑软件程序可以协助你整理思路，其中一个评价极高的商业计划书程序就是帕罗·奥托（Palo Alto）软件公司出品的"企业规划专家"（Business Plan Pro）。你可以登录www.bplans.com/sample_business_plans，查看各类企业的各种成功的商业计划书。你也能在小企业管理局的主页（www.sba.gov/starting）上学习商业计划书的撰写。

将写好的商业计划书交到正确人士的手中与在计划中撰写正确的信息几乎同样重要。寻找资金需要投入一番研究。接着，我们将讨论新企业能够利用的一些资金来源，它们全都需要一份综合商业计划书。你在创业之前投入的时间与精力日后会加倍地回报你。最大的回报就是能够生存下来。

# 全面商业计划书大纲

好的商业计划书大约介于 25 到 50 页之间且至少需要 6 个月时间撰写。

**封面函**

你在寻找创业资金时，可以确定的一点是：你不会是唯一的一个。你需要让潜在资金提供者想要阅读你的企业计划，所以封面函应该重点摘略计划中最吸引人的地方，用字越少越好。确定直接称呼潜在投资者的姓名，"敬启者"或"亲爱的先生"这种称谓并非赢得投资者青睐的最佳办法。

**第一部分——执行摘要**

一份 2 至 3 页的简略的新企业管理摘要，包括企业描述并讨论主要目标及目的。

**第二部分——公司背景**

描述公司迄今的营运（若有）、潜在法律考虑以及风险与机会。简述公司财务状况，附上过去及目前的资产负债表、收入与现金流量表，以及其他相关财务记录（你将在第 17 章读到财务报表等相关信息）。此外，最好也附上保险给付描述。投资者会希望了解死亡或其他意外是否会对公司造成过大威胁。

**第三部分——管理团队**

附上一张组织表，描述各项职位权责，以及目前与未来主管的详细简历。创意平凡但经验老练的管理团队通常比创意高明但缺乏经验的团队更容易获得所需资金。管理者应该具备创业初期所需的各种专长；若无，提出将有外来顾问担任这些职务，并且描述他们的资历。

**第四部分——财务计划**

提供对未来五年收入、支出及资金来源的预估；不要假设企业会呈现直线成长；调整你的计划，在公司成长各阶段投入资金；解释预估值的基础理论及假设。假设必须合理，并且以产业／历史趋向为根据。确定所有数据计算正确，并且在整个计划中是一致的。如果需要，聘请一位专业会计师或财务分析师来准备这些报表。

不要对销售估计抱有过大期望；相对地，对于最佳情况、预期情况及最坏情况都做分析。这些不但显示出最终盈亏对销售波动的敏感度，同时也是很好的管理指引。

**第五部分——所需资本**

说明初期或持续营运所需的资金，并且描述这些资金如何被运用，确定总金额与现金流量表一样。潜在投资者会对这个部分详细检视，因此它务必十分清楚简明。

**第六部分——营销计划**

不要低估竞争。检视产业规模、趋向及目标市场。《美国人口统计》（*American*

*Demographics*）杂志与《兰德·麦克奈利商业地图与市场指南》（*Rand McNally Commercial Atlas and Marketing Guide*）等信息，都能帮助你提出计划。讨论该产品或服务的优劣；投资者最希望了解的是，该产品何以会比现有产品更具吸引力，以及该产品能否申请专利；比较竞争对手的价格，以金额和单位预估销售；列出销售、广告、促销以及公关方案大纲；确定成本和财务报表中所预估的相符。

### 第七部分——地点分析

在零售业及其他产业，企业地点是其中一项最重要因素。提供该商店地区消费者之综合人口统计分析，以及交通模式分析及车辆与行人数。

### 第八部分——制造计划

描述最小工厂规模、所需机械、生产能力、库存，以及仓管方法、质量管理、工厂人员条件等。产品成本的预估应该要以最初研究为根据。

### 第九部分——附录

附上所有对产品或服务的营销研究（现货供应报告、商品再制等），以及其他有关产品概念或市场规模的资料。提供各项参考资料明细。这一部分应该证明，该公司所要进入的产业或市场并未衰退。

如果你希望了解一些成功取得资金的商业计划书，请访问商业计划书范例资源中心网站 www.bplans.com/samples 。你也能在小企业管理局网站 www.sba.gov/starting ，学到更多类似撰写商业计划书的技巧。

## 取得小企业资金

企业家有几个潜在的资本来源：个人存款、亲友、以前的雇主、银行、金融公司、风险投资家、政府单位（例如小企业管理局）、农友之家管理局（Farmers Home Administration）和经济发展局（Economic Development Authority）。新创企业中绝大多数都是从亲友处获取资金。

你甚至可以向潜在的供应商借钱来为自己的企业融资。如果你在未来可能成为供应商的大客户，他们或许有兴趣帮助你起步。这正是雷·克罗克（Ray Kroc）在麦当劳早期时所做的事情。当克罗克没有资金继续运营公司时，他要求供应商帮他筹备必需的资金。这些供应商与麦当劳一起成长起来。创业初期就向这样的投资者要钱通常不是个好办法。你可以从向供应商寻求建议开始，如果供应商喜欢你的商业计划，他或她可能会愿意在资金上帮助你。

最近金融危机引起的信贷紧缩使小企业不得不额外买点东西以找到友好的出借人。很多人发现较小的社区银行比较大的地区银行更容易发放贷款。因为小银行在单个镇或周转几个镇开展业务，它们更了解客户。基于对客户的了解，它们在做贷款决定时更加灵活，而不会像大银行那样必须按照一个更自动化的流程进行决策。

对于处在收入较低社区的企业而言，社区发展金融机构（CDFIs）可能是一个融资资源。今天，社区发展金融机构在经济复苏中正发挥着更大的作用。社区发展金融机构最初于20世纪80年代早期形成，发起人是具有社会动机的投资者，比如修女投入她们的退休金。到了2009年，大型投资公司的10亿多美元和政府的2.47亿美元流入了社区发展金融机构。因为坚守其他贷款者所缺乏的金融戒律，该机构成功地度过了信贷泡沫危机。它们的动机就是确保客户的成功，因为如果借款者不能还贷，受影响的不是投资方，承担损失的是社区发展金融机构。在过去的30年里，只有1%的借款没有偿还。社区发展金融机构不只是贷款。更重要的是，它们提供商业咨询，帮助企业主学会如何制定营销战略、管理库存和改善现金流。

个人投资者也是大多数创业者一个常见的资金来源。"天使投资者"（angel investor）是那些投资于未上市的热门新公司的个人。大量的网站会将资金的需求方与供给方匹配起来，其中包括繁荣市场公司（Prosper Marketplace）、Zopa、贷款俱乐部（Lending Club）、基瓦（Kiva）、维珍理财（Virgin Money）、循环贷款（CircleLending）和全球基金（GlobeFunder）。还有网站专门向学生发放贷款，比如绿色日记（GreenNote）和人民资本（People Capital）。这种个人投资的形式称为P2P贷款。与去银行相比，信用良好的借款人会更快、更方便地获得贷款，常常成本也更低。"社交媒体的商业价值"专栏提供了大量起步于P2P贷款的公司案例。

**风险投资家**（venture capitalists）可以为你的计划投资，当然，你必须付出一定的代价。风险投资家可能要求取得公司很大比例的份额（多达60%）以换取创业资金。如果风险投资家要求的股份过多，你可能会失去对公司的控制权。随着早期网络公司的纷纷倒闭，风险投资家倾向于减少投资并在公司出售后要

# 社交媒体的商业价值

## 众筹

对于胸怀大志的创业者来说，拥有一个好创意只是成功了一半。下一步遇到的障碍是筹集到足够的资金将商业计划变成现实。但是，银行贷款目前很难获得批准。在许多投资者看来，引发金融危机的投机失败仍然记忆犹新，这使得他们不愿意借钱。

虽然传统的投资手段对某些人关闭了，但大量新的网络渠道可以帮助创业者获取资金。例如，Kickstarter.com 帮助那些想当老板的人以及音乐家、艺术家从各种资助人手里筹集资金。然而，资助人不会要求利息和有价证券，而是许诺至少拿出 1 美元来购买筹资人将来制造的产品，或只是对于帮助实现了计划说一声"谢谢"。虽然这些似乎是小的捐助，但众人拾柴火焰高。维达姆·阿基缅科（Vidam Akimenko）在 Kickstarter 众筹网站发布了一个 1.5 万美元的投资目标，目标是在波士顿区建立一个肉店，专卖从当地农场收购的肉。在得到 201 人的捐款之后，他获得的资金超过了目标筹资额 1,405 美元，很快他就开设了"阿基缅科肉店"。

对于那些想要更大回报而不是一块 T 骨牛排的人来说，像贷款俱乐部这样的 P2P 贷款网站就起到了一种资金脸谱网的作用。但是，寻求贷款的人不是广交网友，而是寻找愿意借钱给他们的人。筹资者会做自我介绍，简介他们的信用史、他们需要多少资金以及他们用这笔钱打算做什么。然后，借贷俱乐部的管理者会基于上述标准将利率设定在 6.78% 和 24.95% 之间。许多用户用这笔钱偿还债务，比如底特律的卡拉·布雷泽尔顿（Karla Brazelton），在被银行全面拒绝之后，为了偿还 7,000 美元的信用卡借款，他注册了贷款俱乐部的账户。在获得少量贷款人的投资之后，他最终以 7.74% 的利息获得了 36 个月的个人贷款。此类贷款不仅帮助了布雷泽尔顿，而且为投资者带来了比标准储蓄账户收益更大的回报。

资料来源：John Tozzi, "Eight Companies Kick-Started by Fans," Bloomberg Businessweek, June 28 - July 4, 2010; and John Simons, "How to Get a Loan the Web 2.0 Way," Black Enterprise, December 1, 2010.

求更高的投资回报。因此，如果你是一家非常小的企业的所有者，你可能并没有什么机会能够获得风险资本，所以你最好能够找到一位天使投资者。

如果你所提议的商业计划书确实需要上百万美元，专家建议你至少和五家投资公司及其他客户商谈以便找到正确的风险投资家。你可以通过 Angellist.com 联系私人投资者，它提供帮助企业家和风险投资家建立联系的非营利性服务。

你若想了解如何找到更多风险投资家，请访问国家风险投资协会的网站www.nvca.org。

## 小企业管理局

**小企业管理局**（Small Business Administration, SBA）是专门为小企业提供建议与协助的美国政府单位，主要提供管理培训以及财务建议与贷款。小企业管理局在1991年开办了小额贷款方案（上限为5万美元），为小企业提供相关支持和协助。这个计划由小企业管理局所选出的非营利组织所构成的全国网络负责管理。根据此方案决定是否核发贷款时，并不是根据抵押品、信用历史或是过去企业的成功纪录，而是根据贷款者的正直程度及创业构思的可行性。

特德·库珀（Ted Cooper）在纽约拥有一家名为"重塑清洁"（Fresh Look Remodeling）的能源审计公司。小企业管理局的小额贷款项目可以帮助像他这样的人。面临解雇6名员工，库珀寻求贷款以维持企业运营。在获得小企业管理局10000美元的小额贷款之前，他申请了几家大银行，其中一家要求他提供价值

**表 6.5　小企业管理局提供的融资支援类型**

**小企业管理局会提供以下的融资支持：**

- 保证贷款——贷款由金融机构贷放，如果贷款者停止付款，政府会负责偿还。个人贷款保证最高额度为 500 万美元。
- 小额贷款——贷款金额从 100 美元到 5 万美元不等，对象从单亲妈妈到公屋租户都有可能。
- 出口速贷——贷款给小企业促进出口，贷款保证最高额度为 50 万美元。
- 社区调适及投资方案（CAIP）——贷款给特定社区企业，促进创造新的、可持续的工作岗位，或维持现有的工作岗位不致丧失。这些社区受到北美自由贸易区协议的影响，交易伙伴转向墨西哥与加拿大。
- 污染防治贷款——贷款给符合资格的小企业，作为污染防治设备设计、购置的财务支持。此项设备旨在预防、降低、减轻或控制各种污染，包括回收再利用。
- 504 审定开发公司（CDC）贷款——贷款主要用于购买固定资产，例如为传统的农村社区及需要复兴的城市地区购买土地与建筑物。此项方案旨在协助少数族裔企业家、女性与退役军人，贷款保证最高额度为 150 万美元。

15000美元的担保。库珀说："要是有的话，我还需要借钱吗？"

你也可以考虑通过**小企业投资公司项目**［Small Business Investment Company（SBIC）Program］申请资金。小企业投资公司是小企业管理局给予证明可以合法贷款给小企业的私人投资公司。一家小企业投资公司必须至少拥有500万美元资本，而它所拥有的每1美元资本都可以获得小企业管理局的2美元贷款。小企业投资公司向符合标准的小企业提供贷款或投资，且因为经常能在早期发现企业问题而将违约案例降到最低；同时，它能给予企业家建议，在某些个案上也容许重新制定还款期限。

也许年轻企业家寻找小企业管理局融资的最佳去处就是小企业发展中心（Small Business Development Center, SBDC）。这个企业发展中心是由联邦政府及各州联合组建而成，通常与州立大学也有关系。小企业发展中心可以帮你评估你的创业构想是否可行、完善你的商业计划书，并且完成你的资金申请——全部都是免费。

小企业管理局将5万美元以下的贷款申请书规定从150页减到了1页。2011年2月，小企业管理局引进了一个名为"社区优势和小额贷款优势"（Community Advantage and Small Loan Advantage）的新项目，旨在为贷款人向资金匮乏的企业发放较小额贷款提供一个更简易的方式。然而，一个月之后，众议院小企业委员会建议小企业管理局削减预算，因此没有资金用于新的项目。搞糊涂了吧？因为政府的规定不断变化，你可以登录小企业管理局的网站www.sba.gov，查询小企业管理局贷款项目和为企业服务的其他项目的最新信息。

从银行、风险投资家及政府单位取得资金对多数小企业来说都是很困难的（第17章将有更多融资相关的介绍）。那些完成了创业计划和融资的人，都急于让自己的企业步上运营的正轨。你是否能够成功经营企业取决于许多因素，其中最重要的三项因素是：了解客户、管理雇员以及保持有效的账目记录。

## 了解客户

成功经营小企业最重要的一环就是认识市场。在商业中，**市场（market）**由拥有未得到满足的欲望和需求并具备购买能力和意愿的人组成。例如，我们可以确定多数学生都希望拥有全新的玛莎拉蒂（Maserati）跑车；然而，只有极少数学生有能力满足这个欲望。他们会是高级车商追求的好市场吗？

一旦确定了市场及其需求，就要着手满足这些需求。满足客户需求的方法就是以合理的价格提供高质量的产品和优良的服务。记住，光是获得客户还不够，你必须留住他们。正如资产达5000万美元的维多利亚·杰克逊化妆品公司（Victoria Jackson Cosmetico）的创始人维多利亚·杰克逊所说："虽然有大明星在电视购物频道上推销产品，但如果客户不喜欢这种产品，不再回头光顾的话，即便再多明星的美丽脸庞都毫无意义。"所以，企业家所做的一切就是调整自己的商品和服务，满足客户的需求。

小企业的优势之一就是能够更好地了解消费者，以及快速适应客户不断变化的需求的能力。从第12章到第15章，我们将讨论更多与营销相关的内容。现在让我们来探讨有效管理员工（协助你服务市场的人）的重要性。

## 管理员工

随着企业的不断成长壮大，企业家很难一一留意每个细节，即使他每周工作60小时也不可能。这表示雇用、培训和激励员工是非常重要的。

比起大公司，当你提供较低的工资、较少的福利和较小的提升空间时，要找到符合要求的好助手并不容易。因此员工关系就成为了小企业管理的重要组成部分。现实的情况是，小企业员工经常比大企业员工有更高的工作满意度。为什么呢？他们的工作经常更具有挑战性，意见会被接受，而老板对他们也比较尊重。

企业家经常不愿意面对一个现实，那就是为了保持企业不断增长，他们必须将权力分配给他人。应该把权力分配给谁？他们应该拥有多少控制权？

这是小企业和家族企业中特别棘手的问题。你可能已经猜想到，白手起家的企业家经常不得不提升创业元老——即使那些人并不适合担任管理者。用常识判断就知道，这样做对公司可能很不利。你必须晋升或不能辞退某些员工，只因"他们是自家人"。这种做法将会阻碍企业的发展。对企业家最有利的方式是通过逐级招聘，把普通雇员培养到管理者的层次，并使他们相互信任和支持。从第7章到第11章，我们将学到更多有关管理员工方面的知识。

### 保持有效的账目记录

小企业所有者在启动与管理企业上通常最需要的帮助就是会计。一个在早期就制定有效会计体系的企业家在以后将省下许多麻烦。计算机简化了记账工作并且让小企业主可以看到企业每天的进展情况（销售、费用和利润）。一套并不昂贵的电脑系统便可以在存货控制、客户记录和薪水之类的日常记录处理上帮助企业家。

一个良好的会计体系对于建立一个完善的初建系统并展示该系统的持续运行是无价的，因为许多企业的失败都是源于差劲的会计工作。一位好的会计师可以协助你做出诸如是买还是租用设备以及建筑物之类的决定，也可以协助撰写税收计划、财务预测、资金要求，并选择融资渠道。

到处征询意见也很有帮助，其他小企业主会告诉你到哪里寻找有小企业工作经验的会计师。第17章我们将讨论更多会计方面的信息。

### 寻求协助

有时候，小企业主在吃了很多苦头后才明白在创业早期需要从外部获得建议，尤其是法律、税务和会计等方面的建议，而营销、财务及其他领域也很需要。多数中小型企业都无力雇用类似的专家，因此必须向外部寻求协助。

有能力、有经验的律师是小企业家必需且非常宝贵的帮手，他必须是一个了解小企业的人。律师可以在各种事务上提供协助，包括租赁、合约和责任保护。律师并非都是昂贵的，有些服务（例如起草法律文件）的预付法律方案年费并不高。当然，你也能在网络上找到丰富的法律服务资源，美国小企业管理局就提供了全英文入门解说，协助你顺利取得相关信息，让你了解影响小企业整个生命周期的各种法律。Findforms.com则提供了一项搜索工具，帮助你通过网络搜寻免费的法律格式、建议、链接、书籍以及其他信息。切记，如果信息不准确，那么"免费"的东西就不便宜，所以要仔细检查这些信息并且与律师详细检查所有的法律行为。

营销决策应该在产品开发或商店开业之前决定。一个成本不高的市场调查可以帮助你确定商店的位置、选择目标市场以及有效战略。因此，有小企业经验的营销顾问可能对你有很大帮助，如果他们拥有互联网和社交媒体方面的经验会更好。

另外两位重要的专家则是商业信贷员及保险代理人。商业信贷员可以协助你设计一份合适的商业计划书，并且提供宝贵的财务建议，在你需要资金时提供支持。保险代理人则会向你解释所有与小企业相关的风险，以及如何最有效地利用保险或者其他方法（如安全装置和自动灭火系统）防范风险。

小企业的重要信息来源之一是**退休主管服务团队**（Service Corps of Retired Executives, SCORE）。这个团队是由小企业管理局结合了来自产业界、贸易协会、教育界等各界超过10,500名志愿者组成，负责提供免费的咨询服务（部分需要费用）。你可以输入网址www.score.org，找一位退休主管服务团队顾问。它也提供免费的企业家精神课程，让充满热情的企业家在线研究学习。

当地大学经常也有商学院教授以廉价或免费方式为小企业主提供意见，有些大学则有俱乐部或是项目活动，让企业管理硕士生提供廉价的咨询服务。马里兰及弗吉尼亚理工大学已经推出了短期研究学习，由两位企管硕士生通过当地的孵化基地来服务企业，孵化基地支付一半薪水，薪水大约是1小时20美元。

向其他小企业主寻求咨询也是一项明智的做法。YoungEntrepreneur.com网站为有经验的创业家和新创企业交换彼此的意见和想法提供了一个开放的论坛，一般的访客也可以浏览营销、企业规划、组建公司和财务管理等方面的文章。其他的咨询来源包括了当地的商会、企业促进局、全国与当地贸易协会、图书馆商业参考书区以及网络上与小企业有关的网站。部分网站还能安排合适的顾问以满足你的咨询需求，协助你取得所需的支持，这些网站包括公司专家（Company Expert），其网址为www.4consulting-services.com。

## ◎ 走向国际：小企业的愿景

正如我们在第3章所述，美国人口超过了3.1亿，而全球人口超过了69亿。显然，对小企业来说，全球市场要比单独的美国市场更大，也更有利可图。尽管存在着这种潜力，许多小企业依然没有考虑走出国门。现在有出口贸易的小企业只占到总数的1%，未来会有半数参与国际贸易。小企业正朝着这一愿景迈进。近些年来，中小企业在出口公司的增长中占到了99%。.

技术进步促进了小企业出口的增长。当与国际企业在线交易时，贝宝（PayPal）使小企业实现了自动支付。互联网也有利于小企业寻找客户，而省去了国际旅行的费用。由于财富的增加，人们经常需要不是大批量生产的产品，而愿意花更多的钱购买小企业提供的特殊产品。戴夫·哈蒙德（Dave Hammond）是"奇才贩卖机"（Wizard Vending）的发明人和同名公司的创立人，他通过网站将其口香糖贩卖机推向全球市场。在网站创办的第一年，他的机器销往奥地利、比利时和德国。本章"域外观察"专栏提供了在新兴市场生意兴隆的创业家案例。

很多小企业仍然难以直接面对国际市场的挑战。为什么很多公司错失了全球市场的巨大商机？主要是因为全球贸易有以下几个较大的阻碍：（1）融资困难；（2）潜在的出口者不知道应该如何切入以及不理解预期市场中的文化差异；（3）烦琐的文件工作可能会埋葬小企业。

除了绝大部分全球市场都存在于美国以外的地区这一原因之外，走向国际化还有其他重要理由。出口产品可以降低多余的库存，缓和国内市场的下滑，延长产品的生命周期，以及为无趣的例行工作增添乐趣。

与大企业相比，小企业在国际贸易上有几个优势：

· 海外买主偏好与个人交易，而不喜欢同大企业的官僚体系打交道。

· 小企业的发货准备时间通常比较短。

· 小企业提供较多样化的产品。

· 小企业可以提供更多个性化的服务，而且会花费更多心思在客户身上，因为每位海外客户都是企业的主要商业资源。

你可以从出口管理商务局网站（www.bxa.doc.gov）开始搜索，其他信息来源还包括小企业管理局列出的国际业务资源（www.sba.gov/hotlist/internat.html）。SBA出口速贷项目为小企业提供了出口融资的途径。该项目旨在为小企业出口的诸多需求提供融资帮助。这些需求包括参加国外商展、海外市场目录翻译、出口信用额度，以及房地产和生产设备。

## 域外观察

### 新兴市场，新兴企业家精神

一个优秀的企业家发现市场需求并填补它。在新兴市场，整个产业和服务对创新开放。最近几十年的技术进步使现在在新兴市场上开办一家企业所需的资源比过去要少得多。

在许多发展中国家，这些因素正在引发创业革命。增长并不只发生在那些经济学家观察了多年的市场（比如印度和巴西）中。例如，在黎巴嫩的首都贝鲁特，22岁的克丽丝汀·斯费尔（Christine Sfeir）开了该国第一家邓肯甜甜圈店。十几年的今天后，斯费尔在整个黎巴嫩已有了30家分店。随着来自中东、非洲和南亚的受过教育而且具有国际经验和文凭的专业人士返回故乡，像斯费尔这样的故事正变得十分普遍。许多发展中国家的创业者都拥有学位，并有在丰田和百事可乐等高水平公司的工作经历。

在新兴市场中，成长机遇很大，所以为了壮大业绩，创业者必须经常要涉足不同的业务领域。当艾莎·纳托（Aisha Natto）想在沙特阿拉伯拓展其高端眼镜连锁店时，仅仅是为了配套，公司不得不首先建一个镜片制造厂。这不但有利于企业的成长，而且为纳托及其员工提供了了解其他业务领域的机会。范围如此广泛的专业技能几乎可以保证，发展中国家的创业扩张还会持续多年。

资料来源：Anne S. Habiby and Deirdre M. Coyle, Jr., "The High–Intensity Entrepreneur," *Harvard Business Review*, September 2010; and Dayananda Yumlembam, "Foreigners Get Incubation Tips at EDI," The Times of India, April 4, 2011.

# 总　结

**1. 解释人们愿意承担成为企业家的风险的原因；列出成功企业家的特点；描述创业团队、内部创业者和家庭企业、在线企业。**

·人们自行创业的理由是什么？

　　理由包括机会、利润、独立及挑战。

·成功企业家的特点是什么？

　　成功企业家需要自我引导、自我肯定、勇于行动、精力旺盛以及容忍不确定性。

·现代企业家如何保证长期持续地经营？

　　他们组成了创业团队，拥有在开办和管理企业上不同技能类型的专业人士。

·什么是小企业创业者？

　　小企业创业者是愿意接受创业风险，管理并维持小规模形态的企业的人，因为这让他们可以做自己想做的事，并享有平衡的生活方式。

·什么是内部创业？

　　内部创业是在一家较大的企业中成立企业家中心，在那里人们可以创新并发展新产品的理念。

·为什么在最近几年，家庭企业和在线企业的数量有如此高的增长？

　　电脑技术能力的提高和成本的降低使竞争者变得更平等，并且使小企业无论在何时何地都可以对抗大公司。

**2. 讨论小企业在美国经济中的重要性，并总结小企业失败的主要原因。**

·小企业对美国经济为什么如此重要？

　　小企业占了国内生产总值的50%，对未来的毕业生来说，更重要的可能是，80%的美国人第一份工作都是在小企业中。

·小企业的"小"是什么意思？

　　小企业管理局将小企业定义为独立拥有和运营、在营运领域内不占领导地位，并在员工人数和销售额规模上符合特定标准（依该产业中其他公司的规模而定）的公司。

·为什么许多小企业会失败？

　　许多小企业的失败都是因为管理者不具备足以胜任的管理能力以及财务规划的不足。仔细阅读表6.3所列出的小企业失败原因。

**3. 总结学习小企业的经营方法。**

·对于一个想要了解开创小企业相关事宜的人，你会给予哪些建议？

首先，向他人学习；可以听一些课并与一些小企业主交谈。第二，为他人工作以获得经验。第三，接管一家成功的企业。最后，学习最新的小企业管理技能，包括使用电脑处理薪水数据、管理存货以及邮件列表之类的事。

**4. 分析创立和经营小企业需要具备的条件。**

· 商业计划书中需要写些什么？

詳细参阅第188页的表格。

· 想要开创新事业的人需要研究何种资金来源？

新的企业家拥有几个资本来源：个人存款、亲友、以前的雇主、银行、金融公司、风险资本家以及政府机构等。

· 小企业主在员工关系上有什么特殊的问题？

小企业主通常很难找到合格的员工，并且在训练员工负责管理上也有困难。

· 刚开始创业的企业家从哪里可以获得帮助？

可获得帮助的资源渠道很多，包括：会计师、律师、市场调查员、商业信贷员、保险代理人、小企业管理局、小企业发展中心、小企业投资公司，甚至大学教授。

**5. 概括小企业在全球市场中的优劣势。**

· 与大企业相比，小企业在全球市场上有哪些优势？

国外购买者比较希望与个人往来，而不喜欢与大企业打交道，因为：（1）小企业提供比较多样化的商品，而且可以较快地发货；（2）小企业提供更多人性化的服务。

· 为什么没有更多的小企业开展国际贸易？

几项原因：（1）很难取得融资；（2）许多人不知如何切入；许多人不理解外国市场上的文化差异；（3）官僚的烦冗手续非常累人。


## 批判性思考

1. 你具有创业家精神吗？什么让你想到创业呢？

2. 创业家和职业运动员所需要的特性之间有什么相似之处吗？一位运动员会很有希望成为创业家吗？为什么能和为什么不能？在创业的奋斗中，团队合作重要吗？为什么重要或为什么不重要？

3. 设想自己开办了一家小企业。它开展的是哪种类型的业务？竞争有多么激烈？你需要做什么才能让你的企业比竞争对手的更有吸引力？为了让企业取得成功，你愿意每周工作60至70小时吗？

# 7

# 管理和领导

## 学习目标

1. 描述现今管理职能发生的变化。

2. 描述管理的四种职能。

3. 分析计划过程和决策与达到组织目的的关系。

4. 描述管理的组织职能。

5. 解释领导者与管理者的区别，并描述领导力的不同风格。

6. 总结管理控制职能的五个步骤。

# 人物侧写

## 认识约翰·麦基  全食超市的创立人

约翰·麦基（John Mackey）已成为美国较受争议的成功企业家和经理人之一。在进入得克萨斯大学之后，麦基来到奥斯汀的一家素食者合作商场打工，他认为他能在这里"遇到一些有趣的女士"。很快，他就变成商场的食品采购员，后来，他又到一家天然食品商店工作。

麦基和他的女朋友雷内·劳森·哈迪（Renee Lawson Hardy）从朋友和家人那里借了 4.5 万美元，最后开了一家自己的商店，叫作赛福味（SaferWay）天然食品店（SaferWay 这个名字是在开 Safeway 的玩笑，因为当时在奥斯汀已经有好几家 Safeway 商店了，SaferWay 是比 Safeway 更安全的意思。）商店开业不久，他们俩不得不从公寓里搬出来，以便用它储藏食品，而且决定搬到商店居住。由于商店建筑处于商业区，里面没有沐浴设备，他们要用霍巴特洗碗机上的附加软管洗澡。（没有人说创业家是容易的！）

1980 年，赛福味兼并了一家竞争对手的店，更名为全食超市（Whole Foods Market）。全食超市开业时只有 19 名员工。当时，全美国的天然食品店不到 6 家。现在，全食超市在美国和英国开了 300 多家店，成为天然和有机食品的世界领导者。全食超市始终名列《财富》杂志"100 家最佳雇主"名单。让我们了解一下其中的原因。

你可能认为像麦基这样的人有着特别的管理观念，你是正确的。在全食超市，在与人相处和做决策时，头衔没有能力重要。因此，决策会花很长时间，而执行则较快。公司的所有执行官领取同样的薪水。麦基现在与沃尔特·罗布（Walter Robb）分享着公司的领导权，罗布是联合首席执行官。

麦基和他的团队认为他们的成功很大程度上源于对公司使命的关注：全食、全员、全球（Whole Foods, Whole people, Whole planet）。正如你看到的那样，全食超市的核心价值观之一是员工的快乐和优秀。全食超市雇用了最优秀的人，并授权让他们自己做出决策。他们认为分散的、自主的团队文化创造出一个尊重人的工作场所，这里的人们会被公平对待，并渴求成功。麦基认为经商可以双赢。例如，如果全食超市雇用优秀的员工并将他们培训好，那么，这些人就会向顾客提供良好的服务，结果是双方都更快乐：双赢。

本章讲的是领导和管理。你会了解到共享领导的存在（shared leadership）要比你想象的更为广泛。你也会了解到管理的职能以及如何区分管理与领导。总之，你将更好地理解领导者和管理者应该做什么和如何做。

资料来源：John Mackey, "What Is It That Only I Can Do?" *Harvard Business Review*, January - February 2011; and www.wholefoods.com, accessed March 2011.

## ◎ 管理者的角色在改变

像约翰·迈基这样的管理者必须练习通过充分利用组织资源（例如工作者、财务资源、信息及设备）来完美地完成工作的艺术。在过去，管理者被称为老板，他们告诉员工做什么，并监督员工完成工作。老板倾向于严厉斥责那些没能按照要求做好事情的员工。现在的许多管理者依然抱持类似的态度，或许你也曾经亲身体验，有的教练就是这种风格。

但整体上，管理正在不断进步，比如，管理者现在更强调团队和团队建设，他们设立活动中心、团队空间和开放工作区。他们可能改变了"工作"的定义，之前是在特定时间、特定地点完成一项任务，而现在你可以在任意时间、任何地点做事。他们倾向于引导、培训、支持、激励以及训练员工而不是简单地命令员工。多数现代管理者强调团队合作，而不是纪律和命令；他们甚至向员工公开公司的财务状况。

2008年至2011年对管理者和员工来说特别困难。金融危机迫使波音、IBM和卡特彼勒等许多龙头企业解雇管理人员和底层员工。百事可乐的首席执行官英德拉·努伊（Indra Nooyi）因在不景气期间重振员工士气而赢得了赞誉，但她也宣布计划要裁减3000名员工。而且，为创立新企业融资或使现有工厂现代化也更加困难。经理人正在观望经济变化，在建立新企业方面趋于谨慎。这种犹豫导致美国在2010年至2011年失业率居高不下。

现在的管理人员与以前有所不同。《财富》500强企业的领导者普遍年轻化，女性比例更高，在名校接受教育的人比以往减少。未来的管理者更有可能融入团队，在企业中扮演全新的角色。首先，他们会更多地拓展海外业务；其次，他们要在适应气候变化方面承担领导角色。他们也要更多地考虑资源回收利用和其他环保问题。

这些变化意味着管理需要一种新人：他们是有技巧的沟通者和团队成员，也是计划者、组织者、激励者和领导者。未来的管理者需要为全球化做好准备，也就是说，他们要有适应能力、外语技能并且易于接纳其他文化。我们在下面几章里会讲述这些趋势，以帮助你确定管理是否是你喜欢的职业。

例如，厄休拉·伯恩斯（Ursula Burns）是施乐（Xerox）公司的新首席执行官。她是一位机械工程师，而且是第一位管理《财富》500强公司的非洲裔美国女性。在过于斯文的文化环境中，她却是那种直言不讳的类型。在《美国新闻与世界报道》（*U.S. News and World Report*）的文章《女性企业家的年度》（*The Year of the Business Woman*）中，伯恩斯名列其中。下一章你会读到有关伯恩斯的更多内容。在下一节中，我们将讨论一般性的管理以及厄休拉·伯恩斯和其他新管理者履行的职责。

## ◎ 管理的四种职能

以下定义可以作为本章的纲要：**管理**（management）是通过计划、组织、领导及控制人员和其他组织资源来实现组织目的的过程（详阅表7.1）。

**计划**（planning）包括预测趋势发展并决定最好的战略和对策来实现组织的目的和目标。这些目标之一是使客户满意。现代管理的趋势是通过团队来帮助

**表7.1　管理者的工作**

现代管理者通过纠合群力合作参与，负责推动各项事宜。授权员工意味着让他们更深入参与决策。

| 计划 | 领导 |
|---|---|
| ·制定组织目标。 | ·引导和激励员工高效工作，达到组织的目标与目的。 |
| ·发展战略达成目标。 | |
| ·决定所需资源。 | ·赋予任务。 |
| ·订立标准。 | ·解释例行公事。 |
| **组织** | ·说明政策。 |
| ·分配资源、分派工作，以及建立达成目标的程序。 | ·提供绩效反馈。 |
| ·备妥一份说明职权与责任范围的结构表（组织结构图）。 | **控制** |
| ·招聘、选择、培训及发展员工。 | ·评估公司目标的达成情况。 |
| ·将员工分配到他们最能有效发挥的职位。 | ·监督标准之下的绩效。 |
| | ·奖励出色的表现。 |
| | ·必要时采取修正行动。 |

监管环境、寻找生意机会并留意挑战。计划是一个关键的管理职能，因为其他职能的实现通常都非常依赖一个好的计划。

组织（organizing）包括设计组织结构，创造出让所有人与事物共同工作以实现组织目的和目标的环境和制度。现在的许多组织都是以客户为中心，其理念是让每个人在获利的情况下为服务客户而工作，所以组织必须保持弹性及适应性。客户的需求会改变，组织应紧跟而上。例如，美国全食公司（Whole Foods Market）的商品质量好，价格高，但它也销售一些低价商品，以满足财力受损的长期顾客。通用汽车就被能生产出更省油汽车的车厂抢走了许多客户，希望通过新开发的更省油钱的氢动力车来赢回市场占有率。它的措施已见成效。

领导（leading）是为组织创造愿景，交流、指导、培训、协助和激励他人，以有效地达成组织的目的和目标。领导的趋势是授权，给员工尽可能多的决策自由，让他们能够自我指导和自我激励。以前人们认为管理就是命令，即准确地告诉雇员应该做什么。在很多小企业里，这仍然是管理者的主要任务。但是，在现在的大多数企业里，管理者通常不再告诉员工要做什么，因为知识工作者经常比管理者更了解应该怎样工作。如今，领导力最重要的任务是让员工在正确的时间专注于正确的工作。

控制（controlling）包括建立清晰的标准以确保组织按照既定目的和目标前进，奖励表现良好的员工，并在员工表现不当时采取纠正措施。基本上，它意味着衡量实际发生的事情是否符合组织的目的。

上述的四种功能——计划、组织、领导与控制——就是管理的核心。下面让我们来更进一步探讨这些职能。管理的过程从计划开始，我们将在后文开始讨论。

## ◎ 计划与决策

管理的第一个职能是计划，包括设定组织的愿景（含使命陈述）、目的和目标。管理者把计划评为最有价值的工具。愿景（vision）不只是目的，它同时是对组织存在的原因以及组织的前进方向的包容性解释。愿景带给组织目的意识及价值观，二者的结合把员工团结在共同的命运下。管理一个组织而不先设立愿景，可能会产生反效果。就好像调动起一艘小船上所有人的积极性，却又不提供任何方向指示一样。其结果是，那艘船会一直改变方向而不是朝着既定目标前进。

高层管理者通常为组织设立远景，并与员工合力为企业设计**使命陈述**（mission statement），以概括组织的根本目的。它应论述：

· 组织的自我概念。

· 公司的哲学和目的。

· 长期生存。

· 消费者需求。

· 社会责任。

· 公司产品或服务的性质。

使命陈述是设定明确目的、选择并激励员工的基础。**目的**（goals）是组织希望达成的、广泛的、长期的成就，需要获得工作者与管理者的一致认同，因此，设定目的通常是一项团队工作。**目标**（objective）是关于如何达成组织目的的特定、短期的细节说明。

计划是一个持续的过程。昨天行得通的计划在今天的市场上不一定能够成功。多数计划都有一个模式，企业计划与你用来制订人生和职业计划时所遵循的流程基本是一致的。计划能为企业回答一些基本问题：

**1. 当前的情况如何？** 什么是影响行业参与者成功的因素，我们做得如何？经济形势与其他环境如何？存在哪些人们需要满足的机会？哪些产品与客户会使公司获得最大的利润？公司的主要竞争者是谁？他们带来的威胁是什么？这些问题都属于SWOT分析（SWOT analysis）的一部分。SWOT是对组织的优势（strengths）、劣势（weaknesses）、机会（opportunities）和威胁（threats）所做的分析方法。机会和威胁往往是公司外部因素而且很难被全部预测到。"域外观察"专栏分析了环境威胁如何影响企业。

优势和劣势是内向性的，因此更容易测量和确定。图7.1展示了公司进行SWOT分析时，必须考虑的一些潜在议题：哪些外部成功因素影响了行业？我

## 域外观察

### 日本危机、恐怖主义和美国企业

几乎没有哪个灾难能与 2011 年 3 月发生在日本的灾难相比。9 级地震与紧接着的海啸完全摧毁了那些城市和港口。核电厂损毁所带来的威胁进一步加重了这场灾难。这正向我们说明了应急计划和救灾计划的必要性。日本公司需要很长的时间才能从这场危机中恢复元气。依赖日本零部件和产品的美国及其他国家的公司该如何应对？

超过 30 家美国公司（如兰巴斯、蔻驰、卡拉威和蒂梵尼）的产品至少有 15% 销往日本。美国家庭人寿保险公司（Aflac）2010 年大约 75% 的销售额来自日本。得州仪器公司（Texas Instruments）在日本有一家硅晶圆制造厂，受损严重。此外，日本向美国及其他国外生产厂家的汽车和技术供应也被中断。例如，日本公司向波音的新型 787 梦幻客机供应了 75% 的零部件。

全球供应链不仅会受到日本这种自然灾害的影响，而且会不断地受到人为灾难和其他灾害的威胁，比如战争和恐怖主义。你可以看到战略规划和应急计划对于公司的长远成功至关重要。这常常意味着当灾难发生时，全球公司要开展合作，制定应对计划。

资料来源：Janet Napolitano, "How to Secure the Global Supply Chain", *The Wall Street Journal*, January 6, 2011; Thomas Black, "The Impact on American Companies", *Bloomberg Businessweek*, March 21 - March 27, 2011; and Joseph Sternberg, "Now Comes the Global Revolution in Services", *The Wall Street Journal*, February 10, 2011.

们的企业与其他企业相比如何？我们的社会目标是什么？个人发展目标是什么？遇到经济衰退时，我们如何存活并发展？

**2.我们要如何从目前状况达成目标？** 这是计划中最重要的一环。计划具有四种形式：战略、战术、作业计划和应急计划（参阅图7.2）。

**战略规划（strategic planning）** 由高层管理者制定，确定组织的主要目的以及实现这些目的所需要的政策、流程、战略和资源。政策是对组织行为的宽泛指导，而战略则确定了使用资源的最佳方式。在战略规划阶段，公司高层经理决定服务哪些客户、何时提供服务、销售哪些产品或服务以及开展竞争的地理

| 潜在的内部优势 | 潜在的内部劣势 |
|---|---|
| ·关键核心能力。 | ·模糊的战略决策。 |
| ·成为知名的市场领导者。 | ·过时的设施。 |
| ·充分体会到功能性区域策略。 | ·不均衡的获利。 |
| ·过去成功的管理经验。 | ·缺乏管理深度与才能。 |
| ·成本优势。 | ·普通的市场形象。 |
| ·绝佳的广告活动。 | ·过窄的产品线。 |
| 潜在的外部机会 | 潜在的外部威胁 |
| ·有能力服务于更多的消费群。 | ·海外竞争者低成本进入市场。 |
| ·产品线广。 | ·替代品销售量增加。 |
| ·有能力移转技术用在新产品发展之上。 | ·市场成长趋缓。 |
| ·降低交易障碍及吸引海外市场。 | ·高昂的管理成本。 |
| ·比竞争者有竞争力。 | ·无力应对商业周期与循环。 |
| ·有能力应对市场需求逐步成长。 | ·购买者需求与品味的改变。 |

**图 7.1　SWOT 矩阵**

这种矩阵可以识别潜在的优点与缺点以及组织的机会与威胁，这些都能涵括在 SWOT 分析当中。

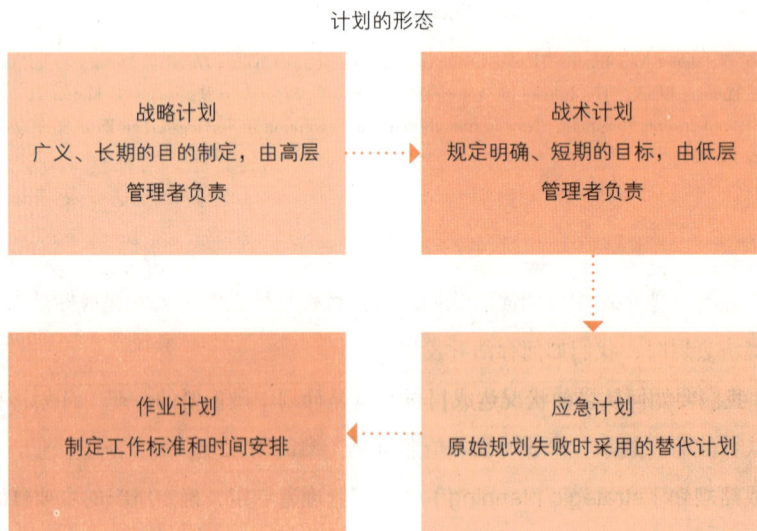

计划的形态

| 战略计划 | 战术计划 |
|---|---|
| 广义、长期的目的制定，由高层管理者负责 | 规定明确、短期的目标，由低层管理者负责 |

| 作业计划 | 应急计划 |
|---|---|
| 制定工作标准和时间安排 | 原始规划失败时采用的替代计划 |

**图 7.2　计划职能**

多数组织都会制定战略、战术与作业计划。但很少有公司会制定应急计划，一旦市场改变，公司可能会来不及做出反应。

区域等。以塔可钟（Tacobell）为例。考虑到经济衰退，该公司推出了"超值菜单"，如起价为79美分的芝士卷和墨西哥豆泥卷。此外，它为追随"四餐"（夜宵）一族，推出了几个低热量、低脂肪的Fresco菜单品种。该战略使得销售量增长了8%。百视达（Blockbuster）并没有成功抵御新技术的冲击，这使该公司似乎已被淘汰。

在当今快速变化的环境中，战略规划的制定变得越来越困难，因为变化是如此之快，以至于刚被制定出来几个月就过时了。想想六旗游乐园（Six Flags），当油价从每加仑2美元上升到超过4美元然后再下跌到3美元的时候，它就必须改变计划。还有那些日本公司如何应对2011年在很短时间内造成巨大灾难的地震和海啸。

确实，有些公司改为制定短期战略规划，以便快速响应客户需求，其目的是更灵活地回应市场。

**战术计划**（tactical planning）是企业决定将要做什么、谁来做以及怎样做的详细的短期计划过程。战术计划通常由基层管理小组或者基层管理者制定，包括订立年度预算，以及决定其他为达成战略目标而进行的活动和细节。假设一个卡车生产厂商的战略规划是更多地在南部销售卡车，那么战术计划的内容就可能是针对南部卡车司机的需要和需求进行更多研究，并且针对这些潜在消费者推出广告。

**作业计划**（operational planning）是为实施工作战术计划而制定工作标准和日程安排的过程。战略规划把组织视为一个整体，而作业计划则专注于特定的监督者、部门管理者和个别员工身上。作业计划是部门管理者日常及每周管理运作的必要工具。例如，作业计划必须包含卡车零件完成装配的准确日期，以及零件必须达到的质量标准。

**应急计划**（contingency planning）在主要计划不能实现组织目标的情况下，制定备选行动方案的过程。经济与竞争环境的变革是如此快速，做好备选行动方案以应对预期变化是明智的。例如，倘若组织在特定日期前无法达成销售目的，应急计划可能要求在特定时期推出更多广告或降价。危机计划（crisis planning）是对环境的突变做出反应的应急计划的一部分。例如，现在许多城市和企业都积极发展各项计划以应对恐怖袭击，你可以想象这些计划对于医院、警察以及其他相关组织有多重要。

以市场为导向的企业（对市场竞争或者其他环境变革等迅速做出反应的公司）的领导者制定的是方向，而不是烦琐的战略规划。其概念就是保持弹性、聆听客户意见并抓住机会，无论该机会是否在意料之中。正如商店在出售面向青少年的商品时，必须时时紧跟流行变化。

然而，机会必须要适合公司的整体目的和目标，否则公司将会失去重心。显然，许多管理及计划都与决策有关。

## 决策：找出最佳的可行方案

计划和所有其他管理功能都与决策有关。**决策**（decision making）是指在两个或更多的选项中做出选择。这听起来似乎很容易，但在实际情况中却不尽然。事实上，决策是所有管理功能的核心。

理智的决策模式是管理者按照一定的步骤，做出符合逻辑的、明智且判断精准的决策。这些步骤可以归纳为决策制定的七个D：

1. 定义（Define）情况。

2. 描述（Describe）并收集所需信息。

3. 开发（Develop）多项可供选择的方案。

4. 达成（Develop agreement）参与者认同。

5. 确定（Decide）最佳可选方案。

6. 执行（Do）所选择的方案。

7. 判定（Determine）决策优劣，然后持续进行。

管理者很难每次都经过完整的七个步骤来制定决策。有时候，决策必须在只有很少的信息的情况下立即进行。当面对各种不同的环境时，管理者必须做出良好决策。**问题解决**（problem solving）比决策的制定过程更不正式，通常需要更快速地解决每天发生的问题。决策和问题解决都需要大量的判断。

问题解决小组经常由两个或更多成员组成，解决某一个特定问题（例如，为何消费者不使用我们的服务政策？）。公司通常使用的问题解决技巧包括**头脑风暴**（brainstorming），即在很短暂的时间里想出尽可能多的解决方法而不去审查这些想法正确与否。另一种是PMI工具——在第一栏列出一个解决方案的所有优点，第二栏列出其缺点，第三栏列出其详细意义——需确保优点多于缺点。

你可以将PMI系统运用在各种决策上，练习一下这种技巧。例如，今晚你要留在家里读书吗？你可以在第一栏列出这个方案所有的优点：得到好成绩、更有自信、更负责任等；在第二栏列出缺点：无聊、无趣等。我们希望大部分时候学习的决定都是优点胜过缺点，这样你就会更经常读书。但有时候去外面玩更好一些——在娱乐不会影响到学习或者找工作的时候。

## ◎ 组织：建立统一的体系

在管理者计划好行动方案之后，他们必须组织企业来实现既定目的。在操作层面上，"组织"意味着分配资源（例如分配资金给各部门）、分派工作以及建立实现组织目标的程序。**组织结构图**（organization chart）是表明人员之间关系和分配组织工作的视觉图像，显示谁负责完成某项特定工作，以及谁向谁报告（详见图7.3）。

**高层管理**（top management）是管理的最高层，由总经理和发展战略规划的其他主管组成。我们常会见到一些工作职位和简称：首席执行官（CEO）、首席运营官（COO）、首席财务官（CFO）以及首席信息官（CIO）——又被称作首席知识官（CKO）。在标准普尔500强企业中，CEO与董事长由一人兼任的占65%，其中包括UPS、约翰迪尔（John Deere）、通用电气这些大公司。

CEO负责企业所有的高层决策，并负责为组织引入变革。COO则负责将这些变革付诸实施，包括将工作结构化、控制运营以及奖励员工，确保所有人都为实现领导者的愿景而努力工作。现在也有许多公司为节省人力支出，不设COO，而将其职能一并交由CEO负责。通常，CFO参与削减COO职位的决策。CFO负责掌握资金、规划预算、筹集资金等；CIO或者说CKO则负责把正确信息传递给其他管理者，让他们可以做出正确的决策。由于信息技术在商业各个领域都变得愈发重要，CIO也对企业成败起着举足轻重的作用。

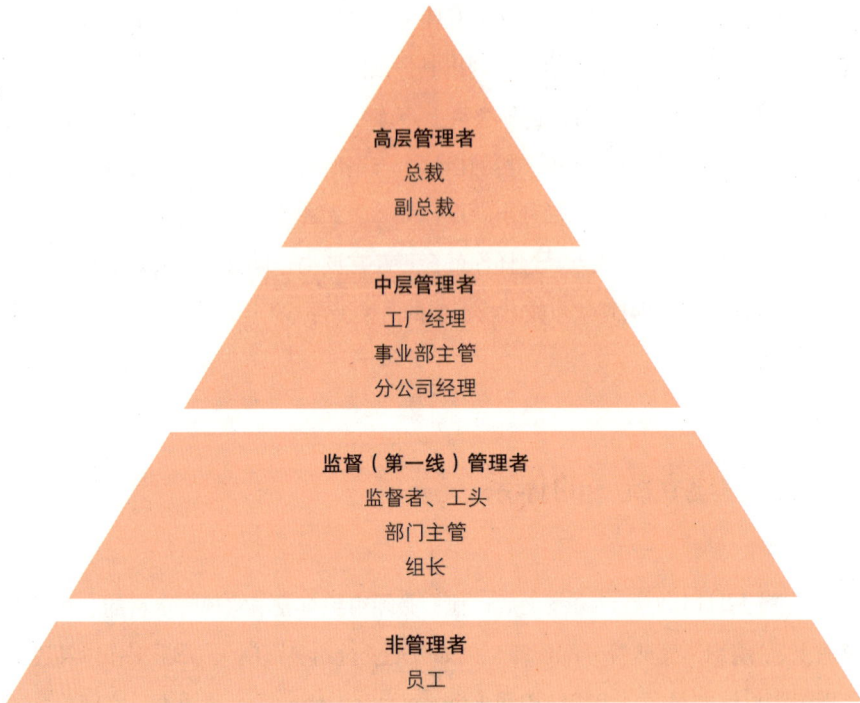

**高层管理者**
总裁
副总裁

**中层管理者**
工厂经理
事业部主管
分公司经理

**监督（第一线）管理者**
监督者、工头
部门主管
组长

**非管理者**
员工

**图7.3 管理层次**

这张图显示三种管理层次。在许多公司中，存在着好几个层次的中层管理。然而，近来公司纷纷精简中层管理，因为在自我管理的团队员工所需的监督越来越少。

中层管理（middle management）包括对战术计划和控制负责的一般管理者、部门经理和分支工厂经理（在大学里面是学院院长和部门主管）。许多公司在2008年经济衰退后，通过裁员精简中层管理者，并且要求存留下来的中层主管管理更多员工。不管怎样，中层管理者对大多数企业还是很重要的。

监督管理（supervisory management）包括直接负责监督工作者并评估他们每日表现的管理者；他们常被称为一线管理者（或监督者），因为他们是最贴近工作者的最基层主管。这是你在大学毕业后最可能获得的管理职位。

## 各管理层的任务与技能

很少有人是被训练成为一位好管理者的。通常员工先学会成为一个熟练的财会人员、销售代表或是生产线工作者，然后因为具备相关技能而被任命为管理者。这类管理者根本上在于示范、协助及监督他人工作，在运营任务上通常极为活跃。

一个人越往较高的管理层次爬升，对他工作技能的需求就越低。组织的最高层次需要的是理想家、规划者、组织者、协调者、沟通者、建立士气和激励者。图7.4显示了一位管理者必须拥有的三种技能：

1. **技术技能（technical skills）**指完成某项特定任务（例如销售产品或研发软件）或在某特定部门（例如营销或信息体系）内执行工作的技能。

2. **人际关系技能（human relations skills）**包含沟通和激励，帮助管理者用人以及与人合作。类似技能还包括领导力、指导、建立士气、授权、培训开发，以及帮助和支持。

3. **概念化技能（conceptual skills）**即把组织视为一个整体以及不同部门间关系的能力。计划、组织、控制、系统开发、问题分析、决策制定、协调及授权方面都需要概念化技能。

看一看图7.4，你将发现一线管理者必须同时具备这三项技能。不过，他们多数时间都专注于技术与人际关系任务（例如，协助及给予运营人员、给予指

| 高层管理者 | 技术技能 | 人际关系技能 | 概念化技能 |
| --- | --- | --- | --- |
| 中层管理者 | 技术技能 | 人际关系技能 | 概念化技能 |
| 基层管理者 | 技术技能 | 人际关系技能 | 概念化技能 |

**图7.4　管理层所需的技能**

所有管理者都需要人际关系技能。高层管理需要较强的概念化技能，较少依赖技术技能。监督管理需要较强的技术技能，较少依赖概念化技能。中层管理在技术技能与概念能力间必须取得平衡。

示等）上。一线管理者很少花费时间在与概念化技能相关的任务上。相对地，高层管理者需要使用的技术技能较少，他们多数时间都投注于人际关系与概念化技能上。一个在基层管理等级上胜任的人不见得适合高层管理，反之亦然。总体而言，不同层次所需的技能需求各自不同。

### 人员配置：选用并留住适当的人

为了为组织配置合适的人员，公司必须提供适当的激励。例如，谷歌的厨师就会为员工烹饪免费的午餐、晚餐和小吃。这样的激励对你有吸引力吗？与其他形式的激励相比，工资对你来说有多重要？

**人员配置**（staffing）包括招聘、雇用、激励并留住实现公司目的所需的最好的人员。雇用好员工在今日更为重要，尤其是在网络和高科技领域。例如，在谷歌、索尼、微软等绝大多数高科技企业中，首要的资本配置就是智力。拥有最具革新能力和创造性的员工的企业，才能在短短几年内迅速崛起，成为行业内的主要竞争者。

很多人不愿意在公司工作，除非他们能够受到良好的对待、得到公平的薪水。他们可能离开这里另找一家更能平衡工作和家庭的公司。人员配置正变为每个管理者的主要任务，所有管理者都需要和人力资源管理部门合作，来赢得并留住优秀的员工。在第11章我们将会讨论人力资源问题，包括人员配置。

## ◎ 领导：不断提供愿景与价值观

优秀的管理者不见得是好的领导者；同样，优秀的领导者也未必是好的管理者。管理者致力于维持组织的秩序与稳定，而领导者则热爱并管理变革。领导者创造组织中其他人愿意追随的愿景，建立企业价值观和伦理道德标准，并且改变组织经营的方式以改进公司的效益和效率。好的领导者善于鼓励员工并创造让员工自我激励的环境。管理则实现领导者的愿景。

## 道德抉择

### 分享还是不分享

　　基层管理者会协助他们的部门主管做决策。部门主管对决策负全责：如果计划成功，就是他们的成功；如果计划失败，就是他们的失败。现在想象这一情景：作为一名基层管理者，你掌握了部门主管没有看到的新信息，它显示，你的经理最近的计划肯定会失败。如果计划失败，该经理可能会被降职，而你是最有可能填补此职位空缺的候选人。你会把该报告交给你的部门主管吗？怎么做是符合道德的？你的决定可能会有什么样的结果？

　　总而言之，领导者必须做到：

　　·传达愿景并且把其他人凝聚在该愿景的周围。领导者应该敏锐地发现追随者所关心的问题，赋予他们责任，并且赢得他们的信任。成功的领导者必须能影响其他人的行动。柯爱伦临危受命出任杜邦首席执行官。尽管困难重重，但她为杜邦未来的增长和兴盛奠定了基础。

　　·建立公司价值观。这些价值观包括对员工、客户、环境以及公司产品质量的关切。当公司设定企业的目的时，也就定义了企业的价值观。人们认为领导者最应该具有的品质是诚实，其次则是远见。

　　·倡导公司伦理。伦理包括对诚实的不懈追求，以及坚持公司的每个人都被公平对待（详见"道德抉择"专栏）。这也是我们反复强调道德抉择的原因。许多企业人士现在都通过向慈善机构捐赠大笔款项来制造新闻，这在社会意义上可以确立起企业人士关心员工和其他人的形象。

　　·热爱变革。一位领导者最重要的工作可能就是改变公司的经营方式以提升其效益（把事情做得更好）和效率（投入较少的资源达到相同的目标）。

　　·强调问责制和责任感。如果要问我们从银行经理和其他行业和政府管理者在2008年开始的经济衰退期间的失败中学到了什么的话，那就是需要对领导人问责，以及领导人要对他们的行为承担责任。危机期间出现的一个关键词是透明。**透明**（transparency）就是将公司的实际情况和数据以清晰而透明的方式呈现给所有利益相关者。显然到了让企业和政府更加透明的时候了，这样所有人

## 社交媒体的商业价值

### 利用社交媒体争取客户的支持

你或许知道有人利用社交媒体抱怨产品和服务。例如，有位女士在推特上发文抱怨她的美泰洗衣机。另外一位男士在 YouTube 上用一首音乐视频表达了他对一家航空公司行李处理的愤怒，该视频获得了差不多 800 万观众的点击。

当然，很多公司利用相同的技术主动地或被动地与大众交流。例如，百思买有2500 名员工，他们可以在推特上看到客户的抱怨并做出反应。百思买采用的系统叫作 Twelpforce。下面举例说明它是如何发挥作用的。有人购买了一部手机和一份保险。当苹果手机无法工作的时候，商家给该客户提供了一部黑莓手机作为借用。客户对这种解决办法很不高兴，开始在推特上发文诉说自己的经历。百思买的客服代表迅速回复，并安排给客户替换一部苹果手机。结果，该客户重回推特发文，开始谈论百思买的良好服务。在另外一个例子中，某人将百思买的电视广告在发布之前上传到了他的博客，一个消费者看了这个广告后表示不满，于是，该广告就再也没有播出。

推特、脸谱、博客和 YouTube 等使得公司可以积极主动地接触消费者。遗憾的是，许多拥有 IT 部门的公司却在实施上过于迟缓。结果是，似乎社交媒体上对公司的抱怨要多于支持。社交媒体简化了双向交流，当越来越多的公司意识到它的重要性和好处之后，这种现象可能会有所改变。

资料来源：Josh Bernoff and Ted Schadler, "Empowered", *Harvard Business Review*, July‐August 2010; and Sonya A. Donaldson, "Social Media: Things That Make You Go 'Oops?'" *Black Enterprise*, December 2010.

就会对经济、特定企业和政府机构正在发生的事情更加了解。

所有组织都需要领导人，而所有的员工都会有助于领导。你不必是一位管理者也可以履行管理职能。也就是说，任何员工都能激励其他人出色地工作，为公司的伦理环境添砖加瓦，并在有违伦理的行为发生时及时报告。现在，有些员工则利用社交媒体承担起领导的责任。（你可以在本章的"社交媒体的商业价值"专栏读到他们的故事。）

### 领导力风格

在管理领域里，没有什么概念比对"最好的"领导力特质、行为或风格的研究更能挑战研究者的了。无数的研究报告都在寻找领导力的特质，即领导者不同于其他人的特征。直觉上，你会和其他研究者有相同的发现：领导力特质很难有一个固定的说法。有些领导者可能穿着整洁并很机智，而其他的则可能不那么整洁而且态度比较粗暴，然而这两种类型可能有着同样有效的领导力。

没有人可以为领导者特质下一个完整准确的定义，也没有人可以举出一种能在所有情况下都适用的领导力风格。虽然如此，我们仍然可以见到几种常见的领导力风格，以及这些领导力风格如何发挥作用（详见图7.5）：

1. **独裁式领导力**（autocratic leadership）是指进行管理决策时不参考他人意见的领导力风格。这种风格在紧急事故及需要绝对服从（例如灭火）时相当有效。独裁领导在需要清晰的指导和在带领不熟练的新工人时也是有效的。菲尔·杰克逊（Phil Jackson）教练就采用独裁领导让洛杉矶湖人队连续三届获得了NBA冠军。在他的领导力之下，一群具有高超技巧的"个人"变成了一个获胜的"团队"。这个团队现在运作得如何？你觉得在篮球、足球或其他领域运用的是哪种领导力？

2. **参与式（民主）领导力**[participative（democratic）leadership]是指由管理者与员工合作共同制定决策的领导力风格。研究显示，参与决策的员工不见

| 以老板为中心的领导力 ◆------------------------------------► 以部属为中心的领导力 | | | | | | |
|---|---|---|---|---|---|---|
| 管理者对独裁的使用 | | | | | 部属的自由范围 | |
| 管理者做决策并宣布 | 管理者"推销"决策 | 管理者提出意见并欢迎他人提问 | 管理者尝试提出初步决策，有改变空间 | 管理者提问并获得建议，然后制定决策 | 管理者定义限制范围，让团体做决策 | 管理者允许部属在上司指定的限制范围内运作 |
| | 独裁式 | | 参与式/民主 | | | 放任自由式 |

**图7.5　各种领导力风格**

得一定会提高效率，但通常会增加工作满意度。许多先进的组织都非常成功地运用了诸如重视灵活性、好的听取技巧及移情。成功采用类似领导力风格的组织，包括谷歌、苹果、IBM、思科、AT&T以及多数小型企业。员工在会议中讨论和解决管理问题时，每个人都有发表意见的权利。

3. **放任自由式领导力**（free-rein leadership）指管理者设定目标而员工则可以相对自由地做任何事情来实现目标。在那些管理者同医生、工程师及其他专业人士打交道的组织里，最成功的领导方式通常就是放任自由。这种管理者所需要的特点包括热情、友好和善解人意。越来越多企业对于部分员工采取类似的领导力风格。

一个领导者很少完全契合这些领导力风格中的一种。我们认为领导力是一条连续带，有各种不同程度的员工参与，从完全以老板为中心的领导力到以部属为中心的领导力。

哪一种领导力风格最好？根据研究显示，成功的领导力很大程度取决于公司的目的和价值观是什么、被领导者是谁以及组织所处的实际情况。管理者对新员工可能是独裁但又友好的；对待有经验的员工可能是民主的；对待可信赖的长期监督人员则可能是放任自由的。

没有一种领导特质适用于所有的情况，也没有一种领导风格永远会有最好的表现。在某个组织中取得成功的领导者可能在另一个组织中就会受挫。例如，易贝前首席执行官梅格·惠特曼（Meg Whitman）在其10年的任期期间见证了易贝从一家年收入400万美元、拥有30名员工的企业成长为一家年收入80亿美元、拥有15,000名员工的企业。她可能会是一位好州长，但在2010年，加州的选民决定不选她。一名真正成功的领导者有能力在面对特定的情景和员工时采用最适宜的领导风格。

## 授　权

很多领导者给予员工清晰的指示，告诉他们该怎么做以达到组织的目的和目标，这样的过程被称为"命令"（directing）。在传统的组织中，命令包括向员工布置任务、解释例行事件、明晰政策以及提供绩效上的反馈。许多组织仍然维持这个模式，特别是在刚刚创办、员工没有必要的工作技能和经验的快餐店和小零售店等企业。

具前瞻性的领导者，例如那些高科技与网络公司中的领导者，倾向于赋予员工自行决策的权力。授权（empowerment）代表给予一线员工权力（不咨询管理者而做出决定的权利）与责任（负责个人行动的后果的要求），来迅速响应客户的需求。管理者有时候并不想放弃他们做决策的权力，因此，有时授权会遭到抵制。在那些能够实行授权观念的公司，管理者的角色变得不太像老板和主管，而是更像教练、助手、顾问或是团队成员。

使能（enabling）指给予员工做决定所需的教育和工具。明显地，使能是授权成功与否的关键。没有合适的教育、培训、训练和工具，员工将不能承担起保证授权行得通的责任和决策制定任务。

## 管理知识

"知识就是力量。"授权员工代表着给予他们知识，也就是为他们提供使其能够全力做好工作的信息。找到适合的信息，把信息放在容易得到的地方，让企业中的每个人了解这些信息，这三者共同组成了**知识管理**（knowledge management）开发知识管理系统的第一步就是确定什么知识是最为重要的。你想更多地了解客户吗？你想更多地了解你的竞争者吗？哪些信息能够使公司更有效率或更快地对市场做出反应？一旦确定你需要知道什么，你就可以开始寻找这些问题的答案。

知识管理是让人避免重复工作，即重复搜集每次做出决定时所需的信息。如果公司里的每个人都在不断追问："还有什么是我不知道的？"以及"我该去问谁？"公司将会大幅进步。知道什么行得通什么行不通同样是很重要的。员工和管理者现在有了和客户、利益相关者及彼此保持联系的电子邮件、传真机、企业内网及其他方法。成功的关键是要知道如何有效地处理信息并把它转变成每个人都能使用的知识以改善流程与程序。这种做法收效显著。

## ◎ 控制：确保工作顺利进行

控制职能是根据计划好的目标和标准来评估绩效，奖励工作做得好的人，然后在必要时采取纠正措施。控制过程（详阅图7.6）提供的反馈让管理者及工作者能够针对任何偏离计划的行为，以及环境中那些会影响业绩的改变做出调整。

控制包含五个步骤：

1. 制定明确的绩效标准，并联结计划与控制功能。没有明确的标准，控制就无法达成。

2. 监控和记录实际绩效（结果）。

3. 把结果同计划和标准相比较。

4. 将结果与偏差告知相关的员工。

5. 为出色的工作提供正面反馈，并在需要时采取纠正措施。

为了使管理者能根据标准来客观地评估结果，标准必须是明确的、可以实现的以及可以衡量的。制定类似清晰的标准是计划职能的一部分。"更好的质量""更有效率"以及"改善业绩"等模糊的标准是不合格的，因为它们不能详细地描述出企业试图实现的目标。假设你是一位跑步者，你说："我的目的是在

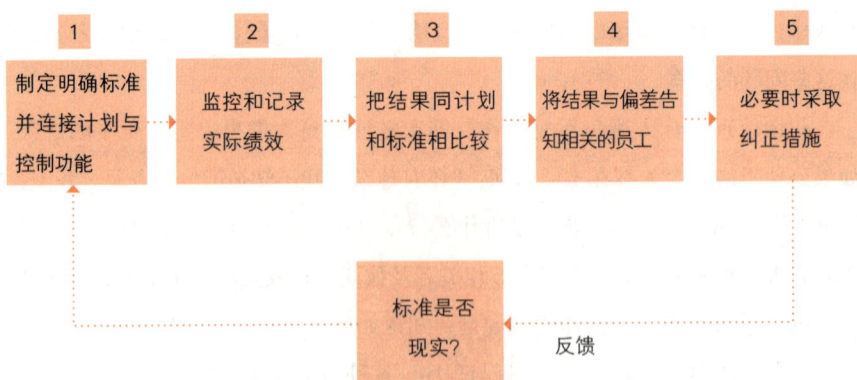

| 1 | 2 | 3 | 4 | 5 |
|---|---|---|---|---|
| 制定明确标准并连接计划与控制功能 | 监控和记录实际绩效 | 把结果同计划和标准相比较 | 将结果与偏差告知相关的员工 | 必要时采取纠正措施 |

标准是否现实？        反馈

**图 7.6  控制过程**

整个控制过程要以明确的标准为依据，没有类似标准，其他步骤将难以进行。有了明确的标准，将很容易衡量绩效，并采取适当的措施。

每天所跑的距离方面有提高。"当你去年开始着手实施这个改进计划时，你每天跑2英里；现在，你每天跑2.1英里。你达到了既定目标吗？当然，你的确增加了跑步的距离，不过也确实不多。

更恰当的陈述应该是："我的目标是到1月1日时，把我的跑步距离从每天2英里增加到每天4英里。"为达到目的设定一个完成期限非常重要。下面是正确的设定目的和标准的例子：

· 在3月31日前将退货成品的数量从每1000件中10件减少到每1000件中5件。
· 在本季度结束时把管理者表扬雇员的次数从每周3次增加到每周12次。
· 在7月之前把X产品的销量从每月1万件增加到每月1.2万件。

保证控制体系运转的方法之一就是为监控绩效建立清晰明确的程序。会计和财务通常是控制系统的基础，因为它们经常为管理提供评估进度所需要的数据。

## 新的衡量标准：客户满意度

传统的成功标准通常是财务方面的，即用利润或者投资回报来定义成功。当然，这些评估标准依然重要，但它们已不再是企业成功的唯一目的。现在，企业的其他目的是满足员工、客户及其他利益相关者，因此，成功的标准也必须考虑到所有群体，这包括外部客户与内部客户两者。

**外部客户**（external customers）包括购买产品再销售给他人的批发商和为了个人使用而购买产品的最终客户（也称为终端用户）。**内部客户**（internal customers）则是指接受来自其他个人或单位服务的公司内部的个人或单位。例如，区域销售人员就是那些为他们准备研究报告的营销研究人员的内部客户。

现在的组织目的已经不仅仅是过去的"满足"客户的需求，还要提供超出预期的优质产品与服务以"取悦"客户。我们会在接下来的几章里更详细地讨论管理。现在让我们暂且停下来，进行复习并做一些练习。管理需要做事情，而不仅仅是阅读。

# 总 结

## 1. 描述现今管理职能中发生的变化。

· 怎样描述现今的管理者?

在过去,管理者被称为老板,他们告诉员工做什么,并监督员工完成工作。现在的许多管理者依然抱持类似的态度,但整体上,管理正在不断进步。比如,管理者现在更强调团队和团队建设,他们设立活动中心、团队空间和开放工作区。管理者接受教育来指导、培训、支持并教育员工,而不是告诉他们做什么。在雇员被授权之前,他们必须接受广泛的培训和开发。

· 如何解释这些管理变化的原因?

现在《财富》100强企业的顶尖领导者普遍更加年轻,女性比例更高,但只有少数出自精英名校。他们知道许多员工在技术或其他方面超越自己,因此倾向于采用激励、融入团队和合作的方式。管理者在未来企业中会扮演全新的角色。一方面,他们要适应更灵活多变的环境;另一方面,他们会有更多机会外派。

## 2. 描述管理的四种职能。

· 管理的四个主要职能是什么?

四个主要职能包括:计划、组织、领导及控制。

· 如何定义这四个职能?

计划包括预测趋势发展并决定最好的战略和对策来实现组织的目的和目标。组织包括设计组织的结构,创造出让所有人与事物共同工作以实现组织的目的和目标的环境和制度。领导是为组织创造愿景,交流、指导、培训、协助和激励其他人,以有效地达成组织的目的和目标。控制意味着衡量实际发生的事情是否符合组织的目的。

## 3. 分析计划过程和决策与达到组织目的的关系。

· 目的和目标之间的差异是什么?

目的是组织希望达成的、广泛的、长期的成就;而目标则是制定出来帮助达到目的的明确的短期计划。

· 什么是SWOT分析?

管理者对企业内部的优势、劣势,以及所面临的外部机会和威胁的分析。

· 计划的四种类型是什么,如何与组织的目的和目标相联系?

战略规划是概括组织目的的广泛的长期规划。战术计划是列举组织目标的明确的短期规划。作业计划是战术计划的一部分,包括明确的时间表和标准的设定。应急计划是在第一套计划行不通的情况下可选择的另一套备份计划。

· 决策制定中包括哪些步骤？

决策制定的7个D包括：（1）定义情况；（2）描述并收集所需信息；（3）开发多项可供选择的方案；（4）达成参与者认同；（5）确定最佳可选方案；（6）执行所选择的方案；（7）判定决策优劣，然后持续进行。

**4. 描述管理的组织职能。**

· 什么是组织结构图？

组织结构图是表明人员之间关系和分配组织工作的视觉图像，显示谁负责完成某项特定工作，以及谁向谁报告。

· 公司等级中的三个管理层是什么？

三个管理层包括：（1）高层管理（由总经理和发展战略规划的公司其他主管组成）；（2）中层管理（包括对战术计划和控制负责的一般管理者、部门经理和分支工厂经理）；（3）监督管理（包括一线管理者和评估员工日常绩效监督者，负责评估员工的日常表现）。

· 管理者需要哪些技能？

管理者必须拥有三种技能：（1）技术技能（执行某项特定任务的能力，例如销售产品或研发软件）；（2）人际关系技能（沟通和激励的能力）；（3）概念化技能（把组织视为一个整体，协调不同部门间关系的能力）。

· 上述技能在所有管理层次都同样重要吗？

不同层次的管理者侧重不同的技能，高层管理者需要良好的人际关系技能和概念化技能，但是很少用到技术技能。一线管理者则需要充实的技术技能和人际关系技能，但是几乎用不到概念化技能。中层管理者需要三种技能的平衡（详见图7.4）。

**5. 解释领导者与管理者的区别，并描述领导力的不同风格。**

· 管理者和领导者之间的区别是什么？

管理者在组织中执行计划、组织和控制职能；领导者则创造组织中其他人愿意遵循的愿景，建立企业价值观，强调伦理道德标准，并且勇于变革。

· 描述各种领导力风格。

图7.5展示了从以老板为中心到以部属为中心的领导力风格连续带。

· 哪一种领导力最好？

哪种领导力风格最有效取决于被领导者和实际情况。未来的挑战是授予员工自我管理团队的权力，让他们自行管理，这与独裁领导力相背离。

· 授权的意义是什么？

授权意味着给予一线员工权力与责任，来迅速响应客户的需求。使能指给予员工做出决定所需的教育和工具。知识管理包括找到适合的信息，把信息放在容易得到的地方，让企业中的每个人了解这些信息。

·什么是知识管理？

知识管理就是找到适合的信息，把信息放在容易得到的地方，让企业中的每个人了解这些信息。

**6. 总结管理的控制职能的五个步骤。**

·控制职能的五个步骤是什么？

控制包括：（1）制定明确的绩效标准；（2）监控和记录实际绩效；（3）把结果同计划和标准相比较；（4）将结果与偏差告知相关的员工；（5）为出色的工作提供正面反馈，并在需要时采取纠正措施。

·标准必须具有哪些特质，才能用来衡量绩效结果？

标准必须是明确的、可以实现的、可以衡量的。


## 批判性思考

许多学生称他们愿意将来成为经理人。下述问题可以让你开始像经理人一样思考：

1. 你喜欢为大公司工作还是为小企业效力？是私营公司还是上市公司？坐办公室还是在外奔走？每个答案都要给出理由。

2. 你想成为什么类型的领导者？你有证据表明你会成为那样的人吗？

3. 你明白参与式（民主）领导风格存在的问题了吗？你能明白一位经理在无法控制其他人时的沮丧吗？

4. 接受培训以发号施令的人（像军队中的军士）能重新接受培训成为一名参与式的领导人吗？如何再培训？会出现什么问题？

# 8

# 调整组织结构，以应对当今的商业挑战

## 学习目标

1. 概括组织管理的基本原则。

2. 比较法约尔和韦伯的组织理论。

3. 评估经理人在建构组织时所做出的选择。

4. 比较不同的组织类型。

5. 指出跨组织合作与协调的好处。

6. 解释组织文化是如何协助企业适应环境变革的。

## 人物侧写

### 认识厄休拉·伯恩斯 施乐公司（Xerox）首席执行官

2009 年，厄休拉·伯恩斯（Ursula Burns）接替安妮·马尔卡希（Anne Mulcahy）担任施乐公司首席执行官。由于她的前任做得很出色，人们对她的期望也很高。马尔卡希是运营一家顶级上市公司的为数不多的女性之一，是首位被《首席执行官》（*Chief Executive*）杂志选为"年度CEO"的女性。马尔卡希将施乐带回到其企业文化的根基之上，即创新和关心客户。她说："你需要改变和适应。"

伯恩斯确实没有辜负从马尔卡希手中接过的帅印，而且做得更好。最近，《福布斯》杂志将伯恩斯列为第 14 位全球最有影响力的女性！她不仅是施乐的首席执行官，而且在许多董事会中担任董事，其中包括美国运通公司（American Express）和麻省理工学院。奥巴马总统指定她协助领导白宫的 STEM 国家项目（科学、技术、工程和数学）；副总统拜登（Biden）于 2010年安排她加入出口委员会。在财富 500 强前 150 名公司中，伯恩斯是唯一一名非裔女性首席执行官。

伯恩斯出生并成长于纽约。她在纽约大学理工学院获得学士学位，并在哥伦比亚大学获得硕士学位。最早进入施乐时她还是一位暑期实习生，一年之后正式加入该公司。从 1992 年到2000 年，她领导过几个业务团队，包括办公室彩色传真业务和办公室网络打印业务。她担任了一段时间的总经理助理，并于 1999 年成为全球制造总裁。作为执行副总裁，她与马尔卡希密切合作，直到 2009 年马尔卡希离任。

当伯恩斯接任首席执行官时，施乐必须将员工队伍削减到 50,000 人。然而，差不多在同一时间，施乐收购了联盟计算机服务公司（ACS）。这是一家 IT 服务公司，而它的员工就有 80,000 名。收购让施乐进入了一个新的服务市场，并为伯恩斯带来了新的挑战。利用 ACS 在 IT 和业务流程外包方面的基础，施乐希望说服用户更多购买它们的文档处理产品。

本章讲述了变革组织，使之适应当今的市场，就像厄休拉·伯恩斯在施乐所做的那样。大多数经理人从来没有面对过如此巨大的挑战，但每家公司都有很多机会利用组织原则来管理变革并从中受益。

资料来源：Diane Brady, "Hard Choices," *Bloomberg Businessweek*, April 26 – May 2, 2010; Richard Waters, "Xerox Chief Sets Out the Big Picture," *Financial Times*, May 6, 2010; and Xerox Newsroom Bios, accessed online March 2011.

## ◎ 每个人都在经历变革

你不用舍近求远去找公司重组的个案，施乐就是其中之一，有时重组的过程非常痛苦。宝洁公司前首席执行官阿兰·乔治·雷富礼（A. G. Lafley）是一个传奇人物，他将宝洁改造成了美国最富创新的公司之一。有些创业公司从一开始就具有全球性，并且取得了成功。其他组织已经衰落，包括汽车制造商、房地产开发商和银行。你在新闻中肯定听到过此类的失败。很明显，重组带来了巨大的挑战。

很少有企业像星巴克一样在美国树立起了良好的形象，但即使是这样的公司也必须进行结构重组，以维持其客户群。星巴克在原有的菜单上增加了多种三明治，一个意想不到的结果是店里的味道改变了（烧奶酪的味道压过了咖啡的味道）。通过暂时减少三明治的数量，咖啡店重新恢复了芳香。许多店不得不关门，其他店则进行转型，以重新体验米兰咖啡馆的感觉。最后，星巴克重获其市场形象，生意再次兴隆。

你可能会很担心："美国制造商到底发生了什么？"这么多企业看上去都衰败了。但事实上，适应变化的市场是资本经济的正常功能。市场有像谷歌、脸谱网一样的大赢家，也会有大输家。成功关键是保留弹性和适应变化，通常这意味着回归到基本法则，并且在健全的基础上建立组织。本章将讨论这些基本原则。

### 由下而上建构组织

不管企业的规模大小，组织原则大抵上都是一样的。例如，假设你与二位友人合伙创立一家草坪除草公司。首先，你们必须组织公司，组织开始于决定公司最初投入哪种业务项目（除草、镶边及整饰等）；然后，在三人之间分派工作，我们称它为"分工"（division of labor）。例如，你们有人具备整修灌木的特殊才能，有人擅长除草。成功的企业经营仰赖管理者有能力识别每个人的优点，并且做到把正确的工作分配给最适合做这工作的人。工作能否被快速与正确地完成，往往取决于工作是否被专业化。像是这样将工作细分成更小单位，我们

## 道德抉择

设想你在邻居那里成功地拿到了修剪草坪的工作。本区其他草坪清理服务公司似乎雇用的是未受过培训的员工,其中许多来自外国。它们支付最低工资或比最低工资略微多一点。然而,很明显,它们常常不提供安全设备。工人没有降低割草机和吹风机噪音的耳罩。多数人在处理碎物的时候没有戴护目镜。在喷洒可能有害的肥料时,只有极少人戴着口罩。

你知道庭院作业有很多危险,但安全器具可能花钱较多,而且工人常常喜欢工作时不戴它们。你有兴趣尽可能赚到更多的钱,但你也对你员工的安全和福利担心。你知道庭院维护设备产生了噪音污染,但无噪声的设备很贵。

你在开始提供服务时创造的企业文化会持续很长时间。如果你从开始就强调安全和环保,你的工人会采用你的价值观。另一方面,你也知道忽视安全和环保能更快地盈利,就像你的竞争对手所做的那样。结果是什么呢?

称之为"工作专业化"(job specialization,或称工作专门化)。例如,你可以把除草这项任务分为除草、整饰和耙地。

假如你的企业经营成功,可能需要雇用更多人,然后将他们分成不同团队或部门以负责不同工作。例如,某团队可能负责除草,其他团队则利用风箱清理树叶与草坪。当公司逐渐成长,你可能需要雇用一名会计处理账务,有人负责打广告,其他人则负责维修服务。

渐渐地,你发觉公司逐渐形成许多部门:生产(修整草坪和相关事务)、营销、会计和维修。设立个别部门以处理专业分工任务的过程,称为"部门化"(departmentalization)。最后,你需要授权给其他人,以便有效控制组织的全部流程。假如公司的某些流程出错(例如会计部门),你必须了解由谁负责。

建构组织,包括进行分工(有时会导致专业化)设计,建立团队或部门来负责特殊工作(例如,生产与会计);以及分配责任与权利。其他流程还包括分派资源(例如,给予不同部门的资金)、分派特定工作,以及建立完成组织目标的流程。好的开始包括你必须制定某些道德标准,以决定如何善待员工(详见"道德抉择"专栏)。

你可以发展出一个组织结构图，明确显示组织人员间的关系：描述由谁负责特定工作，以及谁向谁报告。最后，你必须监控外在环境，了解竞争者正在做什么、消费者现在需要什么，然后适应这些新变化。例如，一家大草坪照料公司可能开始在你的区域内促销。为了在有竞争力的价格下仍能提供更佳服务，你可能必须进行重组。假如竞争者已经开始抢走你的生意，你要做的第一件事是什么？

## ◎ 变革中的组织

回顾过去商业历史，从未有过像现在这样如此快速的变革——有时快速得过分了。就像日本遭受的地震与海啸，突如其来的灾难给核电企业带来了巨大影响。一如先前各章节所描述的，许多变革皆因企业环境改变所致：更多的全球化竞争、更快的科技变革，以及环保压力。其中一项对许多企业而言同样重要，即消费者期望的改变。今日消费者期望高质量的产品以及快速、友善的服务，不过价格必须合理。

因此，管理变革成为一项重要的管理职能，有时还要包括整个组织结构的改变。此类变革会发生在非营利组织、政府组织以及企业中。在过去，很多组织设计的初衷是便于管理，而非取悦消费者。公司设定的许多规章和条例是为了让管理者控制员工。正如你在本章稍后要了解的那样，这种对规章的依赖叫官僚制。2005年8月卡特里娜飓风袭击新奥尔良，当时美国政府似乎陷入瘫痪，无法及时做出反应。受害者责难联邦政府、州政府和地方当局的官僚主义。与此同时，灾区内和其他州更灵活的企业对这一新情况做出调整，重新开张，并等待政府跟进。当地政府、州政府和联邦政府对2010年墨西哥湾漏油事件的应对也做得不是很好。没错，政府必须努力克服官僚主义，也要与企业竞争。

理解我们在组织设计中所处的位置有利于帮助我们了解自己的处境。我们会在下来的章节中探讨这一问题。

## 组织设计的历史发展

20世纪之前，多数企业属于小型，商品生产流程简单，组织工作内容单纯。组织员工在大多数小企业也仍然不是很困难，例如清理草坪服务或生产定制小船的小店。直到20世纪导入大规模生产（有效率地生产大量商品），企业在生产过程与组织上开始变得复杂。通常，工厂越大，生产越有效率。

企业成长导致**规模经济**（economies of scale），也就是说公司通过大量采购原料来降低生产成本；随着生产量提高，产品平均成本下降。例如当汽车厂大规模生产时，建造一部车的成本就会大幅降低。在大规模生产时代，就诞生了制造福特汽车和通用汽车的大型工厂。你可能也注意到房子和计算机同样会因大量制造而获利。

在大规模生产的时代，出现了所谓的组织理论家。其中两位颇有影响力的思想家是亨利·法约尔（Henri Fayol）和马克斯·韦伯（Max Weber）。他们提出的原则现在还在世界各地使用。下面我们来一探究竟。

**法约尔的组织原则**　1919年，法国经济学理论家法约尔出版了《工业管理与一般管理》（*Administration industrielle et générale*）一书。1949年，该书另以"*General and Industrial Management*"之名在美国普及。法约尔提到的组织原则如下：

·**指挥统一**。每位工作者只有一个老板。该原则的优点非常明显，倘若两个不同老板下达两种不同任务，你该如何？你要听命于谁？为了避免这种混淆，每个人应该只对一位管理者负责（我们将会讨论一个似乎违反此原则的组织计划）。

·**职权等级**。所有工作者都应了解该向谁报告；管理者应该有权力下命令，并且期望他人遵从。（你在第7章学过，这个观念经历了很大的改变，现在授权变得更加重要）

·**分工**。职能应该以专门领域划分，例如生产、营销及财务（本章稍后会学到，这项原则现在也被质疑或调整，跨职能团队的重要性越来越高）。

·**个人利益在共同利益之下**。工作者应将自己视为一个协调团队，团队目标比个人的目标重要（此观念现在依然适用）。你是否在足球队或篮球队中见过这一原则的运用？

·**权力**。管理者有权下命令及要求服从。职权与责任紧密相关：在执行职权的同时，责任也随之增大（管理者日渐授权给员工，故此原则也被修正）。

·**集权程度**。授予高层管理决策权的多寡应视情况而定。在小型组织中，可以将所有决策权集中于高层主管身上；然而在大型组织中，一些主要与次要问题的决策权应该分配到基层管理者与员工身上。

·**明确的沟通渠道**。所有工作者在企业内都要能够快速、轻易地与他人联系。

·**秩序**。材料与人员都置置于适当地点。

·**公正**。管理者应以尊重及公平的态度对待员工与同事（该原则显然包括了对待妇女。例如，注意在针对沃尔玛的集体诉讼中，妇女声称未被企业平等对待）。

·**团队精神**。企业内部人员之间应该培养荣誉与忠诚的精神。

多年来，全球各大学管理课程仍然教导法约尔原则，它们已成为管理概念的同义词。组织设计让每个人都只有一位老板，职权界限非常明确，每个人都了解该向谁报告。当然随着组织越来越大，上述原则通常被写成规范与政策。

研究拟定组织规范的过程，往往使得层次严明的组织经常无法快速响应客户。例如，美国许多城市的车辆管理局（DMV）及汽车修理厂对客户的响应速度就很慢。接着，我们就要讨论官僚制观念从何处产生。

**马克斯·韦伯与组织理论**　马克斯·韦伯的著作《社会和经济组织理论》（*The Theory of Social and Economic Organizations*）与法约尔的著作一样于20世纪40年代末期在美国出版。许多大企业盛行的金字塔式组织结构，就是由德国的这位社会学家与经济学家韦伯所提出的。韦伯非常信任管理者，他认为如果员工做好自己分内工作，听命上级，企业就会经营得很好。员工所需进行的决策越少越好。显然面对类似未受教育、训练的员工，这种做法很合理。这种工作者只能在韦伯的年代找到，当时多数的员工没有现代员工所普遍拥有的教育背景及技能。

韦伯的组织原则与法约尔类似，不过韦伯特别强调：

·工作说明书。

·明确书面规定、决策方针及详细记录。

·一致的程序、规则与政策。

·依据资格条件招聘员工与升职。

韦伯相信大型组织唯有明确制定规范方针，才能精准执行。换言之，他较偏好官僚制。虽然他的规范原则较具意义，不过有时候某些公司在严格遵循后却导致自己变得僵化。不过，当今的某些组织仍能因为遵循韦伯的理论而获利，例如，联合包裹服务在企业中导入实施规范与决策指导方针，员工不必因为做决策而迟疑，能够快速传递包裹，因为流程已在书面明确标示。

其他遵从此理论的组织之所以无法这么有效率，就是因为没有让员工快速响应新的挑战。许多地区的灾难救援便出现了类似的情况。稍后，我们将探讨如何让组织更有效地响应变化。首先，检视一些基本名词与观念。

## 将管理概念转为组织设计

在20世纪初的后期，为追随法约尔与韦伯等理论家的概念，管理者开始设计让管理者能够控制工作者的组织。现在许多公司依然遵循这种建构在等级上的组织模式。**等级**（hierarchy）指一个人位居组织的最高层，管理者由上而下依位阶排序，其他人则对该人负责的体系。由于一个人无法监督上千位员工，因此高层管理者需要许多基层管理者的协助。**指挥体系**（chain of command）就是从最高层到最基层的职权线。图8.1是一个典型的等级组织结构。

有些组织在首席执行官与基层员工之间，拥有达12个甚至更多的管理层次。如果员工想要导入一项工作变革，他们必须询问主管（管理的第一层），主管再

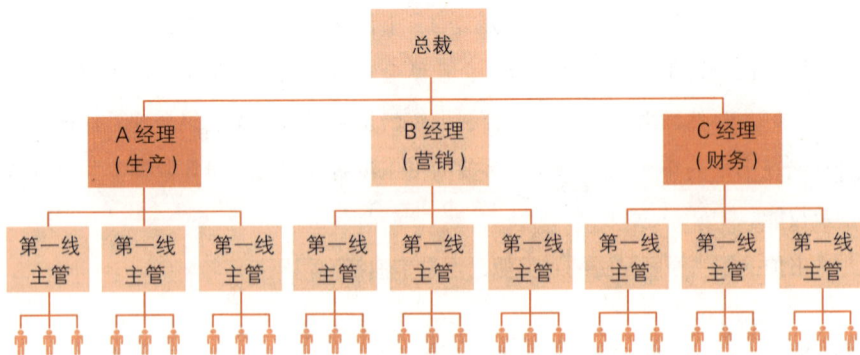

**图8.1 典型（传统）的组织结构图**

此图标示了管理者的主要功能及向管理者报告的指挥体系，每位主管都管理三位员工。

一层层向上提报。一个决策会由一个管理者往下传至另一个管理者，最后传至底层员工，如此的决策过程往往旷日费时。

马克斯·韦伯便用"官僚"（bureaucrat）一词来形容一位执行高层管理命令的中间管理者的职能。因此，**官僚制（bureaucracy）**指组织有许多等级的管理者制定出规定与规则，并且监督所有决策。

当员工必须得到管理者允许才能改变时，流程费时冗长，因而让客户感到愤怒。在百货公司或其他组织，你有碰过类似的情况吗？因为许多客户都希望获得高效的服务——而且"马上"就要——因此，在当今竞争激烈的环境中，缓慢的服务是无法被接受的。

为满足消费者，有些公司调整组织，赋予了员工更多决策权，以尽其所能地取悦顾客。家得宝（Home Depot）就利用这种方法打败竞争对手，争取到更多消费者。高档的连锁百货公司诺德斯特龙也有类似做法，员工不需经过经理核准就可直接处理顾客退货事宜，甚至也会代为处理其他分店出售的衣服。先前你已经读到，赋予员工这类决策的权限与责任，以取悦消费者，称为"授权"。记住，授权只在给予员工适当培训及充分资源时才能发挥作用。你了解这种培训对一线人员处理紧急事件有何帮助吗？


## ◎ 建构组织的决策


在设计快速反应的组织时，公司必须处理以下问题:（1）集权对分权;（2）管理幅度;（3）高耸与扁平的组织结构;（4）部门化。


### 选择集权或分权

**集权（centralized authority）**指的是企业高层管理者拥有决策权。例如，零售业巨头塔吉特（Target）在管理上采取的是权力非常集中的形式。《财富》杂志评论说塔吉特采取如此自上而下的等级管理，以至于首席执行官要亲自面试600个高层职位的候选人。然而，这并不表示塔吉特无法适应不同的环境，你将在本章中了解到这方面的内容。

麦当劳认为采购、促销与其他类似决策最好实行中央管控。美国的每家麦当劳餐厅通常不太需要销售差异化的食品,麦当劳比较倾向于集权。然而,面对当今快速变化的市场,再加上全球消费者口味的差异,即使是麦当劳也倾向于某种程度的分权和授权。它们在英国的快餐店提供茶,在法国的快餐店卖Croque McDo(一种热火腿奶酪三明治),在日本的快餐店卖米饭,在中国的快餐店则提供芋头和红豆点心。

分权(decentralized authority)指的是将决策权委托给比总部管理层更熟悉当地情况的低层级管理者和员工。例如,杰西潘尼(JCPenney)的加州消费者所需的服饰样式与明尼苏达州或缅因州的不同。因此,授予不同城市的商店管理者以适合当地的采购、定价以及促销的权力很有必要。在应对2008年开始的经济危机时,梅西百货(Macy's)也转而注重当地消费者的品味。"我的梅西"计划在试销市场上取得了成功。家得宝和劳氏(Lowe's)都对金融危机做出了相似的反应,那就是迎合当地市场。表8.1列举了集权与分权的优缺点。

## 选择适当的管理幅度

管理幅度(span of control)指的是一位管理者或主管应该监督的最合适下

**表 8.1　集权与分权管理的优缺点**

| 优点 | 缺点 |
|---|---|
| **集　权** | |
| ·较大的高层管理控制。 | ·较难响应消费者需求。 |
| ·较高效率。 | ·较少的授权。 |
| ·简单的分销体系。 | ·组织间冲突。 |
| ·较佳的品牌与企业形象。 | ·士气较低。 |
| **分　权** | |
| ·较能响应消费者期望。 | ·效率较低。 |
| ·员工拥有较多的授权。 | ·复杂的分销体系。 |
| ·决策较快。 | ·较少的高层管理控制。 |
| ·士气较高。 | ·企业形象较薄弱。 |

属人数。什么是"正确"的管理幅度？在工作标准化的低层等级中，执行较广的管理幅度较为可行（15~40位工作者）。例如，一位主管可以负责20名或以上组装计算机或打扫电影院的员工。然而，在组织中的等级越高，所管理人员的数字越要缩小，主要是因为工作较不标准化，需要面对面沟通的机会较多。

目前的趋势是精简中层管理者，雇用更多受过教育且优秀的基层员工，以扩大管理幅度，这些都包含在授权的观念里。当员工更具专业性，信息科技让管理者能够处理更多信息，以及员工肩负更多自我管理责任，那么就可能扩大管理幅度。

例如，在弗吉尼亚州塞勒姆市的Rowe家具公司，制造部门主管就拆解生产线，赋予那些过去执行有限功能（缝纫、胶合、装订）的员工更大的自由，去制造他们认为合适的沙发，生产力与质量因此而大增。

### 高耸与扁平的组织结构

20世纪初期，组织越来越大，层层叠叠增加的管理直至成为**高耸组织结构**（tall organization structures）。有些组织拥有的层级多达14层，管理幅度却很小（亦即每位经理人只管理少数部属）。

可以想象一个信息通过各层管理者向上传达，然后又向下传达，最后会被扭曲成什么模样。观察高耸组织时，你将看到一个庞大复杂的管理群，包括管理者的助理、秘书、助理秘书、主管、培训者等。雇用这些管理者及助理的成本高昂，产生的文件数量更是惊人，而沟通及决策上的无效率则简直令人难以忍受。

组织近来开始往扁平式发展。**扁平组织结构**（flat organization structure）中管理层较少（参阅图8.2），而且有较大的管理幅度（亦即每位经理人管理许多部属）。这样的结构通常较能对客户需求产生响应，因为决策权和责任可以交给

图8.2 扁平组织结构

表 8.2　宽与窄的控制幅度的优缺点

| 优点 | 缺点 |
| --- | --- |
| **窄** | |
| 高层管理更多控制。 | 较少授权。 |
| 更多改进机会。 | 较高成本。 |
| 更专业化。 | 决策延迟。 |
| 更加紧密监控。 | 回应消费者速度缓慢。 |
| **宽** | |
| 降低成本。 | 较少改进机会。 |
| 充分回应消费者。 | 管理者工作过度负荷。 |
| 快速决策。 | 缺乏控制。 |
| 更多授权。 | 较少管理专家。 |

基层员工,使得管理者可以不必事必躬亲。在一家拥有类似结构的书店中,员工有权按分类来安排书架、为客户处理特殊订单等。

在许多方面,大型组织都试图创造那种小企业员工熟悉客户的友善气氛。扁平化组织使得大部分经理人的管理幅度扩大了,许多经理人因此丧失工作。表8.2列出宽与窄的管理幅度的优缺点。

## 部门化的优缺点

部门化(departmentalization)指将组织划分至不同单位。传统将组织部门化的方法是依职能(设计、生产、营销、会计等)划分。将工作者根据他们的技能、专业技术或是资源使用的方式分组,使员工能够专业化、更有效率地一同工作,也可以节省成本。其他优点包括:

1. 员工可以深入发展专精技能,同时带动部门的效率与进步。

2. 企业可以将所有资源集中,并在该领域中寻找各种专家,从而达到规模经济。

3. 提高职能内部的协调度,高层管理容易引导并控制各部门活动。

至于部门化的缺点则有:

1. 不同部门间可能缺乏沟通。例如,生产可能与营销分开,使得制造产品者无法从客户端得到适当反馈。

依产品
营销经理
大众图书　教科书　技术书

依功能
总裁
生产　营销　财务　人力资源　会计

依客户群
总裁
消费者　企业客户　制造商　机构组织客户

依地理区位
副总裁（国际部）
加拿大事业部　日本事业部　欧洲事业部　韩国事业部

依流程
生产管理者
剪裁工　染工　缝纫工

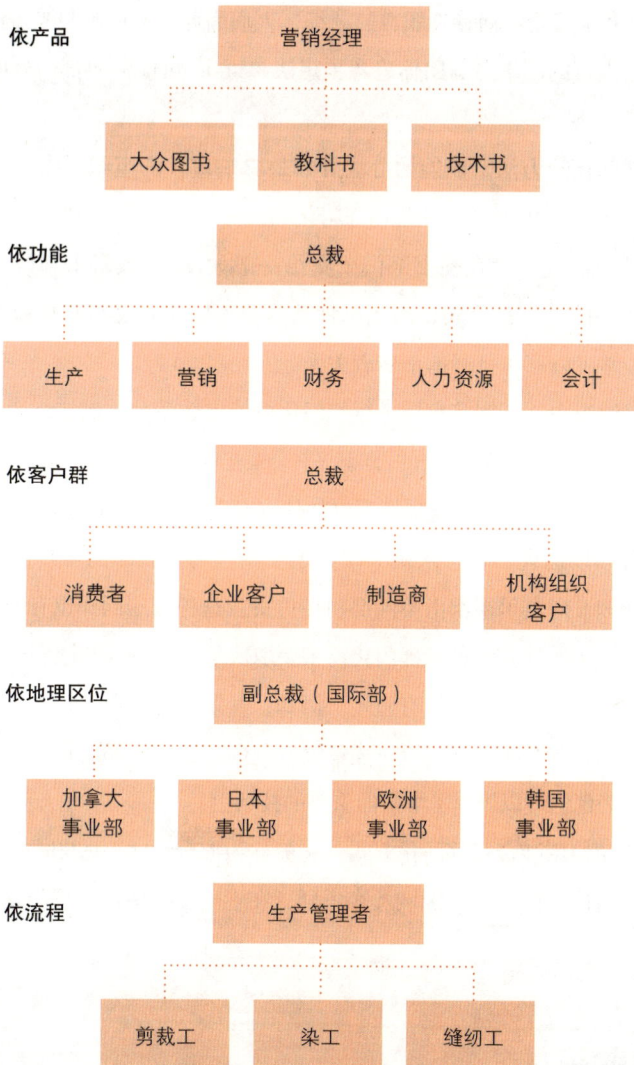

**图 8.3　部门化的方法**

电脑公司可能依地理区位（国家）进行部门化；制造商依功能；药品公司依客户群；皮革制造商依流程；出版社依产品。每种结构都需要符合企业目的。

2. 个别员工可能产生部门目标认同，而忽视组织整体目的。采购部门可能会采购高价值和大量的物品，但储存成本因此增加。采购部门看似绩效良好，公司的整体获利能力则会遭受损失。

3.公司对于外部变革的响应，可能变得缓慢。

4. 由于并未接受不同管理职责的训练，人们因此容易成为眼光短小的专家。

5. 部门内部的同事参与团体思考（想法趋近），可能需要部门外的刺激才能产生创造力。

**各种部门化的方法**　职能的分离并非最具响应性的组织形态。其他可选的方案有哪些呢？图8.3列出五种公司部门化的方法，其中之一是依产品类别区分。一家出版社可能拥有大众图书部门（卖给一般大众）、教科书部门及技术书部门，每种图书的客户都不同，因此每种都需要不同的开发与营销流程。特定产品部门化经常可以产生良好的消费者关系。

在某些组织中，依据客户群进行部门化可能比较适合。例如，药品公司可能分别拥有一个注重消费者市场的部门、一个聚焦医院（公共机构市场）的部门、一个锁定医生的部门。你会发现消费群如何因有专业人员满足其需求而受益。

有些公司以地理区域来组织单位，主要是因为各区域的客户差异颇大，因此日本、欧洲及南美可能都由不同部门在负责。这种方法同样也有明显的益处。

究竟要采用哪种方法进行部门化，主要取决于产品特性与服务客群。有几家公司发现利用流程区分活动较有效率。例如，一家制造皮革外套的公司可能拥有皮革切割部门、皮革染色部门以及皮革缝制部门。这样的部门化能使员工工作更有效率，因为他们可以聚焦于少量而重要的技巧上。

有些公司使用结合式部门化方式，它被称为混合形式（hybrid forms）。例如，它们可以同时以职能、地理区域及客户群，在不同层级中进行部门化。

## ◎ 组织类型

我们已经探讨了组织设计的基本原则，现在将深入讨论各种建构组织的方法。首先检视以下四种类型：（1）直线组织；（2）直线参谋式组织；（3）矩阵式组织；（4）跨职能自我管理团队。你将看到有些类型的组织违反传统的管理原则。经历转型的企业必须放弃某些传统组织架构而采取新的结构。这样的转型不只要经历阵痛期，其间还充满着各种问题与错误。

### 直线组织

直线组织（line organization）指组织内由上而下拥有直接双向的责任、职权与沟通，所有人只向一位主管报告。军队和许多小企业都是这样组成的。例如，当地一家私营比萨店可能有一位总经理和一位排班经理，所有一般员工都向排班经理报告，而他或她则向总经理或老板报告。

直线组织没有任何专家提供管理支援，没有法律、会计、人事部门，也没有信息部门。这类的组织依循法约尔的传统管理原则。直线经理人可以发布命令、强化纪律，并且在情势改变时适时调整组织。

在大型企业中，直线组织可能导致一些缺失，包括缺乏弹性、缺少能够指导直线人员的专家、直线沟通路径过长、无法处理复杂决策等等。例如，一个拥有上千种不相关产品的组织可能因此衍生庞大的文书处理工作。这种组织通常会转变为直线参谋式组织。

### 直线参谋式组织

为了将单纯直线组织的缺失降至最低，现在许多组织都拥有直线人员与参谋人员。**直线人员（line personnel）**是指挥系统的一部分，执行直接达成组织主要目的的职能，包括生产、分销及营销人员；**参谋人员（staff personnel）**行使提出建议协助直线人员达成组织目的的职能（例如，营销研究、法律咨询、信息技术及人力资源管理）。

图8.4显示直线参谋式组织结构图。直线人员与参谋人员的一项重要差异在于权力。直线人员拥有正式决策职权；参谋人员有权向直线人员提议，虽然这些建议可以影响上述决策，不过他们无法改变决策。直线管理者可以选择求教或忽略参谋人员的建议。

许多组织在安全、法律事务、质量管理、数据库管理、人力资源管理及投资方面，都因为有参谋助理专家建议而受益。参谋人员可以协助直线人员达成目标，在地位与薪资上也不比别人低，他们就像是组织薪资表上拥有高薪的顾问一样。

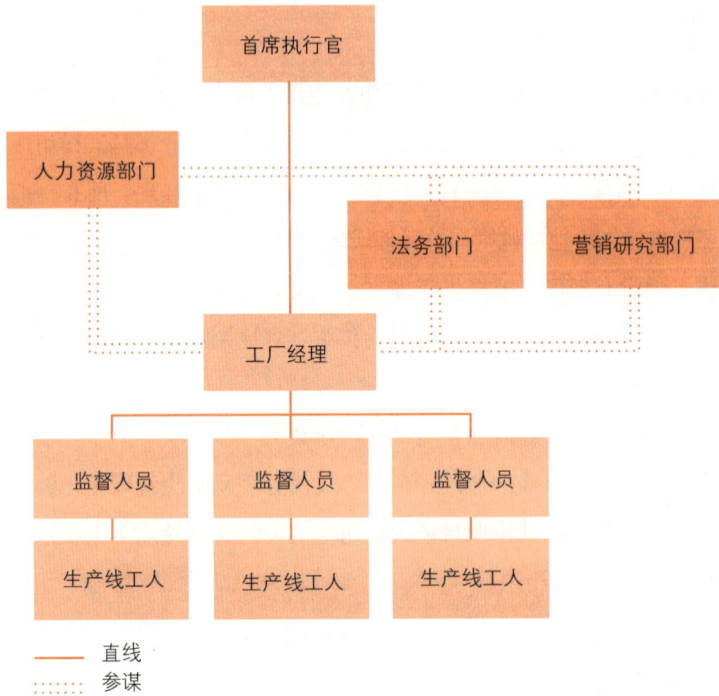

**图 8.4　直线参谋式组织**

## 矩阵式组织

　　直线及直线参谋式组织结构都缺乏弹性。它们都有职权及沟通渠道，也都适合环境稳定且产品研发缓慢的组织（如家电销售公司）。在类似公司中，具有明确的职权线及稳定的组织结构，是确保组织有效运作的资产。

　　然而，当今经济环境皆由高成长产业所主导（例如电信、纳米技术、机器人、生物技术与航空航天），这些行业与过去的行业截然不同。在这些行业中，产业竞争非常激烈，并且新构思的寿命无比短暂。它们的焦点都放在新产品研发、创新、特殊计划、快速沟通以及跨部门合作上。由于这样的改变，矩阵式组织逐渐受到欢迎。**矩阵式组织**（matrix organization）指汇集组织内不同部门专家共同负责特殊项目，但是仍然维持部分直线参谋式组织结构的组织。图8.5显示了矩阵式组织结构图。换言之，一位项目经理可以向各部门借人来协助自身设计与营销新产品。

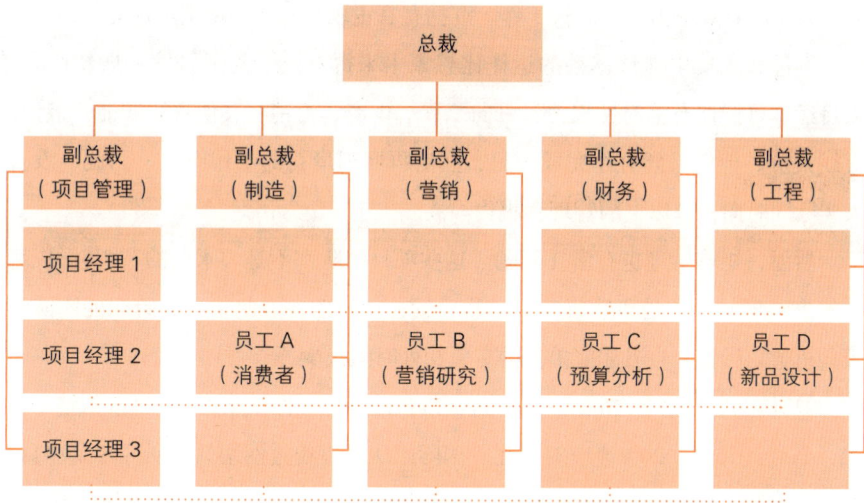

**图 8.5　矩阵式组织**

矩阵式组织的项目经理负责来自不同部门成员组成的团队。案例中，项目经理监督 A、B、C 与 D 四位员工。这些员工不只对项目经理 2 负责，同时也对个别部门主管负责。例如，B 员工是一位营销研究员，他向项目经理 2 报告，同时也向营销部门副总裁报告。

　　矩阵式组织最初被应用在航空航天业，目前金融、管理顾问、会计师事务所、广告代理公司及学校等组织也已开始应用该结构。矩阵式组织结构的优点如下所示：

　　·管理者在向各项目分派人员上拥有弹性。

　　·鼓励跨组织与团队合作。

　　·能为与新产品研发有关的问题提供创意解答。

　　·更有效率地使用组织资源。

它的缺点如下：

　　·昂贵且复杂。

　　·可能导致员工对谁忠诚产生混淆——究竟要对项目经理，还是对职能单位负责。

　　·需要人际关系技能良好且有合作精神的员工与管理者；可能会产生沟通问题。

　　·对于长期问题只有暂时的解决办法。

　　倘若你觉得矩阵式组织违反一些传统管理原则，你的想法并没有错。通常一个人无法有效地为两个老板工作。谁拥有真正职权？哪一项指示优先？

不过在现实中，该体系的运作比想象中来得有效。为了研发一项新产品，项目经理可能拥有临时性权力，可向工程、生产、营销及其他直线职能"借调"直线人员。他们一同合作完成项目，然后再回到最初的工作岗位。因此，没有人实际同时向一位以上的管理者报告。

然而，矩阵管理也有潜在问题。这些项目团队都不是"永久的"，其形成旨在解决一项问题或是研发新产品，然后就自动解散，因此很少有跨职能团队学习的机会，因为来自各职能单位的专家相处时间极少。

《哈佛商业评论》（*Harvard Business Review*）称：未来的决策会分散到整个组织，如此，人们可以快速应对变化。国际团队可以通过网络共同研究单个项目，然后再解散。玩在线游戏的年轻人会因为在此类小组中工作而感到十分舒服。

## 跨职能自我管理团队

针对矩阵团队的临时性，解决方法是建立一个长期团队，授权他们与供应商、消费者及其他人紧密合作，以快速而有效地推出高质量的新产品，同时提供优质的服务。《商业周刊》（*Business Week*）撰文称：82%的白领员工会与同事合作。超过80%的人称他们喜欢在3人或超过3人的小组中工作。多数在团队中工作的人是为了向其他人学习，但30%的人是利用团队完成一个特殊的任务。

**跨职能自我管理团队**（cross-functional self-managed teams）是来自不同部门且长期共事的一群员工（与在矩阵式组织中建立的临时性团队正好相反）。自我管理意味着他们被授权可自行决策，无须得到管理层的同意。当跨部门团队建立之后，设计、工程、营销、分销及其他职能之间的藩篱被打破。有时团队是跨企业的，也就是说，成员来自两个或更多的企业。

当领导权被大家分享时，跨职能团队的效果最好。工程师可能领导新产品的设计，但当准备实施分销时，营销专家就有可能承担起领导的责任。

## 超越组织的界限

跨职能团队在客户的声音传到组织中时发挥最大的功能，客户的反馈对于生产研发团队尤其具有重要价值。供应商与分销商最好也加入团队之中。包含客户、供应商及分销商的跨职能团队，可以超越任何的组织界线。有些公司的供应商与分销商身在海外，因此跨职能团队也可以跨越国界分享市场信息。政府协调者会协助类似的项目，让跨职能团队打破政府与企业的界限。在这种情况下，跨职能团队便会打破政府与企业的藩篱。

目前，采用跨职能团队是企业改变与其他公司联系的一种方式。紧接着，我们将检视其他关于组织如何管理各种互动方式。

## ◎ 管理跨企业互动关系

无论是否包含客户、供应商与分销商或是政府，**网络**（networking）利用通信科技及其他方法连接组织，使得彼此能在共同的目标上合作。下面进一步分析。

### 透明化与虚拟组织

网络化的组织都因互联网而紧密连接，每个组织都能实时掌握其他组织在做什么。**实时**（real time）指某件事发生的时候或实际时间。网络数据因为在被发展或搜集的同时，就被立即传递至各个不同的组织伙伴手中，因此能够被立即获得。这种网络效应是一种透明化的新概念（见第7章）。透明化指一家企业对其他合作公司持开放态度，过去这些公司之间壁垒分明的藩篱变得"透明可见"，电子信息也共同分享，仿佛是同一家公司。因为这样的整合促使两家公司得以紧密合作，就像传统企业中两个部门的紧密合作一样。

你能够看出组织设计的趋势吗？多数组织已不再自给自足和独立。许多现代化组织都是一个全球企业广大网络中的一环，彼此紧密共同合作。一张显示人们在任何组织内做些什么的组织结构图并不完整，因为组织是企业内部一个较大"体系"的一环。一个现代化组织结构图会显示不同组织内的人，以及他们如何被网络整合。这是一个很新的概念，所以这种图迄今还不多见。"聚焦小企业"

## 聚焦小企业

### 当你的员工为其他人工作时

当道格拉斯·皮克（Douglas Pick）居住在美国南加州大学附近，那地方相当地吵。他发现耳塞很有帮助。他决定通过制造耳塞赚钱，于是，他在其居住的公寓里创立了DAP世界公司（DAP World）。几年之后，皮克发现他已经跟不上需求的发展了。他的家庭办公室空间太小，不足以供他生产他所需要的那么多耳塞。

皮克对承担必要的房屋费用并经营自己的制造厂犹豫不决。就在此时，他了解到有一个叫作"新地平线"的组织，它可以帮助并雇用发育性残疾的成年人。新地平线不仅可以为他生产耳塞，而且还可以履行合同并运输货物。加州和私人捐赠有助于补贴劳动力成本，因此，该组织具有成本优势。现在，皮克向大型零售商店如沃尔格林（Walgreens）和来德爱（Rite Aid）销售了几百万副耳塞，并雇用了200名左右的工人。当计划、组织和构建企业时，你知道创造性的好处吗？

资料来源：Gwen Moran, "Sound Principles," *Entrepreneur*, April 2011; and www.dapworld.com, accessed April 2011.

专栏给出了一家小企业如何与另一家公司在生产、交付、运输环节合作的例子。

网络化的组织结构更具弹性。一家公司可能与一位来自意大利的另一家公司的设计专家合作一年，然后就不再需要此人；另一位来自另一个国家另一个公司的专家可能在下回被雇用，推动另一项计划。这种随需求组合或分开的可替代公司组成的临时性网络组织，被称为**虚拟公司**（virtual corporation，见图8.6）。乍听时或许会感到模糊，因为这样的概念很新，并且与传统组织结构如此不同。事实上，传统管理者往往难以适应变革的速度，以及网络时代的非长久性关系。本章最后一节，我们将讨论适应变革；首先，我们描述组织如何使用竞争标杆与外包，以管理与其他企业的互动。

### 标杆学习与核心竞争力

传统上，组织必须试图自己负责所有的职能，每个组织都有自己的会计、财务、营销、生产等部门。但是，今日的组织依靠其他组织在某些自己未能达

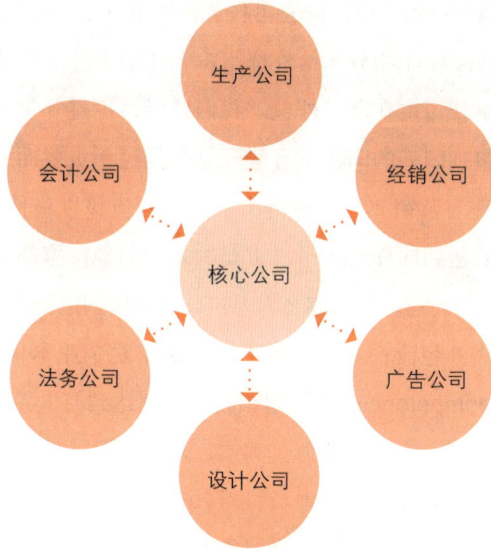

**图 8.6　虚拟公司**

虚拟公司与那些为它负责生产、经销、法务及其他工作的公司没有永久的关系。这种公司非常有弹性，并且可以迅速地适应市场变革。

到世界水平的项目上给予协助。全面质量管理要求组织在每种职能上都与世界典范看齐。

**标杆学习（benchmarking）** 指的是将组织实务、流程及产品与世界典范进行比较。例如，K2是一家制造雪橇、滑雪板、直排滑轮及相关产品的公司。它研究CD产业，学会利用紫外线油墨将图形印上雪橇；它也向航空航天产业学习压力科技，借此减少滑雪板的振动程度（航空航天业利用该科技于机翼上）。最后，它从无线电视产业学会将纤维玻璃与碳彼此镶嵌，强化雪橇的制造。惠氏制药公司（Wyeth）则学习了航空航天产业的项目管理、航运业的流程标准化并向计算机制造厂学习，创造出最有效率的处方药生产方法。

标杆学习同样被用于更直接的竞争目的。在零售业，塔吉特百货可以将自己与沃尔玛百货比较，看看沃尔玛百货在哪些项目更优异，然后试图改善经营流程，让公司变得比沃尔玛百货更好。

如果一个组织在某一方面（例如运货）无法做到最好，它就可以尝试将该职能外包出去，比如外包到专业运输公司联合包裹服务或是联邦快递（FedEx）。外包指将一项职能或多项职能分派给外部组织，比如会计、生产、安全、维修及法务工作。即使小公司也在涉足外包。我们已经讨论过外包的一些问题，特别是公司把职能外包到国外的问题。有些职能可能过于重要而无法分派给外部企业，比如信息管理与营销。在这种情况下，组织应该以最佳公司作为标杆，进行部门重组，争取达到同样的水平。重要的是，其他国家的公司常常会把它们的职能外包给美国的公司。我们称之为内包，它可以创造很多就业岗位。

当一家公司完成外包流程之后，剩下的职能就是企业本身的核心竞争力。**核心竞争力**（core competencies）指组织具有能够达到与世界上其他组织一样的领先水平，甚至有更好表现的能力。例如，耐克在设计及营销运动鞋方面表现优异，这也就是公司的核心竞争力。然而，它将那些运动鞋制造外包给其他比耐克公司更擅长制造及成本低廉的公司负责。同样地，戴尔计算机擅长于营销计算机，并将许多价值链外包（包括制造与分销等）。

构建一个组织之后，你必须保持对环境（包括消费者）的监控，以了解需要做出什么样的改变。例如，戴尔公司最近改变了将客户支持外包的做法，现在提供一种超值服务，允许美国的消费者在北美获得技术支持。下面的章节将详细地探讨组织变革。

## ◎ 适应变革

当你建构一个组织，你必须随时调整组织结构以适应市场变革。这并非容易的事。组织在成立一段时间之后很容易僵化，公司员工同样也会有这种倾向，会说："这就是我们做事的方式，如果没有问题，就不用改。"管理者同样也采取类似的作为，他们也许会说自己拥有20年的经验，但事实上只拥有一年20次的经验。你不觉得美国制造业的衰退正是因为对变革的迟钝反应吗？

导入变革是管理者面临的最重大的挑战之一，这就发生在通用汽车、福特汽车、柯达、脸谱网和其他公司中。传统的公司因循传统的方法，已不再合适，

# 社交媒体的商业价值

## 当推特和脸谱是旧学校时

曾几何时，许多人热切地想听到关于微芯片及其如何工作的信息。今天，再也没有多少人谈论微处理器或其他旧的高科技创新了，现在的焦点是脸谱、推特和云计算等，还有就是争论哪家的电子阅读器是最好的。不过很快人们就会习惯于熟练操作这些工具，以至于它们不再有报道价值。马特·里德利（Matt Ridley）写道："我们探讨过短信、电子邮件、社交网站通讯和推特微博所具有的比较优势，它们似乎很新奇。在未来，我的云会通过某种最有效的方式从朋友的云那里收到信息，而我甚至不知道用的哪种方式。"

还有很多高科技新发明可以供人试用。其中很多会在目前可行的产品基础上略加改进（就像 iPad 2 对初期的 iPad 进行了些许改进），而其他产品可能是革命性的。本章最主要的内容讲的是社交媒体会在未来影响组织。也就是说，在家工作的人数会大量增加，客户、供应商和零售商之间的关系可能会更紧密、更友好。总之，社交媒体会不断地对企业如何运营、在何处运营以及由谁来运营产生重大影响。对经理人来说，这些话的寓意是：要么跟上最新的科技发展，要么被远远地抛在后面。

资料来源：Matt Ridley, "Microchips Are Old Hat, Can Tweets Be Far Behind?" *The Wall Street Journal*, March 5–6, 2011; and B. L. Ochman, "3 Things You Need to Know about Social Media", www.mashable.com, accessed April 2011.

只是变革不易。公司如果有不再具效率的老设备，就必须将之淘汰掉，这就是福特汽车和其他公司正在做的事。它们事实上向政府寻求帮助，贷款数十亿美元。为了降低成本，还不得不裁员。

互联网创造了全新的机会，不仅可以直接向消费者销售产品，而且可以向他们提问，并为他们提供所需的任何信息。为了赢得市场份额，公司必须将传统部门和网络部门的努力整合起来，以实现友好且易于管理的网上互动。现在的年轻人因其成长伴随着互联网，被称为**数码原住民**（digital natives）。为了与新一代接轨，公司正在重新培训老员工，使之更加精通技术。这就意味着要熟悉YouTube、脸谱网、维基百科、Skype、推特和RSS等。本章"社交媒体的商业价值"专栏探讨了此类高技术手段的未来。

我们已经见到塔吉特是高度集权的。不过，该公司对于全国消费者偏好的变化能做出有效的应对，部分原因在于利用无数的网页与各个年龄段的人、各种兴趣的人和各个国家的人接触，这就是其"创造性的内阁"。这些"内阁"成员从来没有见过面，因此不能互相影响。他们可以评价各种新创意，推荐新项目，帮助塔吉特决定应该将什么产品摆在货架上。

### 通过重组来授权

为了向员工授权，企业经常必须进行剧烈的组织重组，让一线员工成为组织中最重要的人。所谓**重组**（restructuring）是指重新设计一个组织，使它能更有效益与效率地为客户服务。

直到最近，旅馆前台、百货公司店员及银行出纳都不被视为关键人物；相反，只有管理者被认为是关键人物，负责"指导"一线人员。传统公司的组织结构图看来就像图8.1的金字塔形状。

少数服务型组织已将传统组织结构彻底翻转。**倒金字塔型组织**（inverted organization）将员工摆在高层，而首席执行官则位居下层。管理层级很少，管理者工作旨在协助及支持一线人员，而非指使他们。图8.7说明了倒金字塔型与传统组织结构间的差异。

根据这种组织结构组成的公司，通过内外部数据库、先进的通信系统及专

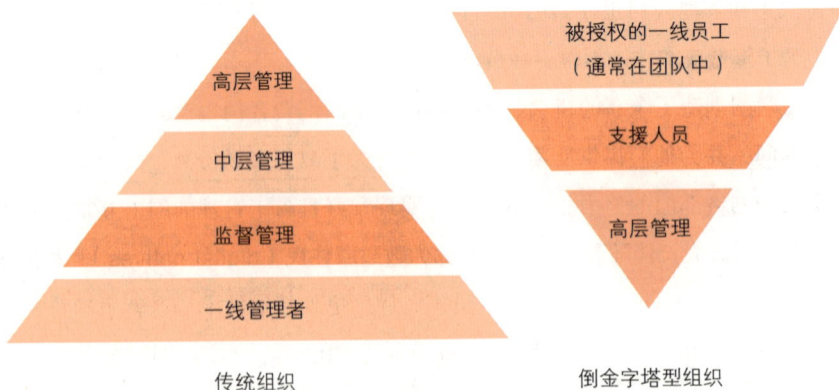

**图 8.7　倒金字塔型组织与传统组织的比较图**

业协助来支持一线人员。当然，这代表一线人员必须较以往受过更高的教育、更好的训练，薪资也必须更高。高层管理者要赋予极大的信任，才能实践这样的体系。该种结构对提升客户满意度及公司获利非常有益。

以往，管理者负责控制信息——信息赋予他们权力，但在进步的组织中，每个人都能通过精密的数据库系统分享信息。信息分享不只是在公司内，也在公司间进行。不论你选择哪种组织形态或授予多少权力给员工，组织变革成功的秘密在于消费者和公司能否满足其需求。

## 建立变革导向的组织文化

任何组织的改变一定都会造成压力及公司成员的抗拒。若企业采取变革导向的文化，就能良好地应对变化。**组织（或企业）文化（organizational or corporate culture）**指的是为达成组织共同目标提供凝聚与合作的普遍价值观。一般而言，组织文化经常被投射于故事、传统与神话之中。

每家麦当劳快餐店都有同样的感觉、同样的外观、同样的气氛；简而言之，每家分店都有类似的组织文化。到任何一家店去，你都可以明显看出，所有努力都是为了维持一个强调质量、服务、卫生及价值的文化。

组织文化也可能是负面的。你是否曾在一个组织中觉得没有人在乎服务或质量？店员看起来阴郁、冷漠、暴躁，那样的情绪似乎弥漫于整个组织中，连客户也都变得阴晴不定、心情不佳。很难相信一个组织，尤其是一个营利组织，经营得如此糟糕却还能生存。找工作的时候，先了解该公司的组织文化，看看自己能否适应是很重要的。

一些最佳组织拥有的文化是强调服务他人，尤其是客户。气氛通常是一群友善、充满关怀的人，快乐地一起工作，以合理价格提供优质产品。那些拥有类似文化的公司，较不需要对员工紧密监督，更别提政策手册、组织结构图、正式规定、程序及控制。要拥有具生产性的文化，关键就在于相互信任。要取得信任，就必须先给予信任。优质企业强调良好的道德与价值观，例如诚实、可靠、公正、环保及社会参与。

我们探讨的出发点都是将组织事务视为最容易管理的控制事项。事实上，正式组织结构只是总体组织体系的一环。在创造组织文化中，非正式组织甚至扮演同样乃至更关键的角色。我们接下来就要讨论这一点。

## 管理非正式组织

所有的组织都有两套组织体系。其中一套为**正式组织**（formal organization），它详细说明了责任、权力和职位关系的路线结构，并显示于组织结构图中。另一套为**非正式组织**（informal organization），也就是随着员工交往并自然形成权力核心而同时产生的关系与职权体系；它包括正式组织之外所发展出来的各种派系、关系及职权体系，不会显示于组织结构图中，是组织人性化的一面。

每个组织都需要两种体系才能有效运作。正式体系经常过于缓慢而且官僚，让组织无法快速回应变化。然而，正式体系提供有利的指导方针及职权系统，来应付日常例行公事。

非正式组织则往往过于缺乏结构且情绪化，因此在重要决策上无法做到谨慎合理。然而，它在创造性地解决短期问题上相当有效，并且在员工之间提供一种志同道合的团队合作感觉。

在任何组织中，最好能很快了解谁是非正式组织中的重要人物。一般来说，要取得某些供应品或设备需要一些正式规定与程序，不过这些程序可能旷日持久。谁了解如何在组织中立即获得供应并且无须按照正式程序？如果你希望你的工作被优先处理，该去找哪些行政助理人员？这些都是在许多组织中提升工作效率所需要了解的问题。

非正式组织的神经中枢是"葡萄藤"（grapevine；非官方信息在管理者与员工之间流通的体系），葡萄藤中的关键人物通常在组织中有相当的影响力。

在过去"对立"（us-versus-them）的组织体系中，管理者与员工经常处于不一致的状况中，而非正式体系则经常对有效管理造成阻碍。在新的开放组织中，管理者与员工会合作制定目标及设计程序，非正式组织可以是一项极具价值的管理资产，经常可以促进员工之间的和谐，并且建立企业文化。

非正式组织不但在创造团队合作上有利，在抗拒管理指示上也有相当的力量。员工可能会组成工会、一同罢工，进而阻碍公司运作。学习创造正确的企业文化，并与非正式组织合作，是管理的成功关键。

# 总　结

**1. 概述组织管理的基本原则。**

· 美国企业目前的状况如何？

　　它们正在调整自己以适应变化中的市场。这是资本主义经济中的一个正常功能。在其中会产生大赢家，如谷歌和脸谱，也会产生大输家。成功的关键在于保持灵活，并适应变化中的时代。

· 组织管理的原则是什么？

　　设定组织结构意味着划定劳动分工（有时导致专业化）、建立团队和部门以及明确责任和授权。它包括分配资源（比如资金）、安排特定任务和确定流程，以实现组织目标。在如何对待员工方面，经理人也必须做出符合道德的决定。

**2. 比较法约尔和韦伯的组织理论。**

· 法约尔的基本原则是什么？

　　法约尔提出的原则包括：指挥统一、职权等级、分工、个人利益在共同利益之下、权威、明确的沟通渠道、秩序及公正。

· 韦伯提出了何种概念？

　　韦伯补充的官僚制原则包括：工作说明书，明确书面规定、决策方针及详细记录，一致的程序、规则与政策，以及依据资格条件招聘员工与升职。

**3. 评估经理人在建构组织时所做出的选择。**

· 建构组织的四个主要选择是什么？

　　建构组织和组织再造的议题包括：（1）集权对分权；（2）管理幅度；（3）高耸与扁平的组织结构；（4）部门化。

· 组织结构的最新趋势是什么？

　　各部门通常被矩阵式组织及跨职能团队所取代或补充。使用跨职能团队造成了分权。在员工变得自我管理之后，管理幅度变大。高耸组织的问题在于沟通速度缓慢。今日的趋势是减少管理者，并让组织变得扁平。

**4. 比较不同的组织形态。**

· 什么是两种主要的组织形态？

　　两种传统组织形态包括：直线组织和直线参谋式组织。直线组织的优点是拥有明确定义的责任及职权，每个人都有直属主管。多数组织都能从安全、质量管理、计算机科技、人力资源管理及投资等参谋单位获得有帮助的专家意见。

· 新的组织形态有哪些?

　　矩阵式组织包括临时性任务（项目），赋予管理者拥有分派人员负责项目上的弹性，并鼓励跨组织合作与团队工作。跨职能自我管理团队存续期间较长久，拥有所有矩阵式组织的优点。

## 5. 指出企业间合作与协调的好处。

· 企业间沟通涉及的主要概念有哪些?

　　网络利用通信科技及其他方法连接组织，使得彼此能在共同目标上合作。随需求组合或分开的可替代公司的临时性网络组织，被称为虚拟公司。标杆学习指出，如果一家公司在生产或营销方面表现得不如其他公司，那么该公司可能就将这些职能外包出去，交由那些更能有效能及效率执行的企业。留下的职能被称为企业的核心竞争力。

· 什么是倒金字塔型组织?

　　倒金字塔型组织通常将员工放在等级制度的最顶端，给予更多的训练与支持，而管理者则在下方，工作是训练及协助员工。

## 6. 解释组织文化如何帮助企业适应变革。

· 什么是组织文化?

　　组织文化可以被定义为组织内普遍共享的价值观，它提供一种合作达成共同目的的凝聚力量。

· 企业的正式与非正式组织有什么区别?

　　正式组织详细说明了责任、权力和职位关系的路线结构，并显示于组织结构图中。非正式组织是随着员工交往并自然形成权力核心而同时产生的关系与职权体系；它包括正式组织之外所发展出来的各种派系、关系及职权体系，不会显示于组织结构图中，是组织人性化的一面。非正式组织则往往过于缺乏结构且情绪化，因此在重要决策上无法做到谨慎合理。然而，它在创造性地解决短期问题上相当有效，并且在员工之间营造出一种志同道合的团队合作的感觉。


## 批判性思考

　　既然你已经学到了组织的某些基本原理，暂时停下来，想想你在何处应用过此类概念，以及何时你成为那样的组织中的一员。

　　1.你有没有发现一种分工有必要而且有帮助?

2. 你有没有被人安排去做特殊任务或让你自己决定做什么？

3. 提升员工应像韦伯建议的那样要严格基于资格吗？还需要考虑其他什么因素吗？

4. 当组织变大时会出现什么问题？

5. 你会对汽车公司建议进行何种组织变革？对航空业呢？

# 9

# 生产和运营管理

## 学习目标

1. 描述美国制造业的现状，制造业企业为了提升竞争力做了什么。

2. 描述从生产管理到运营管理的演进过程。

3. 区分各种生产流程，并描述提升生产率的技术，包括计算机辅助设计和计算机辅助制造、柔性制造、精益制造和大规模定制。

4. 描述运营管理计划相关的问题，包括设施选址、设施布局、物料需求计划、采购、准时化存货控制与质量控制。

5. 解释计划评审技术与甘特图在控制制造过程中的应用。

# 人物侧写

## 认识 IBM 的彭明盛

在当今世界上，没有几家公司比 IBM 更为人所知。很多人不知道的是，虽然仍然生产服务器和储存设备，但该公司已经将其重点从生产转向了服务。领导这场惊人变革的人正是彭明盛（Samuel J. Palmisano）。

1951 年，彭明盛生于马里兰州巴尔的摩的一家意大利大家族。他获得约翰·霍普金斯大学历史学学位，并于 1973 年进入 IBM，开始做销售员。1998 年，他成为高级副总裁和全球服务的集团执行官，2002 年担任董事会主席。在彭明盛的领导下，公司收入增长了四倍，股价上涨了 57%。2010 年，该公司获得了 5896 项专利，超过了世界上任何一家公司的专利数，这可以解释为什么 IBM 在《财富》杂志"全球最受赞赏的公司"年度排行榜中会名列第 12 位。你见过 IBM 的计算机战胜了"危机边缘"（Jeopardy）益智问答挑战赛的冠军吗？

一家像 IBM 这样的跨国公司必须永远瞻望未来，突出其相对于竞争对手的优势。例如，当 IBM 观察个人电脑市场时，它认为制造和销售个人电脑不是其优势所在。于是，它将个人电脑业务出售给了一家中国公司，转到其他的成长领域。事实证明，IBM 在销售软件和服务方面的优势显著。它也与新兴市场上的用户建立了良好的关系，比如巴西、俄罗斯、印度和中国。由于转向软件和服务，IBM 增长速度更快。彭明盛认为公司会保持这样的发展步伐迈向未来。借助智慧地球（Smarter Planet）计划，IBM 正在推销这样一个理念：如果你能更好地监控我们城市的能量系统，比如电网、交通、建筑物和工厂等，分析你收集到的信息，并利用它们进行改进，这些系统就可以更有效率地运行。

没有哪家公司比 IBM 提供了更多的信息技术服务。它的员工能够帮助用户用更少的能量完成同样或更多的计算。IBM 还能够帮助客户管理复杂的计算系统，整合合并中的公司的信息技术。

通过将 IBM 的重点从生产转向服务、软件和用户支持，彭明盛领导公司进入了快速增长的全球新兴市场。本章将探讨制造业的现状以及美国如何从制造经济转变成服务经济。

资料来源：Jessi Hempel, "IBM's Super Second Act", *Fortune*, March 21, 2011; and various online sources accessed March 2011.

## ◎ 制造业和服务业展望

2008年11月,《华盛顿邮报》报道说:"整个国家制造业的活跃程度……在上个月降到了20多年来的最低点,为经济学家提供了更多关于经济陷入严重衰退的证据。"此后不久,《华尔街日报》于2009年1月29日报道说:"西部和中西部的失业最为严重,表明房地产开发和制造业首先受到经济衰退的冲击,失业在继续。"另外一篇《华尔街日报》的文章继续报道说:失业会达到两位数,房价会缩水30%,股价会下跌55%。在这种情况下,奥巴马总统和国会提出了经济刺激计划,准备支出大约10亿美元(含利息),以"创造或拯救"数百万个工作岗位,促使包括制造业在内的经济再次恢复活力。本章大部分内容讲述的是美国制造商和服务提供商为了使美国经济再次活跃起来而成为世界级竞争者的做法。

的确,制造业方面有很多坏消息,但情况可能没有你想的那样糟糕。联合国1970年至2009年的全球产出数据表明:美国制造业产量从20世纪70年代以来持续增长。事实上,现在的产量差不多是20世纪70年代的两倍。就其本身而言,美国制造业产量名列世界第六位。2009年,美国制造业产量超过了2万亿美元(包括矿业和公用事业)。这比中国高出了45%还多。一方面许多制造业工人失业,另一方面制造业产量却在持续增长,那么我们怎样调和这一事实呢?答案在于现在工人生产率很高,以至于美国需要较少的工人就能生产出更多的产品。《华尔街日报》的一篇文章称:我们不应退回到效率较低的经济中,而是应当重新培训工人,使之能够参与充满活力的新经济。一位读者用自己的一封信对《华尔街日报》这篇具有建设性的文章做出了答复。他指出:美国生产的全球占比从1980年的31%下降到了2008年的24%。他也指出美国可能是世界最大的制造商,但同时也是世界最大的进口国。随着其他国家工资水平的急剧上涨,许多制造业工作岗位会重返美国。

美国有些地区享受到了制造业所带来的经济增长,而其他地区则正在经历衰落。结束这种衰落的关键在于适应新的现实,并吸引新的制造商。波士顿做到了这一点,它吸引许多高科技公司,从而成为另一个硅谷。外国公司将它们的业务外包到美国,为美国经济增添了活力。例如,2007年,外国制造业务在美

# 环保意识

## 关键词：可持续性

请想象一个人口 90 亿的世界。为了维持我们目前的生活质量，这个世界需要 2.3 个星球的资源。鉴于人口仍在增长，你就能明白，现在为这个星球做打算有多重要。在描述这种必要性时，你会用到的一个词就是"可持续性"。为了维持美国的生活方式，企业和政府必须为全球 30% 以上的人作打算，其中大多数人生活在发展中国家，他们对能源、食物、水和医疗保健的需求量巨大。

挑战是巨大的。更多的人就意味着更多的二氧化碳排放到大气中。于是问题产生了：可持续的世界是什么样的？制造商和其他企业该怎样做？什么技术和流程可以满足新增人口对资源的巨大需求呢？

宝洁公司和凯撒医疗集团（Kaiser Permanente）正在整个供应链发行自己的强制可持续性记分卡。它们监控的对象是水的利用、循环再利用、废物和温室气体等。口号是"今天的环保行为可使明天免于流失大量客户"。更多的公司（如杜邦、米其林、雪佛兰和诺基亚）也在实施可持续性计划。这些企业正在寻求与其他企业的合作，以创造可持续的未来。这些计划可能包括电动汽车和风力发电等。有些企业建议设定相关路线图。最近几十年，使这样的竞争格局得以形成的力量表明，可持续性已是大势所趋。研究这一大趋势可以帮助公司学会如何适应新的现实，重点可能会放在质量、效率和信息技术方面。本章探讨的所有概念可以让公司更有竞争力，减少其对能源的依赖，效率更高以及更积极地应对环境危害。也就是说，这些公司希望在近期准备实施可持续性方针。

资料来源：David A. Lubin and Daniel C. Estey, "The Sustainability Imperative," *Harvard Business Review*, May 2010; Damian Joseph, "Score Two for Sustainability," Fast *Company*, November 2010; and Alan Cohen, "A Sustainable Future," *Fortune*, July 26, 2010.

国的资本投资为637亿美元，商品出口超过了1250亿美元。它们雇用了接近200万美国人，平均报酬接近8万美元。本章的后半部分，我们会探讨如何吸引更多的制造商到美国来。现在值得注意的是，许多美国公司正在考虑将生产制造更多地安排在本土进行，因为日本的地震、海啸以及由此引发的核工业问题使其汽车零部件资源越来越不可靠。

美国工业正在尽力重建。建筑业准备建造易于供热和制冷的住宅；汽车制造商正在争先恐后地生产更具竞争力的汽车，以期卷土重来。本章"环保意识"专栏讨论了美国公司如何落实可持续发展的概念以保持在世界市场上的竞争力。

不要指望一次好转会带来与衰退之前相同数量的就业岗位。正如美国生产率的提升导致农业降低了对农民的需求一样，现今生产率的增加也降低了公司对从事制造的工人的需求。美国经济不再建立在制造业基础上。现在，美国70%多的国民生产总值和85%的就业来自于服务业。事实上，多数大学毕业生很可能被服务业雇用。高薪职位已经出现在了法律服务、医疗服务、娱乐、广播以及会计、金融和管理咨询等商业服务职位上。实际上，经济衰退影响了制造业，而服务业在总体上也受到了制造业的连累，只是损害没有那么大而已。

## 制造商和服务组织的竞争力得到提升

美国生产者不再使外国竞争者感到害怕。事实上，美国生产者要向外国生产者学习很多，尽管他们竞争力如此强大的原因是因为用美国的技术和概念提高了效率。从总体上看，这是一件好事，因为它有利于减少发展中国家的贫穷和饥饿，并向发达国家开放了新的市场。通过向这些发展中市场提供所需的商品和服务，IBM和其他大型公司也获得了增长。

为了利用美国的劳动力和机会，外国生产者也在涌入美国。美国仍旧是纳米技术、生物技术和其他领域的领导者。其从业者充满了创新能力和活力。不过，美国企业不能止步不前，必须跟上生产技术和流程的最新发展。本章的"域外观察"考察了德国以及那里的一些企业是如何找到竞争优势的。这些优势同样可以应用于美国。

美国服务业在整体经济中占比较大，故经理人会更多地从事提升服务效率，以及利用互联网整合服务和制造的工作。美国制造商和服务组织如何才能保持竞争优势呢？大部分做法如下所述：

- ·以顾客为重心。
- ·与供应商、其他公司保持紧密的合作关系，以满足顾客需求。
- ·持续不断地改良。
- ·聚焦于品质。

# 域外观察

## 向德国学习

本章把重点放在服务部门和制造部门的运营管理上。我们首先先来了解一些相关的重要概念。

10年前，德国经济正在衰落，就像今天的美国一样。我们可以向其他国家学习如何提高某方面的竞争力，而不是利用廉价的劳动力。让我们看看可以向德国学习什么。

德国制造商斯蒂尔（Stihl）在全世界销售高质量、高成本的链锯。这个公司如何与中国以及其他低工资国家制造的链锯竞争呢？毕竟，链锯其实不过是用老式的螺栓和螺母组合起来的塑料和金属东西而已。

令人惊奇的是，斯蒂尔做了这样一件事：投资于训练有素的工人，为他们提供直到2015年的全职工作。在经济低迷期间，斯蒂尔甚至增加了产品开发小组的专家人数。结果公司生产出了可以左右价格标签的高质量产品，即使德国的工资很高，也会有足够的利润可赚。斯蒂尔的董事会主席认为美国公司并没有想方设法把生产留在本国。

此外，德国公司避开高科技的智能手机和iPad的制造，而专注于重型设备生产。其结果是失业率从8.6%下降到6.9%。与中国非常相似，德国处于区域供应商网络的中心，供应商则为其出口业提供配件和其他资源。美国可以这样做吗？当然，德国工业投入资金用于研发和削减成本。在这一过程中，工会出手相助，让雇用和解雇工人更加容易。这也可以在美国实行。美国的制造商通常拥有世界领先的质量和生产率。毕竟，凯迪拉克代表的就是凯迪拉克轿车，它意味着高质量。美国可以再次引领世界制造业。本章概述了为获得此领先地位必须采取的几个步骤。

资料来源：Michael Schuman, "How Germany Became the China of Europe", *Time*, March 7, 2011; and "German Manufacturing Rebounds", www.WSJ.com, accessed April 2011.

· 通过选址来降低成本。

· 利用互联网来整合供应链。

· 使用新生产技术，例如企业资源计划、计算机集成制造、柔性制造和精益制造。

## ◎ 从生产管理到运营管理

生产（production）是指使用生产要素来制造产品和服务，而生产要素包括土地、劳动、资本、企业家精神及知识（参阅第1章）。生产在过去一向与制造（manufacturing）紧密关联，**生产管理（production management）**被用来描述管理者帮助公司创造产品的所有活动。然而，企业的本质在过去的二十多年有了显著的改变。服务部门（包括互联网服务）的成长幅度庞大，但制造部门却没有什么成长。美国现在拥有的是所谓的"服务经济"（service economy），即由服务部门主导的经济。运营管理在制造与服务两类组织中都使用。**运营管理（operations management）**指将资源（包括人力资源）转变成产品与服务的一项管理专门领域，它包括库存管理、质量控制、生产调度及售后服务等。在汽车厂中，运营管理将原料、人力资源、零部件、物料、油漆、工具及其他资源，通过组合和装配流程制造成汽车。

在大学中，运营管理投入信息、教授、图书、建筑物、办公室、计算机系统等，创造服务，将学生转变为有教养的人。延伸讨论此主题，可参见Free Management Library中收录的运营管理内容（www.managementhelp.org/ops_mgnt/ops_magn.htm）。

有些组织（例如工厂、农场及矿场）以生产产品为主，而其他组织（例如医院、学校及政府机构）则多数生产服务。还有一些组织生产的是产品和服务的结合。举例来说，一个汽车制造商不只是制造汽车，也提供如修理、融资及保险等服务。在麦当劳你得到的商品是汉堡和薯条，但也得到诸如点餐、购餐及清洁方面的服务。

### 服务部门的运营管理

服务业中的运营管理是为使用服务的人创造愉快的经验。在丽兹-卡尔顿（Ritz-Carlton）酒店中，运营管理包括提供最佳服务的餐厅、运行顺畅的电梯以及迅速处理顾客要求的前台接待人员。此外，也包括在饭店大厅放置鲜花，以及在每个房间放置水果。更重要的是，它在每位新员工身上花费数千美元，提供质量管理培训。

丽兹-卡尔顿几年来对质量的承诺与投入在饭店中的许多创新与变革中都可看到。这些创新包括精密的顾客计算机辨认程序与质量管理计划，以确保员工适任。

房客会想要在房间内上网，以及一个有免费电话服务的支持中心。商务旅行中的主管会需要投影设备、一整套计算机硬件及其他辅助设备。在新奥尔良的（国际大厦）International House，16间房间安装了苹果TV，供使用iPod和iPad的客人获取视频资源。

外国访客会想要有多种语言的顾客支持服务。饭店内的商店需要销售更多纪念品、报纸及一些医药用品和食物。为了服务今日的高科技旅客，商店中也会销售手提电脑用品、变压器等。运营管理必须负责提供这类方便的设施来满足顾客。丽兹-卡尔顿通过内部衡量系统评估服务提供流程系统的绩效。

简而言之，就像其他大多数服务业一样，通过预测顾客的需求来取悦他们已经成为高级酒店的质量标准。但是，了解顾客需求和满足顾客需求是两回事。这就是运营管理如此重要的原因：它是管理的执行阶段。你能看到航空、宾馆、政府机构、学校和像红十字会这样的非营利组织对更好的运营管理的需求吗？机会似乎是无穷无尽的。未来美国的很多增长就在这些服务行业，但制造业也需要增长。在下面的章节，我们要探讨生产流程，以及美国在该领域保持竞争力所需要做的事情。

## ◎ 生产流程

常识和经验已经告诉你许多关于制造流程的知识。你知道写报告或准备晚餐需要怎么做：需要钱买原料，需要一个工作台，并且有组织地完成工作。工业中的制造流程也一样，要使用原物料来生产产品（参阅图9.1）；生产将价值或效用附加在原料或流程上。

**形态效用（form utility）**指生产者在创造最终产品和服务时所加入的价值，例如用硅原料制造计算机芯片，或结合各种服务来创造旅游套装行程。零售业

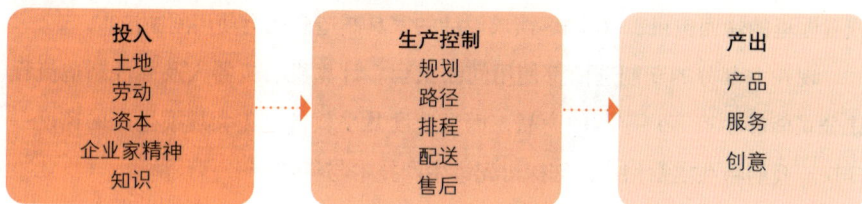

**图9.1 生产流程**

生产流程包括取得生产因素（土地等），并使用这些投入来生产商品、服务及创意。规划、路径、排程（scheduling）及其他活动都是完成目的——产出的方法。

也可以产生形态效用，例如肉商可以从一整头牛生产出一块特定部位的牛排肉，而面包师也可以从基本材料中生产出各种蛋糕。本书在第14章将更深入讨论"效用"。

制造商使用好几种不同流程来生产商品。计算机芯片制造商英特尔的董事长安德鲁·格鲁夫（Andrew S. Grove）用了一个很好的比喻来解释生产：

想象你是一位厨师……你现在要做一道早餐，包括一个三分钟的白煮蛋、奶油吐司及咖啡。你必须同时准备送上这三样东西，每一样都要是新鲜且温热的。

格鲁夫继续说道，这项工作包含了生产的三项要素：（1）在与顾客约定的送达时间内依要求完成并递送产品；（2）提供可接受的质量水准；（3）以可能的最低成本提供一切。

使用这个早餐的例子，便可以很容易了解流程和组装。**流程制造（process manufacturing）**是以物理或化学方式改变原料，例如煮沸是以物理方式改变鸡蛋；同理，流程制造将沙子转变成为玻璃或计算机芯片。**组装过程（assembly process）**是将组件（鸡蛋、吐司和咖啡）放在一起变成产品（早餐）。汽车亦是通过组装过程将车体、引擎及其他零件组合而成的。生产流程可以是持续或间断的。**连续流程（continuous process）**指的是产品的完成需经过一连串持续不断的时间。举例来说，前例中的厨师可能有一条输送带，会把鸡蛋放进滚水中煮三分钟，然后将它们捞起，所以厨师随时都可以取得煮好的三分钟白煮蛋。化学工厂就是以连续流程运作。

使用**间断流程（intermittent process）**来处理特殊顾客的订单较合适。它生产期短（一或两个蛋）且常需要调整机器以制造不同产品（像是面包店的烤箱或餐厅里的烤面包机）。按顾客需求设计的家具制造商就会使用间断流程。

现在大部分的新制造商都使用间断流程。计算机、机器人及柔性制造流程让公司能够生产客户定制的商品，而且速度几乎就像过去大规模生产的速度一样快。我们将在本章稍后详细探讨先进生产技术与科技。

### 提升生产技术与降低成本

制造和运营管理的最终目标是：根据顾客需求即时提供高质量的产品和服务。如本书中一再强调的，传统的组织设计并不是为了要快速响应顾客需求，而是为了有效地、廉价地制造产品。大规模生产的观念是以极低的成本大量制造少数产品。

过去多年来，低成本的代价通常牺牲了质量及弹性。此外，供应商并非总是准时送货，所以制造商必须囤积大量的原料及零部件存货。这种低效率让美国企业竞争力落在了使用更先进生产技术的外国竞争者之后。

全球竞争的结果导致公司必须以低成本制造各式各样的客户定制的高质量产品。显然，要做到这一点，生产部门就必须有所改变。数项主要发展已经大大改变了美国企业的生产流程，使得美国企业更具竞争力，包括：（1）计算机辅助设计与制造；（2）柔性制造；（3）精益制造；（4）大规模定制。

### 计算机辅助设计与制造

改变生产技术和战略最多的一项发展，就是将计算机整合到产品的设计和制造中。计算机所做的第一件事是协助产品的设计，称为**计算机辅助设计**（computer-aided design, CAD）。最新的计算机辅助设计系统能够让设计师从事三维空间的工作。

下一个步骤是将计算机直接融入生产过程，我们称之为**计算机辅助制造**（computer-aided manufacturing, CAM）。计算机辅助设计／计算机辅助制造使客户定制的产品能够满足小市场需求，而且不需要增加太多成本。制造商改变计算机程序，在设计上做一点小改变，就可以直接应用到生产线上。例如，计算机辅助设计和计算机辅助制造进入了服装业，计算机程序可以打版及自动裁剪布料。现在，个人尺寸可以输入机器中，制造出为顾客量身剪裁的服饰，而不需要增加太多额外的成本。在饮食服务方面，计算机辅助制造被用于在新鲜烘焙饼干店中制作饼干。现场、小规模、半自动化、感应控制的烘焙可以轻易地维持质量的一致性。

计算机辅助设计让许多公司的生产率增加一倍。但设计产品是一回事，制定规格让机器运作又是一回事。过去的问题是，计算机辅助设计的机器无法和计算机辅助制造的机器直接沟通对话。然而，最近已设计出可结合两者的软件程序，就是**计算机集成制造**（computer-integrated manufacturing, CIM）。这类新软件很贵，但将程序输入机器的时间节省了达80%之多。印刷公司JohnsByrne就使用了计算机集成制造在伊利诺伊州奈尔斯市的工厂，成功地降低了各项成本开支、减少了资源开销，并且降低了错误。此外，IBM也在半导体厂使用计算机集成制造。你可以在《国际计算机集成制造杂志》（*International Journal of Computer-Integrated Manufacturing*）的期刊中找到其他案例。

## 柔性制造

**柔性制造**（flexible manufacturing）是指设计能执行多项工作的机器，以生产各种产品。艾伦–布莱迪（Allen-Bradley），属于洛克威尔自动化公司（Rockwell Automation）的一部分，是一家工业自动化控制系统的制造商，使用柔性制造来制造马达启动器。每天都有订单进来，而在24小时之内，该公司的26台机器和机器人会制造、测试及包装启动器——全都不需要人手触碰。艾伦布莱迪的机器相当弹性，如果有特别的订单，甚至只有一件产品都可以上生产线，而不会耽误流程。你有注意到这些产品都不需要人工制造吗？与廉价劳工竞争最好的方法之一，就是尽可能地少用人力。

## 精益制造

**精益制造**（lean manufacturing）是相比大规模制造使用更少的投入来生产产品：更少的人力付出、更少的制造空间、更少的工具投资以及使用更少的工程时间来研发新产品。咨询公司罗申美国际会计事务所（RSM McGladrey）发现，在其调查的全国范围内900多家制造和批发分销公司中，有65%计划采用精益制造。通过不断提高生产高质量产品的能力，并减少对资源的需求，公司就可以转变成精益公司。精益公司的某些特点如下所述：

· 所用人力减半。

· 最终产品或服务中的缺陷减半。

· 工程时间只需1/3。

· 同等产出只占用一半空间。

· 存货搬运下降90%。

技术进步对美国工厂的生产率与效率的提升发挥了主要作用，技术让员工的生产率更高，从而得到更高的工资。另一方面，员工可能会因创新而沮丧（如他们必须学习新的流程），而且为了保持竞争力，公司要不断地培训和再培训员工。对更高的生产率和效率的需求从来没有这样强烈过。经济危机的解决之道依赖于此类创新。其中的一步就是让产品更具个性。下一节将探讨这是如何发生的。

## 大规模定制

"客户定制"表示制造一个独特的产品或提供一项特殊服务给个人。虽然在过去这似乎是不可能的，但现在依大量的个体客户的要求生产定制产品的**大规模定制**（mass customization）却很普遍。举例来说，日本的国家自行车产业公司（National Bicycle Industrial Company）就用18个自行车模型，制造出超过200万种组合，每一种组合都符合某一位特定顾客的需求。顾客选择模型、尺寸、颜色及设计；零售商在对买主做好测量之后，将数据传真给工厂，而机器人则在生产线上工作。

越来越多的制造商在学习将产品转化为客户定制。举例来说，一些大众营养中心（General Nutrition Center, GNC）中有一种机器，让消费者能够自行设计自己的维生素、洗发露及洗涤剂。其他公司会生产定制化的书籍，在重要的地方会印制孩子的名字，而定制化贺卡也出现在市场上。定制鞋店公司（Custom Foot）商店使用红外线扫描仪来精确测量每一只脚，让鞋子可以穿得刚刚好。

## 聚焦小企业

### 糖果的大批量定制

现在的学生都能理解新毕业生想在渴望的行业中找到一份好工作的心情。埃里克·海恩博克尔（Eric Heinbockel）希望在金融业工作，但他只在纽约做过一次无薪实习，这并不能让他得到想要的工作。

当和两位朋友决定创业时，他正在哥伦比亚大学攻读政治学学位。当时，销售巧克力似乎是一件不错的事情。毕竟人们不会只是因为钱少就不买巧克力。因此，他们三人创办了 Chocomize 公司，这是一家网店，巧克力爱好者可以定制自己的块状糖，可选成分从全麦饼干巧克力到金色巧克力。

没错，你能批量定制巧克力条。例如，你可以选择黑色、牛奶或白色巧克力。你还可以从 100 种不同的选择中挑选 5 种夹心。

那么，如何为创业筹措资金呢？银行不会借钱给这样的创业者。海恩博克尔的祖父母资助了部分资金，而其中一位合伙人卖掉了自己的汽车。他们筹集到 10 万美元，足够启动创业了。

Chocomize 现在有 3 位全职的巧克力制作者，还有两位在需要的时候做临时工。尽管还有一个欧洲竞争者，大家还是期望 Chocomize 取得成功。大公司不可能在此类小而专业的市场开展竞争。这听起来是一个很吸引人的企业，对吗？

资料来源：Zachary Tracer, "A Sweet Dream for Young Entrepreneurs," Bloomberg Businessweek, September 6 – September 12, 2010; and www.chocomize.com, accessed March 2011.

InterActive 定制服装公司提供多种不同选择的定制牛仔裤，包括四种不同的铆钉颜色。宝马可以按照你的需求制造汽车。此外，你甚至可以买到选定色彩的定制M&M巧克力豆。参看"聚焦小企业"专栏中提到的一种使用大规模定制的独特方式。

大规模定制也出现在服务业。举例来说，资产保险公司（Capital Protective Insurance，CPI）销售定制的风险管理计划给企业，最新的计算机软件和硬件让CPI能够研发出这种定制化的方案。健身房现在也开始为个人提供独特的健身方案；旅行社根据个人选择提供不同的旅游行程；有些大学让学生设计自己的主修学科。事实上，定制设计服务要比定制制造产品容易多了，因为没有固定的实质商品需要更改。每一位顾客都可以在服务业公司的似乎可以无限扩展的能力范围内，详细指明自己想要的内容。

正如你在章首"人物侧写"中看到的，制造企业会逐渐成为服务企业。接下来你会了解，运营管理的概念适合这两类企业。

## ◎ 运营管理规划

运营管理规划帮助解决服务部门与制造部门的问题，包括设施选址、设施布局、物料需求计划、采购、存货控制及质量控制。服务部门与制造部门所使用的资源可能不同，但管理功能是相似的。

### 设施选址

**设施选址**（facility location）指选择适于公司运营的地理位置的过程。为了接近顾客，设施选址的一种策略是让消费者能够更容易地取得公司的服务，并且易于回应其需求。因此，花店和银行将服务点设置在超市而不是在独立设施中，好让它们的产品和服务能够更容易地被取得。你也会在沃尔玛百货中看到麦当劳，现在甚至连加油站也有麦当劳的服务点。消费者可以在加油前先点餐、付费，加完油后再到麦当劳橱窗领取餐点。

最大的便利莫过于不出家门就可以获得服务。这就是很多人对网上银行、网上购物、在线教育和其他服务感兴趣的原因。电子商务现在使用脸谱网和其他社交媒体使交易更加便捷。对于门店式零售商而言，要想赢得这场竞争，就必须选择有利位置并提供优质服务。研究诸如宾馆、银行、健身房及超市等服务类企业的选址，你就会发现最成功的店家都位于便利之地。谷歌在美国建立了庞大的数据中心，有些州提供税收优惠和大量的廉价电力。它们也选择靠近水体的地方，以便冷却它们的服务器。

### 制造商的设施选址

大众在斯洛伐克的布拉迪斯拉发市有一座工厂，一年生产25万辆车，最近从西欧厂得到生产奥迪Q7 SUV的大单。这种生产的迁移有时候会造成某些地区的失业，但也会导致另一些区域的经济大幅增长。我们在美国也见过类似的变化，汽车和货车制造业已向更南部的城市转移。

为什么企业要花上百万美元把工厂迁往另一个地区呢？影响选址的因素包括劳工成本、资源多寡（如人力）、交通便利程度、是否接近供应商与顾客、犯罪率高低、是否能为员工提供好的居住质量、生活成本，以及培训或再培训当地员工的能力。

虽然在某些高度自动化的行业中，劳工成本占总成本的比例已经减少，但降低劳工成本依然是许多生产者迁厂的主要原因，它们会迁移到马来西亚、印度、墨西哥，以及其他低工资国家。不过一般而言，美国制造厂商会提供比当地厂商更高的薪水与更佳的福利。2008年开始的金融危机导致美国工人被迫接受更低的工资、享受更少的福利，以保持竞争优势。

较便宜的资源也是迁厂的另一项重要原因。公司通常需要水、电、木材、煤炭，以及其他基本资源。迁移到天然资源较便宜且较丰足的地区，公司可以大大降低成本——不只是购买这些资源的成本，还有运送成品的成本。很多时候最重要的资源便是人，因此公司倾向于聚集在人才充沛之处。加州硅谷便是一个例子，类似的地方还有科罗拉多州、马萨诸塞州、弗吉尼亚州、得克萨斯州、马里兰州。

运送到市场的时间也是另一项决策的重要因素。为了在全球范围内进行竞争，制造商需要能让产品以最低的成本在供应链中移动的厂址，好让产品能被快速地送到顾客手中。因此，各种形态的交通运输（例如，高速公路、铁路、机场等）的便利性就非常重要。信息科技（IT）对于加速（作业）反应方面也很重要，所以许多公司都在寻找拥有最先进信息系统的国家。

另一个满足顾客需求的方法是选择接近供应商的厂址，如此可降低分销与沟通成本。

许多企业都在国外建厂以接近海外顾客，这也是日本本田汽车在俄亥俄州，

## 道德抉择

### 走还是留?

假设有一家名为"童装工业"的公司,它长期以来都是当地的经济基础。该地区的小企业和学校大多为它供应生产所需的原材料,或者训练未来的员工。然而,童装工业了解到,如果它将生产工厂搬迁到亚洲,利润会增长 25%。

关闭在家乡的经营会导致当地其他企业(如饭馆)的倒闭,大幅增加当地成人的失业率,因为他们没有其他再就业的选择了。作为童装工业的一名高层管理者,你必须协助决定工厂是否搬迁,以及如果搬迁,需要多长时间告诉员工。法律规定:在关闭工厂之前至少 60 天必须通知他们。你有其他备选方案吗?每种方案的结果如何?你会选择哪种方案?

---

德国奔驰汽车公司在亚拉巴马州制造汽车的原因。当美国公司选择海外设厂时,它们会考虑是否靠近机场、水路及公路,以便原料和成品能够快速且便利地运送出去。

企业也会对员工和管理者的生活质量做研究。生活质量的问题包括:附近是否有好学校?天气好不好?犯罪率低吗?当地社区是否欢迎新企业?总裁和其他主要管理者是否想住在那里?通常生活质量较高的地区,生活费用也较为昂贵,这让决策变得更为复杂。简而言之,设施选址在运营管理上已经成为一项重要议题。"道德抉择"专栏探讨了企业在面临选址问题时必须做出的种种决策。

## 在互联网上进行运营管理

现在许多快速成长的企业已经很少自己从事生产,取而代之的是将工程、设计、制造与其他工作外包给其他公司,诸如伟创力公司及新美亚(Sanmina-SCI)等电子制造服务供应商,它们在上述职能领域中非常专业,可以做得更好。企业与供应商通过互联网建立了全新的合作关系,让运营管理变成合作公司间的流程,公司彼此合作共同设计、生产并运送产品给顾客。制造商已开发了能使企业更具效率的互联网新策略。这些改变对于运营管理者的适应力——从单个公司系统到跨公司的环境、从相对稳定到变化剧烈的环境——均有重大的影响。

## 未来的设施选址

信息技术指的是计算机、调制解调器、电子邮件、语音信箱、短信和远程会议等，它让公司和员工在竞争大潮中仍然能够比以往更灵活地选址。**远程办公（telecommuting）**指的是用计算机在家工作，它是商业活动的一个主要趋势。公司不再需要在选址上靠近人力资源，从而能够迁移到土地费用较低以及生活质量更高的地方。而且，更多的销售人员通过远程会议与公司及客户保持联系，利用计算机进行对话并分享图片。

选址在某个特定城市或州的一大诱因是当地的税收环境及政府支持程度。有些州和政府的税赋较高，但许多地方竞争激烈，它们向公司提供减税和其他支持，例如改变分区和融资援助。因此，企业就会在那里选址。有的人想让联邦政府在州和政府已提供的激励之外向各类制造企业提供财政激励，促使它们在美国建厂。

## 设施布局

**设施布局（facility layout）**指生产过程中对资源（包括人员）进行物理上的安排并有效地生产产品和服务。设施布局主要取决于作业的流程。对"服务"而言，设施布局通常被设计来帮助消费者寻找和购买东西，尤其是在互联网上。有些商店甚至增设了信息站，让顾客能够在互联网上寻找商品，方便订货购买。简而言之，服务性的组织不论是在实体商店或互联网服务的设计上，都越来越以顾客为导向。

部分以服务为导向的组织（例如医院）开始使用能让运作过程更有效率的布局，就如同制造商一样。对制造厂而言，设施布局可能帮助自己省下大笔成本，所以变得日益重要。

许多公司都从工人一次只能做几项工作的一条装配线布局（assembly line layout），转换成数个团队联合生产更复杂成品的模块化布局（modular layout）。过去在生产线上，可能有十几个工作站来完成组装汽车引擎，而今日所有的工作都可以在一个模块中完成。

在推进一项重大项目时，例如桥梁或飞机，公司会使用定位布局（fixed-

**产品布局（亦称为装配线布局）**

用来生产少样大量的产品。

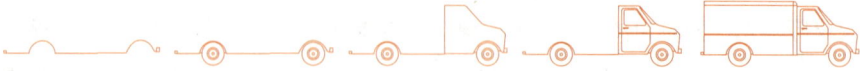

**流程布局**

服务各种顾客的不同需求。

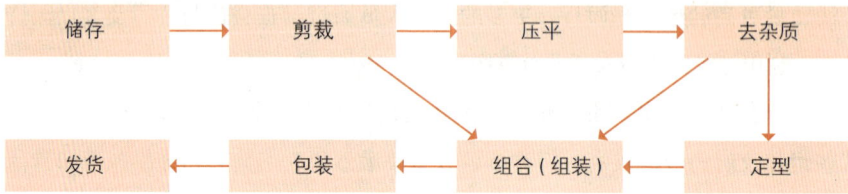

| 储存 | → | 剪裁 | → | 压平 | → | 去杂质 |

| 发货 | ← | 包装 | ← | 组合（组装） | ← | 定型 |

**模块化布局**

能配合顾客需求的改变。

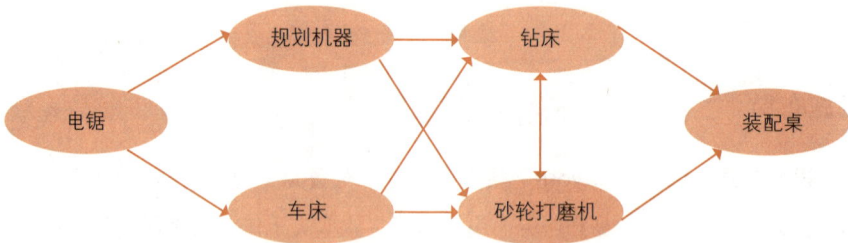

规划机器　钻床

电锯　　　　　　　　　装配桌

车床　　砂轮打磨机

**定位布局**

主要的规划重点是作业排程。

建筑师　油漆包商　上漆木工　水泥包商
整地设施与操作员　　　　　　　　电工包商
一般的木工与供应商　　　　　　　砖石包商
屋顶包商　　　　　　　　　　　水管包商

**图 9.2　典型的设施布局设计**

position layout），让工作者能够围绕在产品周围完成它。

　　流程布局（process layout）指将相似的设备与功能放置在一起。产品各阶段的生产顺序取决于设计，这种布局的弹性很大。德国科隆的易格斯（Igus）制造厂可以迅速扩大或缩小，其灵活的设计使它在快速多变的市场上保持了竞争力。

由于工厂的布局变化得过于频繁，有些员工要使用踏板车向多个作业地点更有效地提供所需技术、供应品和服务。快速变化的工厂需要快速移动的员工队伍以实现生产率的最大化。显示的是典型的布局设计。

## 物料需求计划

**物料需求计划**（materials requirement planning，MRP）物料需求计划是利用销售预测在正确的时间地点、特定公司内取得所需零件原料的计算机运作管理系统。**企业资源计划**（enterprise resource planning，ERP）是物料需求计划的新版本，它将财务、人力资源和订单处理等所有部门和分公司计算机化了的功能整合进一个使用单一数据库的集成软件，从而缩短了订单和付款的间隔时间，减少订货和订单处理所需的人数，减少存货并提供更好的客户服务。例如，客户通过客服代表在线下订单，可以立即看到下单时间和货款金额。客服代表可以马上看到客户的信用等级、历史订单，以及公司的存货数量、发货日程。公司其他人也能看到新的订单，因此，当一个部门完成自己那部分作业时，订单会自动通过企业资源计划发送到下一个部门。登录系统后，客户可以确切地看到订单所在的作业节点。

## 采　　购

**采购**（purchasing）是企业为追求最佳产品和服务，而寻找高质量材料资源、最佳供应商，并商议出最合适的价格的功能。过去，制造商倾向于和许多家不同的供应商往来，如果一家供应商无法送货的话，还可以从别人那里购得材料。反之，今日的制造商倾向于只和一两家供应商往来，因为现在的公司往来需要共享太多信息，而这些信息他们不希望太多供应商知道。

互联网改变了近年来的采购功能。例如为找寻供应商，企业可以通过网络采购服务，以最佳价格找到最合适的供应商。同样地，一家想要销售原物料的供应商，也可以通过互联网找到所有在寻找该原物料的买主，采购物品的成本因此大幅降低。

## 准时制存货控制

生产的主要成本之一就是保存供后来使用的零部件、发动机及其他物品的费用。存货不只会让这些物品老旧过时、失窃及受损，同时也需要建造与维护昂贵的仓库。为了减少这些成本，许多公司推行了**准时制存货控制**［just-in-time (JIT) inventory control］。准时制存货控制系统将最少的存货存放在工厂，而零件、物料及其他所需物品则由供应商及时送到生产线上。要有效运用该流程，则需要制定准确的生产计划（使用ERP），并与谨慎筛选过的供应商协调顺畅。这些供应商通常与公司的计算机联网，因而可以掌握需要什么以及何时需要。有时供应商会将新厂房建在主要生产厂商附近，以减少运货时间。如果供应商距离太远，准时制存货控制系统就会出现问题，例如天气变化或许会造成运送的延迟。当自然灾害（地震及其导致的海啸）中断了日本到美国的供应链时，你就会看到问题的产生。准时制存货控制系统的目的是确保以最低成本将正确的材料在正确的时间送到正确的地点，以满足顾客和生产所需。这是现代生产创新的关键一步。

## 质量控制

保持**质量**（quality）指的是从生产顾客所需物品到运送给顾客，都维持一致的应有水平同时减少误差。以前的企业里，质量控制经常只在生产线末端由质量控制部门执行，产品完成后才进行检验。这样的做法会产生以下问题：

1. 这种检查工作会耗费额外的人力与资源。

2. 如果发现错误，必须加以修正或是将该产品丢弃，导致成本增加。

3. 如果顾客发现错误或瑕疵，会因为不满意而从此不再光顾。

由此可知，质量并不是最终结果，而是永无止境、不断改良产品的过程。因此，现在质量控制被视为运营管理规划流程的一部分，而不仅仅是产品线末端的检查而已。

一些企业已经开始使用现代化的质量管理标准，例如六西格玛。**六西格玛质量**（six sigma quality）（只允许每百万分之三点四的瑕疵率）能侦测出潜在错误，以避免错误产生，这对一天要处理400万笔交易的公司（如银行）而言非常重要。

统计质量控制（statistical quality control, SQC）指经理人用来持续监控所有生产流程，以确保质量从生产开始就已注入产品中的过程。**统计过程控制**（statistical process control, SPC）则是指在每个生产阶段对产品组件进行统计抽样，并将抽样结果制成图表以发现质量有无异常，若偏离设定标准就予以改正。管理者可确保所有流程中的产品均符合标准，以降低在生产线末端对质量控制进行检验的需要，因为错误已在更早的过程中被发现。因此，统计质量控制和统计过程控制可为企业节省不少时间与金钱。

有些企业则实行一种称为戴明循环（Deming cycle；戴明为走向质量运动之父）的质量控制方法，该方法由规划、执行、检查、处理（Plan, Do, Check, Act, PDCA）所构成。这种方式同样设法在潜藏错误发生以前，先一步发现并加以解决。

美国企业对于提供顶级的顾客服务越来越重视，而且许多公司已经着手付诸实践。服务业发现每次都要提供卓越服务很困难，因为这样的作业流程太仰赖劳工。实体商品（例如，金戒指）可以被设计制造到几近完美，然而若要设计及制造出游轮上的舞蹈表演或是纽约的出租车服务一类的服务经验，就很难达到质量的完美。

## 波多里奇奖

1987年，美国确立了一套全面质量管理标准，同时设立了马尔科姆·波多里奇国家质量奖（Malcolm Baldrige National Quality Awards），该奖项的命名是为了纪念美国前商务部部长马尔科姆·波多里奇。制造业、服务业、小型企业、教育界与医疗业等领域的组织均可申请该奖项。《2011年至2012年卓越绩效准则》（*2011 - 2012 Criteria for Performance Excellence*，也称为企业和非营利组织准则）现在也已经发布。

组织必须在以下七个方面符合高质量：领导力、战略规划、顾客与市场重心、信息与分析、人力资源重心、流程管理及经营成果。得奖的主要标准包括：是否满足顾客需求，以及顾客满意度评价是否高于其他竞争对手。由此可见，重心已经从生产高质量的产品和服务，转移到提供全方位高质量的顾客服务。

### ISO 9000 和 ISO 14000 标准

国际标准组织（International Organization for Standardization, ISO）是一个世界性的国家标准团体的联盟组织，涵盖超过140个国家，负责制定全球性的产品质量衡量标准。ISO是个建立世界标准（以促进国际产品与服务的贸易）的非政府组织，成立于1947年。ISO不是首字字母的组合词，而是来自希腊字isos，代表"相同"（oneness）。ISO 9000是质量管理和保证标准的常用名称，最新的标准称为ISO 9000：2008。

新标准要求企业必须了解顾客需求，包括对法则与法令的要求；公司也必须制定沟通机制，以处理顾客投诉之类的问题。其他标准包括：过程控制、产品测试、贮存及配送等。

ISO 9000之所以如此重要，是因为欧盟要求想要与其做生意的国家都必须通过ISO标准的认证。有些美国大厂同样要求供应商通过这些标准。此外，欧洲和美国也有一些认证机关，检验企业在运作的所有阶段（从产品研发、生产、测试到安装）是否符合标准。

ISO 14000是组织应对环境冲击的最佳实务总集。作为环境管理系统，它并不预设绩效水准。通过认证的要求包括：企业需有环保政策、有特定的改善目标、有对环保项目的审计，以及高层管理者必须定期审察。

若能得到ISO 9000和ISO 14000两个认证，表示一家公司在质量和环境标准方面都有世界级的管理体系。过去，公司会指派员工分别达到这两种标准。现在ISO 9000和ISO 14000标准已经整合，让组织可以同时朝这两个目标努力。ISO目前正着手将社会责任准则融入其他标准中。

## ◎ 控制程序：计划评审技术和甘特图

运营管理者必须确保产品能在预算内准时而合规地制造与输送。如何确保所有的组装过程都会顺利，并在要求的时间内完成呢？20世纪50年代时为了建造核潜艇，发展出一项生产流程控制的技术：**计划评审技术**（program evaluation and review technique, PERT）。PERT使用者要先分析完成某项计划所需的工作（task）项目，再估计完成各项工作分别所需时间，最后计算完成该计划的最短期限。

使用PERT的正式步骤包括：（1）分析及排列所需工作的顺序；（2）估计完成各项工作的所需时间；（3）画出PERT网络，显示步骤（1）和（2）的信息；（4）辨识出关键路径。**关键路径**（critical path）是指需要最长时间完成的工作顺序。"关键"这个字样用在这个名词中，是因为在完成该路径时如有延迟的话，将会导致专案或生产的拖延。

图9.3是制作一卷音乐录像带的PERT图。注意到图中的方格指的是各个完成的工作项目，而方格间的箭头指的是完成各项工作的所需时间。从完成一项工作到另一项工作的路径，显示各工作项目之间的前后顺序关系。举例来说，从"场景设计"到"场景材料购买"的箭头，显示场景设计的工作必须在购买材料之前完成。关键路径（粗体箭头表示）反映了制作场景所需的时间比挑选舞者和编舞以及设计和制作服装要多。项目管理者现在知道如果方案要准时完成的话，场景搭设就必须按照时间表来进行，但舞蹈和服装准备上的延迟应该不会影响整个项目的准时完成。

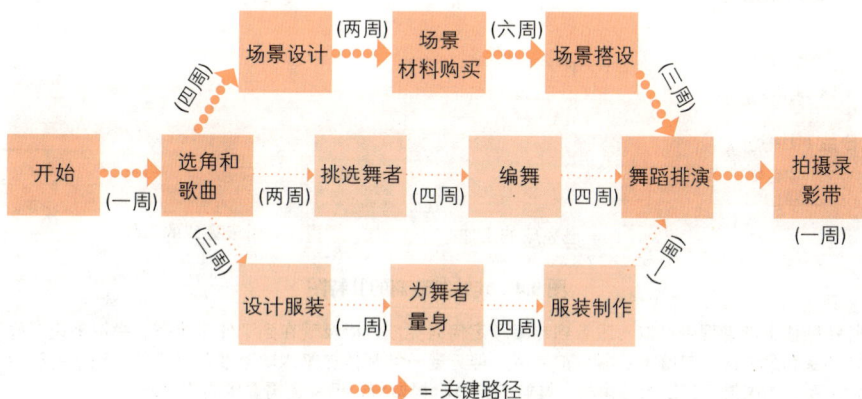

**图 9.3　录像带的 PERT 图**

制作这卷录像带所需花费的最短时间是十五周：选角和创作歌曲一周，最后的拍摄录像带一周，以及场景设计四周、场景材料购买两周、搭设场景六周、舞蹈排演一周——而这就是其关键路径，这个过程中任何的延迟都会影响录影带的拍摄进程。

PERT网络可能是由数以千计的活动所组成，且须耗时数月才能完成，现在这项复杂的程序可利用计算机来处理了。另外，制造商用来衡量生产过程，更为基础的策略就是**甘特图**（Gantt chart）。它是以发明者亨利·甘特（Henry L. Gantt）命名的。甘特图是能清楚地显示生产管理者正在进行哪些项目，以及在既定的时间内进展到什么阶段的条形图。图9.4显示一家娃娃制造商的甘特图，该图显示娃娃的头和身体应该在缝上衣服之前完成。它也显示在第三周结束时，娃娃的身体已经做好，但头却还要再过大约半周才会好。所有的计算在过去曾经都是用手算的，现在则由计算机取代。使用甘特式的计算机软件，管理者可以追踪每分钟的生产过程，监控哪些工作准时完成、哪些工作落后，以便做出调整，使生产时程与进度能在既定的时间内完成。

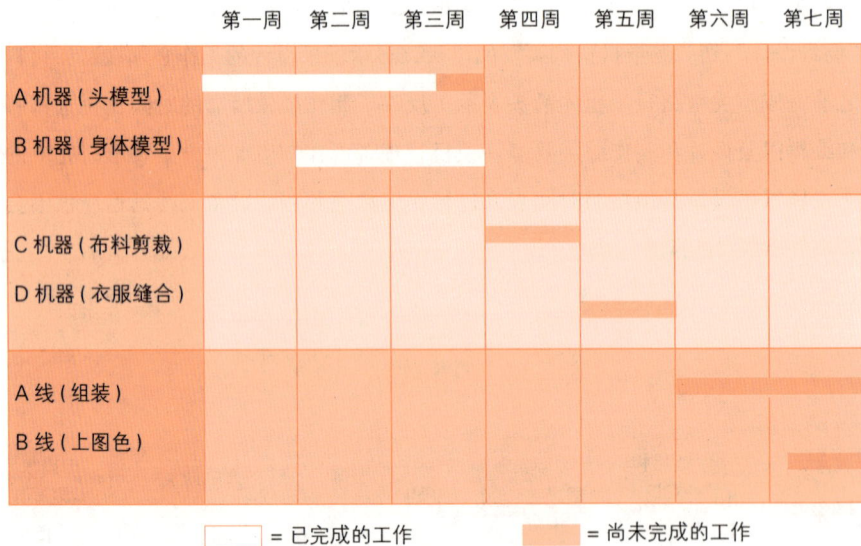

**图 9.4　娃娃制造商的甘特图**

甘特图让生产管理者可以一眼看到专案预定何时完成，以及现在到了什么状态。举例来说，娃娃的头和身体应该在缝上衣服之前完成，但只要一切都能在第六周时准备好组装，稍微的延迟没关系。本图显示第三周结束时，娃娃的身体已经做好，但头还需要半周才会好。

## ◎ 为将来做好准备

美国依然是一个重要的工业国，但是每年的竞争都变得更加激烈。制造企业和服务企业都需要为保持竞争力而奋斗，因此在运营管理方面还有许多发展机会。可以预见未来的趋势且有能力拥有或工作于高度自动化的工厂和现代化服务设施的学生，将有更多的发展机会。

## 总　结

**1. 描述美国制造业的现状，制造业企业为了提升竞争力做了什么？**

· 美国制造业的现状是怎样的？

　　国家制造业的活力已经衰落了，其结果是失业的增加。失业增加的原因之一是公司生产率增加，意味着同样数量的工作所需员工在减少。本章大部分内容都致力于说明制造商和服务提供者做什么可以重振美国经济，使之成为世界级的竞争者。

· 为使产出持续成长，美国制造业做了哪些努力？

　　美国制造业已成功提升产出，这主要是通过重视与供应商及其他公司保持紧密的合作关系，以满足顾客需求；持续不断地改良；聚焦于品质；通过选址来降低成本；利用互联网来整合供应链；使用新生产技术，例如企业资源计划、计算机集成制造、柔性制造和精益制造。

**2. 描述从生产管理到运营管理的演进过程。**

· 什么是生产管理？

　　生产管理是管理者帮助公司创造产品的所有活动。为反映服务部门的重要性已逐渐凌驾制造部门，故以"运营"一词来取代"生产"。

· 什么是运营管理？

　　运营管理是将资源（包括人力资源）转成产品和服务的管理专门领域。

· 哪种公司会有运营管理者？

　　制造和服务部门的公司都会有运营管理者。

**3. 区分各种生产流程，并描述提升生产率的技术，包括计算机辅助设计和计算机辅助制造、柔性制造、精益制造和大规模定制。**

· 什么是流程制造？它和组装过程有何不同？

　　流程制造是材料的物理或化学改变；组装过程是将零部件拼装起来。

· 计算机辅助设计/计算机辅助制造系统如何运作？

　　计算机辅助设计下的设计改变会立即被并入计算机辅助制造的制造过程当中。两种系统的连接——计算机辅助设计和计算机辅助制造——称为计算机集成制造。

· 什么是柔性制造？

　　设计能执行多项工作的机器，以生产各种产品。

· 什么是精益制造？

　　相比大规模制造使用更少的投入来生产产品：较少人力、较少的制造空间、较少在工具上的投资，以及较少的工程时间，来研发一项新产品。

·什么是大规模定制？

大规模定制是为大量的个别顾客制造个人化的产品与服务。柔性制造让大规模定制变得可行。根据顾客的具体需求，弹性化的机器可以生产客户定制商品，其速度和过去大规模生产商品的速度一样快。大规模定制在服务业也很重要。

**4. 描述运营管理计划相关的问题，包括设施选址、设施布局、物料需求计划、采购、准时化存货控制与质量控制。**

·什么是设施选址？和设施布局有何不同？

设施选址是选择适于公司运营的地理位置；设施布局是对资源（包括人员）进行物理上的安排，以使其能有效益及效率地生产产品和服务。

·管理者应用什么标准来评估不同地点位置？

劳动成本和土地成本是选择正确地点的两大重要决定因素。其他因素包括是否（1）有足够而便宜的资源；（2）有具技能的员工，或是可以培训的员工；（3）税额较低且有当地政府支持；（4）能源和水源充足；（5）交通运输成本低；（6）生活质量和教育水平高。

·物料需求计划、企业资源计划与生产流程有何关系？

物料需求计划是利用销售预测在正确的时间地点、特定公司内取得所需零件原料的计算机运营管理系统。企业资源计划是物料需求计划的进化版。企业资源计划是指以计算机为中枢的生产操作系统，将多家公司联结成一个生产单位，整合管理各合作企业的运作（财务、物料计划、人力资源与订单处理）。企业资源计划可缩短订单与付款间的时间、减少处理订单的人力、降低存货并提供更好的服务。

·什么是准时化存货控制？

将最少存货存放在工厂，而零件、物料及其他需求，供应商都会及时递送上生产线。

·什么是六西格玛质量管理？

六西格玛（每100万产品中只允许3.4个瑕疵品）质量管理能在事前侦测到潜在问题。统计质量控制是经理人用来持续监控所有生产流程，以确保质量从生产开始就已注入产品中的过程。统计过程控制在每个生产阶段对产品组件进行统计抽样，并将抽样结果制成图以发现质量有无异常，若超过设定标准就予以改正。

·美国厂商使用何种质量标准？

许多厂商努力争取马尔科姆·波多里奇国家质量奖。为了获奖，企业必须在以下7个方面符合高质量：领导力、战略规划、顾客与市场重心、信息与分析、人力资源重心、流程管理及经营成果。国际标准方面，美国厂商会努力争取通过ISO 9000和ISO 14000的认证。前者是欧洲的质量标准；后者是组织管理环境保护的最佳实务总集。

**5. 解释计划评审技术与甘特图在控制制造过程中的应用。**

·PERT图和甘特图之间有任何关系吗？

图9.3为PERT图，图9.4为甘特图。PERT是规划工具，甘特图则是衡量进度的工具。

## 批判性思考

1. 制造车间的工人正被机器人和其他机器取代。一方面，这让公司可以与其他拥有廉价劳动力的国家开展竞争。另一方面，自动化淘汰了许多工作岗位。你对自动化会增加美国和世界的失业或不充分就业感到担忧吗？为什么？

2. 计算机集成制造（CIM）革新了生产流程。这样的变革对服装业、制鞋业和其他与时装相关的工业意味着什么？这对其他消费品和工业品行业意味着什么？作为一名消费者，你会如何受益？

3. 在美国创造新工作岗位的方式是提高工程学及理科新毕业生的创新能力。美国如何鼓励更多的学生选修这些专业？

# 10

# 员工激励

## 学习目标

1. 解释泰勒关于科学管理的理论。

2. 描述霍桑实验及它对管理的重要性。

3. 指出马斯洛的需求层次理论，并说明它对员工激励的重要性。

4. 区分赫兹伯格所提出的激励因素和保健因素。

5. 区分X理论、Y理论及Z理论。

6. 解释目标设定理论，并指出目标管理如何验证说明这个理论。

7. 说明管理者如何通过工作丰富化、开放式沟通和工作认知将激励理论付诸实践。

8. 展示管理者如何运用个性化的激励策略来吸引全球各地、不同世代的员工。

# 人物侧写

## 认识程正昌　熊猫快餐创立人和联合首席执行官

虽然经济衰退对餐饮业造成了很大的打击，但在熊猫快餐（Panda Express）却看不到生意低迷的迹象。2010 年，美国最大的中餐连锁店公布其销售收入为 14 亿美元，其私人拥有的店面达到了 1350 家。创立人和联合首席执行官程正昌（Andrew Cherng）希望到 2015 年在美国开到 2300 家店。程正昌也把熊猫快餐开到了墨西哥，而且不无奇怪的是，他在中国也开了分店。

为筹集扩张资本，程正昌想让他位置最好那家店面的年销售额从 140 万美元提高到 200 万美元。为了实现这一目标，他所做的远不只是分析数据。程正昌喜欢读自助手册，比如史蒂文·科维（Steven Covey）的《高效能人士的七个习惯》（*Seven Habits of Highly Effective People*），他视员工的身心健康为公司成功的关键。在程正昌看来，员工个人的成长会导致熊猫快餐的收入增长。公司鼓励经理人健康饮食、定期锻炼以及参加公司的励志讲座。程正昌的个性积极向上，自己也曾多次参加此类活动，给员工带去友好的微笑、拥抱或可以增进他们幸福的一切。

程正昌出生于中国，在中国台湾和日本长大，1966 年到美国中西部读大学。在密苏里大学获得应用数学硕士学位之后，他来到洛杉矶。他一来到加州，就立刻注意到中餐馆的数量惊人。相比中国菜的普及，中餐质量的低下更让他吃惊。当他的父母于 1973 年移民到美国时，程正昌正管理着一家中餐馆。他和当过厨师长的父亲决定开他们自己的餐馆，并且提供高质量的食谱。他从银行贷款 2 万美元，并从他的一位服务生手里借了 1 万美元，开了一家熊猫小饭店（最终发展成熊猫快餐）。

即使在早期，员工也知道程正昌热心阅读自我提升的书籍和有声读物。今天，他将热情投入到了地标论坛（Landmark Forum），这是一个励志课程，《今日心理学》（*Psychology Today*）称之为"把你拆卸开，再装回去"。

该系统强调了开放以及消除个人成长障碍的重要性。熊猫快餐要求其经理人参加地标论坛的课程，积极参加公司基于此课程的集会。程正昌说："企业就是一个运动场，企业是你练习人际交往技能的地方，是你成长的地方。你必须成长！作为个人你获得了成长，然后你会在企业中成长。这就是你前进的方式。"

程正昌不只是用集中分享的课程和积极的思考来激励员工。熊猫快餐为所有员工（包括兼职人员）支付了 80% 的健康保险费用，并为他们的直系亲属支付 50% 的健康保险费用。此外，它支付的时薪比其他快餐连锁店要高出 1~2 美元。增加工资的部分原因在于员工在熊猫快餐工作比在麦当劳更困难。毕竟，炒米饭需要不断地翻动，切蔬菜也需要统一规格，这两者比烙牛肉饼的劳动强度更大。在程正昌看来，要想确保熊猫快餐引以为豪的质量，唯一的方法就是让员工真正关心自己的工作。

在本章，你将学到像程正昌这样的经理人在激励员工关注他们与组织的共同目标时所采用的理论和实践。

资料来源：Karl Taro Greenfeld, "General Tso, Meet Steven Covey," *Bloomberg Businessweek*, November 18, 2010; Russell Flannery, "Biggest Chinese Restaurant Chain in U.S. Eyes Investment in Motherland," *Forbes*, April 11, 2011; www.pandaexpress.com, accessed April 2011.

## ◎ 激励的重要性

喜剧演员马克斯（Groucho Marx）曾经讽刺道："如果工作好玩，有钱人为什么不做？"有钱人其实也工作，比尔·盖茨可不是玩玩电脑游戏就变成亿万富翁的。不过，普通工作者也可以拥有乐趣——如果管理者能激励他们的话。

员工满意度的重要性不可言喻。有快乐的员工就有快乐的顾客，有快乐的顾客就有成功的企业。相反的，不快乐的员工可能会离开公司，进而造成公司的损失。招聘和培训新人的成本大约相当于6~18个月的工资，但无形的损失（如失去人才、士气低落、员工压力增加、形象受损等）更为严重。

尽管招聘和培训新员工成本很高，但留住那些不敬业的人也会付出高昂的代价。人们常常用"敬业"这个词来描述员工在动力、热情和投入方面的程度。敬业的员工会充满热情地工作，感到与公司紧密相连。不敬业的员工基本上就是为了领工资，他们埋头苦干，投入的是时间，而不是活力。他们不仅在工作中表现出不愉快，而且还会削弱敬业同事的努力。根据盖洛普（Gallup）调查的估计，主动的不敬业员工的低生产率每年会消耗美国经济大约3000亿美元。考虑到最近的经济衰退对员工忠诚度的影响，这一数字在近期还会增加。2011年，受调查的员工中只有47%的人称他们对雇主非常忠诚，低于3年前的59%。虽然雇主报告说生产率在增长（较少的投入实现较大的产出），但增长的实现是以牺牲员工的忠诚为代价的。经理人要扭转局面是很重要的。

激励合适的人加入组织并留住他们是经理人的一项关键职能。高绩效的经理人通常领导着高绩效的员工。只要人们觉得自己的工作不是无所谓，有人欣赏他们，他们就愿意努力工作。大雁编队飞行要比单独飞行更快，这并非偶然。虽然对高绩效的渴望最终发自于内心，但优秀的经理人会激励员工，并让他们将追求良好业绩的天性发挥出来。如果他们感到自己的工作关系重大且被欣赏，人们就会愿意工作，而且努力工作。

肯定、成就和地位等都是激励员工的诱因。**内在回报**（intrinsic reward）指当人们表现良好、达成目标时所得到的满足感。人们相信自己的工作对组织或社会有重大的贡献，就是其中一例。**外在回报**（extrinsic reward）则是指表现良好时他人给予的肯定，包括加薪、赞赏与升迁。

本章的目的在于帮助你了解激励的概念、理论和实践。我们先从介绍传统的激励理论开始。你为什么要对了解这些理论感到厌烦呢？有时所谓的"新"理论并不是真的新，有些已经在过去被人尝试过。了解过去有利于你看清何者有效、何者无效。首先，我们讨论霍桑研究，它们开启了人们对员工满足和激励的新兴趣。然后，我们考察传统学者对员工的一些假设。你将在企业文献和未来的课程中反复看到这些理论家的名字，包括泰勒、梅奥、马斯洛、赫兹伯格及麦格雷戈。最后，我们介绍现代激励理论以及经理人对它们应用。

## 科学管理之父：弗雷德里克·泰勒

19世纪时就有几本书提出了管理原则，但一直到20世纪初才出现具有永久影响的著作，其中最知名的著作是1911年出版的《科学管理原理》（*The Principles of Scientific Management*），作者是美国的效率工程师——弗雷德里克·泰勒（Frederick Taylor）。这本书为泰勒赢得"科学管理之父"的头衔。泰勒的目标是提高员工的生产率，使公司和员工双方都获利。泰勒认为要改善生产率，必须对最有效率的做事方法进行"科学化"的研究，找出执行每项任务的"最佳方法"，然后教导人们这些方法。这就是所谓的**科学管理**（scientific management）。泰勒的方式有三大基本要素：时间、方法和工作规则；他最重要的工具是观察和定时器。麦当劳可以算出机器一次煎几片汉堡肉最为合适，类似的现代管理方式都来自泰勒的想法。

泰勒有一个经典故事，他研究用同样的铲子铲稻米、煤、铁矿石。泰勒觉得铲不同的东西需要用不同的铲子，于是他发明了各种大小形状的铲子，然后手拿定时器长期测量产出，这就是所谓的**时间—动作研究**（time-motion studies）——研究完成一项特定工作（job）需要执行哪些任务（task），以及完成每项任务所需的时间。当然，普通人用最具效率的动作和适当的铲子，就可以铲更多（事实上，每天从25吨增加到35吨）。这项发现衍生出的时间—动作研究，几乎适用于所有的工厂工作。而在找出最具效率的做事方法后，该效率自然变成制定目标的标准。

20世纪初期，泰勒的科学管理成为提升生产率的主要策略，全美国有上百名的时间—动作专家负责制定工厂的最佳工作标准。亨利·甘特是泰勒的追随者之一，他所发展的甘特图让管理者能事先规划员工的每日工作细节（详见第9章甘特图的讨论）。美国的工程师弗兰克（Frank）和莉莲·吉尔布雷斯（Lillian Gilbreth）运用泰勒的想法，对铺砖工作进行了3年的研究。他们发展出**动作经济原则**（principle of motion economy），指出每件工作都可以再细分成一连串的基本动作，称为动素（therblig，把Gilbreth字母反过来拼，然后调换t和h）。接着，他们会分析每个动作，使其更具效率。

大体而言，科学管理将人视为机器，需要做适当的设定；几乎不考虑员工工作时的心理和人性层面。泰勒认为如果薪资够多，员工的工作效率就会高（换句话说，薪水具有激励效果）。

泰勒的某些理念仍在实行。有些公司依然强调遵守工作规范，而不是强调创造、弹性和快速反应。例如，联合包裹服务公司告诉司机如何下车（右脚先下）、走多快（每秒3步）、每天取送多少包裹（平均400件）和如何拿钥匙（齿面朝上，第三个手指）。司机要戴"指环式扫描器"，这是一个戴在食指上的电子设备，连接到手腕上的小型计算机，它会扫描包裹的条形码，让顾客可以上网查询，了解包裹的准确位置。如果认为司机行动迟缓，上级会对他的情况进行跟踪，用秒表和写字板刺激司机。联合包裹服务公司在马里兰州的兰多佛设立了一个培训中心，用模拟装置培训员工如何恰当地装卸纸箱和熟练地驾车，甚至在搬运包裹时如何降低松脱和跌落的风险。

长久以来各界普遍认为，员工能想出具解决生产率问题的方法，这个课题将在下节进行探讨。

## 梅奥与霍桑实验

泰勒的研究还衍生出另一项研究，在西屋电气公司（Western Electric）位于伊利诺伊州西塞罗市的霍桑（Hawthorne）工厂进行。该研究始于1927年，为期6年。我们现在说明它为什么是重要的管理文献之一。

艾尔顿·梅奥（Elton Mayo）和哈佛大学的同学前往霍桑厂测试照明与最优

生产率的关系。从这方面来看，它是传统的科学管理研究，主要记录员工在不同照明之下的生产率。但最初的实验似乎出现问题。研究员原先预期生产率会随着照明变暗而降低，然而无论工厂灯光明亮或昏暗，实验组员工的生产率都较同质工作的对照组员工更高，即便工厂把灯光调低到像昏暗的月光一般时，结果仍然如此。

于是，他们进行了第二组13期实验。他们另外成立一间实验室，控制里面的温度和湿度等环境因素。这次实验当中，生产率每次都提高；事实上，整体增加了50%。当实验者将各项环境条件调整回最初的状态，以为生产率会随着降回原点时，生产率却还是提高了。此时，实验被认为完全失败了。无论实验者做什么，生产率都会提高。究竟是什么原因造成生产率的增加呢？

最后，梅奥猜想应该有人性或心理因素涉入其中。接着，他和同事询问了员工对实验的感觉和态度，而他们的发现使管理思考产生了重大的改变，其影响一直持续到现在。他们的结论如下：

· 实验室里的员工认为自己是一个社会团体。工作气氛活泼，可以自由交谈，也固定跟上司与实验者互动。他们觉得自己很特别，所以努力工作想待在这个团体里，因此产生了激励效果。

· 员工能参与实验的规划过程。例如，他们否决了一项计薪方式，而且提出的建议被公司采纳，因此员工觉得自己的想法获得尊重，并且有参与管理决策。这样也产生激励效果。

· 无论外在环境如何，员工喜欢他们特别的工作室，也喜欢提高生产率后能加薪，工作满意度因而大幅提升。

研究者现在用**霍桑效应**（Hawthorne effect）一词，指当人们知道自己是被研究的对象时，表现不一样的倾向。霍桑实验的结果鼓励研究者针对能提高生产率的人员激励与管理风格进行研究。此时，研究的重点从泰勒的科学管理，开始转向梅奥的人性管理。

梅奥的发现对员工有了全新的假定。当然，新的假定之一是薪水并非唯一的激励来源；事实上，金钱被发现常常是相对无效的激励因素。这些假定的改变产生了许多人性面的激励理论，最著名的激励学者之一是亚伯拉罕·马斯洛（Abraham Maslow），我们将接着讨论他的研究。

## ◎ 激励和马斯洛的需求层次

心理学家亚伯拉罕·马斯洛（Abraham Maslow）相信要了解激励对工作所产生的作用，必须先了解一般激发人动力的原因。对他而言，激励似乎来自需求。也就是说，人们会试图满足"尚未满足"的需求，这就产生了激励效果；需求一旦被满足，就不再具有激励效果。

图10.1显示了**马斯洛的需求层次**（Maslow's hierarchy of needs），各需求层次如下：

· **生理需求**：基本的生存需求，例如对食物、水、安身之处的需求。

· **安全需求**：工作场所和在家安全的需求。

· **社交需求**：觉得被爱、被接受、有群体归属感的需求。

· **尊重需求**：得到他人肯定和认同的需求，以及自尊、地位或重要感。

· **自我实现需求**：完全发挥自我潜能的需求。

当一个需求满足时，另一个更高层级的需求会出现，满足它就可以达到激

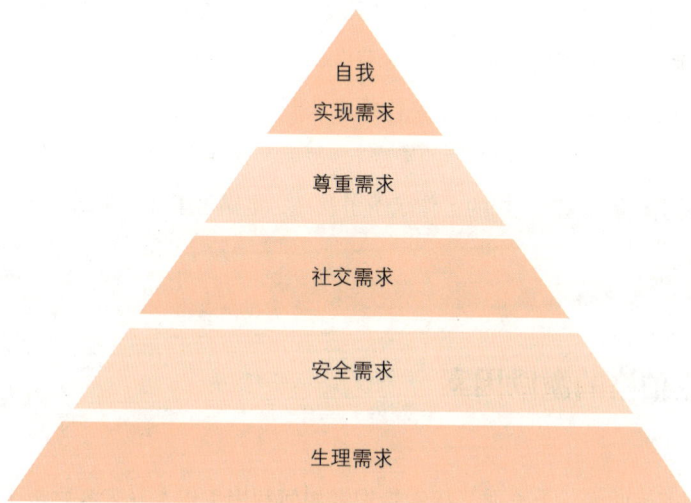

**图 10.1　马斯洛的需求层次**

认为激励来自需求。如果某一层的需求已被满足，就不再是激励因素，而更高层次的需求就成为激励因素。亦即满足低层次的需求之后，就会转而追求较高层次的需求。这张图显示了各种层次的需求。你知道自己现在的需求在图中的哪一层吗？

励的效果，而已经满足的需求不再是激励因素。举例来说，如果你才吃过全套的晚餐，饥饿不会是激励因素（至少可以撑几小时），你的注意力可能转向周围的环境（安全需求）或者家人（社会需求）上。当然，低层级的需求（例如口渴）在任何时候都可能由于未获满足而出现，引开你对较高层级需求的注意力（例如认同或地位）。

世界上多数的人成天辛苦工作，只为了满足基本的生理和安全需求。在发达国家中，这些并不是主要的需求，工作者会想要满足更高层次的需求（例如社交、尊重、自我实现需求）。

为了赢得竞争，美国企业必须为各层次的员工创造一个包含各种目标的工作环境，比如社会贡献、诚实、可靠、服务、质量、可信赖和团结。生活乐趣（Joie de Vivre）是一个有30家多功能旅馆的连锁公司，切普·康利（Chip Conley）是其创立人，他考虑到了更高层次的需求，比如（工作）对所有员工（包括较低层级的工人）的意义（自我实现）。他的员工中有一半是整天清扫卫生间的家政服务员。他是如何帮助他们感到自己正在做有意义的工作的？他把一项技术叫作"乔治·贝利（George Bailey）练习"，乔治是电影《生活多美好》（It's a Wonderful Life）的主角。康利问小的家政服务组：如果他们每天不到的话会发生什么。垃圾会成堆，浴室到处是湿毛巾，甚至让我们想不到这是卫生间。然后，他要求他们再提出几个名字来称呼家政服务。他们的提议有"保持宁静的人""喧嚣克星"或"内心平静的警察"。最后，这些员工感受到了他们不在时客户的不同体验。这为他们的工作赋予了意义，也满足了他们更高层次的需求。

## ◎ 赫兹伯格的激励因素

管理理论的另一个方向是探索管理者如何利用工作本身来激励员工（泰勒研究的现代观点）。换言之，有些学者会问：在管理者可以控制的所有因素当中，哪些最能有效地激发工作的热情？

而在这个领域引起最多讨论的，是由心理学家弗雷德里克·赫兹伯格

（Frederick Herzberg）在20世纪60年代中期时所进行的研究。赫兹伯格要员工根据对激励的重要程度，列出各个与工作相关的因素。问卷的题目是：什么会激起员工的工作热情，让他们将潜能发挥到极致？结果显示下列是激励员工的重要因素：

1. 成就感。

2. 获得肯定。

3. 对工作本身有兴趣。

4. 成长的机会。

5. 升迁的机会。

6. 责任的重要性。

7. 同事和组群关系。

8. 工资。

9. 上司的公平性。

10. 公司的政策和规定。

11. 地位。

12. 工作保障。

13. 上司的友善态度。

14. 工作环境。

最多人投票的因素都围绕着工作内容：员工喜欢自己对公司有所贡献（成就感位居第一）；他们想要赢得肯定（第二），以及觉得他们的工作重要（第六）；他们想要负责任（因此学习很重要），而且想要通过获得成长和进步的机会承担责任而得到肯定。当然，员工也希望工作有趣。你对自己的工作也是这么看的吗？

员工认为与工作环境有关的因素并不是重要的动机，薪水就是其中之一，这一点实在令人玩味。员工觉得薪水不高、工作没保障、上司不友善等，都令人不满意，但有这些因素也不会激励他们更努力工作；它们只会令人对工作环境满意（但没有激励效果）。你如果得到更好报酬，会更努力地工作吗？

赫兹伯格的研究结果找到了两种因素。第一种称为**激励因素**（motivators），能够确实地提高员工的生产率，并为他们带来很大的满足感；这些因素大部分与工作内容有关。赫兹伯格将其他的因素称为**保健因素**［hygiene factors，或维持因素（maintenance factors）］。这些因素大部分与工作环境有关；缺乏保健

**表 10.1 赫兹伯格的激励因素和保健因素**

赫兹伯格的结论也有一些争议，例如营销经理人经常利用奖金作为激励。近年来的研究结果显示，把奖金作为表扬员工计划的一部分，能够成为有效的激励因素。

| 激励因素 | 保健（维持）因素 |
|---|---|
| （这些因素可以用来激励员工。） | （缺乏这些因素可能造成不满，但改变后几乎没有激励效果。） |
| 工作本身 | 公司政策与行政管理 |
| 成就 | 监督 |
| 肯定 | 工作环境 |
| 责任 | 人际关系（同事） |
| 成长与升迁 | 薪水、职衔、工作保障 |

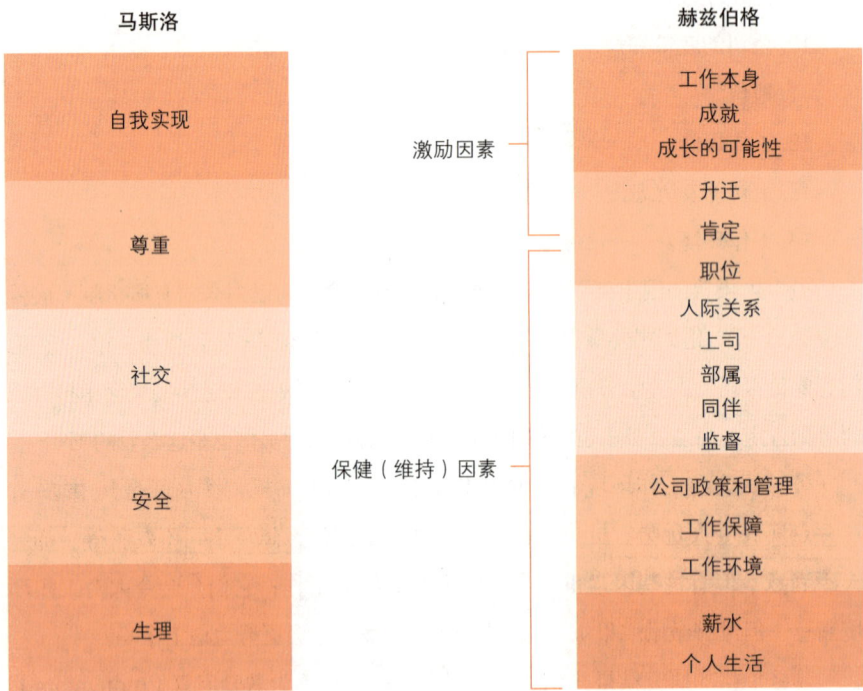

马斯洛      赫兹伯格

| 马斯洛 | | 赫兹伯格 |
|---|---|---|
| 自我实现 | 激励因素 | 工作本身<br>成就<br>成长的可能性<br>升迁<br>肯定 |
| 尊重 | | 职位 |
| 社交 | 保健（维持）因素 | 人际关系<br>上司<br>部属<br>同伴<br>监督 |
| 安全 | | 公司政策和管理<br>工作保障<br>工作环境 |
| 生理 | | 薪水<br>个人生活 |

**图 10.2 马斯洛的需求层次和赫兹伯格的双因素理论的比较**

因素会造成不满，但有这些因素未必能够激励员工。表10.1列出了激励因素和保健因素的比较。图10.2显示，马斯洛的需求层次和赫兹伯格的双因素理论有很多的相同点。

审视一下赫兹伯格的激励因素表，指出哪些最能激励你。根据它们对你的重要性排序。当你考虑工作和事业时，要记在心里。你的工作机会能提供哪些激励因素？是你所重视的吗？根据对你所重视的激励因素评估各个工作机会，有助于你做出最好的选择。

## ◎ 麦格雷戈的 X 理论和 Y 理论

管理者在工作上激励员工的方法，大部分视他们对员工的态度而定。管理理论家道格拉斯·麦格雷戈（Douglas McGregor）观察到，管理者的态度一般属于两种截然不同的管理假设中的一个，他称为X理论和Y理论。

### X 理论

X 理论的管理假设如下：

· 一般人不喜欢工作，会尽可能避免工作。

· 因为人们不喜欢工作，所以必须强迫、控制、指示，或者以处罚威胁员工，才能让他们努力达成组织的目标。

· 一般的员工宁愿听命行事，避免责任，几乎没有抱负，想要有保障。

· 主要的激励因素是恐惧和金钱。

在这种态度、信仰、假定之下，自然产生出非常"忙"的管理者，随时随地告诉员工要做什么和该怎么做。激励着重在处罚表现不好的人，而不是奖赏表现良好的人。X理论的管理者几乎不给员工责任、权力和弹性。这种科学管理让泰勒及其追随者对于X理论深表赞同。这也是为什么时间—动作的管理文献，会研究完成任务的最佳方法和最短时间。在这种假定下员工需要接受训练和严密监督，以确保他们遵守标准。

许多管理者和企业家还是无法完全信任员工，认为有必要严密监督他们。你一定见过这种管理者，你有什么感觉？这些管理者对员工态度的想法正确吗？

### Y 理论

Y 理论对人的假设完全不同：

·大部分的人喜欢工作，就跟玩乐或休息一样自然。

·大部分的人都会朝他们所承诺的目标努力。

·一个人对目标的承诺程度视达成后的报酬而定。

·在某些情况下，大部分的人不只会被动接受，也会主动负责。

·人们可以运用高度的想象力、创造力，以及聪明才智解决问题。

·在职场上，一般人的潜能只发挥了一部分。

·各种报酬都能发挥激励的效果，每个人在得到奖励（例如休假、金钱、肯定等）时都会被激励。

Y理论不强调权威、指导与严密监督，而是强调轻松的管理气氛，让员工可以自由制定目标，尽情创造、有弹性，并且超越管理层所制定的目标。达成这些目标有一个关键的技巧，那就是授权，给员工决策权及执行该决策的工具。为使授权发挥激励的效果，管理者应采取下列三个步骤：

1.找出员工认为的组织问题是什么。

2.让员工构思解决之道。

3.不介入，让员工自己执行这些解决之道。

员工经常抱怨公司要他们参与决策，但管理者没有真正授权给他们。你在这样的氛围里工作过吗？当时的感觉如何？

## ◎ 大内的 Z 理论

近来美国企业倾向采取比较弹性的管理作风有一个原因，就是必须面对外国公司的竞争，例如来自日本、中国和欧盟的企业。回顾20世纪80年代，日本公司的表现似乎比美国企业优秀。加州大学洛杉矶分校的管理学教授威廉·大内（William Ouchi）十分好奇日本成功的秘密是否在于管理员工的方式。日本式管理方式（Japanese management approach；大内称之为J型）包括终身雇用、集体决策、共同负责决策结果、缓慢的评价和升迁制度、隐性的控制机制、非专业化的职业路径，并全方位为员工设想。相反，美国式管理方式（American management approach；大内称之为A型）则包括短期雇用、个人决策、个人负责决策结果、快速的评价和升迁制度、明确的控制机制、专业化的职业路径，并且对员工只有部分的关心。

J型公司根植于日本文化，注重团体和家庭内的信任和亲密感；相对地，A型公司则根植于美国文化，注重个人的权利和成就。大内想要帮助美国企业采取日本的成功策略，但他明白要美国管理者接受外来文化的方法相当不切实际。想想看，让一家公司终身雇用也许听起来很好，但同时也失去转换工作与快速升迁的机会。

大内推荐一种综合的方法：Z理论（参阅图10.3）。Z理论混合了J型和A型的

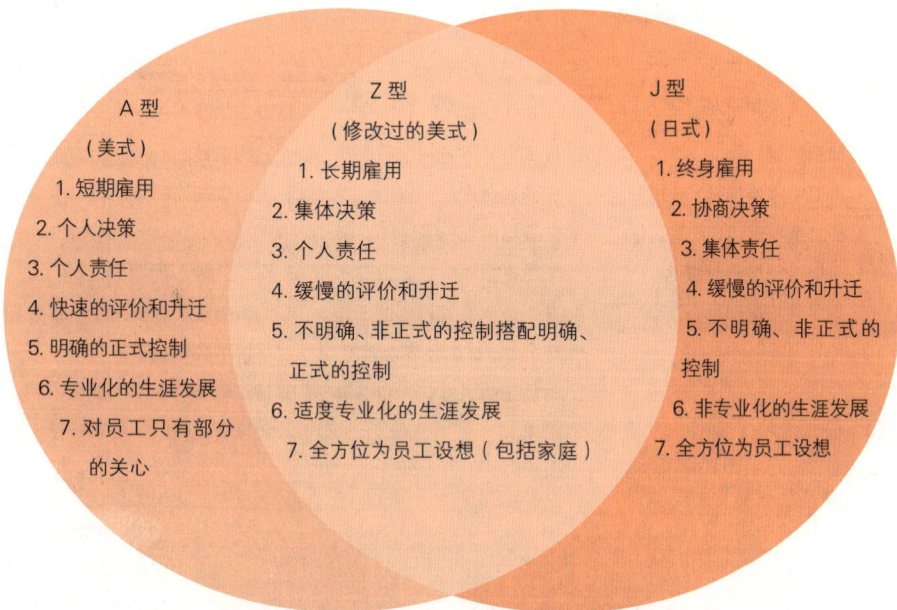

A 型
（美式）
1. 短期雇用
2. 个人决策
3. 个人责任
4. 快速的评价和升迁
5. 明确的正式控制
6. 专业化的生涯发展
7. 对员工只有部分的关心

Z 型
（修改过的美式）
1. 长期雇用
2. 集体决策
3. 个人责任
4. 缓慢的评价和升迁
5. 不明确、非正式的控制搭配明确、正式的控制
6. 适度专业化的生涯发展
7. 全方位为员工设想（包括家庭）

J 型
（日式）
1. 终身雇用
2. 协商决策
3. 集体责任
4. 缓慢的评价和升迁
5. 不明确、非正式的控制
6. 非专业化的生涯发展
7. 全方位为员工设想

**图10.3 Z理论：美国与日本管理方法的融合**

特色，包括长期雇用、集体决策、决策结果由个人负责、缓慢的评价和升迁、适度专业化的生涯，并全面性地为员工设想（含家庭）。这套理论视组织为家庭，培育出合作与组织价值观。

近年来，经济衰退、人口结构与社会的改变以及激烈的全球竞争迫使日本管理者重新评估企业经营的方式。2011年地震对日本企业的影响使需求发生变化，日本企业必须更具动态弹性和效率，才能在瞬息万变的全球经济中保有竞争优势。

电子业巨人日立公司（Hitachi）率先宣布取消公司体操（大家一起运动不只为了健康，也为了员工之间的团结）。大家一起做体操象征着用同样的方法做同样的事情，如此会强化"员工无法承担风险或主动思考"的组织文化。许多管理者认为就是这种"一个口令一个动作"的做法，害惨了日本企业。那么，未来日本的管理者会朝混合型的Z理论发展吗？我们只能拭目以待。事实上，恰当的管理风格要配合文化、现场情况，以及组织和员工的特定需求（表10.2总结了X、Y与Z理论）。

**表10.2　X、Y与Z理论比较**

| X理论 | Y理论 | Z理论 |
| --- | --- | --- |
| 1. 员工不喜欢工作，并且会尽量逃避。 | 1. 员工视工作为生活的一部分。 | 1. 员工的参与感是提升生产力的关键。 |
| 2. 员工宁愿被控制、被指挥。 | 2. 员工比较愿意接受较少的控制和指挥。 | 2. 对员工的控制不明确、不正式。 |
| 3. 员工重视保障，不是责任。 | 3. 在适当的工作条件下，员工愿意主动负责。 | 3. 员工宁愿分享责任和决策。 |
| 4. 员工必须敬畏管理者。 | 4. 在不必敬畏管理者的工作环境中，员工会表现较好。 | 4. 员工在充满信任和合作的环境中会表现较好。 |
| 5. 以金钱报酬激励员工。 | 5. 对员工的激励，来自各种需求。 | 5. 员工需要有保障的雇用，会接受缓慢的评价和升迁。 |

## ◎ 目标设置理论与目标管理

**目标设置理论**（goal-setting theory）主张制定远大、但可达成的目标，这可以激励员工和改善绩效，前提是这些目标被员工接受，有反馈机制，并且有组织环境配合。基本上，组织所有成员对组织的整体目标应有共识；对于各个部门和个人，则另定特定目标；接下来，就应该有一套系统让每个人参与制定和实行组织的目标。

彼得·德鲁克在20世纪60年代发展出这样的系统。德鲁克认为，"管理者无法激励员工，他们只会阻挠员工，因为人们靠自己激励自己"。他相信管理者只能营造适当的环境让种子成长，因此，他设计出一套系统来帮助员工自我激励。这套系统称为**目标管理**（management by objectives, MBO），它可经由中高层的管理者、主管与员工反复讨论、检讨和评估目标的制定与执行。目标管理需要管理者与组织内的所有成员共同合作来设定目标，让员工对目标做出承诺，然后监督结果，并在员工达成目标后予以奖励。美国国防部等政府机构也曾经使用过目标管理。

在相对稳定的情况下（即长期计划的制定和执行方面不需要做重大改变），目标管理会发挥最大效果。其中还有一点很重要：管理者必须了解协助（helping）和指导（coaching）部属的差异。协助表示跟部属一起工作，有需要时也做部分工作。指导表示教导、指引、建议，但不是协助；换句话说，不主动参与或做工作。目标管理的中心思想是：员工需要自我激励。

员工的参与和期望相当重要。如果高层管理者把目标管理当作手段，强迫经理人和员工承诺达成高层单方面所制定的目标，而没有取得双方共识，问题可能会随之而来。

维克托·弗鲁姆（Victor Vroom）确认了员工期望的重要性，并依此发展出期望理论，接下来将检视这个概念。

## ◎ 满足员工的期望：期望理论

弗鲁姆的**期望理论**（expectancy theory）指出，员工期望可以影响个人激励。因此，员工完成某项任务的努力程度，取决于他们对结果的期望。弗鲁姆认为员工在承诺尽全力完成任务之前会问三个问题：（1）我可以完成任务吗？（2）如果我完成了，有什么报酬？（3）这个报酬值得我努力吗？（请看图10.4）

想想看在以下这些情况中，你会在课堂上尽多少力：老师说如果要得到A，你必须作业成绩平均90%，外加跳8英尺高。如果你知道自己根本不可能跳8英尺高，你还会尽全力想要得到A吗？或者老师说学生可以得到A，但你知道这个老师教了25年的书，从来没有给过任何学生A。如果A看似遥不可及，你还会认真修这堂课吗？我们甚至可以假设，你从报上得知企业其实比较喜欢雇用C-，而不是A+的学生，此时A还值得你努力去争取吗？现在你或许可以回头想想职场上可能发生的类似情况。

期望理论特别指出，期望因人而异。任务有多困难，或者报酬有多少价值，员工都有个人的看法。学者戴维·纳德勒（David Nadler）和爱德华·罗勒（Edward Lawler）修改了弗鲁姆的理论，提出管理者改善员工绩效的五个步骤：

1. 了解员工重视什么样的报酬。

2. 了解每个员工想要的绩效标准。

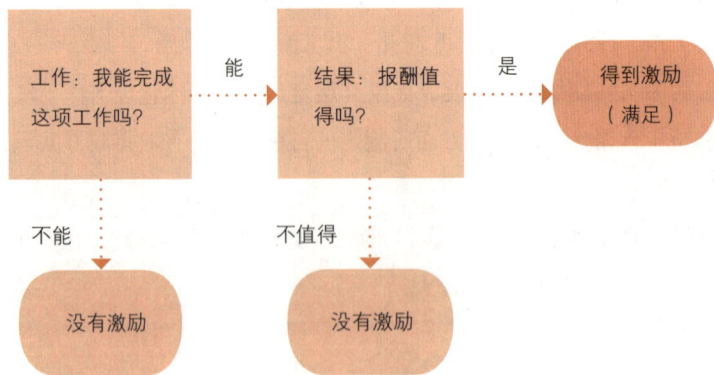

图 10.4 期望理论

员工完成某项任务的努力程度，取决于他们对结果的期望。

3. 确定绩效标准是可以达到的。

4. 确保报酬与绩效挂钩。

5. 确定报酬可满足员工。

## ◎ 强化员工绩效：强化理论

强化理论（reinforcement theory）强调正向与负向的强化因素（reinforcers）都能激励人们以特定方式行动。换言之，激励是胡萝卜加大棒的结果。人们会尽量争取被奖励，并且避免被处罚。正向强化是夸奖、肯定与加薪等报酬；负向强化则包括斥责、减薪或解雇、开除。管理者可能会通过不响应（沉默以对）来遏止不良行为的重复发生，我们称此为消弱（extinction），因为此举是希望不好的行为彻底消失。表10.3指出管理者如何使用强化理论来激励员工。

**表 10.3　强化理论**

经理人可以通过增加或减少刺激(正向强化，负向强化)来增加想要的行为或减少不想要的行为。

|  | 增加刺激 | 减少刺激 |
|---|---|---|
| 增加某行为 | 正向强化：吉尔因按时上交报告（想要增加的目标行为）而受到表扬（加入强化）。 | 负向强化：杰克正处在察看（可被取消的惩罚）阶段直到他能按时上交三篇报告（想要增加的目标行为）。 |
| 减少某行为 | 惩罚：杰克因为晚交报告（想要减少的目标行为）被记过了（惩罚）。 | 废止：报告交晚了（想要减少的目标行为），无论写得多好，吉尔都不会受到表扬（无强化）。 |

## ◎ 公平对待员工：公平理论

公平理论（equity theory）处理的问题包括："如果我把工作做得很好，值得吗?"以及"怎样才公平?"这些都在探讨公平的认知,以及这些认知如何影响员工的工作意愿。公平理论的基本原则是:员工在与职位相当的同事做比较后,会试图保持自己的投入与产出水平和他人相当。比较公平与否的信息则来自人际关系与专业组织等。

当员工察觉不公平时,会利用几种方法重新回到公平的状态。例如,拿自己学期报告的分数跟同学比较,发现跟自己一样努力的人分数都比你高,此时你大概会有两种反应:(1)以后减少写报告的努力;(2)合理化解释,例如"他们的分数被高估了!"反之,如果你觉得你的分数偏高,你大概会:(1)未来更努力写报告让高分合理;(2)合理化说明,如"我值得这种高分!"

在工作上,不公平可能导致较低的生产率和较差的质量,以及较为频繁的旷工和离职。

请记住,对于公平的判断见仁见智,因此可能会出现认知的错误。当员工高估自我贡献时(经常会发生),就会觉得报酬不公平。有时候组织隐瞒员工的薪水,试图处理这种现象,但可能收到反效果,因为员工除了高估自己的贡献,也很可能高估他人的薪水。最佳的解决之道是明确并经常沟通。管理者必须尽量明确传达他们所期望的结果,并且清楚说明结果达到与否将分别有什么后续处置。

## ◎ 将理论付诸行动

既然你已知道几个理论家关于激励的思想,你可能会问自己:"那又怎么样呢?所有这些理论与当今职场中真实发生的事情有什么相干?"问得合情合理。让我们考察一下公司是如何通过工作丰富化、开放式沟通和工作认知将理论付诸实践的。

### 通过工作丰富化激励

马斯洛和赫兹伯格的理论都可延伸为工作丰富化的理论。**工作丰富化(job**

enrichment）是一种强调通过工作本身激励员工的策略。工作指派给个人，让他们有机会从头到尾完成一项明确的任务，为成功完成任务而承担责任。工作丰富化的激励效果主要来自个人成就、挑战和肯定的机会。回头检视马斯洛和赫兹伯格的理论，看它们是如何衍生出工作丰富化的。

提倡工作丰富化的人相信，有五项重要的工作特性会影响个人激励和绩效：

**1. 技能多样性：**工作所需技能的丰富程度。

**2. 任务辨识度：**工作成果的可辨识程度。

**3. 任务重要性：**工作对公司他人的生活和工作所产生的实质影响程度。

**4. 自主性：**员工在安排工作和决定程序中的自由、独立和自行判断的程度。

**5. 反馈：**在工作执行上，可获得有关工作绩效的直接、清楚信息的程度。

多样性、辨识度和重要性能赋予工作意义；自主性给人们责任感；反馈则提供成就感和肯定。

用来激励员工的另一种工作丰富化方法是**工作扩大化（job enlargement）**，指将一系列的工作整合成更有趣且具挑战性的工作。例如，小家电制造商美太格公司（Maytag）重新设计了洗衣机的生产过程，让员工可以组装整个抽水马达（洗衣机的心脏），而不只是一小部分。**工作轮换（job rotation）**是将员工从某项工作调至其他工作，这也让工作更为有趣、更能激励员工。工作轮换当然有一个问题，就是必须培训员工胜任几种不同的作业。然而，员工会更有动力、更具灵活性，接受更多方面的培训，这些价值抵消了额外的成本。

## 通过开放式沟通激励

当团队被授权制定决策时（不能在真空状态下做决策），组织内部必须沟通顺畅。

鼓励开放式沟通的程序如下：

·**创造鼓励聆听的组织文化。**高层管理者必须创造适于谈话的空间，即使讨论是负面的，也必须让员工知道主管说话算话（可通过提供反馈、采纳员工的建议、奖赏与上级沟通等方式）；必须让员工觉得可以自由表达自己认为适当的观点且建议得到重视。

·**训练主管和管理者聆听**。大部分的人都没有接受过这方面的训练，无论是在学校或别的地方，因此组织必须自己进行训练，或者请专家来做。

·**打破妨碍开放式沟通的藩篱**。为管理者和员工设立分开的办公室、停车区、洗手间及餐厅等地方，只会在他们之间形成藩篱。其他的藩篱还包括不一样的衣着规定，以及对彼此的称谓（例如，称呼员工时直唤其名，称呼管理者则尊称其姓）。打破这些藩篱可能需要管理者发挥想象力，也需要管理者愿意放弃特权。

·**避免模糊和模棱两可的沟通**。被动的表述显得软弱且犹豫不决。像"错误已经铸成"这种陈述会让你想知道谁犯了错。闪烁其词是经理人传递混乱信息的另外一种方式。对于需要更明确指引的员工来说，像"可能""或许"这样的词听上去很是空泛。

·**积极促进沟通**。摆设大餐桌让组织成员可以一起坐下吃午餐，设置会议室、举办公司远足活动、成立公司球队等作为，都可以让管理者跟员工间彼此融合。

·**询问员工什么对他们是重要的**。经理人不能等到离职谈话时再问员工："我做什么可以留住你？"那就太晚了。相反，你应该经常进行留人面谈，找出对员工重要的事情以及他们能做什么来保全自己的工作。

"社交媒体的商业价值"专栏提供了企业中运用开放式沟通策略的建议。

## 在自我管理团队中进行开放式沟通

近来的经济危机发生之前，企业往往被视为实践榜样。福特汽车产品有一个名为"野马团队"（Team Mustang）的内部团队，树立了生产团队的良好典范。这个拥有400名成员的团队必须创造能刷新野马轿车（Mustang Sally）纪录的明星车种，为了应对这项挑战，团队享有决策权，而不必等总部或其他部门同意。这个团队将来自不同部门的成员迁调到一间旧仓库，绘图员坐在会计师旁边，工程师坐在设计师旁边，这种跨部门的团队彻底打破了部门间的藩篱。各部门的经理们均下放某些控制权给该团队的成员。

当"野马队"面临犹疑不决的问题时，他们会把供应商找来，与团队全天候工作以解决问题。工程师动力明确而积极，要在预算内准时完成计划，因此常加班至深夜，甚至夜里就睡在仓库地板上。尽管福特的管理高层想要否决这

## 社交媒体的商业价值

### 保持在线

现在人们习惯在个人生活中使用手机发短信、发微博、上网和使用 **App**。他们期待在商业活动中也能这样。企业不能只是利用传统的内部网（公司的局域网）来与员工交流，还必须找到多种方式与员工交流。企业必须提供真正交互式的员工交流系统。这一切都关乎促进和加强事业心以及互动。新的系统应当提供交流板块，包括合作工具、讨论组和实时通讯。

员工期望与他们的同事实时交流和在线互动。他们也希望能随时获取公司信息，比如新闻、政策、表格、公司电话簿和文件，并且希望不管在何处，他们都能实现自助式的控制。他们想不费力地获取个人信息，比如工资单、退休金账户余额和健康保险补助等信息。最重要的是，他们期望这种交流是积极主动的，即该系统自动接触他们。例如，系统自动通知他们完成任务的最后期限。

所有这些交流必须能够在手机和 iPad 上进行。设想一位经理通知他的部下：由于道路被淹，暂停办公。他可以通过发送短信和电子邮件，或使用专用于员工交流的 App 向员工的手机发送信息。我猜现在你在出门之前愿意收到这样的信息！

资料来源：John Lamb, "The X's and O's of SSO", *Employee Benefit Adviser*, December 1, 2010; and John Lamb, "Interactive Employee Communication", *Employee Benefit Advisor*, January 1, 2011.

项计划，但他们还是坚持了先前不插手的承诺。最后团队在没超过预算之下解决了这个问题，而且较原定时间提早两个月。新车在市场上成为抢手货，销售量不断上升。

要运作一个这样的团队，大部分公司的管理者必须重新调整工作内容，亦即要尊重员工、提供有趣的工作、奖励杰出的表现、培养员工的技能，并准许自治与分权。接下来，我们将讨论企业识别和奖励出色工作的措施。

### 对出色的工作加以认可

让人知道你欣赏他们的工作通常比只是表扬或发奖金影响更大。在最近进行的一项调查中，当问及换工作的原因时，只有42%的参与者列出了增加工资和福利，而83%的人则说他们因为想要承担更多的责任和（或）担任更高级的职务而选择了离职。很明显，提供升职机会是留住有价值的员工的重要措施。

升职并非是表扬工作做得好的唯一方式。与将积极的行为大声讲出来一样简单，认可可以让员工觉得他们的努力是有价值的，足以被注意到。像是"萨里娜，今天的会议上你说得不多。你的想法通常很有价值，我想听听。"这样的评论让萨里娜知道她的想法受人欣赏，下次会议她会更乐于全心参与。

管理者可以利用下面几种做法提升士气而无需提高工资：

· 一家洛杉矶的律师事务所安排400名员工及其家人去迪士尼乐园游玩一天。联邦快递公司的做法类似，但它是送业绩突出的员工去迪士尼乐园，而用公司的高层管理人员顶替这些员工离开时空缺的岗位。

· 毕马威会计师事务所会给员工一个惊喜，即一个美味且带有顶饰的圣代冰淇淋。

· 更多付出传媒公司（Give More Media）会提供额外的津贴，比如Netflix和XM卫星广播的会员身份。它也鼓励员工参与"微笑和付出"（Smile and Give）项目，让员工为他们选择的非营利组织服务，并为他们发放三倍的日薪。

· 纽约的莲花公关公司（Lotus Public Relations）每年有一天为"莲花日"。工作一年的员工在哈得孙河上坐船、吃大餐、欣赏喜剧演出并享受饮料。其他日常的津贴包括免费的零食柜、免费咖啡和免费乘坐无限制的市内交通。

· 迪士尼游乐园制定了200多个员工认可方案。弗雷德精神奖（The Spirit of Fred Award）就是以员工弗雷德的名字命名的。他亲手制作了每一个奖品（一张镶嵌和装饰在饰板中的证书）。弗雷德的名字成为了友好、机智、热情和可靠的同义词。

· 密苏里州芬顿的马里兹公司（Maritz Inc.）设立了一个"感激不尽"奖，如果某位员工工做出色，就会得到一束鲜花以示感谢，该员工可将这束花传给另一个帮助他或她的人，想法是看看一天下来有多少人得到鲜花。鲜花附有感谢卡，而卡片会用来抽奖，奖品有双筒望远镜和外套等。

· 惠普公司则向工做出色的员工颁发"金香蕉奖"。该奖起源于一个有趣的故事。一位工程师突然冲进经理的办公室，声称他找到了一个办法，可以解决困扰了他们很长时间的问题。经理想找东西向员工表示感谢，匆忙之中抓起了

# 聚焦小企业

## 小刺激可能就是大激励

在不能向员工提供大企业那样的金钱激励时，小企业如何鼓励员工发挥出最好的水平呢？许多公司努力创造一种乐观向上的、轻松自在的企业文化，以此增进员工之间的联系。例如，布勒伯（Blurb）是总部设在旧金山的一家专业出版公司，每逢周五下班的时候，会议室就变成了一个音乐厅，因为员工要在那里玩电子游戏"摇滚乐队"。老板会在游戏进行时提供点心饮料，让员工放松，让一周的工作压力变成回忆。萌芽团队（Sprout Group）是坐落在犹他州的一个小型营销公司，它使用了类似的放松策略，每周公司会组织员工去看电影，而电影票和爆米花由老板埋单。

员工激励并不只是提升士气的休闲活动，比如电子游戏和电影之夜。除了提供社交互动之外，为了阐明目标和方向，管理人员与员工的沟通要清晰明了。在小型咨询公司索诺玛的伙伴（Sonoma Partners），经验丰富的员工指导新员工熟悉工作环境，向他们展示如何在某方面超过别人。这种办法不仅能帮助新员工增进与同事的联系，也会把他们领上道，提高他们的工作能力。

在用坦诚沟通和增强责任感来激励员工方面，小企业还是有很多机会的。单个员工在公司里可能有很多话要说，不喜欢在大公司这个"蜂巢"中只做另外一只雄蜂的感觉。只要管理人员鼓励员工的创新（偶尔也来一场电子游戏聚会），小企业在激励员工方面应当没有什么可以担心的。

资料来源：Sarah E. Needleman, "Business Owners Try to Motivate Employees", *The Wall Street Journal*, January 14, 2010; and Toddi Gutner, "Motivate Employees with Goal-Setting", www.smallbusiness.foxbusiness. com, April 13, 2011.

他当午饭吃的一只香蕉，说："干得好！祝贺！"现在，金香蕉奖是颁给有发明创造能力的员工的最具声誉的奖项之一。

本章的"聚焦小企业"专栏提供了一些小企业激励员工的案例。

给有价值的员工提供最好的停车位、更长的假期或更灵活的日程安排会让他们感到自己的工作受到欣赏，但有时候没有什么比预期回报更能激励员工的了。提供小额的股权或优先认股权的公司常常更能培养员工的忠诚度。

同样的做法并不能对所有的员工起到激励的作用。下面我们将探讨如何以不同的方式激励不同文化和不同世代的员工。

## ◎ 个人化的激励

　　管理者不能在所有的员工身上用同一套激励方法，他们必须去一一了解每个员工，量身定制激励方法。这对全球企业而言将更加复杂，因为管理者面对的是来自不同文化背景的员工。同一个国家的不同世代之间也会产生这种差异。下面我们来看看管理者如何制定策略，以满足全球、跨世代的员工。

### 全球范围的员工激励

　　不同的文化对于激励方法有着不同的认识，因此，经理人要在设计奖励体系时研究和理解这些文化因素。在高语境的文化中，在关注任务之前，员工会先建立个人关系，培养群体的互信。在低语境的文化中，员工常常把人际关系的建立看成是浪费时间，因为这会让他们把注意力放到任务之外。韩国、泰国和沙特阿拉伯的员工倾向于高语境，他们常常认为需要数据和快速决策的美国同事是不可信任的。

　　陶氏化学公司的员工达到了5.2万人，分布在全球37个国家，使用多种语言和货币。该公司以员工认可项目解决了跨文化管理的问题。全球人力资源公司（Globoforce Ltd.）为陶氏化学公司开发了一个基于web的程序Recognition@Dow，它会根据文化偏好、税法甚至当地生活水平造成的差异自动调整。因此，美国员工可能收到的是梅西百货的礼品券，而中国员工收到的则是网络零售商当当网的礼品券。该系统甚至允许员工提名受赏的同事，并用"奖项魔术棒"（Award Wizard）协助公司确定适当的奖项。

　　对于大多数公司来说，理解跨国公司中的激励和打造有效的国际团队仍然是一项新任务。培养在文化上敏锐、灵活、能够处理歧义的团队领导人是企业在21世纪面临的一项挑战。阅读"域外观察"专栏了解更多管理文化多样的员工的方法。

## 域外观察

### 文化能力的重要性

在进入新的市场、了解如何在新市场推广产品方面，管理来自不同文化和地理背景的员工的管理者拥有独特的机会。更好地理解其他文化的习俗和顾虑有利于增进客户的满意度和忠诚度。

文化能力不仅要理解不同的语言，也要理解不同的饮食习惯、风俗、称呼甚至人与人之间的距离。在某些文化中，人们被教育不要打断别人，或不要直视别人的眼睛。因此，管理者要了解如何与所有的人一起工作。文化上讲求礼仪的程度常常与文化的历史紧密相关。文化越古老，通常礼仪就越重要。

联合包裹服务公司的员工分布在世界 200 个国家和地区。强调多元化具有战略重要性，因为他们可以利用这种差异性。丹尼·托里安（Danny Torian）是位于肯塔基州路易斯维尔的联合包裹服务公司空运业务学习和开发部的经理，他说："在员工中不强调多元化和包容性，就会使风险增加三倍。它会影响品牌，妨碍招聘……它会导致企业的增长放缓。"

资料来源：Rachel Reynolds, "Corporate Champions See Many Advantages in Diverse Workforce," *Business First*, February 2, 2011.

### 不同世代的员工激励

婴儿潮时期出生者（1946年到1964年出生的人）、X世代（1965年到1980年出生的人）和Y世代又称千禧年或回声潮世代（1980年以后出生的人）等同一世代的人们会通过性格形成期（通常是人生的前10年）的共有生活经验而互相联结。孩童时期所累积的信念会影响个人如何看待风险、挑战、权威、科技、关系与经济。如果你在担任管理层的职位，它甚至可能影响你如何雇用、开除与提拔员工。

一般来说，婴儿潮时期的出生者生长在经历了经济的空前繁荣、工作有保障且对未来充满乐观的家庭中。X世代则在双职工家庭中长大，父母的注意力在工作上。而孩子们只能进托儿所，或自带门房钥匙。父母被解雇的经历增加了他们对终身工作的不安全感。千禧一代由溺爱的父母养大，大多数人对没有手机、计算机和电子设备的时代没有记忆。X世代和千禧一代生活中的主要常态是反复无常。考虑一下过去10~20年里在每个领域（特别是经济、技术、科学、社会和政治）发生的前所未有的变化。X世代和千禧一代期待改变。对他们来说，缺乏改变才成问题。

这些世代差异会如何影响工作场所中的激励呢？婴儿潮时期出生的管理者需要弹性对待X世代和千禧一代的员工，否则将会失去他们。至于X世代的员工则需要拿出改变现况的热忱，并善用自我的优点。虽然许多X世代不愿意付出跟父母和祖父母一样的成功代价，因为他们不喜欢压力太大、工作时间太长，但这并不表示他们没有任何抱负。X世代也跟上一代的人一样想要有保障，但他们达成目标的方法和上一代非常不一样。X世代看重的不是工作保障，而是职业生涯保障。他们寻求机会扩展技能，在专业上求进步，而且他们愿意通过转换工作来达成这些目标。

许多X世代的人已经是或很快将变成管理者，要负起激励员工的责任。这一代会提供哪一种管理形态呢？一般来说，X世代的管理者可以胜任激励员工的任务。他们了解生活的意义不只来自工作，而且要激励员工让他们知道你明白这个事实。因此，X世代的管理者会比较倾向于注重结果，而不是工作时间。他们具有弹性，擅长建立共识和取得团结合作。他们的考虑范围会比前人广阔，因为通过媒体，他们看到了全球的问题。他们会对团队的成员产生重大影响，因为他们会提供目标和计划要素给员工，然后放手让员工去做。

也许他们最好的资产是提供反馈的能力，尤其是正面的反馈，原因之一是他们自己也期望有更多的反馈。一名新进员工说自己感到很挫败，因为已经进公司两星期了，老板都还没给他任何反馈。简言之，管理者需要明白一件事：年轻人希望时常得到有关自己表现的评语，而不只是一年一次或两次的绩效考核。

千禧一代不断进入就业市场，于是职场竞争者变成了四代。作为一个群体，他们拥有以下共同的特质：缺乏耐心、多疑、直率、情感丰富、富于想象力以及缺乏经验。就像其他世代一样，他们可以将这些特质变成独特的技能。例如，千禧一代适应性强、技术熟练、能掌握新概念、能同时进行多项任务、有效率且有包容性。或许他们最令人惊讶的特质是"责任感"。千禧一代更加重视工作和生活的平衡，期待雇主能适应他们（而不是相反），并且把乐趣和刺激列入理想工作的前五项要求之中。你认为管理者激励千禧一代员工的最有效策略是什么？

许多千禧一代在毕业之后并不急于寻找能干一辈子的职业。他们在工作上跳来跳去，在尝试工作的同时，并不反对与父母同住。这种就业的推迟有些并不是出于自愿，而更多的是由经济状况造成的。经济衰退对年轻员工的伤害要比其他人严重。2010年7月，20~24岁年轻人的失业率为15.3%，而总的失业率为9.5%。30多年来，18~29岁年轻人的失业率最高。事实上，今天的千禧一代的就业可能性比X世代或婴儿潮时期出生的人在同一年龄时的要低。经济衰退加剧了就业竞争，因为新生代工人要努力进入职场、婴儿潮时期出生的人要努力弥补退休金的损失、X世代要为缴纳抵押贷款和养活家人而奋斗。

随着千禧一代在职场中承担了更多的责任，他们有时必须管理和领导比他们年龄更大的人。年轻经理人如何领导那些可能比他们更有经验的人？或许要把三件事情牢记心中：自信、开明和定期征求意见。要铭记：询问意见和建议不同于请求许可或指导。

对于各年龄段的经理人而言，重要的是认识到不同世代的员工交流方式存在着差异。经历过大萧条和第二次世界大战的人属于传统主义者，他们喜欢面对面的交流。第二选择是打电话，但录音常常会让他们沮丧。婴儿潮时期出生的人喜欢在会议或电话会议上交流。X世代一般喜欢发电子邮件，仅当别无选择时才会召开会议。千禧一代最常用的是利用技术进行交流，社交媒体尤其受欢迎。

每当世代交替之时，上一代都会这样评论下一代：他们破坏规定。历经经济大萧条和第二次世界大战的人会这样评论婴儿潮时期出生的人，而现在婴儿潮时期出生者看着X世代也说："他们为什么要破坏规定？"你可以确定X世代也将看着下一代说："这些小孩子是怎么了？"

企业界有一件事可能将维持不变：激励是来自工作本身，而不是外在的处罚或奖赏。管理者应提供员工做好工作所需的事物，诸如适当的工具、正确的信息及适量的合作。

激励不一定要很困难复杂，它可以从肯定员工做好工作开始。你只需要告诉表现良好的员工你很感谢他们，尤其是要在别人的面前说。毕竟，在本章之前也提到，激励员工最好的做法往往是真诚地说："谢谢你，我真的很感激你这么做。"

# 总 结

**1.解释泰勒的科学管理理论。**

· 泰勒因何闻名？

人类效率工程师泰勒是研究管理的先锋之一，被称为科学管理之父。他进行时间—动作研究以找出最有效率的工作方法，然后用这些程序训练员工。他在1911年时出版了《科学管理原理》。亨利·甘特以及弗兰克和莉莲·吉尔布雷斯都是泰勒的追随者。

**2. 描述霍桑实验及其对管理的重要性。**

· 是什么掀起了人性管理的风潮？

对激励理论最大的影响来自20世纪20年代末30年代初的霍桑实验。在这些研究当中，艾尔顿·梅奥发现人性因素——例如参与感——比改变工作场所的硬件更能提高生产率。

**3. 识别马斯洛需求层次的各层级，并把它们用于员工激励。**

· 马斯洛发现人性激励的来源是什么？

亚伯拉罕·马斯洛研究基本的人性激励，发现激励来自需求。他认为如果有未满足的需求，人们会想去满足它，已经满足的需求将不再是激励因素。

· 马斯洛的需求层次是什么？

马斯洛的需求层次从最低到最高分别是：生理、安全、社交、尊重和自我实现。

· 管理者可以使用马斯洛的理论吗？

他们可以找出员工未满足的需求，然后设计工作内容让这些需求获得满足。

**4. 区分赫兹伯格发现的激励因素和保健因素。**

· 弗雷德里克·赫兹伯格发现的激励因素与保健因素之间的区别是什么？

弗雷德里克·赫兹伯格发现有些因素是激励因素，其他的则是保健（维持）因素。保健因素如果缺乏会造成员工不满，但如果有也无法激励员工。

· 有哪些激励因素？

工作本身、成就、肯定、责任、成长及升迁。

· 保健（维持）因素包括哪些？

公司政策、监督、工作环境、人际关系及薪水。

**5. 区分X理论、Y理论和Z理论。**

· 谁发明了X理论和Y理论？

道格拉斯·麦格雷戈相信管理者对员工的态度有对立的两种，分别被称为X理论和Y理论。

· 什么是X理论?

X理论假定一般人不喜欢工作，会尽量避免。因此，要完成组织的目标，必须强迫和控制员工，并且用处罚威胁。

· 什么是Y理论?

Y理论假定人们喜欢工作；如果有奖赏，就会接受责任完成目标。

· 什么是Z理论?

威廉·大内发展出Z理论，它来自日本式的管理，强调长期雇用，集体决策，个人责任，缓慢的评价和升迁，不明确、不正式的控制搭配明确、正式的控制，适度专业化的职业路径，全方位为员工设想（包括家庭）。

**6. 解释目标设置理论、期望理论、强化理论和公平理论。**

· 什么是目标设置理论?

目标设置理论主张制定远大、但可达成的目标，可以激励员工和改善绩效，前提是这些目标被员工接受、有反馈机制，并且有组织环境配合。

· 什么是目标管理?

目标管理是一套经由中高层管理者、主管与员工，反复讨论、检讨、评估的目标制定与执行的系统。

· 期望理论的基础是什么?

根据维克托·弗洛姆的期望理论，员工期望可以影响个人的激励。

· 期望理论的关键因素是什么?

期望理论的重点在于员工经常提出的三个关于工作绩效的问题：（1）我可以完成任务吗?（2）如果我完成，会得到什么报酬?（3）这报酬值得我努力吗?

· 强化理论的变数是什么?

正向强化是夸奖、肯定与加薪等报酬，员工在表现良好后会积极争取。反之，负向强化则包括谴责、减薪或解雇、开除，员工会尽量避免。

· 根据公平理论，员工在比较职位相当的同事后，会试图保持自己的投入与产出水平和他人相当。当员工发觉报酬不公平时，会发生什么事?

如果员工发觉自己的报酬不够，他们会减少努力，或自己合理化成"努力不重要"。如果他们觉得自己的报酬太高，他们会更努力使高报酬合理，或自己合理化为"我值得这么高的报酬"。不公平会导致比较低的生产率和比较差的质量，以及比较频繁的旷职和离职。

**7. 说明管理者如何在实践中运用激励理论，如通过工作丰富化、开放式沟通和工作识别。**

· 哪些工作特质会影响激励与绩效？

　　影响激励的工作特质包括：技能多样性、任务一致性、任务重要性、自主性及反馈。

· 有哪两种形态的工作丰富化可以强化激励？

　　工作扩大化指将一系列的工作整合成更有趣且具挑战性的工作。工作轮换是将员工从某项工作调至其他工作，这也让工作更为有趣、更能激励员工。

· 开放式沟通如何激励员工？

　　开放式沟通协助高层管理者和团队成员了解目标，并且携手合作完成。

· 管理者如何鼓励开放式沟通？

　　管理者可以创造鼓励聆听的组织文化，训练主管和管理者聆听，打破妨碍开放式沟通的藩篱，避免模糊和模棱两可的沟通，积极促进沟通。

**8. 展示管理者如何运用个性化的激励策略来吸引全球各地、不同世代的员工。**

· 高语境文化和低语境文化有什么不同？

　　在高语境的文化中，在关注任务之前，员工会建立个人关系，培养群体的互信。在低语境的文化中，员工常常把人际关系的建立看成是浪费时间，因为这会让他们把注意力放到任务之外。

· X世代的管理者与婴儿潮时期出生的管理者可能会有何差异？

　　婴儿潮时期出生者愿意长时间工作经营事业，也经常期望他们的部属这么做。X世代努力追求比较平衡的生活方式，比较可能注重结果，而不是他们的团队工作几小时。跟前人相比，X世代比较擅长团队合作和提供反馈，他们不受传统束缚，不在乎换公司，愿意尝试新的问题解决方法。

· 千禧一代的共同特质有哪些？

　　千禧一代适应性强、技术熟练、能掌握新概念、能同时进行多项任务、有效率且有包容性。他们更重视工作和生活的平衡，期待雇主适应他们，而且更有可能将乐趣和刺激列入理想工作的前五项要求之中。


## 批判性思考

　　你当下的任务是读完本章。如果你在摄氏40度的房间里挥汗如雨，你会有多大动力去做这件事？设想你的室友打开了空调。一旦感觉比较舒服，你会更愿意阅读吗？研究一下马斯洛的需求层次论，看看两种情况下你需要何种激励。通过将马斯洛的理论应用到自己的生活中，你能明白它对于理解激励能提供多大的帮助吗？

# 11

## 人力资源管理：
## 发现并留住最优秀的员工

### 学习目标

1. 解释人力资源管理的重要性，并描述管理人力资源目前面临的问题。

2. 说明法规对人力资源管理的影响。

3. 总结人力资源计划的五个步骤。

4. 描述公司招聘新员工的方法，并解释招聘上的一些挑战。

5. 概括选择员工的六个步骤。

6. 说明培训和开发员工的各种方法。

7. 叙述评价员工绩效的六个步骤。

8. 简述员工支付计划的目标，并描述各种薪资体系和福利。

9. 证明管理者如何使用工作时间计划来满足员工需求。

10. 描述员工可能的调迁方式：升迁、调职、离职和退休。

# 人物侧写

## 认识马克·帕克　耐克公司首席执行官

有时，经理和员工之间的关系表现为"我们 vs.他们"。员工不会尊重他们认为脱离企业日常经营的上级。毕竟，今天的许多高级经理人并不是从他们所领导的公司的基层一步一步走向高层的。在某些行业中，从其他公司的高层调任是一种普遍的做法。不过，也有一些拥有几十年技术经验的老员工正在管理着世界上最成功的公司。

耐克公司的首席执行官马克·帕克（Mark Parker）就是这种情况。作为宾州州立大学的马拉松冠军，帕克经常更换跑鞋以提高速度。1977年毕业之后，他被耐克公司的研发部雇用，将爱好转变为鞋类设计的职业。他进入公司的第一年，耐克的研发部只不过就是一个鞋店，并不是创新的温床。公司的鞋类业务在20世纪80年代中期陷入困境：锐步公司（Reebok）的市场份额日益增长，导致耐克的净收入下跌了75%。

为了扭转不利的局面，该公司转而求助于研发部门的创意。帕克及其设计团队热火朝天地开展了一个叫作"可见式气垫"的项目，这个技术是在鞋底上留出孔洞，以显示耐克独一无二的缓冲垫层。1986年，带有气垫技术的新鞋很快热销，不仅受到运动员的欢迎，非专业的消费者也很喜欢。在接下来的10年里，帕克在开发耐克公司其他鞋类主打产品方面发挥了主要作用，比如飞人乔丹（Air Jordan）和空军一号（Air Force One）等品牌。虽然被公认为设计师，但他却在公司的管理职位上稳步上升，直到2006年担任了首席执行官。帕克为耐克设定的目标充满雄心。到2015年，他希望公司收入增长40%以上，达到每年270亿美元。

为了实现他的财务目标，帕克明白他需要使公司3.3万名员工充满动力和创造力。他感激员工对他在耐克公司所做贡献的尊重，也想提供一个有助于员工发挥才干的工作环境。在这方面，帕克的确为位于俄勒冈州比佛顿的耐克全球总部的7000名员工做到了。拥有17座大楼的庞大园区设有两个员工体育馆，供痴迷于健身的员工使用。兰斯·阿姆斯特朗体育馆有一个奥运会标准大小的游泳池，还有瑜伽、动感单车和普拉提的训练场地。除了丰富的健身设施，公司总部还开办了5家餐馆，员工可以在那里吃午饭并观看当天的体育比赛。耐克还提供免费的就地儿童看护、带薪休假和全体员工购买本公司产品半价优惠。因此，耐克2006年至2008年名列《财富》"百家最适宜工作的公司"也就不足为奇了。

但是，不提及对公司海外承包工厂中不人道工作环境的指责就不能谈论耐克劳工的问题。帕克采取积极行动，弥补这一问题。耐克现在雇用了130多人持续关注20%承包商在安全和能源方面的影响，这些承包商生产了耐克的80%产品。虽然帕克承认这一过程是"永无止境的挑战"，但他及其团队确实取得了进步。

的确，几乎经理人—员工关系的任何一方面都面临着同样的挑战。在本章，你将学习像耐克这样成功的公司是如何招聘、管理和让员工充分发挥的。

资料来源：Ellen McGirt, "How Nike's CEO Shook Up the Shoe Industry", *Fast Company*, September 1, 2010; Jessica Flint, "Inside the Swoosh," *Bloomberg Businessweek*, November 29 - December 5, 2010; and "Company Overview—Awards and Recognition", Nikebiz.com, accessed May 2011.

## ◎ 与人接触只是开始

很多学生都说想在人力资源管理部门工作，因为他们想"与人接触"。的确，人力资源管理者是与人接触的，但他们也深入参与计划、档案管理及行政职责。要在人力资源管理部门工作，你必须要有比"我想要与人接触"更好的理由。本章将会讨论人力资源管理的各种层面。

**人力资源管理**（human resource management，HRM）指确定人力资源需求，然后招聘、筛选、培养、激励、评估、制定薪酬和工作计划，以达成组织目标的过程（参阅图11.1）。多年以来，人力资源管理被叫作"人事工作"，属于

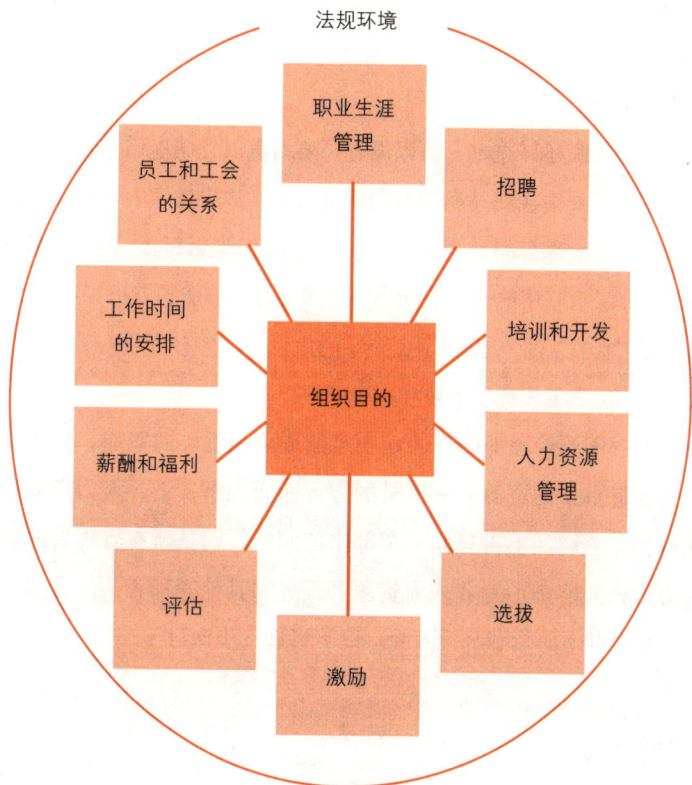

**图 11.1　人力资源管理**

如图所示，人力资源管理不只是雇用和解雇人员而已。在规范人力资源管理的范围之内，所有达成组织目标的活动都是人力资源管理的一部分。（注意：人力资源管理包括第 10 章所讨论过的激励。）

行政办公室的职能，比如筛选简历、保存档案、工资发放以及在必要时寻找新员工。人力资源管理职责的逐步形成主要是由于两个因素：（1）组织对作为其"终极资源"的员工的认可；（2）法律的变化改变了许多传统的做法。下面我们分别加以探讨。

## 开发最重要的资源

人力资源管理在今日备受瞩目的原因之一是：美国经济经历了极大的转变，从传统制造业转向服务业和需要更具技术性工作技能的高科技制造业。这种转变意味着许多工作者必须重新受训，以应对更新、更具挑战性的工作。员工确实是企业的终极资源。人们根据构想研发出最终满足消费者欲望与需求的产品。如果没有那些充满创意的杰出人才，迪士尼、苹果、宝洁、谷歌和通用电气之类的大企业就不会出现。

过去，人力资源还算充足，所以没有必要培育或发展他们。如果你需要具备资格的人，你只需要去找到并雇用他们就可以了；如果那些人不行，可以解雇他们再去找其他人。大部分的公司将招聘、选拔、培训、评估、报酬、激励及解雇人员的工作，分派给雇用他们的职能部门（如会计、制造、营销等）负责。现在，人力资源管理工作在企业中扮演了更重要的角色，因为有资质的员工更少了，这就使人员招聘和培训工作愈发重要和困难了。

未来，人力资源管理部门在公司中可能成为最重要的职能，因为它将负责处理一个企业最重要的资源——人员的方方面面。事实上，人力资源职能已经变得如此重要，它已经不再只是一个部门的职能，而是所有管理者的职能。大部分的人力资源职能都由专业人力资源管理者和其他管理者共同分担。在人力资源方面，管理者还面临哪些挑战呢？以下将进一步探讨。

## 人力资源挑战

美国企业体系中对自由企业体系造成最大冲击的变革，就是劳动力的变化。美国企业在国际市场中的竞争力，取决于新的创意、新产品及高水平的生产率，换言之，也就是有创意的员工。以下就是人力资源领域所面临的挑战和机会：

·成长领域缺乏训练有素的员工，比如计算机技术、生物技术、机器人、环保技术和自然科学等领域。

·钢铁、汽车等夕阳产业中拥有技能与缺乏技能的工人在增加，不是失业就是未充分就业，并且需要再培训。未充分就业工人指拥有的技能或知识不是他们目前工作所需的工人，或者是希望得到全职工作的临时工。

·未接受教育和没有为当前企业环境做好准备的新工人正在递增。

·婴儿潮时期出生的人老化乃至大量退休，导致某些行业缺乏技能型的工人。

·由于经济衰退，越来越多的婴儿潮时期的人延迟退休（妨碍了年轻工人的提升），或转移到低层次的工作岗位（增加了此类工作就业者的供给）。

·越来越多的单亲和双收入家庭，造成托儿、工作分摊、产假及对女性特殊职业晋升方案的需求日益增加。

·员工工作态度的改变。休闲时间、弹性工作时间与短工时的概念，逐渐成为较重要的考虑因素。

·持续的人力精简打击员工士气，并且增加对临时工的需求。

·来自海外劳工的威胁。因为那些劳工的薪资较低，而且限制的法规较少，所以许多工作都外包到海外。

·越来越多为个人量身定做的福利需求。

·越来越关注保健、老人照顾、孩童照顾、药物测试、工作场所暴力（均会在第12章讨论）以及残障人士的公平待遇等课题。

·医疗保健法被修改，其中增加了大量雇主必须了解、解释、执行并掌握的新条款。

·员工忠诚度的降低，造成越来越多员工离职，重新聘雇员工的成本也因而增加。

了解了这些问题，你就能明白为什么人力资源管理在管理思想中处于中心地位。与雇用、安全、工会、公平薪资以及平权行动等有关的法律的重要变化也对此有很大的作用。下面我们来看看它们如何影响人力资源管理。

## ◎ 影响人力资源管理的相关法规

一直到20世纪30年代，美国政府才开始干预人力资源决策。不过从那时起，立法和法律决策就大大地影响了人力资源管理的各个方面，从雇用、培训到工作条件（参阅表11.1）都有。这些法令的通过是因为许多企业不能自觉地公正对待劳工。

美国国会所通过最重要的社会立法之一，就是《1964年民权法案》（Civil Rights Act of 1964）。该法案产生了许多争议，而且在修正了97次之后才通过。该法案的第七条款将政府直接带入了人力资源管理的运作当中，条款明文禁止在雇用、解雇、薪酬、实习、培训、条件、状况或是雇用特权上，有种族、宗教信仰、宗教信条、性别或是原国籍方面的歧视，年龄相关的内容在后来也被加入该法案中。原本预期1964年的民权法案可以消除职场歧视，然而，法律特殊用语却提高了执法难度，因此美国国会接下了修正法律的工作。

《1972年平等工作机会法案》（Equal Employment Opportunity Act of 1972, EEOA）被加入成为第七条款的修正案。它强化了由《1964年民权法案》所创立的平等就业机会委员会（Equal Employment Opportunity Commission, EEOC）的权力。例如，该委员会可制定指导方针，以规范雇主管理就业机会均等的行为，同时也制定强制性的特定记录程序。此外，美国国会授予该委员会执法的权力，以确保这些法令的执行。由此可知，平等就业机会委员会成为人力资源管理行政上强而有力的规范力量。

平等就业机会委员会所执行的方案中，或许最受争议的就是**平权行动**（affirmative action）；它是一种通过增加女性及少数族群就业机会以矫正社会现状的设计。平权行动法令的解释导致雇主积极招聘和偏好女性与少数族群成员。法令的解读经常具争议性，导致执法上也面临困难。不过，有关平权行动的合法性和该方案的效果，可能会形成工作场所中某种逆向的歧视。**逆向歧视**（reverse discrimination）被定义为对白人或男性的歧视。当公司被认为在雇用和升职上不公平地偏好女性或少数族群成员时，就会被控逆向歧视。这一问题如同许多诉讼案件一样，引起了热烈的争议探讨。

**表 11.1 影响人力资源管理的立法**

- **《1935 年国家劳工关系法案》**(National Labor Relations Act of 1935)。建立了劳资关系的集体协议，并规范限制了管理层对员工拥有集体协议代理人的干预。
- **《1938 年公平劳工标准法案》**(Fair Labor Standards Act of 1938)。确立了最低基本工资标准与一周工作超过四十小时的超时加班费标准。之后数十年经数次修订：扩大劳工范围、提高最低工资、重新定义全职工作、提高加班工资、规范薪水标准必须男女平等。
- **《1962 年人力发展和训练法案》**(Manpower Development and Training Act of 1962)。为失业人员提供培训和第二专长培训。
- **《1963 年平等薪资法案》**(Equal Pay Act of 1963)。明确规定了做同样工作的男性和女性薪资应该平等。
- **《1964 年民权法案》**(Civil Rights Act of 1964)。排除了在工作上因性别、种族、肤色、宗教或原国籍而产生的歧视。对拥有 15 位以上员工的雇主进行规范。
- **《1967 年就业年龄歧视法案》**(Age Discrimination in Employment Act of 1967, ADEA)。排除人事部门对 40 岁以上人士的年龄歧视，其修正案排除了公司要求特定年龄员工退休的政策。
- **《1970 年职业安全和健康法案》**(Occupational Safety and Health Act of 1970)。规范员工可能暴露于有害物质的程度，明确规定了安全设备应由雇主提供。
- **《1972 年平等工作机会法案》**(Equal Employment Opportunity Act of 1972)。加强了平等工作机会委员会，并授权该委员会制定人力资源管理的指导方针。
- **《1973 年综合聘雇和训练法案》**(Comprehensive Employment and Training Act of 1973, CETA)。提供资金来训练失业人员。
- **《1974 年员工退休收入安全法案》**(Employee Retirement Income Security Act of 1974, ERISA)。规范公司的退休计划，并提供联邦保险方案给破产退休计划。
- **《1986 年移民改革和控制法案》**(Immigration Reform and Control Act of 1986)。要求雇主确认所有新雇用员工的工作合法性（包括美国公民）。
- 1989 年**《高等法院对抗提拔计划（平权行动）的裁定》**[Supreme Court ruling against set-aside programs (affirmative action)]。宣布分配 30% 的合约工作给少数族群是反向歧视，因此违反宪法。
- **《1990 年年长工作者福利保护法案》**(Older Workers Benefit Protection Act of 1990)。保护年长人士避免为退休金而签署放弃自己权利的合同，并限制了非法的年龄歧视。
- **《1991 年民权法案》**(Civil Rights Act of 1991)。适用于超过 15 位员工以上的公司，让被蓄意歧视的受害者能够有陪审团开庭审判的权利。
- **《1990 年美国残疾人法案》**(Americans with Disabilities Act of 1990, 1992 年实行)。禁止雇主在雇用、晋升、薪酬上歧视适任的残障人士，并要求他们在必要时整修、提供无障碍的工作场所。

> · 《1993年家庭和医疗休假法案》(Family and Medical Leave Act of 1993)。拥有超过50位或以上员工的公司，在员工的孩子出生或被收养，或是员工父母、配偶或孩子重病时，每年必须提供多至12周的不支薪休假。
>
> · 《2008年美国残疾人法案》(Americans with Disabilities Act of 2008, ADA)为残疾人提供了广泛的保护并推翻了最高法院的限制性判决。癫痫与癌症也被囊括进《美国残疾人法案》对残疾的覆盖范围之内。

《1991年民权法案》修正了《1964年民权法案》第七条，扩大了对歧视受害者的补偿办法，现在歧视受害者有权要求陪审团审判和惩罚性赔偿。人力资源经理必须遵从法庭的裁决，密切关注法律的执行情况。"法律实例"专栏探讨了一个案例，它可能会改变未来有关歧视的集体诉讼的处理方式。

联邦守约计划办公室（OFCCP）确保雇主在与联邦政府进行商业交易时遵守不歧视和平权法律法规。

### 法律保护残障和年长员工

如前所述，法院会谨慎地调查任何有关雇用、解雇、培训等可能存在歧视的方面，尤其是在种族或性别上的歧视。《1973年的职业康复法案》(Vocational Rehabilitation Act of 1973)将同样的保护延伸到残障人士身上。

《1990年美国残疾人法案》要求雇主给予残障应征者和非残障人士一样的机会，也要求企业为残障人士做出"合理的适应"，提供无障碍空间，这表示企业必须调整设备或加宽走道。其实合理的适应并非一定是昂贵的，像是公司可以租用便宜的耳机电话，让脑性麻痹的患者也可以接听电话。美国人残障法案也保护残障人士在公共设施、交通运输以及电子通信方面免受歧视。

大部分的公司在调整结构以适应残疾人方面都没有问题，困难的是文化的改变。雇主过去曾经认为公平就是平等地对待每个人；现在主要的概念是"适应"(accommodation)，亦即根据每个人不同的需求去对待每个人。适应范围包括放置隔板以隔离容易因噪音而分心的人、重新指派工作者到新的工作岗位上，以及改变督导的管理风格上。

# 法律实例

## 百万女性起诉沃尔玛

从 20 世纪 90 年代末期到 2004 年，零售巨头沃尔玛依靠"拍肩膀"政策提升管理人员。它规定经理只能从内部提拔他们的同事或朋友，而不是发布职位空缺信息并接受申请。由于公司大多数高层管理人员由男性担任，所以，新的经理层仍然压倒性的是男性。

100 多万女性发起了涉嫌歧视的集体诉讼，在这些原告看来，这种不受约束的性别优势导致了大范围的歧视。（集体诉讼是将一些个人的主张拟成一个案子，以增加大型审判的可能性，并为解决问题向企业施压。）该案件不仅控告沃尔玛公司在领导职务的提升上避开女性，而且也涉及男女工资不平等和性骚扰。

沃尔玛辩解说：原告如此众多，它不可能逐一确认每个人的诉求。工商业界沃尔玛支持者一致认为有利于女性的裁决会导致基于模糊证据的集体诉讼大量泛滥。另一方面，女性员工的支持者则坚持，如此众多的诉讼人正反映了沃尔玛歧视政策的广泛性。

2011 年 6 月 11 日，美国最高法院以 5 比 4 的投票驳回了这个试图为 100 多万女性争取数十亿美元的庞大的集体诉讼。最高法院并非裁定沃尔玛在事实上是否歧视了女性员工，而只是判定她们不能提出集体诉讼。沃尔玛和工商企业称赞这一裁定，而消费者群体则提出了强烈的批评。然而，双方都同意这一裁定意义重大。

资料来源：Greg Stohr, "Wal–Mart Faces the Big Box of Bias Suits," *Bloomberg Businessweek*, March 24, 2011; James Oliphant and David G. Savage, "Supreme Court Appears Poised to Reject Class Action in Wal–Mart Sex–bias Case," *Los Angeles Times*, March 30, 2011; and Adam Liptak, "Justices Rule for Walmart in Class–Action Bias Case," *New York Tmes*, June 20, 2011.

2008 年，国会通过了《美国残疾人法案修正案》，推翻了最高法院关于减少对某类残疾人（如糖尿病、癫痫、心脏病、孤独症、严重抑郁症和癌症患者）保护的判决。2011 年，平等就业机会委员会发布了新的法规，扩大了残疾人法案的适用范围，并将劳动争议中残疾的证明负担从员工一方转移给了企业主。对于人力资源管理来说，执行仍旧是个问题。

《1967 年就业年龄歧视法案》保护 40 岁以上员工免于因年龄产生的就业歧视，因年龄而产生雇用、解聘、升迁、临时解雇、报酬、福利、工作指派及培训等方面的歧视均属违法。该法案受平等就业机会委员会限制，适用于受雇者与求职者，并规范拥有超过20位员工的雇主。此外，该法宣布大部分企业的强制退休是违法的。如果公司能证明执行特定工作的能力会因年纪而显著减损或危害社会，那么《1967年就业年龄歧视法案》就允许这些特定职业有年龄限制，比如飞行员、巴士驾驶等行业，经研究证实工作能力的确会因年龄而降低。

### 法令的效果

显然，立法影响了美国人力资源管理的所有层面。立法的涉及面很广，从《1935年社会安全法案》（Social Security Act of 1935）到《2008年美国残疾人法案》，要求人力资源管理者必须了解最新的人力资源法令规定与相关裁决以有效履行工作职责。这对于任何想从事人力资源管理职业的人而言是一大挑战。总而言之：

· 雇主对员工法定权利方面的知识和行动必须一致，否则会吃上官司。

· 法令影响人力资源管理的所有层面，从雇用、培训到支付员工报酬皆囊括在内。

· 法院案例已经清楚显示，企业应为少数民族和女性提供特殊工作（平权行动）及培训，以校正过去的歧视行为。

· 新的法院案例和法令几乎每天都在改变着人力资源管理；唯一知道新信息的方法，就是多阅读商业文献与报道，这样才能更熟悉这些议题。

## ◎ 决定企业的人力资源需求

所有的管理，包括人力资源管理，都是从计划开始。人力资源计划的过程有五个步骤：

**1. 准备组织中员工的人才库。** 该人才库应该包括年龄、姓名、教育、能力、培训、特殊技能，以及其他与特定组织相关的数据（例如会说哪些语言）。这些信息能看出员工是否拥有最新技术与受过完整培训等。

**2. 准备职位分析**。职位分析（job analysis）指研究不同职位员工的工作内容。为了招聘和培训具备所需技能的员工，这种职位分析是必要的。职位分析的结果会产生两种书面报告：职位说明书和职位规范。**职位说明书（job description）** 旨在描述工作的目标、内容、责任与职务、工作条件，以及与其他职能工作间的关系。**职位规范（job specifications）** 指描述从事特定工作的员工所应具备的最低资格条件（教育、技能与经验等）的书面总结。简言之，职位说明书是针对一份"工作"的报告，而职位规范则是对从事这份工作的"人"的报告。想了解更多关于职位分析和职位说明书的信息，可登录职业信息网（O*NET），网址为 *www.onetcenter.org*。请参阅表11.2有关职位说明书和职位规范的假设范例。

**3. 评估未来的人力资源需求**。由于科技的快速改变，培训方案必须早在需求出现前就开始进行。有远见的人力资源管理者——也就是在策略规划的过程

**表11.2　职位分析**

职位分析有两项重要内容：职位说明书和职位规范。这里有一份销售代表的职位说明书和职位规范。

| 职位分析 |
| --- |
| 观察现任销售代表工作。 |
| 与销售经理讨论工作。 |
| 让现任销售代表写工作日志。 |

| 职位说明书 | 职位规范 |
| --- | --- |
| 主要目标是销售公司的产品给Z地区的商店，职责包括服务客户和与客户维持正面关系。<br>责任包括：<br>· 介绍新产品给该地区的商店经理。<br>· 帮助商店经理估计订货的数量。<br>· 商议出最好的货架。<br>· 向商店经理解释促销活动。<br>· 给（想要这种服务的）商店补货和维持货架商品的服务。 | 符合这份工作资格的人必须有：<br>· 两年的销售经验。<br>· 正面的态度。<br>· 整洁的外表。<br>· 良好的沟通技巧。<br>· 高中学历和两年的大学学分。 |

中，就看出组织未来所需要的人——必须确保未来需要时，会有受过培训的员工可用。

**4. 评估未来的供给。**人力经常在改变，像是老龄化、更为科技导向、吸引更多女性等。未来在某些工作上将会有更多的人员短缺（例如，计算机和机器人修理工作者），而其他工作上则会有过剩的情况（例如，生产线的劳工）。

**5. 建立战略规划。**该规划必须包括人力的招聘、选拔、培训发展、评估、薪酬以及升迁等。由于前四个步骤都是此项的先导，本章会将重点放在这些战略性人力资源计划的要素上。

有些公司会运用高科技以使人力资源计划流程更具效率。例如，IBM就使用计算机软件和数据库（包括员工技能、经验、工作时间和其他参考数据）来管理全球10万名员工，就像管理10万个分包商一样。IBM利用这个系统匹配员工技能与工作所需。例如，加拿大新斯科细亚省的顾客需要一位能说英语和法语、具有工学硕士以上学历、具备写 Linux 程序经验的人担任为期1个月的项目顾问，IBM的系统就能从数据库搜寻到最合适的人选，并安排这位员工与顾客接触。

## ◎ 雇用多元化员工

**招聘**（recruitment）指为适时取得足够的适任员工而从事的活动，目的是挑选那些最符合组织需求的人。你可能会认为不断有新人投入职场，招聘应该会很容易，但事实刚好相反，招聘已经变得十分困难，理由如下：

· 有些组织把晋升机会都留给内部员工，或是制定低薪政策，或受外在环境的影响及限制。这些都会让招聘和留住员工变得更困难。

· 由于企业越来越强调组织文化、团队合作与参与式管理，所以，雇用具备技能并且能融入组织文化和领导风格的员工就变得更加重要。韦格曼斯食品超市（Wegmans Food Markets）连续多年入围《财富》杂志"百家最适宜工作的公司"，它鼓励员工做他认为可以让顾客快乐的必要的事情。例如，如果需要在商店为炉灶太小的顾客烹煮感恩节火鸡，或者去顾客家核查食品订单，他们就不必征求上级经理的意见。

· 有时无法找到具备必要技能的人；在这种情况下，企业只好先雇用，然后再进行内部培训。

人力资源管理者往往会从多种渠道着手（参阅图 11.2）。内部来源包括在公司内部工作的员工（可能是被调职或晋升），以及员工的推荐。使用内部来源的成本比从公司外部招聘要来得低。通过内部来源雇用的最大优点是有助于维持员工士气。然而，无法在公司内部找到合格员工的时候，人力资源经理人就必须使用外部招聘资源，像是广告、政府职业介绍所、民营职业介绍所、大学就业指导机构、管理顾问、专业组织、推荐及应征者等。

招聘合格工作者对于没有足够职员作为内部来源的小企业而言尤其困难，而且小企业也无法提供那种吸引外部来源的优渥薪酬。CareerBuilder.com、Monster.

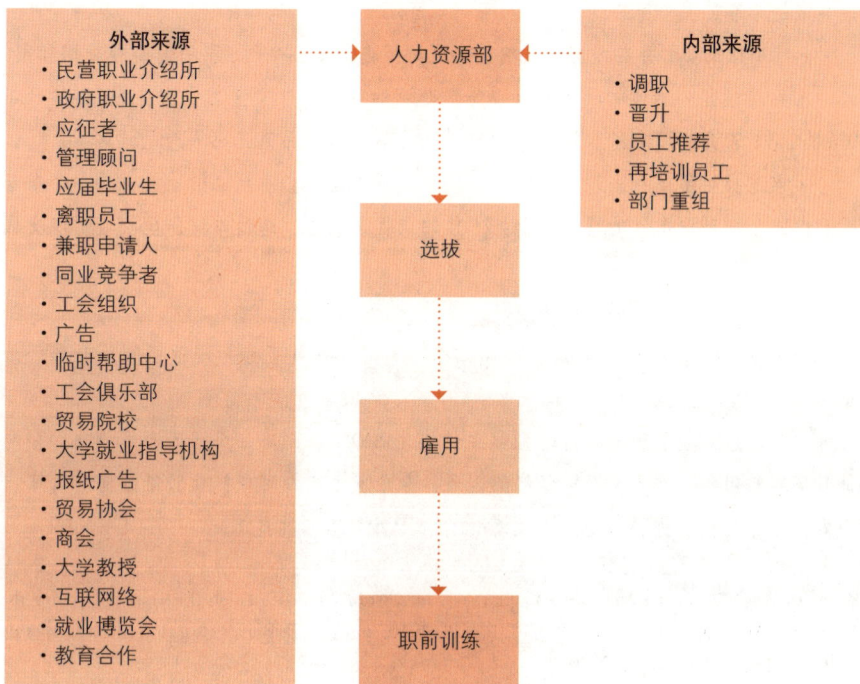

**图 11.2　员工招聘渠道**

内部来源经常是最先考量的，请公司现任员工推荐很有用。大学就业服务办公室也是重要的渠道。最好早点学习利用有关这方面的资讯，好让你可以在大学生涯中就规划出就业策略。

## 聚焦小企业

### 小企业不容易

　　为了生存，招聘并留住适任的员工对小企业来说至关重要。然而，当你无法向新员工支付高水平的福利待遇时，也就难以参与对顶尖人才的争夺。尽管存在这些障碍，小企业的管理顾问认为有很多方法可以吸引理想的员工：

　　·将广告转变成宣传工具。生态印刷公司（Ecoprint）是马里兰州的一家小型印刷店，它在定期的广告中宣传自己的工作福利。

　　·在互联网上发布招聘信息。在 CareerBuilder.com 和 Monster.com 这样的网站发布 30 天广告的费用大约是在《纽约时报》上发布一周类似广告费用的 1/4。

　　·让你的职员帮助招聘和筛选。参与寻找和面试过程的员工越多，发现具有合适个性和技能的新人的机会越大。

　　·创造一个充满活力的工作场所，吸引当地富有活力的申请者。有时，口碑是最有效的招聘工具。

　　·员工试用。雇用实习生可以使你先测试候选员工几个月，再决定是否长期雇用。

　　·雇用顾客。忠诚的顾客有时会是最聪明的员工。熊宝宝工作坊（Build-A-Bear Workshop）常常雇用走进店里并表现出对该公司及其产品真正感兴趣的顾客。

　　·咨询社区团体和当地政府的办事机构。不要忘记查看州立的就业机构。许多非营利组织会向新到本区的移民或需要工作的人提供服务，通过培训，他们就可以变成很好的储备人才。

　　·想方设法在当地媒体扩大宣传。宣传比广告更可信。

　　·利用升职和加薪政策吸引寻找工作的人。许多员工想知道他们能否升职。给员工一个了解企业的动机。

　　·将附加利益管理外包给专业雇主组织（PEO）。制定一个跟大公司相当的福利计划不容易做到，但由于规模经济的因素，专业雇主组织可能提供较低的保险费率。面对问题，任何能弥补差距的方法都会有利于吸引适任的员工。

资料来源："7 Tips for Motivating Employees", *Inc.*, April 20, 2010; Leigh Buchanan, "Opening the Books and Motivating the Workers", *Inc.*, June 8, 2010; and Lou DuBois, "How to Build a Corporate Culture of Trust", *Inc.*, August 2, 2010.

com等可以帮助这些企业，这些网站每月有超过8000万的访问量。"聚焦小企业"专栏列出了一些小企业可以用来满足招聘需求的方法。

## ◎ 选拔最具生产率的员工

**选拔**（selection）指在法律规范之下，基于个人与组织的最大利益，搜集信息并决定聘用最合适员工的过程。选拔和培训员工的成本在某些公司中已经变得相当高，其中包括面试时间、健康检查、培训费用、花在学习上而无法投入工作的时间、迁调支出等。招聘、选拔及培训一位新手上路，其花费可能相当于这位员工年薪的1.5倍，而遴选一位高层管理者的费用可能高达6位数字。

典型的选拔过程包含六个步骤：

**1. 取得完整的应征履历表**。尽管平等就业的相关法律限制了可以出现在应征履历表上的问题，但这样的表格还是可帮助雇主了解应征者的教育背景、过去的工作经验、求职目标，以及其他直接与工作要求条件相关的信息。

通过使用一个被称作"人员选聘"（Workforce Acquisition）的自动程序，像温迪克西（Winn–Dixie）和终点线（Finish Line）这样的大型零售企业将应聘过程变得更有效率。应聘者坐在电脑旁边，回答关于工作经验、可用工作时间和个性的问题。软件用电子邮件将报告发送给招聘经理，建议是否面试该应聘者，如果可以面试，则提出要面试的问题。终点线公司店铺运营执行副总裁迈克·马尔凯蒂（Mike Marchetti）称：该公司处理了33万应聘者的答卷，减少了6万小时的面试时间，并且员工流失减少了24%。

**2. 初次和后续面试**。人力资源部门的职员通常负责过滤第一次面试的应征者。如果第一次的面试人认为该应征者合格，则这位新员工的未来主管也会面试该应征者。管理者必须充分准备面试，以避免未来为当初的选拔决策后悔。某些错误，像是问应征者的身家背景，无论是否出自无心，如果应征者日后提出歧视诉讼的话，都会被用来当作证据。

**3. 应聘测试**。组织使用测试来衡量应征者是否具备特定工作技能的基本能力（例如焊接、消防），并协助评估申请者的个性和兴趣。在应聘测试中，测试内容直接和工作有关是非常重要的。尽管如此，测试一直被严重抨击为非法歧视的潜在来源。许多公司都在评估中心测试应征者，让应征者实际操演，这让选拔过程更具效率，并且基本符合法律规定。

**4.背景调查**。大部分的组织现在都比过去更加小心地调查候选者的工作记录、学校记录、信用记录及推荐人。因为雇用、培训及激励员工的费用实在太高，如果失去他们又得重新开始。背景调查帮助雇主了解哪位员工有潜力在某个职位上成功。像是LexisNexis一类的网站就让雇主们不只可以快速地进行有关犯罪记录、驾驶记录及信用记录的背景调查，同时也确认工作经验、专业及教育证明。

**5. 取得体检结果**。雇用身心健康的员工有很多好处，然而体检报告不能只为筛选雇员而进行。在美国某些州，体检只有在员工接受雇用后才能进行。在允许雇用前预先进行体检的州，都要求申请同样工作的每个人都必须先进行体检。关于雇用前预先要求毒品或酒精测试，以及筛选艾滋病毒携带者方面，引起了相当多的争议。

**6. 设立试用期**。一个组织经常有条件地雇用员工，所以个人必须证明自己在工作上的价值。在一段特定的试用期结束后（可能是6个月到1年），公司可能会根据主管的评估报告决定继续雇用或解雇该位员工。虽然这样的系统导致解雇无效率和问题员工变得比较容易，但依然无法完全消除人员离职与重新聘用的高成本。

选拔过程既冗长又困难，但由于员工更替的高成本，谨慎选择新员工还是值得的。该过程有助于确保新员工在各相关领域都达到应有的要求，包括沟通技能、教育、技术技能、经验、个性与健康。

## 雇用临时工

对于那些在每一季节、每一星期、每一天、每一小时所需员工数量都不同的公司来说，雇用临时性员工可能是相当符合成本效益的方法。**临时工**（contingent workers）包括兼职员工（每周工作1到34个小时者）、临时雇工（由临时职业介绍所支付薪资的工作者）、季节性员工、独立承包商（independent contractors）、实习生，以及带薪实习学生（co-op student）。

员工需求量的变化是雇用临时工最常见的理由。公司也可能在全职员工请假（例如产假）、需要劳工的高峰期，或是急需快速服务顾客时，雇用临时工。那些可以找到合格临时工以及工作不太需要培训的公司，最有可能考虑这种选择。

临时工得到的福利很少，他们很少享受健康保险、休假或公司退休金，他们赚的钱也比正式员工要少。但从积极的一面来看，许多临时工最后都得到了正式工作。管理者把雇用临时工看成是择优汰劣的方法。虽然确切的数字难以采集，但劳工统计局估计美国的临时工约有570万人，大部分的年龄在25岁以下。专家称，临时工填补了日益扩大的岗位空缺，从不熟练的制造和分销岗位到中层管理者都存在着需求。临时工中受过教育的专业人士越来越多，例如会计师、律师和工程师。

许多公司将大学生纳入它们的临时工计划。如果与临时职介机构合作，公司更容易招聘到已经经过筛选的工人。当然，临时职介机构也给大学生带来了好处。一旦这些机构接触到工人，他们的信息就被输入了数据库。而后，当学生们返回市镇休假或者做别的事情的时候，他们可以要求相应的机构将他们的名字加入到工作分配的系统中，不必花时间寻找职位空缺，或者跑来跑去参加面试。任仕达美国（Randstad USA）人力资源公司是全球就业服务巨头，在美国拥有350多家分公司，它欢迎大学生主要是因为他们的计算机水平——他们能够熟练使用很多公司所用的流行软件。

大学实习生可被看作是临时工。然而，如果这些实习生是无薪的，道德问题就随之产生了。（参看本章"道德抉择"专栏。）

在一个快速变化且经济不稳定的时代，一些临时工甚至发现"临时工"比"正式员工"更有保障。

## ◎ 培训和开发员工使其发挥最大潜能

科技和其他创新改变了工作场所，公司必须提供一些精心策划的培训方案。**培训和开发**（training and development）指通过增加员工工作能力来提高生产率的所有努力。良好的培训计划可以提升员工留任率、生产率和工作满意度，也会提高公司股票的绩效。美国的企业雇主往往会发觉培训员工的花费

## 道德抉择

### 无薪实习生

传统上，无薪实习生是年轻人从大学生转变成劳动力的一个极好方式。虽然牺牲了财务上的收益，但换来的是实践经验，这是实习生在教室里无论如何都得不到的。如果实习生最终成为关键的带薪员工，企业不仅在财务上毫无风险，而且还会长期受益。然而，当今就业市场上初级岗位难以得到，但实习生至少要度过 6 个月的时间才能结束无薪的岗位，而且在此期间没有机会升级。到那时，实习生会觉得奇怪：他们是在为获得有报酬的职业而提升自己，还是只是为企业无偿地提供服务。

为了区分实习是有质量的还是死路一条，只需简单地看一下它要求你每天做的工作就能知道。如果你的核心职责是灌满咖啡壶或者跑腿，很可能这些工作不会给你带来有价值的经验。应该教会实习生企业的日常工作，而不是如何成为专业的勤杂工。管理人员也必须清晰地界定实习生的职责，并提供定期的反馈。即使没有平常的薪水，只要是在经验上获得了补偿，实习生也会受益。

有些企业非常乐意给实习生大量的专业职责。例如，多伦多一家报纸就解雇了全部带薪记者，取而代之的是无薪的实习生。

如果实习生知道在实习结束时他们不可能获得任何工作机会，或者用无薪的实习生取代有薪的职员，那么，公司使用无薪实习生是道德的吗？原因是什么？

资料来源：Knight Kiplinger, "Are Unpaid Interns Exploited by Employers?" *Kiplinger*, April 2011; Diane Brady, "Turmoil Strategies", *Bloomberg Businessweek*, February 10, 2009; and Bruce Weinstein, "Dos and Don'ts of Unpaid Internships", *Bloomberg Businessweek*, May 28, 2010.

很值得。培训着重短期技能，而开发则着重长期能力。但培训和开发方案都包括三个步骤：（1）评估组织需求和员工技能来决定培训需求；（2）设计培训活动来达到既定需求；（3）评估培训的效益。一些共同的培训和开发活动包括：新进人员员工引导、在职培训、学徒计划、脱岗培训、在线培训、技工培训、工作模拟与管理培训。

· 引导（orientation）是将新员工介绍给组织、同事、直属领导，并让他们了解公司政策、惯例和目标的活动。员工引导方案包括非正式的谈话和正式的活动，为期大概一天或以上，包括按部就班到各部门参观和阅读工作手册。例如，在美捷步（Zappos）公司，每位从事网络零售的新员工都必须在内华达州亨德森的公司总部做电话客服两周，课堂学习两周，并在公司设在肯塔基州的运营中心卖鞋一周。

·**在职培训**（on-the-job training）是最基本的培训形态。这是指员工在工作场所立即展开工作，边做边学并观摩学习他人的培训方案。例如，新进销售人员的培训经常是通过观察有经验的销售人员如何工作来学习（通常称为如影随形，shadowing）。当然，效果有可能会很好，也有可能会很差，完全要看示范者的技能和习惯而定。如果工作还算简单（例如商店员工）或是重复性的工作（例如收垃圾、清地毯或除草），在职培训显然是最容易进行的培训方法。如果是较繁重或复杂的工作，就需要更密集的培训。组织内网络和其他新形式的科技让符合成本效益的在职培训在一天24小时、一年365天里都可以进行。计算机系统可以监控员工的投入，如果他们不知道接下来该怎么做，计算机可以给予他们提示。

·在**学徒计划**（apprentice programs）中，学徒工与有经验的员工共事，借此掌握工作技能和技术流程。有些学徒计划还包括课堂培训课程。砌砖和管道工等熟练技术方面的工会要求新员工要先做几年学徒工，以确保成员的优秀，同时也限制了加入工会的门槛。成功完成学徒计划的工人就被归入熟练工。随着婴儿潮一代从需要技巧的职业（比如管道修理、焊接和木工）中退休，训练有素的工人发生短缺。学徒计划会缩短为变化中的行业（包括汽车修理和飞机维护等）中需要技术的岗位准备工人的时间，这些岗位需要越来越多的计算机技术方面的知识。在美国劳工部注册的学徒工大约有45万人。

·**脱岗培训**（off-the-job training）是发生在工作岗位以外的其他地方，由一系列内部的和外部的程序组成，使人们发展多样化的能力，或是得到更好的个人发展的培训方案。由于工作变得越来越复杂，因此培训也变得越来越复杂。此外，培训扩展到了教育（取得到博士学位）和个人发展上——培训内容可能包括时间管理、压力管理、健康、体能教育、营养，甚至艺术和语言。

·**在线培训**（online training）向人们展示了技术进步是如何提高脱岗培训项目的效率的。大部分大学院校现在都提供多种网络课程，有时它们被称为"远程教育"（distance learning），其中就包括商业的入门课程。非营利企业和以营利为目的的企业都在充分利用在线培训。红十字会提供一个叫作"红十字会技能"（Be Red Cross Ready）的网上教程，帮助市民做好应对洪水、龙卷风或飓风等自然灾害的准备。EMC等技术巨头和铁姆肯（Timken）等大型制造商使用在线培训工具GlobeSmart来培训员工如何在不同的文化中开展经营。在线培训可在方便的时间向大量的员工提供内容一致的、针对特定需求的培训课程，这是在线培训的核心优势所在。

· **技工培训**[vestibule training，又称近岗培训（near-the-job training）]在教室中进行，教导员工使用和工作上相似的设备。这样的教室让员工在执行某项工作之前，先学习适当的方法和安全程序。计算机和机器人培训经常就是在技工教室的环境中进行。

· **工作模拟**（job simulation）是使用复制实际工作状况和任务的设备，让受训者可以在实际上工前学习这些技能。工作模拟和技工培训不同的地方是，模拟是复制和工作中"一模一样"的状况。这种培训被用于航天员、航空公司飞行员、军队坦克车驾驶员、船长，以及其他必须在职场外学习复杂流程的人。

## 管理开发

管理者需要特殊的培训。要成为好的沟通者，他们尤其需要学习聆听技能和换位技巧。同时，他们也需要时间管理、计划及人际关系技能。**管理开发**（management development）是指培训和教育员工成为好的管理者，然后在日后检视他们管理技能进展的过程。管理开发计划在各地都日益兴盛，尤其是专科、大学及私人管理开发公司。其中，管理者会参与角色扮演的练习、解决各种管理案例、参加影片观赏和演讲等。

管理开发逐渐被用来当作达成企业目标的工具。通用电气和摩托罗拉的高效管理团队也都把许多资源投入到"管理开发"上。大部分的管理培训课程都包括以下几项：

· **在职教练**。一位高层经理人会协助一位较低层的管理者，教授他（或她）所需的技能，并提供指导、建议及有帮助的反馈。电子教练（E-coaching）被开发出来用于电子化地培训经理人，但要想让这个教练在网上更为逼真，公司还需要花时间，并要进行试验。

·**担任副手（候补职位）**。诸如副部长或是助理这样的工作职衔，是发展管理者的成功方法之一。被选上的员工担任高层管理者的助理，参与计划和其他管理职能，直到他们可以独当一面。

·**岗位轮换**。这使他们可以学习组织中不同职能部门的事务，管理者经常被指派到各个不同部门中工作。通过岗位轮换，高层管理者能得到成功所需的宏观视野。

·**脱岗学习和培训**。管理者要定期上课或参加研讨会，通常要一周或更长的时间，以磨炼他们的技术和人际关系技能。像密歇根大学、麻省理工和芝加哥大学这样的一流大学会开设专门的短期课程，帮助经理人更有效率地完成工作。麦当劳有自己的汉堡包大学，管理者和潜在的特许加盟商会参加6天的课程，完成一门研究课程相当于36小时的大学商学院学分。

## 关系网

**关系网**（networking）指与组织内和其他组织的重要管理者建立、维持紧密联系，并且通过这些联系组织成更密切的关系，据此成为非正式发展体系的过程。对于未来管理者同样重要，甚至更为重要的，就是**导师**（mentor）。导师是一位企业管理者，监督、教导并引导基层的员工，为他们介绍应当认识的人，并且成为他们在组织中的援助者。实际上，在大部分的组织中，较资深的员工经常协助新手员工，这就是一种非正式的导师关系。然而，许多组织（像英特尔）就使用正式体系指派导师给潜力大的员工。

另一点很重要的是，关系网和导师都可以超越企业环境。举例来说，大学就是开始关系网的大好地方。你与教授、与当地实习单位的企业人士、尤其是与同学所培养的关系，日后都可能是你在职场生涯中相当有利的关系网。

## 管理开发的多样化

女性在进入管理层之后，也学习到关系网和导师的重要性。但由于大部分的资深管理者都是男性，女性在寻找导师和进入关系网上，比男性要来得困难。美国高等法院规定：限制女性进入一些长久以来只允许男性加入并在里面进行商业活动和流通联络关系的俱乐部是非法行为。这是女性管理者的一场大胜利。越来越多的女性进入建立已久的关系网体系，或者自行成立属于她们自己的体系。

类似地，非裔和拉美裔美籍管理者也了解了关系网的价值。这两类人都在汇聚资本和新机会，帮助许多人克服通往成功的传统障碍。《黑人企业》（*Black Enterprise*）杂志每年都为非裔美国籍专业人士举办几次社交论坛。拉美裔职业促进联盟（HACE）致力于为拉美裔美国人提供职业机会，实现他们的职业晋升。玉山科技协会（Monte Jade）是一个帮助中国人融入美国企业的协会。Sulekha是一个印度网络社交群落，它将在美国的印度人和世界各地的印度人联系在了一起。

那些开始提拔女性和少数族群管理者的公司了解以下三项重要的原则：（1）培养女性和少数族群成为管理者，并非只是合法、伦理、甚至士气的问题，而是为了将更多具有天分的人才网罗进来——这是长期利润的关键；（2）最优秀的女性和少数族群人士将会越来越难被吸引并且留住，因此现在就开始的公司日后将会受益；（3）拥有越多女性和少数族群在各阶层工作，表示企业越能够为女性和少数民族顾客提供更好的服务。如果企业没有多元化的员工在后场工作，那么如何满足从大门走进来的多元化顾客群呢？

## ◎ 实施员工绩效评估以获取最大成效

管理者必须能够精确无误地了解员工是否有效率及效益地工作，他们往往通过运用绩效评估来实现这一点。**绩效评估**（performance appraisal）指依据既定标准评估员工绩效的一种评定，借此决定升迁、薪酬、额外培训或解雇。绩效评估包含六个步骤：

**1. 建立绩效标准。**这是很重要的一个步骤。标准必须是可理解、可以衡量，而且合理的。它们必须能够被管理者和部属双方接受。

**2. 传达绩效标准**。管理者经常假定员工知道他们应该做些什么，但这样的假定相当危险。员工必须清楚明确地被告知标准和期望是什么，以及该如何达成。

**3. 评估绩效**。如果前两项步骤都正确做到，绩效评估其实相对简单。其工作就是评估员工的行为，看看是否达到标准。

**4. 与员工讨论结果**。大部分的人一开始都会犯错，并且无法达到期望。学习一项新工作并把它做好，是需要时间的。讨论员工的成功和需要改进的地方，可以让管理者有机会表现出善解人意和有帮助等好形象，员工也可以做出更佳表现。此外，绩效评估也是员工提出提升工作绩效的良好建议的来源。

**5. 采取修正行动**。绩效评估的重要步骤之一就是管理者采取修正行动，或提供修正的反馈，帮助员工把工作做得更好。记住，关键词是"绩效"；进行这种考核的主要目的是尽量改善员工的绩效。

**6. 使用结果来做决策**。有关升职、薪酬、额外培训或是解雇的决策，都要根据绩效评价的结果来进行。有效的绩效评估体系是满足关于这种决策的特定法律条件的方法。

有效管理表示通过员工的最佳表现来取得好结果。这就是绩效评估的目的——组织的所有层次都需要，即使是高层管理者，也可以从部属和同级对管理者所做的绩效评价中受益。

最新的一种绩效评估表称为360度考核。管理者从组织中的各个方面收集反馈，包括那些级别低于、高于自己，以及平级的员工，目的是要精确、全方位地了解员工的能力。表11.3即列出了管理者该如何更有意义地进行绩效评估工作。

**表11.3　让绩效评估和考核更有效**

1. 不要对员工进行人身攻击。请批判性地评估他们的工作。
2. 给予足够的考核时间，不要分心（将电话线拔掉或关上办公室的门）。
3. 不要让员工感觉不适或不安，绝不要在其他员工面前进行绩效评估工作（例如在店面中）。
4. 尽量让员工在过程中做最多的参与（让员工准备一份自我改进计划）。
5. 不要等到进行绩效评估时，才告诉受评人在工作上已经持续了好久的问题。
6. 在绩效评估结束时，要给员工正面的建议，以作为日后改进之参考。

## ◎ 支付薪酬：吸引并留住一流人才

公司并非只为争取顾客而竞争，它们也为争取人才而竞争。薪酬是公司所使用的一种主要营销工具，它可以吸引适任的员工，同时也是许多组织最大的营运成本。公司能否长期成功，甚至它的生存与否，都可能取决于企业如何控制人力成本和提升员工效率。像医院、航空公司及银行等服务性组织近来都在庞大的员工成本中挣扎。这并非不寻常，因为这些公司被认为是劳动力较为密集的公司。也就是说，它们主要的营运成本是人力成本。制造业公司（像是汽车和钢铁业）为了让公司更具竞争性，要求员工降低薪资。竞争的环境让薪酬和福利制度备受重视。事实上，有些专家认为，如何决定给员工的最佳薪资已经取代了组织精简，成为现在最大的人力资源挑战。

严谨的薪酬和福利计划可以达成以下几项目标：

· 吸引组织所需的足够人才。

· 提供员工更有效率而且更具生产率的工作激励。

· 让有价值的员工留下来，不会跳槽到竞争对手那里，或是自行创业成为竞争者。

· 有满足感的劳动力生产率高，可以使企业维持竞争地位，并保持低成本。

· 通过保险和退休福利，为员工提供一些财务上的安全感。

### 薪酬制度

一个组织关于员工薪酬的决定，会对效率和生产率产生极大的影响。管理者必须找到一个公平的薪酬制度。

许多公司依然使用由爱德华·海（Edward Hay）设计的薪酬制度。这套所谓的海氏系统是一个基于工作层级制定的薪酬计划，每一个层级都有严格的薪资幅度。该系统是根据点基并考虑到三个关键因素而设定的，这三个关键因素是：专门技能、解决问题的能力和责任。

像总部坐落在旧金山的天际建筑公司（Skyline Construction）就让员工选择自己的薪酬系统。他们可以获得一个固定工资，或者选择一个可能有奖金的较

**表11.4　薪酬制度**

一些不同的薪酬制度如下：

- **薪资：**固定薪资以每周、每两周或是每月计算（例如，每月1600美元或每周400美元）。薪资制的员工加班不给额外的薪资。

- **时薪制或日薪制：**薪资根据工作多少小时或日数来计算，多用在蓝领阶层或书记工作者身上。员工经常必须在上班或下班时打卡。联邦规定最低时薪为7.25美元，而最高则为技术工匠的40美元以上。这并不包括退休制度之类的福利，这些福利大约在总收入上增加了30%。

- **按件计酬：**薪资根据所生产的数量，而非以小时或日数计算。这种制度可以激发工作的效率和生产率。

- **佣金计划：**薪资根据销售的百分比来计算，它经常使用在销售人员身上。佣金计划和计件制度相当类似。

- **奖金计划：**完成或超过特定目标的额外薪资。奖励方式有两种：现金和非现金。其中，现金一向是受欢迎的。而非现金奖励包括书面感谢函，或是寄给员工家庭的感谢函、电影票、花、休假、礼券、采购优惠，以及其他形式的奖励。

- **利润分享计划：**依公司利润，分配年度红利给员工；支付给每位员工的金额则根据事先制定的比例决定。利润分享是最常用的绩效基础薪酬之一。

- **分红计划：**依特定目标的达成（例如质量指针、消费者满意指针和生产目标），分配给员工年度红利。

- **股票期权：**在一段特定时间之后，以特定价格购买公司股票的权利。这经常让员工能够以较便宜的价格购买股票，即使是在公司股价大涨时也是如此。举例来说，如果一个员工在服务满一定工作周期后，就会得到股票期权，他们可用每股10元购买1万股公司股票。如果股票上涨到100元，那么他们仍然可以用10万美元购买总价值达100万美元的1万股。

低工资。《信任因素》（*The Trust Factor*）的作者约翰·惠特尼（John Whitney）认为，公司应该基于市场水平或高于市场水平制定工资标准，然后给予所有的员工同样比例的绩效加薪。他说，这样做所传达的信息是："公司中的每个人都是重要的"。表11.4概述了几个最普遍的薪酬体系。你认为哪个是最公平的？

## 团队薪酬

目前为止，我们已经讨论过支付个人薪酬的问题。那么团队呢？由于你希望你的团队不只是一群个人而已，你会像支付个人薪酬一样支付团队薪酬吗？如果你无法立刻回答这个问题，别担心，你不是唯一的一个。最近的一份团队薪资调查显示，大部分的管理者相信使用团队的好处，但鲜少人知道该如何为其支付报酬。这显示以团队为基础的薪酬制度，不如管理者所希望的有效而且发展健全。在衡量和奖励团队中的个人绩效的同时，也奖励团队绩效是很困难的。尽管如此，这还是可以做得到的。美式足球球员在进入复赛或参加超级杯比赛时，整个团队都会得到奖励，但他们也有个人的薪水。目前企业都在实验研发类似的奖励制度。

福克斯劳森联合公司（Fox Lawson & Associates）是专门提供薪酬和人力资源服务的，吉姆·福克斯（Jim Fox）是它的创立人和高级合作伙伴，他坚持认为首先设定团队权利是设计一个适当的团队薪酬计划的关键因素。他认为促进绩效的薪酬模式是团队发展过程顺理成章的结果。杰伊·舒斯特（Jay Schuster）是某项团队薪酬的共同研究者，他发现当薪资严格基于个人业绩时，将会破坏团队凝聚力，降低团队通过协作达成目标的可能性。工作场所研究表明，超过50%的团队薪酬计划是依据团队目标而定的。技能工资和收益分享制是最常见的两种团队薪酬办法。

技能报酬（skill-based pay）与个人及团队的成长都有关。当团队成员学习应用了新技能后，基本薪资就会增加。举例来说，波多里奇奖（Baldrige award）的得主伊士曼化学公司（Eastman Chemical Company）就因团队精通技术、社交及商业知识方面的技能而提供奖励。一个跨功能的薪酬政策小组会对这些技能下定义。不过，技能报酬有两个缺点：一是制度太过复杂；二是技能和最终获利的关联性难以衡量。

大部分收益分享制依据本期业绩相对于上一期的提高来发放奖金。纽可钢铁（Nucor Steel）是美国最大的钢铁企业之一，它以质量计算奖金，即以无瑕疵的销售吨数为基数。团队能够获得的奖金上不封顶，他们的奖金通常是每个员工每年大约2万美元。

此外，奖励个别团队成员也是很重要的。优秀的团队成员——那些超越自己分内工作，对公司做出卓越贡献的个人——应该为他们的额外贡献受到表扬。表扬方式包括非现金和现金的奖励。避免让团队成员感觉奖励不公而疏离团队的好方法，就是让团队决定哪些成员应该接受何种个人奖励。毕竟，支持团队，就必须给团队自己决定奖励的自由。

## 额外福利

**额外福利**（fringe benefits）指基本工资之外的额外薪酬，包括病假工资、带薪休假、养老金计划及健康计划等。近些年来，额外福利的增长速度超过了工资，事实上，它们已经不能再被认为是"额外"的福利了。1929年，在薪水总额中此类福利只占不到2%，现在却占到了大约30%。健康医疗成本激增，迫使员工支付更多的健康保险费用。自2000年以来，为员工支付的保险费用上涨了86%，家庭保险费用上涨了80%。员工常常要求更多的额外福利，而不是要求更高的工资，目的是避免缴纳更多的税款。这已经导致了越来越多的争议和政府调查。

额外福利可以包括休闲设施、公司配车、乡村俱乐部会员、折价的按摩服务、优惠房贷利率、带薪及不带薪年假、托儿服务，以及主管用餐室。员工希望福利还能包括牙医保健、心理治疗、老年看护、法律顾问、眼科保健及缩短工时。

吸引并留住最优秀员工需要提出相当优渥的福利，理解了这一点之后，名列《财富》杂志"百家最适宜工作的公司"名单中的几十家公司开始提供所谓的软福利（soft benefits）。软福利可帮助员工维持工作和家庭生活的平衡，对于勤奋工作的员工来说，家庭生活常常与工作本身同样重要。这些额外津贴包括现场理发、修鞋、门房服务和免费早餐。这减少了员工处理杂务的时间，从而省下更多的时间跟家人相处或用于工作。生物科技公司基因技术（Genentech）甚至提供宠物狗看护和上门的农贸市场。

过去，大部分员工的需要都很类似。而现在，有些员工可能需要托儿福利，而另一些可能需要较多的养老金。为了应付这些逐渐增加的需求，超过一半的大公司提供**自助餐式的额外福利**（cafeteria–style fringe benefits）计划。这种额外福利计划让员工在定额范围之内，选择自己想要的福利。选择是弹性自助餐式额外福利计划的重点。管理者现在不再给所有员工一样的福利，而是相对

# 域外观察

## 在世界各地工作

全球员工的人力资源管理先要了解企业经营所在的每个国家的风俗习惯、法律和当地企业的需求。具体国家的文化和法律标准能够影响人力资源管理的各项职能：.

·**薪酬**。工资必须与外币相互转换。跨国外派员工常常会得到特殊补贴，用于重新安置、子女教育、住宅、出差和其他与业务相关的开支。

·**医疗保健和养老金标准**。其他国家设计福利的社会环境有所不同。荷兰由政府提供退休金和医疗保健。

·**带薪休假**。许多欧洲员工通常享受4周的带薪假期。但许多国家并无美国的短期和长期休假政策，包括病假、事假以及家庭与医疗假（family and medical leave）。跨国公司需要对休假给出一个标准的定义。

·**课税**。不同的国家有不同的税收政策，薪资部门在管理移民信息中发挥着重要的作用。

·**沟通交流**。当员工被派往另一个国家工作时，他们经常感到与原来的国家切断了联系。聪明的公司则使用它们的内部网和互联网帮助那些远在他乡的员工保持联络。

本国的人力资源政策越来越多地受到其他国家和文化的情况和实践的影响。人力资源管理需要让自己以及组织对海外文化和企业实践敏感起来。

资料来源：Anne Vo and Pauline Stanton, "The Transfer of HRM Policies and Practices to a Transitional Business System," *The Journal of Human Resource Management*, April 1, 2011; and Liisa Ma?kela? and Vesa Suutari, "Coping with Work–Family Conflicts in the Global Career Context," *International Business Review*, April 14, 2011.

地给予他们选择权，更公平而符合成本效益地满足员工的个人需求。

管理福利制度成本的上涨致使许多公司已经将这些职能外包出去。当员工身在海外时，管理福利会变得非常复杂。"域外观察"专栏将讨论跨国企业所面临的人力资源新挑战。简单地说，今日，福利在招聘顶级人才时的重要性已经和工资一样；在未来，福利甚至可能比工资还要重要。

## ◎ 安排工作时间以满足组织和员工的需求

工作场所的趋势和交通成本的增加使得员工寻求工作安排的弹性。弹性工作时间、在家办公及工作共享变成他们越来越看重的方面。

### 弹性工作时间计划

**弹性工作时间计划**（flextime plan）是指只要员工的工作时数达到要求，就允许他们自由选择何时工作。最普遍的计划是让员工可以在早上从七点到九点之间来工作，而在下午四点到六点之间下班。一般来说，弹性工作时间计划会结合所谓的核心时间。**核心时间**（core time）指在弹性工作时间计划中，所有员工都必须在工作岗位上的那段时间。举例来说，一个组织可能指定核心时间为早上九点半到十一点，以及下午两点到三点。在这段时间内，所有员工都必须在工作岗位上（参阅图11.3）。弹性工作时间计划和工作共享计划一样，都是设计出来让员工能够自行调整工作时间的，这对双职工家庭相当有帮助。太阳计算机（Sun Microsystems）等公司认为，弹性工作时间对员工生产率和士气具有相当的提升作用。

弹性工作时间并不适合所有组织。快餐业的轮班工作就不适用，每个人都必须在同一时间工作的生产线也不可行。弹性工作时间计划的另一项缺点，是管理者必须经常工作较长的时间，来协助和督导员工。有些组织使用弹性工作时间，从早上六点开始上班，一直到下午六点才下班——这对管理者而言是相当长的时间。弹性工作时间也让沟通更为困难：当某些员工需要和另一些员工谈话时，他们可能会不在工作岗位上。此外，如果监督不力，有些员工可能会滥用该制度，而引起他人的不满。

另一项相当普遍的选择是**压缩工作周**（compressed workweek），大约在24%的公司中使用。那表示让员工只要做完每周全部的工时，就可以不必做完标准工作天数。举例来说，一位员工可能一天工作10小时，一周工作4天，然后享受一个长周末，而非传统的工作5天，每天8小时并且拥有传统式的周末。一周只工作4天，而有3天放假显然有很多好处；但有些员工厌倦一天这么长的工作

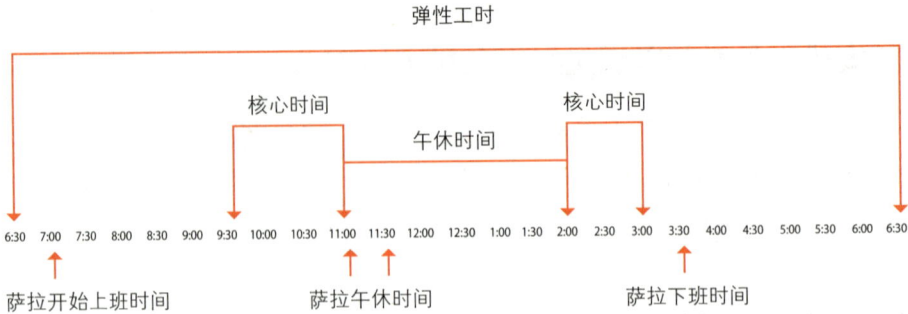

**图 11.3 弹性工时表**

在这家公司，员工可以从早上六点半到九点半间的任何时间开始工作。他们在早上十一点到下午一点半间的任何时间午休半个小时，然后可以在下午三点到六点半之间下班，每个人一天都工作 8 小时。套色箭头显示一个员工弹性工时下典型的一天。

时数，因此生产率可能会下降。不过，仍然有许多员工发觉这种制度有很大的优点，而且对此相当感兴趣。护士往往选择压缩工作周的方式。

## 在家办公

将近1000万名的美国工作者现在至少每个月有几天在家工作。约12%的企业依靠在家办公。在家办公者可以选择自己的工作时间，中断工作照顾孩子和做其他事，以及出去处理私人事务。不过，在家工作并非适合每个人。一个在家办公者若要成功，必须有纪律，并且能专心于工作，而不轻易分心。

在家办公可以为雇主节省开支。例如，美国银行（Bank of America）引入了一个叫作"我的工作"的项目，每个在册员工每年估计可以节省5500美元（加起来每年节省1亿美元）。参与项目的员工远距离办公的时间大约为60%。当进入真正的办公室时，他们就在公共区域工作，并且依据先到先得的原则，将笔记本电脑接入移动工作站。美国银行能够终止租借，并且转租不再需要的空间。其他许多大型公司则推行"公用办公桌"（hot-desking），或者与其他不同时间工作的员工共享办公桌。

许多公司会聘请美国在家工作的电话服务人员，而不愿聘请昂贵的总机人员或质量不佳的海外电话中心。欧迪办公（Office Depot）认为，因为省掉了办公座位的空间，以及不用负担在家办公的电话中心员工的福利，所以每通电话成本节

**表 11.5 居家办公的优缺点**

在家工作（也称为远程办公）为组织、个人和社会整体提供了许多优点和缺点。

| | 优　点 | 缺　点 |
|---|---|---|
| 对组织 | • 由于病假、缺席较少而提高了生产率，同时工作满意度与工作效率也较高。<br>• 扩大了可用人才库。<br>• 减少了提供办公室空间的成本。 | • 更难对工作绩效进行评估。<br>• 可能对工作场所中的社交造成不利，因而降低团队凝聚力。<br>• 使得工作分派更复杂。（办公室档案文件、联络名单等能够离开办公室吗？） |
| 对个人 | • 减少或免去交通时间，因而增加了工作和家庭时间。<br>• 减少购买和维护上班服装的花费。<br>• 避免办公室政治。<br>• 帮助平衡工作和家庭生活。<br>• 增加残障员工的工作机会。 | • 可能产生远离社交网络的孤立感。<br>• 由于"眼不见为净"，可能引发有关升迁和其他奖励的问题。<br>• 由于学习公司文化的机会有限，可能减少个人在公司内的影响力。 |
| 对社会 | • 减少交通阻塞。<br>• 减少可能会发生在住所的社区犯罪率。<br>• 增加建立社区关系的时间。 | • 解决禁止在住宅区内从事商业活动的分区法规的需求增加。<br>• 可能会降低人与人间亲密互动的能力。 |

省了约30%~40%。表11.5列出了在家办公对组织、个人及社会的优点和缺点。

## 工作共享计划

**工作共享**（job sharing）是指两位兼职员工分摊一份全职工作的安排。它适合学生、能够在孩子上学的时候工作的父母和其他想要兼职工作然后完全退休的人。其优点包括：

·带给那些无法或不想全职工作的人工作机会。

·高度热忱和生产率。

·减少缺席和怠惰。

·由于有兼职人员，所以能够排定充足的人力在需求高峰时间工作（例如，银行的发薪日）。

·留住原本可能会离职的有经验的员工。

缺点包括必须雇用、培训、激励及监督两倍的人员，并按比例分配额外福利。尽管如此，大部分起初不愿尝试工作共享的公司都发现，其优点多于缺点。

## ◎ 管理员工的去向

员工不会一直留在最初任职的位置上。他们可能会超越自己往上爬，或是因失败而离职。除了通过升职和解雇而移动，员工还可以借由重新分配职位和退休而有所变动。当然，员工经常选择辞职，转往另一家公司工作。

### 让员工升职或调职

许多公司都发现从公司内部晋升可以提高员工的士气。内部晋升也比较符合成本效益，因为从内部晋升的员工已经熟悉公司文化和程序，不需要花宝贵的时间在了解公司的基本情况上。

现在和过去相比，扁平化的企业结构（见第8章的内容）使员工能够攀升的层级减少。因此，现在员工"转到"而非"上升到"一个新职位的情况也比较普遍。这种转移让员工得以发展和展现新技能，并且学习公司的方方面面。这是鼓励有经验的员工在没有太多晋升机会的情况下，留在公司中的一种方法。

### 解雇员工

如同前述，组织精简和重组、顾客对高价值的需求与日俱增，加上全球竞争与科技变革的残酷压力，让人力资源管理者绞尽脑汁处理临时停职和解雇事宜。即使是重新取得财务力量的公司，也犹豫是否该雇用新的全职员工。为什么呢？其中一个理由是解雇员工的成本相当高昂。解雇的成本来自损失的培训成本，以及不当解雇引起的法律诉讼所造成的伤害和法律费用。为了省钱，许多公司都使用临时工或外包某些职能。

过去，在美国曾经盛行的雇用规则是"自由雇用"（employment at all）。这表

**表11.6　如何避免不当解雇的法律诉讼**

顾问提供这些建议，以减少因为不当解雇而引起的法律诉讼：

- 在雇用之前，要求新招聘员工签署一份声明，以保留管理部门终止合约的权力。
- 不要使用"永久雇用"这种无法达成的字眼。
- 在解雇之前就先将解雇的原因写成文件，以确保公司的解雇理由不会产生争议。
- 先解雇最差的员工，原则要一致。
- 提供离职金，以换取离职员工签署放弃请求权的声明。
- 确定给予员工被解雇的真正理由。如果你不这么做，而将该理由告诉来探询该离职员工的人力中介人员时，可能会冒被告诽谤的风险。
- 将员工被解雇的原因诚实地告知他们未来的新雇主。比方说，如果你解雇一位员工，是因为他（她）有危险行为，而你在推荐时若没有诚实告知，致使该位员工在下一份新工作上出现暴力举动，你将会吃上官司。

资料来源："In Economics Old and New, Treatment of Workers Is Paramount", *Washington Post*, February 11, 2001, p. L1, and www. Uslaw.com.

示管理者有自由解雇员工，而员工也有同样的自由离职。美国现在大部分的州都有就业法，制定限制自由雇用的法律条文，以保护员工免于蒙受不明的解雇。举例来说，一位雇主不再能够因为某人揭露了公司的不法行为，或是因为员工属于少数族群或其他受保护团体而加以解雇。在某些案例中，员工之所以被解雇是因为使用非法毒品，但这样做也会被告上法庭，理由是这些人罹患某种疾病（毒瘾），因此受《美国残疾人法案》（ADA）禁止歧视残障人士的保护。这种立意良善的法令限制了管理层解雇员工的权力，并增加了员工拥有工作的权利。表11.6针对减少不当解雇法律诉讼提出了建议。

## 让员工退休

公司用来精简的工具还有提供提早退休福利，诱使较年长（而且较昂贵）的员工退休。这样的福利通常包括财务诱因，像是一次付清的现金付款，这在一些公司中称为"大笔解职金"（golden handshake）。提供早期退休福利比临时解雇好的地方，在于早期退休可以提高留职员工的士气，而且也增加了年轻员工晋升的机会。

### 失去员工

尽管公司会努力留住人才（使用提供弹性工作时间、具竞争性的薪水与吸引人的额外福利等方式），但有些员工依然选择在别处找机会。因此调查员工离开的理由对避免未来失去更多好员工是相当有帮助的。其中一个方法就是让第三者（非员工直属管理者的人）进行离职面谈。许多公司与外部特约公司签约来进行离职面谈。外部专家能以保密及受访员工匿名方式进行面谈，这样比较容易得到诚实的回答，因为员工在与主管面谈时可能较不自在。现今有一些网络离职面谈管理系统，它们能撷取、追踪和统计分析员工的离职访谈数据，产生报告，并指出员工离职的问题所在。这种系统也可以将离职访谈资料和员工满意度调查进行交叉分析，预测哪个部门可能会发生离职问题。

吸引并留住最优秀的员工是在竞争的全球商业环境中取得成功的关键。处理员工有关工作的争议具有挑战性，而且无休无止。

## 总 结

**1. 解释人力资源管理的重要性，并描述管理人力资源目前面临的问题。**

· 人力资源方面目前所面临的考验和机会是什么？

目前许多的挑战和机会都和工作者的人口统计变量改变有关，包括更多女性、少数族群、移民与年长工作者。面临的考验包括受过充分培训的员工的不足、过多无技能员工、某些夕阳产业中的有技能员工需要再培训、员工工作态度的改变、复杂的法律和规章等。

**2. 说明法规对人力资源管理的影响。**

· 这些法规中最关键的是哪些？

参阅表11.1，可了解文中提及的相关法律的内容。

**3. 总结人力资源计划的五个步骤。**

· 人力资源计划的步骤有哪些？

五个步骤包括：（1）准备组织员工的人力资源人才库；（2）准备职位分析；（3）评估未来的人力资源需求；（4）评估未来的供给；（5）建立战略规划，包括人力的招聘、雇用、教育、评估、薪酬支付以及安排工作时间。

**4. 描述公司用于招聘新员工的方法，并解释招聘面临的一些挑战。**

· 人力资源管理者使用什么方法来招聘新员工？

招聘来源分为内部或外部。内部资源包括从公司内部雇用（调职、升职等），以及员工推荐。外部招聘来源包括广告、公家和私人职业介绍所、大学就业指导机构、管理顾问、专业组织、推荐、个人申请者及互联网。

· 招聘为何越来越难？

法律限制让雇用和解雇更为复杂。如果公司的工作环境不吸引人，就不易吸引适任员工。

**5. 概括选择员工的六个步骤。**

· 选择过程的六个步骤是什么？

其步骤为：（1）取得完整的应征履历表；（2）初次和后续面试；（3）应聘测试；（4）背景调查；（5）取得体检结果；（6）建立试用期。

**6. 说明培训和开发员工的各种方法。**

· 培训活动有哪些？

在评估组织需求与员工技能后，所设计的培训规划包括：新进员工引导、在职和脱岗培训、学徒计划、在线培训、技工培训及工作模拟。培训的效果会在活动结束时加以评估。

· 用来发展管理技能的方法有哪些?

　　管理开发方法包括:在职教练、候补职位、岗位轮换及脱岗学习与培训。

· 如何在此过程中运用关系网?

　　关系网是指与组织内外的重要管理者建立联络,以取得更多发展协助的过程。

**7. 跟踪员工绩效评估的六个步骤。**

· 管理者如何评估绩效?

　　其步骤为:(1)建立绩效标准;(2)传达绩效标准;(3)评估绩效;(4)与员工讨论结果;(5)在必要时采取修正行动;(6)根据该结果来作有关晋升、薪酬、额外培训及解雇方面的决策。

**8. 简述员工支付计划的目标,并描述各种薪资体系和福利。**

· 使用的薪酬制度有哪些?

　　包括工资制度、计时工资、计件工作、佣金计划、奖金计划、分红计划及股票期权。

· 哪种薪酬制度适合团队?

　　最常见的是分红和依技能来支付酬劳。奖励团队中的杰出个人表现,也是很重要的。

· 什么是额外福利?

　　额外福利是在员工基础工资之外,另提供病假、带薪休假、养老金及健康计划等额外的奖励。许多公司则提供自助餐式的福利计划,员工可以在一定金额以下,选择自己想要的福利。

**9. 证明管理者如何使用工作时间计划来满足员工需求。**

　　这样的计划包括:工作共享、弹性工作时间、压缩工作周及在家办公。

**10. 描述员工如何在公司内部变动岗位:升迁、调职、离职和退休。**

· 员工如何迁调?

　　员工可能在一家公司内往上升(晋升)、调到其他平级部门(调职)或是退出(离职或退休)。员工也可能选择离开一家公司,到别处去追求机会。


## 批判性思考

　　1. 人力资源管理是你感兴趣的职业吗?你有什么与人力资源专业人士合作的经验吗?

　　2. 双职工家庭对人力资源管理的职能有什么影响?

3.家人在同一家公司上班时会产生什么问题?

4.如果你是人力资源经理,你会如何处理由有见识的员工退休导致的人才流失?

5.设想你必须解雇某位员工。解雇会对留下的员工产生什么影响?解释你如何告诉员工和你其他的下属。

# 12

# 市场营销：帮助买者购买

## 学习目标

1. 定义营销，并在营利和非营利组织中应用营销的概念。

2. 描述营销的4Ps。

3. 总结市场调查过程。

4. 说明营销商如何利用环境扫描了解营销环境变化。

5. 解释营销商如何使用市场细分、关系营销和消费者行为研究等工具的。

6. 请比较企业间市场和消费者市场。

## 人物侧写

### 认识江慕忠　诺华制药公司首席执行官

江慕忠（Joseph Jimenez）是全美最佳大学游泳运动员和斯坦福大学游泳队的队长。他认为竞技游泳有助于他积蓄起一种内在的力量，这种力量一直持续到现在。今天，江慕忠成为世界最大的制药公司之一——诺华公司（Novartis）的首席执行官。

从加州大学伯克利分校获得工商管理硕士之后，江慕忠进入职场，开始在高乐氏公司（Clorox）担任品牌经理，开展市场营销工作。在高乐氏的营销工作取得的成功使他得以进入康纳格拉食品公司（ConAgra Foods）担任部门经理。最终，他加入亨氏公司（H.J. Heinz Company），成为亨氏欧洲和亨氏北美的总裁兼首席执行官。2010 年，他成为总部在瑞士的诺华公司首位美籍首席执行官。

担任诺华公司首席执行官之后，江慕忠充分利用他的市场营销经验。面对制药企业遇到的一些难题，比如美国食物和药品管理局（FDA）的某种批准流程，他没有牢骚满腹，而是决定诺华公司"不要抱怨，而是要改变"。江慕忠做出的一个决定是"因地制宜"，让诺华的销售队伍适应特定的市场。他重构了销售队伍，以应对个人消费市场的特殊趋势。在个人消费市场中，付款人机构（比如保险公司）对购买何种医疗产品有着巨大的影响。而在其他医生可以做决定的领域，他们保留了更为传统的销售模式。他的意图是专注于特定顾客的个人需求，并与他们建立更好的关系，因为他们是决定购买的人。换句话说，他希望帮助买者购买。

就像所有优秀的销售者一样，江慕忠不只将诺华看作一家制药公司。他明白，要想让市场营销发挥出最高水平，就需要将"社会责任感"纳入到诺华公司使命之中。例如，诺华与美国老兵看护犬（America's VetDogs）联手，为失明的或视力受损的老兵训练及提供导盲犬，并为非失明的残疾兵提供服务犬，而无需由老兵支付费用。该活动每年训犬超过 1000 只。

诺华和江慕忠也为公司的"药品可及性"项目而自豪，该项目已经惠及全世界 8000 多万病人。诺华向缺乏医疗保险或没有能力接受治疗的病人提供药品折扣和支持。这样的战略强调了江慕忠关于销售的信念：营销有着多维度的行为准则，不是只盯着销售和广告的成绩而已。

本章以及以后三章讲述市场营销。你会学到传统市场营销的做法，也能学到新的营销实践，其中就包括社交媒体的使用。如果你是富有进取心的经理人，并且能从更广阔的视角看待市场营销，那么，江慕忠就是你学习的楷模。

资料来源：David Bach and David Bruce Allen, "What Every CEO Needs to Know about Nonmarket Strategy," *MIT Sloan Management Review*, Spring 2010; www.forbes.com, accessed April 2011; www.youtube, accessed in April 2011; www.novartis.com; and Dominic Barton, "Capitalism for the Long Term," *Harvard Business Review*, May 2011.

## ◎ 什么是营销

说到营销，不同的人有不同的理解。许多人认为营销就是"销售"或"广告"。的确，销售与广告是营销的一部分，但营销不止于此。美国营销协会将**营销（marketing）**定义为：为创造、传播、分送和交换对消费者、客户、合伙人和整个社会有价值的商品而进行的活动、制定的一系列制度和流程。我们也可以更简单地考虑营销，将其定义为：买卖双方为了增进彼此的满意而进行的交换活动。

过去，营销几乎专注于帮助卖者销售。这就是为什么许多人仍然认为营销无非就是销售、广告和将商品从销售者那里配送到购买者手里。今天，很多营销反而是帮助买者购买。某位作者称之为"拉动力"。让我们考察几个案例。

今天，当人们想购买一辆新车或二手车时，他们往往先求助于互联网。他们会去Vehix（www.vehix.com）这样的网站搜索想要的车辆，甚至会虚拟试驾。在其他网站，他们会比较价格和外形。在赶去购车之前，他们可能已经知道了他们想要哪种车以及可以争取的最佳价格是多少。

网站已经在帮助买者购买。不仅是消费者花时间搜索一个又一个经销商以寻找最有利的价格，制造商和经销商也热切地参与进来以保证不失去消费者。营销的未来是尽其所能地帮助买者购买。

让我们考察另外一个案例。在过去，学生和父母寻找合适大学的方法并不多，无非是从一个校园走到另一个，又累又费钱。今天，大学利用播客、虚拟参观、在线即时聊天和其他互动技术使亲自参观校园不再那么必要。此类虚拟参观帮助了学生和家长的"购买"。

当然，帮助买者购买也帮助了销售者销售。请思考一下这个问题。

《华尔街日报》曾经报道过一个案例：许多人在度假市场上寻找自己想要的假期。他们利用互联网搜寻合适的地点，然后做出选择，有时向潜在的销售者在线提出问题。在此类行业，营销的作用就是确保公司产品或服务能让消费者方便地在网上找到，并且公司要有效地响应潜在的消费者。

这些只是几个反映帮助买者购买这一营销趋势的案例。当今的消费者为了

## 聚焦小企业

### 让我们看电影去吧

设想你拥有一家小型电影院。你如何才能将你的影院与镇上的其他影院区分开呢？有些影院利用3D电影取得了成功，其他影院则提供较大的银幕或多个银幕。对于当今的许多影院来说，答案就是随电影提供食物。事实上，在5750家影院中大约有400家是这样做的。据说院线就餐是吸引观众进入影院的最大赌注之一。因此，你可以期待在未来看到更多此类的影院。

提供在影院内的用餐体验是一种冒险。例如，在此类影院中保洁的任务要比想象的更困难。毕竟，两场放映之间的间隔并不是很长。有些影院要想方设法设计一个允许观众在黑暗中吃的东西的菜单，其难度可想而知。你也能想象在一个旧影院中增加厨房和豪华设施所带来的工作量。不过，影院老板决定必须尽力满足这一需求。事实证明此种影院只能吸引到一小部分观众，可能也没有多少利润可赚。

为了进一步增强体验，有些影院提供酒精饮料、豪华座、搁脚板、毛毯、枕头等。你曾经体验过此类影院吗？你认为怎样？额外增加的开支值得吗？你对如何改进观影体验还有其他建议吗？

资料来源：Lauren A. E. Schuker, "Double Feature: Dinner and a Movie," *The Wall Street Journal*, January 5, 2011; and Judy Hedding, "iPic Theatres—A Scottsdale Luxury Theatre Experience," About. com, accessed April 2011.

完成商品交易会在互联网上花数小时搜索。聪明的销售者会在网络提供丰富的资讯，甚至利用博客以及脸谱和推特等社交网站培养与消费者的关系。

在线社区为观察人（消费者和其他）与人之间互动、表达意见、建立关系和评论各种商品和服务提供了机会。作为销售者，利用可以界定他们市场的关键词进行博客搜索，追踪相关博主正在写的东西非常重要。拥有文本挖掘工具的服务商可以帮助公司衡量与其产品和员工相关的网上聊天。营销的未来很大一部分在于挖掘这些网上聊天以及适当地回应它们。

零售商和其他仅仅依靠传统广告和销售的商家不敌于使用新式营销的商家。本章"聚焦小企业"专栏讨论了一些剧院是如何创新它们的营销策略的。

## 营销的演进

营销商在任何时间点的作为，均取决于客户需求的满足。消费者的欲望与需求不断地改变。让我们来看看这些变革是如何影响营销的发展的。美国营销的演进包括四个时代：（1）生产；（2）销售；（3）营销概念；（4）客户关系（参阅图12.1）。

**生产时代** 从第一批欧洲殖民者在美洲开始为生存而奋斗，直到20世纪初期止，商业的一般哲学还是"因为市场需求无可限量，所以要尽可能多地生产"。考虑到那个生产能力有限而产品需求巨大的时代，这样的生产哲学不但合乎逻辑，而且有利可图。企业主多半是农场主、木匠和贸易商。他们需要越来越多地生产，所以，他们的目标就会集中在生产上。你可以在当今石油行业看到同样的过程，生产者常常生产多少就能卖掉多少。在很长的时间内，通用电器认为他们能够卖掉所有产品。当然，现在他们的认识进步了。在这一行业中，最大的营销需求是生产更多的产品，同时减少分销和仓储开支。

**销售时代** 到了20世纪20年代，企业发展出大规模生产技术（例如，汽车生产线）和极高的产能，但往往超出当时的市场需求。因此，企业哲学从强调制造生产转为强调销售。多数企业重视销售和广告的投入和成果，以说服消费者购买产品，但很少提供售后服务。

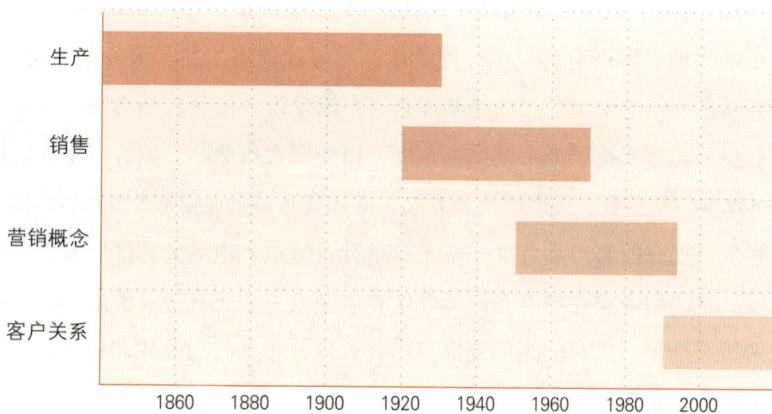

**图 12.1 营销时代**

美国营销的演进包括四个时代：(1) 生产；(2) 销售；(3) 营销概念；(4) 客户关系。

**营销时代** 1945年第二次世界大战结束后，在美国境内，回乡士兵希望展开新生活，而对产品和服务掀起极大需求。战后几年出现了一个生育高峰（也就是所谓的婴儿潮），而消费能力也获得了极大的提升；市场竞争日趋激烈，企业了解到若要争取客户，必须响应他们的需要。20世纪50年代时，营销概念渐渐崭露头角。

**营销概念**（marketing concept）包括三个部分：

**1. 客户导向**。找出并满足消费者的需求。（重点在于满足消费者，而非促销。）

**2. 服务导向**。确定组织内每个人都有相同目标——让客户满意。这必须靠组织群策群力；换言之，无论公司首席执行官或分销人员，都应该以客户为目标。现在这一点是不是很普遍了？

**3. 利润导向**。聚焦于能为公司赚钱、维持公司生存以及能满足消费者更多的欲望与需要的产品与服务。

这些营销概念的推广经历了一段时间。在20世纪六七十年代，该进度还较为缓慢，但进入20世纪80年代后，公司开始积极地应用营销概念，取得的成绩超过了过去30年的总和。这导致了对客户关系管理的重视——客户关系管理在现代已变得非常重要。我们将在后面继续讨论这一点。

**客户关系时代** 20世纪90年代到21世纪初，经理人用客户关系管理的实践扩展了营销概念。**客户关系管理**（customer relationship management，CRM）指尽可能多地了解现有客户，并持续地、尽可能地用产品和服务来满足他们，甚至要超出他们的期望。想法是要加强客户满意度并使其长期忠诚。例如，大多数航空公司都实行了老主顾优惠制度，以免费乘机奖励忠诚客户。正如前面提到的那样，培养客户关系的最新方式包括社交网站、在线聊天、推特和博客。

显然，现有的客户满意度——尤其是针对航空和电话公司的服务——尚不如人意，这表明商家在培养客户满意度和忠诚度方面还有很长的路要走。根据最近的研究结果，只有6.8%的商家声称在人口分布、行为模式和消费心态数据方面非常了解他们的客户。

客户关系管理的最新进展是客户管理关系（customer-managed relationship，CMR）。它的理念是给客户权力，使之与供应商和消费者建立关系。像Expedia、

## 环保意识

### 如何做到环保？

公司利用环保营销来建立关系，这条路还能走多远？服装业正在开发一种软件工具，以帮助他们从原材料到废料测量服装和鞋对环境的影响。你可能会对服装业有多"脏"感到吃惊。例如，制革常常涉及有毒的化学品。聚酯生产使用大量释放挥发性化合物的原油和其他原料。

人们用一系列的问题来确定一些产品的"环保"程度。这些问题覆盖了产品生命的每一个阶段，从原材料生产、产品制造到运输，甚至包括了产品的处置。借助回收再利用项目——让消费者将他们的旧牛仔裤捐给慈善机构好意（Goodwill），李维斯（Levi's）公司受到了好评。

你会出于环保的目的看一下标签以决定是否购买网球鞋或服装吗？服装业希望你这么做。它正改变织物、分销流程和其他做法，为消费者的选购做好准备，其目的是建立和维持与消费者的良好关系。

资料来源：Christina Binkley, "How Green Is My Sneaker?" *The Wall Street Journal*, July 22, 2010; and "Levi's New Jeans Design Cuts Water Use by 96 Percent", www.greenbiz.com, accessed June 2011.

Travelocity和Priceline这样的网站允许客户寻找最优价格或自己设定价格。因为客户现在对环保产品营销感兴趣，客户关系的建立也意味着对此渴望做出反应。例如，本章"环保意识"专栏探讨了在服装行业如何"变得环保"。

### 非营利组织和营销

即使营销概念着重于利益导向，但营销无论对于营利组织还是非营利组织而言都是很重要的一部分。慈善团体利用营销来募集资金或取得资源，例如当一个地方或国家发生血荒时，红十字会就利用营销鼓励民众捐血，绿色和平组织利用营销推动生态保护，环保组织利用营销减少碳排放量，教会利用营销吸引新会员和募集资金，政客利用营销争取选票。

美国州政府利用营销来吸引新商业和游客。例如，很多州政府都极力争取国外汽车公司到本地设厂。学校也会利用营销策略来吸引新生。至于其他组织，例如艺术团体、工会以及社会团体，也都利用营销。公益广告协会就善用营销增强并改变社会大众对酒后驾车、防火的认识和态度。

事实上，营销协助并推进了各种领域的活动，从环保、犯罪防治（降低犯罪）到社会议题（选择生活），可谓包罗万象。

## ◎ 营销组合

营销人员的工作可分为四个要素，为了方便记忆和应用，简称4P：

1.产品（product）。

2.价格（price）。

3.地点（place）。

4.促销（promotion）。

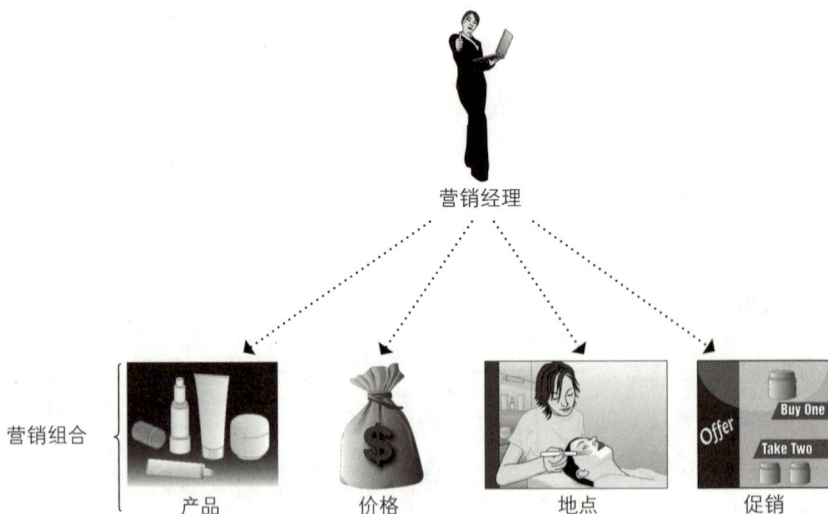

**图 12.2  营销经理和营销组合**

营销经理必须决定如何执行营销组合4P：设计满足需求的产品、制定合理价格、促销和选择分销渠道，目标是取悦客户、创造利润。

寻找机会

进行调查

定义目标市场

**产品**

根据调查设计
可以满足需求的产品

进行产品测试

**价格**

决定品牌名、
设计包装、制定价格

**地点**

选择分销系统

**促销**

设计促销规划

与客户建立关系

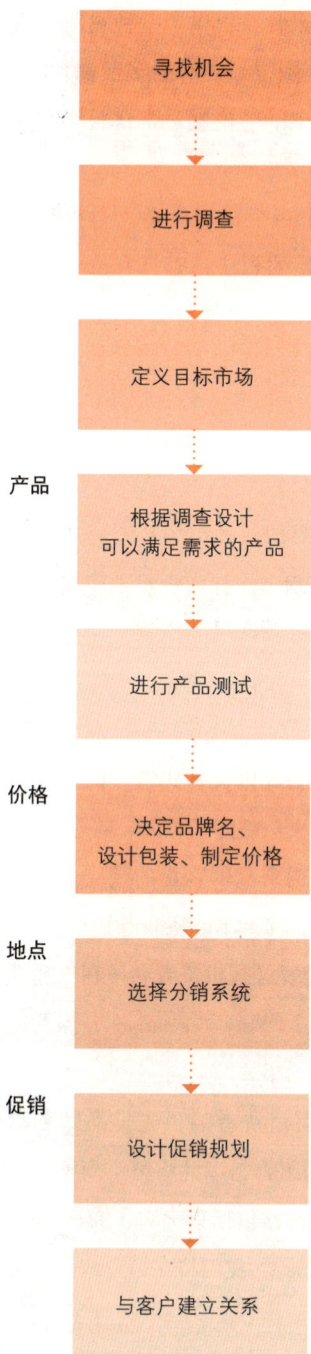

**图 12.3 4P 的营销过程**

营销过程中可控制的管理部分为：（1）设计满足需求的产品；（2）制定合理的价格；（3）将产品运到正确的地点；（4）发展有效的促销策略，包括其环保属性。它们是完成精心设计的营销规划的四个要素，通常称为**营销组合（marketing mix）**（参阅图12.2）。

### 营销流程应用

4P是一个容易记忆的营销基本要素，但并没有包含产品营销的所有过程。了解营销过程的最好方法，就是取得一项或一组产品，应用上述营销流程进行发展和销售（参阅图12.3）。

例如，你和朋友准备在学校附近创业，你发现周围有许多素食者。于是，你在宿舍、学生联谊会及会友之间快速展开调查，发现素食者人数众多，包括许多非素食者偶尔也想吃素食餐点。初步调查显示，学校附近如果有家素食餐厅将可满足他们的需求。检视附近的快餐店，发现很少有一家提供较多种类的素食餐点，甚至多数快餐店都没有提供色拉和一些素菜汤品。

进一步研究指表明素食者分为很多类型，如乳蛋素食者（吃乳制品和蛋）、乳类素食者（吃乳制品，但不吃蛋类）、果食者（大多吃野生水果、谷类和坚果）、全素食主义者（不吃蛋类，也不吃乳制品）、弹性素食者（偶尔会吃干酪蛋糕、汉堡包或诸如此类的东西）。

你的研究发现了不使用任何合成化肥、农药、除草剂或转基因成分的全素食农民。你也发现，在750家加拿大肯德基餐厅中有500家专门为全素食者提供了一种鸡肉三明治。上校①意识到什么了吗？可能是的，因为即使在阿根廷也有很多素食餐厅，而这些地区的人均牛肉消费量是世界最高的。你得出的结论就是素食餐厅必须吸引所有素食者才能取得成功。

你刚刚执行了营销的第一个步骤——你发现了一个市场机会（学校附近对于素食的需求）。你同时会进行初步研究，了解你的想法是否具有价值。然后，你发现哪些人可能对你的产品感兴趣，他们将成为你的目标市场（target market），即那些你会试着说服可能莅临你餐厅的人。

### 设计满足客户需求的产品

当你完成了关于消费者需要的研究并确定了产品的目标市场，营销4P就已经开始了。首先，就是开发一项产品。**产品（product）**指任何满足欲望或需求的具体商品、服务或构思，外加任何在消费者眼中提升产品的事物，比如品牌名称。在此，假设你想要设立一家餐厅，供应各种不同的素食餐点。

着手从事概念测试（concept testing）非常重要。你必须正确描述产品，通过网络或当面询问消费者对于产品的看法（关于这个餐厅以及各式餐点的主意是否吸引他们）。如果反应肯定，你可以请制造商［如天乐餐厅（Amy's Kitchen）］设计类似的素食餐点，开始进行样品试卖。样品可用来测试客户的反应，而针对潜在消费者反应进行产品测试的过程就被称为**试销（test marketing）**。

如果客户喜欢且愿意购买你的产品，紧接着便需要寻找投资者和便利位置设立店面。你必须为餐厅取个名字，例如"非常素食店"（Very Vegetarian），当然你肯定能有更好的主意。随后我们将继续关于产品发展的相关讨论。

你或许希望取一个合适的名称，能够马上吸引消费者的目光。**品牌名称（brand name）**可以是单词、字母或是单词或字母的组合，以此将某个商家的产品和服务与其他竞争者区分开来。素食产品的品牌名称包括素火鸡（Tofurky）、森永（Mori-Nu）和伊夫素食美食（Yves Veggie Cuisine）。我们将在第13章详细讨

---

① 上校指肯德基的创始人哈兰德·桑德斯（Harland David Sanders）。1936年，因为桑德斯在开拓经营方面取得的成绩，肯塔基州州长鲁比·拉冯（Ruby Laffoon）授予他"肯塔基州上校"荣誉称号。——译者注

论产品的开发过程，随后以"非常素食店"为例，让你了解营销与其他商业决策是如何配合的。而现在，我们只简单介绍整个营销过程，让你有一个总体上的把握。到目前为止，我们只谈了营销组合的第一个P：产品。下一个是价格。

## 制定合理的价格

当你为消费者开发产品及设计服务之后，你必须制定合理的价格。价格取决于各种因素。竞争激烈的餐饮产业中，价格必须和其他餐厅价格接近；而在开张初期，若是采取价格战，将能顺利吸引市场注意；又或者以高品质制胜，让消费者愿意付出高价（例如星巴克）。当然，你也要考虑生产、分销和促销等事宜中的成本，它们都会影响定价。至于相关的定价议题将于第13章再详细讨论。

## 将产品送到正确的地方

你有几种为市场提供素食餐点的方法。很多客户会亲临餐厅享用，不过这并非唯一选择（想想比萨饼），你可能需要把食物外送到消费者宿舍、公寓或学生会。你可能希望把产品直接卖给超市、健康食品店或专门从事食品销售的组织。这些组织（就是所谓的"中介"）会将产品从制造者分销到客户手中。传统上，可以称这些组织为"中间商"（middlemen）。能否将产品在正确时间送到客户想要的地方，直接关系到市场的成功与否。别忘了，互联网也是获得客户的手段之一。关于营销中介的重要性请参阅第14章。

## 发展有效的促销策略

营销中的最后一个P是**促销**（promotion），亦即告知和刺激人们购买产品或服务的所有技巧，包括广告、人员推销、公共关系、公共报导、口碑（病毒营销），以及各种促销手段（比如优惠券、折扣、样品试用等）。第15章将详细介绍促销。

促销通常包括与客户建立关系。除其他活动外，它还表示要响应客户提出的改进产品和营销（包括价格和包装）的建议。对于"非常素食店"来说，售后服

# 社交媒体的商业价值

## 所有交易都可以用电话来做！

在当今的数字时代，开网店对于大多数零售企业来说至关重要。但是，只提供消费者在家就能访问的在线资讯还不够。现在的消费者有一系列的智能手机和平板电脑，可以供他们随时随地上网。就像社交网络和零售店一样，移动网络市场也获得了巨大增长。例如，2009 年，亚马逊超过 10 亿美元的销售收入是通过手机成交的。

对于拥有大量资源的零售商来说，将公司现有的在线业务转变成适合于智能手机的应用并不难。然而，对于小企业来说，转移到移动媒体上去开展业务可能不易处理。可用设备众多以及缺乏统一的设计标准对网页设计者构成了挑战，向手机转移的成本也因此增加了。但正如亚马逊移动网络销售所暗示的，实现从笔记本电脑向触摸手机的飞跃对小型零售商来说是生死攸关的。

通过手机交易平台 mStore 的推广，总部位于博尔德市（Boulder）的 mShopper 公司正在帮助小型零售商突破手机应用市场。该服务开发了一个移动电子商务网站，提供设计和搜索引擎工具，可进行访问量和交易量的追踪，从而避免了靠猜测进行交易的做法。它也能提高交易记录和保持客户服务流程。mShopper 按照比例收取授权费，从 99 美元到 999 美元不等，具体视网站的流量而定。如果客户的网店生意做不起来，mShopper 不会收取费用，因此，该公司也提供一个营销系统，向加入 mStore 通信名单上的客户发送折扣和促销文字信息。

有些零售商正希望利用社交媒体进入移动交易市场。虽然很多公司利用社交媒体是为了提升知名度，而现在的趋势则是在社交平台上设立直销网店。杰西潘尼公司和三角洲航空公司（Delta Airlines）已经为在脸谱网拥有直销商谈了数月之久。经济学家估计，在三至五年内消费支出总额的 15% 会通过社交网站达成。如果所有的网友转变成消费者的话，这就意味着许多公司要发财了。

资料来源：Jason Ankeny, "Setting Sale on Smartphones", *Entrepreneur*, December 2010; and Sarah Shannon, "Fashion Retailer ASOS Sets Up Shop on Facebook", *Bloomberg Businessweek*, February 17, 2011.

务包括消费者对食物不满意时拒绝付款，以及储存消费者声称喜欢吃的其他素食产品。聆听消费者的意见，并且对他们的需求做出响应是持续营销的关键。本章的"社交媒体的商业价值"专栏讨论的是企业如何利用社交媒体和智能手机与消费者建立联系。

## ◎ 为营销商提供信息

营销过程中每项决策都依赖正确的信息。**营销研究**（marketing research）指分析市场的机会和挑战，找出利于正确决策的信息。

营销研究有助于找出客户曾经买过什么产品，以及确定哪些变化会影响消费者现在或未来的需求。营销商也会研究商业趋势、决策对于生态的影响，以及国际趋势等问题。企业会需要信息以开展有效竞争，而营销研究便是获得这些信息的活动。除了聆听消费者的意见，营销研究人员也会关注员工、股东、经销商、消费者代言人、媒体与其他利益相关者的想法。如前所述，现在这种研究有些已经通过博客和社交网站等在线形式收集了。

### 营销研究过程

营销研究过程包括四个主要步骤：

1. 界定问题（困境或机会），并描述现况。

2. 搜集资料。

3. 分析研究资料。

4. 选择最佳解决方案并执行。

下面逐一解释这些步骤。

**界定问题，并描述现况**　营销研究必须能自由地帮助发现现在的状况、问题或机会、其他解决方法、需要的信息，以及如何搜集与分析资料。

**搜集资料**　可用的信息对营销研究过程很重要。研究可能很昂贵，因此，经销商常常必须在信息的需求和获得信息的费用之间做出取舍。通常，最便宜的信息搜集方法就是收集已被他人整合过的信息、期刊和书籍已经发表的信息，或可在线获取的信息。

这种现有资料被称为**二手资料**（secondary data），因为你不是第一个收集的人。表12.1列出二手营销研究信息的一些基本来源。尽管是二手信息，营销商仍应先搜集这些资料，以避免增加不必要的花费。为了找到素食者的二手信息，不妨浏览"素食者时代"网站（www.vegetariantimes.com），或者搜索其他有关素

**表 12.1 原始信息和二手信息的来源**
你应该花一两天在图书馆了解这些来源。你可以在图书馆阅读任何营销研究的原始信息。

| 原始资料 | 二手资料 | | |
|---|---|---|---|
| 访谈 | **政府刊物** | | |
| 调查 | 《美国统计期刊》 | 《零售业普查》 | |
| 观察 | 《今日企业调查》 | 《制造年鉴》 | |
| 焦点小组 | 《运输普查》 | | |
| 在线调查 | **商业刊物** | | |
| 问卷 | 《尼尔森零售和媒体研究》 | 《食品销售调查报告》 | |
| 客户评论 | 《美国消费者购物市场调查》 | | |
| 客户信函 | **杂志** | | |
| | 《企业家》 | 《哈佛商业评论》 | |
| | 《商业周刊》 | 《营销杂志》 | |
| | 《财富》 | 《零售杂志》 | 《营销新闻》 |
| | 《公司》 | 《消费者调查》 | 《广告研究杂志》 |
| | 《广告时代》 | 《广告杂志》 | 适合你的行业的贸易 |
| | 《福布斯》 | 《营销研究杂志》 | 杂志，例如《新杂货 |
| | **报纸** | | 商》来自不同商会的 |
| | 《华尔街日报》 | 《巴伦周刊》 | 报告 |
| | **内部信息** | | |
| | 公司记录 | 损益表 | |
| | 资产负债表 | 先前研究报告 | |
| | **一般数据** | | |
| | 网络搜寻 | 商业数据库 | 类似谷歌的搜索引擎 |

食主义的网页。

　　二手资料通常无法为经理人提供重要商业决策所需的全部信息。若要收集额外的深度信息，营销商必须自行研究；这些新的研究成果就称作**原始资料**（primary data）。获得原始资料的方法之一就是进行调查。

　　电话调查、在线调查、邮件调查以及个人访谈是最常见的原始资料搜集方式。焦点小组是另一个进行个人调查的常用方法。就可能要开的餐厅而言，你认为对学生进行调查的最好办法是什么？新餐厅开业几个月之后，你会采取不同的调查方法吗？你如何帮助素食者找到你的餐厅？也就是说，你如何帮助你的买者购买？研究人员要密切关注的一个问题是："你会将此产品推荐给朋友吗？"

**焦点小组**（focus group）是指小群体（例如8~14人）在领导人的带领下，沟通对组织、产品或其他议题的想法。本书就是以学校教师和学生为焦点小组的方式来定时更新内容。他们会告诉作者喜欢和不喜欢的主题和案例，作者也会遵循他们的建议进行改进。

营销商现在可从网络得到二手和原始的资料。例如，本书作者就作了许多线上研究，不过也利用了其他书籍、文章、专访等其他资源。

**分析研究资料**　在研究过程中搜集的资料必须变为有用的信息。对资料做仔细、诚实的解读可帮助企业找到应对具体市场变化的解决方案。例如，在一项原始研究中发现，一家小比萨店"新鲜意大利"（Fresh Italy）的比萨味道比大型连锁店好很多，但这家小店的销售却远远落后于竞争者。二手研究指出免费外送服务（新鲜意大利没有提供此服务）对客户而言比口味重要。于是，新鲜意大利开始提供外送服务，市场份额也因而增加了。

**选择最佳解决方案并执行**　搜集和分析资料以后，营销研究员要决定不同的策略，推荐其中最好的一种并说明原因。研究的最后一步就是要追踪行动，看结果是否符合预期。如果不是，公司将改变方向重新做研究，以较低的成本来满足客户。你可以看出，营销研究是一个不断应对市场与客户喜好改变的过程。

## ◎ 营销环境

当营销经理做营销组合决策时，必须了解周遭环境。**环境扫描**（environmental scanning）指发掘可能影响营销成败的关键因素的过程。图12.4指出这些因素包括全球化、科技、社会文化、竞争和经济影响力。第1章已经详细讨论这些因素，但从严格的营销角度来检视这些因素非常有用。

**全球化因素**　借助互联网，企业可以相对容易地与世界上众多消费者取得联系，并了解到他们想要的产品和服务。预计到2018年，半数小企业会开展国际贸易。

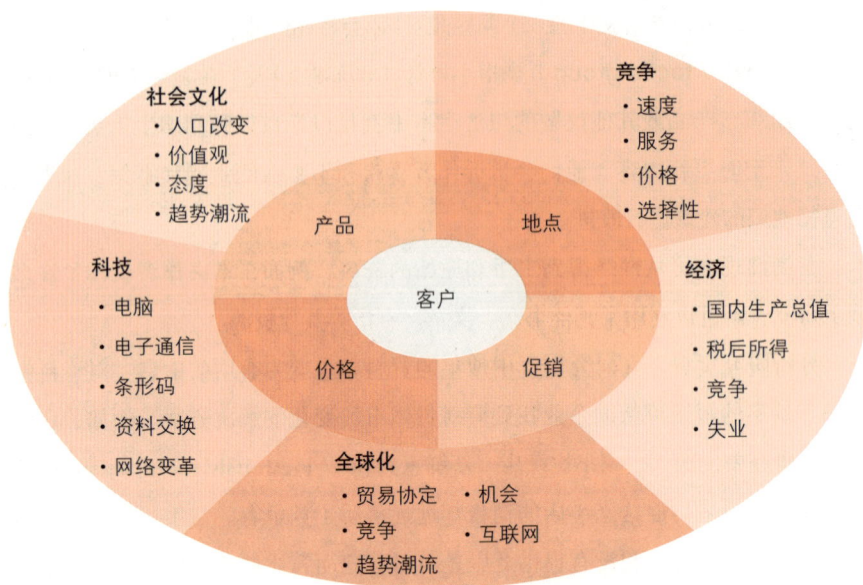

**图12.4　营销环境**

营销全球化强调产品运输的重要性，很多营销商将这些工作外包给声誉良好的快递公司，例如联邦快递、联合包裹服务公司和敦豪速递公司等。

**科技因素**　最重要的科技变革也同样与互联网有关。使用客户数据库、博客、社交网络等，企业可以更接近消费者所需的产品和服务。如同第9章所述，企业可以以相同的价格大规模生产为客户量身定做的产品或服务。因此，柔性制造与大规模客户定制化也会对营销商产生重大影响。那么，你应该也不难想象非常素食餐厅可以利用数据库为客户提供定制的水果拼盘或各式色拉。

**社会文化因素**　营销商必须密切关注社会趋势的变化，以便与消费者保持密切的关系。人口增长与人口统计的变化对销售会产生影响。进入21世纪，美国人口中增长最快的是65岁以上的老年人。老龄人口的增加也扩大了对养老院、医疗保健、处方药、娱乐休闲和继续教育等的需求。

美国人口的其他改变正为营销商带来新的挑战，因为他们要调整产品来满足西班牙裔、亚裔和正在增加的其他族群的口味，迎合他们的偏好。为吸引各类人群，营销商必须更加注意倾听，并更积极地回应少数族裔的独特需求。你会做什么来吸引特定的族群到"非常素食店"就餐呢？

**竞争因素** 当然，营销商必须注意不断变化的竞争环境。很多实体公司（包括销售汽车、保险、音乐和服饰公司）必须意识到由互联网带来的新竞争。在图书业，亚马逊网站以优惠价提供海量图书。面对这一新现实，巴诺书店（Barnes & Nobles）仍在进行调整，而博德斯书店（Borders Books）已经倒闭。Kindle和其他电子书阅读器带来了什么样的挑战？既然为了获得最优惠的价格消费者差不多能利用网络搜遍全球，营销商就必须相应地调整价格政策、分销和服务体系。你能看到"非常素食店"在利用互联网和社交媒体方面有什么机会吗？

**经济因素** 营销商必须密切注意经济环境。当进入新世纪时，美国经历了前所未有的成长，消费者积极购买最贵的汽车、手表并享受外出旅游。但当经济成长缓慢，营销商就需要提供廉价产品，以适合中低收入的消费者。

2008年开始的经济崩溃确实造成了滞销，其影响遍及全球。由此可知，在经济快速变迁时，环境扫描对于企业的成功至关重要。学校附近的新餐厅可能受到哪些经济变化的影响呢？经济危机，伊拉克、阿富汗和利比亚的战争以及自然灾害会对你生活的地区产生什么影响呢？

## ◎ 两个不同的市场：消费者和企业间

营销商必须尽可能地了解他们想服务的市场。正如第6章所下的定义，市场由欲望和需求未被满足且同时拥有购买资源和意愿的人组成。在商业上有两种市场：消费者市场与企业间市场。**消费者市场（consumer market）**包括所有以个人消费为目的，想要并有能力购买产品或服务的个人和家庭。**企业间市场 [ business-to-business（B2B）market ]** 则包括想要购买产品或服务，然后再加工转卖、出租或供应给其他客户的个人和组织。石油钻头、收款机、展台、办公桌、公共会计审核与商业软件，都是企业间的商品和服务。由于这些商品和服务主要用于工业，因此传统上它们被称为工业品和服务。

要记住的是，购买者的目的——也就是产品的最终使用——决定了产品属于消费者产品还是企业间产品。学生购买一杯酸奶当作早餐属于消费者产品，但同样的一杯酸奶若由素食餐厅买来卖给早餐的客人，那就算是企业间产品。下面将更详细说明消费者市场与企业间市场。

## ◎ 消费者市场

全球有大约70亿人的潜在消费者市场。消费族群的年龄、受教育程度、收入与喜好存在很大不同，企业很难满足所有消费者群体的需要。因此，你必须先决定客户群，然后针对他们的需要发展产品和服务。

以美国金宝汤料公司（Campbell Soup Company）为例。你知道金宝汤料公司的传统食品是鸡汤面与西红柿汤，你可能也注意到现在他们开发了新品种以拓展产品线。金宝汤料公司发现美国南方人口以及城市中拉丁族裔人口大幅增长，于是分别推出克里奥耳汤（creole soup）与红豆汤。在得州与加州，民众喜欢有点辣的食物，所以金宝汤料公司将奶酪汤做得比其他州稍微辣一些。许多公司研究消费者市场，将之划分为不同群体然后依照不同群体的特殊喜好有针对性地生产产品，并因此而取得了成功，而金宝汤料只是其中的一家。

将一个大市场依群内成员的相同特征分成不同群体的过程，称为**市场细分**（market segmentation）。公司以特殊族群（市场细分）为营销对象来赚取利润，称为**目标营销**（target marketing），例如，鞋店可以选择只卖女鞋、童鞋或运动鞋。重点是为新事业找到能获取最大利润的细分目标市场。

### 消费者市场细分

企业有很多方法可以细分消费者市场（参阅表12.2）。与其将产品销售至全美各地，倒不如锁定一到两个可能成功的区域，其中一种选择是将重点放在南方各州，如佛罗里达州、得州和北卡罗来纳州。若是将市场依地理位置来区分（如都市、郊区、州、区域等），则称为**地理细分**（geographic segmentation）。

你也可以将营销锁定于年龄在25至45岁之间、有大学教育和收入中上的族

**表 12.2　市场细分**

这张图显示营销人员细分市场的方法，目标在于将市场分为较小的单位。

| 主要范围 | 样本变量 | 分　类 |
|---|---|---|
| **地理细分** | 区域 | 中西、西北、南部、西部 |
| | 城市规模 | 低于 5000 人、5000 到 10,999 人、20,000 到 49,000 人、50,000 到 99,999 人 |
| **人口统计细分** | 人口密度 | 市区、郊区、农乡 |
| | 性别 | 男性、女性 |
| | 年龄 | 5 岁以下、5 到 10 岁、11 到 18 岁、19 到 34 岁、35 到 49 岁、50 到 64 岁、65 岁以上 |
| | 受教育程度 | 高中或以下、高中毕业、大学肄业、大学毕业或研究生以上 |
| | 种族 | 白人、美国非裔、印第安人、亚洲人和西班牙人 |
| | 国籍 | 美国、亚洲、东欧、日本 |
| | 生命阶段 | 婴儿、学龄前、小孩、青少年、大学生、成人、老年人 |
| | 收入 | 15,000 美元以下、15,000 到 24,999 美元、25,000 到 44,999 美元、45,000 到 74,999 美元、75,000 美元以上 |
| | 家庭大小 | 1 人、2 人、3 到 4 人、5 人或更多 |
| | 职业 | 专业、工程、文书、销售主管、农夫、学生、家族企业、老板、退休、失业 |
| **心理细分** | 人格 | 合群的、强迫性的、外向的、积极的、富有野心的现实者 |
| | 价值观 | 实践者、成功者、经验者、笃信者、奋斗者、制造者、挣扎者 |
| | 生活方式 | 高消费、中等消费 |
| **利益细分** | 舒适 | （利益细分将已经区分的市场再细分为更小单位，例如希望购买经济实惠的汽车，通过产品提供不同的利益满足） |
| | 方便 | |
| | 耐久 | |
| | 经济 | |
| | 健康 | |
| | 奢侈 | |
| | 安全 | |
| | 地位 | |
| **数量细分** | 使用 | 大量使用、少量使用、不使用 |
| | 忠诚度 | 无、中等、强烈 |

群，像雷克萨斯（Lexus）汽车就以此族群为目标。依年龄、收入、受教育程度区分市场，称为**人口统计细分**（demographic segmentation），其他人口细分的标准还包括宗教、种族和职业。这是最常使用的细分变量，但并非就是最好的。

你可能希望广告内容可以表现出某一群体的生活方式，那么你可以研究该群体的价值观、态度和兴趣，这种细分策略称为**心理细分**（psychographic segmentation）。若要针对Y世代（青少年）进行营销，就必须对他们的价值观和兴趣深入研究，包括喜欢看的电视节目及最喜欢的演员。这样就可以在受欢迎的节目时段，播放由那些明星所拍摄的广告。

以非常素食餐厅为例，素食主义者希望获得哪种利益？你会强调新鲜、健康、美味，还是其他部分？而决定哪项产品优点较受目标市场欢迎，然后以该项优点进行促销，就是所谓的**利益细分**（benefit segmentation）。

你也可以决定谁是素食的最大消费者。你的餐厅吸引的男性更多还是女性更多？吸引的学生更多还是教职员工更多？你的回头客来自本社区还是上下班的人群？以产品用量来进行市场细分叫**数量或用途细分**（volume, or usage segmentation）。一旦了解了基础客户，你就能设计出更能吸引这些特定人群的促销方案。

最好的细分策略，就是使用所有的细分变量分析消费者，最终所确定的目标市场必须具备规模性、可及性和获利性。这可能表示不需要细分市场，而是聚焦于所有市场（每个人）；也可能是意味着追求较小的市场细分。以下将讨论这些策略。

## 深入较小的市场细分

**利基营销**（niche marketing）是确定有利可图的小型细分市场，并为它设计或寻找产品的做法。因为可以非常容易地提供没有限制的商品选择，互联网正在将曾经基于热门和畅销的消费文化转变成支持更专业化的利基产品的消费文化。这样的市场细分可以有多小呢？这一点可由Fridgedoor.com看出。这家公司在网络上销售冰箱磁贴，它大约有1500种不同类型的磁贴库存，每周能卖出400个。

　　**一对一营销**（one-to-one marketing）是针对个别消费者发展独特的产品和服务组合。旅行社通常会为个别客户开发这样的包装行程，包括机票订位、旅馆预订、租车、餐饮、博物馆入场券，以及其他旅游景点的安排。这在企业间市场相对较为容易，因为客户的需求量很大，但目前在消费者市场，一对一营销也越来越被看好。戴尔计算机就为每一个客户生产独特的计算机系统。想一想，你可以为个别客户提供特殊的素食菜单吗？

## 转向关系营销

　　工业革命后，世界进入了大规模生产阶段，相应的，营销商也采取了大众营销策略。**大众营销**（mass marketing）是发展满足多数人的产品和促销方案，营销人员尽可能将同样的产品卖给众多客人，这表示需要使用电视、广播与报纸等大众传播。虽然大众营销使很多公司成功，但营销经理却被批评对产品与竞争关注过多而对市场需求的反应越来越慢。例如航空公司常因太重视竞争而忽略乘客，导致乘客的抱怨不断。

　　**关系营销**（relationship marketing）倾向于定制化的产品和服务，而不采取大规模生产的方式。关系营销旨在提供确实满足客户需求的产品，以长期留住客户。最新的科技使买卖双方互相合作，辨识出买方的需要并发展他们所需的产品与服务，如手工缝制的衬衫与特别假期。

　　理解消费者对营销非常重要，以至于出现了一个全新的营销领域，它叫作"消费者行为"。我们会在下一节加以讲述。

## 消费者决策过程

　　图12.5显示了消费者的决策过程和其他外在的影响因素。过程中的五个步骤通常会在消费行为课程中学到。

　　当你的洗衣机坏了，想要买一台新的，第一步"问题认知"可能发生，因此你会开始寻找相关信息，包括搜寻洗衣机的广告、手册、（在线）获取并参考消费者报告中的二手资料或其他信息，或是询问已买过洗衣机的人的意见。

　　整理这些信息之后，你会评估可能性，然后做出购买决定，但是这个购买

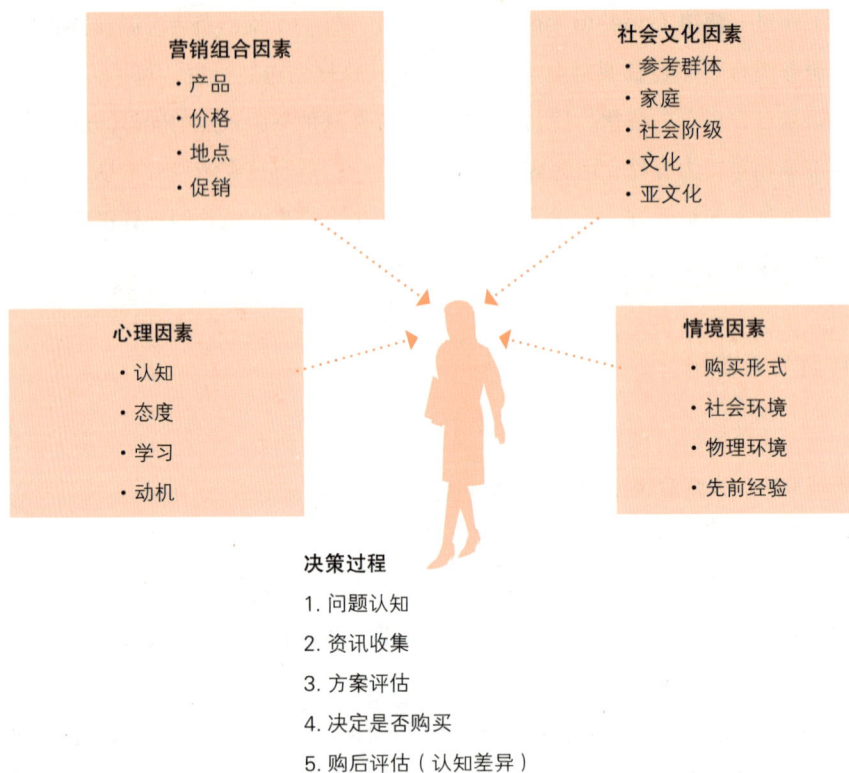

营销组合因素
·产品
·价格
·地点
·促销

社会文化因素
·参考群体
·家庭
·社会阶级
·文化
·亚文化

心理因素
·认知
·态度
·学习
·动机

情境因素
·购买形式
·社会环境
·物理环境
·先前经验

决策过程
1. 问题认知
2. 资讯收集
3. 方案评估
4. 决定是否购买
5. 购后评估（认知差异）

**图 12.5　消费者决策过程及外在因素**

很多因素影响消费者选购产品和服务，营销人员拥有部分影响力，但是通常不及社会文化带来的影响力。营销的主要功能是协助消费者搜集信息和分析选择。

过程尚未结束。购买之后，你可能会先问之前给意见的人，他们的机器运转得如何，然后与新的机器比较。

营销研究人员通过研究消费者在购买中的思考过程和行为，来确定帮助消费者购买的最佳营销策略。这个研究领域就是"消费者行为"（consumer behavior）。

消费者行为研究员也研究影响消费者行为的不同因素，图12.5显示影响消费者购买的几种原因：不同的营销组合变量（4P）；心理因素，如感知和态度；情境因素，如采购形式和周围环境；社会文化因素，如提供参考信息的群体和文化。其他一些因素如下：

·**学习**造成了个人行为的改变，这些改变受先前经验和信息影响。你尝试过某个品牌的洗发精但并不喜欢，你就学会了不再购买。

·**参考群体**是被个人用作参考的族群，其特征包括信仰、态度、价值观与行为。大学生不用后背包而提公文包，可能是因为把商人当作他的参考群体。

·**文化**是社会中一套由上一代传承给下一代的价值观、态度和做事方法。美国文化强调并传承教育、自由和多样性的价值。

·**亚文化**是特定伦理、种族或其他类族群（例如，青少年）共同拥有的一套价值观、态度和做事方法。

·**认知差异**是购买后心理产生的一种冲突。采购重要商品可能怀疑是不是用最优的价格买到最好的产品。因此，营销商必须再次向客户确认他们做了正确的决定。车商可以提供给消费者相关媒体的正面报道，也可以提供品质保证书和一些免费的服务。

许多大学课程的营销专业都加入了企业间营销课程。以下将讨论其中的部分概念。

## ◎ 企业间市场

企业间营销的主体包括制造商、中介（例如零售商）、机构（医院、学校和慈善机构）及政府。企业间市场比消费者市场大，因为产品在到达最终使用者之前，会先在企业间营销的过程中贩卖许多次，所以，企业间的营销策略往往不同于消费者市场，企业客户有自己的决策过程。其特殊之处如下：

1. 消费者数量相对较少，相对于7000万美国家庭的消费者市场来说，建筑和采矿作业公司只是少数。

2. 消费者规模非常庞大，意即少数大公司拥有大量员工并生产不同产品和服务。不过美国的中小企业也形成了一个具有吸引力的市场。

3. 倾向于地理集中。例如油田集中在美国西南部与阿拉斯加。因此，企业间营销商通常会聚焦于某特定地区，并可将仓库放在工业中心附近来最小化运输问题。

4. 选购过程更为理性（而非感性），并且运用产品说明书指导购物选择，经常衡量总体产品价值，包括质量、价格和服务。

5. 倾向直接销售，但并不总是如此。销售轮胎的制造商直接卖轮胎给汽车制造商，但却用中介（如批发商或零售商）卖给一般消费者。

6. 消费者促销更多地基于广告，企业间市场则着重在个性化推销，消费者更少了，且往往要求个人服务。

表12.3显示了企业间市场与消费者市场消费行为的不同。企业间消费者还会选择网络购物。如果你选修进阶的营销课程，你会学到更多关于企业间市场的资料。

## ◎ 你的营销远景

与大多数商科相比，营销学具有更广泛的就业选择。如果你打算主修营销，会有一系列的职业供你选择。你可以成为萨克斯百货（Saks）或塔吉特百货的零售店经理；你可能去做营销研究和产品管理；你也可以进入销售、广告、促销或公共关系领域；你可以从事运输、仓储或国际分销；还可以设计互动网页，推行客户关系管理（CRM）。这些只是其中几个可能性。想想利用脸谱网、谷歌和其他新技术来做营销的种种方法吧。当你继续研读以下有关营销的章节时，你可以想一想你有没有兴趣以营销为职业。

## 总　结

**1. 定义营销，并在营利和非营利组织中应用营销的概念。**

· 什么是营销?

营销是为了创造、传播、分送和交换对消费者、客户、合伙人和整个社会有价值的商品而进行的活动以及一系列的制度和流程。

· 营销如何演进?

在生产时代，营销大部分的功能是分销，强调尽可能地大量生产，并且将产品送到市场。20世纪20年代初期进入销售时代，转为强调销售与广告这些大规模生产的产品，以说服消费者购买。第二次世界大战结束后，对产品和服务的庞大需求让企业认识到响应客户需求的重要性，至此正式进入营销时代。20世纪90年代，营销更进入了客户关系时代，观念转变为提高客户满意和累积长期客户的忠诚度。最新的客户管理建设包括社交网络、在线社区和博客。

· 营销观念的三要素是什么?

营销观念的三项要素为:(1) 客户导向;(2) 服务导向;(3) 利润导向（营销重心是为公司带来利润的产品和服务，并使公司生存、扩张、继续发展来服务更多客户需求）。

· 什么样的组织会需要营销?

所有种类的公司，包括营利与非营利机构（地方政府、慈善团体、教会、政治人物和学校等），都需要营销。

**2. 描述营销的4P。**

· 营销人员如何执行4P?

其中的观念就是设计客户想要的产品、制定有竞争力的价格，并送至消费者容易购得的地方，且通过促销让消费者知道产品的存在。

**3. 总结市场调查过程。**

· 做研究时需要执行哪些步骤?

（1）界定问题（困境或机会),并描述现况;(2) 搜集资料;(3) 分析研究资料;(4) 选择最佳解决方案并执行。

**4. 说明营销商如何使用环境扫描了解营销环境的变化。**

· 什么是环境扫描?

环境扫描是发掘可能影响营销成败的关键因素的过程。营销人员需要注意制造机会或威胁的环境因素。

· 什么是营销中较重要的环境趋势?

全球科技最重要的改变也许是互联网的成长，另一项科技的改变是消费者客户数据库的成长。使用消费者客户数据库，企业可以开发更迎合消费者口味的产品或服务。此外，营销人员还必须注意某些社会趋势，如人口的成长与改变，以保持与消费者的密切关系。当然，营销人员也需要观察动态竞争变动的环境与经济情况。

**5. 解释营销商如何应用市场细分、关系营销和消费者行为研究。**

**·营销人员用哪些方法细分消费者市场？**

"地理细分"指将市场细分成不同区域，例如你可以选择美国的东北方为一个区域。若以年龄、收入或教育程度进行市场细分，则称之为"人口统计细分"。我们可以研究一群人的态度、价值观和兴趣，这称为"心理细分"。决定消费者的喜好，并且以此做产品促销，称为"利益细分"。以消费用途来划分，称为"数量或用途细分"。最好的细分策略是使用所有的变量发展成一个消费者数据（目标市场），而它具有规模性、可及性与获利性的特点。

**·大众营销与关系营销的差异是什么？**

大众营销指的是发展满足多数人的产品和促销方案。关系营销倾向脱离大规模生产，而生产个人定制化的产品与服务，目标是通过提供满足个别客户需求的产品或服务来留住他们。

**·影响消费者决策过程的因素是什么？**

图13.5检视了消费者决策过程的影响因素。过程中尚有其他因素，如学习、参考群体、文化、亚文化和认知差异。

**6. 比较企业间市场和消费者市场的差异。**

**·什么原因使企业间市场与消费者市场不同？**

企业间市场的消费者数目很少，传统消费者则相当多。企业间市场在地理上比较集中，而且工业采购者比一般消费者在选购产品和服务时更加理性。企业间销售比较直接，而且比较强调个人化的销售。


## 批判性思考

1. 当企业从其他企业购买产品和服务时，购买量通常很大。B2B的销售人员通常是拿佣金的，也就是说，各自销售量的一定比例即是他们的收入。为什么B2B销售比消费品销售能获得更多的奖金？

2. 工业公司销售的产品有钢铁、木材、计算机、发动机、零部件和生活用品。举出你所在地区3家此类公司的名字。

3. 你所在社区的环境发生了什么变化？最近的经济危机产生了什么影响？什么样的营销环境变化最有可能改变你对未来职业的预期？你如何从这些变化中学到更多东西？你会为这些变化做什么准备？

4. 你所在区域的企业或（和）非营利组织没有满足你的什么需求？有足够多相似需求的人会吸引一个组织去满足这些需求吗？你如何发现这些需求呢？

# 13

# 商品和服务的开发和定价

## 学习目标

1. 描述整体产品价值。

2. 识别不同种类的消费品和工业品。

3. 总结包装的功能。

4. 比较品牌、品牌名称和商标，展示品牌资产的价值。

5. 解释新产品发展的步骤。

6. 描述产品生命周期。

7. 解释不同的定价目标和策略。

## 人物侧写

### 认识玛丽·巴拉　通用汽车公司高级副总裁

2009 年，通用汽车公司面临破产时，政府向其注资 500 亿美元。这意味着现在美国公民拥有该汽车制造商的所有者权益了。由于我们的钱被投入到了生产线上，我们的确有兴趣了解该公司计划怎么做才能重新赢利。许多最重要的决定会涉及消费者想购买的新产品的开发。新通用汽车公司全球产品开发高级副总裁玛丽·巴拉（Mary Barra），自从担任全球人力资源副总裁以来，她就是通用汽车公司级别最高的女性，她还担任过全球制造工程的副总裁和底特律组装工厂的经理。

巴拉在凯特林大学获得电机工程学士学位，在斯坦福大学获得工商管理硕士学位。通用汽车公司董事会主席和首席执行官说，巴拉会让通用重新认识全球汽车项目管理这一至关重要的工作。她重点关注全球设计领域的消费者、汽车和动力培训工程、项目管理以及全球最佳汽车的质量目标。她的团队还管理着全球战略产品联盟业务，其成员超过 3.6 万人。通用正努力在竞争激烈的产品领域（小型节油汽车）抢占市场，而且计划在雪佛兰伏特之外将产品线扩展至可充电混合动力车。

作为第一位负责一家美国汽车制造商产品开发的女性，巴拉并没有强调这一身份。但是她说："如果能鼓励更多初中的年轻女孩坚持学数学和自然科学，那就太棒了。我们需要更多的女性从事通用工程方面的工作。"或许现在就有大学女生因巴拉的成功而受到激励。

巴拉面临一项重大任务：在制造能满足各个国家消费者需求的汽车和卡车方面，设法减少设计、工程和建造新车的时间。通用的新车开发流程缓慢，导致了公司破产重组，随着几个新车型的采用，现在进入了一个新时期。2011 年，通用在美国的汽车销售量有大约 12% 为"新"设计或大部分元件被重新设计了的汽车。尽管其生产线不再生产的品牌有 8 个之多，但相比前一年，该汽车制造商的销售量在 2010 年上升了 7%。

在开始摆脱目前面临的财务困境时，商品和服务的开发和定价将是通用在世界各地的公司的主要目标。本章将向你介绍产品和服务方面进行新产品开发的许多做法。你还能学到包装设计、品牌推广和其他影响整体产品价值的因素。随着新型电动汽车等小型、新型节油汽车被引入汽车行业，关注这一行业的变化将会变得有趣。有玛丽·巴拉这样的人打头阵，我们可以期待美国汽车行业在未来会一跃成为全球领袖。

资料来源：Sharon Terlep, "GM Product Chief's Job: New Cars Fast", *The Wall Street Journal*, January 21, 2011; LinkedIn profile accessed March 2011; and "GM Appoints Mary Barra to Lead Global Product Development", *GM News*, accessed March 2011.

## ◎ 产品开发和整体产品价值

全球管理者将用更廉价的新产品来挑战美国管理者。参与竞争的最好方式就是设计和推广更好的产品——消费者觉得最有**价值（value）**的产品——质量好且价格公道。你可能已经注意到，在2008年到2011年的经济放缓期间，许多饭店都在推出"超值套餐"。你吃过冰雪皇后（Dairy Queen）的暴风雪冰淇淋吗？

在美国营销协会关于"营销"的定义中，有一个是这样说的：它是"向消费者创造、运输和交付价值的一系列过程"。当消费者计算产品的价值时，他们会先确定收益，然后减去成本（价格），看看收益是否大于花费——包括开车去商店的成本（如果他们通过网络购买产品，还要包括运费）。请注意，宾永公司（L.L. Bean）免收运费，减少了消费者的支出，让他们的产品更加吸引人（更有价值）。

消费者决定产品是否最物有所值取决于许多因素，包括他们追求的收益和得到的服务。为了满足消费者，营销商必须学会更好地聆听消费者的心声，不断地适应变化的市场需求。例如，传统电话公司现在必须与网络电话（Voice over Internet Protocol，VoIP）——利用互联网以超低价拨打电话的系统——展开竞争。而美国汽车制造商必须适应外国汽车制造商，因为他们提供了更具竞争力的汽车，否则就要面临倒闭。

营销商已经知道，必须要不断地让产品适应新竞争和新市场。我们确信，你已经注意到本地快餐店的菜谱是随着时间的变化而变化的。组织不可能只做一次消费者需求调查，然后设计出一批满足这些需求的产品，放进商店，之后就高枕无忧。它必须持续监控消费者的需求，相应地调整产品、政策和服务。你知道吗，现在麦当劳卖的鸡肉和牛肉一样多了，其中有些是被做成早餐鸡仔饼出售的。那些双层奶酪汉堡快餐店正在提供1美元的产品，尽管受到消费者的欢迎，结果却是赔钱的。你不能给消费者太大的便宜，否则，你就会歇业。

麦当劳和其他餐馆正在不断地尝试新想法，比如添加沙冰和水果麦片粥。在印第安纳州的科科莫市（KoKomo），麦当劳尝试使用服务生以及更丰富的菜单；在纽约，它则供应麦当劳甜甜圈与卡卡圈坊（Krispy Kreme）竞争；在亚特兰大和其他城市，麦当劳拥有可以上网的机房；在夏威夷，它尝试推出斯帕姆猪肉早餐拼盘；在俄亥俄州的哥伦布市，一家大型麦当劳提供卡拉OK包厢；在芝加哥的卢普区，麦当劳有一家麦氏咖啡厅，销售上等咖啡、酥皮点心和包好的三明治。它在其他国家已经拥有超过300家这种咖啡厅，美国的大部分麦当劳也都在进行类似的改变。小心星巴克。有些麦当劳餐厅甚至还有数字媒体室，消费者可以从7万首歌曲中挑选自己喜欢的刻录成CD、打印数码相片，并可下载手机铃声。

星巴克会如何应对来自麦当劳、邓肯甜甜圈、塔基特和其他快餐店的新挑战呢？它开始提供更多的食品。麦片粥在星巴克也大获成功。新的菜单包括水果沙冰和更多东西，比如以较低价格出售的普通咖啡。

所有的快餐企业必须不断地掌握新产品创意的各种信息源。麦当劳并不是这个领域里唯一这样做的企业。看一看7-11便利店中的那些法式长棍面包和奶酪羊角面包，它们就紧挨在卡布奇诺咖啡机旁。肯德基推出鸡肉三明治产品线，汉堡王（Burger King）则尝试推出巨无霸双层干酪汉堡包。温迪汉堡（Wendy's）则在密西西比州推进一个大型的咖啡项目，包括冰咖啡以及引进其他全新的产品线。

基于当地社区的需求，各个地方应当提供不同的产品。在爱荷华州，猪里脊肉要大块的，但在俄克拉荷马市，就需要推出墨西哥玉米饼。跨国公司必须迎合当地人的口味。在泰国的鲍勃大男孩（Bob's Big Boy），你可以吃到热带鲜虾；在墨西哥的老卡尔斯（Carl's Junior），你可以点墨西哥煎饼；在菲律宾的沙克比萨（Shakey's Pizza），你可以喝到菲律宾啤酒卡利姗蒂（Cali Shandy）。因此，产品开发是现代企业的关键活动，世界各地皆是如此。

你可以想象当你的产品失去了某些吸引力时会发生什么。例如，随着人们远离吸烟，芝宝（Zippo）打火机就会丢失一部分市场。因此，芝宝尝试着提供钥匙包、卷尺和皮带扣等产品。它们不再被出售了，但芝宝最近又引进了新款男士香水和服装生产线（包括帽衫、棒球帽和牛仔服装）。

## 分布式产品开发

外包和联合制造的增加导致创新的发展，而这些创新常常要求不同文化、地理和法律范围的多组织的合作。**分布式产品开发**（distributed product development）是指将你创新过程中的不同部分交出去，通常是交给其他国家的公司。在一个公司内部协调创新过程就已经很困难了，设法协调多个公司的创新过程就更加困难了。在做出任何承诺之前，必须非常细心地确立目标、流程和标准。3M公司就是一家与许多公司合作制造创新产品的公司。它已经开发了大约5.5万个产品，从透明胶带到"新雪丽"保温材料一应俱全，许多产品已嵌入其他产品（如苹果手机）中。

## 开发整体产品价值

从战略营销的观点来看，产品不仅仅是实体产品或是服务。**整体产品价值**（total product offer）是消费者决定是否购买某样东西时要考虑的所有因素。因此，基本的产品或服务可能是洗衣机、保单或啤酒，但整体产品价值还包括图13.1中一部分或全部的增值因素。你可能听某些人把基本产品叫作"核心产品"，把整体产品价值称为"延伸产品"。你知道可持续性是怎样成为延伸产品的一部分的吗？本章的"环保意识"专栏将讨论质量和可持续性。

当人们购买一种产品时，他们可能会根据许多方面来衡量和比较整体产品价值，有些是有形的（产品本身及其包装），其他的则是无形的（生产者的声誉和广告形象）。成功的营销商必须站在消费者的角度思考，并将整体产品价值视为图13.1中所列各种因素创造出来的形象组合；明智的办法是直接与消费者对话，了解哪些产品特色和好处对他们最重要，最终产品中哪些增值因素是他们想要的或不想要的。例如，菲多利食品公司（Frito-Lay）不得不放弃可生物降解的包装袋，因为它们"过于鲜艳了"。

在为"非常素食店"开发整体产品价值时，你可能会问消费者什么问题？（回忆在第12章介绍的商业理念。）请记住，店面环境对餐饮企业非常重要，比如停车场和卫生间的条件等。在设计服务时，有些人甚至指出了信任和总体感受之类事情的重要性。

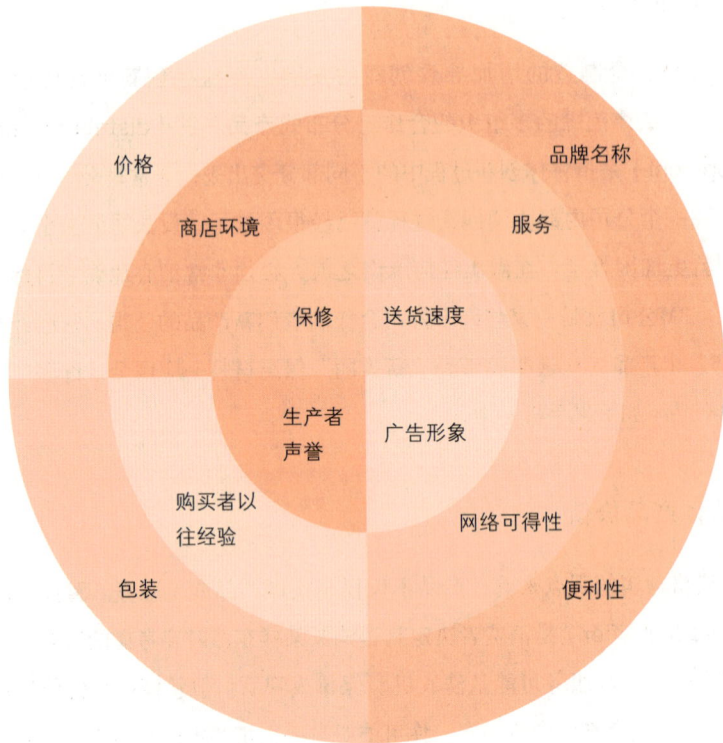

**图 13.1　构成整体产品价值的潜在要素**

　　有时候，公司可以通过低价格来创造有吸引力的总体产品价值。例如，品牌折扣店的品牌商品的价格更低。但是购买者必须注意，因为品牌折扣店有可能会销售质量较差的商品，这些商品与一般商店里卖的同类商品特征相似但不完全一样。不同的消费者可能会需要不同的整体产品价值，所以公司可以发展多样的产品组合。

## 产品线和产品组合

　　公司通常不会只销售一种产品，**产品线**（product line）指一组物理特征相似，或是拥有相似市场的产品。它们通常会面对相似的竞争。同一条产品线上可能会有几种互相竞争的品牌，例如健怡可乐、代糖健怡可乐、零热量可乐、

## 环保意识

## 质量和可持续性

鱼是既考虑到消费者健康又顾及了环保的产品。美国海神叉（Trident Seafoods）是一家水产公司，为消费者带来了最新鲜和最健康的鱼。它在限额之内捕捞从而确保了可持续发展。

海神叉水产公司在起步时只有一条船。它主要在阿拉斯加捕捞鲑鱼、青鳕、蟹、大比目鱼和鳕鱼。老板查克·班得瑞（Chuck Bundrant）不顾别人的大声反对——"这是不可能做到的"，决定建造一艘既能捕捞又能加工螃蟹的船。尽管业务有重点，该船仍然出于各种原因捕捞鲑鱼和底栖鱼。现在，班得瑞和他的合作伙伴向仓储巨头好市多供应野生鲑鱼，并且拥有 40 条船和 16 家加工厂。

该公司关注质量。质量控制包括从温度控制到用 X 射线检查鱼骨的全过程管理。称量也很仔细，确保不缺斤少两。

质量控制与可持续性息息相关。该公司与北太平洋渔业管理委员会和海洋管理委员会开展合作，这些委员会促进了世界可持续性的实践。可持续性实践的一部分是将鱼全部利用起来，产出鱼油、鱼粉以及制作肥料和鱼粉的副产品。班得瑞称，如果无鱼可捕的话，他将一事无成。

资料来源：Stephanie E. Ponder, "Success at Sea", *The Costco Connection*, February 2011; and Trident Seafoods Corporation, tridentseafoods.com, accessed April 2011.

柠檬健怡可乐、酸橙健怡可乐、香草健怡可乐和樱桃健怡可乐。让人很难选择，不是吗？甚至可乐的广告也让产品经理无法区分可乐和零热量可乐。你见过新式的铝制可口可乐瓶吗？相比塑料或玻璃瓶，它可回收，可重复封装，成本较低，而且触摸起来感觉比较凉爽。为了迎合新消费者的口味，可口可乐和百事可乐的产品线都增加了饮用水和运动饮料。

宝洁公司在清洁产品线上也有数个品牌，包括汰渍（Tide）、时代（Era）、唐尼（Downy）和波尔德（Bold）。宝洁公司的所有产品线构成了所谓的**产品组合（product mix）**，就是由单一制造商所提供的所有产品线的总和。你是否注意到商店里出售的牙膏大约有352种类型呢？你认为是太多了还是并不多？

服务提供商也有产品线和产品组合。银行或信用合作社可能会提供不同种类的服务，比如储蓄账户、自动柜员机、电子银行、货币市场基金、银行保管箱、汽车贷款、抵押贷款、旅行支票、网络银行和保险等。AT&T公司的产品组包含了服务（打电话）和产品（电话机），并且特别强调无线方式。

# ◎ 产品差异化

**产品差异化**（product differentiation）指创造真实或感觉上的产品差异。实际的产品差异有时候相当微小，所以营销商必须使用一些技巧将定价、广告和包装等价值提升因素组合起来，创造一个独特而有吸引力的形象。例如，许多销售瓶装水的公司就很成功地做到了产品差异化。这些公司通过一些定价和促销手法使瓶装水具有吸引力，以至于目前餐厅的消费者都指名要喝它们品牌的水。

为你的"非常素食店"餐厅创造一个吸引人的形象。小企业通常会利用创意的差异化产品赢得市场占有率，年鉴摄影师查理·克拉克（Charlie Clark）会利用各种服装变化、背景和姿势，加上特别的补贴、折扣和保证，来与其他年鉴摄影师竞争。他的小企业在满足客户需求上比大企业更具弹性，他能够提出有吸引力的产品。他是如此成功，以至于许多企业的摄影会议都会邀请他去讲演。你要如何创新来满足素食消费者的需求呢？

### 营销各种消费品和服务

一种常用的区分消费品和服务的方法是将其分为四大类：便利、选购、特殊及非渴求。

1. **便利品和服务**（convenience goods and services）指消费者花最少心思选购且经常购买的产品（例如糖果、口香糖、牛奶、零食、汽油、银行服务）。销售最多便利品的商店非7-11莫属。地点、品牌知名度和形象对于销售便利品和服务的营销商来说很重要。互联网将这种便利性带到了另一个层次，特别是对银行与其他服务企业而言，企业若是不提供这些服务将会迅速失去市场占有率，除非它们能提供给客户面对面的最佳服务。

2. **选购品和服务**（shopping goods and services）指消费者在比较各卖家在价值、质量、价格和风格的不同之后最终购买的产品。选购品和服务大都会在大型购物中心销售，这样消费者才可以比较成衣、鞋子、家用电器及汽车修护服务等产品。塔基特（Target）销售的大部分是选购品。因为许多消费者会仔细比较产品，营销商便可借机强调价格和质量差异，或是两者在组合方面的优势。想一想互联网是如何帮助你寻找合适的选购品的。

3. **特殊品和服务**（specialty goods and services）指的是有独特的风格特性和品牌识别的产品。由于这些产品被视为无法取代，因此消费者会不计代价购买，例如名贵手表、昂贵的葡萄酒、毛皮大衣、珠宝、进口巧克力或是专业医师和企业咨询顾问提供的服务。

特殊品通常通过专业的杂志来营销，例如，专业滑雪器材会通过运动杂志来销售，特殊美食会在美食杂志上做广告。互联网会帮助购买者发现特殊品。事实上，有些特殊品只能通过互联网销售。

4. **非渴求品和服务**（unsought goods and services）指消费者不会注意、没想过要买的产品，或是可以解决突发问题的产品，例如紧急拖车服务、丧葬服务和保险。

采取什么样的营销手法取决于不同的产品；换言之，便利产品和特殊品要采取不同的营销手法。促销便利产品的最好方法就是让它们可以随时买得，并且为它们创造适合的形象；价格、质量和服务的结合是选购品最有吸引力的特性；特殊品要靠广告打入特定细分的市场；人寿保险一类的非渴求品常要靠个人推销的方式，而汽车拖车服务则主要是靠黄页的广告营销。

产品或服务到底属于哪个类别完全是依据消费者个人的定义，咖啡对某个消费者来说是选购品，香醇美食家咖啡对另一个消费者来说就可能是特殊品。有些人会仔细比较挑选不同的干洗店，所以干洗服务对他们来说就是选购服务；但其他人可能会选择最近的干洗店，对这些人来说，干洗就是便利服务。因此，营销商必须仔细观察消费群，了解消费者如何评价他们的产品。

### 营销工业品和服务

根据用途的不同,许多产品可以划分为消费品和工业品。个人在家中所用的计算机显然属于消费品。但在商业环境中,比如会计师事务所或制造工厂,同样的计算机就被归于工业品。

**工业品(industrial goods)**(也称为商业产品或企业间产品)是用来生产其他产品的产品,属于企业间市场。有些产品可以同时被归类为消费品和工业品。我们已经提到过个人计算机是如何被归为这两类的。计算机是消费品,所以会在像百思买(Best Buy)这样的卖场或是通过计算机杂志销售,而促销的手法则是广告。若是作为工业品,个人计算机比较有可能通过业务员或是网络销售,广告的重要性就不如促销策略来得重要。对产品的分类有利于我们决定适当的营销组合策略。

图13.2举出一些消费品、工业品及服务的分类。"设施"(installations)包括了

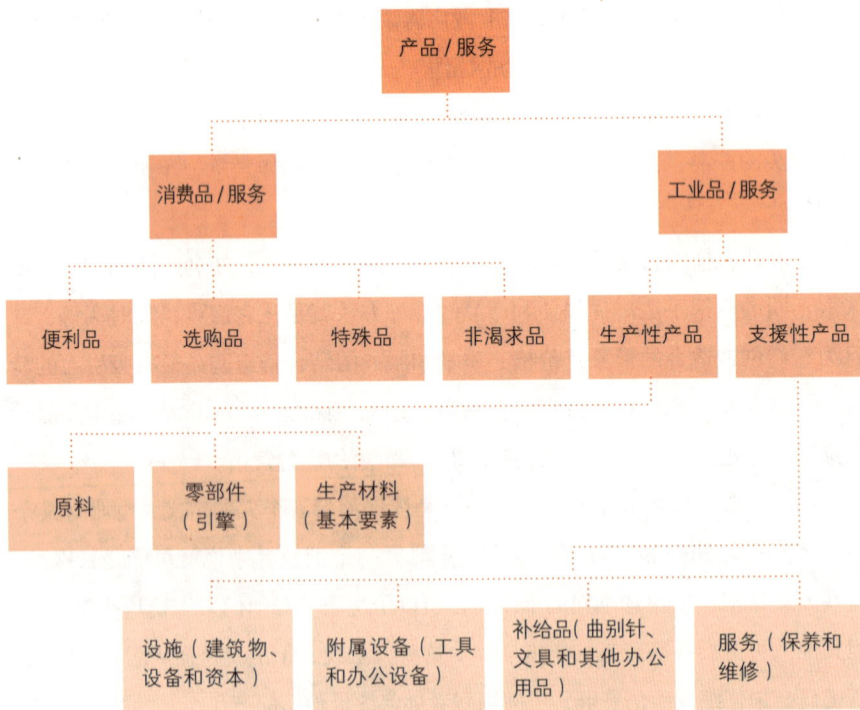

**图 13.2 不同类别的消费品、工业品和服务**

主要的资本设备，像是新厂房和重型机械；"资本项目"（capital items）是指耗资巨大且持续时间长的产品，一座新的工厂就同时作为设施和资本项目被考虑；"辅助设备"（accessory equipment）包括相对不耐久的资本项目，也没有像设施那么昂贵，例如计算机、复印机和其他不同的工具。各种工业品都列举在图13.2中。

## ◎ 包装改变产品

我们先前提到消费者会从许多方面来衡量整体产品价值，其中也包括品牌。令人讶异的是，包装在衡量时是如此重要。许多公司运用包装来改变或是改善基本的产品，例如只要掀盖就能挤出西红柿酱的瓶子、旋转顶盖和把手合一的正方形涂料罐、免漏斗的塑料机油罐、泵式牙膏、密封包装晚餐、微波爆米花、一次性调味包和其他食物等。另一项有趣的创新是芳香包装，亚里桑那饮料公司（Arizona Beverage）推出的芳香盖冰茶。在每项案例里包装都改变了消费者对既有产品的印象，并且创造了广大市场。塑料包装封套是否偶尔让你感到不便？你最喜欢那种包装创意？你是否能发现创新包装的潜力市场？事实上，包装已经成为了一种专业，密歇根州立大学的包装学院就是一个最佳证明。包装必须提供以下的功能：

1. 吸引消费者的注意。

2. 保护里面的产品，在搬运和储藏时要能保持直立，要看起来完好无缺，可以防止偷窃

3. 可轻易打开使用。

4. 描述并提供内容物的信息。

5. 解释产品的好处。

6. 提供产品的保证、警告和其他消费者应该注意的事项。

7. 提供价格、价值及使用方式。

此外，包装也可以吸引零售商销售自己的产品。举例来说，包装上的通用产品条码（Universal Product Codes, UPCs）让存货管理更容易。通用的产品条

码是由条形码（黑白条纹）和预设的数字所组成，它可以提供零售商产品的相关信息（价格、大小、颜色等）。简言之，包装改变了产品的外观、用途和吸引力。

一项追踪产品的新技术是射频识别芯片，贴在产品上就能一直发出讯号，方便公司追踪产品所在的位置。它比条形码更高明之处，在于芯片可承载更多资讯，不像条形码一次只能刷读一个产品项目（而是可以一次扫读所有结账台上的产品），并且可以远距操作（条形码只能近距离）。沃尔玛在使用这种技术方面可谓独占鳌头。

### 包装日益重要

包装在产品供应上一直占有重要地位，但在今天，它比以往承担更多的促销任务。许多过去由售货员销售的产品，现在陈列在自助式的商店中，而包装也被赋予了更多销售上的责任。美国的公正包装与标签法（Fair Packaging and Labeling Act）已通过，所以消费者能从包装得到数量与价值的比较。因此，比起从前来说现在人们可以从包装上得到更多信息。

包装可以使用所谓的**捆绑销售（bundling）**的策略，指的是将商品和（或）服务组合起来，并确定一个价格。维珍航空公司（Virgin Airlines）将巴士上门接送服务与飞机上的信息传递捆绑到其整体产品价值中。金融服务机构则提供从理财建议到帮助选购保险、股票、债券、共同基金等服务。当产品和服务组合贩卖时，其中一定不能包含太多内容，否则定价会过高。最好的方式就是与消费者合作，开发出提升价值的产品来满足他们的个人需求。

## ◎ 品牌和品牌资产

**品牌（brand）**是名称、标志或图案（或上述元素的组合），它可以将某个销售者或一群销售者所提供的产品或服务与其竞争者区别开。"品牌"这个词几乎包含了辨别一项产品的所有方法。正如我们在第12章中注意到的那样，品牌名称（brand name）是由单词、字母或是单词或字母的组合构成的，可以将某位销售者的产品或服务与其竞争者区别开来。你可能熟悉的品牌名称有红牛（Red bull）、索尼、德尔蒙特（Del Monte）、金宝汤、李维斯、谷歌、博登（Borden）、米克劳（Michelob）等。品牌名称赋予产品独特性，使它们对消费者产生吸引力。本章的"域外观察"专栏更加深入地讨论了产品名称问题。

商标（trademark）是受法律保护的专有品牌名称或图案设计。像麦当劳的黄金拱门就是一个众所皆知的商标，有助于展现该公司的声誉和形象。麦当劳可能会提起诉讼，阻止某个公司出售"McDonnel"之类的汉堡。你知道星巴克在中国开咖啡店了吗？（密切关注这个名字。）

人们通常会被特定的品牌名称所吸引，即使他们知道某些特定的产品在不同的品牌之间是没有差异的。例如大家会说所有的阿司匹林都一样，但如果在他们面前放两个瓶子，一瓶标示为安那辛（Anacin）品牌，另一瓶则是不知名的品牌，大部分的人还是会选择知名的品牌。购买汽油者往往较价格更看重品牌（如美孚）。

对客户而言，品牌名称可以确保质量，缩短搜寻时间，并且增加购买的权益。对卖方而言，品牌名称有助于将新产品导入市场，增强促销力度，增加重复购买，并差异化产品以提高定价。你喜欢哪些品牌名称？

## 品牌类别

你可能会很熟悉几种品牌类别。**制造商品牌名称**（manufacturers'brand names）指产品分销全国各地的制造商品牌，像是施乐、柯达、索尼和雪佛兰。

**经销商（私有）品牌**［dealer（private-label）brands］是指产品本身不挂制造商的品牌名称，而是挂批发商或零售商的品牌名称，例如肯摩尔（Kenmore）和蒂哈（Diehard）就是两个由西尔斯（Sears）销售的经销商品牌。这些品牌通常也称为"族品牌"（house brands）或是"分销商品牌"（distributor brands）。

许多制造商害怕它们的品牌名称会变成"通用名"（generic name）。通用

## 域外观察

### 名称博弈

设想你开发出了产品，并且已经投放到了市场。那么，你如何称呼它呢？据说美国人喜欢的饼干奥利奥（Oreo）就是一个非常棒的名字，因为单词中的两个 O 很好地反映出了饼干的形状。名字会成为魅力的一部分吗？根据全球语言监测机构的数据，推特（Twitter）已经成为英语中使用最多的单词。当你想到美国产品时，你会想到这些名字：可口可乐、百事可乐和哈根达斯（没错，它是美国产品）等等。

为产品取一个名字曾经相对容易。现在，二百多个国家处在同一个网络平台，于是选择一个恰当的名字就成了一个全球性问题。例如，新西兰的一家网页开发公司选了个名字 hairyLemon，估计至少有 1/3 叫 hairyLemon 的公司是跟着它取的名字。并不是自己起的所有名字都能成功。例如，当俄罗斯天然气工业股份公司（Gazprom）与尼日利亚国家石油公司（NNPC）组建合资公司时，该公司的名字叫作 NiGaz。我们只能说这不是一个很棒的名字。

有时，一个成功的名字是偶然得到的。例如，流行的搜索引擎谷歌本应该叫作 Googol，这是一个科学术语，表示 1 后面有 100 个 0 的数。然而，谷歌的创始人在注册域名时写错了。这个错误使它成为一个温暖、易记的名字，而且像是人的名字。

在"营销"那一章，我们为新开张的素食餐厅取名"非常素食店"。你想到过更好的名字吗？与其他人一起进行头脑风暴起名字会有帮助吗？有必要请起名专家参与进来吗？

如果你想在世界各地的学校里开设素食餐厅将会怎样？那会有什么不同吗？你能理解名字对于许多公司的长期成功至关重要的原因吗？

资料来源：Susan Purcell and Jay Jurisich, "Enter the Lexicon," *Bloomberg Businessweek*, October 25 – October 31, 2010; and Igor International Naming and Branding Agency, www.igorinternational.com, accessed April 2011.

名是一个产品种类的名称。你知道阿司匹林和油布曾经是品牌名称吗？尼龙、电梯、煤油和拉链也是一样，这些名称变得很普遍，所以大家把它们和产品画上等号，它们也失去了品牌的地位变成通用名（这些是经过法院判决确定的）。因此，生产者必须想一个新的品牌名称，原先的阿司匹林变成拜耳（Bayer）

阿司匹林。现在，施乐和"Rollerblade"直排轮滑鞋等企业仍在保护自己的品牌名称。

**非品牌产品（generic goods）**是相较于全国性产品或私人品牌，通常采取量贩折扣方式销售的无品牌产品，使用基本的包装而且几乎不用广告。部分这类产品的质量较差，但也有许多产品与它们模仿的全国性品牌产品有相同的质量，例如非品牌卫生纸、非品牌香烟、非品牌桃子等。今日的消费者购买大量的非品牌产品，因为这些产品的总体质量在最近几年有大幅度的提升。你使用这些非品牌产品的体会是什么？

**仿冒品牌（knockoff brands）**是违法复制全国知名品牌的产品。如果你看到诸如Polo衬衫或是劳力士（Rolex）手表之类的昂贵品牌商品以不可思议的低价在销售，你就可以十分确定它是仿冒品。它们的品牌名称常常略有不同，比如Palo与Polo，或Bolex与Rolex，因此，要看仔细。芝宝打火机（Zippo）就曾经要求制止仿冒产品Rippos。

### 创造品牌资产和忠诚度

营销商未来的一个主要目标就是建立品牌资产的概念。**品牌资产（brand equity）**是品牌名称及其相关形象的价值。通常，一家公司在将其品牌卖给其他公司之前是不知道它的价值的。品牌资产评级较高的品牌名称包括雷诺膜（Reynolds Wrap）铝箔和密保诺（Ziploc）食物保鲜袋。当今最具价值的品牌名称是哪个？是苹果。微软则紧跟其后。

品牌资产的核心是品牌忠诚度。**品牌忠诚度（brand loyalty）**指消费者对某一品牌的满意和喜爱程度，以及承诺进一步购买的态度。一群忠诚的消费者对公司来说有重大价值，而这些价值是可以被计算出来的。制造商正在以降低产品碳排放量的方法提升的品牌忠诚度。

过去，公司会运用优惠券和折扣方式设法加快商品销售，提高短期业绩，但这样做会侵蚀消费者对品牌产品尤其是日杂用品的信任。当公司降价销售康乃馨早餐棒（Carnation Breakfast Bars）或菲丝洗发露（Flex shampoo）等品牌产品时，许多消费者就会抱怨。这种抱怨显示出品牌的力量。现在公司都意识到了品牌资产的价值，正付出更大的努力去衡量强势品牌的获利能力。

**品牌认知**（brand awareness）指当提起某类产品时，某一品牌名称呈现在脑海中的速度或容易程度。广告可以帮助企业建立强有力的品牌认知，像可口可乐和百事可乐这类已确立的品牌通常是品牌认知度最高的。赞助体育比赛[如橘子碗（Orange Bowl）橄榄球比赛和纳斯卡杯系列（NASCAR's Cup Series）汽车赛]也有助于提升品牌认知。只是反复地出现也能增加品牌认知，这就是谷歌成为广受欢迎的品牌的方式。

可观察到的质量也是品牌资产很重要的一环。一个产品可感知到的质量如果高过竞争对手，定价就可以高一些。创造可感知的高质量的一个关键，是找出消费者认为高质量产品应有的条件，然后运用在公司宣传的每一个信息上。影响到可感知质量的因素有价格、外观和声誉，消费者通常会根据这些线索来建立品牌偏好（brand preference，也就是偏好某种品牌的产品）。当消费者的品牌认同度（brand insistence）达到高点时，产品就会成为特殊品。例如，消费者可能会为爱车坚持指名购买固特异（Goodyear）轮胎。

在现在的市场上，抄袭一个产品的优点十分容易，因此非品牌产品逐渐抢走了品牌产品的客户。诸如英特尔一类的品牌制造商必须比以往更快速地发展新产品和新市场，并加强促销自身品牌，才能抵抗来自竞争者的挑战。

## 建立品牌联想

一个公司所使用的名称、符号和标语，可以大大地增加公司产品的品牌认同度。**品牌联想**（brand association）是将某个品牌和其他适合的形象联结起来，如著名的产品使用者、受欢迎的名人、特定的地方。注意奔驰是如何将汽车和名流的奢华生活联系在一起的。负责建立品牌的人是品牌经理或产品经理，以下将讨论这个职位。

## 品牌管理

**品牌经理**[brand manager，有些公司称"产品经理"（product manager）]是直接对一个品牌或一条产品线负责的经理。这些责任包括所有营销组合的要素：产品、价格、地点和促销。因此，一个品牌经理就好像一家单一产品公司的总裁。许多大型消费品公司设立品牌经理这个职位的原因，是希望他们可以对新产品的发展和促销有更大的控制权。某些公司则成立了品牌管理团队来强化整体成效。

## ◎ 新产品开发过程

新产品失败的概率相当高。一年内推出的新产品大约80%都无法达到它们预设的商业目标，而无法实现其承诺是新产品失败的主要原因，其他原因还包括展开营销过晚、地点不佳、与竞争者产品的差异不大以及包装太差等。小公司除非进行适当的产品计划和新产品开发，否则成功率会更低。图13.3显示新产品开发过程包括六个阶段。

新产品每年不断地涌入市场，获利潜力似乎很大。想象一下诸如家庭视频会议、交互式电视、Wii游戏和产品、智能电话、视频iPod与其他创新等。这些创意是怎么产生的？如何测试？一个创意的寿命有多长？以下将检视这些议题。

### 新产品构思

现在，一般需要七个创意才会产生一个产品。大部分新工业品的创意来自于公司员工的建议，而不是研发部门。不过，研究和开发是新产品的一个主要来源。员工是新消费品创意的主要来源。企业也要听取供应商在新产品开发方面的创意，因为供应商常常会接触到新的创意。现有的消费者也是新产品创意的一个好来源。

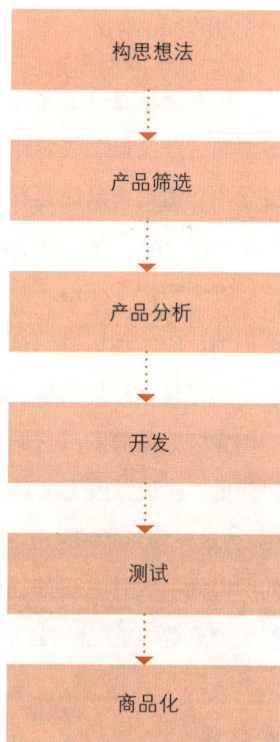

**图 13.3　新产品开发流程**

产品开发有六个阶段，你认为哪个阶段最重要？

## 产品筛选

产品筛选（product screening）是剔除不具可行性的新产品创意的过程，这样公司可以聚焦于最有可能的方案。筛选的标准包括新产品和现有产品能否相适应、产品的获利能力、畅销度以及对个人的要求。这些要素都有各自的比重，最后会算出一个总分，根据这个总分来比较候选产品。

## 产品分析

产品分析（product analysis）是产品筛选的下一阶段，主要是进行成本预估与销售预测，以估算新产品创意的获利能力。不符合现有标准的产品不会被考虑。

## 产品开发和测试

如果产品通过了筛选和分析两个阶段，企业就会开始进一步开发，测试许多不同的产品概念或替代品。生产盒装肉产品的公司可能会开发出鸡肉热狗的概念——由鸡肉制成但有牛肉热狗的口感，并制作出一个原型或样品，让消费者品尝该产品。本章的"聚焦小企业"专栏讨论了某些产品的新创意。

概念测试（concept testing）是将有创意的产品呈现给消费者，借此测试他们的反应。他们看到这个新产品的好处了吗？他们多久会买一次？价格怎么样？哪些特点是他们喜欢或不喜欢的？他们会提出进行哪些改变？企业会测试不同包装、品牌和成份的样品，直到产品同时满足生产和营销的需求。为了与时尚的W连锁酒店（W chain）竞争，一些新宾馆正在修建。据说它们要"赶时髦"。这些创新必须先让消费者尝试，以判断他们是否真的认识到并欣赏这种新的"时尚"设计。正如你打算开设"非常素食店"一样，你明白概念测试对于新素食菜肴的重要性吗？

## 商品化

即使产品测试结果很好，也要花相当的一段时间才能在市场上获得成功。就拿拉链来说，它是历史上开发时间最长的消费品之一。沃克·朱迪森

## 聚焦小企业

### 不要找我，我去找你

在许多城市，兜售热狗和其他传统食物的街头小贩是典型的美国一景，他们是美国的代表。但这个标志正在发生变化。不但是他们的菜单在改变，比如从油腻的热狗和椒盐卷饼变成了焦糖蛋奶冻和有机饮料，而且被消费者找到的方式也正变得更为高科技。现在一些小贩使用推特和其他社交媒体标明他们当前的位置，并与消费者建立关系。

出于健康和卫生的原因，有些城市立法禁止街头餐车，比如芝加哥。但在纽约、波特兰和奥斯汀这样的城市，你能看到这些移动的摊位正在销售热狗以及更可口的美食。旧金山 Roli Roti 的法国电转烤肉、洛杉矶 Nom Nom 的越南三明治和奥斯汀的格鲁耶尔（Gruyere）烤奶酪提供的美食通常不会在标准的小贩推车那里找到。下面是几个你可以通过网络找到的移动摊位：

· 波士顿/坎布里奇的三叶草街头餐车（Clover Food Truck）供应由当地有机原料制成的食品，菜单定期轮换。

· 费城的费城甜食街头餐车（Sugar Philly Truck）提供焦糖蛋奶冻，现做现卖。

· 克利夫兰的 Dim and Den Sum 街头餐车拥有美国最好的街头餐车文化。

· 波特兰的 Koi Fusion PDX 是该镇少数几个移动小餐馆之一。

在网上看到一个移动快餐车就在附近，你可能会很高兴。此种探索可能会让你产生一个想法，即在卡车上开办自己的小企业，而且似乎有无限的可能性。你应当可以将在本章中学到的全部产品概念用于实践。素食者街头餐车怎么样？

资料来源: Leslie Robarge, "Gourmet Food Truck Smackdown," *Bloomberg Businessweek*, March 14 – March 20, 2011; Matt Vilano, "The Secret Sauce Part 11," *Entrepreneur*, April 2011; and Cloverfoodlab. com, DimandDenSum.com, accessed in April 2011.

---

（Whitcomb Judson）在19世纪90年代初期得到衣物拉链的第一个专利，之后他花了15年时间来改良产品。当时，消费者对于这项产品并没有太大的兴趣，在迁移到宾州米德维尔市之前，朱迪森的公司经历了无数次巨大的财务损失、更改名称及更换地点。最后，第一次世界大战时美国海军开始使用拉链。现在，泰龙公司（Talon Inc.）是美国最大的拉链制造商，每年生产5亿条拉链。

这个例子告诉我们，营销的努力必须包括**商品化**（commercialization）。商品化是指：（1）对批发商和零售商进行促销以获得广泛地分销；（2）通过强势的广告与销售活动，持续引起批发商和消费者的高度兴趣。新的商品现在可以通过互联网和社交媒体商品化，以更快的速度推广到全球市场；网页可以让消费者看到新产品、提出问题，同时让购买变得方便而迅速。

## ◎ 产品生命周期

一旦产品通过开发和测试之后，就会在市场上推出。它通常会经历四个阶段的**产品生命周期**（product life cycle）：引入期、成长期、成熟期和衰退期（参见图13.4）。产品生命周期是一种理论模型，探讨一个产品类别的销售与获利随时间改变的情形。然而，并非所有产品都会经历完整的生命周期，特殊品牌也

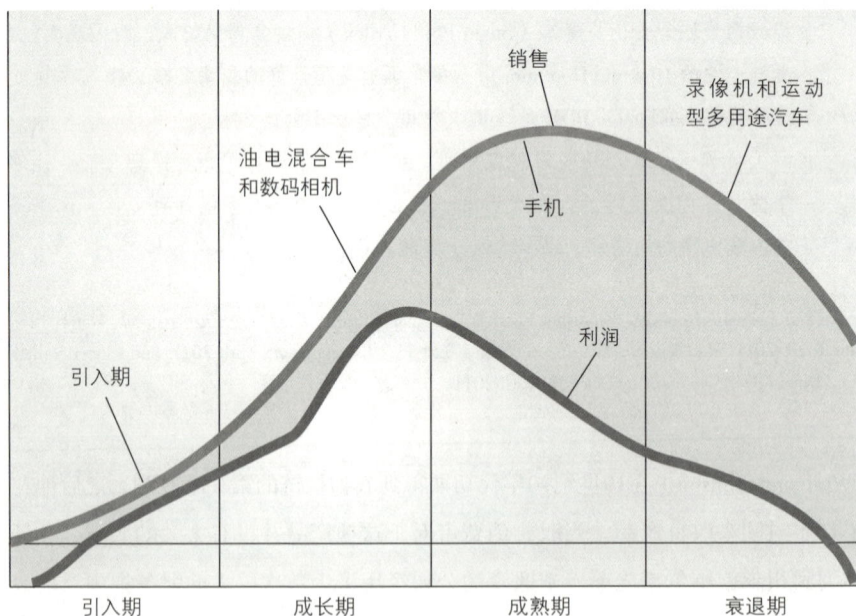

图 13.4　产品生命周期中的销售和获利

销售到达顶点之前，获利已经开始下滑；当获利和销售开始下滑时，就应该推出新产品，或是改良旧产品，以维持获利。

许会有不同的表现。一些产品（如微波炉）会停留在引入期好几年；某些产品（如调味番茄酱）可能变成主流，未曾经历过衰退；其他的产品，像流行服饰，可能在数个月内就走完整个周期；还有些产品则可能被孤立于市场之外。无论如何，产品生命周期可以提供预期未来市场发展的基础，同时可以帮助营销策略的规划。

## 产品生命周期的范例

产品生命周期会给营销者提供富有价值的线索，使他们在一段时间内成功促销产品。有些产品有很长的产品生命周期，比如蜡笔和涂鸦粉笔，它们很少改变，而且对它们的需求似乎永远都不会减少。克雷奥拉蜡笔已经成功销售100年了！你认为新的虚拟电子游戏会持续多长时间？

你可以通过观察速溶咖啡的产品生命周期，来了解整个理论如何运作。当速溶咖啡刚推出的时候，大多数的人都不喜欢它，他们还是喜欢"一般"咖啡，几年之后，人们才慢慢接受速溶咖啡（引入期）。从某个时点开始，速溶咖啡突然快速受到欢迎，这时许多品牌推出（成长期）；一阵子之后，人们开始认同某些特定品牌，这时销售呈现平稳（成熟期）；紧接着，由于冷冻干燥咖啡引进，销售开始缓慢下滑（衰退期）；现在，冷冻干燥咖啡也进入了衰退期，因为消费者会从星巴克购买袋装咖啡在家中泡煮。确认一个产品位于哪个时期对营销商非常重要，因为这样的分析可以帮助他们做出明智有效的营销决策。

## 运用产品生命周期

产品在不同时期需要有不同的营销策略。表13.1列出可能要做出的营销组合决策。当你浏览整张表时，会发现每个阶段都包括数个营销组合的改变。记住，这些都是理论上的概念，所以只能当作参考。该表上所列定价策略将在稍后讨论。

表13.2显示出产品生命周期中的销售量、利润和竞争可能发生的情况。你可以比较表13.2和图13.4。两张表都显示，一个产品在成熟期会达到销售的顶点，但利润会开始下降；此时，营销经理可能会决定为产品打造新的形象，再开启一个新的生命周期。你可能已经注意到了，力槌（Arm & Hammer）公司的小苏

**表 13.1 产品生命周期内采取的策略范例**

| 生命周期阶段 | 营销组合要素 | | | |
| --- | --- | --- | --- | --- |
| | 产品 | 价格 | 地点 | 促销 |
| 引入期 | 提供通过市场测试的产品；维持少量组合 | 将新产品价格定得很高（撇脂定价策略）或采用低价策略 | 通过批发商销售；选择分销 | 商人投资广告及促销，以让产品进入商店贩售，并让消费者购买 |
| 成长期 | 改善产品；坚持有限产品组合 | 调整价格以应对竞争 | 增加分销 | 具有强势竞争力的广告 |
| 成熟期 | 提供不同产品以满足不同的市场细分 | 进一步降低价格 | 接管批发功能并加强分销 | 强调品牌名称和产品的优点及差异 |
| 衰退期 | 停止产品组合；发展新产品构思 | 考虑提升价格 | 巩固分销；减少部分经销点 | 减少针对忠诚顾客的广告 |

**表 13.2 产品生命周期内，销售、获利和竞争的变化**

| 生命周期阶段 | 销售 | 获利 | 竞争 |
| --- | --- | --- | --- |
| 引入期 | 低销售 | 可能有亏损 | 很少 |
| 成长期 | 快速成长的销售 | 非常高的获利 | 逐渐增加 |
| 成熟期 | 销售顶点 | 下滑的获利 | 稳定数量后，开始减少 |
| 衰退期 | 销售衰退 | 获利继续下降到出现亏损 | 持续减少 |

打每几年就会创造一个新的形象以赢取新的市场销量：某一年它的功能是冰箱的除臭剂，下一年是游泳池消毒水的替代品。了解产品处于生命周期的哪个阶段，有助于营销经理决定何时需要改变策略。

## ◎ 具竞争力的定价

定价对营销和整体产品价值的发展很重要，因此在营销组合4P（其他三个是产品、地点和促销）中，它单独被提出来讨论。对于经理人而言，它是4P里最难操控的一项，然而在消费者对产品的评价中，价格是一个非常重要的因素。这一节中，我们将把价格作为整体产品价值的一个要素及战略营销工具来讨论。

## 定价目标

一个企业在决定定价策略时，可能会考虑几个适合的目标。当我们替某个新的素食餐点定价时，可能会想要提升该产品的形象。如果我们将价格定高一点，并且使用正确的促销手法，也许可以让它成为素食界的依云（Evian）。将价格定高的原因也可能是为了某些利润目标，或是投资回报。此外，我们也可能会将新的素食餐点的价格定得比竞争者低，因为我们希望低收入人群可以负担得起这种健康食品。这时，我们考虑的可能是社会或道德目的。事实上，低价位也会阻止竞争对手进入，因为减少了利润空间，但是可能帮助我们得到较大的市场占有率。因此随着时间的推进，企业可能会有好几个定价目标。因此在发展完整的定价策略前，必须先清楚确立这些目标。以下是一些普遍常用的目标：

**1. 达成投资回报或利润目标**。营销的最终目标还是要通过将产品和服务提供给他人来获利。很自然，几乎所有公司的长期定价目的都是要实现利润最大化。公司设法增加利润的一个方法是减少向消费者提供的商品数量。因此，谷类食品公司减少了盒中的谷物数量，卫生纸公司正将它们的产品缩小，等等。你在自己购买的产品中注意到这种现象了吗？

**2. 建立壁垒**。超市通常会做一些接近成本或低于成本的商品的广告，来吸引客户上门，这些产品通常被称作亏损诱饵（loss leader），目的是要通过在短期内建立的消费者基础来获取长期利益。为了和易贝竞争，门户网站雅虎曾经免费提供竞价拍卖服务。为什么它要提供这种服务呢？就是为了增加自身的广告收入，同时吸引更多的人使用雅虎公司的其他服务。

**3. 达到更高的市场占有率**。获取更大市场份额的方法包括提供低价、低息融资（例如零利率贷款）、低租赁费和现金折扣。

**4. 创造形象**。一些手表、香水和其他社交场合常见到的产品，会把价格定得很高，以打造它们独一无二的、具有特殊地位的形象。

**5. 其他社会目的**。一家企业也许会将产品的价格定得较低，让经济状况不好的人也买得起这个产品。政府通常会给予农产品补贴，使得牛奶、面包等基本必需品易于获取。

公司的短期目标也可能和长期目标有很大的差异。管理者在一开始设定短期与长期目标的时候就应了解其间的差异，并制定相应的市场战略营销规划。定价目标还要受到产品设计、包装、品牌、分销与促销等其他营销决策的影响，所有这些营销决策间均有相关性。

直观告诉人们，产品的定价应该与产品的生产成本有关。价格往往高于成本。然而以下我们将看到，并非所有的定价与成本都有关系。事实上，有三种主要的定价策略方法：成本导向法、需求（目标成本）导向法和竞争导向法。

## 成本导向定价

成本常常是生产者为产品定价的主要依据。企业建立详尽的成本会计系统来测量生产成本（包括原料、劳动力和日常开支），再考虑一定的利润空间然后得出价格。以汽车制造为例可以形象地说明这一过程。你将发动机、车身、轮胎、收音机、门锁和窗户、油漆等各种零部件和用工的成本加总，再加上一定的利润率就得到了价格。但问题是，这样的价格能否也能满足市场的需求。之后市场对美国汽车定价有何反应？从长期来看，是市场而不是生产者决定价格（参阅第2章）。定价应该考虑成本，但也应该考虑产品升级换代的预期成本、每个产品的营销目标和竞争者的售价。

## 需求导向定价

不同于以成本为基础的定价策略，**目标成本**（target costing）基于需求定价。它意味着我们设计一个产品，不但能让消费者满意，也可以实现企业设定的利润要求。目标成本法让最终价格成为产品开发过程中的一个投入要素，而非这个过程的结果。你要先估计一个人们愿意去购买的产品售价，之后减去你想要的利润空间，结果就是生产的目标成本，或者说是你可以花费的用来生产有利可图的产品的成本。设想你会如何使用这一方法来制造客户定制珠宝。

## 竞争导向定价

**竞争导向定价**（competition-based pricing）是以竞争对手作为定价基础的策略。价格可能是等于、高于或低于竞争者价格。价格的高低取决于客户的忠诚度、认知差异和竞争环境。**价格领导**（price leadership）是指一家或几家主导厂商制定价格后，所有产业内竞争者跟进的策略。你可能已经注意到在石油产业就有这种情况。

## 盈亏平衡分析

你在开始出售新的素食三明治前，要先确定要卖多少三明治才能获利，接着考虑是否能够达到这样的销售目标。**盈亏平衡分析**（break-even analysis）是指用以决定不同销售水平下的获利能力的过程。盈亏平衡点是销售的收益等于成本的那一点，计算公式如下：

$$盈亏平衡点（BEP）= \frac{总固定成本（FC）}{单位价格（P）-单位变动成本（VC）}$$

**总固定成本**（total fixed costs）是不受产品生产或销售变化影响的各种费用的总和；构成固定成本的支出有购买或租用工厂、仓库成本，以及企业支付的保险费等。**变动成本**（variable costs）则是随生产量而改变的成本，包括生产产品所用原料的支出，以及制造产品的直接劳动成本。以生产某产品为例，假定固定成本是200,000美元（包括房屋贷款利息、房地产税、设备等），变动成本（劳动和原料）每盒是2美元。如果每个产品的单价是4美元，则此时的盈亏平衡点是在100,000盒；换句话说，除非你卖出超过100,000盒，否则你无法从中获利：

$$BEP= \frac{FC}{P-VC} = \frac{200,000美元}{4美元-2美元} = \frac{200,000美元}{2美元} = 100,000盒$$

## 其他定价策略

假设一家公司刚开发出一条新的产品线，例如蓝光影碟播放机。这家公司必须要决定如何在产品生命周期的引入期为这些播放机定价。**撇脂定价策略**（skimming price strategy）就是指当市场上竞争较小时，将新产品的价格定得很高以弥补开发成本并获取最大利润的一种策略。当然，巨额的利润最终将会吸引更多的新竞争者。

第二种策略是将新播放机的定价调低，这会吸引更多的人购买，并且阻止其他公司制造，因为利润很薄。这种**渗透策略**（penetration strategy）让公司得以快速渗透或取得庞大的市场占有率。

零售商采用的定价策略很多。**天天低价策略**（everyday low pricing, EDLP）是家得宝（Home Depot）和沃尔玛百货采取的策略。它们将产品价格定得比竞争者更低，且不组织任何额外促销活动。这种策略的指导思想是希望消费者在想买便宜商品时就到它们店里去购买，而不是等到打折、促销活动时才去购买。

百货公司和其他零售商大多数采用**高低定价策略**（high-low pricing strategy）。平日的定价要比采用天天低价策略的商店要高，但是在促销期间商品的价格比较低。这种策略的问题是消费者会等到特卖时再购买，造成利润的降低。随着在线购物越来越发达，你会发现采用高低定价策略的商店越来越少，因为消费者可以在网络上找到更低的价格。

零售商可以将价格当作它们销售产品的卖点，有些商店所有产品只卖99美分或10美元。由于成本的提高，有些出售99美分商品的商店将价格升至1元。

在本章前述内容中你已经了解到，捆绑销售是指将两个或两个以上的产品组合在一起，并制定一个统一的价格。例如，商店可以将洗衣机与烘干机作为一个组合进行定价。捷飞络公司（Jiffy Lube）提供机油更换、加注润滑油、检查汽车液位和胎压等，并且将所有这些服务捆绑在一起统一定价。研究表明，如果能提供吸引人的和令人愉快的产品组合，那么打折会更有效地促进销售。

**心理定价**（psychological pricing）指将价格定在某个使产品或服务看起来好像比它本身更便宜的价位。某栋房子定价299,000美元，听起来就比300,000元便宜。煤气公司也常使用这种心理定价。

### 市场力量如何影响定价

在了解到不同的消费者所愿意支付的价格不同之后，在定价时营销商有时会以消费者的需求，而非成本或其他因素作为考虑基础。这就是"需求导向定价"（demand-oriented pricing），你会发现电影院通常会为小孩提供较低的票价，药店会给老年人折扣就是这种定价策略的应用。在华盛顿特区的华盛顿歌剧公司（Washington Opera Company）就把最好的座位的价格调高，而把比较差的座位的价格调低，这样的策略使公司的年收入增长了9%。

营销在未来的几年可能会面临新的定价问题，因为消费者现在可以在网络上比较产品和服务的价格。你可能会想要在像是DealTime.com或MySimon.com之类的网站上查看交易。Priceline.com提供了一个"需求搜集系统"（demand collection system），买方会把他们愿意支付的价格公布在上面，卖方可以决定是否要接受这个价格，消费者提出他们愿意支付的价格，就可以用理想的价格买到机票、旅馆住宿和其他商品。他们也可以在网上购买二手商品。显然，当消费者可以得到更多来自世界各地的价格信息之后，价格竞争就会更加激烈，在这个情况下非价格竞争（nonprice competition）就有可能增加。

## ◎ 非价格竞争

营销商通常会在产品的特质而非价格上竞争。你也许已经注意到像汽油、糖果盒，甚至小轿车和私立大学学费这样的主要产品等的价格差异都很小。

你也不会看到电视机用价格当作主要的促销手段。同样地，营销商会比较强调产品形象和对消费者的好处，像是舒适性、样式、方便和耐用等。

许多小企业会随产品提供额外的服务，以与大公司竞争。提供好的服务会使同质化的产品更有竞争力。例如，丹尼·奥尼尔（Danny O'Neill）是一家小型批发商，专门为高级餐厅提供美食家咖啡，它必须观察竞争者价格及其提供的服务，并且依此来决定可以额外收取的费用。为了索取更高的价格，它必须提供更好的服务。大公司通常也是如此，有些航空公司强调亲切、大"躺"椅、准时、更丰富的航班以及其他服务；高价的旅馆强调"无意外"（no surprises）、商业服务、健身房和其他附加服务。

## 总 结

**1. 描述整体产品价值。**

· 整体产品价值包含哪些要素？

整体产品价值是消费者决定是否要买某样东西时考虑的所有因素，包含价格、品牌名称、使用满意度等。

· 产品线和产品组合的差异是什么？

产品线是一群物理特征相似，或是拥有相近市场的产品。口香糖的产品线包括了泡泡口香糖、无糖口香糖等。产品组合则是由单一制造商提供的所有产品线的总和。一家厂商可能会提供口香糖、糖果、嚼烟草等产品线。

· 厂商如何创造产品和服务的产品差异化？

厂商可以用定价、广告和包装的组合，让他们的产品具有独特性和吸引力。

**2. 识别不同的消费者和工业品。**

· 什么是消费品？

消费品卖给你我一样的最终消费者，而非卖给企业。

· 消费品与服务的四个分类是什么？它们分别采用哪些营销手法？

分为便利品和服务（花最少心思选购）、选购品和服务（人们会搜寻比较价格和质量）、特殊品和服务（消费者会不计代价去购买，通常要求特殊品牌）以及非渴求品和服务（消费者还并没有意图去购买的商品和服务，或者是发现他们在解决意外时所需要的产品）。便利品和服务最好用地点来促销，选购品和服务靠的是价格与质量的吸引力，特殊品和服务则是靠专业杂志和互动网站。

· 什么是工业品？它们和消费品的营销手法有何不同？

工业品是在企业间市场销售的产品，被用于制造其他产品。它们大多是由销售人员来销售，而且比较不依赖广告。

**3. 总结包装的功能。**

· 包装的七个功能是什么？

包装必须：（1）吸引消费者的注意；（2）保护里面的产品，在搬运和储藏时要能保持直立，要看起来完好无缺，可以防止偷窃；（3）可轻易打开使用；（4）描述内容物；（5）描述内部商品的优点；（6）提供保证、警告和其他消费者应该注意的事项；（7）提供价格、价值及如何使用的信息。绑销售指将两个以上的产品组合在一起定价、出售。

**4. 比较品牌、品牌名称和商标，展示品牌资产的价值。**

· 你能定义品牌、品牌名称和商标吗？

　　品牌是名称、标志或图案（或上述元素组合），可用来辨识提供产品或服务的销售者，并表明与竞争者的产品和服务之间的差异。"品牌"这个用语的含义包括辨别一项产品的所有方法。品牌名称是品牌的一部分，可以是一个单词、字母，或是好几个单词、字母所组成的名称，以区分自己和其他竞争者的产品或服务。商标是受法律保护的品牌名称或图像设计。

· 什么是品牌资产？经理人如何创造品牌联想？

　　品牌资产是指包括人们对已知品牌名称的知名度、忠诚度、可感知的质量、形象和情感等因素的结合。品牌联想是将某个品牌和其他适合的形象联结起来，举例来说，你可以将一个品牌和其他的产品使用者、受欢迎的名人、特定的地方或是竞争对手联想在一起。

· 品牌经理做什么？

　　品牌经理协调某个特定产品的产品、价格、地点和促销决策。

**5. 解释新产品开发过程的步骤。**

· 产品开发过程的六个步骤分别是什么？

　　六个步骤分别是：（1）新产品的创意设想；（2）产品筛选；（3）产品分析；（4）开发；（5）测试；（6）商品化。

**6. 描述产品生命周期。**

· 什么是产品生命周期？

　　产品生命周期是一种理论模型，探讨产品类别的销售与获利随时间改变的情形。

· 产品生命周期的理论阶段有哪四个阶段？

　　引入期、成长期、成熟期和衰退期。

**7. 解释不同的定价目标和策略。**

· 定价的目的有哪些？

　　包括了达成目标利润、建立壁垒、增加市场占有率、创造形象和增进社会目的。

· 营销商可以使用哪些策略来决定产品的价格？

　　"撇脂定价策略"是将新产品的价格定得很高，这样可以在市场上竞争较小的情况下获取最大的利润。"渗透定价策略"则是将产品价格定得很低，这样可以吸引更多的客户，并且阻止竞争对手进入。"需求导向定价法"是以消费者的需求作为考虑的基础，而非成本。"竞争导向定价法"是以所有竞争者的价格作为考虑基础。"价格领导"是所有的竞争者跟随一家或几家主要厂商的定价行为。

·什么是盈亏平衡点？

在盈亏平衡点，总成本等于总收益，超过这一点的销售都可以获利。

·为何公司要采取非价格竞争策略？

定价是最容易复制的一种营销策略，从长期看并非一个好的竞争工具。

## 批判性思考

1.哪些增值因素会影响你对就读学校的选择？你会考虑学校的规模、位置、学费、声誉、无线上网服务、图书馆、研究服务、体育运动和所提供的课程吗？最重要的因素是什么？为什么？你的替代选择是什么？为什么你不选择它们？

2.除了偶尔修改菜单之外，你能做什么来增加"非常素食店"的产品价值呢？

3.当你制定"非常素食店"的菜单时，你如何利用心理定价策略？

4.你对在产品广告中使用名人印象深刻吗？在推广"非常素食店"时，你会使用哪种名人？

# 14

# 产品分销

## 学习目标

1. 解释营销渠道的概念和价值。

2. 论述中介如何创造六种营销效用。

3. 识别分销系统中批发中介的种类。

4. 比较零售商所使用的分销策略。

5. 解释非店面零售的不同种类。

6. 解释在分销系统中建立合作的不同方式。

7. 描述物流并概括中介如何管理运输和仓储。

# 人物侧写

## 认识谢家华　美捷步首席执行官

虽然许多网购网站取得了很大的成功，网上零售商常常会在消费者服务方面落后于开实体店的竞争对手。毕竟，在处理问题上，与销售人员面对面沟通通常要比借助一连串电子邮件商讨要容易得多。然而，拥有独特企业文化的网上鞋店美捷步（Zappos）用事实表明，网店不需要为了方便而牺牲服务质量。

在谢家华（Tony Hsieh）以 2.65 亿美元卖掉他的第一家公司后，他加入美捷步担任首席执行官。改变公司的工作环境是他首先想做的事情之一。为了将美捷步与大批的网上零售商区别开来，他希望美捷步的服务代表用他们的活力和专业技能给消费者带来惊喜。要完成这个任务，就要让员工乐观向上，从对工作的热爱中获得激励。他给客服中心的员工极大的自由，允许他们一次跟消费者交谈几小时，或者送给消费者鲜花和感谢信，费用由公司支付。谢家华认为，消费者可能这一辈子就只给美捷步打一次电话，但这样的体验保证会留存在他们的记忆中。

谢家华致力于培育快乐的工作环境和高质量的服务，这使得美捷步从 3200 万美元的企业成长为 12 亿美元的大公司。尽管如此，仅是谢家华无拘无束的管理风格并不能让公司取得今天的成功。他还决定，公司需要完全控制其供应链。至 2003 年，美捷步年收入的 25% 是通过承订批发系统赚取的。该系统将客户的订单转给制造商，由他们直接给客户发货。虽然这省却了公司在搬运、储存及分送产品上的麻烦，但也让公司无法准确把握所有给定时间的库存情况，从而影响了公司为消费者提供服务的能力。为了提供它所承诺的一流服务，美捷步需要对整个流程从头到尾进行控制。

在对其存货取得全面控制之后，美捷步的服务部门准确地了解到库存量和出货量。如果消费者想要一双美捷步没有的鞋，员工甚至会将消费者直接推荐给有这种鞋的竞争者。保持自己的存货以及保证完成订单使美捷步具有了独立自主的公司文化——消费者在任何地方都能得他们想要的产品，这是公司取得成功所必需的。

营销的 4P 是产品、地点、促销和价格。本章讲的全部是关于地点的内容。体现地点功能的还有很多方面，比如航运、仓储、分销、物流和供应链管理。我们会在本章探讨所有这些概念。最后，你会加深对产品从制造商到消费者所需要的诸多步骤的理解。

资料来源：Christopher Palmeri, "Now For Sale, The Zappos Culture", *Bloomberg Businessweek*, January 11, 2010; Brian Solis, "Zappos' Tony Hsieh Delivers Happiness Through Service and Innovation", *Fast Company*, April 12, 2011; Adam Bryant, "On a Scale of 1 to 10, How Weird Are You?" *The New York Times*, January 9, 2010; and Paul B. Carroll, "Getting a Foothold Online", *The Wall Street Journal*, June 7, 2010.

## ◉ 营销中介的兴起

营销中的分销和仓储很容易被忽视，因为营销往往更关注广告、销售、营销研究和其他功能，却没有花太多时间去体会分销的重要性。请想想添柏岚公司（Timberland），它整合原料，生产1200万双鞋子，然后分销到世界各地的商店中。这是成千上万的制造商（从汽车到玩具）每天必须处理的工作。再想想大型火山喷发或海啸导致的商品供应中断。对于分销经理来说，此类问题很常见。

幸运的是，有无数的公司和个人愿意提供帮助，他们的工作就是将原料送给生产者，再将产品送到消费者手中。在一般情况下产品会再从消费者流向回收商，然后再回到制造商和装配企业。你知道只有20%的塑料水瓶被回收吗？阅读"环保意识"专栏，更多地了解可持续性和分销过程。

对许多企业来说，管理商品流转变成了最重要的管理功能之一。让我们看看这一功能是如何实现的。

**营销中介**（marketing intermediaries）指辅助生产者将产品和服务运送给企业（B2B）或从企业运送给消费者（B2C）的组织。之所以被称作中介，是因为他们处在将产品由生产者送到消费者的供应链中间。**分销渠道**（channel of distribution）包含所有营销中介的组合，例如代理商、经纪人、批发商和零售商，他们在产品由生产者流向消费者的途径（或渠道）中，共同负责保存及运送产品。**代理商／经纪人**（agents/brokers）是指撮合买卖双方并协助双方议价，但没有产品所有权的营销中介。也就是说，在整个交易过程中他们都不曾拥有产品。试想房地产中介就是一个例子。

**批发商**（wholesaler）是将产品卖给其他组织（如零售商、制造商和医院等）的营销中介，是企业间系统的一个环节。由于存在着高额的分销成本，沃尔玛尝试着从其分销系统中取消独立的批发商，转由自己来做。也就是说，沃尔玛为自己提供属于自己的仓储和卡车。现在它拥有120个配送中心，53,000部运输车辆，负责将商品配送到下属的商店。最后，**零售商**（retailer）指将产品卖给最终消费者（像你和我一样的个人）的组织。

分销渠道有助于确保信息、金钱和商品所有权的流通，同时也有助于确保

# 环保意识

## 分销和可持续性

在整个教材中，我们都在谈论对在产品和服务的制造以及销售时态度更倾向于环保的公司。但是，在应用环保战略时，若没有供应链中其他公司的合作与参与，是不会取得成功的。因此，具有环保意识的公司正在催促供应链上的伙伴与他们合作，共同提出一个配送计划，以此减少污染，同时实现利润的最大化。此类计划不仅有利于阻止负面宣传，而且可以让整个系统收获更多利润。

最近的数据表明，交通运输的能源消耗超过了全美国的28%，二氧化碳排放超过了33%。火车运输的吨英里燃油效率是汽运的4倍，空运的二氧化碳排放是火车或航运的600倍。很明显，如果你有环保意识的话，选择使用哪种分销模式比当初设想的要复杂得多。世界各地的公司都在谈论测量方法，并做出相应的反应。可持续性时代已经介入到分销以及营销的其他方面。

资料来源：Michael S. Hopkins, "How Sustainability Creates New Opportunity," *MIT Sloan Management Review*, Summer 2010; Susan L. Golicic, Courtney N. Boerstler and Lisa M. Ellram, " 'Greening' in the Supply Chain," *MIT Sloan Management Review*, Winter 2010; and Todd W. Price, "Making Resource Management Work: Sustainability and the Supply Chain," *Harvard Business Review*, March 2011.

适当数量和种类的商品能够在被需要时供应到相应的地点。图14.1显示的是精选的消费品和工业品分销渠道。

当你驶下任何一条高速公路，看到成千上万的卡车和火车正在各自运输商品时，你就能看到正在发挥作用的美国分销系统。然而，还有许多配送仓库是不大能被看见的，它们储存着商品，以备所需。你想过拥有食品、家具、服装和其他商品现货的好处吗？在你开车从一个镇赶到另一个镇的路上，你看到过配送仓库吗？

## 为何需要中介

图14.1显示，部分制造商直接卖东西给消费者。那么为何还要有营销中介呢？答案是：中介可以比制造商更有效（更快、更低成本）地处理一些营销工作，例如运输、储存、销售、广告和构建关系。以下是一个简单的比喻：你可以

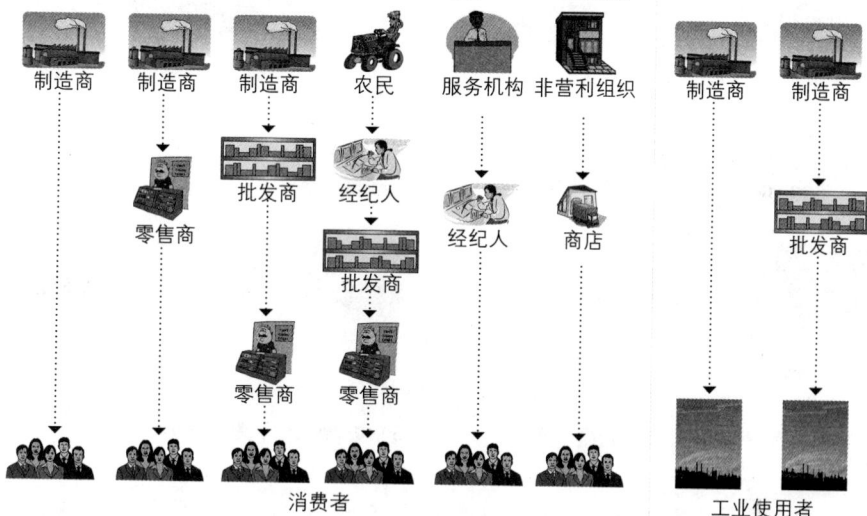

**图14.1 工业品、消费品与服务的分销渠道**

亲自送包裹给在世界上任何地方的人，但通常你不会这么做，为什么呢？因为让美国邮政服务、联合包裹服务公司等私人公司来运送，往往更为便宜、快速。

同样地，你可以亲自卖房子或是直接向个体公司买股票，但大多数的人不会这么做，因为代理商与经纪人是营销中介，他们使交易过程更简单、有效且有利可图。下节将进一步探讨中介如何提升各种交易的效率。

## 中介如何创造交易效率

使用营销中介的好处很容易解释。假设有五个不同的食品制造商，每个都想

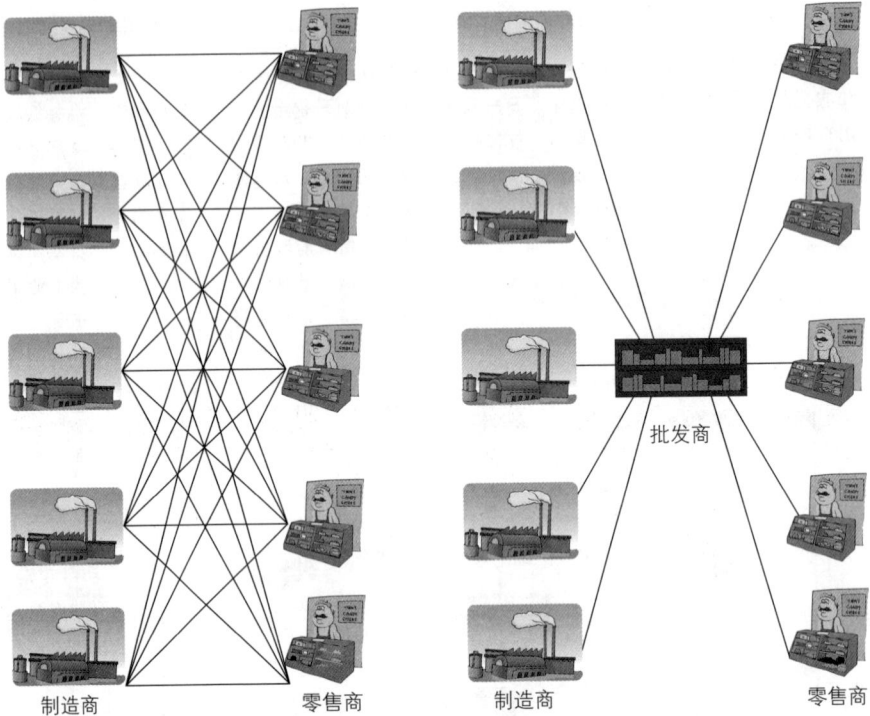

**图 14.2　中介如何创造交易效率**

图示分销渠道中加入了一个批发商，可以让合同数从25个减少到10个，使交易变得更有效率。

要直接销售给五个零售商，他们就必须建立25个（5×5）交易关系。我们来看看如果一个批发商进入这个交易系统之后，会有什么结果：五个制造商和批发商建立五个交易关系，这个批发商会和五个零售商联系，形成五个交易关系。注意，在一个批发商加入之后，交易由25个减少到10个。图14.2说明了这个过程。

有些经济学家认为中介的存在会增加成本，应该被淘汰；但营销商却认为，中介可提供高于成本的价值。我们会探讨这个议题，并指出中介所提供的价值。

## 中介的价值和成本

大众总是会以怀疑的眼光来看待营销中介。一些研究显示，我们购买的东西有一半的成本是营销成本，主要用来支付给中介的费用。人们认为只要没有这些中介，产品的成本就会大大降低。听起来很有道理，但真有这么简单吗？

以一盒售价4美元的麦片为例，消费者要如何让麦片变得更便宜？我们可以开车到密歇根州生产麦片的地方购买，来节省运输成本，但你能想象数百万人开车到密歇根州，只为了买一些麦片吗？当然不会，也不合理，若是让中介把麦片运到都市里，成本就便宜多了。这当中也产生了批发商的运输和仓储成本，但这些步骤不是会增加成本吗？的确，但他们也提高了价值——不必开车到密歇根州购买的价值。

麦片现在正储存在市郊某处的一个仓库里，我们现在都可以开车到批发商处来购买，但这不是买麦片最经济的方式。如果加入汽油和时间的成本，麦片还是太贵了。我们会希望有人能够把麦片装到卡车上，将卡车开到附近的超市去，再从卡车上卸下、取出并贴上标签，再放到架上等着我们来购买。为了让购买更加方便，超市最好一天24小时、一周7天都营业。想想以上这些成本，但也想想它的价值！只要花4美元，我们就可以在想要的时候，轻松地买到一盒麦片。

如果不想通过零售商，我们可以用低一点的价格买到一盒麦片，但我们必须开车到较远的仓库去，并且会花更多时间在整排的麦片里寻找自己要的产品。如果不想通过批发商，我们可以再省一点钱，但必须付出开车到密歇根州这个更高昂的成本。这里加一点，那里加一点，最后1美元当中，只有25美分是制造成本，花在分销（营销）上的成本却要75美分。

图14.3显示你的钱花在分销过程中的哪个部分。最大的比例是花在卡车司机、批发和零售组织的店员身上。也注意一下利润只占了3.5%，这比你原先预期的一定小很多。以下是关于中介的三个基本要点：

1. 可以不需要有营销中介，但他们的活动必须保留。也就是说，你可以去除一些批发商和零售商，但接下来消费者或其他人就要执行中介的工作，包括运输和储存产品、寻找供应商，以及建立与供应商之间的沟通。

2. 中介组织能够存活下来，是因为它们比其他组织更快和更廉价地履行着营销职能。为了维持在营销渠道中的竞争力，它们现在必须采用最新的科技，包括搜索引擎优化、社交网络（比如进入脸谱网等）和网站统计数据分析，从而更好地理解消费者。

3. 中介会增加产品的成本，但这些成本大多可以被他们所创造的价值抵消。

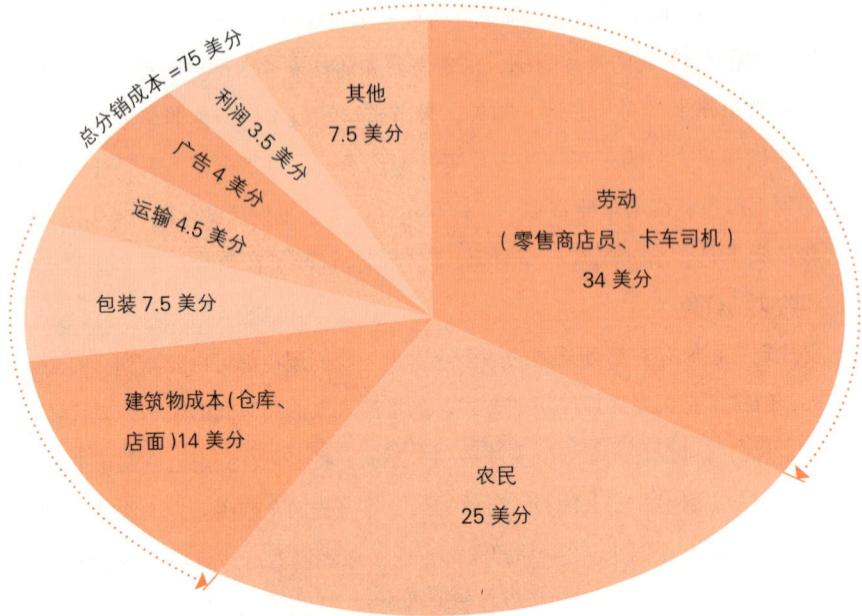

**图 14.3　1 美元食物的分配比例**

农民只分到 25 美分，大部分的钱都流入中间商手中，用来支付销售成本。其中，最大的成本是劳动成本（卡车司机、店员），其次是仓储成本。

## ◎ 中介创造的效用

效用（utility）是指厂商将产品制造得比以往更有用或更易于消费者使用 时，附加于产品或服务上的价值，或是满足欲望的能力。六种效用分为：形式、时间、地点、占有、信息和服务。虽然有些效用是由生产者所提供的，但多数的效用出自营销中介，我们将在以下探讨。

### 形式效用

传统上，**形式效用**（form utility）大部分由生产者完成而非中介，通过改变原料的形态成为有用的产品，所以农夫将小麦和谷壳分离，加工者把小麦变成面粉，都是在创造形式效用。零售商和其他营销商有时也会创造形式效用。例如，零售肉贩会将大块猪肉去除脂肪，再切成猪排。星巴克的服务生会依照客户需求调制咖啡，戴尔计算机则根据客户需求组装计算机。

## 时间效用

中介（例如零售商）会把**时间效用**（time utility）加入产品，即当消费者需要时即能获得的价值。迪瓦·特耐家住波士顿，某个冬夜与哥哥看电视时，突然想吃热狗、喝可口可乐，问题是家里并没有这些东西，于是便跑到转角熟食店买了一些热狗、面包、可乐和土豆片，另外也买了一些草莓冰沙和冰淇淋。迪瓦之所以可以在晚上十点买到这些东西，是因为当地的熟食店24小时营业，而这就是时间效用。你虽然可以随时在互联网上购物，但还是没有在街角购物方便。从另一个角度看，网络提供24小时服务也具备了时间价值。

## 地点效用

中介在产品中加入**地点效用**（place utility），指让人们可以在便利的地点购买到产品的价值。乔纳塔·瑞兹在南达科他州的荒地旅游，突然感到又饿又渴，但方圆几里之内都没有商店。乔纳塔看见路旁的标示牌上写着："直行，7–11超市供水供餐！"跟着标志走，她在商店停下吃些东西，买了一副太阳眼镜和一些纪念品。7–11在一个方便的地点为旅客提供了产品和服务。纵横全美，7–11依旧十分受到大家欢迎，因为他们都位于大家容易到达的地点，这也是提供地点效用的案例之一。随着销售越来越全球化，地点效用也会越来越重要。

## 占有效用

中介通过一些必要的行动，将所有权由一方移转到另一方来，借此创造**占有效用**（possession utility），其中包括提供信用额度、送货、安装、担保和售后服务等。拉瑞·罗斯伯格想要在郊区购买房子。虽然他找到理想的房子，但却没有足够的资金，因此，他就到房地产经纪人和当地金融机构融资购屋。房地产经纪人和金融机构等两个营销中介都提供了占有效用。对于那些不想拥有产品的消费者，占有效用也能让消费者通过租赁的方式使用该产品。

### 信息效用

中介联结营销参与者之间的双向信息流通，创造**信息效用**（information utility）。吉若米·华盛顿无法决定购买哪种电视机，他看过许多报纸广告，也咨询过几家商店销售员，并在图书馆或网上读过相关资料，推送给了朋友。报纸、销售员、图书馆、网络和政府出版品，都是通过中介取得的信息来源。他们提供了信息效用。

### 服务效用

中介在销售时与销售后提供快速、友善的服务，并且教导消费者如何使用产品，以此创造**服务效用**（service utility）。塞伦买了一部个人计算机放在家里的个人办公室，计算机制造商和零售商都继续在他需要时提供服务，他也可以用很便宜的价格来升级软件。吸引塞伦到零售商购买的首要理由，是店里销售员提供的有用和亲切的服务。服务效用迅速地成为许多零售商最重要的效用，因为若是没有它，零售商的客户会流向直复营销（例如，目录营销或网络营销）。你知道互联网提供服务效用有哪些形式？

## ◎ 批发商中介

让我们来区分批发商和零售商，并清晰地定义他们的功能。有些生产者不会直接卖东西给零售商或最终使用者（消费者），他们只和批发商做生意。有些生产者会与批发商和零售商同时交易，但给批发商较零售商更高的折扣。同样，有些批发商同时销售给零售商和消费者。办公用品大卖场史泰博（Staples）就是一个例子，它对小企业销售办公用品，同时也对消费者销售。批发大卖场像山姆会员店（Sam's Club）和好市多也面向批发商和零售商。

这里的区别是：零售（retail sale）是销售产品和服务给消费者，供消费者自己使用；批发销售（wholesale sale）则是将产品与服务整批卖给企业或机构（如学校和医院），以供商业使用，或是再卖给批发商与零售商。

批发商做的是企业间的销售。多数人只接触过零售商，对于各种批发商并不熟悉。以下我们将探讨这些有用的批发中介。它们大都提供许多营销岗位，这对你来说是个好机会。

## 商品批发商

**商品批发商（merchant wholesalers）**是拥有其经手产品所有权的独立公司，大约80%的批发商都属于这一类。有两种商品批发商：完全服务批发商和有限功能批发商。完全服务批发商（full-service wholesalers）提供所有的分销功能，参见表14.1。有限功能批发商（limited-function wholesalers）则只提供部分功能，并针对这些功能提供最完善的服务。三种常见的有限功能批发商为超级市场批发商、付现自运批发商与承运批发商。

**超级市场批发商（rack jobbers）**向零售商提供所有架上的商品，如音乐、玩具、袜子以及保健美容产品。它们采用委托销售的方式展示和销售产品，这

**表14.1 完全服务批发商**

| 完全服务批发商将会： | 批发商可以为客户提供以下服务： |
|---|---|
| 1. 将产品和服务销售给零售商和其他买者。 | 1. 购买目标市场所需产品，方便客户取得。 |
| 2. 传递制造商的广告政策和计划。 | 2. 保存存货，降低客户成本。 |
| 3. 保存存货，协助供应商降低持有的存货数量。 | 3. 快速将产品送到客户手中。 |
| 4. 安排或执行运输服务。 | 4. 提供市场信息和商业咨询服务。 |
| 5. 借由付现或快速支付货款来提供资金。 | 5. 通过赊账提供融资，对于小型零售商特别重要。 |
| 6. 提供供应商无法取得的市场信息。 | 6. 订购客户想要的产品种类和数量。 |
| 7. 承担客户赊账的信用风险、吸收坏账，或减少供应商负担。 | |
| 8. 承担拥有产品所有权的风险。 | |

资料来源：Thomas C. Kinnear, *Principles of Marketing*, 4th ed., ©1995, p. 394. Reprinted by permission of Pearson Education, Inc., Upper Saddle River, NJ.

意味着在产品卖出前，超市批发商仍保有商品的所有权，并在售出之后与零售商分享利润。你在超市中看到过装满CD及其相关商品的货架吗？那可能就是超市批发商放在那里的。

**付现自运批发商**（cash-and-carry wholesalers）服务的大多是规模较小的零售商，且产品种类有限。传统上，零售商会到此类批发商那里，交付现金，并把产品带回自己的店里，这就是付现取货（cash-and-carry）一词的由来。现在，像史泰博（Staples）等卖场都允许零售商和其他人在批发商品时使用信用卡。因此，"付现自运"这个词对于批发商来说正在变得过时。

**承订批发商**（drop shippers）从零售商和其他批发商那里获得订单，然后再请生产者直接将货品运送到买方手中，他们拥有这些商品的所有权，但不经手、储存或运送，这些工作由生产者执行。承运批发商通常贩卖体积较大的产品，例如煤矿、木材和化学原料。

## 代理商和经纪人

代理商与经纪人会撮合协助买卖双方完成议价与交易。然而，与商品批发商不同，代理商与经纪人没有经销产品的所有权。通常他们不会持有存货、提供赊账或是承担风险。商品批发商从销售商品中赚取利润，代理商与经纪人则只赚取佣金或中介费（以销售额的一定比例计算）。代理商会与被代理人维持长期关系，而经纪人往往只是暂时或短期受聘。

生产者的代理商有制造代理商或销售代理商。因为他们不能代理相互竞争的品牌，所以制造代理商只能持有数家不同领域的制造商的产品。这通常存在于汽车、制鞋和钢铁产业。销售代理商则会在一个较大的领域中单独代理一家生产者。

经纪人与买卖双方并没有持续长期的关系，当经纪人撮合买卖双方完成交易，他们之间的关系就结束了。季节性产品（例如，水果、蔬菜）和不动产的生产者通常使用经纪人。

## ◎ 零售中介

要知道，像超市这样的零售商是卖东西给最终消费者的营销中介。美国声称大约有230万家零售店，这还不包括零售网站。零售组织雇用了1100多万名员工，它们也是营销专业毕业生的主要雇主之一。近期的经济衰退影响到了零售商，迫使许多零售商裁减员工，但是，像梅西百货和西尔斯百货这样的大型零售商已在逐渐恢复。表14.2描述并列出了各种类型的零售商。你在各种商店里购买过东西吗？每种商店的优势是什么？你喜欢在这样的零售商店工作吗？有些零售商似乎主要靠价格竞争，其他商店（比如专卖店）则以差异化为竞争工具。本章的"聚焦小企业"专栏讲述了零售店中的一个创新，它突然在全国兴起。销售商采用几种策略进行零售分销。接下来我们会进行解释。

**表14.2 零售商类型**

| 类 型 | 说 明 | 例 子 |
|---|---|---|
| 百货公司 | 不同部门销售种类甚多的各式产品（衣服、家具、居家用品） | 西尔斯、杰西潘尼、诺德斯特龙 |
| 折扣店 | 价格低于百货公司产品，种类甚多 | 沃尔玛、塔吉特 |
| 超市 | 销售食物、清洁用品和纸类等商品 | 赛福威（Safeway）、克罗格（Kroger）、艾伯森 |
| 量贩仓库 | 卖场比超市更大，以折扣价销售食物和日用品，通常采取会员制 | 好市多、山姆会员店 |
| 便利商店 | 位置便利，24 小时开放，销售食物和其他日常用品 | 7-11 |
| 大型专卖店 | 销售特定产品（数种类型）的所有类 | 玩具反斗城、Bass Proshops 户外用品、欧迪办公 |
| 品牌折扣店 | 折扣价销售，直接从制造商购入一般商品，也卖零码、瑕疵品或二手商品 | 诺德斯特龙折扣店（Nordstrom Rack）、丽诗加邦（Liz Claiborne）、耐克、TJ Maxx 特价名品店 |
| 精品店 | 销售某类经过挑选的数项商品 | 珠宝店、鞋店、自行车店 |

# 聚焦小企业

## 零售店不见了

随着像亚马逊这样的网络购物网站持续抢占市场份额,为了开展竞争,实体零售店被迫强化自身优势。21世纪头几年,很多公司实验性地推出所谓的"临时店铺",为消费者创造一种全新的购物体验。这些临时的商铺会在一个小空间内短时间开放,出售促销商品和(或)在传统商店发现不了的商品。虽然当时有人辩解说这个策略太像耍花招了,但现在许多人还是愿意再次尝试这种临时性的体验。

虽然美国大型商场的衰落对零售商造成了重大打击,沿街空空的店面也为临时商店提供了大量空间。事实上,在刚刚过去的假期里,玩具零售商玩具反斗城(Toys'R'Us)就开了600多家临时商店,很多开在了商场原来为破产的KB玩具存放货物的地方。图书零售商鲍德斯(Boarders)在去年开了25个临时商店,其中多数设在了商场用于自我展示的地方。

尽管如此,正如最近鲍德斯停止营业表明的那样,临时商店不能保证会挽救公司的颓势。最有抱负的临时商店甚至不卖商品,相反,它们尝试在消费者和公司产品之间创建一种独特的体验,常常选择分发产品,而不是出售产品。例如,宝洁公司最近在纽约开了一个临时商店,专门开展促销活动。参观者可以免费装扮一次封面女郎,或者将免费的纺必适(Febreeze)蜡烛和海飞丝洗发水样品带回家。想法是与消费者开展不同的对话,让他们能够与产品互动。这种临时商店的目的是与消费者建立长久的关系,而不只是快速地分销产品。如果这一策略奏效,人们会利用交谈、短信和推特传播他们的体验,使得公司获得与消费者接触的宝贵机会。

资料来源:Matt Townsend, "The Staying Power of Pop-Up Stores," *Bloomberg Businessweek*, November 11, 2010; and Jason DelRay, "Shop Now Before It All Disappears," Inc., July – August 2010.

## 零售分销策略

不同的产品需要不同的零售分销策略。厂商要作的主要决策就是选择适合的零售商来销售他们的产品。零售分销有三大类:密集分销、选择分销和独家分销。

**密集分销**(intensive distribution)就是尽可能将产品分配至各种零售点上销售,也包括自动贩卖机。密集分销适用于便利产品,例如糖果、香烟、口香糖和热门杂志。

选择分销（selective distribution）是在特定的地区只选择几家优先的零售商销售，这样的选择帮助生产者确保销售和服务的质量。家电用品、家具和服饰（逛街购物产品）的制造商通常会使用选择分销。

独家分销（exclusive distribution）是在特定区域之内只选一家零售点，因为零售商有独家销售产品的权利，所以更可能有较多的存货、提供较好的服务以及更多地关心这个品牌的产品。汽车制造商通常会使用独家分销。一些特殊产品，例如钓鱼用假蝇钩和特技跳伞设备的制造商，也会采用这种策略。

## ◎ 非店面零售

最近在零售业中，没有其他议题比电子零售更受关注，这可能是零售业从传统商店进化到非店面零售的下一个步骤。其他种类包括：电话营销；自动贩卖机、信息站与手推车；直销、多层次营销和直复营销。小企业可以使用非店面零售来打开产品新的分销渠道。

### 电子零售

电子零售（electronic retailing）指在网络上将产品和服务销售给最终消费者。由于网站的创新和折扣促销，网络零售在最近几年有了长足发展。不过，争取到客户也只是完成这场战役的前半段而已，剩下的一半是要将产品送达、提供有帮助的服务，以及留住客户。当电子零售商没有充足的存货，或无法将产品准时送达（特别是在节日和其他销售旺季时）时，客户就会放弃在网络上购买并转往实体零售商。

许多电子零售商现在提供电子邮件订单确认信，但有时电子零售商在某些事情上处理稍逊色，例如客户投诉、接受退货以及提供在线个人协助等。有些网站会提供辅助功能键来提升客户服务，你只要点选它就可以得到店员的实时在线服务。

有时，人们把增添了网店业务的传统实体商店叫作店面与网络结合的零售商（brick-and-click retailing）。他们让消费者自行选择最适合自己的购物方式。大多数想在未来维持竞争力的公司可能需要同时拥有实体店和网店，以便提供消费者希望选择的所有方式。沃尔玛就增加了一项服务，即在当天可以在实体店取走网购的商品。

像西尔斯等传统零售商已经认识到，网络销售需要新的分销方法。西尔斯的仓库习惯用卡车将商品运到公司的零售店，但是，除了像家具和家用电器等大型订单之外，它们还没做好准备将货物直接送给消费者个人。因此，传统零售商和网络零售商都必须开发出新的分销系统，以满足当今精通网络的消费者的需求。在易贝上销售商品和服务通常是容易的，但这些商品总是需要配送的。大多数人将这一职能外包给了联邦快递或联合包裹，它们具备所需的专业技能。

## 电话营销

**电话营销**（telemarketing）是通过电话来销售产品和服务。目前有大约8万家公司使用电话营销来辅助或替代店内销售，并弥补网络销售的不足。许多公司会寄目录给消费者，消费者可以拨打免付费电话来订购。许多网络零售商也会提供在线辅助功能，来达到相同的目的。

## 自动售货机、书报摊与手推车

如果消费者把足够的钱投入自动售货机中，它就会送出便利商品。自动售货机能充分利用地点效应：在人们需要便利商品的地方都可以看到它们的身影，比如机场、办公大楼、学校、加油站和其他地方。在日本，自动售货机销售各式各样的产品，从绷带、洗脸毛巾到色拉和风味海鲜食品，一应俱全。随着更多的创新被引入美国，通过售货机销售将是一个有趣且值得关注的领域。美国的自动售货机已在销售iPod、博士（Bose）头戴式耳机、运动鞋、数码相机和DVD影碟等产品。你甚至还能在自动售货机中发现蚯蚓、药用大麻和夏敦埃酒。而在阿布扎比，人们可以从自动柜员机中提取黄金。

手推车和书报摊的营业成本要比商店低，因此，它们可以提供更廉价的产品，比如T恤、钱包、手表和手机。你可以在商店外或在购物中心的走道上看到这些售货车。许多商场老板喜欢它们，因为它们富有色彩，并创造出一种市场的气氛。书报摊主常常发放赠券和有用的产品信息。你可能注意到航空公司利用书报摊加速登机的过程，多数提供登机牌，并允许你更换座位。许多书报摊还提供上网服务，因此，消费者可以在某个地方的商店里购物，同时又能购买到互联网上销售的所有商品。你怎么看这类书报摊？

## 直 销

直销（direct selling）就是直接送达消费者家里或工作场所。因为许多女性白天出外工作，所以公司会在工作地点或是利用晚上、周末办理直销招待会。使用这种销售方式的主要厂商有化妆品制造商和吸尘器制造商。为了复制这些企业的成功，其他公司也开始通过直销销售女用贴身内衣、艺术品、蜡烛等产品。这些销售很多是通过厂商赞助的家庭派对来进行的。然而一些公司，例如百科全书的业务员，偏好以网络销售的方式进行直销。

## 多层次营销

超过1000家美国公司成功采用了多层次营销（multilevel marketing，MLM），而多层次营销的销售人员就像独立的承包商一样。今天，最成功的多层次营销公司叫"团队"（Team），它销售的产品是蒙纳维（MonaVie），这是用葡萄酒瓶装的果汁，售价39美元。销售人员依据自己的销售赚取佣金，同时为招募他们的"上线"赚取佣金，也从自己招募的"下线"那里提取佣金。当你有好几百个下线时，也就是说你雇的人又雇了人，你的佣金就会大增。有些人靠这种方式一个月就有数万美元的收入。但这并不表示你应当参与这种组织。通常，处于底层的人自己购买产品并将很少的一部分卖给他人。

对员工来说，多层次营销吸引人的地方，除了赚钱的潜力，还有一项就是很低的进入成本。只要很小的投资，一个普通人就可以开始做生意及雇用其他人。但因为曾经有些公司做出违反企业伦理的事，导致许多人开始质疑多层次营销。

潜在雇员必须审慎检视这种公司的运作实务。然而，只要看到整体的多层次营销一年有300亿美元的销售数字，就可以知道这种营销模式有多成功。

### 直复营销

**直复营销**（direct marketing）包括任何直接联结制造商或中介与最终消费者的活动。作为在零售中成长最快的类型之一，直复营销包括直接邮寄、目录销售、电话营销和在线营销等。使用直复营销的著名目录公司有女士服饰零售公司Coldwater Creek、里昂·比恩户外用品（L. L. Bean）和蓝衫公司（Lands'End，现属西尔斯公司）等。此外，直复营销在一些高科技领域也引发了激烈的竞争。

直复营销之所以受到欢迎，是因为对消费者来说，在家或是在公司购物要比到商店购物方便。人们不需要开车到购物中心去，只需要阅读商品目录、报纸的广告副刊，之后通过电话、邮件和计算机购买商品。可以预期，交互式的网络销售将带给零售商越来越大的挑战。最近，里昂·比恩户外用品公司降低运费，给竞争对手造成了压力，使得该公司对喜欢通过目录或网络购物的人产生了更大的吸引力。

互动视频将直复营销带入新的里程碑。制造商现在通过网络提供所有的信息，方便消费者利用计算机观看。消费者可以问问题、搜寻最好的价格，以及订购产品和服务，而这些全都在线进行。使用互动视频和互动网站的公司，已经成为通过纸本目录营销公司最大的竞争者。

为给消费者提供最大利益，营销中介必须共同合作以确保商品与服务能顺利进行。这些分销渠道间并非总是协调一致的，所以分销成员必须创造出更有效率的物流系统，以下将做进一步的讨论。

## ◎ 建立分销合作关系

有一个方法可以让传统零售商继续和网络零售商竞争，那就是变得更有效率，使网络零售商无法靠成本将他们击倒——因为要花钱送货。换言之，制造商、批发商和零售商必须紧密合作，形成一个整合的系统。制造商如何让批发商和零售商一同合作，形成一个高效率的销售系统呢？办法之一是将这些公司结合起来，建立一个正式的关系。有四个分销系统可以用来整合各个渠道：公司分销系统、合约分销系统、管理分销系统和供应链。

## 公司分销系统

**公司分销系统**（corporate distribution system）指销售渠道中的所有组织均由一家公司拥有。如果制造商拥有零售商，很显然就可以对零售商的运作有更大的控制权。例如，舍温-威廉姆斯（Sherwin-William）拥有自己的零售商店，可以协调所有的事情，包括展示、定价、促销、存货管理等。

## 合约分销系统

如果一家制造商无法购买自己的零售商店，就可能试图和零售商签约寻求合作。**合约分销系统**（contractual distribution system）是根据合约协议，成员有义务合作的分销系统。目前总共有三种合约系统：

1. 特许加盟系统（franchise system），例如麦当劳、肯德基、31冰淇淋和安河汽车传动器维护中心（AAMCO）。加盟店同意遵守特许经销商的规定、限制和程序，确保多数特许加盟组织能维持服务质量和一致性水平。

2. 批发商赞助连锁（wholesaler-sponsored chains），例如艾秾谛五金公司和国际食品商联盟（IGA）。每一家店都会签署协议，同意使用相同名称、参与连锁促销，像一个标准统一的分销系统一样运作，同时每家商店都保持独立的所有权和经营权。

3. 零售合作（retail cooperatives），例如食品杂货商协会（Associated Grocers）。协议类似批发商赞助连锁店，只是这些协议是由零售商发起，他们同意采取相同的合作方式，但每家商店各自独立。通常这样的系统都同意集中向一家批发商购买，但是零售合作也可以购买一家批发组织，以确保得到更好的服务。

## 管理分销系统

如果你是一个生产者，当你无法争取经销商签定合作协议时，该怎么办？你可以自行管理所有的营销运作，包括展示、存货控制、定价和促销。一个由制造商管理零售阶段所有营销功能的分销系统，我们称之为**管理分销系统**（administered distribution system）。卡夫（Kraft）公司就是这样管理它的奶酪产品的；斯克特公司（Scott）也是这样管理它的种子和草坪保养产品的。零售商会和生产者在这样的系统中合作，因为他们可以得到许多免费的协助。所有零售商要做的事就是进行销售。

## 供应链

**供应链**（supply chain）［有时称为价值链（value chain）］指产品从原料到送抵最终消费者手中的所有相关活动，而且各种活动必须由不同组织完成。供应链比分销渠道长，因为它包括由供应商到制造商这一段，而分销渠道是从制造商开始。分销渠道是整体供应链的一部分（参见图14.4），因此，供应链包括了农民，矿工，各种供应商（例如零件、设备、补给），制造商，批发商和零售商。**供应链管理**（supply-chain management）指管理原料、零件、在制品、制成品和相关信息在供应链成员间流动的过程，以及在必要时管理产品的退货和回收物资再利用。

起亚汽车（Kia）的索兰托（Sorento）采用的是复杂的供应链。索兰托在韩国组装，其3万多个组件则来自全球各地。减震器和前装系统来自德国采埃孚萨克斯股份公司（ZF Sachs AG），前轮驱动来自全球汽车变速器及全轮驱动大厂

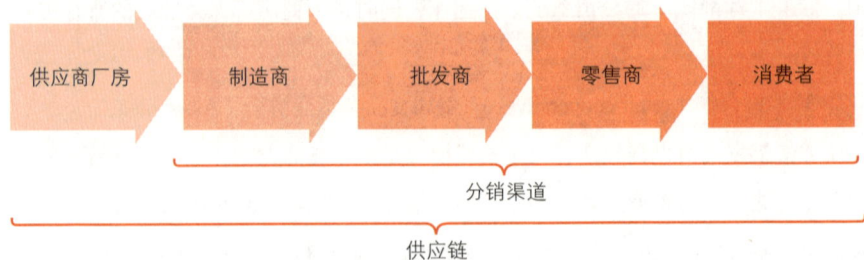

供应商厂房 → 制造商 → 批发商 → 零售商 → 消费者

分销渠道

供应链

**图 14.4 供应链**

## 域外观察

### 全球服务供应链

生产所用的零部件和原材料的供应链易于想象。例如，你很容易就可以想象出配件会从泰国、菲律宾、马来西亚运到中国的工厂，并在此制造，之后便会在纽约的苹果商店以 iPod 或 iPad 2s 的形式出售。在未来，研究和理解服务供应链可能更加重要。可以把呼叫中心想象为服务供应链的一部分。它们相对容易建立。当遇到技术问题时，大多数人有过与亚洲人电话交谈的经历。现在想象外包其他的服务，比如软件编程、审查法律文件、处理费用报告等。

目前，很多影视动画在菲律宾制作，中国的公司则提供研发服务。有文章指出："我们正在走向这样的时代，马来西亚的建筑师为伦敦一个新办公大楼设计图纸，菲律宾的建筑师准备详细的透视图，中国工程师会评估设计的结构稳固性。或者曼谷一家专业公司为美国堪萨斯的一家公司代办保健福利。"外国供应商之间竞争激烈，包括要寻找有很强语言技巧的工人。擅长为商品提供供应链服务的国家（比如中国）可能不是提供专业服务的国家（比如印度）。当然，美国也是在供应链服务方面领先的国家之一。重要的是要保证供应链的安全。2011 年日本发生的灾难向世人表明供应链是最薄弱的环节。

资料来源：Joseph Sternberg, "Now Comes the Global Revolution in Services", *The Wall Street Journal*, February 10, 2011; Janet Napolitano, "How to Secure the Global Supply Chain", *The Wall Street Journal*, January 6, 2011; and Bruce Einhorn, Tim Culpan and Alan Ohnsman, "Now, A Weak Link in the Supply Chain," *Bloomberg Businessweek*, March 21 – March 27, 2011.

博格华纳（Borg Warner）公司，轮胎来自米其林（Michelin）。安全气囊有时会从瑞典的奥托立夫公司（Autoliv Inc.）空运过来，并在美国犹他州制造。由此可见，供应链管理是跨越厂商和国界的。其服务也日益纳入到供应链中。了解更多供应链和服务的内容，请阅读本章"域外观察"专栏。

像思爱普软件公司（SAP）、i2 科技公司和甲骨文公司等，已经开发出可以协调信息和产品流动的软件。因此，可以利用最少的原料、存货和时间，将消费者的需求顺利转换成产品。企业可以如此平顺地移动零件和信息，以至于它们看上去就像是一家公司。计算机使得这些连接成为可能。这些系统当然非常复杂，也十分昂贵，但长期来看绝对物有所值，因为节省存货、增进客户服务并且能够快速响应市场变化等带来的收益完全可以弥补成本。这一系统兼具效率与效益，这就是为什么有时候它也被称为价值链。

但是，并非所有的供应链都那么有效。有些公司苦于高额的分销成本，包括燃油的成本、低效的货车路线和额外的存货。供应链管理的复杂性常使得厂商将整个流程外包给知道如何整合的专业团队。美国伊利诺伊州拉弗克斯市理查森电子公司（Richardson Electronics）的营运遍及125个国家，涉及37种不同的货币。理查森公司依赖甲骨文公司的仁科（People Soft）供应链管理与财务管理解决方案，以使其在世界各地的货运以及支付确认更加方便和廉价。随着更多的企业意识到分销的复杂性，外包业务正在不断增加。

当发现玩具中有含铅油漆和肝素药中含有污染物时，公司认识到，将这种职能外包会带来严重的后果。卡地纳健康公司（Cardinal Health）是美国第二大药品分销商，它在首席执行官重组其供应链之后变得更加成功。所有公司必须认真评估供应链的每一个环节，确保整个系统的可持续性。因为很多影响环境的东西是由分销造成的，现在的重点应该放在环保技术的应用上。


## ◎ 物流：将商品有效率地送达消费者手中

近年来，运输成本大幅增长。在国与国之间进行运输的时候，通常无法利用卡车或火车，因为要跨越海洋，而空运又非常昂贵，有时别无选择，只能利用海运。但是，如何将货物装船，并从船上再到买方手中呢？如何保持较低的成本使你和消费者都能受益呢？如何处理国际贸易的关税和税收？商品的全球分销十分复杂。随着运输和分销变得越来越复杂，营销商的应对方式是开发出更高级的系统。

为了有效管理海关问题，许多公司改用网络版贸易合规系统。例如，TradePoint和Xporta等企业就能帮助确定相关文书作业，交叉检查相关数据库以及国际贸易关税和税收、美国劳工法律限制、食品药物管理局和烟酒枪支管理局等单位的联邦法规。换言之，它们管理物流。

物流（logistics）是指规划、执行和控制物料、最终产品和相关信息从原产地到消费点的流动，在有利润的情况下满足消费者的需求。**输入物流（inbound logistics）**是将原料、包装、其他产品和服务及信息，从供应商运送给制造商。

**物料搬运（materials handling）**是指货物的移动，包括在仓库中、从仓库到工厂再从工厂到各个工作站的过程。工厂流程（factory processes）会将原材料、零部件与其他投入转化成最终产品，例如鞋和汽车。

**输出物流（outbound logistics）**是管理成品和信息流向企业买者和消费者的过程。逆向物流（reverse logistics）则包括将瑕疵品或回收资源退回给制造商。

物流涉及的是商品的移动，同样，它也涉及信息的流通。消费者的需求必须通过这个系统实时传递给供应商。信息也必须借助这个系统毫无停滞地向下游流动，因此，就需要复杂的软硬件设施。印度纺品（Fabindia）是一家印度公司，销售手工缝制的衣服和家用饰品，它通过将其供应商变成股东的方式，与供应商保持了密切的关系。

第三方物流（third-party logistics）是指雇用外部厂商协助运送货物。将你的公司效率不如外部公司的那部分功能外包出去是一个趋势。第三方物流正是这一趋势的一部分。具有超强经商头脑并能主动分享知识的第三方物流提供商（3PLs）会在将来获得发展。例如，极宽（Greatwide）物流服务公司就为美国10家最大食品杂货零售商和批发商中的6家提供服务。

美国得州仪器公司（TI）是世界最大的硅片制造商之一。其大约75%的半导体产品通过它自己的配送网络运到世界各地。该公司在新加坡设立了一个区域配送中心，用以服务亚洲的客户；达拉斯的区域配送中心为北美地区提供服务；荷兰乌得勒支的区域配送中心为欧洲提供服务；日本筑波的区域配送中心则为日本提供服务。得州仪器公司利用第三方物流管理这些仓库的日常运营。将产品从某处运到他处是物流的重要组成部分。

销货之后要如何有效率地将产品送到消费者手中？你的意见是什么？你可以通过卡车、火车、轮船或管道送货。你也可以找货运专家，例如联合包裹服务公司、联邦快递或是美国邮局，但是费用很高，特别是体积庞大的产品。但是，有一些精明的营销商会将分销工作外包给这类专家。所有的运输都能以下条件来评估：成本、速度、可靠性、弹性、频率与可到达的地点。表14.3比较各种交通工具。

**表 14.3 运输模式比较**

结合卡车和铁路可以降低成本，提高可以到达的目的地数量。结合卡车和船也有相同的效果。结合卡车和空运可以加快长途运输速度，并且让货物可以到达所有的地方。

| 模式 | 成本 | 速度 | 准时可靠度 | 处理产品的弹性 | 运输频率 | 到达地点 |
|------|------|------|------------|----------------|----------|----------|
| 铁路 | 中 | 慢 | 中 | 高 | 低 | 高 |
| 卡车 | 高 | 快 | 高 | 中 | 高 | 最高 |
| 管道 | 低 | 中 | 最高 | 最低 | 最高 | 最低 |
| 船舶(海运) | 最低 | 最慢 | 最低 | 最高 | 最低 | 低 |
| 飞机 | 最高 | 最快 | 低 | 低 | 中 | 中 |

## 火车主要用于大型商品运输

在美国，产品通过铁路运输的比例最高（按照体积测算）。从整体上看，铁路运量约占运输总量的43%（按吨英里计算），而能源消耗只占总消耗量的7%。铁路最适合运输煤矿、小麦、汽车和重型设备之类体积庞大的商品。猪背式运输（piggyback shipping）指的是将卡车的挂车与主车分离，把挂车放到铁路平车上，等运送到要卸货的目的地，再挂到另一辆卡车上送到客户的工厂。铁路应继续保持其他运输方式无法比拟的优势，它是一种相对节省能源的商品运输方式，因此，如果能源价格上涨，它也能获得显著的收益。

公司要运送的货物可能没有多到要用火车运送，小型制造商或营销商可以用较合理的费用寻求货运代理协助。**货运代理（freight forwarder）**可以将许多小型托运货物集中在一起，以更具成本效率的方式，通过卡车、火车或船舶运送。有些货运代理也提供仓库、海关协助和其他包装配送服务。你可以发现，这些货运代理对于小型企业非常有利。总之，货运代理只是许多新兴的货物运输方法之一。

## 卡车规模较小，适合偏远地区

陆地上第二大运输模式就是汽车（卡车和货车）。如表14.3所示，卡车到达的地点比火车还多，因为卡车可以挨家挨户地运送各种商品。

虽然企业可以自行组织卡车运输系统，不过若是涉及长途物流，竞争力仍然不及外部专业运输公司，就像上述外部的货运代理一样，两者都是为了运送货物这个重要的营销职能而产生的。因此，铁路已经和卡车公司结合拓展了猪背式运输，使用20英尺高的铁路用车，被称为双层集装箱（double stacks），它可以携带两个卡车挂车，一个在上一个在下。

如果油价上涨，货车运输公司就会寻找降低成本的办法。用以衡量从农场到消费者的运输的最新标准是碳成本（carbon cost）。有人主张：食品运输的距离越短，对环境就越好，但这并不总是正确的。

## 水运便宜但速度慢

如果向海外运送商品，船运常常是最便宜的方式。显然，相比陆运或空运，轮船比较慢，因此，水运不适合需要快速送达的商品。当燃油价格猛涨时，船运就会大幅减少；当油价降低时，它的情况就会好转；而当油价再次上升时，它会再次减少。水运可以是地区性的，也可以是国际性的。如果你住在密西西比河附近，就可能看到拖轮一次拖着30艘驳船在河面上航行，所有的货物加起来大约有35,000吨。在比较小的河流上，拖轮可以拖行8艘驳船，货物加起来可达20,000吨，这相当于4列100节火车车厢所运货物的总和。如果将五大湖运输、东西海岸运输、沿海岸运输和国际海运考虑进来，水上运输将成为一种主要的运输模式。当把卡车挂车放在船上以很低的费率长途运输时，它就叫作鱼背式运输（fishyback，参见猪背式运输的解释）；顺便说一句，当把挂车放在飞机上运输时，它就叫作鸟背式运输（birdyback）。

## 管道又快又有效率

一种不易看到的运输模式称为管道运输。管道主要被用来输送水、石油和石油产品，但其实还有更多你想象不到的产品也采取这种方式运输。例如，煤矿可以压碎、混入水中，再用管道来运送。

## 空运最快但也最贵

目前只有小部分运输是通过空运。毫无疑问地，空运对于很多产业来说十分重要。航空公司载运品项从小包裹到豪华汽车和大象，几乎无所不包。空运最大的好处就是速度，联邦快递和联合包裹服务公司尤其深刻地了解这一点。身为快递市场中的一员，联邦快递和联合包裹服务公司利用空运扩展到全球市场。

航空货运业也开始专注于全球分销。埃默里公司（Emery）可谓是市场领导者，它建立了专业销售与运作团队，提供特殊产业的分销需求。荷兰航空（KLM Royal Dutch Airlines）有客货两用飞机，可以运送高利润货品，例如外交邮件和医疗补给品，这让荷兰航空得以和联邦快递、荷兰TNT快递和DHL等运送大型货物的公司竞争。

## 多式联运

**多式联运**（intermodal shipping）使用多种运输模式——高速公路、空运、水路、铁路——完成单次长途货运。专门经营多式联运的公司，就是多式营销公司。今日，铁路公司之间正彼此整合，而且也和其他的运输公司整合以提供多式联运。

假使一台日本制造的汽车要在美国销售，它会先由卡车运送到装货的码头，接下来由货船运送到美国港口，然后用卡车运到火车站，装载到火车上之后再运送到其他地方，最后再由卡车运送到地方的汽车经销商。你一定看过汽车通过火车或是卡车送往全国各地的情况，现在想象一下所有的过程都是由一家整合的货运公司处理，这就是多式联运。

## 仓储功能

上面几节详细介绍了被公司卖出的产品的各类运输模式。不过这只是了解将商品从一点运至另一点的运输系统的第一步。复杂的物流系统还包括另一个重要的组成部分：仓储。

人们都希望快速取得商品，因此，营销商必须在不同国家地区预先仓储产品，随时为当地的订单需求做准备。物流总成本中，仓储成本占有极大比重。其中包括了仓储库房（分销设施）和它的运作，以及仓库内的货物运输。主要的仓库类型有两种：存储型和分销型。存储型仓库（storage warehouse）存放产品时间相对比较长。割草机一类的季节性产品就会存放在这样的仓库。

分销型仓库（distribution warehouses）则是用来聚集和重新分销产品的。你可以想象一个分销仓库为联邦快递和联合包裹服务公司在很短时间内处理几千件包裹的景象。包裹在全国范围内分拣，之后在这些中心被处理重新运送。若是看到通用电气在加州圣盖博谷（San Gabriel Valley）的那座综合储存和配送的仓库，你在赞叹"天啊！这么庞大的建筑物"之余，就可以了解分销型仓库有多大了——那是一个大约有半英里长、465英尺宽的仓库，可以容纳27座足球场。

## 商品追踪

生产者如何追踪他们的商品在某一时间位于何处？我们在第13章中已提及一种常见的预先设置好的黑白条形代码——通用产品代码，通过它公司就可以追踪存货的情况。当手机的扫码应用使得比较不同供应商的产品价格以及阅读评价成为可能的时候，条形码实现了一个大飞跃。

我们在前面已经提及，无线射频识别技术（radio frequency identification, RFID）是给商品加标签的较新技术，它可以从商品抵达供应商的码头一直追踪到它出了零售商的门口。沃尔玛、塔吉特百货及其他组织都计划要求供应商采用这项技术。目前，无线射频识别标签的成本大约为10美分，但目标是将此成本降到大约1美分。

很少有公司比联合包裹公司对追踪货物更感兴趣，该公司现在混合使用蓝牙短程无线通信设备和无线接收器来追踪商品。它宣称此系统甚至优于无线射频识别技术。美国国务院正在制作一种电子护照卡，替换经常去加拿大、墨西哥和哥伦比亚旅行的美国公民所用的护照本。它使用无线射频识别芯片，提供使用者的资料。然而，该卡片引起了很大的争议，因为有人认为它很容易被人修改。

## ◎ 对你的启示

现在你了解到了一家企业的存亡取决于各项能力：订单取得和处理、让客户了解订单处理的进度、将产品快速地送达客户手中、处理退货和回收等事宜。一些在股票市场上表现得很好的企业，就是大力投入协助推动供应链管理的公司。

综合来看，新兴的供应链管理将会带来许多新的工作机会。这些工作可能是来自提供分销（火车、飞机、卡车、船舶和管道）的公司，也可能是在不同公司间处理信息流动的新工作（例如网站研发），还有些工作则是处理订单、记录存货、追踪产品由卖方到买方的流程、回收产品等。

## 总 结

**1. 解释营销渠道的概念和价值。**

· 什么是分销渠道?

分销渠道包含所有营销中介的集合,例如代理商、经纪人、批发商和零售商,他们在产品由生产者流向消费者的途径(或渠道)中,共同负责保存及运送产品。

· 营销中介如何提高附加价值?

中介负责在处理某些特殊的营销职能(包括运输、仓储、销售、广告和关系建立)上相较生产者更为快速低廉。分销渠道确保了物流、资金流和信息流的畅通,维持产品的质量并且在适当的时间和地点进行配送。

· 中介存在的背后逻辑是什么?

可以没有营销中介,但不能没有营销中介的活动。可以没有批发商和零售商,但消费者或其他人就必须承担部分零售事项,包括产品运输和仓储、寻找供应商和建立沟通渠道。过去以来,市场上始终存在各种中介组织,关键在于他们可以比其他人更有效地处理一些营销职能。虽然中介会提高产品成本,但这些成本大多可以被他们所创造的价值所抵消。

**2. 说明中介如何运用六种营销效用。**

· 中介如何创造六种营销效用?

食品零售商可能会将肉切块或去脂,增加一些"形式效用",但营销商通常会更专注于其他五种效用。"时间效用"就是让产品可以在人们需要时就能得到;"地点效用"是让人们在想要购买产品的地方就可以得到;"占有效用"是借由提供信用额度、送货、安装、担保,以及任何可以帮助完成销售的方法,让人们可以取得物品的所有权;营销商通常会通过广告、宣传和其他方式,告诉消费者有关产品和服务的信息,这就提供了"信息效用";最后,营销商会在销售时和售后提供快速、友善及有效率的服务,也就是"服务效用"。

**3. 识别分销系统中批发中介的种类。**

· 谁是批发商?

批发商是对组织及个人销售的营销中介,但不对最终消费者销售。

· 辅助产品由制造商流向消费者的批发组织有哪些?

"商品批发商"是独立的公司,它们拥有经手产品的所有权;"超级市场批发商"为零售商提供所有架上的商品,并委托销售;"付现自运批发商"为小型零售商提供有限种类的产品;"承运批发商"接收来自零售商和其他批发商的订单,然后再由生产者直接将货品运送到买方手中;"货运代理"将许多小型货运交易集合起来,成为一个大型货运交易,这样可以用比较便宜的方式运送。

**4. 比较零售商使用的分销策略。**

· 谁是零售商?

零售商是对最终消费者销售的组织。营销者基于零售开发不同策略。

· 营销商使用哪三种分销策略?

营销商使用三种基本的分销策略:密集分销(尽可能地将产品放到最多的地方)、选择分销(在一个特定的市场只选择几家商店)和独家分销(在每个市场中只有一家商店)。

**5. 解释非店面零售的不同种类。**

· 非店面零售包括哪些?

非店面零售包括电子零售(在线营销);电话营销(通过电话营销);自动贩卖机、信息站与手推车(通过将产品放到方便取得的地点来营销,例如在购物中心的大厅);直销(到消费者家里或是工作之处营销);多层次营销(通过建立一个销售人员系统来营销,这些销售人员再去雇用其他的销售员,并帮助他们直接对客户销售);直复营销(直接邮件和目录销售)。电话营销和在线营销也属于直复营销。

**6. 解释在分销系统中建立合作的不同方式。**

· 有哪四种分销系统?

四个整合公司的分销系统是:(1)公司分销系统:所有销售渠道中的组织都是由一家公司所拥有;(2)合约分销系统:根据合约协议,成员有义务合作;(3)管理分销系统:由制造商管理零售阶段的所有营销功能;(4)供应链:在供应链中的所有公司都用网络串联起来,以提供最有效率的信息和产品的流动。注意,供应链系统比一个分销渠道长,这是因为它包含销售产品给制造商的组织,而其他的系统只包含产品完成后的分销渠道组织。由于供应链相当有效率,有时也被称为价值链。

**7. 描述物流并概括中介如何管理运输和仓储。**

· 什么是物流?

物流包括规划、执行和控制物料、最终产品和相关信息从原产地到消费点的流动,借此满足最终消费者的需求。

· 物流和分销有何不同?

分销是一个较基本的概念,通常包括大部分的运输;相较之下,物流则更为复杂。输入物流是将原料、包装、其他产品和服务及信息,从供应商运送给制造商。物料搬运是指货物的移动，包括在仓库中、从仓库到工厂再从工厂到各个工作站的过程。输出物流是管理成品和信息流向企业买者和消费者的过程。逆向物流包括将瑕疵品或回收资源退回给制造商。

· 不同的运输模式存在哪些差异？

　　铁路（在国内或邻近国家的重运输）、卡车（将货物直接运送给消费者）、船舶（慢速、便宜的运送产品方式，通常用于国际性运输）、管道（运送水、石油和其他类似货品）、飞机（快速运送货物）。

· 什么是多式联运？

　　使用多种运输模式（包括公路、航空、水路、铁路）完成单次长途的货运移动。

· 仓库有哪些类型？

　　存储型仓库用来存放时间相对较长的产品；分销型仓库用来聚集和重新分销产品。

## 批判性思考

1. 设想我们减少了营销中介，而你又需要食品杂货和鞋子。你如何发现鞋和食品杂货在哪里能买到？为了得到它们你需要走多远的路？你认为省下来的时间和努力值多少钱？

2. 你认为哪种中介是目前最重要的？原因是什么？在那个领域的公司发生了什么变化？

3. 将来稀缺的商品会是水。如果你能想到一种廉价的方式从资源丰富的地方获得水，输向需要饮用、农业灌溉和其他用途的地方，你就会成为富有的营销中介。管道是一种替代方法，但你能否将水冷冻，改用火车或卡车运输呢？你能利用轮船将冰山拖到气候更热的地方吗？还有什么其他运输水的方法吗？

# 15

# 开展有效的促销活动

## 学习目标

1. 识别构成促销组合的新型工具与传统工具。

2. 比较不同广告媒体的优缺点，包括互联网和社交媒体。

3. 说明企业间和企业对消费者的销售流程步骤。

4. 描述公关部门的作用，并解释这个部门如何运用宣传。

5. 解释各种促销方法的重要性，包括免费样品。

6. 说明口头传播、电子邮件营销、病毒式营销、博客、播客与移动市场是如何发挥
   作用的。

# 人物侧写

## 认识安德鲁·梅森 高朋团购的首席执行官

在 20 世纪 90 年代和 21 世纪头几年挥金如土的风气不再流行之后，随着经济衰退的来袭，淘货再次兴起。在当今这个数字化时代，注重节约的购物者相比在只能用印刷好的优惠券来省钱的年代要有更多的选择。像高朋（Groupon）这样的团购导航网站将社交网站和清仓价水平的打折券结合起来，拉动了当地企业的客流量，并让消费者的购物更加划算。

高朋是由安德鲁·梅森（Andrew Mason）于 2008 年建立的，它每天只推出一件区域性特惠商品。典型的促销方法包括提供在餐厅中以 20 美元的价格消费价值为 40 美元食品的优惠券。为了让优惠券有效，高朋要求一定数量的人首先成交。出于长远的考虑，企业希望这种交易能把到处找便宜货买的人变成终生的消费者，同时带来销售量的激增。高朋会与零售商分成优惠券的销售收入，据说每笔交易的分成比例多达 40%~50%。

如此高的佣金让高朋变成了一座互联网金矿。事实上，它比有史以来任何一家网络公司增长得都快，其收入从 2010 年的 7.4 亿美元猛增到 2011 年的大约 40 亿美元。2010 年年初，公司价值 14 亿美元，到了 11 月份，它就迅速上升到 30 亿美元。2010 年 12 月，谷歌提出以 60 亿美元购买该公司，但梅森拒绝了此次交易，让市场大为震惊。现在，随着 IPO 的话题的热议，如果最终上市成功，高朋将值 250 亿美元。

在最初几年突飞猛进的成功当中，唯一稳定不变的因素是高朋的创立者和首席执行官安德鲁·梅森。作为芝加哥大学一位理想主义的公共政策研究生，梅森首先在众包上一试身手（众包是公开邀请感兴趣的人贡献创意或完成任务），该网站叫作 The Point。该网站的创意是聚焦大批消费者，游说公司和政府官员进行各种政策的改变，比如让总统选举日成为国家的假日。虽然 The Point 网站吸引的用户很少，梅森却意识到他可以利用同样的技术将大批到处买廉价货的消费者带给当地的企业。他在 13 个月之内将 The Point 变身为高朋，并吸引了 13 亿美元的风险投资。

梅森的成功大部分要归功于高朋的简单。遗憾的是，这种简单化也导致高朋的竞争者大量增加。Tippr 和生活社会（LivingSocial）是几家收益很高的新创企业，它们基本上照搬了高朋的模式。虽然这些网站并没有经历同样的火爆，它们仍然占据了很大一部分市场份额，这令梅森感到担忧。

为了应对竞争对手，梅森及其员工现在引入了一个新的冒险。与平常每天发布单个优惠相反，高朋通过智能手机应用程序过滤一系列的折扣。当使用者激活该应用程序，他们看到的是两个按键：“我很烦”和“我饿了”。如果他们选择后者，会蹦出一幅地图，列出当地可提供优惠的饭店清单。限制条件是优惠券只能在当天的某个特定时间有效。据此，饭店可以在他们不忙的间隙充分利用空桌。梅森现在对高朋很乐观，预测其在第一年的年底收入会达到 10 亿美元。另一方面，内部有些持怀疑态度的人不太相信零售商会愿意处理更多与折扣券有关的争论。虽然如此，就像所有的促销形式一样，只有时间能证明梅森的服务能否成功。

在本章，我们探讨促销的所有传统及新增要素。我们会解释销售者如何运用不同的媒体进行促销，以及各种方式的优缺点。我们将比较 B2C 和 B2B 促销，考察公共关系的作用。我们会特别关注博客、社交网站和播客等电子媒体在促销领域的使用。

资料来源：Brad Stone and Douglas MacMillan, “Are Four Words Worth $25 Billion for Groupon?” *Bloomberg Businessweek*, March 17, 2011; Christopher Steiner, “The Next Web Phenom”, *Forbes*, September 9, 2010; Jayne O'Donnell and Rachel Huggins, “Crave Coupons, Bargains? Group–Buying Sites Offer Deals”, *USA Today*, May 14, 2010; Brad Stone and Douglas MacMillan, “When Groupon Dodged Google”, *Bloomberg Businessweek*, December 8, 2010.

## ◎ 促销和促销组合

促销（promotion）是营销的4P之一。正如第12章所述，促销包括销售者用于激励消费者购买他们产品和服务的所有方法。不管是营利企业还是非营利组织，它们都会利用促销方法在产品和服务的目标市场上与人沟通，说服他们参与到营销交换中来。销售者使用许多不同的工具促销他们的产品。传统的工具包括广告、人员推销、公共关系和销售促进等。现在也包括电子邮件促销、手机促销、社交网络、博客、播客、推特及其他方式。本章"聚焦小企业"专栏探讨了小企业在似乎忙得无法利用传统营销方法时应该怎么办。

如图15.1所示，一个公司所用的各种促销工具的组合称为**促销组合**（promotion mix）。我们可以看到产品位于图的中央，表明产品本身也可以作为促销工具，比如营销商赠送的免费试用品。

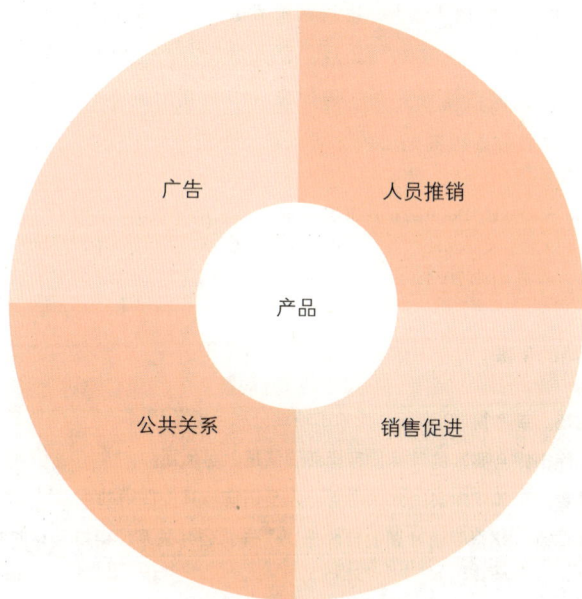

**图 15.1 传统促销组合**

**整合营销传播**（integrated marketing communication, IMC）是将促销工具整合成一个全面而统一的促销策略。利用整合营销传播，销售商可以打造正面

# 聚焦小企业

## 职业道德从你开始

因为几乎要将全部时间用于企业经营，许多企业家没有多少时间来做营销。艾米·舍贝尔（Amy Scherber）就是这些企业家中的一位。她在纽约拥有"艾米面包店"，员工 100 多人，有 3 家零售店。烤面包是一个劳动密集型的职业，没有太多的时间来开展传统的营销。舍贝尔说她不会用营销公司或公关公司。不过，她的确与大家建立起了关系，这是促销的主要目标。

通过向《纽约时报》和其他报刊提供报道灵感，舍贝尔吸引了媒体的注意。她并不向他们寄送新闻稿，而是打电话给分配稿件的编辑，看他们是否对某一特定的报道感兴趣。这些编辑为什么会听她的呢？因为他们中的一些人在她的店里买过面包，她也就因此与他们建立了关系。她还出席食品行业的活动，与记者混在一起。这样的接触使得舍贝尔得以了解编辑对什么样的报道感兴趣。

舍贝尔没有广告预算，但她每年会投入 2000~3000 美元用于印制物品，比如 T恤衫。她的员工也穿这样的 T 恤衫，有时消费者会购买。销售 T 恤衫是一种营销手段。在被她的高中评选为"年度校友"之后，舍贝尔就与那个社区保持着联系。她也与大学校友保持联系，以便建立关系。正如舍贝尔向我们展示的那样，与消费者建立密切的关系并不需要收费很高的公关公司或昂贵的广告。

资料来源：Morey Stettner, "Do-It-Yourself Marketing Creates Surprising Results," *Investors Business Daily*, July 7, 2008; Craig Matsuda, "Yes, I Blog at the Office," *Entrepreneur*, March 2010; and www.amysbread.com, accessed April 2011.

### 表 15.1　促销策略的步骤

1. 界定目标市场。参考第 12 章所讨论的市场细分和目标营销。
2. 定义每一个促销组合要素的目标，目标必须清楚、可衡量。
3. 决定促销预算。预算程序必须确认广告、人员销售与其他促销的可支出额度。
4. 发展统一的信息。整合促销计划的目的是让广告、公共关系、销售与其他的促销努力都能用清楚、统一的信息沟通。
5. 执行计划。广告必须配合公共关系与促销的执行时间表。销售人员应该可以接触到所有的促销工具，以最大化整体的营销努力。
6. 衡量效果。效果取决于目标是否明确。促销组合的每一个要素都应该分开衡量，整体效果也要衡量，知道哪些有效和哪些无效是非常重要的。

的品牌形象，满足消费者的需求，并实现公司战略营销和促销目标。目前的重点在于将传统媒体（比如电视）与社交媒体整合起来，或者将印刷媒体与网站整合在一起。

表15.1列出了一个典型促销活动的6个步骤。让我们从最有视觉效果的工具——广告开始逐一探讨这些促销工具。

广告似乎在我们的日常生活中无处不在。众多广告形成的这种嘈杂会对广告发布者想要传播的信息造成干扰吗？

## ◎ 广告：发布信息、说服和提醒

广告（advertising）指的是组织或个人通过各种媒体进行的付费的、非个人的沟通宣传，在该信息中，广告主以某种方式被识别出来。发送者的身份使得广告与宣传区分开来：宣传（propaganda）属于非个人的沟通方式，它不需要一个被识别的赞助者。宣传通常是由各国政府发布的。表15.2列出了不同种类的广告。仔细阅读，你就会发现广告的种类非常多，不只是电视广告而已。

广告支出对美国经济的影响也易于评价（详见表15.3），美国每年的广告总额超过2410亿美元。请注意，直邮广告（direct mail）是排名第一的媒介，支出超过520亿美元。你能想到直邮广告会是第一名吗？广播电视的广告排名第二，支出超过360亿美元。有线电视网的广告赚取了270亿美元。值得注意的是，网络广告的费用达到了250亿美元，较2005年的数字翻了一番。主要的广告公司仍然占据着促销广告的大半江山，并对消费者产生重大影响。

作为消费者，我们如何从这些广告支出中受益呢？首先，广告的信息丰富。直邮广告提供了许多产品、价格、特性、商店政策的相关信息及其他信息，报纸广告也是一样。由于越来越多的人从移动设备上获得新闻，报纸广告直线下降。

其次，广告不仅向我们提供信息，广告主购买广告时间而投入的经费也被用来支付电视和电台节目的制作费。报纸和杂志的主要制作成本也是由广告收入来承担的。订阅和报摊收入仅仅覆盖了邮寄和促销成本。表15.4对营销商在不

**表 15.2　主要的广告类别**

不同的组织使用不同的广告来触及不同的目标市场，主要分类如下：

- **零售广告**（retail advertising）：零售商（例如超市和鞋店）对消费者的广告。
- **交易广告**（trade advertising）：制造商对批发商和零售商的广告，鼓励它们销售这些产品。
- **企业间广告**（business-to-business advertising）：制造商对其他制造商的广告。一家公司将内燃机卖给一家汽车公司，就会使用企业间广告。
- **机构广告**（institutional advertising）：设计用来创造组织而非个人形象的广告，例如巨大食品的"我们关心你"；"弗吉尼亚给你浪漫之旅"和"我爱纽约"则是两个政府单位的公益广告。
- **产品广告**（product advertising）：产品或服务的广告，为了要引起消费者、商业和工业购买者的兴趣。
- **倡导广告**（advocacy advertising）：支持某个特定思想的广告（例如支持枪枝管制或是反对核能电厂的广告），这样的广告也称作动机广告（cause advertising）。
- **比较广告**（comparison advertising）：比较竞争性产品的广告。例如，比较两个不同品牌的驱寒保养品的优点。
- **互动式广告**（interactive advertising）：客户导向的沟通，让客户可以选择他们要接受的信息，像是互动式录像带目录可以让客户选择他们想看的节目。
- **在线广告**（online advertising）：当人们浏览不同网页时，显示在计算机屏幕上的广告信息。
- **移动广告**（Mobile Advertising）：出现在人们手机上的广告。

**表 15.3　媒体广告支出**

| 排名 | 媒体 | 全美支出总额（亿美元） |
| --- | --- | --- |
| 1 | 直接邮件 | 523 |
| 2 | 无线电视 | 368 |
| 3 | 报纸 | 234 |
| 4 | 有线电视 | 270 |
| 5 | 广播 | 159 |
| 6 | 黄页 | 119 |
| 7 | 消费者杂志 | 91 |
| 8 | 互联网 | 253 |
| 9 | 其他 | 397 |
| 总计 | | 2414 |

资料来源：www.businessinsider.com, 2011

**表15.4 各种广告媒体的优缺点**

有效的媒体通常很贵，但廉价的媒体可能无法触及目标市场。媒体目标应该兼具效果和效率，传达到最想要的目标市场。

| 媒体 | 优点 | 缺点 |
|---|---|---|
| 报纸 | 范围涵盖地方市场；可以迅速刊登；消费者接受度高；广告可以剪下和保存。 | 广告和报纸的其他内容竞争；色彩较差；广告和报纸同时被丢弃（寿命较短）。 |
| 电视 | 使用到视觉、声音和动作；可以传达到所有的观众；得到高度集中的注意力，且没有来自其他媒体的竞争。 | 成本高；曝光时间短；准备广告要花时间。 |
| 广播 | 低成本；可以针对特定的听众；非常有弹性；适合当地市场。 | 人们不会听广告；只靠一种感官（听觉）；曝光时间短；听众不能保留广告。 |
| 杂志 | 可以针对特定的读者；可以充分运用颜色；广告寿命长；广告可以剪下和保存。 | 没有弹性；广告在杂志发行前数周就要做好；成本相对较高。 |
| 户外广告 | 能见度高和持续曝光；低成本；针对地方市场。 | 有限的信息；比较没有选择观众的权利。 |
| 直接邮件 | 最适合用于特定的市场；很有弹性；广告可以保存。 | 成本高；消费者会把广告当成"垃圾邮件"；必须遵守邮局规定。 |
| 黄页广告 | 范围涵盖大部分地方市场；消费者经常使用；在销售点可以取得。 | 和其他的广告竞争；对小企业来说成本可能会太高。 |
| 互联网 | 很便宜地涵盖到全球市场；任何时间都可取得；互动性。 | 阅读的人相对较少（但成长迅速）。 |
| 移动广告 | 大量接触年轻消费者。 | 易被忽略。 |
| 社交媒体 | 很棒的交流工具。 | 时间流失。 |

同广告媒体上做广告的优缺点进行了比较。请注意，报纸、广播电台和黄页对于当地的广告主特别有吸引力。

　　营销商必须选择那些可以最大限度接触到他们所渴望的受众的媒体。例如，广播广告没有电视广告那么贵，而且常常会让很少有其他娱乐方式的人听到，比如正在开车的人。因此，在向不经常阅读印刷媒体的人推销服务时，比如银行贷款、抵押贷款、继续教育、经纪服务等，广播就是一个特别有效的手段。另一方面，广播已经变得商业味太重了，导致许多人转到没有商业广告的卫星广播。营销商也可以寻找其他地方投放广告，比如安装在电梯旁的视频屏幕。你注意过公园长椅和购物手推车上的广告吗？你肯定在你浏览的网站上见过它们。

借助手机开展的移动营销大都是以短信的形式开始的，但现在星巴克可以在你靠近该店时向你的手机发送信号，提醒你不妨顺便喝一杯拿铁咖啡。卡夫食品公司开发出iPhone助手，它是一个iPhone应用软件，可以向使用者提供卡夫产品组成的食谱。其他零售商则使用电子邮件广告以提高品牌认知，促使人们光顾他们的商店或网站。总体而言，社交网站发展迅速，以至于营销商很难跟上步伐。举餐饮业为例。星巴克在利用社交媒体方面是第一，它拥有1200万推特粉丝。脸谱网注册用户中有1930万人"喜欢"它。麦当劳在推特上的粉丝超过了8万个，脸谱上的好友为700万个。

从广告中获得更大影响的另一个方式是迎合消费者和企业对绿色营销的兴趣。匆匆浏览杂志和商业出版物，上面有各种对可持续性和碳减排措施的新呼吁。在下一节中，我们会更深入地探讨一些其他流行的广告媒体。

### 电视广告

电视为全国性广告主带来了很多好处，但是它费用高昂。例如超级杯转播时，30秒广告的费用超过250万美元。一家公司要卖多少瓶啤酒或多少袋狗食，才够支付这样的广告费啊！答案可能是"很多"。但在过去，鲜有媒体可以像电视一样，能对这么多观众产生如此巨大的影响力。

尽管你可能读到了其他替代性的促销方法所获得的增长，电视广告仍然是占据统治地位的媒体。数码视频播放器（DVRs）可以让消费者跳过电视中的广告，从而使电视对广告主的吸引力下降，除非广告拍摄得非常好，让人想看。新的节目传送系统的实行，比如根据需要选择视频，让电视广告主更难吸引消费者的眼球。因此，广告主需要更好、更准确的方法来测量电视广告的效果，结果是，许多营销商正转而求助社交媒体。

### 植入式广告

电视广告并不限于传统的商业广告，有时产品会出现在节目里面。**植入式广告（product placement）**指广告主付费安排他们的产品出现在电视节目和电影中，让观众能看到它们。植入式广告的一个典型案例是电影《外星人》（*E.T.*）中出现的锐滋巧克力（Reese's Pieces）。你注意过《美国偶像》的评委桌子上的可口可乐杯吗？许多植入广告更加巧妙，比如祖卡公司（Zuca）的轮式行李箱曾出现在电视剧《犯罪现场调查》（*CSI*）中。

植入广告的最新方法是将虚拟产品设计进电子游戏中。如果你是一个游戏玩家，那就看过游戏内的广告，就像篮球比赛球场周边的广告一样。新技术使得赛车游戏中的自动售货机可被某品牌冠名，一段时间之后也可被重新冠名，这取决于可口可乐、百事可乐、埃克森（Exxon）或壳牌是否购买了广告时段。

## 商业信息广告片

**商业信息广告片（infomercial）**是一个完整的电视节目，专门用来促销某种特殊的商品或服务，其成功的原因在于它对产品及其如何工作有非常详细的介绍。这就相当于派你最优秀的推销员去消费者家中使出浑身解数实现销售，比如表演行销、实物演示、证明和图示等。

有些产品通过这一类广告实现了10亿美元以上的销售额，比如高伦雅芙（Proactiv）粉刺霜、旭化成（Soloflex）、全能健身器（Total Gym）、搏飞（Bowflex）健身器械、乔治·弗里曼（George Foreman）烤炉以及罗恩·波佩尔（Ron Popeil）电热轮转烤肉器和烤架。有些产品若是不向人们展示样品和使用鉴定书就很难销售，比如个人开发课程、房地产项目或是健身录影带等。你购买过出现在商业信息广告片中的产品吗？

## 网络广告

若是营销商选择在搜索引擎（例如谷歌或必应）上发布广告，他们就能接触到最希望接触的消费者，消费者会搜寻休假旅行、汽车买卖或股票交易等信息。网络广告的一个目标是将潜在的消费者吸引到一个网站，让他们可以更多地了解公司及其产品，而公司也可以更多地了解消费者。一旦有用户访问网站，点击广告，公司就有机会搜集他们的姓名、地址、意见和偏好。因此，网络广告拉近了消费者和公司的距离。另外一个优势是它让广告主看到有多少人点击观看商业信息广告片，以及每个潜在消费者阅读或观看了多少次。网络广告已经成为增长最快的广告形式。在接下来的三年里，预期网络广告和社交媒体广告的开支将会大增。

电子邮件营销已成为网络广告的重要组成部分。不过，广告主必须小心不要使用过度，因为消费者不喜欢看到他们的收件箱中有太多的促销广告。因此，有些公司会利用邮件发送提示到用户的其他社交媒体（比如脸谱和推特）。本章"社交媒体的商业价值"专栏更加深入地探讨了社交媒体和其他促销工具之间的联系。

**互动促销**（interactive promotion）可以让厂商不只是单向地对买主推销产品，还能让买方和卖方一起沟通，共同创造互利的交易关系。Garden.com是一家从事园艺产品和服务的在线零售商。营销副总迪翁·夏弗纳（Dionn Schaffner）曾说："园艺是一种信息密集的活动。客户显然需要学习园艺方面的知识，同时也想要通过和园艺专家沟通来取得灵感。"Garden.com的做法是在其网站建立一个论坛，让客户可以互相聊天和讨论园艺的问题。

科技的发展已经大大地加深了客户沟通。许多公司设立网络虚拟商店来提供在线影片、聊天室及其他服务；在这里，客户可以跟其他人聊天、向销售员咨询、浏览产品与服务，以及购买产品。

互联网最终会改变厂商和客户的"互动"方式，而非"促销"方式。营销者的目的是与客户建立长期关系，这意味着需要仔细聆听消费者的需求、追踪其消费记录、提供优质服务，并且让他们接触到更全面的信息。

下面介绍互动促销是如何帮助一个传统的销售商保持竞争力的。维他美仕公司（Vita-Mix）制造昂贵的食物搅拌机。起初，竞争很小，公司大多依赖其140家独立的承包商在各州的展销会、有关食品的活动和商店中销售搅拌机。最终，维他美仕开始利用商业信息广告片，销售量突破了1亿美元。然后，位于犹他州奥勒姆的商用搅拌器制造商K-Tec开始谋求维他美仕的消费者市场。K-Tec在一个网站上促销其新产品，在网站上它的首席执行官正在搅拌高尔夫球、烤鸡和苹果手机（信不信由你）。该视频最后发布到了YouTube，这个新竞争者的销售额迅速增长。维他美仕创建了自己的网站维他村（Vita-Village），演示如何制作健康的食物和小吃，并创立一个社交网站，让喜欢使用搅拌器的人能够分

## 社交媒体的商业价值
### 社交媒体是其他促销方式的补充

广告主可能会同意：社交媒体在产品促销中的重要性日益增加。下面用几个例子说明，执行官们也不得不承认有必要将社交媒体整合进促销组合中。

好莱坞的弗雷德里克集团公司（Frederick's of Hollywood Group, Inc.）总裁琳达·洛尔（Linda LoRe）说："社交媒体需要与其他渠道（不论是直邮广告还是店内促销）联合起来，发起一场整体的营销攻势，摆出你的品牌，拉近消费者和品牌之间的距离。"

美国国家史迹保护信托机构（National Trust for Historic Preservation）执行副主任戴维·布朗（David J. Brown）称：投资社交媒体会帮助该组织达成某些目标，比如构建保护意识，因为它接触的是新生一代非传统的受众。他继续说道，社交媒体的粉丝会直接收到他这个组织的邮件，因为人们不再仅仅使用一种交流方式。他认为社交媒体和直邮广告完全可以互补。

凯西·伦佩尔（Kassie Rempel）是 SimplySoles 网站的老板，她会送出手写的感谢信，并且认为手写的感谢信和社交媒体之间的共同点就是易于接近，都可以帮助营销商与消费者建立个人之间的联系。

资料来源："Does Return on Social Media Justify the Spending?" *Deliver Magazine*, July 2010, www.simplysoles.com, accessed April 2011; and www.preservationnation.org, accessed April 2011.

享食谱，从而成功地做出了回应。网络销售商应当努力确保将他们的努力纳入到一个总体的多媒体战略之中。

### 利用社交媒体监控广告效果

胡椒博士（Dr. Pepper）在脸谱网上有850万个粉丝。现在，该公司可以追踪和验证那些点击"喜欢"它们软饮料的用户了。它每天在脸谱粉丝网页上发布两条信息，然后监控其结果。这样，公司就可以知道一条信息被浏览了多少次，被分享了多少次，以及粉丝都回应了什么。该公司认为如果要介入社交媒体，就必须倾听，理解对话的性质、数量和所讨论的话题。简而言之，像脸谱和推特这样的社交媒体的存在，使得组织可以提前对广告进行测试，即在广告发布到电视等传统媒体之前，就可以听到观众喜欢不喜欢某些信息的理由。

如果公司希望建立自己的客户群，最好将高层管理者纳入到对话之中。例如，维珍集团（Virgin Group Ltd.）的理查德·布兰森（Richard Branson）和美捷步的谢家华会在推特上与消费者交流。美好住宅和花园房地产公司（Better Homes & Gardens Real Estate LLC）的谢里·克里斯（Sherry Chris）每天要花两个小时阅读推特、脸谱、领英（LinkedIn）和四方（Foursquare）网，并在上面发帖。这种让消费者介入的做法变成许多公司倾听战略的主要组成。它会占用时间，但是，要想了解消费者想什么和如何评论你的公司，没有比它更好的办法了。

许多公司允许其员工出于商业目的使用他们的个人手机。当然，其中就包括使用脸谱、推特和其他社交媒体。本章"道德抉择"专栏探讨了可能会因此产生的一些问题。

## 全球广告

全球广告要求营销者开发一种在世界各地通用的单一产品和促销策略，例如万事达卡的"无价"运动。各地一致开展全球广告无疑能节省公司在研发和设计上的费用。然而，在某些场合，针对特定国家或区域采取不同的促销手法，要比全球促销更加有效，因为每个国家或区域都有自己的文化、语言和购物习惯。

营销者在世界各国都使用单一活动确实容易产生问题。日本公司为极受欢迎的饮料宝矿力水特起的英文名称是Pocari Sweat，这个名字对于多数以英文为母语的人来说并不是一个好的品牌形象。在英国，福特Probe之所以卖得不好，就是因为"probe"这个字会让他们联想到医生的候诊室和健康检查。美国人可能不太能接受瑞典的克拉普（Krapp）牌卫生纸，但这还没有比将库尔斯酿酒公司（Coors）的标语"Turn it loose（放松一下）"翻译成"拉肚子"更糟。伊卡璐（Clairol）将一款叫作喷雾棒（Mist Stick）的鬓发定型液引进了德国，但问题是Mist的德文意思是"粪肥"。一件宣传罗马教皇到迈阿密访问的短袖圆领衫上面写着"la papa"（在西班牙语中的意思是马铃薯），其实上面应该写的是"el papa"（我看见了罗马教皇）。如你所见，在国际广告中选择恰当的词汇需要相当的技巧而且十分重要，了解文化也是如此，这需要调查每个特定国家人民的需求，并根据人们的需求来设计合适的广告、验证广告效果。

## 道德抉择

### 电子设备的道德

许多公司允许员工将他们自己的智能手机等小工具用于工作。不过，如果存有敏感商业文件的手机丢失会怎样呢？大多数公司坚持让在每一部智能手机上设置密码。密码可以阻止其他人使用手机的基本功能。因为员工经常会在手机中存储电子邮件和带有公司数据的附件，因此，这一点很重要。

设想你的手机收到了同事的个人信息，其中也包括某些上级的信息。你知道这个信息会导致这些员工和经理人受到处罚或解雇。你还知道其他员工也收到了同样的信息。你不知道如何处理这些信息是符合道德的。你是否应该将它交给你的直属领导？它涉及什么样的道德问题？你会怎么做？你期望自己的行为产生什么样的结果？

即使是在美国，不同族群的差异也大到需要特别设计促销方案。例如，每食富美国（Masterfoods USA）食品公司就试着将焦糖口味的M&M巧克力豆促销到西班牙裔美国人聚居的市场，比如洛杉矶、迈阿密和圣安东尼奥等城市，但结果并不理想。由于了解到该市场的巨大潜力，每食富食品公司改变了策略并收购了卢卡斯（Lucas）糖果公司（这家公司曾经成功地在墨西哥出售Felix Sour Fruit、Lucas Hot以及Spicy等糖果）。也因此，每食富食品公司成功地进军了西班牙裔美国人聚居的市场。

今天大多数的营销者都逐渐从全球化（全世界都用一样的广告）转向地区化（针对特定国家或特定族群制作特定的广告）。在未来，营销商将需要准备更多专为一小群客户设计的促销方案，甚至会小到个人。"域外观察"专栏探讨了在偏远地区（如印度农村）进行广告推销的相关议题。

## ◎ 人员推销：聆听客户需求

**人员推销**（personal selling）是指面对面地向客户展示、促销自己的产品和服务，涉及销售人员寻找潜在客户及售后服务。有效的销售不仅是说服别人购

## 域外观察

### 在印度农村的促销

美国的广告主使用最新技术来促销他们的产品，而印度的全球广告经营者想要接触到7亿农村消费者，却连最为传统的媒体（如电视、广播电台或报纸）都无法依赖。因此，他们便利用云游四方的表演者，比如桑迪普·夏尔马（Sandeep Sharma）。这位前婚礼歌手会说笑话、示范和表演游戏节目，以便将世界上最大的品牌带给印度最偏远地区的少量观众。

因为没有受到全球最为严重的经济衰退的影响，印度农村消费者的开支比以前有所增加。国际品牌正在派出他们的销售人员（比如夏尔马）来到他们中间。去年，印度的总体广告支出增加了大约10%，而农村广告的增长是该比率的4倍。夏尔马会免费为拖拉机更换嘉实多（Castrol）润滑油，在乡村学校分发雀巢方便面，销售联合利华的肥皂、乳霜，并且促销牙粉。他首先是征求村中长者的同意，搭起移动舞台，然后，放大音乐，开着车在村中各处转，以引起村民的注意，并且向儿童分发糖果，告诉他们把邻居带来。聚集起来的人全是男人。销售有很多互动，但极少是跟女人互动。当夏尔马跟女人谈论联合利华肥皂和护肤霜的神奇之处时，他要躲在一个活动挂图后面，以避免目光直接接触，因为那是对男人的冒犯。通常丈夫或兄弟站在附近问所有的问题，即使是女用商品也是一样。

夏尔马已经为林特兰德农村通信公司（Linterland Rural Communication）巡回推销了5年。这是一家将业务延伸到农村的公司，且与隶属于埃培智集团（Interpublic Group）的广告代理商灵狮环球公司（Lowe Worldwide）建立了合作关系。夏尔马每月收入为350美元，这比印度农村的普通收入要高出很多。他每月要走5,000多英里，每天拜访3个村庄，与他团队的另外4个人睡在廉价的宾馆里，或者睡在他的卡车上。他每次都是几个月不能回家。这虽然与他在最好的宾馆里唱歌的梦想相距甚远，但是要比在婚礼上唱歌挣的钱多很多。

资料来源：Eric Bellman, "The Infomercial Comes to Life in India's Remotest Villages", *The Wall Street Journal*, June 10, 2009; and Interpublic Group, www.interpublic.com, accessed May 2011.

买而已；事实上，在今天比较精确的说法是帮助他人满足他们的需要（也是帮助买家购买）。

考虑到这个观点，你就可以了解为何销售人员使用互联网、笔记本电脑、

iPad等工具，帮助客户搜索信息、根据消费者需求定制个性化产品、查看价格，以及做好其他有助于完成销售的所有步骤。人员推销的好处是有一个人帮助你完成交易过程。销售人员会聆听你的需要、帮助你解决问题，以及尽可能地提供帮助，使问题更加顺利而轻松地被解决。

公司运用人员推销的成本很高，因此还保有销售人员的公司，必须将他们训练成特别有能力、有效率，并对客户有所帮助的人。为了吸引销售人才，企业提供优厚的薪资奖金。基本上，拜访一次潜在的企业间客户，平均成本大约是400美元；当然，没有公司会付这么多钱随便找一个人去，具有技能并受过良好培训的专业销售人员和顾问才是上上之选。

### 销售流程的七个步骤

了解人员推销的最好方式就是经历一次完整的销售流程。假设你是一位软件销售员，工作是向企业用户展示你公司销售的不同程序的优点。有一个产品对与客户建立长期关系至关重要，那就是客户关系管理软件（CRM），尤其是社交CRM软件，它整合了社交媒体的功能，与客户建立起一种社区关系。现在，让我们从头到尾走一遍销售流程的七个步骤，看看为了销售社交CRM软件，你需要做什么。

**1. 客户开发和资格审核** 销售流程的第一步是**客户开发**（prospecting），它包括寻找潜在买者，并选择最有可能购买的人。选择的过程称为**资格审核**（qualifying），其目的是要确定他们对产品有需求、有权利购买，并且愿意倾听销售信息。有些人称开发和审核为"销售线索挖掘"。

符合这些标准的人就会被称为**潜在客户**（prospect）。你通常会在销售展览会上看到潜在客户，他们聚集在制造商提供的摊位上并询问问题。其他的潜在客户会到你的网站上找信息，但通常最好的潜在客户是由使用过且十分了解产品的人所推荐而来的。销售人员通常会在潜在客户正式上门以前，先发送电子邮件提案给客户以确定他们是否有购买意愿。

**2. 售前接触** 销售过程可能会花很长的时间，在销售开始前搜集信息十分关键。在拨打销售电话之前，你必须进行一些深入研究。在售前接触阶段，你要尽可能地了解客户及其需求。在销售社交CRM软件之前，你需要知道公司里哪些人最有可能购买或使用它。他们面对的是哪种客户？他们目前采用的是哪种关系策略？他们的系统是怎么建立的，他们正在寻求什么样的改进？所有信息都应该输入数据库，那么，即使某个销售代表离开公司，公司仍然可以将客户信息传交给新的销售人员。

**3. 接待客户** "你没有第二次机会来创造一个好的第一印象。"这也正是接待客户如此重要的原因，你希望给予他们和善的专业形象、创造和谐、建立信用，并开启一段良好的商业关系。通常企业是否要使用某种新的软件包，取决于买家对于销售人员所提供的可靠服务的认知。在销售社交客户关系管理产品时，你可以帮助客户训练员工在必要时升级，很重要的是这在一开始就要告诉客户。

**4. 产品演示** 在你实际展示软件时，一定要让产品展示出完全契合客户需求的附加值。如万塔索（Ventaso Inc.）、山特集团（Sant Group）等企业都提供包括powerpoint到竞争分析在内的销售方案软件。由于事前详细准备，也了解客户可能的需求，你可以量身定做适合的销售展示。这是一个向潜在买者传达如下信息的好时机——他们正在加入其他使用这个新软件的公司领导者的行列。

**5. 释疑解惑** 你应该预见到未来可能出现的质疑，并准备好适当的响应。把这些问题想成是一个创造良好关系的机会，而不是对你所说的话的挑战。客户有合理的怀疑，而你正好可以在那里解决他们的问题。关系的建立基于信赖，而信赖来自成功且诚实地与他人合作。通常你可以介绍公司的其他人让客户认识，他们可以解决客户的问题，并且提供客户所需的东西。你也可以利用笔记本电脑建立一个虚拟的会议，让客户和公司同事聊天并建立新关系。

**6. 销售履约** 在回答了问题和质疑之后，你可以进入收尾，**收尾**（trial close）指的是使销售过程朝向实际买卖的问题或陈述。在收尾中，你可能会问："何时使用新软件培训员工最恰当？"最后的步骤是要求客户订购并告诉顾客在哪里签名。当关系建立起来之后，销售拜访的目标可能就是得到顾客的推荐信。

**7. 售后服务** 直到客户同意采购而且十分满意，销售过程才算完成。销售人员要成为客户解决方案的提供者，并且要考虑到销售之后会发生什么事情。售后服务包括处理客户的投诉、确定客户的问题已经得到解答，以及快速供给客户想要的东西。对于产品而言，通常客户服务和销售一样重要。这就是为什么大多数制造商建立了网站，客户可以在此寻找信息、解决问题。你可以看到我们为什么把销售描述成一个建立关系的过程，而不只是在交换产品或服务。随着你对新的需求做出反应并提供新的服务，销售关系可能会持续多年。

不同的产品和服务，销售过程也存在差异，但其主要理念是一致的。销售人员的目标应该是帮助买者购买，并且确保他们在购买之后十分满意。销售自动化（sales force automation, SFA）包含超过上百个软件，可以帮助销售人员设计产品、完成交易、连接到公司的内部网络等。有些销售人员甚至用它连接到制造工厂让客户进行虚拟参观。IBM的销售人员可以利用各种方式，从黑莓手机和销售管理软件，到维基网站（用户可以编辑的协作网站）、博客、播客、IBM的内部网等。

## 企业对消费者的销售过程

大部分对消费者的销售都在零售商店中进行，销售人员的角色与企业间的销售并不全然相同。两者的第一步骤都是先了解产品。然而，在企业对消费者销售中，销售人员不必进行客户开发和资格审核。企业对消费者的销售是假设大部分上门的客人都是有购买力的，除非是在销售汽车、家具等昂贵产品时，销售人员才会问一些问题来过滤出有购买力的潜在客户，以免浪费时间。

类似地，虽然应该尽可能多地了解在特定商场里购物的消费者类型，但零售销售人员通常不必经历售前接触阶段。销售人员的确需要关注购物者，避免和销售同事交头接耳，更要禁止和朋友接打电话。你曾经经历过销售人员的这种无礼行为吗？你怎么看？

企业对消费者销售过程的第一个步骤是接待消费者。太多的业务人员以"我可以帮你吗？"来开头，但回答通常是"不用"。较好的说法应该是"我可以帮你些什么？"或是简单地说"欢迎光临"。这是向客户传达一种信息：你可以随时提供服务，你的态度亲切，专业知识丰富。

要先发现客户的需要，再做出简单说明。告诉客户你的产品如何满足他们的需求，要回答消费者的问题，帮助他们选择适合的产品。

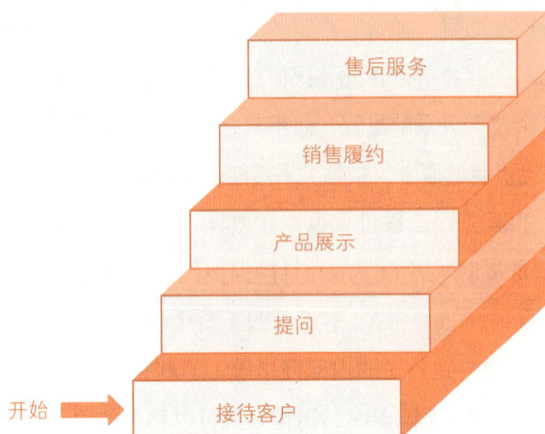

**图 15.2　企业对消费者销售的过程步骤**

　　和企业间销售一样，结束试探并收尾非常重要，"你希望我帮你打包吗？"或"你要刷卡吗？"即是两例。推销是一种艺术，销售员通常要同时扮演好协助者与催促者这两个角色。通常个别消费者需要一点时间独自考虑是否购买；销售员必须尊重这个需求，在顾客需要时又要随时满足客户的需求。

　　售后服务非常重要，但常在企业对消费者的销售中被忽略。如果产品已经送出，销售员必须确定产品是否准时送到或安装到位。若是销售人员做好了售后追踪服务，常常就有机会销售更多产品、做更多生意。图15.2指出企业对消费者的整个销售程序，可以将之和企业间销售的七个步骤进行对照比较。

## ◎ 公共关系：和大众建立关系

　　公共关系（public relations, PR）是一种管理功能，它能评判公众的态度、根据公众的要求改变政策和程序，并贯彻执行改进后的行动方案，以赢得大众的了解和接受。换言之，好的公共关系方案有三个步骤：

　　**1. 仔细聆听大众。**公共关系始于科学的营销研究以评估公众态度。

　　**2. 改变政策和程序。**企业无法通过大肆宣传来获得大众的理解，而是要提出符合大众利益的方案，并付诸行动。了解大众需求的最好方法就是倾听他们的言论，他们常常在不同的论坛和网络上发表自己的意见。这包括能够通过在线交流处理危机。

**3. 告知大众正在响应他们的需求**。仅仅是拥有符合大众利益的方案是不够的，你必须告诉大众这些方案，让他们了解你正在响应这些需求。由于信息来自一个更具信任感的源头（媒体），因此，公共关系更能影响潜在消费者。

最近的事件强调了对良好公共关系的需求。此类事件包括丰田汽车的安全问题、苹果手机的天线问题、英国石油公司漏油事件、日本核电问题和围绕着某些著名演员和运动员的问题。

公关部门和公司的利益相关者维持着紧密关系，这些人包括消费者、媒体、社区负责人、政府官员和其他利益相关者。销售者正在寻找可以替代广告的方式，而公共关系是一个不错的选择。因为报纸要减少记者，人们正在寻找其他的新闻信息源，其中就包括宣传稿。与博主建立联系现已成为让公司维持媒体曝光度的一个重要方式。

## 宣传：替"公关"开口说话

宣传是公关的言语武器，几乎是所有组织的主要功能之一。以下是它的运作方法：如果你要介绍新的非常素食餐店给消费者，但是促销预算很少，你必须开始有一些销售才能产生资金。接触大众的一个好方法就是通过宣传。

**公共宣传**（publicity）是将所有和个人、产品或组织有关的信息，通过媒体传送给大众。卖方不需要付钱，也没有控制权。你需要技巧来撰写有趣或有新闻价值的材料，使得媒体愿意发表它们。你可能也需要为不同的媒体写不同的报道：在这家媒体介绍新的负责人，在另一家则要描述独特的产品价值。一旦新闻被报道出来，你的商店就会受到许多潜在消费者（以及投资者、批发商和经销商）的关注。这可能代表着你正走在成为一个成功营销商的道路上。洛克菲勒曾说："仅次于做出正确的事情，最重要的就是让人们知道你在做正确的事情。"非常素食店可以采取哪些利于社区的作为，借此创造更多的宣传？

除了免费之外，公共宣传还有几个优于其他促销工具（如广告）之处。公共宣传可能接触那些不看广告的人，还可能会被放在报纸的头版或其他重要位置，或是出现在机场大厦的电视新闻报道中。也许公共宣传最大的优势就是可信度。当报纸或杂志将一则报道以新闻的方式刊登，读者就会把这则报道看成是新闻——新闻比广告的可信度更高。

不过，公共宣传也有些缺点。例如，营销商不能控制媒体如何、何时以及是否会使用你的报道。媒体没有义务要使用公共宣传稿，而多数公共宣传稿都会被丢掉。另外，稿件内容可能会有所变更以至于不再是正面宣传，因此有正面的公共宣传（如iPod销售成长），也会有负面的公共宣传（如通用汽车即将破产）。一旦报道刊登出来，就不可能再重复刊登。但相反的是，广告可以依需要重复播放。确保媒体帮助公司做好公共宣传的方法，就是和媒体代表建立友善的关系，全力合作。这样，在你需要他们的支持时，他们配合你的可能性就会比较大。

## ◎ 销售促进：理想交易

**销售促进**（sales promotion）是指通过一连串短期活动来刺激消费者购买、引发经销商兴趣的促销工具，这些活动包括陈列、贸易展销、赞助活动和竞赛等。表15.5列出了一些企业间的销售促进方法。

说到针对消费者的销售促进活动，可以想到的是邮寄给你的免费试用品、从报纸剪下的减价几分钱的折扣券、各种零售商赞助的竞赛活动，以及谷类食品盒里的奖品（见表15.6）。你可以把半价折扣券放在校报和家庭邮寄广告中来刺激"非常素食店"的销售。你能看出利用高朋团购网招揽消费者可能会出现什么问题吗？

销售促进方案旨在辅助人员推销、广告和公共关系等各种促销手段，激发人们对总体促销活动的热情。这样的促销活动在21世纪初突飞猛进，特别是网络促销更是如此。近期的金融危机让人们更注意寻找折扣券和其他促销商品。

销售促进可在公司内部和外部进行。最重要的内部销售促进活动，针对的

**表15.5 企业间销售促进方法**

| 商展 | 目录 |
|------|------|
| 销售人员的促销组合 | 会议 |
| 交易（减价） | |

**表15.6 消费性销售促进方法**

| 折价券 | 附赠产品（买一送一） |
|--------|------|
| 去零头促销 | 目录 |
| 免费样品 | 现场示范 |
| 红利 | 特别活动 |
| 赢得奖金 | 彩票 |
| 竞赛 | 店内展示 |

是销售人员和其他会接触到客户的人员，例如客服代表和柜台人员。内部销售促进活动包括：（1）销售培训；（2）销售辅助工具，例如活动挂图、可携式影音播放机和视频；（3）参与商品展销会，销售人员在那里可以得到收益。其他需要面对大众的员工也应该参与特别培训，增加对公司产品的了解，以便更好地融入整体促销活动中。

在挑起公司内部热情之后，营销人员希望让批发商和经销商努力帮助公司促销产品。商品展销会让营销中间商看到其他公司的产品，并且比较彼此的差异。今天，虚拟商品展销会——网络销售展示——让买方不需要走出办公室也能看到产品。此类的促销常常是互动性的，所以购买者可以提问题，而信息也可一周七天、每天二十四小时随时取得。

在公司员工和销售中介的热情都已被销售促进活动激发起来之后，下一步就是要运用样品、折扣券、减价几分钱的出售、陈列、店内示范、奖品、竞赛和折扣等，对最终消费者展开促销。销售促进是用来维持热情的持续活动，因此，销售人员必须不断地变换策略，让创意保持新颖。你可以在你的非常素食店里进行食品展示，让客户感到产品有多么地诱人。你也可以发起店内烹饪示范来吸引新的素食者。你可以想象用高朋网或生活社会网进行促销会取得的成功。

一种受欢迎的销售促进方法是**免费样品**（sampling）——让消费者免费得

到一小份试用产品。由于许多消费者在看过或试用过之前是不会购买一项新产品的，因此零售店通常会请人站上走道，拿一小块食物或小杯饮料请人试吃。免费样品是一种快速有效的方法，可以在消费者要做出购买决定时，立即展示产品的优越性。站在非常素食店外，分发免费样品肯定会吸引注意。

百事可乐推出SoBe果汁（草本加强饮料）产品线时，就搭配免费样品、事件营销，以及新的网站。"事件营销"（event marketing）就是赞助一些事件（例如摇滚演唱会），或是到不同的场合促销产品。以SoBe为例，百事可乐在春假的时候将样品送到沿海城市，学生可以畅饮免费饮料。同样的，思蓝宝（Snapple，果汁和冰茶）等产品在推广时也曾经成功地运用了免费样品和事件营销等促销手段。

## ◎ 口碑促销及其他促销方式

虽然口碑促销不在传统的促销方法之中（曾被认为不好管理），但现在它是最有效的工具，尤其是在网上。**口碑促销**（word-of-mouth promotion）指的是人们将有关他们所买的产品的事情告诉他人。

当詹姆斯（James）和安·斯卡格斯（Ann Scaggs）开办一家苹果音乐播放器iPods修理公司时，客户对将设备交给他们感到犹豫，因为没有任何保证它们会被完全修好。斯卡格斯夫妇求助于RatePoint，它是一个Web2.0系统，收集并展示以客户反馈形式表现的口碑信息。于是销售量立刻增加。

任何促使人们谈论有利于组织的事情都是有效的口头促销。例如，你可以观察一下商店是如何使用小丑、旗帜、音乐、产品展示会及其他容易引起注意的工具来制造话题的。巧妙的广告也可以创造许多口头促销。越多人谈论你的产品和品牌名称，当他们购物时就越能记得产品的名称。你可能会喜欢对非常素食店的口碑促销进行脑风暴。

## 病毒式营销

许多公司已开始通过奖励那些把他们的产品促销给他人的消费者来创造口碑。其中一个做法是鼓励人们进入网络聊天室，为乐队、电影、电脑游戏和运动队大做广告，同意用这种方式促销产品的人就可以得到免费的电影票、后台通行证、T恤衫和其他类似的商品，这些物品在业内被称为"赃物"（swag）。你认为奖励促销产品和服务的人是否涉及道德问题？你如何看待那些给脸谱和推特上的好友发送产品信息的人？

**病毒式营销**（viral marketing）指付钱请消费者在网络上说好话（如利用推特），或介绍朋友上特定网站就能得到佣金的多层次销售方案。

一个特别有效的散布正面话题的策略，就是寄推荐信给现有客户。多数公司都只在对新客户促销时使用推荐信，其实它对强化客户选择正确公司的信念也十分有效。其他使用者的正面口碑可以加强信念，因此有些公司习惯要求客户推荐。

负面的口耳相传会造成严重伤害。在线论坛、社交媒体和网站都可以用来散布对产品或公司的批评。快速、有效地处理消费者的抱怨，是减少负面口耳相传的最好方法之一。

## 博　客

**博客**（blog）是类似网页的网络日记，但更容易张贴和更新文章、照片和链接其他网站。当今网络上有上百万个博客，同时每天还在以数以千计的速度成长。它如何影响营销呢？《魔鬼经济学》（*Freakonomics*）即将问世时，出版人首先将它传给了100名博主，博主的口头促销很快就造成了市场风潮，后来它成了亚马逊网络书店排名前三的畅销书。可以想见，包括电影、电视和其他更多产品都可依循此方式进行营销。

## 播　客

**播客**（podcasting）是通过网络传播音频和视频的一种方法。它让使用者订阅大量的文件（也叫作"馈送"），然后可以选择聆听或观赏。除了让广播和电视节目多了一个新传播媒体，播客也让你成为自己的新闻广播员：它能让独立的制作人创做出自己发行的、可以多家同时发布的"电台节目"。许多公司在YouTube上发布了视频，也因此取得了成功。

### 电子邮件促销

阿姆斯特朗（Armstrong）是一家地板制造商，他有一个电子邮件营销计划，旨在增进自己的品牌在商业型供应商之间的认知度。每个月他们会同时发出电子邮件，宣布新产品和产品升级换代信息，以维持自己品牌的忠诚度。然而，随着时间的流逝，这些电子邮件会失去效力。阿姆斯特朗转而求助于电子邮件服务提供商，他们会彻底地修补这一计划。该供应商将市场划分为4个独立的部分，对电子邮件进行更紧密的跟踪。

电子邮件促销正在日益普及。大多数销售商也确保他们的电子邮件能在移动设备上浏览，比如黑莓手机或苹果手机。因此，成功的关键在于保持信息的简洁，因为手机用户不想阅读太长的文字。

### 移动媒体

在移动媒体方面，销售商会利用手机，发送促销彩票抽奖的短信，向消费者发送新闻或体育比赛的消息，并向他们发布公司信息。我们已经看到，公司现在可以确定你的位置，向你发送附近的饭店和其他服务的信息。尽管还存在一些技术上的小问题需要解决，移动营销正在流行起来。

你是否认为传统促销方法会逐渐被新科技取代？如果你的答案是肯定的，那么恭喜你答对了。只要你随时掌握住时代的潮流趋势，你就可以在促销领域获得理想职业——而此时其他传统人士还不知发生了什么。

## ◎ 管理促销组合：大整合

针对不同的目标群需要不同的促销组合。如果营销对象是人数众多、需求相似的消费群体，通过广告来促销效果最好。大型组织最好采取人员推销。为了鼓励人们当下消费而不是延后消费，你可以使用的销售促进方法包括免费试用品、折价券、折扣、特别展示和赠品等。宣传可以辅助其他方法，并在消费者心中创造良好形象。口头促销通常是最有效的促销工具，通过聆听、响应和创造值得报道的形象进行促销，还可以借助博客、播客和微博。

### 促销策略

如何让产品从生产者流向消费者？在**推动策略**（push strategy）中，生产者会使用广告、人员推销、销售促进及其他促销工具，说服批发商和零售商进货并销售产品，将产品通过分销系统推入商店。如果推动策略成功，消费者就会走进商店、参观并选购产品。

在**拉动策略**（pull strategy）中，广告和销售促进集中针对消费者。如果拉动策略成功，消费者会到商店购买产品，商店就会向批发商订购。以此类推，批发商就向生产者订购，产品因此通过分销系统向下拉。

胡椒博士（Dr. Pepper）饮料就在拉动策略中使用电视广告来增加配销量。Tripledge雨刷也试着通过拉动策略来吸引零售商的注意。当然一家公司可以在主要的促销方法中使用两种策略。最新的趋势是在网络上采用推动和拉动策略，这样就可以同时传送信息给消费者和企业。

让促销成为营销体系的一环十分重要。换言之，促销应该是供应链管理的一部分。在这种情况下，零售商要和生产者及批发商合作，让供应链能够很有效地运作。接下来的促销方案则是要针对整个系统来设计，目的是要使其总体产品价值对所有人都有吸引力，包括制造商、批发商、零售商和消费者等。

今天，推动策略和拉动策略已经失去了某些有效性。尽管如此，消费者还是爱好搜索Drugstore.com或美捷步等网店，在选择吸引他们的商品时货比三家。有些在市场上处于领先地位的销售商会把在设计、包装或色彩方面确实出色的产品直接卖给消费者，比如戴森无袋吸尘器就是这样的产品。其想法是帮助消费者将你和竞争者的产品区别开来。**挑选经济**（pick economy）这个词指的就是那些在网店中挑选产品或在网上货比三家的消费者。

## 总　结

**1. 识别构成促销组合的新型工具与传统工具。**

· 什么是促销？

　　促销是营销商告诉目标市场的人们有关产品的信息，并且说服他们参与交易的意图。

· 构成促销组合的四种传统工具是什么？

　　四种传统促销工具是广告、人员推销、公共关系和销售促进，而产品本身也是促销工具（如图15.1所示）。

· 促销中使用的一些更新的工具是什么？

　　现今的促销工具包括电子邮件促销、移动促销（使用手机）、社交网络、博客、播客和YouTube。

**2. 比较不同广告媒体的优缺点，包括互联网和社交媒体。**

· 什么是广告？

　　广告是一种通过各种媒体播放，需要付费的非个人化（非面对面）信息交流，在广告信息中，组织或个人会以某种形态呈现。

· 使用不同媒体的优点是什么？

　　你可以复习一下表15.4所列出的不同广告媒体的优缺点。

· 为何商业信息广告片越来越多？

　　商业信息广告片之所以越来越重要，是因为它们展示了产品的各种信息，并且会使用推荐信来帮助促进产品和服务的销售。

**3. 说明企业间和企业对消费者的销售流程步骤。**

· 什么是人员推销？

　　人员推销是面对面展示和促销产品与服务的方式，也包括寻找潜在客户及售后服务。

· 企业间销售过程的七个步骤是什么？

　　销售过程的步骤是：（1）客户开发和资格审核；（2）售前接触；（3）接待客户；（4）产品演示；（5）释疑解惑；（6）销售履约；（7）售后服务。

· 企业对消费者销售过程的步骤是什么？

　　销售步骤为接待客户（包括向消费者提问）、产品演示（包括回答问题）、销售履约与售后服务。

**4. 描述公共关系部分的作用，并展示公共宣传如何起到这个作用。**

· 什么是公共关系？

公共关系是一种管理功能，能评判公众的态度、根据公众的要求改变政策和程序，并贯彻执行改进后的行动方案，以赢得大众的了解和接受。

· 一个好的公共关系方案有哪三个步骤？

（1）仔细聆听大众——公共关系始于好的营销研究；（2）依据大众的喜好改变政策和程序——企业无法靠不断地向大众宣传来赢得了解，它们需要有符合大众利益的方案和行动才能赢得了解；（3）告知大众正在响应他们的需求。

· 什么是公共宣传？

公共宣传是销售促进的言语武器；它通过媒体将信息传送给大众，而卖方并不需要为此出钱，所以也没有控制权。它是接近大众的好方法；公共宣传最大的好处就是它的可信度。

**5. 解释各种促销方法的重要性，包括免费样品。**

· 销售促进活动如何在组织内部和外部使用？

内部销售促进活动是针对销售人员和其他会接触到客户的人员，目的是让他们热衷于公司的产品。内部销售促进活动包括销售培训、辅助销售、视听展示以及参与商品展销会。外部销售促进活动（对消费者促销），包括使用免费样品、折价券、去零头的交易、展示、商店现场示范、奖品等类似的方式。

**6. 说明口头传播、电子邮件营销、病毒式营销、博客、播客与移动市场是如何发挥作用的。**

· 口碑促销是主要的促销工具吗？

口碑促销因被认为不便管理而不被视为是传统促销方式之一，不过它始终是促销产品和服务的一项有效方法。

· 今日口碑促销如何使用在促销上？

许多公司开始付费请人促销产品，借此创造口碑促销的效果。例如，许多公司鼓励人们进入网络聊天室去大肆宣传（炒热话题并说好话）乐团、电影、电子玩具和运动团体。同意以这种方式大肆宣传产品的人，可以得到免费的电影票、进入后台的机会、T恤及其他的商品（这些东西通常称作"赃物"）。病毒式营销指付钱给人在网络上说好话，或消费者介绍朋友上特定网站，就能得到佣金的多层次促销方案。口碑促销目前已经扩散到博客。播客就像博客一样，不过增加了更多的视觉影音。

· 有哪些主要的促销策略?

在推动策略中，生产者使用广告、人员推销、销售促进及其他促销工具，说服批发商和零售商进货并销售产品。在拉动策略中，大量广告和销售促进的方法是针对消费者的，促使他们直接从零售商处购买产品。挑选经济这个词指的是那些在网店中挑选产品，比如Drugstore.com或美捷步，或在网络上货比三家的消费者。

## 批判性思考

1. 如果一家公司不与环保主义者、新闻媒体和当地社区进行流通，会出现什么样的问题? 你知道哪些公司对你所在社区不负责任吗? 后果是什么?

2. 你多长时间网购一次? 如果你不是真的要买，你会在网络上比较商品和价格吗? 你或你的朋友会在易贝网或其他如克雷格的购物单（Craig's List）等网站上趁机购买低价的二手商品吗? 你会看网络广告吗? 它们似乎有效吗? 你认为自己会随着时间的推移而更多地网购吗?

3. 随着公司和消费者之间互动交流的增加，你认为传统广告会增长还是衰退? 其增长或衰退会对电视节目、报刊的价格产生什么影响?

4. 博客、播客和社交媒体如何影响你使用的其他媒体，比如新闻门户网站、报纸或电视? 你认为博客是一种有影响力的口碑促销方法吗? 你现在读报吗? 你有什么其他方式获取新闻呢?

# 16

# 理解会计和财务信息

## 学习目标

1. 解释会计和财务信息在企业中所起的作用，以及它对利益相关者的影响。

2. 识别会计专业的五个不同领域。

3. 列出会计循环的步骤，区别会计和簿记，并解释计算机如何用于会计。

4. 解释主要财务报表之间的差异。

5. 解释比率分析在财务信息报告中的应用。

# 人物侧写

## 认识西吉·希尔马森　西吉酸奶的创始人

当 25 岁的西吉·希尔马森（Siggi Hilmarsson）离开故乡冰岛到哥伦比亚大学攻读商科学位时，有一件事情他是肯定的，那就是为一家大公司工作不是他想要走的路。然而，毕业之后他还是就职于大型会计师事务所德勤（Deloitte）。希尔马森在心里深知自己是一个创业者，难以改变自己以适应美国公司的生活，也吃不惯美国高糖的食物，尤其想念一种冰岛非常好吃的东西。它叫作斯吉尔（skyr），是一种浓缩过的酸牛奶，浓稠而且富含蛋白质。利用母亲在冰岛雷克雅未克图书馆发现的一张 1913 年的配方，他开始准备在厨房的洗涤池中制作自己的斯吉尔。

根据希尔马森的说法，他前几批斯吉尔时好时坏。其中一个问题是恰到好处的斯吉尔需要在特定的温度下进行配制，这是他那个小厨房无法提供的。因此，希尔马森请假旅行去纽约北部的一家牛奶场，它隶属于一所农业大学，他可以把它租下来。正是在那里他制做出了第一批专业的斯吉尔，他认为味道很好。于是他从德勤辞职，全职制作自己的酸奶。

在完善了配方之后，他为朋友们准备了酸奶让他们品尝。他的同事对这种口味给予了一致的好评。随后希尔马森实现了第一次突破。他的一位朋友在尝过他的酸奶之后将样品带给纽约默里奶酪店的一位职员品尝，独特的口味给他们留下了深刻印象。于是，默里奶酪店成了他的第一个客户。

由于需要融资，希尔马森联系了一位哥伦比亚大学教授，这位教授曾经品尝过他的酸牛奶，而且同意投入一小笔钱，条件是希尔马森自己也要投资。下一步他需要寻找一家乳品加工厂，以便开始生产。他在纽约的诺威奇找到了一家未充分利用的乳品加工厂，这家工厂已经制作奶酪、酸奶和羊奶很多年了。

在为某项筹资活动捐赠了斯吉尔之后，一位全食超市（Whole Foods）的员工品尝并喜欢上了这种酸奶。在他知道之前，希尔马森正在全食公司总部签署合同，向全食公司在美国一半的超市供应这种酸奶。不幸的是，希尔马森的公司在制作出酸牛奶之后无法快速冷藏，因此满足不了从 15 家店到 100 家店猛增的需求。该加工厂为了扩大规模只好关门 3 个月，造成了现金流问题。希尔马森担心公司从此会一蹶不振。然而，他受过的教育以及在德勤的工作经历帮助他渡过这一财务难关。通过严密的财务和物流控制，3 个月之后他又重新开始了生产。

随着生产的进行，希尔马森还要面临持续不断的成本问题。产品的核心原料是产自食草奶牛的脱脂牛奶，它是完全浓缩的乳清，所需奶量是平常酸奶的 3 倍。这使他的酸奶在这个价格竞争堪称激烈的行业内要价高达 6 盎司 1 杯接近 3 美元。他的产品必须持续冷藏，产品配送也提升了成本，影响到了现金流。希尔马森深知所有的公司都要面对这种财务挑战。幸好他熟悉衡量企业健康的方法，比如财务分析、成本控制、财务报表、股本收益和资产回报。

控制成本、管理现金流、了解利润率和税收以及财务报表是达能（Dannon）、优诺（Yoplait）等大型酸奶生产商成长和生存的关键，也是像西吉酸奶等小生产商的命脉。本章将向你介绍关乎企业成功的会计基础和财务信息，也会对财务比率进行简单的探讨。企业无论大小，都会采用财务比率来衡量自己的业绩表现。

资料来源：Jill Priluck, "The Yogurt Chronicles", *Slate*, August 13, 2010; Alexandra Wolfe, "Learning to Milk a Profit", *Bloomberg Businessweek*, August 12, 2010; and Courtney Rubin, "The Sugar Made Him Do It", *Inc.*, February 15, 2011.

## ◎ 会计信息的重要性

像斯吉尔酸奶的故事，每天都在商业世界里发生。小企业经营良好还是倒闭常常在于如何维持财务流程，大企业也是如此。财务管理是优质企业的心跳中枢，而会计制度则负责维持中枢运作正常。

会计报表和财务报告反映了企业的健康状况，就像脉搏和血压显示一个人的身体是否健康一样。如果你想发展成功的事业，就必须具备一些会计学的相关知识。如果没有阅读、了解并分析会计报表和财务报告的能力，就无法理解企业运作。

读到本章的结尾时，你应该会了解会计学是什么，它是如何运作的及它为企业带来了何种价值。当你进一步参与商业活动，或者只是单纯地想了解企业的财务状况时，这些新知识可以让你获益。

### 会计是什么

**会计**（accounting）指的是企业中财务事件及交易的记录、分类、概述与解释，提供给管理者及利益相关者所需要的信息，能协助他们做出良好的运营决策。财务交易包括货物和服务买卖、购买保险、支付职员薪资和使用原物料等。我们通常将所有的进货记录集合在一起，所有的销售交易亦同。将累积的记录和会计数据整理编制成报表的程序，称为会计制度（accounting system），请参阅图16.1。

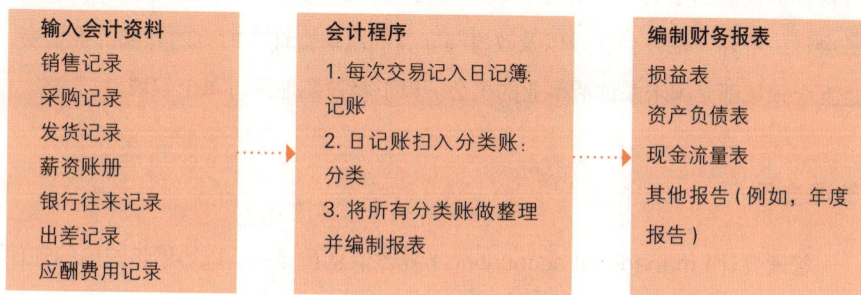

| 输入会计资料 | 会计程序 | 编制财务报表 |
|---|---|---|
| 销售记录 | 1. 每次交易记入日记簿: 记账 | 损益表 |
| 采购记录 | | 资产负债表 |
| 发货记录 | 2. 日记账扫入分类账: 分类 | 现金流量表 |
| 薪资账册 | | 其他报告 ( 例如，年度报告 ) |
| 银行往来记录 | 3. 将所有分类账做整理并编制报表 | |
| 出差记录 | | |
| 应酬费用记录 | | |

**图16.1 会计制度**

会计制度的输入资料，包括销售和其他交易文件的记录。这些数据会被记录、分类和整理。最后会编制成财务报表，例如损益表、资产负债表及现金流量表。

**表 16.1 会计信息使用者和所需报表**

许多类型的组织都会利用会计信息来做决策。报表编制必须依据各类使用者的需求，会计人员一定要准备好适合的报表。

| 使用者 | 报表类型 |
|---|---|
| 政府税务机关（例如国税局） | 纳税申报表 |
| 政府监理机构 | 必要的报告 |
| 关心组织收入与财务状况的人（例如股东、债权人、财务分析师、供应商） | 年报中的财务报表（如损益表、资产负债表、现金流量表） |
| 企业管理者 | 财务报表和各种内部财务报表 |

会计的主要目的是帮助管理者做出良好的决策。另外还有一个主要的目的，那就是报告企业的财务信息给有兴趣的利益相关者，例如公司股东、债权人、供应商、职员、工会、社区活动家、投资者和政府（税务）（如表16.1所示）。以下将探讨会计被区分为哪些主要的范围。

## ◎ 会计领域

你可能会认为会计只能用在以营利为目的的公司，但是非营利组织（如教会、学校、医院、互助会和政府机关）在报告财务数据时也需要会计工作。会计被称为企业的语言。会计专业被区分为五个主要的工作领域：管理会计、财务会计、审计、税务会计，以及政府与非营利组织会计。所有的领域都很重要，这五个领域都充满未来创造事业的机会。以下将扼要地探讨每个领域。

### 管理会计

**管理会计**（managerial accounting）提供信息和分析，以协助组织内的管理者做决策。管理会计着重于生产、营销，以及其他职能的成本衡量与报告；编制预算（规划）；审视各部门预算是否超支（控制）；并且制定将税费最小化的策略等（税务会计）。

如果你主修商科，那么管理会计就几乎是必修的课程。你甚至可能将担任注册管理会计师作为事业目标。一个**注册管理会计师**（certified management accountant, CMA）是已经符合必要的会计教育和经验充足的专业会计师，并且已经通过了"注册管理会计师协会"（Institute of Certified Management Accountants）的检定。由于全球范围的竞争增加、组织精简、业务外包及组织预算的删减，管理会计可能成为你在大学所修过的最重要的课程之一。

## 财务会计

**财务会计**（financial accounting）与管理会计不同，财务会计主要是为组织之外的人，包括除股东、管理者、员工之外的债权人和贷款人、工会、顾客、供应商、政府机关与一般的投资大众提供信息和分析。这些外界人士有兴趣的财务问题包括：组织获利吗？支付账单的能力如何？负债多高？很多问题的答案都要写在公司每年一份的**年度报告**（annual report）中，年报会记载组织的财务现况、进程与对未来的预期展望。出于来自利益相关者需要详尽财务信息的庞大压力，企业将大量信息刊载在年报中。

维持精确的财务信息对企业而言非常重要，因此许多公司、政府机关，或非营利组织会雇用**私业会计师**（private accountant）。然而，并非所有的公司或非营利组织都想要或需要一个全职会计师。因此，在美国有数以千计的会计公司为组织提供所需的会计服务。

以收费为基础提供会计服务给个人或企业的会计师，称为**公众会计师**（public accountant）。他们提供的业务协助包括设计会计系统、帮助选择正确的软件来运作系统、分析组织的财务绩效等。通过"美国会计师协会"（American Institute of Certified Public Accountants, AICPA）系列考试，并符合政府要求的教育学历和经验，就可获得承认成为一个**注册会计师**（certified public accountant, CPA）。注册会计师们可担任私业会计师或公众会计师，也常应聘担任其他的财务相关职位。现在全美有超过60万位注册会计师，其中有37万是美国注册会计师协会的会员。

向会计数据使用者确保所提供信息的准确性对会计师非常重要。独立财务会计准则委员会（Financial Accounting Standards Board, FASB）定义了一般公认会计原则（generally accepted accounting principles, GAAP），它是会计师必须遵循的。如果会计报告符合公认会计原则，使用者就知道数据是依照标准，经由专业人士同意的报告。

21世纪初期，会计业遭遇到了一段黑暗期。许多知名企业诸如世界通讯（WorldCom）、安然（Enron）和泰科（Tyco）均发生会计丑闻，使公众对整个会计行业和企业诚信产生了疑虑。美国最领先的会计事务所之一的安达信（Athur Andersen）会计事务所因在2002年安然案中销毁记录而获罪（但该判决后来遭到美国最高法院驳回），致使歇业。

对会计产业的监督变得更加严格了，并致使美国国会通过了《萨班斯–奥克斯莱法案》（Sarbanes–Oxley Act）。该法案制定了公开上市公司的新报告准则，也设立了上市公司会计监督委员会（Public Company Accounting Oversight Board, PCAOB），负责监督美国注册会计师协会。在这一法案颁布之前，会计行业靠的是会计师的自我约束。表16.2列出了《萨班斯–奥克斯莱法案》的重要条文。

始于2008年的金融危机促使国会通过了《多德–弗兰克华尔街改革和消费者保护法案》。该法案通过增加上市公司会计监督委员会（PCAOB）对证券经纪人和交易商的审计方的监管权力，加强了对会计的财务监管。我们会在第18章深入讨论《多德–弗兰克法案》。

要想让会计职业发挥效力，会计必须像医生或律师一样被看作专业人士。除了完成150多个小时的强化培训和严格考试，注册会计师平均每年要参加40个小时的继续教育培训，接受重新认证，接受职业道德培训，并且必须通过职业道德考试。

**表 16.2　《萨班斯–奥克斯莱法案》的重要条文**

- 禁止会计师事务所对查账公司提供非查账服务（例如咨询服务）。
- 强化对公司不法行为举报者的保护。
- 要求公司的执行长和财务长保证财务报表的正确性，并对财务报表的不实编制（例如虚报获利）处以重大刑罚。
- 禁止公司贷款给董事和公司高层。
- 在证券管理委员会（SEC）下建立上市公司会计监督委员会（PCAOB），以监督会计业。
- 规定修改或损毁重要审计纪录为重罪，并处以重大刑罚。

## 法律实例

### 与会计舞弊斗争到底

根据注册舞弊审查师协会（ACFE）的调查，舞弊这种最恶劣的方式很有可能正在给许多公司的收入造成损失。注册会计师萨姆·安塔尔（Sam E. Antar）同意这种评价，而且他也应该知道。疯狂的埃迪（Crazy Eddie）是一家消费类电子产品的零售商，当安塔尔担任该公司的首席财务官（CFO）时，因为在一桩公司欺诈案中虚增销售额、洗钱和存货造假，给投资人和债权人带来数以亿计的损失。今天，他给担心财务欺诈的公司讲课，告诉他们如何防止它的发生，并强烈主张在法务会计领域培训审计师。

按照安塔尔的说法，审计师受过的培训是要寻找记账错误，而法务会计受过的培训是要做犯罪现场调查员。法务会计事务所的史蒂夫·佩德诺尔特（Steve Pedneault）指出，相比十年前安然、世通和泰科被爆出财务丑闻时，现在的企业中存在着更多财务欺诈和侵吞挪用行为。当某家公司怀疑财务出现不正当行为时，像佩德诺尔特先生（Mr. Pedneault's）这样的公司就会受聘查找欺诈，他们会分析计算机硬盘、金融票据、银行记录、电子邮件和账单收据。据《今日会计》（*Accounting Today*）杂志估计，大约 80% 的美国顶级会计师事务所会在欺诈起诉案中使用法务会计。

如果你认为会计只是受人尊崇的职员，那就再考虑一下。法务会计把他们的工作看成是调查。大多数情况下，那些担心上级鼓励他们审改记录或隐藏某些成本的内部告密者是他们调查的第一线。让投资者损失无数金钱的次贷危机和庞氏骗局毫无疑问会让法务会计在未来忙个不停。

资料来源：Marie *Leone*, "Something Wicked This Way Comes," *CFO*, June 1, 2010; Laton McCartney, "Where There's Smoke, There's Fraud," *CFO*, March 1, 2011; and "AICPA Adds More Options for Specialty Credentials," *Accounting Today*, April 27, 2011.

## 审　计

审核与评估编制财务报表所使用的信息称为**审计（auditing）**。组织里的私业会计师定期执行内部审计，以确保公司内部的会计程序与财务报表被适当地执行与编制。公众会计师也会独立审核会计与相关报表。**独立审计（independent audit）** 指的是客观公正地评估公司财务报表的准确性并提出意见。公司的年报时常包括来自审计师的书面意见。

在21世纪头几年发生的会计丑闻之后，允许会计师事务所为同一家公司既做审计又做咨询的做法受到了质疑。作为回应，《萨班斯—奥克斯莱法案》制定了新的审计和咨询规则，以确保审计过程的完整性。审计流程在2011年再次受到批评。在分析了2008年雷曼兄弟的垮台及随之而来的金融危机之后，许多人呼吁要对审计流程进行更严格的控制。本章的"法律实例"专栏讨论了会计欺诈问题，以及公司如何防止它。

财务审计人员不仅要诊断组织的财务健康，还要检查组织的营运效率与效益。拥有本科学历、具有两年内部审计经验，并且通过内部审计师协会组织的考试的会计师可以获得**注册内部审计师**（certified internal auditor, CIA）的职业证书。

## 税务会计

税赋使得政府可以为提供道路、公园、学校、警察保护、军队以及其他服务而支付费用。联邦、州和地方政府规定，报送纳税申报单的个人和组织一定要在特定的时间内使用精确的格式。**税务会计**（tax accountant）是受过税法训练的会计师，负责报税或提出税务策略。政府常常依照特定的需要或目的改变税收政策，这就使税务会计师的工作充满了挑战性。另外，随着税收负担在经济中的增长，税务会计师的角色也对组织、个人或企业越来越重要。

## 政府与非营利组织会计

**政府与非营利组织会计**（government and not-for-profit accounting）服务于不以营利为目的的、服务于纳税人以及其他按照正式批准的预算来运作的组织。联邦、州与地区政府需要会计制度，以帮助民众、特殊利益团体、立法单位与债权人等确定政府是否履行义务，并适当地使用纳税人的钱。政府会计标准由政府会计标准委员会（Governmental Accounting Standards Board, GASB）制定。联邦调查局（FBI）、美国国税局（Internal Revenue Service）、密苏里州自然资源部（Missouri Department of Natural Resources）以及库克郡税务局（Cook County Department of Revenue）只是众多政府单位中能提供政府会计工作机会的一小部分机构。

非营利组织也需要会计人员。诸如救世军、红十字会、博物馆和医院等慈善机构都要聘请会计，向捐款者说明其资金是如何使用的。事实上，非营利组织对于专业会计师的需求日益增加，因为捐款人想要准确地了解他们所捐资金的具体用途和流向。在2008年开始的严重经济衰退期间，很多企业和个人减少了捐款，这就使把所捐的每一分钱解释清楚比以往更加重要。

如你所见，管理和财务会计、审计、税务会计以及政府和非营利组织会计都需要特别的训练和能力。

## ◎ 会计循环

**会计循环**（accounting cycle）是指编制和分析主要财务报表所需的六项程序步骤（参阅图16.2）。会计循环基于簿记员和会计师两者的工作。**簿记**（bookkeeping）是对企业交易的记录，是财务报告的基础部分。但会计不只对财务信息进行简单记录，而是会将由簿记员所提供的财务信息进行分类和总结，再向管理高层解释数据和报告信息，并且为改进公司的财务状况建议策略，准备财务分析和所得税申报。

簿记员的第一件工作是把公司的所有交易——诸如销售文件、购买收据和货运文件——依性质分类，并使数据条理化且容易管理。因此，簿记员必须从原始的交易文件（销售记录等）开始记入日记簿或计算机程序档案，这种保留每天交易数据的记录就是**日记账**（journal）。"journal"这个词来自法语的

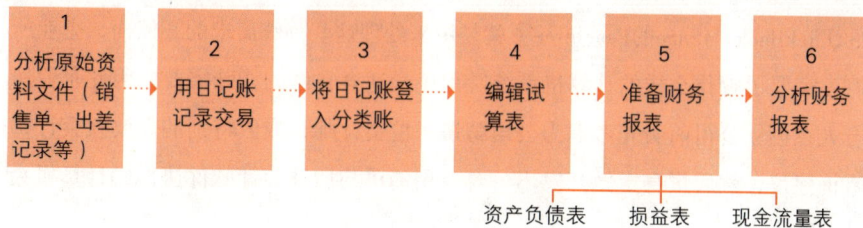

**图16.2　会计循环的步骤**

"jour"，是"日子"的意思。日记账用于保存每天的交易记录。

记录财务交易也可能会犯错，如把10.98美元误记为10.89美元。因此，簿记员会将所有的交易记录在两个地方，然后可以相互核对两个交易记录，以确定最终数值相同。如果不一致，簿记员就知道自己犯错了。将每笔交易写在两个地方的做法，称为**复式簿记**（double-entry bookkeeping）。在复式簿记中，每笔交易都需要在日记账和分类账（以下讨论）里记录两次。

假设公司想知道本年第一季度办公用品花费多少，如果没有特定的簿记工具，即使有精确的会计日记账，也难以得知。因此，簿记员利用特定的会计账册或计算机程序——**分类账**（ledger），把日记账信息过账（记录）到各个特定类别，让管理者可以在同一地方找到某项账户（例如办公用品、现金等）的所有信息。

会计循环的下个步骤为准备**试算表**（trial balance）。试算表是账户分类账的所有财务资料的总结，用来检查数字是否正确和收支平衡。如果账户分类账里的资料不正确，在准备财务报表之前一定要订正，然后会计师依据公认会计原则编制财务报表，包括资产负债表、损益表和现金流量表。

## 会计中的计算机技术

不久前，会计师和簿记员还需要手动录入所有公司财务信息，而今计算机技术已经大大地简化了会计流程。计算机会计程序可以从日记账中瞬间过账加入分类账（甚至是远程操作），随时提供组织所需的财务信息。这让会计师有了更多时间来处理财报分析等更重要的事情。集合的会计程序为小企业所有者提供了强而有力的帮助，因为小企业往往无法像大企业一样拥有强大的会计支持。小企业的需求通常与大企业相去甚远，因此许多会计软件［如财捷集团（Intuit）的QuickBooks与Sage的Peachtree］就是用来处理这些特殊需求的。然而，企业所有人需要了解什么样的计算机系统及程序最适合自己的特殊需要，因此企业所有人在创立公司前会先考虑为公司聘请一位会计师，或依特别的需要找会计师咨询建议，然后量身定做开发出一套专用的可与所选会计软件协作的计算机会计制度。

在高级会计软件可以买到的情况下，你可能会奇怪为什么你还要学习和理解会计。计算机是企业人士的一项利器，它无疑简化了单调的簿记和会计工作。遗憾的是，会计师的工作仍然需要培训和非常专业的能力，这些不是编好程序让计算机执行就能解决的。计算机技术与会计师的知识相结合才能帮助企业做出正确的财务决策。下面我们将探讨资产负债表、损益表与现金流量表，会计师正是通过这些财务报表所包含的信息来分析和评估企业财务状况的。

## ◎ 了解关键的财务报表

会计年度（accounting year）要么是日历年度，要么是财务年度（fiscal year）。日历的一整年始于1月1日，到12月31日结束，而财务年度可以从企业指定的任何日期开始。**财务报表（financial statement）**是特定时间内所有财务往来的总结，它反映了一个公司的财务状况是否稳定和健康，是管理决策的关键因素。这就是股东（企业的所有者）、债权人与银行（借款给公司的个人和机构）、工会、员工和国税局等全都对公司财务报表感兴趣的原因。公司主要的财务报表如下：

**1. 资产负债表**：针对某特定日期公司财务状况所提出的财务报表。

**2. 损益表**：记录特定期间内的收入、商品成本、费用（包括税收）及收益（损失）的报表，展现公司在特定期间内的营运绩效结果。

**3. 现金流量表**：反映企业在一定期间内现金收入与支出信息的总结报表。

这些报表间的差异可以恰当总结如下：资产负债表记述公司在某特定日期所拥有的资产、负债与股东权益；损益表呈现某特定期间内的销售收入与销售成本；现金流量表则强调企业现金流入与流出量间的差异。为了完全了解重要的财务报表，你需要能够阅读并理解这些财务报表，我们稍后将详细解释每份报表。

## 基本会计等式

　　想象你没有欠任何人钱，也就是说你没有任何负债。在这种情况下，你的资产（例如现金等）等于你所拥有的（你的权益）。然而，如果你向朋友借用一笔钱，你就已经有了负债，你现有的资产就等于你所拥有的再加上你所欠的。用商业专有名词来说就是：资产＝负债＋所有者权益。

　　在会计里，这个等式必须永远保持平衡。假设你有50,000美元的现金，并决定用这笔钱开一家小咖啡厅。你的企业有50,000美元的资产，没有负债，会计等式是：

　　　　资产＝负债＋所有者权益

　　　　50,000美元＝0美元＋50,000美元

　　你有50,000美元现金及50,000美元的所有者权益（你投资在这家公司的金额，也可称为净值）。然而，成立这家公司以前，你从当地银行借了30,000美元，这个等式也就改变了。你多了30,000美元的现金，也多了30,000美元的负债。记住，复式簿记中每一笔交易会有两个记录。

　　你的企业内财务地位已经改变了，等式依然保持平衡，但为反映这个借款交易，式子会有所改变：

　　　　资产＝负债＋所有者权益

　　　　80,000美元＝30,000美元＋50,000美元

　　**基本会计等式**（fundamental accounting equation）是资产负债表的基础。

## 资产负债表

　　**资产负债表**（balance sheet）是指记录企业特定时点财务状况的财务报告。如表16.3（资产负债表范例，非常素食是一个假设的素食餐厅公司，在第12章中介绍过）所示，在资产负债表上分别列出资产栏与负债、所有者（或股东）权益栏，资产等于负债和所有者（或股东）权益之和，就这么简单。

　　假定你想知道你在特定时点的财务状况，比如你因为想买一间新房子或一辆汽车而有必要计算你可用的资源，最好的方法之一是制作资产负债表。首先，

加总你所拥有的所有家当：现金、财产和借出去的钱等，这是你的资产；然后，减去你欠别人的钱：信用卡账单、借款、汽车贷款、助学贷款等，这些是你的负债，之后就可以得到你的净值或权益。这正是公司准备编制资产负债表的基础：遵循依基本会计等式所设定的会计程序，并且必须遵循公认会计原则。

理解资产负债表中的财务信息至关重要，因此，让我们更仔细地看一下企业的资产账户中有什么，负债和所有者权益中又有什么。

## 资产分类

**资产**（assets）是企业所拥有的经济资源（有价之物），包括有助于产生收入的有形资产——如设备、建筑物、土地、家具、厂房和车辆等，和有价值的无形资产——像是专利权、商标、版权与商誉等。商誉是因声誉、区位与优良产品等因素而产生的价值，是当收购发生时所支付的超过企业有形资产的价值，被列在资产负债表中。品牌名称可能是公司最有价值的无形资产。想一想星巴克、可口可乐、麦当劳和苹果之类的品牌名称。然而，并非所有公司都能在资产负债表中列出商誉等无形资产。

资产在资产负债表上依照流动性高低顺序排列。**流动性**（liquidity）指的是资产转成现金的速度，更快的转化意味着更高的流动性。例如，应收账款是指一年内可收回的款项，可以快速变现，所以被列在流动资产里面。土地的销售要花费很多的时间和文书工作，很难迅速变现，所以被当作固定或长期资产。因此，资产依照变现速度可区分为三种：

1. **流动资产**（current assets）：指可以在一年内转换成现金的项目。流动资产包括现金、应收账款和存货。

2. **固定资产**（fixed assets）：指相对较持久的资产，例如土地、建筑物及设备。这些资产在资产负债表上写作固定资产（英文中对应项目名为"property, plant, and equipment"）。

3. **无形资产**（intangible assets）：指有价值但无实体形式的长期资产，例如专利权、商标、版权与商誉。

**表 16.3 非常素食简明资产负债表范例**

① 流动资产：在一年内可被转换成现金的科目。
② 固定资产：土地、建筑物以及设备等相对比较永久的科目。
③ 无形资产：具有价值但没有实体形式的科目，例如专利和版权。
④ 流动负债：是指在一年之内需偿还的负债。
⑤ 长期负债：偿还期限是一年或更久的负债。
⑥ 所有者权益：股东在一个公司中拥有的股份价值（也称为股东权益）。

| 非常素食资产负债表　2012 年 12 月 31 日 | | |
|---|---|---|
| **资产** | | |
| ① 流动资产 | | |
| 　　现金 | $ 15,000 | |
| 　　应收账款 | 200,000 | |
| 　　应收票据 | 50,000 | |
| 　　存货 | 335,000 | |
| 　　　流动资产合计 | | 600,000 |
| ② 固定资产 | | |
| 　　土地 | $ 40,000 | |
| 　　建筑物和增建物 | $ 200,000 | |
| 　　减：累计折旧 | −90,000 | |
| | | 110,000 |
| 　　设备和交通工具 | $ 120,000 | |
| 　　减：累计折旧 | −80,000 | |
| | | 40,000 |
| 　　办公家具和固定设备 | $ 26,000 | |
| 　　减：累计折旧 | −10,000 | |
| | | 16,000 |
| 　　　固定资产总计 | | $ 206,000 |
| ③ 无形资产 | | |
| 　　商誉 | $ 20,000 | |
| 　　　无形资产合计 | | 20,000 |
| 　　　资产合计 | | $ 826,000 |
| **负债和所有者权益** | | |
| ④ 流动负债 | | |
| 　　应付账款 | $ 40,000 | |
| 　　应付票据（2011 年 6 月到期） | 8,000 | |
| 　　应付税款 | 150,000 | |
| 　　应付职工薪酬 | 90,000 | |
| 　　　流动负债总计 | | $ 288,000 |
| ⑤ 长期负债 | | |
| 　　应付票据（2015 年 3 月到期） | $ 35,000 | |
| 　　应付债券（2020 年 12 月到期） | 290,000 | |
| 　　　长期负债合计 | | 325,000 |
| 　　　负债合计 | | $ 613,000 |
| ⑥ 所有者权益 | | |
| 　　普通股（1,000,000 股） | $ 100,000 | |
| 　　留存收益 | 113,000 | |
| 　　　所有者权益合计 | | 213,000 |
| 　　　负债和所有者权益合计 | | $ 826,000 |

### 负债和所有者权益

**负债**（liabilities）指的是企业对其他人的债务。流动负债是指在一年之内须偿还的负债；长期负债的偿还期限在一年以上。下列各项是资产负债表上记录的一般负债账目（参阅表16.3）：

1. **应付账款**（accounts payable）：公司以赊账方式向他人购买产品或服务而欠的流动负债或账单，未付清的金额。

2. **应付票据**（notes payable）：约定未来特定日期偿还的短期或长期借款（例如银行借款）。

3. **应付债券**（bonds payable）：公司举债，将来必须偿还一定金额的长期负债（我们将在第17章与第18章里深入讨论债券）。

**表16.4 "你"公司**

你觉得"你"公司的财务状况如何？让我们花点时间来探讨一下。你可能会有些惊喜的发现，或你可能需要努力了解如何计划你未来的财务。记住，你的净值就是自己的资产和负债之间的差异，诚实并且尽力为你的私人财产做一个恰当的评估。

| 资产 | | 负债 | |
|---|---|---|---|
| 现金 | $＿＿＿＿ | 分期贷款和利息 | $＿＿＿＿ |
| 储蓄存款 | ＿＿＿＿ | 其他的贷款和利息 | ＿＿＿＿ |
| 支票存款 | ＿＿＿＿ | 信用卡账户 | ＿＿＿＿ |
| 房屋 | ＿＿＿＿ | 抵押贷款 | ＿＿＿＿ |
| 股票和债券 | ＿＿＿＿ | 税收 | ＿＿＿＿ |
| 汽车 | ＿＿＿＿ | 应付电话费 | ＿＿＿＿ |
| 个人退休账户（IRA） | ＿＿＿＿ | | |
| 或基奥账户（Keogh） | ＿＿＿＿ | | |
| 个人财产 | ＿＿＿＿ | | |
| 其他资产 | ＿＿＿＿ | | |
| 　总资产 | $＿＿＿＿ | 总负债 | $＿＿＿＿ |
| | | | |
| 确定你的净值： | | | |
| 　总资产 | $＿＿＿＿ | | |
| 　总负债 | －＿＿＿＿ | | |
| 　净值 | $＿＿＿＿ | | |

如基本会计等式中显示的，你所拥有物品的总价值（资产）减去所欠他人的债务（负债）就称为权益。股东在一个公司中拥有的价值（减去负债），称为股东权益；因为股东是公司的所有者，股东权益也可以称为所有者权益。**所有者权益（owners'equity）**是企业所拥有的资产减去负债，因此所有者权益的公式就是资产减去负债。

依照组织的类型，所有者权益账目会有所不同。对于独资经营人和合伙人，所有者权益指的是公司的所有资产减去所有者的所有负债后的余额。这些公司的所有者权益称为投资额。

股份公司的所有者权益账目记录了股东对公司投资的资金（如股本）及留存收益。**留存收益（retained earnings）**指的是公司获利后，在公司内再投资而没有分配给股东的盈余（而那些分配收益被称为股息，第18章将深入探讨）。检视表16.3，从这家素食餐厅的资产负债表里找出重要信息。然后，依表16.4中的步骤花几分钟尝试估计一下自己的净值。

## 损益表

公司在扣除成本、费用及税收之后所得利润的财务报表，就是损益表。**损益表（income statement）**汇总所有由营运活动与资金运用所产生的资源（称为收入），支付营运所需成本、费用和税收，以及两者相减后所剩下的资源——称为**净利润或净亏损（net income or net loss；**参阅表16.5）。

收入
–销售成本
=毛利润
–营业费用
=税前净利润
–税收
=净利润或净亏损

损益表是显示一定期间（通常是一年、一季或一个月）的企业财务营运情况，并揭露企业是否获利或亏损的财务报表。损益表包含了许多对股东、借贷者、潜在投资者、员工和政府有价值的财务信息。损益表非常重要，所以有必要花时间学习如何编制损益表。然后我们将会讨论每项要素的含义。

**表 16.5　非常素食损益表范例**

①收入：从销售、提供服务以及其他财务来源的所得收入。
②销售成本：卖出商品的成本，或用来生产转售商品的原料与组件的成本。
③毛利润（盈余）：公司通过买卖商品赚了多少。
④营业费用：公司营运所需的费用。
⑤税后净利润：在一个特定期间，减去所有的成本和税赋之后的利润或亏损。

| 非常素食损益表　2012 年 | | | |
|---|---|---|---|
| ①收入 | | | |
| 　销售总额 | | $720,000 | |
| 　减：销售退回与折让 | $ 12,000 | | |
| 　　　销售折扣 | 8,000 | −20,000 | |
| 　净销售额 | | | 700,000 |
| ②销售成本 | | | |
| 　初期存货，1 月 1 日 | | 200,000 | |
| 　进货 | $ 400,000 | | |
| 　运费 | 40,000 | | |
| 　进货净额 | | 440,000 | |
| 　可供销售的存货成本 | $ 640,000 | | |
| 　末期存货，12 月 31 日 | | −230,000 | |
| 　　销售成本 | | | 410,000 |
| ③毛利润 | | | 290,000 |
| ④营业费用 | | | |
| 　销售费用 | | | |
| 　　销售员薪资 | $ 90,000 | | |
| 　　广告 | 18,000 | | |
| 　　办公用品 | 2,000 | | |
| 　　　销售费用合计 | | 110,000 | |
| 　一般费用 | | | |
| 　　员工薪酬 | $ 67,000 | | |
| 　　折旧 | 1,500 | | |
| 　　保险费 | 1,500 | | |
| 　　租金 | 28,000 | | |
| 　　照明、暖气和电力 | 12,000 | | |
| 　　杂项 | 2,000 | | |
| | | 112,000 | |
| 　营业费用合计 | | | 222,000 |
| 　税前净利润 | | | $ 68,000 |
| 　　减：所得税支出 | | | 19,000 |
| ⑤税后净利润 | | | $ 49,000 |

## 收　入

收入（revenue）是因提供产品和服务而获得的货币价值，以及其他收款，如租金、专利权使用费及利息。不要把专有名词"收入"和"销售"混为一谈，大多数的收入（流入公司的现金）来自销售，但也有其他收入来源。看一下损益表，销售总额是公司完成的所有销售的总和。销售净额是销售总额减去退货、折扣与折让。

## 销售成本

产品销售成本［cost of goods sold，或产品制造成本（cost of goods manufactured）］是卖出产品的成本或用来生产转售商品的原料与组件的成本。对照进货支出来计算公司因销售产品所赚金额是合理的。销售成本包括进货加上运费与仓储有关的成本。

产品在出售时是否存置在公司内，对财务报表而言并不重要，重要的是如何记录已出售的存货价值。想知道原因，请看"聚焦小企业"专栏说明的两种存货衡量方法。

从销售净额减去销售成本，就可算出毛利润。毛利润（gross profit; gross margin）是指公司通过购买（或制造）和售卖商品赚了多少。在一家服务业的公司中，可能没有销售成本，因此毛利润等于净销售额。毛利润无法告诉你关于公司财务绩效的全貌，为了要得到这数据，必须再减去公司的营业费用。

## 营业费用

为销售货物或服务，公司会产生营业费用（operating expenses），如租金、薪资、办公用品、水电费、保险费等。损益表中的其他营业费用中的折旧比较复杂。比如，你应该知道一辆新车一旦驶离卖场，市场价值便会开始贬值。公司里的设备和机器等资产也是同样道理。折旧（depreciation）指按照预估的使用期限将有形资产的成本有步骤地注销。根据公认会计原则与美国国税局所制定（超出本章范围）的会计准则，公司被允许通过折旧的形式，把这些资产的

## 聚焦小企业

### 大学书店的进货和销货如何记账?

一般公认会计原则（GAAP）有时允许会计师使用不同的方法将公司存货入账。让我们考察一下两种可行的处理办法，即先进先出（FIFO）和后进先出（LIFO）。

假设一家大学书店在7月份购买了某特定教材100册，每册100美元。开学之后，书店卖出50册，每本收学生120美元。因为本书会在下学期再次使用，书店将没有卖出的50册教材放入存货，以待来年。

在12月后期，当书店购买要在下学期销售的另外50册教材时，由于通货膨胀和其他生产和配送成本，出版商将价格提高到每册110美元。现在，书店拥有100册同样教材的存货，但却是在不同的购货周期购买的。如果它在新学期开始时以每册120美元的价格向学生售出50册教材，那么，出于会计核算的目的，书店如何确定该书的成本? 实际上，它要依情况而定。

书是一致的，但会计处理可以不同。如果书店采用的是先进先出，每本教材的成本就是100美元，因为书店先购买的教材成本为100美元。不过，书店也可以采用另外一种方法。如果采用后进先出方法入账，它后来购买的教材将会决定售出的50本教材的成本，即每本110美元。

如果教材以120美元卖出，采用先进先出和后进先出所产生的毛利润有什么不同? 正如你看到的那样，所采用的存货估值方法会导致不同的结果。

---

成本逐步转移到公司的营业费用里。

营业费用通常被分成销售费用或一般费用。销售费用（selling expenses）指与公司产品或服务的营销与分销有关的费用（例如广告费、销售人员薪资及所需物品的开销等）；一般费用（general expenses）则是指公司的管理费用（例如员工薪资、折旧、保险与租金等）。会计师能够帮助你记录所有适当的费用，并找出需要从应征税收入中扣除的作为经营部分的其他相关费用。

### 净利润或净亏损

在所有费用被扣除之后，就可以得到公司的税前净利润，也可称为净收益（参阅表16.5）。接着扣除税后，就得到一段时间的净利润（或可能是净亏损），亦即在收入扣除所有的退货、成本、费用与税费之后的结算成果，代表"公司在特定报表期间内赚得或损失多少"。如你所知，你对资产负债表和损益表的基本原则已很熟悉。当准备自己的预算时，你知道保留成本和费用记录。假设你的租金和水电费超过你赚的钱，就有大麻烦了。如果你需要更多的钱去支付费用，可能需要变卖一些所有物。在生意方面也是一样，公司需要掌握收入与支出情况，以及掌握有多少现金的信息。唯一不同的是，与个人比起来，公司要处理的问题更复杂，要记录的信息更多。

财务报表使用者也非常重视公司现金流入与流出的处理。管理现金流量是一个使企业和个人苦恼的问题。当我们在下一节探讨现金流量表时，请记住这些事实。

## 现金流量表

**现金流量表**（statement of cash flows）记录和以下三大活动有关的现金收入和支出事项：

·营业：与企业经营有关的现金交易。

·投资：企业从事投资活动所使用或贷放出去的现金。

·融资：举新债或发行股票所获得的现金，或被用于支付企业费用、负债与股息的现金。

会计师分析所有因营业、投资与融资而产生的公司现金的改变，来计算出公司的净现金数据。现金流量表也向企业提供有效管理现金的重要观点，以避免现金流量问题（例如，现金不足以支付当前费用）。

表16.6是非常素食公司的现金流量表举例。现金流量表可以回答以下问题：有多少现金来自企业的经营活动，如销售货物与服务（扣除买入）的现金有多少？有以现金购买股票、债券或进行其他投资吗？有公司因卖出前述投资而获得现金吗？靠发行股票募得多少现金？

上述这些及其他财务交易可以被分析，并且从中看出它们对公司现金状况的影响。管理现金流量决定企业的经营成败。下面我们将更进一步深入分析现金流量。

**表 16.6 非常素食现金流量表范例**

① 来自销售、佣金、小费、利息和股利的现金收入；因薪水、存货、营运费用、利息和赋税产生的现金支出。

② 包括通过长期营运的资产买卖、对其他公司的投资和贷出资金的现金流量。

③ 与自己公司股票有关的交易或借款活动，所产生的现金流入和流出。

| 非常素食现金流量表 2012 年 | | |
| --- | --- | --- |
| ① 经营活动产生的现金流量 | | |
| 来自消费者的现金收入 | $ 700,000 | |
| 支付供应商和受雇人员的现金 | −567,000 | |
| 支付利息 | −64,000 | |
| 支付所得税 | −19,000 | |
| 利息和股利收入 | 2,000 | |
| 经营活动产生的现金流量净额 | | $ 52,000 |
| ② 投资活动产生的现金流量 | | |
| 出售工厂资产的收入 | $ 4,000 | |
| 购买设备支出 | −23,000 | |
| 投资活动产生的现金流量净额 | | −19,000 |
| ③ 筹资活动产生的现金流量 | | |
| 近期债券发行收入 | $ 2,000 | |
| 购买长期债券 | −8,000 | |
| 支付现金股利 | −15,000 | |
| 筹资活动产生的现金流量净额 | | −21,000 |
| 本期现金增加数 | | $ 12,000 |
| 期初现金余额 | | 3,000 |
| 期末现金余额 | | $ 15,000 |

## 现金流量分析的需求

如果对现金流量管理不当，企业将可能出现严重的问题。了解现金流量是财务报表的一个重要的部分，现金流量分析其实相当简单。举例来说，你向一个朋友借了100美元买一辆二手自行车，而且同意在这个周末偿还。然后，你将自行车以150美元价格卖给别人，对方也同意在一个星期后支付。不幸的是，在这星期结束时，买你自行车的那个人没有钱，并且说他将在下个月付清。同时，你的朋友想要你在周末付清他的100美元！于是一个轻松赚取50美元利润的大好机会却变成了现实的困窘。现在，你负债100美元，而且没有现金。当朋友在周

## 道德抉择

### 错误的财务报表

　　21世纪头十年后期的经济衰退对小企业造成了极大的打击。很多没有撑过这段经济低迷期。你是唯一受雇于基根的盛宴（Keegan's Feast）的会计，这是一家生产优质狗粮并且通过网络直销的小型企业。在经济下滑期间，许多消费者会注意节省开支，购买低价品牌。幸运的是，随着经济的复苏，公司原先许多老客户又回来了，事情渐有起色。问题是公司的现金流在经济衰退期间受损严重，但公司需要马上获得资金以支付账单。你知道首席执行官已经准备向当地的一家银行提交申请，要求短期贷款。遗憾的是，你意识到去年的财务报表在账面上并不漂亮。你的预期是，尽管公司形势有所好转，基于这样的财务信息，银行不会同意发放贷款。

　　在你结清年末的账目之前，首席执行官建议你"改善"公司的财务报表，将当年1月初实现的销售额算作去年12月的结果。他自信公司审计师不会发现这种不符之处。

　　你知道这有违财务会计准则委员会的规定，你拒绝更改会计信息。首席执行官警告你，如果得不到贷款，企业就有可能关门，这意味着你和其他所有人会失业。你知道他可能是对的，也知道公司的员工不大可能重新找到工作。你有什么替代选择吗？每一种的后果可能是什么？你将何去何从？

末出现并且要求你偿还时，你要怎么办呢？假设你是生意人，这或许就会成为你拖欠贷款的原因，甚至可能导致破产（即使你是为了潜在的利润）。

　　一笔能够增加销售和利润的生意，仍然会碰到现金流量的问题。简单地说，**现金流量**（cash flow）就是企业现金的流入量与流出量。对许多公司而言，现金流量成为了营运上的主要问题，对小企业有季节性限制的企业更是如此。会计师在编制现金流量表时，会面临一些艰难的道德挑战。"道德抉择"专栏将说明某些道德上的两难情况。

　　现金流量的问题从何开始？为了满足消费者日益增长的需求，企业往往以赊账（而非现金）的方式买进货物。如果它随后以赊销的方式（没有得到现金）售出了大量的商品，公司就需要更多的信贷（通常是从银行获得）来偿还迫在眉睫的账单。如果公司的信用额度已经用尽，并且无处借钱，它就遇到了严重的现金流问题。它在迟些时候有现金流入，但却没有现金偿付现在的支出。遗憾的是，即使销售势头良好，这个问题仍会迫使它破产，全都是因为它在最需要之时却得不到现金。现金流分析表明，一家企业与其借贷者的关系是防止现金流问题的关键。在管理现金流方面，会计师可以为公司提供有价值的洞见和建议，指出企业是否需要现金以及需要多少。下面我们将学习会计师如何运用比率来分析财务报表。

## ◎ 分析财务报表：财务比率分析

公司的财务报表（包括资产负债表、损益表和现金流量表）是公司内外的会计师进行财务分析的基础。**比率分析（ratio analysis）**是对公司财务状况的评估，通过财务报表中的财务比率计算而来。比率分析在比较公司的实际财务表现和预设目标以及同业比较方面特别有用。你可能已经了解比率的用法。例如，在篮球场上，罚球命中率是指投进的罚球数比总罚球数。一个在罚球线上的投篮命中率高达85%的选手一般会被誉为杰出的罚球神射手，你不会想在分数很接近时对这种选手犯规的。

不论是评量运动选手的表现还是企业的财务状况，比率都能提供有价值的信息。财务比率主要提供流动性、负债量、获利和总体企业活动等方面与同业比较的重要信息。以下将扼要说明四种主要的财务绩效衡量比率。

### 流动性比率

我们已经讨论过，流动性表示资产被转换成现款的速度。流动性比率反映了公司的短期负债（须在一年内偿还的负债）清偿能力。这些短期负债对期待能准时收回债款的公司债权人而言特别重要。流动性比率中最主要的两个是"流动比率"和"速动（或酸性测试）比率"。

流动比率（current ratio）是公司的流动资产与流动负债的比率，与之相关的信息呈现在公司的资产负债表上。回顾表16.3非常素食资产负债表的细节。该公司有流动资产600,000美元和流动负债288,000美元。该公司的流动比率是2.08，也就是非常素食每一美元的流动负债对应2.08美元的流动资产：

$$流动比率=\frac{流动资产}{流动负债}=\frac{600,000美元}{288,000美元}=2.08$$

流动比率回答了这样一个问题："非常素食的短期（少于一年）财务状况有多好？"答案要视情形而定，通常流动比率大于等于2的公司对债权人来说就算是短期信用可靠的了，自然，这种公司比较符合市场的期望。此外，将公司的流动比率和它的同业竞争者进行对比、将公司本年度的流动比率和它去年的流动比率进行对比也是很重要的，可以从中发现问题与变化。

另外一个主要的流动性比率被称为酸性测试比率（acid-test ratio）或速动比率（quick ratio）。它是现金、有价证券（如股票和债券）、应收账款与流动负债的比率。同样，这一信息也在公司的资产负债表上：

$$速动比率=\frac{现金+应收账款+有价证券}{流动负债}=\frac{265,000美元}{288,000美元}=0.92$$

对于难以把存货转换成现金的公司而言，这个比率尤其重要，它有助于解答下面这些问题：如果销售率降低、卖不掉存货，情况会怎样？我们还能偿还短期的负债吗？虽然不同行业间的比率有很大不同，但通常速动比率介于0.50和1.0之间即可被接受。然而，比率小于1.0也意味着出现了现金流问题。一般而言，比率越高越好。因此，非常素食0.92的酸性测试比率或许会产生一些问题，公司也许会因为不能偿付其短期债务而不得不求助于较高利率的借款。

## 杠杆（负债）比率

杠杆（负债）率［leverage (debt) ratios］衡量公司在经营过程中对借贷资金的依赖程度。一个公司如果有太多负债，可能就会面临偿债困难或无法履行对股东承诺的难题。负债与所有者权益的比率为公司必须偿还的负债程度。此外，我们可以利用表16.3来评估非常素食的负债程度：

$$负债比率 = \frac{总负债}{所有者权益} = \frac{613,000美元}{213,000美元} = 288\%$$

比率在100%以上就表示公司的负债大于权益。非常素食的负债比率达288%，负债程度相当高，该公司应该察觉到这种对债权人和投资者可能相当危险的情况。然而，它还需要再跟同业比较，因为不同的行业对举债融资的接受度是不同的。与相同公司过去的比率相比较则可以了解公司或产业未来可能的发展趋势。

## 获利（绩效）比率

获利（绩效）比率 ［profitability (performance) ratios ］反映了公司管理者有效运用资源去获利的能力。三个比较常用的重要比率是每股收益、销售收益率及净资产收益率。

每股收益（EPS）是有揭示性的比率，因为盈余能促使企业成长，并得以分派股息给股东。财务会计准则委员会（FASB）发布了一项新准则，要求公司以两种方式报告每季的每股收益：基本每股收益和稀释每股收益。基本每股收益率反映了公司流通在外的普通股每股所赚的利润。稀释每股收益率反映了流通在外、较广义的普通股，包括了股票期权、担保、优先股及可转换债券等在内每股所赚的利润。简单起见，我们只计算非常素食的基本每股收益率：

$$基本每股收益 = \frac{税后净利润}{流通普通股总数} = \frac{49,000美元}{1,000,000美元} = 0.049美元/股$$

另外一个可靠的绩效指标是销售收益率，计算公司净利润对它销售总额的比率，可了解与同业比较销售收益是否理想。"销售收益率"（return on sales）计算公司净利润对其销售总额的比率：非常素食的营业收入报酬率是7%，这个数字必须与同业相比，再判断它的绩效：

$$销售收益率 = \frac{净利润}{净销售额} = \frac{49,000美元}{700,000美元} = 7\%$$

风险越高的产业，投资者要求的预期报酬也越高：他们期待可以有足够的回报补偿其所承担的不确定性。"净资产收益率"（return on equity, ROE）直接衡量股东投资的每一美元赚回多少报酬，计算方法是公司净利润除以所有者权益总额。由下可知，非常素食的净资产收益率相当好（有人认为15%以上才算相当好）：

$$净资产收益率=\frac{税后净利润}{所有者权益总数}=\frac{49,000美元}{213,000股}=23\%$$

利润有助于公司成长。因此，获利率是评断公司成长和管理绩效的首要衡量指标。

## 业务活动比率

将公司存货转换成利润是管理的主要功能。业务活动比率（activity ratios）衡量管理转化库存的有效性。

存货周转率（inventory turnover ratio）反映了存货在企业内流转并销售出去的速度。仓库里的闲置存货不产生任何收益，只会产生成本。公司卖出或处理存货的效率越高，盈余也就越高。非常素食的存货周转率计算如下：

$$存货周转率=\frac{销售成本}{平均存货}=\frac{410,000美元}{215,000股}=1.9倍$$

低于平均的存货周转率，会导致货品过时，也代表进货决策不良。管理者需要了解适当的存货控制和预期的存货周转率，以确保适当的绩效。举个例子，

表16.7　资产负债表与损益表的会计科目

| 资产负债表科目 | | | 损益表科目 | | | |
|---|---|---|---|---|---|---|
| 资产 | 负债 | 所有者权益 | 收入 | 销售成本 | 费用 | |
| 现金 | 应付账款 | 股本 | 销售收入 | 商品采购成本 | 薪资 | 利息支出 |
| 应收账款 | 应付票据 | 留存收益 | 租赁收入 | 商品仓储成本 | 租金 | 捐款 |
| 存货 | 应付公司债 | 普通股 | 佣金收入 | | 维修支出 | 授权费 |
| 投资 | 应付税额 | 库藏股 | 权利金收入 | | 差旅费 | 手续费 |
| 设备 | | | | | 保险费 | 办公用品 |
| 土地 | | | | | 水电费 | 广告费 |
| 建筑物 | | | | | 交际费 | 税捐 |
| 汽车 | | | | | 仓管费用 | |
| 商誉 | | | | | | |

## 域外观察

### 全球统一的会计标准

纵览全书，你一定会了解全球市场对企业的巨大影响。像可口可乐这样的美国公司，赚取的大部分收入来自国际市场，这有利于它们的盈利，但也带来了相当头痛的会计问题。因为没有全球统一的会计体系，像可口可乐这样的跨国公司必须适应不同国家制定的会计程序。然而，如果美国的财务会计准则委员会和位于伦敦的国际会计准则委员会（IASB）能够找到正确的道路，情况就会有所改观。

在将美国的会计准则与世界各地使用的国际财务报告准则（IFRS）相结合方面，会计职业的主管部门已经取得了重大进步。美国证券交易委员会（SEC）似乎也支持这一改变，并且建议在不久的将来由国际财务报告准则取代存在已久的一般公认会计原则。然而，为了给美国的公司和审计师转换标准留下充裕的准备时间，统一会计标准可能不会在2015年前完成。国际财务报告准则下的国际准则能否像一般公认会计原则那样提供同样质量的财务报告，许多会计师对此表示怀疑。

德勤是美国四大会计师事务所之一，詹姆斯·奎格利（James Quigley）是其首席执行官，他赞成转向国际财务报告准则。他认为需要全球的会计标准，因为我们拥有全球资本市场。全美国的大学和会计事务所正在等待，看看他们是否需要为国际财务报告标准的执行做好准备。不管喜欢与否，显然国际财务报告标准迟早会在你身边的会计部门得到实施。

资料来源：Doug DeLoach, "IFRS: International Methods on Convergent Path", *Atlanta Business Chronicle*, January 14, 2011; "Global Accounting Standards Move Forward", *South Florida Business Journal*, April 21, 2011; and Adam Jones, "IASB Optimistic on U.S. Rules Timing, *The Financial Times*, April 22, 2011.

你曾经当过餐厅（如非常素食）的服务生吗？老板期望你在一个晚上里翻台几次（每桌一直换客人）？每桌的周转次数越多，老板的盈余也就越高。当然，和其他比率一样，不同行业的存货周转率是不同的。

除了我们已经讨论的部分，会计师和其他的财务专业人士还会使用其他几种比率，以得知更多的相关财务状况。如果你还不清楚比率分析中使用什么类型的信息以及来自哪里，再看一下表16.7。记住，财务分析会在会计报表完成后进行。

　　与其他商业学科一样，会计也在变化。目前，会计专业也受到了全球市场的影响。"域外观察"专栏讨论了掌握全球化会计流程的动向，这意味着会计师也须紧随其变。需要再次强调的是，会计是一种值得花时间学习的商业语言。

# 总 结

**1. 解释会计和财务信息在企业中所起的作用，以及它对利益相关者的影响。**

· 什么是会计？

　　会计是影响组织财务事件及交易的记录、分类、概述与解释。将累积的记录和会计数据整理编制成报表的程序，就称为会计制度。

**2. 识别会计专业的五个不同领域。**

· 管理会计与财务会计有何不同？

　　管理会计用来提供信息和分析，以协助组织内的管理者做决策；财务会计则是向组织外部的人（如债权人和贷款人）提供财务数据与分析。

· 审计工作的职责是什么？

　　审计人员审核与评估编制财务报表所使用的记录与数据。独立审计主导的独立审计会对公司财务报告的准确性客观公正地评估并提供意见。

· 私业会计师和公众会计师之间有何不同？

　　公众会计师以收费为基础，提供会计服务给数家公司；反之，私业会计师只为单一企业工作。除了独立审计只能由公众会计师承担外，私业会计师和公众会计师本质上是相同的工作。私业会计师负责执行内部审计，但只有公众会计师提供独立审计。

**3. 列出会计循环的六个步骤，区分会计和簿记，并解释计算机如何用于会计。**

· 会计循环的六个步骤是什么？

　　会计循环的六个步骤是：（1）分析原始资料文件；（2）用日记账记录交易；（3）将日记账登入分类账；（4）编辑试算表；（5）准备财务报表，包括资产负债表、损益表和现金流量表；（6）分析财务报表。

· 簿记和会计之间有什么不同？

　　簿记是会计的一部分，是对会计数据的机械性记录。会计则包括记录、分类、解释、概述和向管理者报告财务数据。

· 什么是日记账和分类账？

　　日记账是原始的会计文件，是首次记录交易的地方；日记账的资料汇总后会过入分类账。分类账是专门的账册，把所有同性质的交易记录在同一个账目。

· 计算机如何帮助会计师？

　　计算机可以记录、分析财务数据并提供财务报表。相关软件可以不断地分析并测试会计系统，以确定其可以正常运作。计算机还能提供决策所需的相关数据信息，但还不能够独立做出良好的财务决策。会计的应用和创造力仍然需要由"人"主导。

**4. 解释主要财务报表的不同点。**

· 什么是资产负债表？

资产负债表是反映某特定日期公司财务状况的报表。用于编制资产负债表的基本的会计等式是：资产＝负债＋所有者权益。

· 资产负债表的主要账目是什么？

资产是企业所拥有的经济资源，例如建筑物和机器。负债是企业欠他人（例如债权人、公司债所有者）的款项。所有者权益是公司资产减去负债后所剩的余额。因此，资产减负债就等于所有者权益。

· 什么是损益表？

损益表是在特定期间(例如,2007 年 1 月 1 日至 12 月 31 日,即 2007 年度)内的收益、成本和费用报告。用于编制损益表的公式是：收入－销售成本＝毛利润；毛利润－营业费用＝税前净利润；税前净利润－税费＝净利润（或净亏损）。损益表曾被称为利润与亏损表。

· 什么是现金流量表？

现金流量是指收入现金（现金流入）和支出现金（现金流出）。现金流量表记录与公司主要活动（营业、投资、融资）有关的现金收入和支出情形。

**5. 解释比率分析在财务信息报告中的应用。**

· 什么是四种主要的比率？

四种主要的比率是：流动性比率、杠杆（负债）比率、获利（绩效）比率和业务活动比率。

· 比率分析对公司的主要价值是什么？

比率分析提供关于企业财务状况的重要财务信息，以便与同业比较，同时也和自己过去的绩效相比。


## 批判性思考

1. 作为某公司的潜在投资者，或者是某个特定企业的购买者，评价该公司的财务报表是否可取。可取或不可取的理由是什么？你要从公司财务报表中寻求什么信息？

2. 为什么会计报告必须依据特殊的程序来制作？我们应当允许公司在制作财务报表时拥有一定的灵活性或创造性吗？允许或不允许的理由是什么？

3. 在观察某公司的财务表现时，财务比率对投资者来说有什么价值？

4. 为什么要记得财务比率因行业而不同是重要的？

# 17

# 财务管理

## 学习目标

1. 解释财务管理者的作用和职责。

2. 简述财务规划程序，并解释财务规划中的三种重要预算。

3. 解释企业需要营运资金的主要原因。

4. 确认并描述短期融资的来源。

5. 确认并描述长期融资的来源。

## 人物侧写

## 认识卡萝尔·托梅　家得宝首席财务官

在商界，今天你是领头羊，并不意味着明天你还是领头羊。因为商业环境不断变化，即使在美国最大的公司里也存在着大量的不确定性。最精明的商人总是会留心观察新的机遇。毕竟，要么成为弄潮儿，要么被大浪淘沙。

卡萝尔·托梅（Carol Tomé）是家得宝（Home Depot）的首席财务官，对于如何适应这种不可预见的环境，她非常了解。她最早在自己的家乡怀俄明州的杰克逊时就了解财务的来龙去脉，因为她父亲在当地拥有杰克逊州立银行。想当然地，大家认为她有一天会成为这个家族企业的首位女性首席执行官，她就是在这种期许中长大的。然而，命运转变得令人震惊，当她在丹佛大学学习工商管理硕士课程时，她的父亲告诉她：在经历了27年的婚姻之后，他要与她母亲离婚，并且卖掉那家银行。

尽管这个消息给托梅打击很大，但她不想让它毁掉自己的抱负。"安静下来之后，我对自己说：'卡萝尔，你会成为银行家。一定要成为银行家。'"她也是这么做的，毕业之后她在丹佛的联合银行找到了一份工作。之后，她跳槽过几家公司，不过都是从事财务工作，直到1995年最后落脚在了家得宝。2001年她努力升至首席财务官时，这家公司已经陷入商店建设的狂潮之中。托梅掌控着扩建委员会，家得宝在2005年一年就增加了100多家店铺。托梅说："我们跟凯文·科斯特纳（Kevin Costner）的电影太像了，'建一家店，他们就会来'。"

但是，该公司执意扩张使得它忽视了其他关键的领域，主要是技术领域。直到2010年，大多数家得宝的商店还在用已经用了15年的计算机来跟踪存货，有些计算机需要用摩托艇的电池供电，这些电池要安放在笨重的手推车上。在应对消费者网上订货但在店中取货这一需求上，该公司也行动迟缓，其主要竞争对手劳氏（Lowe's）也是如此。甚至公司在网站上提供的产品信息也最少。研究表明，购物之前70%的消费者会首先在网上查看产品。鉴于此，家得宝的执行官们意识到他们所依赖的老旧技术正在损害销售和增长。很明显，到了这个家居装饰巨头做出改变的时候了。

通过将注意力放在改进技术基础，而不是忙着开新店上，家得宝的整个企业计划实现了转向，开始注重提高现有商店的销售量。作为首席财务官，托梅处于这个转型的中心。2010年，在她的监管下，3.5亿美元被用于技术改造，其中，6000万美元用于购买4万台掌上电脑，以取代公司过时的店内计算机。其余资金用于增强网络销售的力量。2010年，家得宝实现的680亿美元销售额中，数字购买仅占到了1.5%。在该年末，托梅发布了一个可用于苹果手机和平板电脑的新购买应用程序，取得了技术上的胜利，这在当时甚至是劳氏都无法匹敌的。不过，为了在将来取得胜利，托梅需要在网上购物的新消费者和喜欢在商店购物的老客户之间加以平衡。托梅会继续消除二者之间的差距，确保家得宝未来的统治地位，但是，她也非常清楚，没有什么是有把握的。

资　料　来　源：Chris Burritt, "Home Depot's Fix-It Lady", *Bloomberg Businessweek*, January 13, 2011; "Senior Leadership Team: Carol Tomé", Home Depot, corporate.homedepot.com, accessed May 2011; and Maxwell Murphy, "Home Depot Beats Sales, EPS Views, Raises Guidance", *The Wall Street Journal*, February 22, 2011.

## ◎ 财务和财务管理者的角色

本章要回答两个主要的问题："什么是财务？"以及"财务管理者的职责是什么？"**财务**（finance）是取得企业所需资金并进行管理的企业功能。财务活动包括编制预算、现金流分析、资金支出规划（诸如购置厂房与机器、设备）等。**财务管理**（financial management）指为实现公司目的和目标而进行的资源管理工作。如果企业缺乏精确的财务规划，不论产品或营销多成功，也将难以生存。在进一步深入讨论之前，我们先要简单了解会计师和财务管理者的角色。

会计师好比实验室里熟练的技术人员，通过抽取病人的血液样本和其他检测方法，了解其健康状况，并记录在检查报告中。在企业，会计师会编制反映企业经营体质的财务报表。企业的财务管理者则像医师，通过检查报告分析病情并对症下药。简言之，**财务管理者**（financial managers）会分析会计师编制的财务报表，向最高决策者提出能改善、提升公司"体质"（财务绩效）的策略建议。

如果财务管理者不了解会计方面的信息，便无法做出正确的财务决策，因此本书在第16章中先介绍了会计学。同样地，优秀的会计师也要了解财务，所以会计学和财务是息息相关的。在中型以上规模的企业，会计和财务部门都会设在首席财务官之下。然而，财务管理也可能由公司的会计主管或财务副总裁所掌管。审计长（comptroller）指首席会计官（chief accounting officer）。

图17.1指出了财务管理者的职责。最基本的职责是筹得资金并有效利用这些资金，包括管理现金、信用账户（应收账款）及存货。不论是营利组织还是非营利组织，财务管理都很重要。

不论公司的规模大小，财务都很重要。你或许还记得第6章所述，如果一家小型企业指望着能够在前五年这个重要时期存活下来，就必须进行资金筹措。为此要进行细致的财务管理，但对大小企业来说，审慎的财务管理仍旧是其存续期间必须面对的挑战。21世纪头十年后期，金融危机威胁到了经济，美国企业已尝到了苦头。

通用汽车曾经是世界上占主导地位的汽车制造商，但因为严重的财务问题，

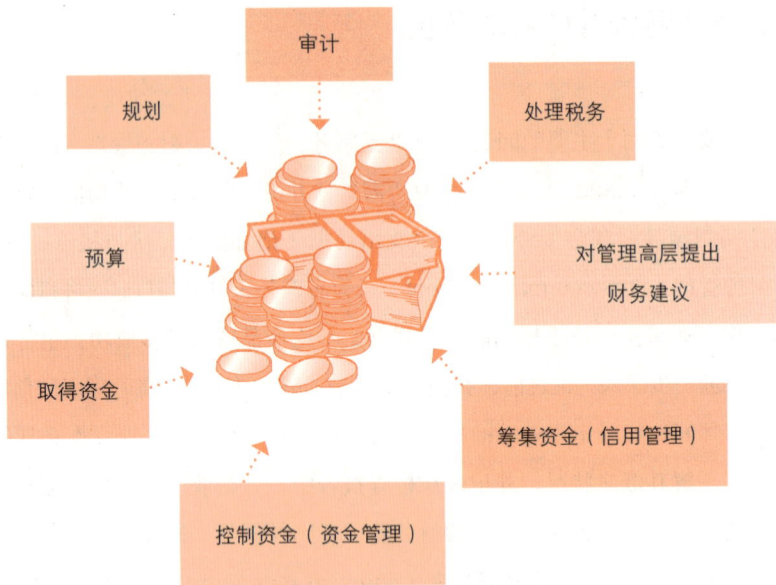

**图 17.1　财务经理的职责**

2009年到了倒闭的边缘。借助70亿美元的政府直接贷款和美国财政部额外提供的430亿美元纾困资金，该公司得以幸存。（430亿美元的资金使政府拥有60%的股权。）同年，政府也提供了850亿美元的贷款，用于拯救保险巨头美国国际集团（AIG），并通过了7000亿美元的不良资产救助计划（TARP），以帮助恢复对金融系统的信心。

　　迈克尔·米勒（Michael Miller）借用营利企业的做法来对待非营利组织，彻底革新了于俄勒冈州的波特兰的善念机构（Goodwill Industries）的运营。通过逐个商店比较销售额，关闭经营不利的商店，在较好的位置开设新店，并且降低配送成本，他将营业费用削减了30%。销售额从400万美元猛增至5000多万美元。

## 了解财务的重要性

　　以下是三种最常见的不良财务现象。

　　1.资本不足（缺少企业启动资金）。

　　2.现金流控制不佳。

3. 费用控制不当。

在下面这个典型故事中你可以看到这三个现象。

伊丽莎白·贝坦尼（Elizabeth Bertani）和帕特·舍伍德（Pat Sherwood）是好朋友，以极少的资金创办了一家小公司帕瑟利·帕奇（Parsley Patch）。在数年前曾发生财务困难，面临集资、现金流量控制与费用控制等问题。起初，贝坦尼想为正在进行无盐健康饮食的丈夫制作无盐调味料，而她的朋友舍伍德认为贝坦尼的调味料好到可以在市场上出售。在获得贝坦尼的同意后，帕瑟利·帕奇公司成立了。5000美元的初始投资因设计商标与标签而迅速消耗殆尽，两人意识到筹资的紧迫性。最后，她们又投入了超过10万美元才摆脱资金不足的困窘。

最初事业进行得很顺利，数百家的食品店采用了她们的产品。当销售情形不如预期时，两人进行了检讨，认为保健品市场应比食品店的商机更大，因为许多进行节食计划的人正需要这种自然健康的无盐调味料。这个选择被认为是正确的，公司的业绩突飞猛进，每月营业额直逼3万美元。奇怪的是，帕瑟利·帕奇仍未获利。

究其原因，贝坦尼和舍伍德发现自己根本不知道如何控制现金流和费用。事实上，她们还曾被告知不需重视成本，因此也就不加注意。最后，她们请了一位注册会计师和一位有经验的财务管理者，教她们如何计算制造成本、控制支出以及管控公司的现金流。帕瑟利·帕奇很快顺利地获得一年100万美元的利润，幸运地逆转了形势，免于破产的窘境。最终，她们把公司卖给了香料和调味品巨头味好美（McCormick）公司。

如果贝坦尼和舍伍德在创业前能先"了解"财务，或许可以避免很多麻烦。了解财务是非常重要的，你不必是财务专家，但是对于有志于创业、投资股市和债券或想存足养老金的人来说，具备一定的财务知识是必须的。简而言之，从事商业活动的人士都需要了解财务和会计两大领域的相关知识。第16章已经讨论过会计，本章将深入探讨财务管理。

## 什么是财务管理

财务管理者负责在适当的时间偿付货款、催收未兑现的款项，并确认公司没有在应收账款方面蒙受不当的坏账损失（买方未能付款）。因此，举凡赊购货品（应付账款）与催收客户货款（应收账款）等相关管理都是财务管理者的职责。因此，这些财务功能对于各类企业都非常重要，特别是中小企业，因为中小企业所拥有的现金和信贷缓冲能力不如大型企业。

财务管理者必须对财务方面的变化与机会加以注意，例如租税法规的变动，因为缴纳各项税款对公司而言是现金支出。财务专家还必须分析各种可能因管理决策而产生的赋税，以使企业所需负担的税赋降到最低。通常公司财务部门中的成员（即内部审计）会审查会计部门所做的日记账、分类账和财务报表，以确认是否所有交易都已遵照公认会计原则处理。如果没有经过这样的审查程序，会计报表的可信度就会降低。因此，内部审计师必须依据专业知识在审查过程中客观而小心地求证是否有任何不当处理和缺失。内部审计人员协助公司进行财务规划，这将在下一节讨论。

## ◎ 财务规划

财务规划是指分析公司短期资金和长期资金的流入与流出。其自始至终的唯一目的，是使公司的利润最大化，并充分利用资金。

财务规划包括三个步骤：（1）预测公司短期和长期的财务需求；（2）编制能满足这些需求的预算；（3）建立财务控制机制以检视公司是否实现目标（参见图17.2）。以下将检视这三项步骤在改进组织财务健全度上扮演的角色是什么。

### 预测财务需求

预测在任何公司的财务规划中都是非常重要的部分。**短期预测**（short-term forecast）指对未来一年以内的收入、成本及费用的估计，它是其他财务规划的基础，因此准确度相当重要。部分短期预测可能是**现金流预测**（cash flow forecast），亦即对未来几个月或几个季度内企业现金的流出与流入进行预测。其中所记录的现金收入和支出，是以预期的销售收入和各种应付的成本与费用

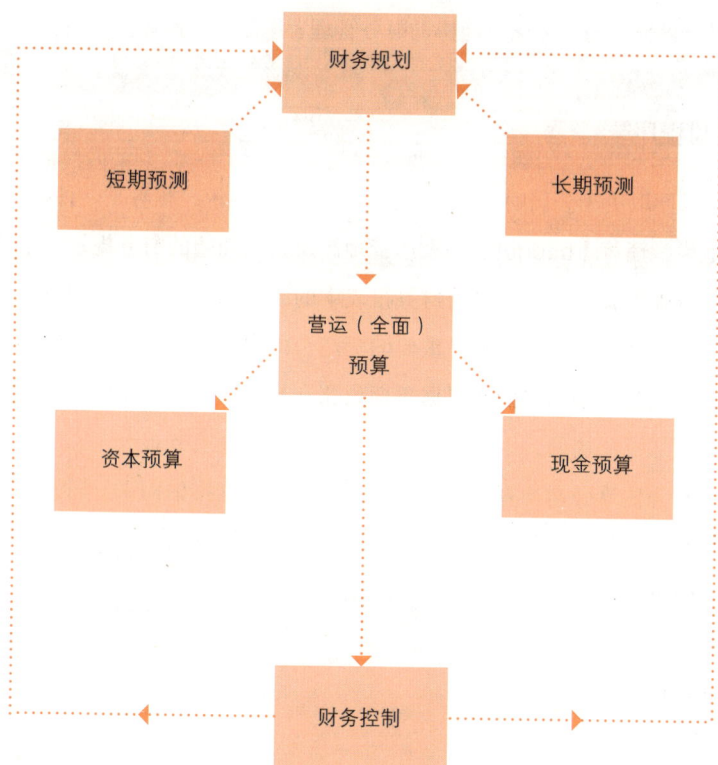

**图 17.2 财务规划**

注意财务规划和预算的紧密关联。

为支付基准的。公司的销售预测指根据某一特定期间内的预计销售额进行评估。企业通常以过去的财务报表为基础来预测销售额、各种成本和费用。

**长期预测**（long-term forecast）是对一年以上的一个时期内的收入、成本及费用所进行的估计，这个时期甚至可长达五到十年。长期预测在公司长期的战略规划中扮演关键性的角色。还记得吗？一家公司的战略规划会探讨这样的问题：公司要投入什么事业？是否应继续在未来五年里继续投入？未来十年在技术、新厂房和机器设备上的投入为多少？是否有足够资金用于支付长期的应付款项？在财务管理者处理这类长期预测时，创新的计算机网络软件往往能够提供有效的协助。

长期财务预测一方面能帮助管理高层和运营经理人对各战略规划的潜在获

利机会进行评估，另一方面也能协助财务管理者编制公司预算。

## 预算编制程序

预算编制取决于公司财务报表的精确度。简单地说，预算是一种财务规划。更明确地说，**预算**（budget）是表达管理高层收入期望的财务规划，并据以在企业内部分配资源。公司过去的财务报表中的成本、收入信息是预测未来财务需求的基础，因此财务报表中最重要的资产负债表、损益表与现金流量表也就成为了预算编制的基础。公司根据短期预测和长期预测编制年度预算，这些财务预测必须尽可能精确，因此，公司会使用以前年度财务报表中的历史成本和营业额，作为估算公司预算的基准。既然预算是根据推估而来，财务管理者在估算时便要非常谨慎。预算是公司财务运作和财务需求的重要参考。

一家公司的财务规划，通常包括下列三种预算：

· 资本预算。

· 现金预算。

· 营运（全面）预算。

**资本预算**（capital budget）重点强调购置重要资产的支出计划，这类资产的购置通常需要巨额资金。基本上，资本预算是为了购置房地产、建筑物和机器设备等固定资产而编制的。

**现金预算**（cash budget）预估在特定期间的现金流入与流出量，以及期末现金余额（剩余或短缺）的预算（例如，每月或每季）。现金预算是协助管理者预估所需的贷款、偿债、营业费用和短期投资的重要依据。现金预算通常是最后编制的预算（表17.1为非常素食公司的现金预算）。

**营运（全面）预算**（operating budget; master budget）指整合企业其他预算并总结企业拟进行的财务活动的总预算。更正式地说，它估算企业营运活动所需的各种成本和费用。全面预算也决定了公司在办公用品、差旅、租金、技术、广告和薪资方面的支出额度，所以营运预算通常是最详尽的预算。

财务规划显然对公司经营来说非常重要。有了规划，便可以决定做哪一种长期投资、了解何时需要资金以及如何筹集资金。当公司做好长短期财务需求

**表17.1 非常素食现金预算表范例**

| 非常素食 月现金预算 | | | |
|---|---|---|---|
| | 1月 | 2月 | 3月 |
| 销售预测 | $50,000 | $45,000 | $40,000 |
| 收入 | | | |
| 现金销售（20%） | | $9,000 | $8,000 |
| 赊销（上期的80%） | | $40,000 | $36,000 |
| 月现金收入 | | $49,000 | $44,000 |
| 支出项目 | | | |
| 办公用品 | | $11,000 | $10,000 |
| 薪资 | | 12,000 | 12,000 |
| 劳动成本 | | 9,000 | 9,000 |
| 税款 | | 3,000 | 3,000 |
| 其他支出 | | 7,000 | 6,000 |
| 月现金支出 | | $42,000 | $40,000 |
| 现金预算 | | | |
| 现金流量 | | $7,000 | $4,000 |
| 原始现金 | | −1,000 | 6,000 |
| 现金总额 | | $6,000 | $10,000 |
| 减：最低现金余额 | | −6,000 | −6,000 |
| 盈余转投资上市证券 | | $0 | $4,000 |
| 融资 | | 0 | 0 |

预测，并编制完成分配资金的预算后，最后的财务规划步骤是进行财务控制。在讨论财务控制之前，表17.2将通过编制"你"公司的月预算来检视你个人的财务规划技术。

## 建立财务控制

**财务控制**（financial control）是指企业定期对其实际收入、成本及支出和预算进行比较的过程。为落实财务控制，大部分公司至少每个月审查一次财务。这种财务控制程序可以使管理者发现与财务计划的不符之处，并在必要时加以纠正，还有利于追查出哪个特定账目、部门或个人偏离了财务计划。财务管理者可以判断这些偏差是否正当，是否应该相应地调整计划。经济变动和意料之

**表 17.2 "你"公司的月预算**

在第16章，你学到如何为"你"公司编制简单的资产负债表，现在让我们来一起尝试为"你"公司编列月预算。请诚实并详尽考虑到每个应列入的项目，为你自己编列出精确的月预算！

| | 预期值 | 实际值 | 差异数 |
|---|---|---|---|
| **每月所得** | | | |
| 薪水（税后） | _____ | _____ | _____ |
| 储蓄账户收入 | _____ | _____ | _____ |
| 家庭支助（零用钱收入） | _____ | _____ | _____ |
| 贷款 | _____ | _____ | _____ |
| 其他来源 | _____ | _____ | _____ |
| **总月所得** | _____ | _____ | _____ |
| **每月支出** | | | |
| **固定支出** | | | |
| 租金或利息支出 | _____ | _____ | _____ |
| 汽车分期付款 | _____ | _____ | _____ |
| 健康保险费 | _____ | _____ | _____ |
| 人寿保险费 | _____ | _____ | _____ |
| 学费 | _____ | _____ | _____ |
| 其他固定费用 | _____ | _____ | _____ |
| **固定支出小计** | _____ | _____ | _____ |
| **变动支出** | | | |
| 食物 | _____ | _____ | _____ |
| 衣服 | _____ | _____ | _____ |
| 娱乐 | _____ | _____ | _____ |
| 交通费 | _____ | _____ | _____ |
| 电话费 | _____ | _____ | _____ |
| 水电费 | _____ | _____ | _____ |
| 报章杂志 | _____ | _____ | _____ |
| 因特网联机费 | _____ | _____ | _____ |
| 有线电视费 | _____ | _____ | _____ |
| 其他支出 | _____ | _____ | _____ |
| **变动支出小计** | _____ | _____ | _____ |
| **总支出** | _____ | _____ | _____ |
| **总所得—总支出 =** | | | |
| **现金余额／（现金短缺）** | _____ | _____ | _____ |

## 法律实例

### 金融法规还是军事管制?

2008 年开始的经济衰退不仅让无数美国人遭遇了经济困难时期,也暴露出许多州政府及其所在城市的严重经济问题。或许没有哪个地方的经济衰退比密歇根州更严重了,整个州有一半社区陷入了财政困境。严重的财政问题使得该州通过了《地方政府和学区财政问责法案》(Local Government and School District Fiscal Accountability Act),允许由州长挑选并经州政府任命的紧急状态财政经理(EFMs)接管市、镇和学区。这些经理权力广大,他们可以宣布工会合同无效,某些情况下还可以撤销当选官员的职务。这一计划的支持者坚持认为很多苦苦挣扎的社区因为紧急状态财政经理采取的行动而免于破产。其他人则声称州长变成了独裁者,简直就是在实行军事管制。

根据州长办公室的解释,该法的目的是保护当地政府的健康、福利和安全。很多情况下,许多社区当选官员财政能力的不足备受指责,他们没有意愿或没有能力解决他们面对的财政问题。迈克尔·因伯(Michael Imber)是均富会计师事务所(Grant Thornton)的会计,他支持该法,并且认为很多为私营企业重新打造了坚实的财务基础的技术和流程,同样也可以用来让社区重回正轨。底特律大型公共养老基金的董事们并没有如此大的把握,他们已经提起诉讼,质疑该法是否符合宪法。

紧急状态财政经理很可能会扩大到密歇根州以外的地区。印第安纳州正在考虑类似的立法,建立适合本州的紧急状态财政经理队伍。在纽约和其他的几个州,税务人员和监管委员会已被授予类似的权力,以恢复当地社区的财政稳定。紧急状态财政经理是否是社区财政问题的解决方案还有待观察。但有一件事情是确定无疑的:对财政进行负责任的管理不可忽视。

资料来源:"Bankrupt Cities Using Emergency Financial Managers to Recover", ABCNews.com, accessed May 2011; Jeff Green and Jonathan Keehner, "Muni Bankruptcy Threat Makes Michigan Train Financial SWAT Team", *Bloomberg Businessweek*, April 18, 2011; John E. Mogk, "Emergency Manager Law No Mistake", *The Detroit News*, April 15, 2011; and Susan Berfield, "Michigan's Extreme Measures", *Bloomberg Businessweek*, May 8, 2011.

外的全球事件也能改变财务计划。例如,2011年中东局势的动荡和石油价格的不可预期让很多公司考虑要调整财务计划。本章的"法律实例"专栏强调了一个国家为了处理严重的财务问题是如何实施财务控制的。接下来,我们将了解为何企业必须常备足够的可用资金。

## ◎ 运营资金的必要性

在企业经营中，对营运资金的需求永远不会停止，这也是健全的财务管理对所有企业均不可或缺的原因。如同个人的财务需求一般，公司对资金的需求也会随时间而改变。想一想帕瑟利·帕奇的例子，一家小公司的财务需求也会有很大改变。就算是苹果、强生和耐克这样的大公司，当企业尝试开发新产品或新市场时，也不例外。所有公司都必须满足以下特定的营运活动的资金需求，它们包括：

· 管理日常的营运支出。

· 控制信贷业务。

· 购置所需存货。

· 资本支出。

接下来我们来检视这些重要且会影响大小企业的财务需求。

### 管理企业日常的营运支出

如果星期五是发薪日，那么没有人想等到下星期一；如果15号该缴税，政府就希望钱能准时入库；如果本月30号要付利息，债主就不愿意在下个月1号才收到利息。满足企业正常运营需求的资金也是如此，它们必须及时到位，以备支付企业的每日营运费用。

财务管理者必须确保每日的现金所需不会妨碍公司为未来投资的机会。资金具有时间价值（time value）。换言之，如果有人提议付你200美元，不是在今天，就是在1年以后，那么，今天拿到200美元会有利。为什么？很简单。你可以把今天得到的200美元用于投资，1年以后它就会产生增值。对于公司也一样，公司投资所获利息收入对于最大化公司未来所得的利润非常重要。这就是财务管理者经常设法减少现金开支，以腾出现金投资于有利息收入的项目上的原因。他们建议公司尽量晚付账单（除非较早支付有现金折扣），还建议企业尽快催讨应收账款，使公司资金的投资潜力得到最大的发挥。有效的现金管理对小公司尤其重要，因为小企业的筹资渠道比大企业更为有限。桃树（Peachtree）等软件公司开发的软件可以帮助小公司处理日常的现金管理。

## 控制信贷业务

财务管理者都知道，在当今激烈竞争的商场上，赊销有助于取悦现有的客户，并且有助于吸引新的客户。在财务困难时期，比如2008年开始的经济衰退，贷款人对提供贷款犹豫不决，此时向客户提供信贷尤其重要。

赊销的问题在于会造成四分之一的资产成为"应收账款"，这迫使公司必须先垫付客户以信用购买的产品或服务，使得财务管理者必须发展有效的收款程序，例如给予按期付款的客户现金折扣或数量折扣。他们还检视新旧客户是否维持良好的付款信用。

使用信用卡［例如万事达卡或维萨卡（Visa）］可以方便地减少收账的时间和成本。发卡银行往往已具备客户的信用数据，因此能降低公司所承担的风险。所以公司也必须付出少许使用费在信用卡交易上，费率往往抵销了收益。

## 购置所需存货

前面第13章曾经讨论过，有效营销要求聚焦高质量的服务并提供足量的产品。企业需要一套严谨的存货政策，以有效管理可用资金并增加获利。例如，一家位于密苏里州圣路易斯市的美国小区冰淇淋店Doozle's的夏季存货（冰淇淋）量比冬季多，原因很简单：冰淇淋在夏季时的需求量较多。

及时存货控制（参阅第9章）等方法能够减少企业滞留于存货上的资金。仔细评估存货周转率（参阅第16章）也能有助于公司控制存货成本。大小企业都必须明白，存货管理不善会严重影响现金流，使其资金全部占压。本章"道德抉择"专栏提出了在一个重要行业中有关健全的财务管理和库存管理的有趣问题。

## 管理资本支出

**资本支出**（capital expenditures）指投资于有形的长期资产（如土地、厂房及机器设备）或无形资产（如专利、商标和版权）。在许多企业组织中，购买

## 道德抉择

### 好的财务或有害的药?

设想你刚刚拿到商业学位,并受雇于一家小型医院,担任医院的管理者。就像许多其他企业一样,这家医院也遇到了财务问题。因为学过财务课程,你知道高效的现金管理对满足各行各业中所有企业的日常经营都很重要。确保有效率的方式之一是利用精密计划和管理的库存控制系统,以减少库存占用的现金数量。因为熟悉及时库存控制,你知道它是被实践验证过的有助于减少库存管理成本的系统。

在一次医院执行委员会会议上,你推荐医院采用及时存货系统管理药品的供应,以此节省开支。你建议医院暂停大宗药品的库存,转而只在需要它们的时候采购,尤其是昂贵的癌症治疗药物,它们会占用医院大量现金。几位委员会成员似乎喜欢这一意见,但负责临床用药和肿瘤用药的医生很是气愤,声称你为了钱牺牲了病人的福利。经过争论,委员会说由你来决定。你会怎么做?你的决定会产生什么后果?

重要资产——例如用于未来扩建的土地、提升产能的厂房设备、新产品的研发和维持或超过现有生产水平的机器设备——是必要的。进军新市场往往需要花费大笔资金,而且并不保证一定会成功。因此,公司在投入大笔资金之前,必须审慎地评估各种可选方案。如果有家公司因市场需求提高而不得不扩充产能,则可能会选择购买土地和建造全新厂房,或选择购买旧厂房,或租借厂房。在此决策中,你会想到哪些财务和会计评估要素?

任何财务管理者在筹集营运资金时都会考虑几个问题:公司如何取得资金以满足企业营运和其他需求?需要哪种资金(长期资金或短期资金)?筹募资金会花费多少成本(如利息)?这些资金来自内部还是外部?这些问题将在下一节中提到。

### 取得资金的途径

我们提过,财务是一种企业功能,负责为公司筹集和管理资金。健全的财务管理是先决定各期间所需要的支出,再以最适当的途径取得所需资金。企业能通过各种不同方法筹集资金:借钱(举债)、出售所有权(股票),或由获利盈余（留存收益）来筹集所需资本。**债务融资**（debt financing）指通过举债方式筹集资金。**股权融资**（equity financing）是指从企业内部筹集资金，或从营运中筹资，或出售企业所有权（股票）。**短期融资**（short-term financing）指筹集一年内须偿付的资金。**长期融资**（long-term financing）指筹集偿还期在一年以上的资金（通常为2~10年）。表17.3比较了公司需要的短期和长期资金。

下一节将探讨筹集各种长期和短期资金的来源。我们先做学习评估，检视自己到目前为止对自己所学的了解程度。

**表 17.3　筹集长短期资金的原因**

| 短期资金 | 长期资金 |
| --- | --- |
| 满足每月支出 | 新产品开发 |
| 应对紧急情况 | 重置资本设备 |
| 现金流量问题 | 并购 |
| 增加现有存货 | 拓展新市场（国内或全球） |
| 短期的促销计划 | 建新厂房 |

## ◎ 取得短期融资

财务管理者的主要工作与取得长期资金无关。例如，小型企业不易取得长期融资，所以必须在日常营运中小心管理短期资金需求。公司需要借入短期资金来购买额外的存货，并应对突发性的支出。公司如同个人有时需要在面临现金储备不足时确保短期融资，小型企业更是如此。以下将检视短期融资的方法。

### 商业信用融资

**商业信用融资**（trade credit）是现在购买产品或服务，日后付款的行为。这是最普遍的短期融资渠道，花费最少也最方便。小公司经常会大量利用联合包裹服务公司的信用交易服务，凯玛、梅西百货等大公司也是如此。公司在购买商品时，会收到发票（账单），就像你用信用卡购物所收到的收据一样。然而，企业上用的术语与你的月报表上会有所不同。

商业发票上常有 "2/10, net 30" 这样的专业术语，意思是付款期限是30天，但若在10天内付款就可以享有2%的折扣。财务管理者必须特别注意这类优惠折扣，因为可以减少财务支出。想想看，如果10天内有2%的折扣，那等于拖延的其他20天里会多出2%的支出。

如果能在10天内付款，就可以不用白白增加这种支出了。

有些信用度低、没有信用交易记录或者有延迟付款记录的公司，会令供应商难以决定是否给予商业信用融资。因此，供应商可能要求这样的公司开立本票。**本票（promissory note）**是一种承诺付款数额和期限的书面契约，不可兑现。供应商可以将本票以低于面额的价格卖给银行（以折价回馈银行的收取到期金额服务），企业则有义务支付银行。

## 亲　友

先前第16章曾讨论过，公司可能会面临数笔突发性支出在同一时间到期的情况，以致找不到足够的资金偿还。许多小型公司通过向亲友借钱来获得短期融资。但如果参与各方不注意现金流，这类借贷可能导致财务困难。因此，如有可能最好别向亲朋好友借，相反地应该去找商业银行，它们不仅了解商业风险，而且能帮你的公司分析未来的资金需求。

企业家较注重这类建议。全美独立企业联盟（National Federation of Independent Business）指出，现在的企业家已经不像从前那样仰赖亲友融资。如果有企业向亲友集资，双方也必须：（1）确定贷款条约；（2）形成书面的借款协议；（3）支付类似银行的贷款利息。这些做法可以使家庭关系和友谊保持和谐。

## 商业银行

银行对风险有极高的敏感度，偏好短期借钱给大型、已成立企业。想象一下去银行申请贷款的各类商业人士，你就会对银行家评估的要求有些概念。例如，想象一位农夫，春季向银行借钱买种子、肥料、机器和其他所需物品，在

## 聚焦小企业

### 探索筹资世界

在始于 2008 年的经济衰退期间，许多小企业融资渠道有限。不幸的是，全美国的小企业仍然在殊死挣扎，以维持经营，因为许多小企业没有资格获得贷款，而且通过替代资源融资成本又很高。据估计，只有不到 1/3 小企业主有条件获得传统银行或小企业管理局（SBA）的贷款。超过 55% 的小企业主通过拼凑资料来获得融资，比如应收账款保理、无担保信贷额度和信用卡，要付出的融资成本为 20% 或更高。剩余 15% 的小企业常常没有资格获得任何融资。

保障资本是小企业开办和扩大的生命线。尽管融资的努力常常令人沮丧而且没有效果，但若进行一些研究并竭诚努力，小企业可以发现意料不到的融资资源。像借贷俱乐部（Lending Club）这样的 P2P 借贷网站会将小企业与借贷者加以匹配，并收取一定的服务费用。借贷俱乐部的借钱人通过一个免费申请流程在线申请，并提供公司信息，准确解释需要借钱的理由。遗憾的是，只有约 10% 的要求会获得资金，但他们会很快收到所筹集的资金。众筹会将赞助人的大量小额贷款（有人也称其为捐款）汇聚起来，这些赞助人不期望得到利息，甚至不期望他们的投资收回。取而代之的是，如果企业成功，他们会收到某些形式的"酬报"。

小企业也可以求助于提供收费服务的公司，比如 Lendio，寻求适合他们企业的融资。Lendio 声称开发了一种技术，将企业主与恰当类型的企业贷款及贷款者匹配起来。该公司也提供收费的商业计划书优化服务和网站设计。Lendio 并不为其客户提供担保。建议小企业在支付费用之前仔细地研究这些提供收费服务的公司。小企业创造了 50% 的国内生产总值和 60%~80% 的新工作岗位，因此，小企业融资的需求仍对经济至关重要。

资料来源：Laura Petrecca, "Crowdfunding and Peer-to-Peer Lending Help Small Businesses", *USA Today*, May 9, 2011; Emily Maltby, "Costly Financing Only Choice for Most Small Firms", *The Wall Street Journal*, May 6, 2011; and Helen Coster, "Pay to Play", *Forbes*, March 14, 2011.

秋季收割后还款。或考虑当地的玩具商店要买进圣诞节的产品，这家商店可能是夏季进货，打算圣诞节之后还款。餐厅业者往往是月初借款，月底还款。

公司借款金额大小及借期长短主要取决于产业特性和通过贷款所购货物的再销售或资金回收的速度。大企业财务部门和会计部门的专家会做出现金流预测，小企业主往往缺乏这种财务专家，所以必须自己监控现金流。

始于2008年的金融危机使得银行大大减少了向小企业的贷款，即使有前途的和组织良好的小企业也难以获得银行贷款。幸运的是，这一形势似乎正在改变。小企业要记得的重要一点是，如果得到了银行贷款，老板或财务负责人应与银行保持密切的联系，定期送达财务报表，让银行了解你最新的经营状况。银行会及早发现公司的现金流问题；或者，如果企业在信任和健全管理的基础上与银行建立了稳固的关系，银行就会更愿意在企业危机时出手相助。本章"聚焦小企业"专栏强调了小企业在追求安全筹资时面临的问题和机遇。

### 各种短期贷款

商业银行和其他金融机构提供各种短期贷款。**抵押贷款**（secured loan）是指利用抵押品，即有价值的物品（例如财产）进行担保所取得的贷款。如果债务人还不上钱，债权人可以获得抵押品的所有权。汽车贷款就是一种抵押贷款；当借款人无法还款，贷款人就可以收回作为抵押品的汽车。原料（如煤和钢铁）的存货经常被当作贷款的抵押品或担保品。因此，抵押品可以部分化解贷款无法收回的风险。

应收账款是可以转换为现金的企业有价资产，因此常被拿来当抵押品。用应收账款作为贷款抵押品的过程，称为"应收账款融资"（pledging），它的运作如下。贷款人会依照被质押的应收账款面额的特定百分比（通常约75%）先贷款给借款公司；然后当贷款人收到其客户清偿的款项时，会先拿回之前的贷款金额，再将余额还给借款公司。

最难取得的贷款是**无抵押贷款**（unsecured loan），它不要求任何抵押品。基本上，无抵押贷款是没有任何特定资产保证的贷款，一般而言只会提供给贷款机构的重要客户（例如，老客户或公认财务稳定的客户）。

如果和银行保持稳固的关系，银行可能会给予信贷额度。**信贷额度**（line of credit）指银行提供企业无担保的短期资金额度，在额度内的资金企业可以随时支用。信贷额度并不提供担保，但是可以加速借款过程，让企业不必每次贷款都要经过申请手续。随着企业成熟和财务稳定，银行通常会提高信贷额度，甚至提供**循环信用协议**（revolving credit agreement），即银行保证的信贷额度，不过需要收取一定的费用。信贷额度和循环信用协议都是公司应对突发性资金需求很好的筹资渠道。

当企业不能从银行获得短期贷款时，财务管理者也可能从**商业融资公司**（commercial finance companies）取得短期资金。这些不收存款的组织（通常称为非银行组织）给予提供有形资产作为抵押品（例如，房地产、厂房设备和机器设备）的借款人短期贷款。商业融资公司通常贷款给无法在其他地方取得资金的个人与企业。因为商业融资公司承担了比银行更高的风险，所以它们所收取的利息自然也比银行高。通用电气资本（General Electric Capital）是世界最大的商业融资公司之一，总资产计5760亿美元，在50个国家设有营运点。

## 应收账款保理

另一种相对成本较高的短期资金来源是**保理**（factoring），它是一种出售应收账款以换取现金的做法，其起源可以追溯到4000年前的古巴比伦时代。它的方式如下：假设公司以赊销方式将大量产品销售给了消费者和其他企业，从而产生大量应收账款。有些客户可能付款较慢，使得公司持有许多应收账款。保理人是一种市场中介（通常是金融机构或商业银行），它会以折价的形式现金购买公司的应收账款。折扣则取决于应收账款的账期、企业性质和当时的经济状况等。当回收原属于公司的应收账款时，保理人拥有该账款的所有权。

虽然保理人的收费高于银行贷款利息，但要知道许多小公司没有资格获得银行贷款。因此，尽管应收账款保理是筹集短期资金的一种昂贵方式，却在小型企业中十分盛行。如果同意以缓慢支付的方式偿还保理人，或者承担客户完全无法付款的风险，借款公司就可以降低保理成本。要知道应收账款保理不是贷款，而是公司资产（应收账款）的出售。应收账款保理在服装和家具制造业被普遍采用，在国际贸易企业中也逐渐兴起。

## 商业票据

大企业时常在几个月内急需资金周转，却又不想和商业银行交涉，此时出售商业票据是一个不错的方法。**商业票据**（commercial paper）指10万美元以上、270天内到期的无担保本票。票据上有明确的还款日期、金额和利率。

商业票据是没有担保的，因此，只有财务稳定的公司（大多是信誉卓越的大企业）能够出售商业票据。商业票据是快速获得短期资金的一种方式，而且利率低于商业银行。然而，即使财务稳定的公司在金融危机期间也难以卖出商业票据。因为大多数商业票据都在30~90天到期，这对那些可以在短期内拿出现金的买家而言不失为一个用钱来赚取利息的投资机会。

## 信用卡

根据美国小企业协会（NSBA）的统计，接近一半的小公司现在使用信用卡为企业融通资金。尽管更多的企业正转而借助信用卡来融资，还是有2/3的企业认为信用卡的使用条款正在变糟，事实很有可能如此。《2009年信用卡问责、责任和信息披露法案》（Credit Card Accountability Responsibility and Disclosure Act of 2009）获得通过，它降低了消费者的利率，批准了许多保护消费者利益免受信用卡公司损害的条款。遗憾的是，小企业不属于该法的保护范围，它们使用信用卡的利率提高了几乎30%。由于许多传统的融资渠道不对它们开放，创业者被迫使用他们的信用卡来为公司融通资金。

信用卡提供了一个随时可用的信用额度，可以节省时间，并避免申请银行贷款被拒可能带来的窘迫。当然，在提供便利的同时，信用卡也是高风险和高成本的，利率可能过高，如果使用者不能准时还款就要支付高额的违约罚金。精明的商人研究各类信用卡提供的额外好处，从而决定哪个信用卡对他们的公司最有利。宠物食物分销商Petflow.com的乔·斯派泽（Joe Speiser）创立了一种现金返还卡，有助于让额外的钱返回其公司。无论如何，信用卡是非常昂贵的举债方式，最好把它用作最后的手段。

下面，我们来看看长期融资方法。

## ◎ 取得长期融资

在财务规划中，预测决定公司所需的长短期资金，以及资金取得的渠道。在设立长期融资目标时，财务管理者通常会问三个主要问题：

1. 企业的长期目的和目标是什么？

2. 达成这些长期目的和目标的财务需求是什么？

3. 长期资金的筹集渠道是什么？其中最符合企业财务需求的渠道是什么？

企业需要长期资金来购买诸如厂房设备、机器设备等昂贵的资产，以开发新产品与支持组织的财务扩展。在大企业中，董事会、管理高层会同财务及会计经理人进行长期融资决策。以世界最大的以研发为基础的生物制药企业之一辉瑞（Pfizer）为例，每年在研发新药上的花费高达90亿美元，一种新药品的获利有时会历经10年以上的时间，花费达13亿美元。因此，不难了解辉瑞为什么要由高层管理者来制定长期融资决策。在中小企业中，所有者总是会主动参与分析公司的长期融资决策。

前面提过，长期融资通常有两大主要途径：债务融资和股权融资。下节将介绍这两种重要的长期融资。

### 债务融资

如果企业以举债方式融资，那么它就有清偿债务的法律责任。企业可通过贷款机构或发行债券来取得资金。

**向贷款机构借款**　长期融资通常在3~7年内偿还，但也可能长达15~20年。**定期贷款协议**（term-loan agreement）指要求借方以特定分期付款方式（月付制或年付制）连息偿还的一种商业票据。这种长期融资的最大好处是可以减税。

长期融资的金额较大，成本往往也比短期融资高。因为还款期可能很长，资金提供者承担风险的更大，因此要求借方提供抵押品（例如房地产、机器、设备、公司股票或其他有价资产）。资金提供者也常在某些方面约束公司，推动其履行义务。贷款的利率则视抵押品是否充足、公司的信用评级以及市场的利率水平而定。资金提供者所承受的风险越高，要求的利率也越高，这就是所谓的**风险/收益权衡**（risk/return trade-off）。

**发行债券** 当某个组织无法由贷款机构取得长期融资时，则可以考虑发行债券。简单地说，债券就像是一家公司的借据，承诺在某一指定日期还本付息。债券发行协议中的条款被称为**契约条款**（indenture terms）。能发行债券的组织类型包括联邦、州和当地政府、联邦政府机构、外国政府和公司。

你可能已经对债券很熟悉，你可能拥有美国政府发行的储蓄债券，或自愿花时间帮助当地的一所学校发行债券；可能你的小区正在兴建一座新的球场或文化中心，而这需要出售债券为项目筹集资金。企业和政府都可通过发行债券筹集所需资金，所以政府公债与公司债之间也有竞争关系。潜在投资者在投资时会衡量的债券风险，包括投资回报（利息）与发行者的偿债能力。

如同其他的长期债务，债券可分为有担保与无担保债券。**担保债券**（secured bond）指含有某种形态抵押品发行的债券，例如房地产、机器设备或其他的抵押资产。如果债券的契约条款没有履行（如未支付利息），债券持有人可以处分抵押品以确保债权。**无担保债券**［unsecured bond；**或称为信用债券**（debenture bond）］是只靠发行者信誉支持而无抵押品的债券。债券投资人完全是基于信任发行债券的公司的信誉、相信公司会履约还款。对许多企业来说，债券是筹集长期资金的主要方法，对私人或机构投资也十分有价值。因为债券非常重要，在第18章将会详尽地介绍。

## 股权融资

如果一家公司不能从贷款机构取得长期贷款，也无法发行债券，这家公司可能会寻求股权融资。股权融资通过企业所有者以股份形式向企业外部投资者出售企业所有权来融资，他们或者使用公司累积的留存收益转增资，或者也从风险投资公司那里取得融资。

**出售股票** 最重要的是记住，股票的收购者成为企业的所有者，可发行出售的股票数通常由公司的董事会决定。公司第一次在公开市场上销售股票，称为首次公开发行（initial public offering, IPO）。

公开销售股票以取得资金绝非易事。美国的公司只有在美国证券交易委员会（Securities and Exchange Commission, SEC）和各个州政府机关认可时，才能公开上市发行股票。公司可以提供不同类型的股票，例如优先股和普通股，首次公开发行和这两种股票将会在第18章深入探讨。

**留存收益转增资** 你可能还记得在第16章中提过，这种公司保留再投资回公司的盈余被称为"留存收益"（retained earnings）。对于比起大型企业没有太多融资选择（例如股票或债券）的小型企业而言，留存收益往往是长期资金的主要来源之一。然而，大型企业在需要长期资金时，也同样仰赖留存收益。事实上，有鉴于可使公司省下发行债券或股票所产生的利息与股息（付给股票投资者的款项）以及发行证券或股票的承销费，留存收益通常是公司需要资金时的第一来源。同时，这也避免了出售股票所产生的所有权稀释问题。

假如你想买一辆新车这样的昂贵个人资产，你该如何做？最理想的方法是从你的私人存款户头中提领所需的现金，既不麻烦也不用支付利息，但只有少数人有如此充沛的可用资金。大部分企业也是如此，虽然想从营运中赚得长期资金（留存收益），但只有少数能拥有丰沛的可用资金。

**利用风险投资** 公司在创业初期或是刚开始扩张时往往最难筹集资金。一个新成立的公司通常只有很少的资产，也缺乏市场业绩记录，从银行借得大额资金的机会渺茫。**风险投资（venture capital）**指投在新成立企业或新兴企业中的资金，有些投资者（风投资本家）认为这些企业极具获利潜力。风险投资帮助了英特尔、苹果、思科系统等公司的创立，也让脸谱网和谷歌得以发展壮大。风投资本家投资企业，并以部分股权作为回报。他们希望自己的投资能获得高于平均水平的回报和富于竞争力的管理表现。

风险投资业最初是美国富有家族的替代性投资工具。例如，洛克菲勒家族（其巨额财富产生自约翰·洛克菲勒在19世纪建立的标准石油公司）在桑福德·麦克唐奈（Sanford McDonnell）经营他源自飞机库的公司时对其提供了资助。这个小公司最终发展成为麦道公司（McDonnell Douglas），并与波音公司在1997年合并成大型航空与军事武器承包商。风险投资业在20世纪90年代成长迅速，尤其是在高科技聚集区（例如加州的硅谷），风投资本家格外重视与互联网相关的公司。21世纪头十年初期，随着高科技产业面临瓶颈与全球经济增速趋缓，风险投资的需求大大降低。2008年的金融危机导致风投降至新低。然而，随着经济在2011年开始增长，风投又重返市场。

表17.4 债务融资与股权融资的差异比较

| 融资类型 | | |
|---|---|---|
| 条件 | 债务融资 | 股权融资 |
| 管理的影响 | 通常没有，有协议特殊条款则例外 | 普通股持有人有表决权 |
| 付款 | 债务融资有到期日 | 股票没有到期日 |
| | 本金必须偿还 | 企业无偿还自己股权的义务 |
| 年度义务 | 合同明确规定有支付利息的义务 | 企业没有支付股息的法律义务 |
| 抵税利益 | 利息费用可抵税 | 股利由税后盈余支付，且不得抵税 |

## 利用财务杠杆做决策

表17.4比较了债务融资和股权融资。通过借款筹集所需的资金来提高公司的获利能力，称为**杠杆**（leverage）。在公司因债务而承受的风险提高的同时，获利能力也相对提高。财务管理者或首席财务官最重要的两项任务，便是预测需筹集的资金和管理这些资金。

企业非常关注资金成本。**资金成本**（cost of capital）指企业为满足债权人要求和股东的预期而必须实现的最低回报率。当公司的盈余高于举债所支付的利息时，企业举债能赚取的回报率就会高于股权融资的报酬率。请看表17.5，以第12章介绍过的公司——非常素食餐厅——为例。当非常素食需要筹集20万美元时，可以考虑发行债券（债务融资）或股票（股权融资）给投资大众。比较两种选择之后，你可以看到在盈余高于债券利息的情况下，通过发行债券来融资较为有利。但是，如果盈余低于债券的利息，非常素食就会蒙受损失。记住，发行债券就像所有的负债一样，都必须在约定的时间内偿还。

单个公司必须通过比较成本和收益，确切地决定如何在债务融资和股权融资中做出取舍。杠杆比率（第16章讨论过）也可以给这些公司一个行业标准，据此他们可以进行自我比较。但是，主要公司之间、行业之间负债差异很大。例如，福特汽车公司的资产负债表中负债差不多有1000亿美元。相比通用电气公司4000多亿美元的负债，这还算是适当。为了给其宾馆、公寓和高尔夫球场融资，休闲业巨头金沙（Sands）酒店、特朗普酒店（Trump Hotels）和卡西诺（Casinos）赌场会背上几十亿的债务。与此相反，科技行业的领袖企业苹果

**表17.5 使用杠杆和股权融资的比较**

非常素食需要筹集20万美元，请比较债务融资和股权融资这两种选择。

| 增加债务（使用杠杆） | | 增加股权 | |
|---|---|---|---|
| 股东权益 | $500,000 | 股东权益 | $500,000 |
| 增加股权 | — | 增加股权 | $200,000 |
| 权益合计 | $500,000 | 权益合计 | $700,000 |
| 8%利率的债券 | $200,000 | 债券 | — |
| 总资产合计 | $700,000 | 总资产合计 | $700,000 |
| 年末收入 | | | |
| 毛利润 | $100,000 | 毛利润 | $100,000 |
| 减债务利息 | -16,000 | 减债务利息 | — |
| 营业利润 | $84,000 | 营业利润 | $100,000 |
| 净资产收益率（ROE） | 16.6% | 净资产收益率（ROE） | 14.2% |
| ($84,000 ÷ $500,000 = 16.6%) | | ($100,000 ÷ $700,000 = 14.2%) | |

和微软没有长期负债，而且都有差不多500亿美元的现金随时可以利用。根据提供公司和财务研究的标准普尔（Standard & Poor's）和穆迪投资者服务（Moody's Investor Services）公司的统计，大型工业企业的负债往往占总资产的33%~40%。小型企业的负债额因公司而不同，显然差异很大。

## 金融危机的教训

始于2008年的金融危机使金融市场遭受了20世纪二三十年代大萧条以来最严重的衰退。金融市场的崩溃可归因于金融管理者未能有效地尽职。低劣的投资决策和冒险的金融交易（特别是在房地产行业）造成执业已久的金融公司如雷曼兄弟等的倒闭。曾经受人尊重的基金经理伯纳德·麦道夫操作的涉及几十亿美元的庞氏骗局使得大众对金融管理者的信任消失殆尽。不幸的是，它也让许多投资者的基金消失殆尽。

21世纪头十年后期发生的金融崩溃让美国国会通过了彻底的金融监管改革方案。《多德—弗兰克华尔街改革和消费者保护法案》几乎影响了美国金融服务业的方方面面。随着政府加大对金融市场的参与和干预，对金融机构和金融管理者的要求更加严格，这意味着金融管理者的工作也变得更具挑战性。21世纪头十年后期质疑金融管理者诚实和良好判断能力的事件与21世纪头十年早期质疑会计行业诚实和判断的事件非常相似（参阅第16章）。毫无疑问，要想重新赢得大众的信任，金融管理者还有很长的路要走。

第18章对证券市场进行了近距离的观察，证券市场是企业可靠的长期融资工具，也是私人投资者投资选择的基础。你将学到证券交易如何运作、公司如何发行股票和债券、如何选择正确的投资策略、如何买卖股票，以及何处寻找股票和债券行情的最新信息等。当你了解到如何参与金融市场时，财务会给你一个新的视角。

## 总 结

**1. 解释财务管理者的作用和职责。**

· 企业财务失败最常见的原因是什么?

最常见的财务问题是:(1)资金不足;(2)现金流控制不佳;(3)费用控制不当。

· 财务管理者的职责是什么?

财务管理者负责规划、预算、控制资金、取得资金、筹募资金、审计、管理税务,并针对财务事项向管理高层提出建议。

**2. 简述财务规划程序,并解释财务规划中的三种重要预算。**

· 主要的三种财务规划预算是什么?

资本预算是购置如房地产、厂房设备、机器设备之类的重要资产的支出计划。现金预算是预估在特定期间的现金余额。营运(全面)预算则整合前述两种预算的信息,在达到预期收入目标的前提下,预估如何分配现金到企业营运活动所需的各种成本和费用中。

**3. 解释企业需要运营资金的主要原因。**

· 企业的主要财务需求是什么?

企业有四种重要的财务需求:(1)管理日常的营运支出;(2)控制信贷业务;(3)购置所需存货;(4)资本支出。

· 债务融资和股权融资的差异是什么?

债务融资是指通过举债方式筹集资金(成为债务)。股权融资是指经由企业内部(通过留存收益),或借由发行股票出售企业所有权,或出售企业所有权给风险投资者来筹集资金。

· 短期融资和长期融资的差异是什么?

短期融资是指一年内须偿付的资金,而长期融资是指在一年以上的特定时间内须偿付的资金。

**4. 确认并描述短期融资的来源。**

· 为什么企业要使用商业信用融资?

商业信用融资花费最少,也是方便的短期融资。企业可以今天先进货,在未来某一时间再付款。

· 什么是信用额度和循环信用协议?

银行提供企业无担保的短期资金额度,在额度内的资金企业可以随时支用。循环信用协议是银行保证借予公司的信用保证额度,但必须收取一定费用。

·抵押融资和无抵押融资的差异是什么？

无抵押融资没有抵押品作保证。抵押融资则有提供资产（如应收账款、存货或其他有价资产）作为抵押品。

·让售应收账款是一种抵押贷款吗？

不是。让售应收账款是以折扣价将应收账款出售给让售公司（付现买断应收账款的中间商）。

·什么是商业票据？

商业票据是270天以内到期的无担保本票。

**5. 确认和描述长期融资的来源。**

·长期融资的主要来源是什么？

债务融资包括出售债券，以及从银行、财务机构取得长期贷款。股权融资是从出售公司股票、公司内部的留存收益，或从风险投资公司取得资金。

·债务融资的两种主要形态是什么？

债务融资的来源有两种：发行债券和从个人、银行或其他金融机构借得。债券分为有担保及无担保债券等两种，借款也是如此。

·什么是杠杆？企业如何运用之？

杠杆系指通过借款筹集资金，包括使用借来的资金从事扩充、购买重要资产和研发。企业会衡量举债的风险（杠杆）相对于高利润的可能性。

## 批判性思考

1. 新企业主短期融资的主要渠道是什么？长期融资的渠道有哪些？

2. 如果公司有一位训练有素的会计师，为什么财务管理者还需要了解会计信息？

3. 为什么公司通常更愿意借钱来获得短期融资，而不是发行股票呢？

# 18

# 证券市场：融资和投资机会

## 学习目标

1. 描述证券市场和投资银行家的作用。

2. 识别证券进行交易的场所：证券交易所。

3. 比较发行股票的股权融资的优缺点，并详细区分普通股和优先股的差异。

4. 比较通过发行债券获得债务融资的优缺点，了解债券的种类和特点。

5. 解释如何投资证券市场，以及如何设定投资目标，如长期增长、收入、现金和免受通货膨胀的损害。

6. 分析股票所提供的投资机会。

7. 分析债券所提供的投资机会。

8. 解释共同基金与交易型开放式指数基金所提供的投资机会。

9. 描述股市指标（如道琼斯工业指数）对市场的影响。

## 人物侧写

### 认识玛丽亚·巴尔蒂罗莫　CNBC 金融分析师

从某些方面看，投资几乎变成了非常容易的事情。任何拥有电子邮件地址和银行账户的人都可以在 E-Trade 或 Schwab 等网站开设网上经纪账户，并且立即就可以跟世界各地进行股票交易。不过，2008 年开始的经济崩溃，也让投资者认识到了金融世界的复杂性。

许多人希望找到方法更好地理解投资，他们转而求助全美广播公司财经频道（CNBC），让它指导他们渡过随手可得的信息的海洋。该财经频道的玛丽亚·巴尔蒂罗莫（Maria Bartiromo）曾多次获得艾美奖，对每天错综复杂的华尔街简单易懂的解读，使她成为无数美国人判断投资的晴雨表。最近，针对巴尔蒂罗莫在财经频道的男女同事进行的一项研究表明，很多人倾向于利用媒体造势，使投资者出售他们的股票。与此相对，而巴尔蒂罗莫则聪明地利用了她凭工作赢得的口碑，相比其他同事，更少地鼓动股票出售。24 小时不间断播出的新闻有时更像是马戏团，而不是真实的新闻节目，巴尔蒂罗莫的诚实在他们中间显得更具价值。

巴尔蒂罗莫出生并成长于纽约的布鲁克林区，从小就在她家开的意大利餐厅的衣帽间里忙活。纽约大学毕业之后，巴尔蒂罗莫担任美国有线电视新闻网（CNN）的通宵节目制作人，将同样的奉献精神投入到工作当中。尽管她的职责被严格限制在幕后，她已经在业余时间悄悄开始收集自己作为新闻节目主持人的录音片段。这些片段从来没有播出过，但它们表明她在这方面很有前途，并让她在全美广播公司财经频道谋到了一份工作。

在三家电视网工作了两年之后，巴尔蒂罗莫成为了第一位在纽约证券交易所闹哄哄的经纪人席位中直接进行播报的新闻记者，并因而出名。20 世纪 90 年代后期，她成为全美广播公司财经频道固定的主播，并为自己赢得了"金钱宝贝"（Money Honey）的昵称。但巴尔蒂罗莫可不仅是靠着漂亮的脸蛋才坐到主持人座位上的。她讨厌哗众取宠的报道；从通用电气前首席执行官杰可·韦尔奇（Jack Welch）到博诺（Bono），她对每个人的采访都很坦诚，这让她成为电视台最有吸引力的人。到 21 世纪头十年，她成为两个节目的主播，一个是"收盘铃"（Closing Bell），另一个是"华尔街日报报道与玛丽亚·巴尔蒂罗莫"，这是财经频道最大的两个节目。

她写过几本书，撰写过无数的专栏和文章，发表在《商业周刊》《米兰财经报》《散户》《股票行情看板》《金融时报》《新闻周刊》和《纽约邮报》等报刊上。2009 年，她被《金融时报》评为"塑造 21 世纪前十年的 50 人"。2011 年，她成为正式加入"有线电视名人堂"的首位记者。

进入 2008 年，股市表现很糟糕，巴尔蒂罗莫用自己来自最前沿的洞察力来观察这场金融危机的影响程度。她与纽约证券交易所的长期合作关系使得她对重大事件具有独特的视角。另外，多年的从业经验帮助她将复杂的技术语言和金融概念转化成更容易被人理解的术语。眼见到华尔街上发生的一切，她为自己那些从事投资的朋友成群结队地失业感到难过。"华尔街一切的核心必须是诚实的，"巴尔蒂罗莫说，"看到有些执行官带着巨额的薪酬福利离开，我很愤怒……不过，我也认为笼统地指出所有企业都是'坏的'也不真实。"要想成为成功的投资者，你需要学一些知识。在本章，你将学到许多投资股市的方法。

资料来源：Michael Martin,"How Maria Bartiromo May Become the Best Teacher You've Ever Had", *The Huffington Post*, April 15, 2010; Kristina Peterson", CNBC CEO Chats Seldom Break News: Study", *The Wall Street Journal*, February 17, 2011; and "Maria Bartiromo" CNBC TV Profiles, http://www.cnbc.com/id/15838253, accessed May 2011.

## ◎ 证券市场的功能

证券市场是股票、债券和其他投资的金融市场，这些机构主要有两个功能：一是帮助企业寻找长期资金来满足其资本需求，例如扩大经营、开发新产品或购买大宗产品及服务；二是给私人投资者提供一个买卖证券（例如股票、债券）或投资的场所，以帮助他们规划未来的财务。在本章，我们将先从企业融资的角度，继而从私人投资者购买和交易证券的角度来观察证券市场。

证券市场分为两级。一级市场处理新发行证券的销售，这是需要了解的重点。公司通过销售债券只能赚到一次钱，即在一级市场销售时。公司股票的第一次公开发行称为**首次公开发行**（initial public offering，IPO）；此后，二级市场则处理这些证券在不同投资者之间的交易，销售收入归出售股票的投资者，而非初次发行股票的公司。例如，假如你的非常素食餐厅已经扩展成连锁店，其产品也在全国零售店上架。你想募集额外的资金继续扩张。如果你的公司发行了100万股股票，每股10美元，首次公开发行共募集1000万美元。然而，在IPO之后，如果股东琼斯决定将其100股卖给投资者史密斯，非常素食不会从这笔交易中得到一分钱，因为史密斯是从琼斯而不是非常素食手中买进的股票。不过，像非常素食这样的公司可以增发新股，从而筹集到额外的资本。

如第17章所述，我们不能过分强调长期资金对企业的重要性。如果有选择的话，企业通常喜欢使用留存收益，或向贷款机构（银行、退休基金、保险公司）借款，或发行公司债券来满足长期的融资需求。不过，如果这种长期融资无法通过留存收益实现或从贷款者那里获得，公司可能会通过发行公司股票来募集资金。（回忆一下第17章，公司销售股票是一种股权融资，而发行公司债券是一种债务融资的形式。）社交网站巨头高朋和脸谱在2011年首次公开募股，募集资金会达到几十亿美元。维萨是世界最大的借记卡和信用卡供应商，它在2008年的首次公开募股中募集资金180亿美元。债务或股权融资不适合所有的公司，特别是小企业。

假定你需要长期融资，以扩大非常素食餐厅的经营，而你的首席财务官指出公司的留存收益不够，并认为不可能向贷款机构借到所需的资金。她建议你向私人投资者出售股份或发行公司债券，以此满足资金需求；但她同时也提醒你，发行公司债券或股票不简单，也不是想当然的，要得到许可需经美国证券交易委员会广泛地财务公示和详细地审查。鉴于这些资格要求，首席财务官建议公司转而求助于投资银行。让我们看看理由所在。

### 投资银行的角色

投资银行家（investment bankers）是协助发行及销售新证券的专家。大型金融机构会帮助非常素食这样的公司准备大量的财务分析，以获得美国证券交易委员会债券或股票的发行许可。投资银行也可认购新发行的股票或债券。也就是说，投资银行以双方议定的折扣价全部买下发行的股票或债券（可能是巨额的），然后再以原价出售给个人投资者或机构投资者。

机构投资者（institutional investors）是指退休基金、共同基金和保险公司等以自己或他人的资金投资的大型组织。其庞大的购买力使得机构投资者对证券市场的影响力巨大。

在我们进一步考察作为长期投融资机会的股票和债券之前，重要的是先理解证券交易所——交易股票和债券的地方。

## ◎ 证券交易所

顾名思义，证券交易所（stock exchange）是其会员可以代表公司和个人投资者买卖（交易）证券的组织。纽约证券交易所（NYSE）于1792年成立，主要采用交易大厅叫价式交易。2005年，纽约证券交易所并购了全电子证券交易所（Archipelago）——一家专门进行电子交易的证券交易公司，情况由此改变。两年之后，它又并购了欧洲的泛欧证券交易所（Euronext Exchange），成为纽约泛欧证券交易所（NYSE Euronext）。2011年，纽约泛欧证交所同意由德意志交易所集团（Deutsche Boerse AG）收购，交易价接近100亿美元。

时至今日，纽约泛欧证券交易所的交易厅更多地是象征性的。大多数交易是在计算机上发生的，而且几秒之内就可以完成数千笔股票交易。事实上，交易股票在交易所的收入中只占很小的一部分。公司的大部分收入来自出售复杂的融资合约以及向雅虎、谷歌等公司销售市场信息，因为这些公司需要在它们的网站上发布股市行情。另外一个收入来源是在纽约泛欧证券交易所上市的8000多家公司向它支付的费用。

并非所有的证券都要在它所注册的证券交易所进行交易。**场外交易市场**（over-the-counter market，OTC）给公司和投资者提供了一个交易未在大型证券交易所上市的股票的方法。场外交易市场是数千经纪人组成的一个网络，他们保持联系，并通过一个全国性的电子交易系统买卖证券。交易由买卖双方直接进行，而不是通过一个交易所（如纽约泛欧证券交易所）。

**纳斯达克**（NASDAQ，原意为"美国全国证券商协会自动报价系统"）是世界上第一个电子股票交易市场。它从场外交易市场发展而来，但现在不再属于同类。纳斯达克是一个将交易商连接在一起的电子网络，由此他们可以通过计算机而不是人工买卖证券。2007年，纳斯达克收购了瑞典的OMX集团，成为了现在的纳斯达克OMX集团。它是美国最大的电子股票交易市场，而且比世界上任何一家电子交易所的交易量都大。纳斯达克最初的客户大多是比较小的公司，现在一些著名的公司也在纳斯达克交易它们的股票，比如微软、英特尔、谷歌、星巴克、思科和戴尔等。纳斯达克还经销联邦政府、州政府和市政府的债券，其挂牌公司接近3000家。

公司到证券交易所上市是一件竞争性很强的工作，证券交易所之间针对某只股票的竞争常常十分激烈。如果某公司未能满足证券交易所的要求，其股票就不能在交易所上市。你可以在纽约泛欧证券交易所（www.nyse.com）和纳斯达克（www.nasdaq.com）的网站上找到注册（上市）股票的要求。本章"聚焦小企业"专栏讲述了一个有趣的想法，即新增一家专门为小微企业服务的证券交易所，以丰富证券交易市场。

## 证券法规和证券交易委员会

**证券交易委员会**（Securities and Exchange Commision, SEC）是负责管

## 聚焦小企业

### 被小企业称作"家"的地方

2008年金融危机以来，小企业发现难以从银行获得融资，就算有可能的话也很难。甚至过去那种银行愿意给予关系企业的优惠贷款也消失了。戴维·维尔德（David Weild）是纳斯达克前副主席，他认为他有办法解决这个问题。他愿意看到一种新的股票交易所的诞生，小企业可以在那里筹集所需的资本。

维尔德建议该交易所放慢运行的步伐，不要像依赖电子交易的大型交易所那样高速运转，因为那样会加大买卖股票的成本。股票经纪人的作用也会增大，他们会回归昔日的做法，给客户打电话告诉他们发现的具有投资潜力的新公司。为了吸引股票经纪人入场，他考虑应该设定经纪人佣金的最小和最大限额，让他们觉得值得为此付出。他还认为交易所要成为吸引风险投资者的地方。

维尔德提议的交易所在美国还是一个新想法。值得注意的是，中国最近推出了专门为新成立企业的股票交易设计的创业板。作为深圳证券交易所的一部分，创业板的创立目的是让"具有战略意义的新兴公司"更容易筹集资本。联想投资执行董事刘泽辉（现任君联资本的董事、总经理）认为创业板起到了预期的作用。他说："创业板释放了中国积蓄已久的创新和创业热情，它向所有人宣告：致富不必有个有权有势的爸爸。"

资料来源：Kevin Hamlin, Eva Woo, Dexter Roberts, and Frances Liu,"In China, a Stock Market Where Start-Ups Thrive", *Bloomberg Businessweek*, November 28, 2010; Reinhardt Krause, "China, Emerging-Market Stocks Rising, but Experts Still Cautious", *Investor's Business Daily*, April 7, 2011; and Emily Lambert, "Trading Places", Forbes, April 11, 2011.

理各种股票交易的联邦机构。《1933年证券法》（Securities Act of 1933）要求出售债券或股票的公司将财务信息完全披露，旨在保护投资者。美国国会通过此法意在解决证券市场对任何人都开放的做法，因为在20世纪20年代和30年代早期这种做法导致了大萧条的发生。根据《1934年证券交易法》（Exchange Act of 1934），证券交易委员会得以成立。

在全国性证券交易所交易的公司必须在证券交易委员会注册，并且每年要进行更新。《1934年证券交易法》也规定了公司在发行股票或债券等金融证券时必须遵守的特定指导原则。例如，在向大众发行股票或债券时，公司必须向证券交易委员会提交详细的申请上市登记报告，包括广泛的经济和财务信息。**招股说明书（prospectus）**是压缩版的登记文件，它必须送达有意向的投资者。

《1934年证券交易法》还确立了准则，禁止公司内部人员利用自己掌握的特权信息。**内幕交易（insider trading）**是指利用通过个人职位之便获得的知识或信息，从证券价格波动中牟取不当的利益。其重点在于不当获利。只要内部人员不是非正当地利用公众不知的内部信息，他们还是可以买卖自己所在公司的股票的。

最初，证券交易委员会仅将内部人员限定为公司的主管、员工及其亲属，但现在定义已扩大为任何取得未公开信息的有关人员。假设非常素食的首席财务官告诉隔壁邻居自己即将完成一份文件，将非常素食出售给一家大公司。该邻居根据此消息购买了股票，法院完全可以认定这就是内幕交易。内幕交易的刑罚包括罚款或监禁。例如，对冲基金经理人、亿万富翁拉杰·拉贾拉特南被

**表18.1　这是不是内幕交易？**

　　内幕交易指基于公众投资者无法获得的公司信息买卖股票。是否内幕交易有时难以确认。下述假设案例会让你对何者合法何者违法有所了解。看看你能回答多少问题。答案见本专栏的末尾。

1. 你在一家大公司从事研发工作，并且参与了一个重要的产品开发计划，最终会将一个引起轰动效应的新产品推向市场。当时没有披露该产品信息的新闻报道，而且没有几个员工知道此事。你能购买公司的股票吗？

2. 假定上述情况不变，你在当地一家咖啡馆向一位朋友提到了公司将要发生的事。坐在邻桌的另一位消费者无意中听到了你们的议论。在公告之前，这个人能合法地购买公司股票吗？

3. 你在一家大型投资银行担任行政秘书，上司要求你影印一份文件，而这份文件详细地说明了即将发生的一次重大公司合并，合并之后被接管公司的利润将大增。你能在发布公告之前购买公司的股票吗？

4. 你的股票经纪人推荐你购买一家知名度不大的公司股票。该经纪人似乎拥有某些内幕消息，但你没有问其来源。你能购买这家公司的股票吗？

5. 你在一家大型证券公司从事清洁工作。工作中，你从垃圾筒和公司员工的电脑打印机中偶尔发现一些信息，详细说明了公司即将进行的几项交易。你能购买该公司的股票吗？

答案：1. 不能　2. 可以　3. 不能　4. 可以　5. 不能

判内幕交易，可能要面临监禁200年的刑罚，这是一个备受瞩目的案件。阅读表18.1，测试一下你在判定内幕交易方面的技巧。

### 外国的证券交易所

由于通信技术的发达和许多法律限制的放宽，投资者可以购买几乎世界任何地方的公司证券。如果你发现一家外国公司具有很大的增长潜力，你就可以通过外国证券交易所获准的美国经纪人购买其股票，难度并不大。外国投资者也可以投资美国的证券，大型的外国证券交易所每天都在交易大量的美国证券，比如伦敦和东京的证券交易所。美国公司在外国证券交易所上市的数量也在增加。除了伦敦和东京的证券交易所，其他主要的证券交易所分布在上海、悉尼、香港、圣保罗和多伦多。非洲也有证券交易所。

利用发行股票这种股权融资的方式筹集长期资金是许多公司所追求的一种选择。接下来，让我们更深入地了解公司如何通过发行股票筹集资本。

## ◎ 股权融资

**股份**（stocks）是公司所有权的份额。**股票**（stock certificate）是股份所有权的证明，它详细列出公司名称、持股数及股票类型等内容。现在不要求股份公司发行纸质股票，改由购买股份者持有电子凭证。

股票有时会标明票面价值（par value），也就是由公司章程决定的每股金额。今天，票面价值并不能反映股票的市值，所以大部分公司发行的都是无面值的股票。**股利**（dividends）是公司利润的一部分，公司会以现金或额外股份的形式分配给股东（但不是必需的），由公司董事会宣布，一般按季支付。

### 发行股票的优缺点

公司发行股票的优点如下：

· 股东是公司所有者，他们的投资永远不需要偿还。

· 没有支付股东股利的法定义务，因此，公司可以将收入（留存收益）用于再投资，以备将来所需。

· 发行股票不会增加负债，因此，出售股票可以改善资产负债表。（公司也可以回购股票来改善资产负债表，并使公司显得财力更加雄厚。）

发行股票的缺点如下：

· 作为所有者，股东（通常指普通股股东）在公司董事会有投票权。（通常为一股一票。）因此，发行新股会引起公司控制权的改变。

· 股利须在税后支付，而且不可免税。

· 让股东高兴的想法会影响管理者的决策。

公司可以发行两种股票：普通股和优先股。以下比较这两种股权融资的差异。

## 发行普通股

**普通股**（common stock）是公司股份的最基本形态。事实上，如果公司只发行一种股票，根据法律，它必须是普通股。普通股股东有如下权利：（1）选举董事会成员和投票决定公司的重大事项；（2）经董事会同意，通过股利分享公司利润。拥有公司投票权使得普通股股东能够影响公司政策，因为他们推选的董事会成员会选定公司高管，并决定重大政策。普通股股东具有新发行普通股的优先认购权（preemptive right），这使得股东能够保持他在公司股份中所占的比例。

## 发行优先股

**优先股**（preferred stock）的所有者有优先分配公司股利的权利，而且要在任何普通股股利分配之前全额支付（"优先"一词由此而来）。倘若该公司被迫停业，其资产要被变卖时，优先股股东对于公司资产有优先要求权。但通常优先股股东在公司没有投票权。

优先股通常在发行时都注明了面值，并以此作为公司愿意支付固定股利的基础。例如，某优先股每股面值为50美元，股利为4%，则股利为每股2美元。如果董事会宣布分配股利，拥有100股优先股的股东每年就会有200美元的固定股利收入。

优先股还有一些普通股不具备的特性。例如，它是可以赎回的，这表示公司可以要求优先股股东将他们的股份卖给公司。优先股也可以转换为普通股（但反之则不行）。它还具有累积性，也就是说，任何未如期支付的优先股股利都会被累积起来，在以后分配任何普通股股利之前，公司必须全额支付。

公司常常喜欢利用债务融资的方式筹集资本。大型公司常用的债务融资是发行公司债券。下面讲述发行公司债券的相关内容以及与发行股票的区别。

# ◎ 发行债券融资

债券（bond）是表明投资者借款给公司（或政府）的法人凭证。发行债券的组织有定期支付利息给投资者，并在规定时间偿付债券的全部本金的法定义务。以下将更深入地探讨债券的语言，让你对它有一个更清楚的了解。

## 学习债券的语言

公司通常以1000美元为单位发行债券（政府债券要比这一数字大得多）。本金就是债券的面值，按照法律规定，发行债券的公司要在债券到期日（maturity date）偿还债券持有人全部本金。利息（interest）是债券发行人向债券持有人支付的因借用他们的资金而做出的补偿。如果非常素食餐厅发行面值1000美元、利率5%且到期日为2022年的债券，等于就是它同意每年支付给债券持有人50美元的利息，一直到2022年某个特定的日期，届时再把1000美元的本金一次性偿还。到期日可以各有不同。像迪士尼、IBM和可口可乐这样的公司就发行过100年才到期的债券。

债券利率有时也称为债券票面利率（coupon rate），这个词可以追溯到债券以不记名债券（bearer bond）的形式发行的时候。债券持有人被当成所有人。当时，发行债券的公司并不记载债券所有权的转移，债券持有人若要取得利息，只需要将附于债券上的息票剪下，并送至发行公司即可。现在，发行的债券都是记名债券，其所有权的转移都会有电子记录。

美国政府债券给付的利率会对公司必须给付的债券利率产生影响。美国政府债券被认为是安全的投资，因此，它可以支付较低的利率。表18.2描述了几种在美国证券市场与公司债券相竞争的政府债券。根据经济状况、发行公司的声誉和类似公司的债券利率，发行公司的债券利率也会变化。虽然债券利率的报价是以一年为期的，但通常分两期支付，而且利率一般不能更改。

债券评级机构会评估公司发行债券的信用度。标准普尔、穆迪投资者服务和惠誉评级（Fitch Ratings）等独立的评级公司会根据债券的风险加以评级，其

**表18.2 与公司债券竞争的各类政府债券**

| 债券 | 特点 |
|------|------|
| 美国政府债券（U.S. government bond） | 由联邦政府发行，被视为最安全的债券投资。 |
| 短期公债 [Treasury bill (T-bill)] | 1 年内到期，最低面额为 1000 美元 |
| 中期公债（Treasury note） | 10 年或少于 10 年到期，面额为 1000 美元至 5000 美元 |
| 长期公债（Treasury bond） | 25 年或超过 25 年到期，面额为 1000 美元至 5000 美元 |
| 市政债券（Municipal bond） | 由州、市、县以及州和地方政府的其他机构发行，通常可以免税 |
| 扬基债券（Yankee bond） | 由外国政府发行，但用美元偿付 |

**表18.3 债券评级：穆迪、标准普尔和惠誉的评级**

| 债券评级机构 | | | |
|------|------|------|------|
| 穆迪 | 标准普尔 | 惠誉 | 说明 |
| Aaa | AAA | AAA | 最高等级（违约风险最低） |
| Aa | AA | AA | 优质 |
| A | A | A | 中等偏上等级 |
| Baa | BBB | BBB | 中级 |
| Ba | BB | BB | 中等偏下等级 |
| B | B | B | 投机性 |
| Caa | CCC, CC | CCC | 劣质（违约风险高） |
| Ca | C | DDD | 高投机性 |
| C | D | D | 最低等级 |

等级范围从最高级债券到垃圾债券（稍后会在本章讨论）。表18.3给出的是债券等级的范围。

### 发行债券的优缺点

债券带给组织许多长期融资的优势：

· 债券持有者为公司的债权人而非所有者，对公司事务很少有投票权，因此，管理层仍保有营运公司的控制权。

· 债券利息属于公司开支，而且是免税的（参阅第16章）。

· 债券为暂时性融资来源，最终都要偿还，届时债务得以消除。

· 如果债券包含提前赎回条款，它可在到期日以前清偿，也可以转换为普通股。（下面将深入讨论这两个特点。）

但债券也有缺点：

· 债券提高了债务（长期负债），而且不利于市场对公司的认知。

· 支付债券利息为法定义务，若未付利息，债券持有人可诉诸法律强制偿还。

· 债券面值必须在到期日清偿，如果缺乏周密的计划，到期偿还时可能会造成现金流问题。

### 债券类型

企业可以发行两种公司债券。无抵押债券通常称为**无担保债券**（debenture bonds），它没有任何特定附属担保物（土地或设备）的支持。只有信誉卓著和信用等级优良的公司才能发行，因为它们不给投资者提供担保。担保债券（secured bonds）有时叫作抵押债券，它有附属担保物作为支持，比如抵押给债券持有人的土地或房产，以防本息到期无法偿还。公司债券发行人可以选择包含不同特点的债券。以下将检视几种债券特征。

### 债券特性

现在你应该了解到发行的债券有利率，分为无担保债券和由几类抵押物担保的债券，而且必须于到期日偿还。清偿的需要使得公司要设置一个准备金账户，它被称为**偿债基金**（sinking fund），其主要目的是为了确保在到期日时有足够的资金支付给债券持有人。发行偿债基金债券的公司要在到期之前定期提取一部分本金，以便在到期日前积累足够的资金。偿债基金对发行债券的公司和投资者都有吸引力，原因如下：

- 可以为发行的债券有序提取还款资金。
- 降低债券无法清偿的风险。
- 通过降低债券的违约风险稳定债券的市场价格。

可赎回债券（callable bond）允许债券发行者在到期日前提前偿还本金。可赎回债券让公司在进行长期预测时具有一定的相机抉择权。假设非常素食发行了1000万美元20年期的债券，利率为10%，则每年利息费用为100万美元（1000万美元×10%）。如果市场状况起了变化，同等债券的利率现在只有7%，非常素食每年要多付3%或者说多付30万美元（1000万美元×3%）的利息。该公司可以赎回（清偿）旧债券，并以较低利率重新发行新债券，从而受益。如果公司在到期前赎回债券，它常常要给投资者支付高于债券面额的溢价。

投资者可以将可转换债券（convertible bond）换成发行公司的普通股票。它对投资者有吸引力，因为普通股倾向于比债券增值更快。因此，如果公司普通股的价值一直大幅增长，债券持有人可以比较继续持有债券所获利息与转换成特定数量普通股的潜在利润，从而做出选择。

既然你从公司的角度了解了股票和证券作为融资工具的优缺点，下面就让我们探讨股票和证券给投资者带来的机会。

## ◎ 投资者如何购买证券

投资股票和债券并不难。首先，你要决定购买哪一种股票或债券，然后找到一位有资格进行证券交易的经纪公司来执行你的指令。**股票经纪人**（stockbroker）是注册了的代表，他们是为客户买卖证券的市场中介。股票经纪人会下单并协商价格。交易完成后，你的股票经纪人会得到报告，再由他来通知你。今天，大型经纪公司都使用自动订单系统，在你发出指令时，经纪人就会立即着手处理，不出几秒钟，订单就会得到确认。

股票经纪人也是一种可靠的信息来源，他们知道什么股票或证券最能达成你的投资目标，不过，自己学习股票和债券的知识依旧很重要，因为投资分析师的意见未必总能满足你特定的预期和需求。

## 通过网上经纪人投资

目前，投资者可以选择多家网上交易服务公司来购买股票和证券。Ameritrade、E*TRADE、Scottrade和Fidelity就是其中的佼佼者。在网上交易的投资者愿意自己研究和做出投资决策，不想得到经纪人的直接帮助。这使得网上经纪商的收费要远低于传统股票经纪人的交易佣金。主要的网上经纪商的确能够提供重要的市场信息，比如公司财务数据、股票的历史价格和分析师的报告。你获得的信息服务的水平常常取决于你的交易量大小和你的交易等级。

无论你决定选择网上经纪人，还是想通过传统股票经纪人来投资，要记住的是：投资都意味着利用资金赚取利润。21世纪头十年早期的互联网泡沫和始于2008年的金融危机再次证明了投资有风险。因此，任何投资规划的第一步是分析你的风险容忍度。需要考虑的其他因素包括收入的期望值、现金需要量、针对通货膨胀的套期保值需要，以及投资增长前景。本章的"道德抉择"专栏描述了一个有趣的股票投资决策。

不论年轻还是年老，你都可以投资，但你首先应该问一些问题，并考虑是否存在替代性的投资途径。下面讨论几项投资策略。

## 选择正确的投资策略

投资的目的在整个人的一生中会有变化。年轻人要比接近退休的人更能承受较高风险的投资，比如股票。年轻的投资者通常会寻求那种价值会随着时间显著增长的投资。如果哪天像2008年一样股市下跌，股票贬值，年轻人还有时间等待股价回升。而上了年纪的人（或许是收入固定的年长者）却等不起，他

## 道德抉择

### 该不该投资烟草公司？

你最近得到消息说你叔叔亚历克斯（Alex）在与肺癌抗争了很长时间之后去世了。让你感到意外的是，他在遗嘱中留给你2.5万美元，称你是他最喜欢的侄子。你记得你叔叔是一个辛勤工作的人，喜爱棒球，最喜欢看你为大学队投球。遗憾的是，你叔叔从年轻的时候就开始吸烟，最终成了一个老烟枪。给他治病的医生说吸烟是他得癌症的主要原因。

收到遗产之后，你想知道这笔钱能搞什么投资。你原来的队友杰克（Jack）现在是理财顾问，他推荐你购买一家知名跨国公司的股票，它的分红很高，而且有稳健的增长潜力。他告诉你该公司的主要产品是烟草，但也告诉你它还生产其他很多产品。你知道杰克会把你的利益放在心上，替你做最好的打算。你也相信亚历克斯叔叔喜欢看到他留给你的钱增值。然而，你不知道将你的遗产投资销售烟草的公司是否合适。这种情况下，有没有合乎道德的替代选择？替代选择的结果是什么？你会怎么做？

们更想投资有稳定回报的债券，以期抵卸通货膨胀。

投资决策时需要考虑的五大关键标准：

1. 投资风险（investment risk）。投资的未来价值比目前还小的可能性。

2. 收益（yield）。预期的投资回报，例如利息或股利，时间预期通常超过一年。

3. 存续期（duration）。资金用于投资的时间长短。

4. 流动性（liquidity）。当你想要现金或需要现金时，投资变现的速度有多快。

5. 赋税影响（tax consequences）。投资对你的税赋会产生什么影响。

在任何投资策略中重要的是风险和收益的权衡。投资目标是设定为"增值"（选择那些你相信会增值的股票），还是设定为"收入"（选择会持续得到利息的债券），这种考虑会为你的投资策略确定基调。

## 利用多样化投资降低风险

多样化（diversification）投资是指购买几种不同类型的投资以分散投资风

## 域外观察

### 国际股市的投资机会永远存在

阅读到美国股市起起伏伏的故事可能会吓得你不再想到国际股票市场投资了。再加上从新闻报道中了解到：处于战火之中不稳定的中东国家政府、欧洲债务危机、日本和印度尼西亚的自然灾害，投资国际股市的想法似乎更加没有吸引力了。可权衡风险收益，你更倾向于忘记国际股市，继续持有安全的美国股票，比如IBM、苹果和宝洁。理财分析师并不同意，认为投资一些国际股票可能是一个不错的想法。

某些统计数字支持他们的建议。自2002年至2010年，美国的增长率为37%，与金砖四国（BRIC）的增长率相比可谓相形见绌（参阅第3章）。中国的增长率为628%，巴西为1171%，印度为1229%，而俄罗斯为1512%。风险收益权衡仍然有效，但考虑到潜在的回报，我们至少要尝试一下国际股市上存在的机会。下述建议可能会对你未来的理财有些帮助：

· 投资你熟悉和业绩表现真实可靠的全球公司。能够想到的名字本田（日本）、壳牌石油（荷兰）、雀巢（瑞士）、三星（韩国）和西门子（德国）。

· 投资在美国证券交易所上市的国际公司，因为它们必须遵守美国的会计标准和证券交易委员会的法规。

· 跟经纪人联系，了解一下你能购买的美国存托凭证（ADR），它表示外国公司一定数量的股票由一家美国银行的外国分支机构以委托保管的形式持有。

· 无数共同基金和交易型开放式指数基金提供了大量的全球投资机会，它们集中在中国和巴西等国家或者非洲、亚洲、欧洲或拉丁美洲等地区。

· 要非常谨慎或完全避免投资历史上出现过货币问题或政治动荡的国家的股票。

在考虑投资时，要牢记你的长期理财目标，每天关注新闻，特别是在冒险投资全球股市的时候。

资料来源："Global Stock Markets", Charles Schwab On Investing, Spring 2011; Anna Prior, "Investing in Smaller Emerging Markets", *Smart Money*, April 4, 2011; Jason Raznick, "Dividends, Emerging Markets . . . Oh My", *Forbes*, May 9, 2011; and Andrew Tanzer, "The World's Best Stocks", *Kiplinger's Personal Finance*, February 2011.

险。例如，投资者可能拿出自己20%的钱购买风险相对较高但增长潜力大的美国股票，25%投资稳健型的政府债券，25%投资能带来收入的分红股票，10%投资国际共同基金（后面讨论），剩余的钱则存入银行以备不时之需，以及等待其他的投资机会。这种组合策略（portfolio strategy）或分配模式（allocation model）实现了投资的多样化，投资者得以降低赔光所有投资的可能性。

股票经纪人和注册理财规划师（CFP）是受过培训专门给客户提供建议的人，他们会根据每个客户的理财目的推荐一个最适合的投资组合。然而，投资者自己越是了解市场，收益的潜力就越大。短期的投资课程也有用。股票和债券是投资者借以增进未来财富的投资机会。"域外观察"专栏讨论了投资者在全球股市上找到的不断增长的发财机会。在深入了解股票和债券之前，让我们先检验一下你的项目评估知识。

## ◎ 投资股票

购买股票让投资者成为公司的部分所有者。这意味着作为股东，他们可以分享公司的胜利成果。遗憾的是，如果公司经营不善，或者股市整体崩溃，他们也会跟着赔钱。始于2008年的股市狂跌就是证明。

根据对股市的直接感觉，股票投资者常被称为"牛"或"熊"。认为股票会上涨，并基于升值预期而购买股票的投资者是"牛"。当股票价格整体出现上涨时，则称为牛市。预期股价下跌，并基于跌价预期卖出股票的投资者是"熊"。这就是当股价持续跌落，这样的市场称为熊市的原因。

多数股票的市价和增长潜力在很大程度上取决于公司的整体绩效。达成目标的公司就具有资本收益的巨大潜力，所谓**资本收益（capital gains）**是股票买进价与卖出价之间的正差值。例如，如果在1965年麦当劳公司首次发行股票时投资2250美元购买其100股股票，到2010年12月31日年终收盘时股份增至74,360股（经过公司12次股票分拆之后），市值大约为570万美元。现在它相当于多少巨无霸汉堡啊！

投资者常常基于他们的投资策略来选择股票。可口可乐、强生、宝洁等高质量的公司发行的股票被称为蓝筹股（blue-chip stocks），这个词源自纸牌游戏，其中面额最大的筹码是蓝筹。这类股票通常会定期分红，而且会不断地涨价。

新兴领域的公司大都为科技、生物技术或互联网相关的公司，它们发行的股票被称为成长股（growth stocks），其收益预期要比其他股票增长得快。虽然风险较高，成长股却具有较高回报的潜力。公共事业公司发行的股票被当成收益股（income stocks），因为它们经常给投资者以高额分红，并且通常也能赶得上通货膨胀的步伐。甚至还有低价股（penny stocks），表示公司处于石油勘探之类的高风险竞争行业。低价股的售价低于2美元（有些分析师认为低于5美元）并且风险高。

购买股票时，投资者在下单购买时有多种选择。市价委托（market order）是指示经纪人立即以当下市场上最好的价格买卖股票。限价委托（limit order）则是要求经纪人只在特定价格出现时买卖股票。举例说明，某种股票每股售价40美元。你认为股价最终会上涨得更高，但上涨前可能会下滑至36美元。你可以设定一个36美元的限价委托，如此，你的经纪人会在价格跌至36美元时替你买进。但如果股票从没有跌到36美元，经纪人就不会为你购买。

## 股票分拆

股票经纪人喜欢整数股（round lots）交易，也就是每次买卖的股票数为100股。然而，投资者常常买不起100股，而且每股可能要卖到100美元，因此，他们常常购买零股（odd lots），或单次购买的股票不到100股。因此，高价股票通常让公司宣告**股票分拆（stock splits）**，也就是公司将流通在外的每一股股票分拆成两股或更多股。每股的股价较高会引致公司宣布要进行股票分拆，它们会将已经发行的股票按两股或更多股来发行。如果非常素食的股票以每股100美元卖出，该公司可以宣告实行买一送一的股票分拆，拥有一股的投资者现在拥有了两股，但每股的价值只有50美元（分拆前的一半）。

股票分拆不会改变公司的产权结构，也不会造成投资价值的立即改变。然而，投资者通常会赞同股票分拆，因为对每股50美元的股票需求会大于对每股100美元的股票需求，而且分拆后的股价可能在不久的将来存在升值的空间。公司不会被迫分拆其股票，而且时至今日，股票分拆也不再那么普遍。传奇的美国投资者沃伦·巴菲特的公司伯克希尔·哈撒韦（Berkshire Hathaway）就从未分拆过其A级股票，即使它的每股股价已超过了15万美元。

## 限界购股

限界购股（buying stock on margin）指从经纪公司借一部分钱购买股票。保证金（margin）是指投资者在购买股票时必须用自己的钱支付的那部分。美国联邦储备体系的联邦储备委员会规定美国股市的保证金比例。简而言之，如果保证金比例为50%，拥有保证金账户的投资者可以按最高50%的比例从经纪人那里借钱购买股票。

虽然限界购股听起来像是一种购买更多股票的简易方式，但它也有不利的一面，那就是投资者必须偿付借自经纪人的贷款及利息。如果投资者的账户市值下跌，经纪人会发出追加保证金的请求，要求投资者拿出资金弥补账户遭受的损失。如果投资者无法追加保证金，经纪人会依法出售投资者的股票，以降低经纪人的损失。追加保证金的请求可以强制投资者在几天甚至几小时之内偿还很大一部分的账户资金。因此，限界购股是一种有风险的投资股票方式。

## 理解股市行情

像《华尔街日报》《巴伦周刊》（*Barron's*）、《投资者商业日报》这样的出版物刊载了大量股票和其他投资的信息。你所在的地方报纸也会刊载类似的信息。像MSN理财、雅虎财经和全美广播公司财经频道等财经网站会发布公司的最新信息，更加详细，而且点击鼠标即可获得。图18.1显示的是MSN理财中的微软股

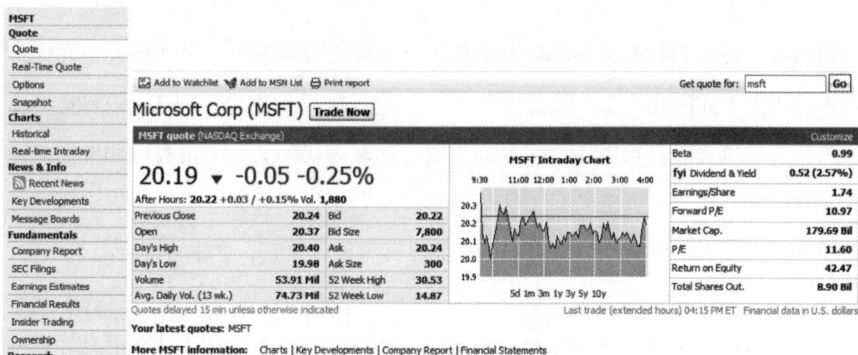

图18.1 了解股票行情

市报价。微软在纳斯达克交易所的代号为MSFT。优先股则在公司代号之后标注字母"pf"。请记住，公司可以发行几种不同的优先股。

股票报价中提供的信息易于理解。它包括当天股票交易的最高价和最低价、过去52周以来股价的高低变化、已付分红（如果有分红的话）、股息分红率（年度分红占每股价格的比例）、市盈率（P/E，股票价格与每股收益之比）等重要比率以及净资产收益率。投资者还能看到流通股的数量和公司的总市值。很多技术参数也会显示出来，比如股票的贝塔系数（β）。图18.1显示的是股票的日内交易（当天的交易），但你也可以点击查看不同时段的曲线图。债券、共同基金和其他投资的类似信息也可以通过网络获得。

即使你缺少投资的资金，你可能也想追踪引起你兴趣的特定股票的市场走势。许多成功的投资者在大学就开始建立股票的假设投资组合，并追踪它们的表现。在真正冒险投入资金之前，对投资越了解就越好。

## ◎ 投资债券

寻求有保证的收入和有限风险的投资者常常转而购买美国政府债券。这些债券有联邦政府的财政支持和十足信用做担保。市政债券由地方政府发行，并且常常有利息免税等优惠。有些甚至会有保险。公司债券的风险和挑战性略大。

初次购买公司债券的投资者常常会问两个问题，第一个问题是："如果我买了公司债券，我必须持有至到期吗？"你不必如此。大型证券交易所每天都在进行债券的买卖（前面我们探讨过二级市场）。不过，如果你决定在到期之前将债券卖给其他的投资者，你可能不会按票面价值（通常为1000美元）出售。如果你的债券没有吸引其他投资者的特点，比如利率高或到期日早，你就必须折价出售，即售价要低于其票面价值。但是，如果其他投资者很看重它，你也可能会溢价出售，即售价高于其票面价值。债券价格通常与当前市场的利率反向涨落。这表示利率上升，债券价格下跌，反之亦然。然而，就像所有的投资一样，债券也具有某种程度的风险。

第二个问题是："我如何评估某个特定债券的投资风险？"标准普尔、穆迪投资者服务和惠誉评级等评级公司对很多公司和政府债券进行了评级（回顾表18.3）。在对评级做出评价时，回想一下风险收益权衡：债券的风险越高，发行者必须承担的利息越高。只有潜在收益（利息）足够高时，投资者才会购买被认为是有风险的债券。事实上，有些人会购买垃圾债券。

## 投资高风险（垃圾）债券

虽然债券被认为是一种相对安全的投资，但有些投资者仍然试图通过购买风险比较高的债券来追求更高的报酬，这种债券被称为**垃圾债券**（junk bonds）。标准普尔、穆迪投资者服务和惠誉评级公司规定垃圾债券为高风险和高违约的债券。只有在公司的资产价值仍然较高，且其现金流仍然稳定的时候，垃圾债券才会给投资者支付利息。虽然利率有吸引力，常常还会很诱人，但如果公司无法偿付债券，留给投资者的就只是一张写着字的纸，换言之，就是垃圾。

## 了解债券行情

债券的报价以1000美元的百分比进行标注，利率的后面通常都会加上"s"，以方便发音。例如，2022年到期的利率为9%的债券称为"9s of 22"。图18.2举的例子是雅虎金融中高盛公司（Goldman Sachs）的一个债券报价。该报价突出了

**高盛集团**

| 概览 | |
| --- | --- |
| 价格： | 104.32 |
| 票面利率（%）： | 7.350 |
| 到期日： | 2012-10-1 |
| 到期收益率（%）： | 3.289 |
| 当期收益率（%）： | 7.045 |
| 惠誉评级： | A |
| 付息频率： | 半年 |
| 首次付息日： | 2000-4-4 |
| 类型： | 企业债券 |
| 可赎回： | 否 |

**图18.2 了解债券行情**

债券的利率（票面利率）、到期日、债券等级、目前价格和其是否可随时要求兑付。对债券了解越多，你就越懂得如何与投资顾问和经纪人讨论你的理财目标，越能确保他们的建议与你的最大利益和目标一致。

## ◎ 投资共同基金和交易型开放式指数基金

**共同基金**（mutual fund）购买股票、债券和其他投资，然后再将这些证券中的股价出售给公众投资者。共同基金类似一个投资公司，它先筹集众多投资者的资金，然后依据基金的特定目的，购买许多公司的股票和债券。共同基金的管理人都是专业人士，他们筛选他们认为最优质的债券和股票，帮助投资者实现投资的多样化。

共同基金的投资范围很广，从只投资政府有价证券的稳健型基金到专门投资于新兴生物科技公司、网络公司、外商企业和贵金属的基金，再到其他风险较高的投资，无所不包。有些基金是股票和债券的投资组合。今天，共同基金的数量多得惊人。例如，2011年，投资美国股票的共同基金有3286支。投资者在共同基金上的投资超过了11万亿美元。表18.4为你列出了一些共同基金的投资选择。

年轻投资者或投资新手常常听从建议购买一些指数基金（index fund），这些指数基金投资于某一种类的股票或债券，或者投资于整个市场形势。指数基金可能专注于大公司、小公司、新兴国家或房地产（房地产投资信托，简称REIT）。投资多样化的方式之一就是投资各种指数基金。股票经纪人、注册理财规划师（CFP）或银行从业人员可以帮助你找到最能满足你个人投资目标的共同基金。时事通讯《晨星投资者》（*Morningstar Investor*）是评估共同基金的绝佳信息来源，同样你也可以参考《彭博商业周刊》《华尔街日报》《钱》、《福布斯》和《投资者商业日报》等报刊。

投资共同基金有一个好处，那就是如果你的理财目标改变了，你的投资目标也很容易改变。例如，很容易将你的债券基金改成股票基金，只不过是打一

**表 18.4 共同基金的投资目标**

共同基金有广泛的投资类别。从低风险基金、稳健型基金到投资高风险行业的基金一应俱全。表中列出的为基金的缩写及其含义。

| | | | |
|---|---|---|---|
| AB | 投资等级的公司债券基金 | MP | 股票和债券基金 |
| AU | 黄金基金 | MT | 担保股票型基金 |
| BL | 平衡型基金 | MV | 中盘价值型公司基金 |
| EI | 收益型股票基金 | NM | 有担保的市政债券基金 |
| EM | 新兴市场基金 | NR | 天然资源基金 |
| EU | 欧洲基金 | PR | 太平洋地区基金 |
| GL | 全球基金 | SB | 短期公司债券基金 |
| GM | 一般市政债券基金 | SC | 小盘核心型公司基金 |
| GT | 一般应税债券基金 | SE | 行业基金 |
| HB | 健康和生物技术基金 | SG | 小盘成长型公司基金 |
| HC | 高收益债券 | SM | 短期市政债券基金 |
| HM | 高收益市政债券基金 | SP | 标准普尔指数基金 |
| IB | 中期公司债券基金 | SQ | 特定产业基金 |
| IG | 中期政府债券基金 | SS | 单一州市政债券基金 |
| IL | 国际基金 | SU | 短期政府债券基金 |
| IM | 中期市政债券基金 | SV | 小盘价值型公司基金 |
| LC | 大盘核心型公司基金 | TK | 科技基金 |
| LG | 大盘成长型公司基金 | UN | 未分配的基金 |
| LT | 拉丁美洲基金 | UT | 公用事业基金 |
| LU | 长期美国债券基金 | WB | 全球债券基金 |
| LV | 大盘价值型公司基金 | XC | 多盘核心型公司基金 |
| MC | 中盘核心型公司基金 | XG | 多盘成长型公司基金 |
| MG | 中盘成长型公司基金 | XV | 多盘价值型公司基金 |

资料来源：*The Wall Street Journal* and *Investor's Business Daily.*

个电话或点击一下鼠标。共同基金的另外一个优势是你通常可以直接购买，从而避免了经纪人的手续费或佣金。不过，要核清共同基金的收费，因为收费的差别非常大。例如，有佣基金（load fund）向投资者收取买和卖的佣金，而免佣基金（no-load fund）则不收取佣金。

核查基金经理人的长期业绩表现很重要，他们的业绩越稳定越好。名为开放式基金（open-end funds）的共同基金会接受任何感兴趣的投资者的投资。然而，封闭式基金（closed-end funds）则限量出售投资股份，一旦募足了目标数量，新的投资者就不能再购买。

**交易型开放式指数基金**（Exchange-traded funds，ETFs）很像股票和共同基金。它们集合了股票、债券和其他投资，并在证券交易所进行交易，其交易更像是单只股票，而不像是共同基金。例如，共同基金只许可投资者在收盘时买卖。交易型开放式指数基金可以在交易日的任何时间进行买卖，这一点与单只股票一样。

关于共同基金和交易型开放式指数基金，还有一个关键点要记住：它们为小额投资者提供了一种分散股票和债券投资风险，并让收费的理财专家来管理他们的投资的方式。理财顾问会向投资者尤其是小额投资者或初次投资者优先推荐共同基金和交易型开放式指数基金。

## 了解共同基金行情

通过接触经纪人，或打电话、浏览网站直接接触基金公司，你可以调查各种共同基金的特性。商业刊物和网络资料也会提供有关共同基金的信息。

查看图18.3，所举出的雅虎金融普信（T. Rowe Price）蓝筹成长型基金的例子。基金的名称以大写字母显示。基金净值（net asset value，NAV）是共同基金的每份价格。共同基金投资组合的市值除以已经出售的份额数即得到基金净值。该表也显示了基金的年初至今回报（year-to-date return，YTD）、前一天交易以来基金净值的变化和基金净值。

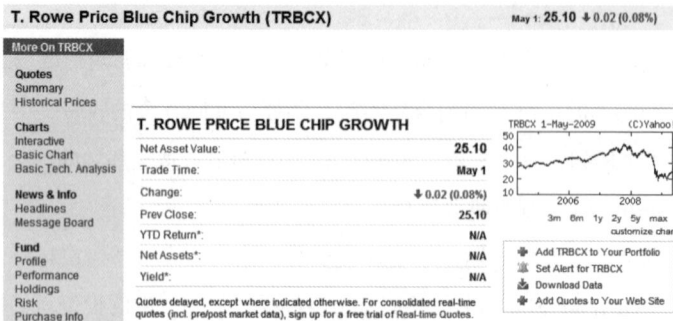

图18.3　了解共同基金行情

**表 18.5 投资比较**

| 投资 | 风险程度 | 预期收益 | 成长性（资本收益） |
| --- | --- | --- | --- |
| 债券 | 低 | 安全 | 小 |
| 优先股 | 中等 | 稳定 | 小 |
| 普通股 | 高 | 易变化 | 好 |
| 共同基金 | 中等 | 易变化 | 好 |
| ETF | 中等 | 易变化 | 好 |

表18.5根据风险、收入和投资的成长性（资本收益）对债券、股票、共同基金和交易型开放式指数基金进行了评价。

## ◎ 了解股市指标

当今的投资者可以获知大量的投资信息。像《华尔街日报》《巴伦周刊》《投资者日报》和《今日美国》（*USA Today*）等报刊提供了大量的公司和全球市场的信息。微软全国广播公司（MSNBC）和全美广播公司财经频道等电视新闻网则提供每日投资分析和不同的观点，以帮助投资者做出决策。MSN理财和雅虎金融等网站免费向投资者提供理财信息，不久之前雅虎金融的信息还只对经纪人开放，并且收取很高的费用。但请记住，投资是一门不精确的科学。有人卖出股票，那是因为相信股价会跌，而其他人购买股票，是因为相信股价会涨。

在新闻报道的最后，你常常听到这样一条评论："道指交易活跃，今日上涨190点。"你曾经纳闷过那是什么意思吗？**道琼斯工业平均指数（Dow Jones Industrial Average, the Dow）**是30只精选工业股票的平均价格。金融行业用来标识一段时间股市的走向（上涨或下跌）。查尔斯·道（Charles Dow）于1884年开始用12只重要股票的价格来衡量股票的平均价格。1982年，道琼斯指数扩大到30只股票。表18.6列出了道琼斯指数最初的12只股票和现在的30只股票。在这12家最初的公司中，你知道哪几家？

**表 18.6 道指最初和 2011 年所包含的公司**

| 道指最初的 12 家公司 | 道指目前的 30 家公司 | |
|---|---|---|
| 美国棉油公司 | 美国铝业 | 英特尔 |
| 美国制糖公司 | 美国运通 | 强生 |
| 美国烟草公司 | 美国电话电报公司 | 摩根大通 |
| 芝加哥煤气公司 | 美国银行 | 卡夫食品 |
| 蒸馏与牲畜饮料公司 | 波音 | 麦当劳 |
| 通用电气 | 卡特彼勒 | 默克 |
| 拉克尔德煤气照明公司 | 雪佛龙 | 微软 |
| 国家铅业 | 思科 | 辉瑞 |
| 北美公司 | 可口可乐 | 宝洁 |
| 田纳西煤炭、钢铁和铁路公司 | 杜邦 | 3M |
| 美国皮革公司 | 埃克森美孚 | 联合技术 |
| 美国橡胶公司 | 通用电气 | 旅行者 |
| | 惠普 | 威瑞森 |
| | 家得宝 | 沃尔玛百货 |
| | IBM | 沃尔特·迪士尼 |

现在，在某只股票被认为不再合适的时候，道琼斯公司会用新股票来替换它。1991 年，迪士尼加入了道琼斯指数，以反映服务业增加了的重要性。1999 年，道琼斯指数增加了家得宝百货和 SBC 通信公司，以及第一批纳斯达克股票英特尔和微软。2004 年，美国国际集团（AIG）、辉瑞制药和威瑞森电信（Verizon）取代了美国电话电报公司（AT&T）、国际纸业（International Paper）和伊士曼柯达。2005 年，美国电话电报公司和 SBC 合并后重返道琼斯指数。2008 年，雪佛龙、美国银行和卡夫食品（Kraft Foods）取代了奥驰亚集团（Altria Group）、霍尼韦尔（Honeywell）和美国国际集团。2009 年，旅行者（Travelers）和思科（Cisco）取代了花旗集团和通用汽车。

有评论家指出，仅仅有 30 家公司的道琼斯指数样本量太小，无法就一段时间内市场的方向提供富有代表性的统计结果。许多投资者和市场分析员宁可追随标准普尔 500（S&P500）之类的股价指数。标普 500 追踪了 400 家工业股、40 家金融机构股、40家公共事业股和20家交通股的绩效。投资者也密切关注纳斯达克平均指数，每个营业日它都会报价，以显示该重要交易所的趋势。

掌握股市最新行情有助于你判断什么投资最适合你的需求和目标。请记住有关投资的两个事实：你个人的理财目标和需求会随着时间而改变，而且市场是波动的。让我们看看市场的反复无常，以及那些为投资者带来新的风险与机遇的挑战。

## 市场的涨跌起伏

整个20世纪，股市都在起起伏伏，伴随着几次巨大的振荡。第一次大崩盘发生于1929年10月29日，星期二（因此被称为"黑色星期二"）一天之内股市的跌幅几乎达到了13%。黑色星期二和紧随其后的大萧条让人对市场波动的真实性有了更加切身的感受，那些只拿很少的保证金却购买大量股票的投资者感受尤其深刻。1987年10月19日，股票市场遭受了史上最大的单日下跌，市价损失超过22%。1997年10月27日，投资者再度感受到了市场的狂怒。对迫近的亚洲经济危机的恐惧导致了恐慌和更广泛的损失。幸运的是，经历了短暂的下降之后，市场得以重振。

在20世纪90年代后期反弹之后，股市于21世纪头十年早期再次遭遇厄运。从2000年到2002年，投资者总共损失市值7万亿美元。21世纪头十年中期，股市开始恢复，但到2008年，复苏被打断，金融危机加剧了股市的大规模抛售，导致创纪录的亏损。

究竟是什么引起1929年、1987年、1997年、2000年到2002年以及2008年的股市动荡呢？在1987年，分析师认为原因在于**程序交易**（program trading），在程序交易中，投资者会给计算机发出指令，股价跌到某一价格时即自动售出，以避免潜在的损失。到了1987年10月19日，电脑抛单导致许多股票在当天跌到令人难以置信的低谷。这次崩盘促使美国交易所建立起一套机制，即限制交易（curbs）和熔断机制（circuit breakers），以便在交易日市场大幅涨跌时限制程序交易，届时主计算机会关机，程序交易会暂停。如果观看全美广播公司财经频道或微软全国广播公司播出的节目，你就会在屏幕上看到"限制交易开始生效"

（curbs in）的短语。

熔断机制比限制交易更加猛烈，一天之内道琼斯指数下跌10%、20%或30%时它就会被启动。1997年10月27日发生过一次，当天，股市下跌接近7%，于是股市在下午3点半被关闭，而没有等到4点。许多人认为，如果没有这个交易限制机制，1997年由亚洲金融危机引起的股市崩盘可能会更严重。依据下跌的幅度和时段，熔断机制会停止所有交易半小时至2小时，以便让投资者有时间对形势做出评估。

20世纪90年代后期，股市涨幅达到了空前的高度，不料2000年至2002年竟会出现暴跌。主要原因是互联网泡沫的破裂。当太多的投资者将某种东西（此时为网络股）的价格抬高到不切实际的高度时就会导致泡沫的产生。

屋漏偏逢连夜雨，在互联网泡沫破裂的同时，世通、安然、环球电讯和泰科等公司的财务造假丑闻接连曝光。投资者原本相信这些公司的财务报表公正地反映了它们的真实价值。但当他们发现投资分析师经常提供过于乐观的评价和推荐，而这些公司并不值这么多钱时，这种信任也就烟消云散了。

在互联网泡沫引起的金融衰退之后，21世纪头十年中期，股市大涨，2007年10月道琼斯工业平均指数再创新高。市场的增长是戏剧性的，房地产行业的增长尤其激动人心。从2000年到2006年，现有房价上涨了50%，然而，2006年至2011年，房价下跌了6.3万亿美元。房地产泡沫就像是之前的互联网泡沫一样：投资者认为房价会永远上涨。金融危机可归咎于金融机构对住房贷款的收紧，建房者的过量修建，以及购房者的支出过大。政府也难辞其咎。它要求给低收入和中等收入的购房者发放更多的抵押贷款，其中很多人的信用评分不高，或者没有收入或资产的证明。这些次级贷款被集中起来，并被重新打包成为抵押担保证券，出售给投资者（将在19章中讨论）。随之而来的是大量抵押品赎回权的取消，政府扶持的抵押贷款巨头房利美（Fannie Mae）和房地美（Freddie Mac）倒闭了，350多家银行也宣布破产。

房地产市场的崩溃导致住房和商业地产8万亿美元的综合损失（超过了中国的国内生产总值）。雷曼兄弟等金融机构停业，华尔街的偶像美林证券（Merrill Lynch）被美国银行收购。自从大萧条和经济严重衰退以来，金融市场的处境最为艰难，鉴于此，联邦政府采取了行动。国会通过了7000亿美元的金融救市计

## 法律实例

### 为监管清理道路

为了应对这次历史性的经济崩溃，2010年7月21日，美国国会通过了《多德—弗兰克金融改革和消费者保护法案》（*Dodd – Frank Financial Reform and Consumer Protection Act*）。该法案远没有政治家和消费者所期待的那样具有神奇的疗效，尽管如此，它却体现了自大萧条以来金融监管方面的巨大变化，其条款会影响从住房购买者、商人直到大型投资银行的各个经济层面。

《多德—弗兰克法案》中的条款会对美国商业的未来产生重大影响。首先，新法让政府拥有了在崩溃的边缘占有和关闭大型金融机构的权力，努力防止局面进一步的恶化。它也将衍生品和复杂的金融交易（包括加剧金融危机的打包次贷）置于政府严格的监管之下。对冲基金必须要在证券交易委员会注册为投资顾问，并提供交易和投资组合的有关信息。对普通大众而言，在联邦储备体系内依法设立独立的消费者保护机构或许是最重要的事情。新的机构会防止出现与发薪日贷款、抵押贷款和信用卡相关的金融弊病，从而保护借款人的利益。

不过，该法案远没有完善。有些提倡者担心消费者金融保护局在联邦储备体系中的定位。大量汽车经销商这样的实体企业还没有纳入该机构的监管范围。该法最受争议的是，它几乎完全没有触及美国所有最大的金融机构，甚至是那些由纳税人支持的机构。尽管存在这些不足，《多德—弗兰克法案》至少解决了一些眼下经济面临的最为迫切的问题，同时也为更加健康的金融未来打下了基础。

资料来源：Brady Dennis, "Congress Passes Financial Reform Bill," *The Washington Post*, July 16, 2010; Paul Davidson, Paul Wiseman and John Waggoner, "Will New Financial Regulations Prevent Future Meltdowns?" *USA Today*, June 28, 2010; and Phil Mattingly, "Dodd–Frank Consumer Protection Bureau Changes Approved by U.S. House Panel," *Bloomberg Businessweek*, May 13, 2011.

划，叫作不良资产救助计划（TARP），允许财政部收购或承保"不良资产"，以援助银行，帮助汽车制造业以及保险商美国国际集团摆脱困境。遗憾的是，2009年经济仍在下滑，失业率上升到两位数。因此奥巴马总统推动通过了8000亿美元的经济刺激计划，它包含了减税和扩大政府支出，旨在降低失业率，"显著提振"羸弱的经济。

随着经济从始于2008年的危机中慢慢恢复过来，几个积极的经济信号已经显露。不良资产救助计划基金所花费的并没有达到国会所分配的7,000亿美元。而且，陷入困境的银行偿还了它们通过不良资产救助计划获得的资金，美国国际集团和通用汽车预期也要全额偿还政府资金。然而，失业和缓慢的经济增长仍然是需要关注的主要问题。经济危机很有可能会对经济造成长期的影响。

## 21世纪市场的投资挑战

如前所述，股票市场上涨跌起伏不定。金融市场在未来很有可能会经历变化，这种变化只会加大投资者的风险。金融危机会因世界经济的密切相连而进一步加强。美国并非是唯一受到金融危机影响的国家，欧洲、亚洲和南美的金融市场也感到了痛苦。进入21世纪，持续的挑战以及政治和社会的变革会让证券市场成为令人兴奋却不稳定的地方。本章的"法律实例"讨论了政府新实行的、旨在解决某些难题的监管措施。

把你的投资多样化，并当心风险。放眼长远也是一个明智的做法。根本没有容易赚到的钱或稳赚不赔的好事。如果你能认真研究公司和行业，密切关注新闻，并且充分利用投资资源——如报纸、杂志、时事通讯、网络和电视节目等，那么你的付出终会得到回报。

# 总　结

**1. 描述证券市场和投资银行家的作用。**

· 证券市场为企业和个人投资者提供了什么机会？

通过发行证券，企业能募集所需的大量资金，从而为重大支出融通资金。通过投资这些公司，个人投资者可以分享新兴公司或现有公司的成功和增长所带来的好处。

· 投资银行在证券市场扮演什么角色？

投资银行是协助发行和销售新证券的专家。

**2. 识别证券进行交易的场所：证券交易所。**

· 什么是证券交易所？

证券交易所是证券市场，其会员可在此买卖有价证券，如股票和债券。

· 有哪些不同的证券交易所？

纽约泛欧证券交易所上市股票超过8000只。纳斯达克是一个连接全国交易商的电讯网络，他们可以通过电子设备买卖证券，而不是亲自交易。它是美国最大的电子股票交易市场。股票交易遍布全球。

· 什么是场外交易市场？

场外交易市场是交易未在全国性交易所上市的股票的系统。

· 证券交易所如何监管？

证券交易委员会监管证券交易所，并要求打算销售债券或股票的公司向潜在投资者提供招股说明书。

· 什么是内幕交易？

内幕交易是利用个人获得的信息或知识从证券价格的波动中不当得利。

**3. 比较发行股票的股权融资的优缺点，并详细区分普通股和优先股的差异。**

· 公司销售股票的优缺点是什么？

销售股票的优点：（1）股价不必清偿给股东，因为股东是公司的所有者；（2）没有支付股利的法律义务；（3）公司不会负债，因此公司财务健全。缺点为：（1）股票持有人成为公司所有者，通过投票选举董事会影响公司的管理；（2）因为是税后支付股利，所以分红的成本较高；（3）管理者常常企图满足股东的短期需求，而非长期需求。

· 普通股与优先股有什么差异？

普通股持有者在公司有表决权。因为牺牲了投票权，优先股持有者享有固定的分红，而且必须在普通股分红之前全额支付。如果公司破产，优先股股东可在普通股股东之前取回股本。

**4. 比较通过发行债券获得债务融资的优缺点，了解债券的种类和特点。**

· 发行债券的优缺点是什么？

发行债券的好处如下：（1）管理团队仍然控制着公司，因为债券持有者没有投票权；（2）债券利息是可以免税的；（3）债券只是临时的融资资源，债券偿还之后，债务即刻消失；（4）如果债券发行时有提前赎回条款，债券是可以提前偿还的；（5）有时债券可以转化成普通股。债券的缺点如下：（1）因为债券是债务的增加，它们会对公司的市场形象产生消极的影响；（2）公司必须支付债券利息；（3）公司必须在到期日按照债券面额偿还本金。

· 债券有哪些类别？

非担保债券没有附属担保物的支持，而担保债券要有抵押物、建筑和设备等有形资产作为担保。

**5. 解释如何投资证券市场，以及如何设定投资目标，如长期增长、收入、现金和免受通货膨胀的损害。**

· 投资者通常如何在证券市场投资？

投资者通过市场中介进行投资，市场中介就是股票经纪人，他们提供许多不同的服务。网上投资已经变得越来越流行。

· 选择投资的标准是什么？

投资者应决定他们的总体理财目标，并根据风险、收益、持续期、流动性、赋税等对投资做出评价。

· 什么是多样化投资？

多样化指购买几种不同风险级别类型的投资品（如政府债券、公司债券、优先股、普通股、全球股票等），目的是降低投资者只投资一类证券所带来的总体风险。

**6. 分析股票所提供的投资机会。**

· 什么是市价委托？

市价委托指告诉经纪人立刻以当下最有利的价格买卖证券。

· 什么是限价委托？

限价委托是告诉股票经纪人在股价达到事前约定的特定价格时买卖。

· 什么是股票分拆？

股票分拆时，股东手上的股份每股将变成两股（或两股以上），每股价值是原有价值的一半（或更低）。因此，当公司股份增加时，股东手上所持股票的总值会保持不变。每股价格越低，则市场需求可能越高。

· 限界购股是什么意思？

限界购股的投资者会从经纪人那里借一部分钱以购买股票，而不用立即支付全价。允许借用的比例由联邦储备委员会设定。

· 股票行情会给你什么类型的信息？

股票行情提供最近52周内的最高价和最低价、股息收入、市盈率、当日总交易量、收盘价和与前日比较的股价净变。

**7. 分析债券所提供的投资机会。**

· 折价与溢价发行债券的差别是什么？

在二级市场，溢价发行是指以高于面值的价格出售债券，折价发行则是低于面值的价格销售债券。

· 什么是垃圾债券？

垃圾债券是高风险（BB级别或更低）、高利息的无担保债券，往往对投机者有吸引力。

· 债券行情能给你什么信息？

债券行情会告诉你债券的利率（票面利率）、到期日、级别、当前价格和是否可以提前赎回。

**8. 解释共同基金和交易型开放式指数基金带来的投资机会。**

· 共同基金如何帮助个人投资者实现投资多样化？

共同基金是买进股票和债券然后再分为小单位份额公开出售的组织，它能让个人投资者购买更多公司的股票。

· 什么是交易型开放式指数基金？

类似共同基金，交易型开放式指数基金是一组股票，在证券交易所进行交易，但其交易方式更像单只股票。

**9. 描述股市指标（如道琼斯工业平均指数）对市场的影响。**

· 什么是道琼斯工业平均指数？

道琼斯工业平均指数是30种特殊股票的平均价格，分析师用其追踪股市的走向（涨或跌）。


## 批判性思考

1. 设想你继承了5万美元的遗产，而且你想投资，以达到两个理财目标：（1）为你两年内的婚礼存钱;(2)为你几十年之后的退休而存钱。你将如何投资?解释你的答案。

2. 如果你正在考虑投资债券市场,标准普尔、穆迪和惠誉评级提供的信息对你有帮助吗?

3. 公司为什么喜欢可赎回债券?为什么投资者一般不很喜欢它们?

4. 如果你正考虑投资证券市场,你喜欢单只股票、共同基金还是交易型开放式指数基金?通过逐一比较其优缺点来解释你的选择。

5. 细想过去5年来道琼斯工业平均指数增添和剔除的公司。(浏览 www.djaverages.com 可以了解有关这些公司的更多信息。)添减的都是什么类型的公司?为什么你认为发生了改变?你认为接下来的5年里会发生新的变化吗?理由是什么?

# 19

# 货币、金融机构和美联储

## 学习目标

1. 解释什么是货币和什么让货币变得有用。

2. 描述美联储如何控制货币供给。

3. 探寻银行业和联邦储备体系的历史。

4. 将美国银行体系中的各种机构加以分类。

5. 简单追溯始于2008年的银行危机的原因，解释政府如何在此类危机期间保护你的
存款。

6. 描述技术如何帮助银行业提高了效率。

7. 评价世界银行和国际货币基金组织等国际银行的角色和重要性。

# 人物侧写

## 认识本·伯南克 联邦储备委员会主席

本·伯南克（Ben Bernanke）是联邦储备委员会的主席。你在本章将了解到，联邦储备委员会负责美国的货币政策（管理货币供给和利率）。近来，美联储向世界注入了大量美元，很多人认为这导致了股票和其他资产价格的上涨，消除了通货紧缩的风险，并防止出现双底衰退（double-dip recession）。然而，还有许多人认为美联储的行动加重了通货膨胀和美国的债务危机，使得这一危机可能永远得不到解决。简言之，当谈及货币问题时，本·伯南克是众人关注的焦点。毫无疑问，正是这种关注使得《时代》杂志评选伯南克为2010年的"年度风云人物"。

伯南克出生在美国佐治亚州的奥古斯塔。读高中时，他自学微积分，大学入学考试成绩为1590分，离满分只差10分，并以最优异成绩毕业于哈佛大学，获得经济学学士学位。在麻省理工学院获得博士学位之后，他成为普林斯顿大学的经济学教授和经济系主任。2002年至2005年任联邦储备委员会的理事，后于2005年任总统经济顾问委员会主席。

前总统小布什任命伯南克为美联储主席，使他成为美国最有权力的人物之一。奥巴马入主白宫之后，参议院同意他第二次担任美联储主席。正是伯南克和前美国财长亨利·保尔森（Henry Paulson）说服国会通过7000亿美元的救市计划，设法结束银行业的崩溃。伯南克将银行的利率降至几近于零，并保持几年不变。担任顾问期间，他支持向银行注资几十亿美元，以挽救信用危机。

伯南克当前面对的挑战是遏制通货膨胀、让美元升值以及再次提振经济。部分计划包括放宽信贷、购买10多亿美元的债务和抵押担保证券。正如你能看到的那样，伯南克做出的决定几乎影响了经济的方方面面。

在本章你将学到更多美联储和银行体系的基本知识。借助这些信息，你能更好地理解伯南克的决定。通过阅读商业报刊，聆听商业报告，你可以及时了解他的言行。他的成败将在很长的时间内成为新闻头条。

资料来源："Bernanke's Inflation Paradox", The *Wall Street Journal*, April 26, 2011; J. Alex Tarquinio, "When QE2 Weighs Anchor", Smart Money, May 2011; George Melloan, "The Fed Can Create Money, Not Confidence", *The Wall Street Journal*, August 24, 2010; Sean Fieler and Jeffrey Bell, "Our Unaccountable Fed", *The Wall Street Journal*, April 6, 2011; David J. Lynch and Craig Torres, "Lifting the Veil at the Fed—Sort of", *Bloomberg Businessweek*, April 4 - April 10, 2011; Steve Stanek, "It's Inflation When More Dollars Are Needed to Print More Dollars", *Washington Examiner*, March 24, 2011; Neil Irwin, "Bernanke Defends U.S. Policies", *The Washington Post*, February 19, 2011; Patrice Hill, "Senate OKs 2nd Term for Bernanke as Fed Chief", *The Washington Times*, January 29, 2011; and "How the Fed Works", *Time*, January 4, 2010.

## ◎ 货币为什么重要

美联储是美国管理货币的组织。在接下来的几年里，你将听到美联储及其主席本·伯南克的很多事情。这就是我们选他作为本章侧写人物的原因。银行业危机以及美联储和其他银行为了遏制全球金融危机所采取的措施过于复杂，以至于无法在本章详细讨论。本章的目标是向你简单介绍银行世界和美联储的角色。

当今美国两个最关键的问题是经济增长和创造就业岗位，这取决于是否有随时可用的货币。货币对经济如此重要，因此许多机构逐步开始对货币进行管理，并在人们需要的时候提供货币。今天，你几乎可以从世界任何一个地方的自动柜员机（ATM）中取出现金，大多数组织也接受使用支票、信用卡、借记卡或智能卡购物。其实银行背后是一个复杂的体系，使得货币可以自由流通。在世界货币市场上，每天兑换的货币量达到4万亿美元。因此，主要国家经济发生的事情会对美国经济产生影响，反之亦然。这就是美国的经济危机会影响世界经济的原因。

不理解全球货币兑换以及参与货币创造和管理的机构，也就没有办法理解美国经济。让我们从确切地讨论货币的含义，以及货币供给如何影响商品和服务的价格开始学习。

### 什么是货币

**货币**（money）是人们通常接受的用于支付商品和服务的任何东西。在过去，食盐、羽毛、毛皮衣、石块、罕见的贝壳、茶叶和马匹等各种各样的物品都曾被人当过货币。事实上，直到19世纪80年代，货贝（cowrie shells）一直是世界上最流行的货币之一。

**物物交换**（barter）是指用商品或服务直接交换其他商品或服务。虽然物物交换听起来像是过去的事情，但现在很多人发现了在网上进行物物交换的好处。其他人则采用面对面这种古老的方式交换商品和服务。在西伯利亚，人们用两个鸡蛋来购买电影票，而乌克兰人则用香肠和牛奶支付他们的能源账单。今天，你可以到易货贸易行（barter exchange）放入自己的商品或服务，获得贸易信用，换成你需要的其他商品或服务。易货贸易行使得物物交换更加容易，因为你不必找到与你交换物品的人，这事交由贸易行去做。

传统物物交换存在一个问题，那就是鸡蛋和牛奶不方便随身携带。大多数人需要某种便于携带、可以分割、经久耐用且价值稳定的物品，以交易商品和服务，而不必将实际的商品带在身边。一种解决方案是硬币和纸币。可用作货币需要满足5个标准：

·**方便携带**。相比猪和其他沉重的产品，硬币和纸币更容易带去市场。

·**可以分割**。不同大小的硬币和纸币代表不同的价值。在1963年之前，一枚美国二角五分银币的含银量是五十分硬币的一半，一美元的含银量是二角五分银币的4倍。由于当前银太贵，现在的硬币由其他金属制成，但被人接受的价值保持不变。

·**价值稳定**。如果众人都约定硬币的价值，那货币的价值就是相对稳定的。事实上，美国货币非常稳定，以至于世界上很多国家使用美元作为衡量价值的手段。如果美元的价值波动太大，世界就会转而使用其他形式的货币来衡量价值，比如欧元。

·**经久耐用**。硬币会保存几千年，即使沉入洋底也不会毁坏，如你所见，潜水员在沉船中发现了硬币。

·**独一无二**。硬币要难以伪造或复制，要精心设计和铸造。利用最新的彩色复印机，人们可以相对容易地复制出纸币。因此，政府必须不遗余力地确保真正的美元易于识别。这就是为什么你手中较新纸币的人像略微偏离了中心，而且还有看不见的线条，它们在银行和商店进行检查时会快速显现。新100美元纸币有了一些新的特征，比如3D的安全条带和含有缩微薄片的墨水池，变化角度会出现颜色的变化。然而，新的纸币也存在问题，美国雕版和印刷局必须要分类整理几百万张纸币，以剔除那些印错的。

硬币和纸币简化了交易。大多数国家有自己的货币，它们全都具有方便携带、可分割和经久耐用的特点，但在稳定性上，它们并不总是相同。

电子现金（e-cash）是最新式的货币之一。你可以使用Quicken或微软的Money在线支付，或是使用贝宝通过电子邮件接收或发送电子现金。接受者可以选择将电子现金自动储存至他们的银行、用于网上购物的电子现金或传统的邮寄支票。比特币是数字形式的货币，它更难伪造，没有国界的限制，而且可以储存在你的硬盘中，而不是储存在银行里。然而，比特币并没有普遍为人接受，而且有些兑换可能是非法的。尽管如此，未来人们会付出努力，使用某些其他形式的货币，而不是现在的纸币和硬币，使得社会无现金化。

## 何谓货币供给

作为美联储主席，本·伯南克控制着美国的货币供给。这句话提出了两个问题：什么是货币供给？为什么它要受控制？

**货币供给**（money supply）是联邦储备体系提供给人们购买商品和服务的货币数量。没错，美联储联手财政部会在需要的时候印制更多的货币。例如，在接下来的几年里用于重振经济的几十亿美元就是美联储授权印制的。从字面上看，QE1和QE2就是"第一轮量化宽松政策"和"第二轮量化宽松政策"，但其真正的含义是美联储在制造更多的货币，因为它相信让经济重新恢复活力需要的是钱。

有几种方式可用来定义美国的货币供给，称之为M-1、M-2和M-3。M代表"货币"，而1、2和3代表对货币供给的不同定义。

M-1 包括硬币、纸币、可以用来开支票的钱（活期存款和股份汇票）和旅行支票中的钱，也就是说，是快速且容易获得的货币。M-2 包括M-1和储蓄账户、货币市场账户、共同基金、定期存单中的货币，即比硬币和纸币要多花一点时间才能取得的货币。M-2是使用最广的货币定义。M-3是M-2加上大额存单，比如机构货币市场基金。

## 控制通货膨胀和货币供给

设想一下，如果政府（或美国、联邦储备委员会、某非政府组织）将要生成两倍于现有的货币量，事情将会怎样？有两倍的可用货币，而商品和服务的数量仍然不变。价格会有什么变化？（提示：回忆一下第2章的供求规律。）价格会上涨，因为更多的人会用自己的钱想方设法购买商品和服务，从而竞相抬高价格，以便得到自己想要的东西。这种价格的上涨就叫作通货膨胀（inflation），有人称之为"太多的货币追逐太少的商品"。

现在设想一下它的反面：如果美联储从市场上收回货币，事情将会怎样？因为相对可用于购买的货币而言，商品和服务的供给过度，价格就会下降，这种价格的下降就是通货紧缩（deflation）。

现在，我们讨论有关货币供给的第二个问题：为什么它需要控制？原因在于通过控制货币可以让我们在某种程度上控制商品和服务的价格。货币投放量也会影响就业和经济的增长或衰落。这就是美联储和本·伯南克如此重要的原因。

### 全球货币兑换

美元贬值表示你用美元所能购买的商品和服务的数量会下降，美元升值则正好相反。因此，如果美元相对于欧元升值，你用美元购买一辆德国汽车的价格会较低。然而，如果欧元相对于美元升值，则购买德国汽车的成本就会上升，美国消费者购买德国汽车的数量就会减少。

令美元疲软（贬值）或坚挺（升值）的是美国经济相对于其他国家的地位。当美国经济实力雄厚时，对美元的需求就高，美元就会升值。然而，当发觉美国经济正在衰弱时，对美元的需求就会减少，美元就会贬值。因此，美元的价值取决于一个发展相对强劲的经济。（参阅第3章对币值或汇率变动的影响所做的进一步讨论。）下面我们将更详细地讨论货币供给及其控制。然后，我们探讨美国银行体系和它如何向企业和个人贷款的。

## ◎ 控制货币供给

从理论上讲，用适当的货币政策控制货币供给就可以保持经济增长而不会引起通货膨胀。（参阅第2章，复习一下货币政策的内容。）再说一遍，控制货币供给的组织是美联储。

### 美联储概述

联邦储备体系主要由（1）联邦储备委员会；（2）联邦公开市场委员会（FOMC）；（3）12家联邦储备银行；（4）3个顾问委员会；（5）联邦储备体系的成员银行组成。图19.1显示了12家联邦储备银行的所在地。

联邦储备委员会管理和监督着12家联邦储备银行。委员会中的7位理事由美国总统提名，并征得参议院同意后加以任命。该委员会的主要功能是制定货币政策。联邦公开市场委员会由12名有投票资格的成员组成，它是决策机构。该委员会包括联邦储备委员会的7位成员、纽约联邦储备银行行长和4位轮流出任的其他联邦储备银行行长。顾问委员会代表各个银行区域、消费者和成员机构发言，成员机构包括银行、储蓄和贷款机构以及信用合作社。它们向联邦储备委员会和联邦公开市场委员会提供建议。

美联储买卖外币、管理各类信用、监督银行并收集货币供给和其他经济活动的数据。作为货币政策的一部分，美联储决定存款准备金率，即所有金融机构在12家联邦储备银行的其中一家中必须储备的资金水平。它在公开市场中买卖政府证券。最后，它按照某一利率为成员银行提供借款，这个利率就叫贴现率。

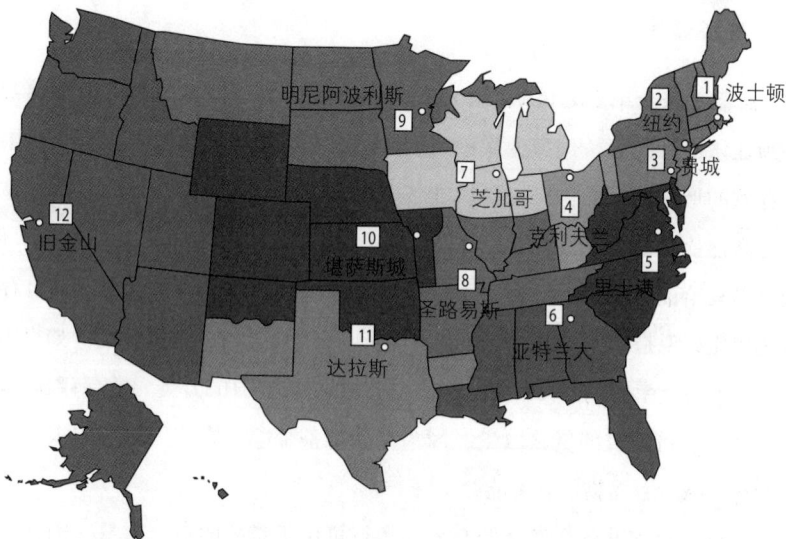

**图19.1 12家联邦储备银行分行**

表 19.1 美联储如何控制货币供给

| 控制方法 | 直接后果 | 长期影响 |
|---|---|---|
| **存款准备金率** | | |
| A. 增加 | 银行将更多的资金存在美联储,从而减少了货币供给,相应减少了可贷给消费者的资金数量。 | 经济放缓 |
| B. 减少 | 银行减少存在美联储的资金,从而增大了货币供给,相应增加了可贷给消费者的资金数量。 | 经济加速 |
| **公开市场业务** | | |
| A. 美联储出售债券 | 货币从市场流进美联储。 | 经济放缓 |
| B. 美联储购买债券 | 货币从美联储流向市场。 | 经济加速 |
| **控制贴现率** | | |
| A. 提高利率 | 银行从美联储可以借到的资金减少,从而银行的可贷资金减少。 | 经济放缓 |
| B. 降低利率 | 银行从美联储可以借到更多的资金,从而银行的可贷资金增加。 | 经济加速 |

如上所述,美联储用于管理货币供给的3个基本工具是存款准备金率、公开市场业务和贴现率(参阅表19.1)。让我们逐一探讨它们是如何实施的。

### 存款准备金率

**存款准备金率**(reserve requirement)是商业银行的支票存款和储蓄存款必须在该银行内部(作为金库中的现金)或是在当地联邦储备银行分行中以无息存款的形式储存的比例。存款准备金率是美联储最有影响力的工具之一。当它提高存款准备金率时,货币变得稀缺,长期来看倾向于减轻通货膨胀。例如,如果奥马哈证券银行(Omaha Security Bank)持有1亿美元的存款,而且存款准备金率比如说是10%,那么,银行必须有1000万美元的存款保证金。如果美联储将存款准备金率提到11%,那么,银行必须将另外的100万美元缴存存款保证金,从而减少它可发放的贷款数量。因为存款准备金率会影响到所有的银行,货币供给将会减少,而物价有可能会下降。

相反,存款准备金率降低会增加银行可用于贷款的资金数量,因此,它们就可以更多地放贷,借款也易于获得。货币供给的增加会刺激经济高速增长,但同时也会带来通胀压力。也就是说，商品和服务的价格会上涨。你能明白在经济衰退时，美联储为什么要降低存款准备金率吗？

### 公开市场业务

公开市场业务（open-market operations）包括购买和出售政府债券。为了减少货币供给，联邦政府会向公众出售美国政府债券。这些作为支付款项得到的资金不再流通，从而减少了货币供给。如果美联储想增加货币供给，它就要从愿意出售债券的个人、公司或组织手中购回政府债券。美联储为收购这些证券而支付的资金进入流通，从而增加了货币供给。这就是美联储的伯南克在最近的经济衰退期间购买债券的原因，其想法是使经济再次增长。

### 贴现率

因为成员银行可以从美联储借钱，并将借款以贷款的形式借给消费者，所以，美联储经常被称为银行的银行。贴现率（discount rate）是美联储为成员银行提供借款所要求的利率。贴现率上升会抑制银行借款，减少可贷资金的数量，从而减少货币供给。反之，降低贴现率会鼓励成员银行的借款，增加可贷资金的数量，从而增加货币供给。在长达数月的时间里，美联储将贴现率降到几乎为零，希望以此增加银行借款。尽管如此，许多银行仍然不愿意放贷。

贴现率是美联储控制的两个利率之一。另一个是银行同业拆借利率，称作联邦基金利率（federal funds rate）。

### 美联储的支票清算

如果你给当地的零售商开了一张支票，而零售商和你的开户行是同一家，那么事情就很简单，只要根据支票金额在你的账户中减少相应存款，并在零售商的账户中增加相应存款就可以了。但如果你给其他州的零售商开支票，应该怎么办呢？这时就需要美联储的支票清算职能发挥作用了。

那位零售商会将支票存入他的开户银行。其开户行会将支票存入最近的联假定布朗先生，一位马里兰州昆斯果园（Quince Orchard）的农场主，从得克萨斯州的奥斯汀购买了一辆拖拉机。

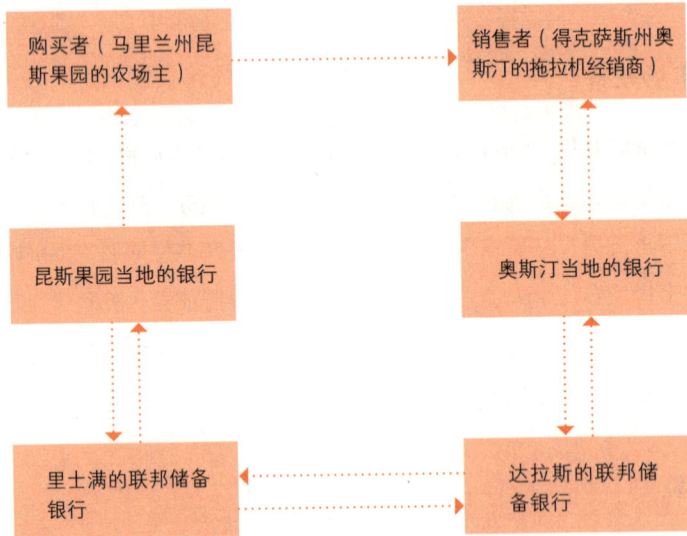

1. 布朗先生将他的支票交给拖拉机经销商。
2. 经销商将支票存入其在奥斯汀当地银行的账户。
3. 奥斯汀的银行将支票存入其在达拉斯联邦储备银行的账户。
4. 达拉斯的联邦储备银行将支票送到里士满的联邦储备银行托收。
5. 里士满的联邦储备银行将支票转送布朗先生在昆斯果园当地的开户行。
6. 昆斯果园的当地银行从布朗的账户中扣除与支票等额的资金。
7. 昆斯果园当地的银行授权里士满的联邦储备银行扣减它在联邦储备银行中与支票数额相等的存款。
8. 里士满的联邦储备银行偿付达拉斯的联邦储备银行。
9. 达拉斯的联邦储备银行将支票金额记入奥斯汀的银行在联邦储备银行的存款账户。
10. 奥斯汀的银行将金额记入拖拉机经销商的账户。

**图 19.2　联邦储备银行体系内的支票清算流程**

邦储备银行，该储备银行会将此支票送往你当地的联邦储备银行托收。然后该支票会被送到你的开户行，并按照支票数额在你的账户中扣款。你的开户行会授权你当地的联邦储备银行将支票金额从它在联邦储备银行的账户中扣除。此联邦储备银行会偿还这一流程起始的那个联邦储备银行（即零售商最近的那个联邦储备银行）。然后，起始的那个联邦储备银行会将支票金额计入零售商的开户银行在联邦储备银行的储蓄账户。然后，零售商的开户银行会将支票金额记入零售商的账户。（参阅图19.2，图中显示了这种州际交易。）这一长而复杂的流程是有费用的，因此，银行会采取很多措施减少支票的使用，这些措施包括使用信用卡、借记卡和其他电子转账方式。

正如你看到的那样，整个经济都会受到联邦储备体系运行的影响。下面我们将简单地讨论银行业的历史，让你了解美联储存在的背景。然后，我们将探索当今银行业正在发生的事情。

## ◎ 银行史与美联储存在的必要性

美国最初是没有银行的。森严的欧洲法律限制能被带到新世界殖民地的硬币数量。因此，殖民者被迫进行商品互换，例如，用棉花和烟草交换鞋和木材。

由于对货币的需求非常强烈，1690年，马萨诸塞发行了自己的纸币，其他殖民地很快纷纷效仿。但是，几年之后美国印刷的第一种货币却一文不值，因为人们不相信它的价值。

土地银行得以建立，目的是向农场主提供贷款。但那时还掌控着殖民地的英国在1741年关闭了土地银行。殖民地反抗这些约束和其他限制他们自由的规定。美国革命期间，为了为反抗英国的战争提供资金，殖民者在宾夕法尼亚组建了一家新的银行。

1791年，美国独立之后，亚历山大·汉密尔顿（Alexander Hamilton）说服国会建立一家中央银行（其他银行可以在那里存款，而且在需要的时候向它借钱的银行）。第一种形式的联邦银行于1811年关闭，在1816年恢复，因为州特许银行不能支持1812年的美英战争。到19世纪30年代，美国第二（中央）银行和州立银行之间的斗争变得白热化。田纳西州的几家银行迫于中央银行的压力而受到了损害。随着1836年中央银行的关闭，这种斗争得以结束。纵观美国历史，你可以看到大部分时间里其他银行都在反抗中央银行，比如联邦储备银行。

直到南北战争，美国银行体系仍然是一片混乱。不同的银行发行不同类型的货币。人们聚藏金银，因为它们作为贵金属比纸币更有价值。时至今日，这种情况还有可能再次发生。不管怎样，混乱一直持续到战争结束之后很长时间并在1907年达到了顶峰，当时有很多银行倒闭。人们担心银行的安全，到银行挤兑提取存款。很快现金就被挤兑一空，有些银行不得不拒付存款人现金。这就导致了人们对整个银行体系的不信任。

尽管反对中央银行的历史悠久，但1907年的现金短缺问题促使形成一个可以为银行提供借款的组织——联邦储备体系，它是此种紧急情况下的"最后贷款人"。根据1913年的联邦储备法案，所有联邦特许银行必须加入联邦储备体系。州立银行也可以加入。联邦储备体系变成了银行的银行。如果银行有多余的资金，它们可以存放在美联储；如果需要额外的资金，它们可以从美联储借贷。联邦储备体系从此与银行业密切地关联到了一起，但还没有达到现在的程度。

### 银行业和大萧条

联邦储备体系旨在防止1907年金融恐慌的重演。尽管如此，1929年的股市崩溃导致20世纪30年代的银行倒闭。当股市开始狂跌时，人们急忙到银行提取现金。虽然存在联邦储备体系，银行还是用尽了现金，各州被迫关闭它们。富兰克林·罗斯福总统在1933年的银行倒闭期间竭尽全力，为提出解决方案赢得了时间。1933年至1935年，国会通过了增强银行体系的法律。最重要的举措是建立了联邦存款保险公司，进一步保护公众免受银行倒闭的损害。你是知道的，银行危机并不是什么新东西，它们常常在经济衰退期间发生。从1945年至2007年，美国经历了10次经济衰退，平均持续时间为10个月。

## ◎ 美国的银行体系

美国的银行体系包含商业银行、储蓄贷款协会以及信用合作社。另外，还有各种金融组织或非银行金融机构，它们不吸引存款，但提供很多普通银行的服务。下面让我们分别探讨它们的活动和服务，先从商业银行开始谈起。

## 商业银行

**商业银行**（commercial bank）是一个营利组织，它以支票存款账户和储蓄存款账户的形式接受个人和公司的存款，再利用这些资金放贷。它有两类客户：存款人和贷款人，并且对两者承担同样的责任。商业银行通过有效利用存款人的资金而获利，它们将存款作为投入（并以此支付利息），向其他客户发放生息贷款。如果贷款产生的收入超过了向存款人支付的利息加上经营费用，银行就赚取了利润。

## 商业银行的服务

将钱存入支票存款账户的个人和公司可以开支票为几乎任何的购物或交易付款。从专业术语上讲，支票存款账户称为**活期存款**（demand deposit），因为它可以在存款人需要的时候提取。通常，银行会向签发支票的特权征收服务费，或要求最低存款。它们还会对每次支票的使用收取交易费用。对于公司存款人，服务费用取决于支票存款账户的日平均余额、签发支票的数量和公司的信用等级和信用记录。

在过去，支票存款账户不给存款人付息，但在最近几年里，生息的支票存款账户有了显著的增长。此外，商业银行还提供一系列的储蓄账户选择。严格意义上讲，储蓄账户是**定期存款**（time deposit），因为银行可以要求你提前通知提款。比较网络银行和附近的银行，找出哪家银行能使你的钱赚取的利息最多。

**定期存单**（certificate of deposit，CD）是有息的定期存款（储蓄）账户，存单到期才能兑付。存款人同意在此之前不提取任何资金。现在，定期存单的期限可以是数月到数年，通常期限越长，利率越高。利率也取决于经济状况。因为经济不活跃，所以目前的利率非常低。

商业银行也向信誉良好的消费者提供信用卡、人寿保险、廉价的经纪服务、理财咨询、账单自动还款、贵重物品保管箱、个人退休金账户（IRAs）、旅行支

# 社交媒体的商业价值
## 社交媒体中的银行业务

就像其他企业一样，银行必须知道谁是它们的客户，并知道如何最好地满足客户的需求。1980年至2000年出生的人被称为Y一代，开始接触这一代消费者时，银行知道，要想跟这一有价值的客户群进行交流互动，就必须利用网络。这是银行将更多的资源投入到社交媒体的一个原因。

以美国银行（Bank of America）为例。随着全球定位系统（GPS）使手机更加"智能"以及网速的加快，美国银行于2007年引进了移动银行平台。2011年，美国银行有2900万客户使用网上银行，其中650万人使用手机银行，另外还有110万客户利用手机短信获取账户信息。这种文化的转变使银行认识到与客户通过网络进行实时交流的必要性。2012年，该银行计划引进双向的短信提示，如果客户收到短信，提示他们的某个账户余额太少，客户就可以在账户之间划转资金。美国银行承认，正是Y一代的期望——银行可以通过社交媒体连接到——让他们开始关注社交媒体的。

出于管理和保密的考虑，银行对于社交媒体的适应比较缓慢，但这一切正在改变。与贪婪的Y一代保持接触需要发推特或短信，而不是希望他们拜访当地的分支银行。银行正在效仿消费品公司，比如星巴克、阿迪达斯和维多利亚的秘密（Victoria's Secret），它们利用社交媒体获得了更多的客户。正如美国合众银行(US Bank)社交媒体主管卡伦·古铁雷斯（Karen Gutierrez）评论的那样："我们的客户就在这里，如果我们能置身其中，就能更好地满足他们的需求。"

资料来源: Maryann Omidi, "Banks Spooked by Social Media," *Financial News*, May 4, 2011; Meghna Kothari, "Playing a Role in Social Websites," *CPI Financial*, May 11, 2011; and Lisa Brown, "Banks Woo Youth with Social Media," *St. Louis Post Dispatch*, April 17, 2011.

票、信托、自动柜员机和透支支票存款账户的特权。透支特权表示享受特权的消费者在开出的支票额超过自己账户余额时自动获得贷款。本章的"社交媒体的商业价值"专栏讨论了银行如何使用社交媒体开发新的细分市场。

自动柜员机可以配售地图和道路指南、电话卡和邮票。它们能出售电影票、音乐会票和体育比赛门票，放映电影预告片、新闻滚动条和视频广告。有些还能订购鲜花和DVD，或是下载音乐和游戏。

## 道德抉择

### 跟银行柜员说什么？

你正在银行的出窗口取钱。柜员清点完你的钱后说："好了，这是您的300美元。"你数了数，发现柜员出了错，给了你320美元。当你指出来时，柜员生气了，回答道："我觉得不会。我在您面前点过数了。"

很快地否定了错误以及她的态度使你感到心烦意乱。你必须决定要不要将柜员多给的20美元还给她。你有什么替代性的做法吗？你会怎么做？符合道德吗？

## 为借款人提供的服务

商业银行向需要借款的个人或公司提供一系列的服务。一般情况下，贷款的发放是基于贷款申请者的信用度，但始于2008年的房地产市场崩溃的部分原因在于银行忽视了这一规定。银行本应有效地管理它们的资金，并认真筛选贷款申请者的资格，以确保贷款本金加利息能按时偿还。显然，在银行危机发生之前，银行并没有做到这一点。我们将在本章后面讨论它为什么会发生。本章"道德抉择"专栏探讨在银行业务中有可能发生的更小的问题。

## 储蓄贷款协会

**储蓄贷款协会（savings and loan association，S&L）**是一个金融机构，它既接受储蓄，又接受支票存款，并且提供住房贷款。储蓄贷款协会（成立于1831年）通常被称为互助储蓄机构（thrift institution），因为其初衷是促进消费者储蓄并拥有住房。为鼓励消费者拥有住房，互助储蓄机构获准长期提供比银行略高的储蓄存款利率。这些利率吸引了大量的资金，这些资金被用来提供长期固定利率抵押贷款。不过，现在它们不再提供比银行更优惠的利率。

1979年至1983年间，约有20%的美国储蓄贷款协会倒闭了。最大的原因或许是资本收益税的提高，它使投资房地产的吸引力下降（因为增加的税收减少了利润）。因此，投资者放弃偿还房地产贷款，留给储蓄贷款协会大量价值低于未清偿贷款的不动产。在出售这些不动产时，储蓄贷款协会就会赔钱。最近的房价下跌给银行以及储蓄贷款协会造成了同样的麻烦。

20世纪80年代，政府插手干预，以期增强储蓄贷款协会的实力，允许它们提高利率，将高达10%的资金配置为商业贷款，并且根据市场行情调整抵押贷款的利率。阅读《格拉斯—斯蒂格尔法案》（Glass–Steagall Act）你可以了解更多这方面的内容。另外，储蓄贷款协会获准提供一系列新的银行服务，比如小企业咨询服务和信用卡业务。结果，它们与商业银行变得非常相似。

## 信用合作社

信用合作社（credit unions）是非营利的、会员制的金融合作社，向其成员提供全套的银行服务，包括相对高利率的生息支票存款账户、相对低利率的短期贷款、融资咨询、人寿保险单和数量有限的住房贷款。它们由政府机构、公司、工会和职业协会组成。

作为非营利机构，信用合作社享有免缴联邦所得税的待遇。你可能想参观一家当地的信用合作社，看看你是否有资格加入，然后，与当地的银行利率加以比较。美国公共利益研究集团消费者项目主任埃德·米尔兹温斯基（Ed Mierzwinski）说："对普通消费者来说，信用合作社比银行更有利。信用合作社对免除费用的要求较低，汽车贷款的条件更优惠，对消费者的问题应对更灵活。"信用合作社的分支机构和自动柜员机比银行要少。最好是确定你需要什么服务，然后将这些服务与银行提供的相同服务进行比较。

## 其他金融机构

非银行金融机构（nonbank）是金融组织，它不办理存款业务，但提供很多普通银行提供的服务。非银行金融机构包括人寿保险公司、退休基金公司、经纪公司、商业财务公司和公司融资服务公司（比如通用资本公司）。在2008年开始的银行危机期间，非银行金融机构大幅缩减放贷。这种贷款紧缩使得经济增速进一步放缓。

随着银行和非银行金融机构竞争的加剧，它们之间的分界线越来越模糊。

## 聚焦小企业

### 非银行金融机构的崛起

大约 1/4 的美国家庭没有银行账户。这为替代性银行业务创造了一个巨大的市场，比如芒果货币中心（Mango Store）所提供的服务。它是得克萨斯州奥斯汀的一个类似银行的店铺。客户一次性支付 10 美元的费用，就可以将任意金额的支票兑现到自己的借记卡上。更高级的服务会增加额外的费用。不过，芒果店的费用要比典型的当地银行低得多。

芒果公司希望其消费者增强他们的盈利能力，并长期留住客户。然而，公司必须先让客户进门，并使用其系统。因为芒果公司的现金大多数储存在外面的自动柜员机中，内部就能将重点放在开放空间和安保监视上。客户可以使用自助银亭检查账户余额和转账资金。双语顾问会帮助消费者弄明白如何使用这一系统。为了让消费者更好地理解服务项目及费用，芒果中心张贴了明确的收费标准。

资料来源：Dan Macsai, "The Mango Store Lets You Bank without Commitment", *Fast Company*, July 1, 2010; "Mango Financial, Inc., Debuts First U.S. Store in Austin", PR Newswire.com, accessed May 2011; and mangomoney.com, accessed May 2011.

欧洲的情况也是如此，美国的公司正在那里与欧洲的银行展开竞争。金融服务的多样化和非银行金融机构提供的替代性投资选择促使银行扩大它们的服务范围。事实上，许多银行收购了经纪公司，以提供全方位的金融服务。

人寿保险公司为投保人提供理财保护，投保人会定期支付保险费。另外，保险公司会用投保人的保费投资公司债券和政府债券。最近几年，更多的保险公司开始为房地产开发项目提供长期的融资。你认为这是一个聪明的决定吗？

**退休基金（pension funds）**是由公司、非营利组织或工会拨付的资金，以资助其员工退休后的理财需求。退休基金由雇员或雇主或双方共同供款。为了赚取额外的收入，退休基金公司通常会投资那些回报低但比较安全的公司股票，或其他稳健项目，如政府证券和公司债券。

许多提供退休和健康福利的金融服务组织正成为美国金融市场上的主要力量，比如美国教师退休基金会（TIAA-CREF）。

传统上，经纪公司提供美国和外国证券交易所的投资服务。通过提供高收益组合的储蓄和支票存款账户，它们也大举进军普通银行的业务领域。另外，它们提供可签发支票的货币市场账户，允许投资者抵押证券来获取借款。

有些人或公司满足不了普通银行的信用要求，比如新创立的企业，或超过了信用额度而需要更多资金的人，商业和消费金融公司则向它们提供短期贷款。没有信用记录的大学生常常求助于消费金融公司，以获得教育贷款。从这些机构借钱时需要谨慎，因为它们的利率可能相当高。本章"聚焦小企业"专栏的案例是一个较为新型的非银行金融机构，它向那些没有传统的支票存款账户的人提供服务。

## ◎ 最近的银行危机和政府的保护举措

最近的银行危机是如何造成的？没有简单的答案。有些人认为美联储应该承担部分的责任，因为它将借钱的成本降得非常低，以至于人们忍不住要贷款，而且所借数量超过了他们的偿还能力。国会对建造更多"经济适用房"非常感兴趣，它促使银行向资产最少的人贷款。《社区再投资法》（Community Reinvestment Act）则进一步鼓励银行向还款能力有问题的家庭贷款。

其他组织迫使通常很不愿意承担风险的银行发放有风险的贷款。银行知道，通过将它们的抵押贷款投资组合分拆，并将住房抵押贷款证券（MBSs）出售给世界各地的其他银行和组织，就可以规避大多数风险。由于这些证券是有抵押的住房作担保，它们似乎相当安全。房利美和房地美都是半政府性的机构，它们似乎可以为这些住房抵押贷款证券保值。银行越来越多地出售此类看似安全的证券，希望可以大发其财。银行家也因将贷款推销给天真的消费者而备受谴责。

同时，美联储和证券交易委员会未能发出足够的警告。也就是说，他们未能尽到监管的责任。当房价开始下跌时，人们开始拖欠不还贷款，并且将房地产转给银行。因为银行拥有这些住房的抵押权，它们的利润暴跌，这就导致了最近的银行危机。政府必须出手拯救这些银行，不这样做就会相当危险，因为整个经济可能会崩溃。这一做法的长期效果目前还不明朗。

那么，我们要把这场银行危机归罪于谁呢？答案是：我们要责备美联储压低了利率；国会助长了问题贷款的发放；银行发放了问题贷款并开发出住房抵押贷款证券，而这些证券并不像推销时说的那么安全；政府监管机构失职；而消费者则乘低利率之机贷款，却没有理性地希望偿还。但不管谁应该受责，危机总是需要解决的。

在乔治·布什总统任期接近结束时，美国财政部提出7000亿美元的金融救市计划，叫作不良资产救助计划（TARP），并于2008年10月颁布实施。奥巴马总统于2009年1月入主白宫，他提出了8000多亿美元的政府额外开支和经济刺激计划。

## 保护你的存款

最近的银行危机并不是什么新鲜事物。20世纪30年代大萧条期间，政府就已经领教过类似的困境。为了防止投资者在经济衰退期间再次被洗劫一空，政府创建了三个重要组织以保护投资者免受损失：联邦存款保险公司（FDIC）、储蓄协会保险基金（SAIF）和国家信用合作社管理局（NCUA）。三家机构全都保障个人账户中不低于一定数量的存款。由于这三个组织对于你的资金安全非常重要，下面让我们分别对它们加以深入探讨。

## 联邦存款保险公司

**联邦存款保险公司**（Federal Deposit Insurance Corporation，FDIC）是美国政府的一个独立机构，它为银行存款提供保险。如果银行将要倒闭，该公司会安排将此银行的账户转移到另一家银行，或者偿付储户的存款，最高可达25万美元。联邦存款保险公司覆盖了大约1.3万家机构，其中大多数为商业银行。

## 储蓄协会保险基金

**储蓄协会保险基金**（Savings Association Insurance Fund，SAIF）为储蓄贷款协会的开户人提供保险。其简单的发展史可以说明建立它的原因。20世纪

30年代早期，大约1700家银行和互助储蓄机构倒闭，人们对它们失去了信任。于是1933年和1934年，分别计划成立了联邦存款保险公司和联邦储蓄和贷款保险公司（FSLIC），通过让储户免受损失来提高人们对金融机构的信心。20世纪80年代，为从整体上加强对银行体系的控制，政府将联邦储蓄和贷款保险公司归属联邦存款保险公司领导，并取了一个新名称：储蓄协会保险基金。

### 国家信用合作社管理局

国家信用合作社管理局（National Credit Union Administration，NCUA）为每个机构的每个储户提供最多25万美元的保险额。保险覆盖所有的账户，即支票存款账户、储蓄账户、货币市场账户和定期存单账户。通过将账户联合起来或者实行信托，储户有资格获得额外的保护。个人退休金账户（IRAs）被单独投保，保额最高为25万美元。像银行一样，信用合作社也因2008年开始的银行危机而遭受损失，并从联邦政府获得资金，以发放更多的贷款。

## ◎ 利用技术提高银行效率

银行认可一张已签发的支票，通过银行系统的人工处理，然后把它寄回。设想一下它的成本，所费应该不低。很长时间以来，银行家都在寻找提高系统效率的方法。

一种解决办法是发行信用卡，减少支票的流通，但它们也有成本：仍然有纸质文件要处理。接受维萨卡和万事达卡支付，零售商要支付大约相当于购物额2%的费用，而运通卡的费用为2.5%。在未来我们会看到更多电子设备支付而不是现金支付，因为用电子支付转账更有效率。

如果你必须使用信用卡，确保找到一张能为你提供最佳交易的信用卡。有些信用卡有现金返还功能，还有的提供免费旅行，等等。不要随便办理那种提供免费校园T恤的信用卡。要好好研究一下。

在**电子转账系统**（electronic funds transfer system，EFT）中，转账信息会从一台计算机发往另一台计算机。因此，与纸质支票相比，各组织可以更快地划转资金，也更省钱。电子转账系统工具包括电子支票转换、借记卡、智能卡、直接存款和直接支付。最新技术是由信息商务公司第一资讯（First Data）开发的GO-Tag，它是一个豌豆形状的芯片，内置无线电发射器，可以粘贴在手机或身份牌上，使支付方便快捷，它只需1秒钟就能完成与GO-Tag的交易，甚至比信用卡速度快很多。

**借记卡**（debit card）与支票的功能一样，从支票存款账户中提取现金。它看上去像是信用卡，但提取（记入账户借方）的是已经存在你账户中的钱。当销售被记录时，借记卡会给银行发送一个电子信号，自动将相应的资金从你的账户划转到商店的账户。交易记录立即出现在网络上。借方交易几年前超过了贷方交易，并且继续以两倍的速度增长。

**工资借记卡**（Payroll debit cards）是一些公司支付员工工资的有效方式，也是那些没有资格办理信用卡或借记卡的人——即所谓"未开户"的人——支取现金的替代方式。一旦过账，员工账户中的现金立即增加，他们可以从自动柜员机中取现，通过网络支付账单，或者向另一个持卡人转账。该系统对公司而言比签发支票更便宜，对员工而言则更方便。另一方面，借记卡所提供的保护与信用卡不一样。如果有人偷刷了你的信用卡，你只负担一定数量的消费额度。而如果有人偷了你的借记卡，你就要承担一切损失。

**智能卡**（smart card）是一种电子资金转移工具，它是信用卡、借记卡、电话卡、驾照及其他卡的集成。智能卡用一个微处理器取代了信用卡或借记卡上的磁条。该卡可以储存各种信息，包括持卡人的账户余额。商家可以利用此信息检查该卡的有效期和消费额度，交易会增加该卡的借方发生额。

有些智能卡嵌入了射频识别（RFID）芯片，持有者刷一下就可以进入建筑物和安全区域，并可以购买汽油或其他物品。生物计量功能可以让你使用指纹启动电脑。学生使用智能卡可以打开公寓的门，并可以向校园附近的零售商和网络经销商证明自己的身份。该卡也可用于自动柜员机。

对许多人来说，最便利的银行业务就是自动交易，比如直接存款和直接支付。直接存款是直接向支票存款账户或储蓄账户增加贷方余额，以取代付薪水用的支票。雇主与银行联系，并指令银行将资金从其账户转账至员工的账户。个人可能利用直接存款向其他账户转账，比如从支票存款账户转到储蓄账户或退休金账户。

直接支付是一种预先授权的电子支付。客户跟每一家与之交易的公司签署一个协议，表示愿意在一个特定的日期自动从他们的支票存款账户或储蓄账户偿还该公司的账单。银行完成每笔交易，然后记录在客户每个月的对账单中。

## 网上银行

美国所有顶级的零售银行现在都允许客户通过网络访问他们的账户，而且大部分账户具有账单支付功能。由此，你可以在家里完成所有的财务转账，打电话或利用计算机在账户之间转账、支付账单和查看各账户余额。你可以申请汽车贷款或住房抵押贷款，马上就可以得到答复。买卖股票和债券也同样简便。

像E*TRADE这样的网上银行只提供网银服务，而没有实体银行。因为没有传统银行的管理费用，它们给客户的利率较高而收取的费用较低。虽然很多消费者对这种储蓄业务和方便感到高兴，却不是所有的人都满意。为什么？有些人担心安全问题。消费者担心他们的财务信息被发布到网络空间，尽管存在隐私保密制度，其他人还是会看到。而且，当银行业务遇到问题时，有些人希望能够跟一个熟悉业务的人面对面地交流。

因此，传统银行在未来似乎既要提供网上银行服务，又要提供实体设施。而现在，即使是地方小银行也提供网上银行服务。

## ◎ 国际银行及其服务

通过提供以下3种服务——信用证、银行承兑汇票和外币兑换，银行帮助公司在其他国家开展业务。如果一家美国公司想从德国购买某种产品，该公司可以付款给银行，让银行出具信用证。**信用证**（letter of credit）是银行做出的一种承诺，即如果满足了某种条件，就向销售者支付既定数额的款项。例如，在商品进入美国公司的仓库之前，德国公司是不会得到付款的。**银行承兑汇票**（banker's acceptance）是银行将在某一指定时间支付规定数量款项的承诺。没有任何条件的限制。最后，公司可以去银行将美元兑换成欧元，以便在德国使用，这就叫作外币兑换。

银行正在努力让旅行者和商人更加简便地在国外购买商品或服务。目前，使用你个人的维萨卡、万事达卡、顺利卡（Cirrus）或美国运通卡，可在自动柜员机上取日元、欧元和其他国家的货币。

## 国际银行业

只有井底之蛙才会撇开世界经济来讨论美国经济。如果美联储决定降低利率，几分钟之内，外国投资者就会从美国取出他们的钱，转投到其他利率更高的国家。当然，美联储提高利率就会同样快速地吸引货币流进美国。

因此，从全球市场体系看，美国只是当今货币市场的一部分。国际银行家会在任何国家投资，只要风险合理，获利最大就行。每天大约4万亿美元就是这样交易的！国际银行与金融的最终结果将世界经济联结成一个缺乏监管且相互联系的体系。美国公司必须与世界各地的公司竞争资金。与底特律或芝加哥低效率的公司相比，伦敦或东京的有实力的公司更有可能获得国际融资。全球市场意味着银行不必将它们的钱保存在自己的国家，它们会到能获得最大回报的地方投资。

对你来说，这意味着银行业不再是国内问题，而是国际问题。要理解美国金融体系，你必须学习国际金融体系。要了解美国经济状态，你需要认识世界各国的经济状况。在由国际银行融通资金的新的世界经济中，美国只是其中一个角色而已。要想成为赢家，美国必须保持金融安全，维持企业在世界市场上的竞争力。今天它做到了吗？

## 世界银行和国际货币基金组织

主要负责为经济发展提供资金的银行是国际复兴开发银行，或者称**世界银**

行（World Bank）。第二次世界大战之后，它贷款给西欧国家帮助它们重建。今天，它将大部分资金贷给发展中国家，提高它们的生产能力，帮助它们提高生活水平和生活质量，其中包括努力消灭那些每年杀死数百万人的疾病。

世界银行在世界范围内受到了强烈谴责和抗议。环境主义者控告它为损害生态环境的项目融资。人权倡导者和工会主义者声称该银行支持那些限制宗教自由和容忍血汗工厂的国家。艾滋病活动家抱怨它没有尽力将廉价的抗艾滋病药物送往发展中国家。

尽管在努力改进，世界银行仍然面临很多批评。有些人希望它免除发展中国家的债务，其他人则希望它能停止此类贷款，直到这些国家实行自由市场经济并保护私有财产权。世界银行的政策将要发生某些变化。

与世界银行相反，**国际货币基金组织**（International Monetary Fund，IMF）旨在促进合作型的货币政策，从而稳定一国对另一国的货币兑换。国际货币基金组织的成员大约有185个国家，都是自愿参加的，它们要允许自己的货币自由兑换成外国货币，及时将货币政策的变化告知国际货币基金组织，并且采纳国际货币基金组织的建议，修改这些政策，以照顾全体成员的需要。

国际货币基金组织旨在监管成员国的货币政策和汇率政策。其目标是维持一个全球性的货币体系，从而为所有国家带来最大的利益，促进世界贸易。虽然它从根本上讲不是一个像世界银行那样的贷款机构，但其成员会根据各自的实力贡献资金，而这些资金对任何处于财政困境中的国家都是可以利用的。国际货币基金组织看到了2010年全球经济的放缓，准备在需要的时候出手相助。国际货币基金组织通常赞成资本的自由流入，但最近它也同意各国设置壁垒，以防止发生通货膨胀和股市泡沫。需要实现此目的的国家包括巴西、韩国和土耳其。本章的"域外观察"讨论了世界银行和国际货币基金组织当前发生的事情。

## 域外观察

### 世界银行和国际货币基金组织面临的新问题

在过去，世界银行和国际货币基金组织必须面对世界范围的大危机。今天，这些问题似乎比以往更严重。例如，美国有很高的失业率和债务危机，而且债务问题超过了以往任何时候。相似的债务危机在欧洲的许多国家也正在发生。日本正在想方设法从地震、海啸和其他灾难（尤其是核电问题）中重生。中东国家正在分崩离析，美国不确定对此局面能做些什么。中国和巴西等新兴国家也有高通货膨胀问题，而且全球的食品价格正在上涨。因为食品价格上涨，较为贫穷的国家日子过得尤其艰难。

国际货币基金组织理事会主席说："全球金融和经济体系仍然非常脆弱。这反映出国际货币体系仍然没有处在我们认为的那种令人满意的状态。"

国际货币基金组织和世界银行都在针对已经非常严重的全球问题提出自己的解决方案。美国是这些组织的一个主要贡献者，但并没有足够的资金清偿美国的债务，更别说解决其他国家的问题了。

资料来源：Neil Irwin, "World Bank, IMF Leaders: Recovery Still a Shaky One", *The Washington Post*, April 17, 2011; and Howard Schneider, "IMF Panel Seeks a New Consensus", *The Washington Post*, March 8, 2011.

# 总 结

**1. 解释什么是货币和什么让货币变得有用。**

·什么是货币？

货币是人们通常接受的用于支付商品和服务的任何东西。

·可用作货币需要满足的5个标准是什么？

可用作货币需要满足的5个标准分别是方便携带、可以分割、价值稳定、经久耐用和独一无二。

**2. 描述美联储如何控制货币供给。**

·美联储是如何控制货币供给的？

美联储要求金融机构将资金存放在联邦储备体系（存款准备金率），买卖政府证券（公开市场业务）和借钱给银行（贴现率）。为了增加货币供给，美联储可以削减存款准备金率、购买政府债券和降低贴现率。

**3. 探寻银行业和联邦储备体系的历史。**

·美国的银行业是如何发展的？

1690年，马萨诸塞州发行了自己的纸币，其他殖民地纷纷效仿。英国土地银行借钱给农场主，但在1741年结束了此种贷款。美国革命之后，对于银行业的角色存在诸多争议，引起美国中央银行和州立银行之间激烈斗争。最终，联邦特许银行体系和州特许银行体系得以建立，但直到1907年许多银行倒闭，混乱仍旧持续存在。银行体系因为美联储的出现而得以复兴，但在大萧条期间再次崩溃。自那以后，美国经历了10次经济衰退，包括始于2008年的那次衰退。美联储竭尽全力再次解决银行危机。

**4. 将美国银行体系中的各种机构加以分类。**

·什么机构组成了银行体系？

储蓄贷款机构、商业银行和信用合作社构成了银行体系的全部。

·它们之间如何区分？

在1980年放松管制之前，商业银行在处理存款和支票存款账户中是独一无二的。那时，储蓄贷款机构不提供支票服务，它们的主要功能是通过提供高利率的储蓄账户和提供住房抵押贷款而鼓励储蓄和拥有住房。放松管制抹平了银行和储蓄贷款机构的差异，现在它们提供相似的服务。

·它们提供何种服务？

银行和储蓄机构提供如下服务：储蓄账户、支票存款账户、定期存单、贷款、个人退休金账户（IRAs）、贵重物品保管箱、网上银行、人寿保险、经纪服务和旅行支票。

· 什么是信用合作社？

信用合作社是会员制的合作社，提供所有银行的业务，包括储蓄、允许你签发支票和贷款。它还销售人寿保险和发放抵押贷款。信用合作社的利率有时要高于银行利率，贷款利率常常偏低。

· 贷款和经营类似银行业务的其他金融机构有哪些？

非银行金融机构包括借贷自有资金的人寿保险公司、投资股市和债券并提供贷款的退休基金、提供投资服务的经纪公司和商业财务公司。

**5. 简单追溯始于2008年的银行危机的原因，解释政府如何在此类危机期间保护你的存款。**

· 什么造成了2008年开始的银行危机？

为了让人能够买得起住房，政府鼓励银行贷款给某些没有能力偿还的人。而银行希望将此类贷款的风险降到最小，所以，它们创造了抵押贷款证券，并销售给世界上其他的银行和组织。政府没有很好地监管这些交易，当房价下跌，贷款者拖欠贷款时，许多银行倒闭了。为此，许多机构备受指责，其中应有美联储、国会、银行管理者、房利美和房地美等。

· 什么机构能保证你存在银行、储蓄贷款机构和信用合作社的钱不受损失？

存在银行里的钱由联邦存款保险公司（FDIC）提供保险。存在储蓄贷款机构中的钱由与联邦存款保险公司有联系的另外一个机构储蓄协会保险基金（SAIF）提供保险。存在信用合作社的钱由国家信用合作社管理局（NCUA）提供保险。账户的保险额现在达到了25万美元。

**6. 描述技术如何帮助银行业提高了效率。**

· 什么是借记卡和智能卡？

借记卡很像信用卡，但提取的是你已经存在账户中的钱。当销售被记录时，借记卡会向银行发送一个电子信号，自动将你账户中的存款转账到商店的账户。智能卡是一个电子存款转账工具，它集成了信用卡、借记卡、电话卡、驾照等。智能卡用微处理器取代了信用卡和借记卡中常用的磁条。

· 自动交易和网上银行有什么好处？

直接存款是直接向你的支票存款账户或储蓄账户的存款，它取代了工资支票。直接支付是一种有预先授权的电子支付。消费者跟每家公司都签署一个独立协议，公司会在指定日期自动用你支票存款账户或储蓄账户中的钱支付。消费者所在的银行完成每笔交易，并记录到消费者每月的对账单中。美国所有顶级的零售银行现在都允许消费者通过网络管理他们的账户，大多数具有账单支付功能。

**7. 评价世界银行和国际货币基金组织等国际银行的角色和重要性。**

·我们说的全球市场是指什么？

全球市场意味着银行不必将他们的资金存放在自己的国家，哪里的回报最大，它们就会投入到哪里。这对你来说意味着银行不再是一个国内问题，而是一个全球问题。

·世界银行和国际货币基金组织扮演什么角色？

世界银行（也称国际复兴开发银行）的首要责任是为经济开发融资。国际货币基金组织旨在帮助货币在国家之间平滑流动，它要求其成员国（自愿加入）允许其货币自由兑换成外币，告知国际货币基金组织其货币政策的变化，并且基于国际货币基金组织的建议修改其货币政策，以适应所有成员的需要。近来，国际货币基金组织开始借钱给受到美国银行危机影响的国家，而且美国承诺向国际货币基金组织提供更多的资金。

## 批判性思考

1. 如果你是美联储主席本·伯南克，你会用哪种经济数据判断你的行为？在2008年的银行危机中，伯南克起到了什么作用？

2. 平时你随身携带多少现金？你会用什么其他的手段为在商店或网络购买的物品付款？你在这种支付手段中看到了什么趋势？这些趋势如何让你对购物体验更加满意？

3. 如果美元相对于欧元贬值，在美国商店销售的法国葡萄酒的价格会有什么变化？法国人会更多还是更少地购买美国制造的汽车？各自的理由是什么？

4. 你在银行、储蓄贷款机构还是某些综合机构存款？你比较过你分别获得的收益吗？你期望在何处从贷款中获得最大的收益？

# 重要词汇

## A

**absolute advantage　绝对优势**

一个国家在生产某项产品上占有垄断地位，或比所有其他国家都更具制造效率。　79

**accounting　会计**

财务事件及交易的记录、分类、概述与解释，提供给管理者及利益相关者所需要的资讯，能协助他们做出良好的运营决策。　475

**accounting cycle　会计循环**

编制和分析主要财务报表所需的六项程序步骤。　481

**accounts payable　应付账款**

以赊账方式向他人购买产品或服务，未付清的金额。　487

**acquisition　收购**

一家公司买下另一家公司的所有权和债务。　151

**administered distribution system 管理分销系统**

由生产者管理零售阶段所有营销功能的分销系统。　432

**advertising　广告**

组织或个人通过付费媒体进行沟通宣传，以借由信息被认识。　449

**affiliate marketing　联盟营销**

一种基于互联网的营销策略，企业奖励那些为其网站带来访客的个人或企业（分店）。　178

**affirmative action　平权行动**

一种通过增加女性及少数族群就业机会以矫正社会现状的设计。　320

**agents/brokers　代理商/经纪人**

撮合买卖双方并协助双方议价，但没有产品所有权的营销中介。　415

**annual report　年度报告**

组织的财务现况、进程与对未来的预期的年度说明。　477

**apprentice programs　学徒计划**

一段时间内新手与有经验的员工共事，借此熟悉工作技能与程序的培训方案。　333

**assembly process　组装过程**

生产流程中组装组件的过程。　263

**assets　资产**

企业所拥有的经济资源。　485

**auditing　审计**

审核与评估编制财务报表所使用的记录与数据。　479

autocratic leadership　独裁式领导力
进行管理决策时不参考他人意见的领导力风格。 217

# B

balance of payments　国际收支
一个国家出口流入现金与进口流出现金之间的差额，再加上通过旅游、国外援助、军事费用和外国投资之类的其他因素导致的现金流入与流出量。 82

balance of trade　贸易差额
一段时期内一个国家出口和进口的差额。 82

balance sheet　资产负债表
记录企业特定时点财务状况的财务报告。 484

banker's acceptance　银行承兑汇票
银行将在某一指定时间支付规定数量款项的承诺。 587

barter　物物交换
用商品或服务直接交换其他商品或服务。 567

benchmarking　标杆学习
将组织实务、流程及产品与世界典范进行比较。 245

benefit segmentation　利益细分
决定哪项优点较受欢迎，然后以该项优点进行促销。 372

blog　博客
类似网络日记的网页，但更容易张贴和更新文章、照片和链接其他网站。 467

bond　债券
表明投资者借款给企业（或政府）的法人凭证。 540

bonds payable　应付债券
公司举债，将来必须偿还一定金额的长期负债。 487

bookkeeping　簿记
企业交易的记录。 481

brainstorming　头脑风暴
在很短暂的时间里想出尽可能多的解决方法而不去审查这些想法正确与否。 210

brand　品牌
名称、标志或图案（或上述元素组合），可用来辨识提供产品或服务的销售者，并表明与竞争者产品和服务之间的差异。 392

brand association　品牌联想
将某个品牌和其他适合的形象联结起来。 396

# C

**commercial bank　商业银行**
以支票存款账户和储蓄存款账户的形式接受个人和公司的存款，再利用这些资金放贷的营利组织。　577

**commercial finance companies**
**商业融资公司**
给予提供有形资产作为抵押品（例如，房地产、厂房设备和机器设备）的借款人短期贷款的公司。　521

**commercialization　商品化**
对批发商和零售商进行促销以获得广泛地分销，以及通过强势的广告与销售活动，持续引起批发商和消费者的高度兴趣。　399

**commercial paper　商业票据**
10万美元以上、270天内到期的无担保本票。　522

**common market　共同市场**
区域内的国家拥有共同对外关税但无对内关税，也称为贸易集团；欧盟就是最典型的例子。　97

**common stock　普通股**
拥有公司投票权和股利分配权（须经董事会同意），是公司股权的基本形态。　539

**comparative advantage theory**
**比较优势理论**
主张一个国家应该向其他国家出售在本国生产最具效益和效率的产品。　79

**competition–based pricing**
**竞争导向定价**
以竞争对手作为定价基础的策略。价格可能是一样、高于或低于竞争者价格。　405

**compliance–based ethics codes**
**基于顺从的道德规范**
通过增强控制和处罚犯错者制止不法行为的伦理标准。　116

**compressed workweek　压缩工作周**
让员工只要做完每周全部的工时，就可以不必做完标准工作天数。　343

**computer–aided design, CAD**
**计算机辅助设计**
使用计算机来设计产品。　264

**computer–aided manufacturing, CAM**
**计算机辅助制造**
使用计算机来制造产品。　264

**computer–integrated manufacturing,**
**CIM　计算机集成制造**
结合计算机辅助设计和计算机辅助制造。　265

**concept testing　概念测试**
呈现产品理念给消费者，借此测试他们的反应。　398

conceptual skills　概念化技能
把组织视为一个整体以及不同部门间关系的能力。213

conglomerate merger　混合兼并
完全无关的产业中的企业结合。151

consumer market　消费者市场
包括所有以个人消费为目的，想要并有能力购买产品或服务的个人和家庭。369

consumer price index, CPI
消费者价格指数
一组衡量通货膨胀和通货紧缩情况的月度统计指标。68

contingency planning　应急计划
在主要计划不能实现组织目标的情况下，制定备选行动方案的过程。209

contingent workers　临时工
包括兼职员工、临时雇工、季节性员工、独立承包商、实习生，以及带薪实习学生。330

continuous process　连续流程
产品的完成需经过一连串持续不断的时间的生产流程。263

contract manufacturing　合同制造
由国外公司生产该产品，然后让本地公司贴上其品牌与商标，这种过程也属于外包。86

contractual distribution system
合约分销系统
根据合约协议，成员有义务合作的分销系统。431

controlling　控制
包括建立清晰的标准以确保组织按照既定目的和目标前进，奖励表现良好的员工，并在员工表现不当时采取纠正措施的管理职能。205

convenience goods and services
便利品和服务
消费者花最少心思选购且经常购买的产品。388

conventional(c) corporation
传统公司（C公司）
有权独立于所有者行动并承担责任的政府许可的法律实体，其责任与所有者（公司股东）分开。142

cooperative　合作社
由有着相似需求、共享资源、共享收益的使用人所共有与控制的企业。162

core competency　核心竞争力
组织具有能够达到与世界上其他组织一样的领先水平，甚至有更好表现的能力。246

core time　核心时间
在弹性工作时间计划中，所有员工都

# D

的活动。 430

### direct selling　直销

直接在消费者家里或工作场所销售产品。 429

### discount rate　贴现率

美联储为成员银行提供借款所收取的利率。 573

### disinflation　通货减缩

物价上扬缓慢（代表通货膨胀率下滑）。 68

### distributed product development　分布式产品开发

将创新过程中的不同部分交出去，通常是交给其他国家的公司。 385

### diversification　多样化

购买多种不同的投资工具以分散投资风险。545

### dividends　股利

公司利润的一部分，以现金或额外股份的形式分配给股东。 538

### double-entry bookkeeping　复式簿记

将每笔交易写在两个地方的做法。 482

### Dow Jones Industrial Average, the Dow　道琼斯工业平均指数

30种产业股票的平均成本，用来标识一段时间股市的走向（上涨或下跌）。 555

### drop shippers　承订批发商

从零售商和其他批发商那里获得订单，然后再请生产者直接将货品运送到买方手中。 424

### dumping　倾销

生产国以低于本国市场的价格出口产品。 82

# E

### e-commerce　电子商务

在网络上买卖产品和服务。 43

### economics　经济学

研究社会如何选择运用资源制造产品与服务，以及如何在不同的竞争团体及个人的消费间进行分配的科学。 55

### economies of scale　规模经济

公司通过大量采购原料以降低生产成本；随着生产量提高，产品平均成本下降的情况。 230

### electronic funds transfer system, EFT　电子转账系统

电子化处理金融交易（购买，祝福，收款）的计算机系统。 585

### electronic retailing　电子零售

在网络上将产品和服务销售给最终消费者。 427

价值。　92

# F

**free–rein leadership**
**放任自由式的领导力**
管理者设定目标而员工可以相对自由地做任何事情来实现目标的领导力风格。 218

**free trade    自由贸易**
在没有政治或经济阻挠的情况下，产品和服务在各国之间的流动。78

**freight forwarder    货运代理**
一类组织，它将许多小型托运货物集中在一起，以更具成本效率的方式，通过卡车、火车或船运送。 436

**fringe benefits    额外福利**
除了员工基本工资之外的额外薪酬，包括病假报酬、休假报酬、养老金计划及健康计划等福利。 341

**fundamental accounting equation**
**基本会计等式**
资产＝负债＋所有者权益，这是资产负债表的基础。 484

# G

**Gantt chart    甘特图**
能清楚地显示生产管理者正在进行哪些项目，以及在既定的时间内进展到什么阶段的条形图。 278

**General Agreement on Tariffs and Trade, GATT    关税与贸易总协定**
一项1948年通过的建立协商共同降低贸易障碍的国际协议。 96

**general partner    普通合伙人**
承担无限责任并有权管理公司的所有者（合伙人）。 138

**general partnership    普通合伙企业**
全部所有者共同经营企业并对债务负责的合伙企业。 138

**generic goods    非品牌产品**
相较于全国性产品或私人品牌，通常采取量贩折扣方式销售的无品牌产品，使用基本的包装而且几乎不用广告。395

**geographic segmentation    地理细分**
将市场依地理位置来区分。 370

**goals    目的**
组织希望能够达成的、广泛的、长期的成就。 206

**goal–setting theory    目标设置理论**
制定远大、但可达成的目标，可以激励员工和改善绩效，前提是这些目标被员工接受，有反馈机制，并且有组织环境配合。297

**goods    商品**
有形的产品，例如计算机、食品、服饰、汽车与家电等。 31

# J

### job analysis　职位分析
研究不同职位员工的工作内容。　325

### job description　职位说明书
描述工作的目标、内容、责任与职务、工作条件，以及与其他职能工作间的关系。　325

### job enlargement　工作扩大化
将一系列的工作整合成更有趣且具挑战性的工作的一种工作丰富化策略。301

### job enrichment　工作丰富化
强调通过工作本身来激励员工的策略。300

### job rotation　工作轮换
将员工从某项工作调至其他工作的一种工作丰富化策略。　301

### job sharing　工作共享
两位兼职员工分摊一份全职工作的安排。　345

### job simulation　工作模拟
使用复制实际工作状况和任务的设备，让受训者可以在实际上工前学习这些技能。　334

### job specifications　职位规范
描述从事特定工作的员工所应具备的最低资格条件（教育、技能与经验等）

的书面总结。　325

### joint venture　合资
由两家或两家以上的公司（通常来自不同国家）共同承担一项主要计划的合伙关系。　86

### journal　日记账
会计数据首次被记录的记簿或计算机程序档案。　481

### junk bonds　垃圾债券
高风险、高利息的债券。　551

### just–in–time (JIT) inventory control　准时制存货控制
将最少的存货存放在工厂，而零件、物料及其他所需物品则由供应商及时递送上生产线。　274

# K

### Keynesian economic theory　凯恩斯主义经济理论
增加支出和减税的政府政策会刺激衰退中的经济。72

### knockoff brands　仿冒品牌
违法复制全国知名品牌的产品。　395

### knowledge management　知识管理
找到适合的信息，把信息放在容易得到的地方，让企业中的每个人了解这些信息。219

# L

### leading　领导
为组织创造愿景，交流、指导、培训、协助和激励他人，以有效地达成组织的目的和目标。 205

### lean manufacturing　精益制造
相比大规模制造，使用更少的投入来生产产品。 265

### ledger　分类账
把日记账信息过账（记录）到各个特定类别，让管理者可以在同一地方找到某项账户的所有信息。 482

### letter of credit　信用证
银行做出的一种承诺，即如果满足了某种条件，就向销售者支付既定数额的款项。 586

### leverage　杠杆
通过借款筹集所需的资金来提高公司的获利能力。 526

### leveraged buyout, LBO　杠杆收购
员工、管理层或者部分投资者主要通过借款来购买一个组织的行为。 152

### liability　负债
企业对其他人的债务。 487

### licensing　许可
一家公司（许可方）允许一家外国企业（被许可方）生产其商品并收取费用（权利金）的一种全球化策略。 83

### limited liability　有限责任
企业所有者只在其所投资的金额范围内对亏损承担责任。有限合伙人与股东具有有限责任。 138

### limited partner　有限合伙人
参与企业投资，但只承担有限责任，不承担管理责任。 138

### limited liability company, LLC　有限责任公司
类似S公司，但不需要专门的资格要求的公司。 147

### limited liability partnership, LLP　有限责任合伙企业
限制合伙人损失他们个人资产的风险，其责任仅限于他们自身及其监督的下属人员的行为和疏忽的合伙企业。 139

### limited partnership　有限合伙企业
由一个或多个普通合伙人以及一个或多个有限合伙人组成的合伙企业。 138

### line of credit　信贷额度
银行提供企业无担保的短期资金额度，在额度内的资金企业可以随时支用。 520

**line organization　直线组织**

组织内由上而下拥有直接双向的责任、职权与沟通，所有人只向一位主管报告的组织。239

**line personnel　直线人员**

执行直接达成组织主要目的的职能的员工。239

**liquidity　流动性**

资产转成现金的速度。485

**logistics　物流**

一种营销活动，包括规划、执行和控制物料、最终产品和相关信息从原产地到消费点的流动，在有利润的情况下满足消费者的需求。435

**long-term financing　长期融资**

筹集偿还期在一年以上的资金。517

**long-term forecast　长期预测**

对未来一年以上的一个时期内的收入、成本及费用所进行的估计，这个时期甚至可长达五到十年。509

**loss　亏损**

企业成本与支出超过收入。31

# M

**M-1**

快速且容易获得的货币（硬币、纸币、

支票和旅行支票）。569

**M-2**

包括M-1和那些比硬币和纸币要多花一点时间才能取得的货币（储蓄账户、货币市场账户、共同基金、定期存单等）。569

**M-3**

M-2加上大额存单，比如机构货币市场基金。569

**macroeconomics　宏观经济学**

经济研究的一环，把整个国家的经济运作视为一个整体。55

**management　管理**

通过计划、组织、领导及控制人员和其他组织资源来实现组织目的的过程。204

**management by objectives, MBO 目标管理**

一套经由中高层的管理者、主管与员工反复讨论、检讨、评估目标的制定与执行的系统。297

**management development　管理开发**

培训和教育员工成为好的管理者，然后在日后检视他们管理技能进展的过程。334

**managerial accounting　管理会计**

用来提供信息和分析的会计，以协助

企业管理者做决策。476

**manufacturers'brand names
制造商品牌名称**
产品分销全国各地的制造商品牌。 393

**market 市场**
拥有未得到满足的欲望和需求并具备购买能力和意愿的人。 193

**marketing 营销**
为创造、传播、分送和交换对消费者、客户、合伙人和整个社会有价值的商品而进行的活动、制定的一系列制度和流程。 355

**marketing concept 营销概念**
包括三个部分的企业哲学：（1）客户导向；（2）服务导向；（3）利润导向。 358

**marketing intermediaries 营销中介**
辅助生产者将产品和服务运送给企业和消费者使用的组织。 415

**marketing mix 营销组合**
营销规划的要素：产品、价格、地点及促销。 361

**marketing research 营销研究**
分析市场的机会和挑战，找出利于正确决策的信息。365

**market price 市场价格**
由供给和需求所决定的价格。 63

**market segmentation 市场细分**
将一个大市场依群内成员的相同特征分成不同群体的过程。 370

**Maslow's hierarchy of needs
马斯洛的需求层次**
认为激励来自于满足人们尚未满足的需求。需求可分为：生理需求、安全需求、社交需求、尊重需求与自我实现需求。 289

**mass customization 大规模定制**
依大量个体客户的要求生产定制产品。266

**mass marketing 大众营销**
发展满足多数人的产品和促销方案。 373

**master limited partnership, MLP
业主有限合伙企业**
一种在表面上看起来很像公司（因为在运作上像公司，而且也像公司一样在股市上交易），但是却像合伙企业一样交税，因此可以避免公司所得税的企业形式。 138

**materials handling 物料搬运**
货物的移动，包括在仓库中、从仓库到工厂再从工厂到各个工作站的过程。 435

**materials requirement planning, MRP
物料需求计划**

利用销售预测在正确的时间地点、特定公司内取得所需零件原料的计算机运作管理系统。 273

**matrix organization　矩阵式组织**
汇集组织内不同部门专家共同负责特殊项目，但是仍维持部分直线参谋式组织结构的组织。 240

**mentor　导师**
一位企业管理者，监督、教导并引导基层的员工，为他们介绍应当认识的人，并且成为他们在组织中的援助者。 335

**merchant wholesalers　商品批发商**
拥有经手产品所有权的独立公司。 423

**merger　兼并**
两家公司组合成一家公司。 151

**microeconomics　微观经济学**
经济研究的一环，以特定市场中的个人或组织的行为作为研究对象。 55

**micropreneurs　小企业创业者**
创业者愿意接受创业风险，管理并维持小规模形态的企业，创业人可以做他们想做的工作，且享有均衡的生活。175

**middle management　中层管理**
包括对战术计划和控制负责的一般管理者、部门经理和分支工厂经理等，负责战术计划与控制管理。 212

**mission statement　使命陈述**
概述组织的根本目的。 206

**monetary policy　货币政策**
对货币供给和利率的管理。 72

**money　货币**
人们通常接受的用于支付商品和服务的任何东西。 567

**money supply　货币供给**
联邦储备体系提供给人们购买商品和服务的货币数量。 569

**monopolistic competition　垄断竞争**
许多卖方生产类似的产品，但买方却认定产品具有差异性的市场情况。 64

**monopoly　完全垄断**
只有单一卖方提供产品或服务时,这个唯一的卖方操控了产品的总供给及价格的情况。 65

**motivators　激励因素**
在赫兹伯格的理论中，能提高员工生产率、令员工满意的工作因素。 291

**multinational corporation, MNC　跨国公司**
在许多不同国家生产和营销产品的组织，在不同的国家拥有股票所有权和经营管理权。 89

**mutual fund　共同基金**
筹集众多投资者的资金，依基金特定

目的投资许多公司的股票和债券，然后再分割为小单位出售给公众。 552

# N

**National Association of Securities Dealers Automated Quotations, NASDAQ　美国全国证券商协会自动报价系统（纳斯达克）**

美国全国性的电子交易系统，联系了全国的交易者，让个人得以通过网络买卖证券。 535

**national debt　国债**

政府长期赤字随着时间积累的总额。 70

**net income or net loss　净利润或净亏损**

收入减去所有的成本、费用与税收。 488

**networking　网络**

利用通讯科技及其他方法联结组织，使得彼此能在共同目标上合作。 243

**networking　关系网**

与组织内和其他组织的重要管理者建立、维持紧密联系，并且通过这些联系组织成更密切的关系，据此成为非正式发展体系的过程。 335

**niche marketing　利基营销**

搜寻小型且有获利潜力的市场细分，同时针对它们设计或寻找客户定制化产品的过程。 372

**Nonbank　非银行金融机构**

金融组织，它不办理存款业务，但提供很多普通银行提供的服务。包括人寿保险公司、退休基金公司、经纪公司、商业财务公司和公司融资服务公司（比如通用资本公司）。 580

**nonprofit organization　非营利组织**

不以为其所有者或组织者创造个人利润为目标的组织。 34

**North American Free Trade Agreement, NAFTA　北美自由贸易协定**

成员国家包括美国、加拿大及墨西哥的自由贸易区域协定。 99

**notes payable　应付票据**

约定未来特定日期偿还的短期或长期借款。 487

# O

**objectives　目标**

关于如何达成组织目的特定、短期的细节说明。 206

**off-the-job training　脱岗培训**

发生在工作岗位以外的其他地方，由

行协议以委托其执行部分或全部企业职能（例如，生产或会计）。 33

## over-the-counter (OTC) market 场外交易市场
给公司和投资者提供了一个交易未在大型证券交易所上市的股票的方法。 535

## owners'equity 所有者权益
企业所拥有的资产减去其负债。 488

# P

## participative (democratic) leadership 参与式（民主）领导力
由管理者与员工合作共同制定决策的领导力风格。 217

## partnership 合伙企业
有两个或更多所有者的法定企业形态。 135

## penetration strategy 渗透策略
通过压低产品价格来吸引更多消费并阻止竞争者进入的策略。 406

## pension funds 退休基金
由公司、非营利组织或工会拨付的资金，以资助其员工退休后的理财需求。 581

## perfect competition 完全竞争
卖方数量众多，并且产品几乎相同，其间没有任何卖方实力强大到足以制定产品价格的市场情况。 64

## performance appraisal 绩效评估
依据既定标准评估员工绩效的一种评定，借此决定升迁、薪酬、额外培训或解雇。 336

## personal selling 人员推销
面对面地向客户展示、促销自己的产品和服务。 457

## pick economy 挑选经济
在网店中挑选产品或在网上货比三家的消费者。 469

## place utility 地点效用
让人们能在便利的地点购买产品的价值。 421

## planning 计划
包括预测趋势发展并决定最好的战略和对策来实现组织的目的和目标的管理职能。 204

## podcasting 播客
通过网络传播订阅下载影音档案，消费者可以选择在偏好的时间阅听观赏。467

## possession utility 占有效用
将所有权由一方转移至另一方所采取的必要行动，包括提供信用额度、送货、安装、担保与售后服务等。 421

**preferred stock    优先股**

股东享有优先分配股息的权利的股票。倘若该公司被迫结束营业，其资产变卖时，优先股股东对于出售资产所得收入的偿还要求也先于普通股股东。 539

**price leadership    价格领导**

一家或几家主导厂商制定价格后，所有产业内竞争者跟进的过程。 405

**primary data    原始资料**

研究人员自己所搜集的资料（并非从书籍或杂志等二手来源所获得的）。 366

**principle of motion economy    动作经济原则**

由弗兰克和莉莲·吉尔布雷斯所发展的理论，指出每件工作都可以再细分成一连串的基本动作。 287

**private accountant    私业会计师**

为公司、政府机关或非营利组织工作的会计师。 277

**problem solving    问题解决**

解决每天发生的问题的过程，它比决策的制定过程更不正式，而且通常需要更快速的行动。 210

**process manufacturing    流程制造**

生产流程中以物理或化学方式改变原料的过程。 263

**producer price index, PPI    生产者价格指数**

产品的批发价格指数。 68

**product    产品**

任何满足欲望或需求的具体商品、服务或构思，外加任何在消费者眼中提升产品的事物，比如品牌。 362

**product analysis    产品分析**

产品筛选的下一阶段，主要是进行成本预估与销售预测，以估算新产品创意的获利能力。 398

**product differentiation    产品差异化**

创造真实或感觉上的产品差异。 388

**product life cycle    产品生命周期**

产品类别随着时间改变，其销售与获利产生变化情形的理论模型。 400

**product line    产品线**

一群物理特征相似，或是拥有相近市场的产品。 386

**product mix    产品组合**

由单一制造商提供的所有产品线的总和。 387

**product placement    植入式广告**

广告商付费让产品出现在电视节目和电影中。 452

**product screening    产品筛选**

剔除不具可行性的新产品创意的过

程。 398

**production  生产**
使用生产要素（土地、劳动、资本、企业家精神及知识）来制造产品和服务。 261

**production management  生产管理**
用来描述管理者帮助公司创造产品的所有活动。 261

**productivity  生产率**
既有的投入（如工作时数）所得到的产出数量。 41

**profit  利润**
企业获取的、扣除所支付的工资和经营所需其他费用的总金额数。 31

**program evaluation and review technique, PERT  计划评审技术**
先分析完成某项计划所需的工作项目，再估计完成各项工作分别所需时间，最后计算完成该计划的最短期限的方法。 277

**program trading  程序交易**
给计算机指示，股价跌到一定价格时即自动售出，以避免可能的损失。 557

**promissory note  本票**
承诺付款数额和限期的书面契约。 518

**promotion mix  促销组合**
一套使用各种不同促销工具的组合。 447

**prospect  潜在客户**
对产品有需求、有权利购买，并且愿意接受销售信息的人。 459

**prospecting  客户开发**
寻找潜在的买者并选择最有可能购买的人。 459

**prospectus  招股说明书**
在销售股票或债券时，公司必须向美国证券交易委员会申报，提供公司相关的经济与财务状况的纪录文件，这些申报资料的精简版就是招股说明书。此说明书也必须被寄到可能购买股票的投资者手中。 537

**psychographic segmentation  心理细分**
用群体的价值观、态度和兴趣来区分市场的方法。 372

**psychological pricing  心理定价**
将价格定在某个使产品或服务看起来好像比它本身便宜的价位。 406

**public accountant  公众会计师**
以收费为基础提供会计服务给个人或企业的会计师。 477

**public relations, PR  公共关系**
一种管理功能，它能评判公众的态度、根据公众的要求改变政策和程序，并

贯彻执行改进后的行动方案，以赢得大众的了解和接受。　462

### publicity　公共宣传

将所有和个人、产品或组织有关的信息，通过媒体传送给大众。卖方并不需要为此出钱，所以也没有控制权。　463

### pull strategy　拉动策略

一种促销策略，将广告和销售促进集中针对消费者，以使他们直接向零售商询问产品。　469

### purchasing　采购

企业为追求最佳产品和服务，而寻找高质量材料资源、最佳供应商，并商议出最合适价格的功能。　273

### push strategy　推动策略

一种促销策略，生产者会使用广告、人员推销、销售促进及其他促销工具，说服批发商和零售商进货并销售产品。469

## Q

### qualifying　资格审核

在销售过程中，要确定人们对产品有需求、有权利购买，并且愿意接受销售的信息。　459

### quality　质量

从生产顾客所需物品到运送给顾客，都保持一致的应有水平同时减少误差。274

### quality of life　生活质量

社会上全面的福利情况，包括政治自由、干净的自然环境、教育、医疗保健、安全、休闲娱乐等能够带来满足与喜悦的项目。　33

## R

### rack jobbers　超级市场批发商

提供所有架上的商品给零售商、展示产品，并受委托销售。　423

### ratio analysis　比率分析

对公司财务状况与绩效的评估，通过财务报表中的财务比率计算与诠释而来。　495

### real time　实时

某件事发生的时候或实际时间。　243

### recession　衰退

国内生产总值连续两个季度（每季度3个月）或更长时间下滑。　69

### recruitment　招聘

为适时取得足够的适任员工而从事的活动。　326

# S

**scientific management　科学管理**

研究员工以找出最有效率的工作方法，并教导人们这些技术。　286

**S corporation　S公司**

独特的政府产物，看来像是公司，但却像独资企业和合伙企业一般交税。　146

**secondary data　二手资料**

他人已整理完成并刊登于期刊、书籍及网络上的信息。　366

**secured bond　担保债券**

含有某种形态的抵押品发行的债券。524

**secured loan　抵押贷款**

利用有价值的物品（例如财产）进行担保所取得的贷款。　520

**Securities and Exchange Commission, SEC　证券交易委员会**

管理所有交易所的联邦政府机关。　535

**selection　选拔**

在法律规范之下，基于个人与组织的最大利益，搜集信息并决定聘用最合适员工的过程。　329

**selective distribution　选择分销**

在特定的地区只选择几家优先的零售商销售。　427

**Service Corps of Retired Executives, SCORE　退休主管服务团队**

由小企业管理局结合了来自产业界、贸易协会、教育界等各界的无数志愿者组成，负责提供免费的咨询服务（部分需要费用）。　196

**service utility　服务效用**

销售时与销售后提供快速、友善的服务，并且教导消费者如何使用产品。　422

**services　服务**

无形的产品，例如教育、医疗、保险、休闲、旅游等。　31

**shopping goods and services　选购品和服务**

消费者在比较各种厂商价值、质量、价格和风格之后最终购买的产品。　389

**short-term financing　短期融资**

筹集一年内须偿付的资金。　517

**short-term forecast　短期预测**

对未来一年以内的收入、成本及费用的估计。　508

**sinking fund　偿债基金**

债券的准备金账户，债券发行者在到期日前会定期提存部分的债券本金，以便在到期日时有足够资金来偿还本金。　543

**six sigma quality　六西格玛质量**

只允许每百万分之三点四的瑕疵率的品质标准。　274

**skimming price strategy**

statement of cash flows　现金流量表
记录与公司三大活动（营业、投资、融资）有关的现金收入和支出事项的财务报表。　492

statistical process control, SPC
统计过程控制
在每个生产阶段对产品组件进行统计抽样，并将抽样结果制成图表以发现质量有无异常，若超过设定标准就予以改正。　275

statistical quality control, SQC
统计质量控制
经理人用来持续监控所有生产流程，以确保质量从生产开始就已注入产品中的过程。　275

stockbroker　股票经纪人
有注册的代表，为客户买卖证券的市场中间商。　543

stock certificate　股票
股票所有权的证明，印有公司名称、持股数及股票类型等内容。　538

stock exchange　证券交易所
会员可以为公司和个人投资者买卖（交易）证券的组织。　534

stocks　股份
公司所有权的份额。　538

stock splits　股票分拆
公司将流通在外的每一股股票分割成两股或更多股。　548

strategic alliance　战略联盟
由两家或更多的公司建立的长期合伙关系，旨在帮助联盟中的每个公司建立市场竞争优势。　88

strategic planning　战略规划
确定组织的主要目的，以及实现这些目的所需要的政策、资源的过程。　207

supervisory management　监督管理
直接负责监督工作者并评估他们每日表现的管理者。　212

supply　供给
在一定时期内，产品制造商或所有者在不同价格下所愿意销售的产品数量。　62

supply chain,or value chain
供应链（或价值链）
产品从原料到送抵最终消费者手中的系列活动，而且各种活动必须由不同组织完成。　432

supply-chain management
供应链管理
管理原料、零件、在制品、制成品和相关信息在供应链成员间流动的过程，以及在必要时管理产品的退货和回收物资再利用。　432

主管组成。 211

### total fixed costs　总固定成本
不受产品生产或销售变化影响的各种费用的总和。 405

### total product offer　整体产品价值
消费者决定是否要买某样东西时考虑的所有因素，也称为价值包装。 385

### trade credit　商业信用融资
现在购买产品和服务，日后付款的行为。 517

### trade deficit　贸易逆差
一个国家的进口值超过了出口值。 82

### trade protectionism　贸易保护主义
通过政府法规来限制产品与服务进口。 95

### trade surplus　贸易顺差
一个国家的出口值超过了进口值。 82

### trademark　商标
受法律保护的品牌名称或图像设计。 393

### training and development
### 培训和开发
通过增加员工工作能力，来提高生产率的所有努力。培训着重短期技能，而开发则着重长期能力。 331

### transparency　透明
将公司的实际情况和数据以清晰而透明的方式呈现给所有利益相关者。 215

### trial balance　试算表
账户分类账的所有财务资料的总结，用来检查数字是否正确和收支平衡。 482

### trial close　收尾
使销售过程朝向实际买卖的问题或陈述。 460

# U

### unemployment rate　失业率
年满16周岁、没有工作并且在过去4周里尚在求职的劳动力占总人数的比率。 67

### unlimited liability　无限责任
企业所有者对企业的所有债务负责。 137

### unsecured bond　无担保债券
只靠发行者信誉支持而无抵押品支持的债券；又被称为信用债券（debenture bond）。 524

### unsecured loan　无抵押贷款
没有任何特定资产保证的贷款。 520

### unsought goods and services
### 非渴求品和服务
消费者不会注意、没想过要买的产品，或是可以解决突发问题的产品。 389

**utility　效用**
厂商将产品制造得比以往更有用或更易于消费者使用时，附加于产品或服务上的价值，或是满足欲望的能力。　420

# V

**value　价值**
在合理的价格下有良好的质量。消费者在计算产品的价值时，会将产品为他们带来的利益减去他们所付出的成本，看看利益是否大于成本。　383

**variable costs　变动成本**
随生产量而改变的成本。　405

**venture capital　风险投资**
在极具获利潜能的新兴企业上投资的资金。　525

**venture capitalists　风险投资家**
投资于新企业以换取该企业部分所有权的个人或公司。　190

**vertical merger　垂直兼并**
相关行业中产品处于不同阶段的两个企业的结合。　151

**vestibule training　技工培训**
在教室中进行，教导员工使用和工作上相似的设备的培训方案。　334

**viral marketing　病毒式营销**
付钱请人在网络上说好话，或消费者介绍朋友上特定网站就能得到佣金的多层次销售方案。　467

**virtual corporation　虚拟公司**
随需求组合或分开的可替代公司组成的临时性网络组织。　244

**vision　愿景**
对组织存在的原因以及组织的前进方向的包容性解释。　205

**volume, or usage segmentation　数量或用途细分**
以产品消费用途（产品用量）进行区分。　372

# W

**whistleblowers　举报者**
检举不合法和不道德的行为的人。　117

**wholesaler　批发商**
将产品卖给其他组织的营销中介。　415

**word-of-mouth promotion　口碑促销**
人们将有关他们所买的产品的事情告诉他人的促销手段。　466

**World Bank　世界银行**
以支援经济发展为主要责任的银行，又称国际复兴开发银行。　587

World Trade Organization, WTO

**世界贸易组织**

取代关税与贸易总协定的国际组织。
同时被赋予调解各国间贸易纠纷的职
责。 96

# 出版后记

　　当今之世，我们的生活已与商业紧密相连，面对日新月异的管理思潮与变化莫测的世界局势，《认识商业》正是为紧跟时代步伐而研习管理学的读者准备的一本经典商业课程教材。市面上的商业类书籍不可谓不多，但是少有如《认识商业》这样平易近人又不失权威性的读物，带领读者全方位了解如何创建和管理一个企业，将商业世界的奥秘娓娓道来。

　　《认识商业》是一本商业知识的通览，从经济周期循环到产品营销的不同方法，再到管理员工的形式、融资的注意事项甚至贷款申请表的格式，一应俱全。就"博"这一点来说，读者完全可以依此书对商业有一个直观而整体的认识，并找到自己职业前途的定位和方向。更重要的是其贴近生活的实用性。没有繁复晦涩的概念定义，没有令人头昏脑胀的数据，作者用深入浅出的笔法讲解了许多平常很容易被忽视的细节问题，从不同角度带领读者对企业管理产生全新的认识与了解。细微之处如穿着打扮、预防诈骗、商品广告等，本书都给予了建议和指导。

　　《认识商业》的一大特点是，每一章节都有很多小版块，用属于不同领域的事例，引导读者思考与章节主题相关的内容。其中，每章开始的"人物侧写"选取某位商场上的成功者，讲述他（她）的事迹，内容均与该章节中将要讲述的商业原理有关。"道德抉择"栏目则探讨了职业道德和社会责任方面可能会面临的难题。它们往往并没有显而易见的结论，而是让读者自行思考，在两难的情境中明白自己的取舍。"聚焦小企业"实用价值十足，对于希望自己创业的读者来说，提供了很多开办小企业的新奇点子与注意事项，无论是在激发创意上还是细节指导上都效用显著。"域外观察"专栏探讨了国际上的商业信息，在全球化日益凸显的现在非常具有指导意义。"环保意识"给出了在考虑营利的同时也顾及环保的商业案例。近年来，互联网的普及使新媒体急剧发展。与时俱进，本书第10版新增了专栏"社交媒体的商业价值"，用丰富的案例探讨了社交媒体在新时代的诸多可能性及其对整个商业发展的冲击与拓展。

本书属于后浪出版公司"大学堂"系列丛书的经济管理类图书，其最大特色在于其内容包罗万象，语言通俗易懂。《认识商业》同样延续着这套丛书的一贯风格。它是国外同类教材中的优秀图书，兼顾了学术性与可读性，并在一定程度上填补了商科基础课程教材市场的空白。作为美国各大高等学校采用量最大的一本企业管理教材，本书始终保持着稳固的地位和影响力，在美国竞争异常激烈的市场中发行到了第10版，堪称美国企业管理类图书的"常青树"。本书的三名作者在商业理论与教学上的权威性毋庸置疑。在撰写此书的过程中，他们通过各种渠道征集大量学者、教师和学生对本书的反馈意见，共有数百位教师和学生参与了各阶段的研究与写作，使全书的内容与形式均得以完善。

由于本书是美国作者所写，所以很多内容都是建立在美国人的视角和基础上。我们曾经考虑过将其中一部分内容（尤其是涉及税赋、手续等）进行更改，使其更加贴近中国的社会情况。不过在思考之后，我们最终决定保留这些信息。毕竟，全球化已成为当今的主流趋势，而商业受其影响最大，很难不与其他国家发生联系。近来发生的经济危机更对全世界产生了深刻的影响。而由金融风暴发源地的作者所写的这本书，其中有些观点在现在看来具有深刻意义与警世价值。

2009年，后浪出版公司曾经出版过本书的第8版。《认识商业》中文第10版根据英文第10版教材，在中文第8版的基础上作了调整和增补，主要包括校订不当翻译，更新所有的专栏，此外还增加了新的一章："货币、金融机构和美联储"。更新及增补的内容主要反映了金融危机、欧债危机、社交媒体和云计算、金砖四国的经济发展等时代特征。相信通过对此书的学习阅读，读者可以更好地了解身边发生的各类财经时事，感受到充满机遇与挑战的商场人生，体味到商业运作带来的智慧与乐趣。

《认识商业》第10版还保留了几位在业界颇具影响力的先生为本书第8版所作的序。著名经济学家张维迎教授自此书选题至最终出版都给予我们许多无私的指导和帮助，并热忱地向读者推荐了这本解答现代商业秘密的好书；知名学者汪丁丁老师对本书独到的写作思路与原则给予了充分肯定；财经作家吴晓波老师认为本书浅显易懂，适合阅读且实用；职业经理人唐骏先生则盛赞本书能够"成为让企业做大做强的一本好的教科书"。现在,《认识商业》改版,在此我们再次对这几位先生的付出表示衷心的感谢。

后浪出版公司已出版多本经济管理类经典教材,包括《认识管理》、《西方管理思想史》、《市场营销》、《商务沟通》等。未来我们还将继续编辑出版此类书籍,敬请关注并提出宝贵的意见和建议。

服务热线：133-6631-2326　188-1142-1266

读者信箱：reader@hinabook.com

后浪出版公司

2017年12月

图书在版编目（CIP）数据

认识商业 /(美)威廉·尼克尔斯,(美)吉姆·麦
克修,(美)苏珊·麦克修著;陈智凯,黄启瑞,黄延峰
译. -- 成都:四川人民出版社,2017.12（2020.7重印）
ISBN 978-7-220-10588-3

Ⅰ.①认… Ⅱ.①威…②吉…③苏…④陈…⑤黄
…⑥黄… Ⅲ.①商业—高等学校—教材 Ⅳ.①F7

中国版本图书馆CIP数据核字(2017)第285051号

William G.Nickels, James M. McHugh, Susan M.McHugh
Understanding Business, tenth edition
ISBN: 978-0-07-352459-7
Copyright © 2013,2010,2008,2005,2002,1999,1996,1993,1990,1986 by McGraw-Hill Education

All Rights reserved. No part of this publication may be reproduced or transmitted in any form or by any means, electronic
or mechanical, including without limitation photocopying, recording, taping, or any database, information or retrieval
system, without the prior written permission of the publisher.

This authorized Chinese translation edition is jointly published by McGraw-Hill Education and Sichuan People's
Publishing House. This edition is authorized for sale in the People's Republic of China only, excluding HongKong, Macao
SAR and Taiwan.

Translation Copyright © 2017 by McGraw-Hill Education and Sichuan People's Publishing House.

四川省版权局
著作权合同登记号
图字：21-2017-685

RENSHI SHANGYE

# 认识商业

| | |
|---|---|
| 著　　者 | [美]尼克尔斯（Nickels）等 |
| 译　　者 | 陈智凯　黄启瑞　黄延峰 |
| 筹划出版 | 银杏树下 |
| 出版统筹 | 吴兴元 |
| 特约编辑 | 李峥 |
| 责任编辑 | 吴焕姣　张洁　杨雨霏 |
| 装帧制造 | 墨白空间·曾艺豪 |
| 营销推广 | ONEBOOK |

| | |
|---|---|
| 出版发行 | 四川人民出版社（成都槐树街2号） |
| 网　　址 | http://www.scpph.com |
| E - mail | scrmcbs@sina.com |
| 印　　刷 | 华睿林（天津）印刷有限公司 |
| 成品尺寸 | 170mm × 240mm |
| 印　　张 | 42 |
| 字　　数 | 530千 |
| 版　　次 | 2017年12月第1版 |
| 印　　次 | 2020年7月第5次 |
| 书　　号 | 978-7-220-10588-3 |
| 定　　价 | 118.00元 |